国家"985工程"(二期)哲学社会科学创新基地重大成果
第三届中国出版政府奖图书奖　第三届三个一百原创图书出版工程奖

学术版

中国佛教通史

第九卷

赖永海　主编

江苏人民出版社

图书在版编目(CIP)数据

中国佛教通史. 第九卷/赖永海主编.
—南京:江苏人民出版社,2010.9(2021.10 重印)
ISBN 978-7-214-06479-0

Ⅰ.①中… Ⅱ.①赖… Ⅲ.①佛教史—中国
Ⅳ.①B949.2

中国版本图书馆 CIP 数据核字(2010)第 185009 号

书　　名	中国佛教通史(第九卷)
主　　编	赖永海
策划编辑	府建明
责任编辑	张晓薇
助理编辑	陆诗濛
装帧设计	吴赵铎　许文菲
责任监制	王　娟
出版发行	江苏人民出版社
地　　址	南京市湖南路 1 号 A 楼,邮编:210009
照　　排	江苏凤凰制版有限公司
印　　刷	江苏凤凰新华印务集团有限公司
开　　本	652 毫米×960 毫米　1/16
总 印 张	549.25　插页 62
总 字 数	7100 千字
版　　次	2010 年 11 月第 1 版
印　　次	2021 年 10 月第 2 次印刷
标准书号	ISBN 978-7-214-06479-0
定　　价	2280.00 元(全 15 卷)

(江苏人民出版社图书凡印装错误可向承印厂调换)

本卷主要撰稿人（以姓氏笔画为序）

王建光

哲学博士。现为南京农业大学人文社会科学学院副教授。主要著作有《中国律宗通史》。

撰写内容：第七章。

朱丽霞

哲学博士。现为河南大学哲学与公共管理学院副教授。主要著作有《宗喀巴佛教思想研究》、《佛教与西藏古代社会》等。

撰写内容：第八章第一、三节。

苏树华

哲学博士。现为南昌大学教授。主要著作有《洪州禅》、《中国宗教与人生修养》等。

撰写内容：第五章。

杨维中

哲学博士。现为南京大学哲学系（宗教学系）教授、博士生导师。主要著作有《心性与佛性》、《中国佛教心性论研究》、《中国唯识宗通史》等。

撰写内容：第一、三、四章，第八章第二节。

吴忠伟

哲学博士。现为苏州大学哲学系副主任、副教授。主要著作有《中国天台宗通史》（合著）、《圆教的危机与谱系的再生——宋代天台宗山家山外之争研究》

撰写内容：第六章。

陈永革

哲学博士。现为浙江省社会科学院哲学研究所副所长、研究员，杭州师范大学双聘教授、博士生导师。主要著作有《法藏评传》、《晚明佛学的复兴与困境》、《阳明学派与晚明佛教》。

撰写内容：第二章。

目　录

第一章　宋代社会与佛教 1
第一节　宋代佛教的社会、文化背景 1
一、两宋政治概观 2
二、两宋经济的发展 8
三、两宋思想文化的发展 15
第二节　北宋初期的佛教政策 16
一、宋太祖的佛教际遇与北宋佛教政策的奠基 16
二、宋太宗的佛教信仰及政策 23
第三节　北宋中后期的佛教政策 31
一、宋真宗的崇道与重佛 32
二、宋仁宗、英宗的佛教政策 39
三、宋神宗、哲宗的佛教政策 46
四、宋徽宗的崇道抑佛政策 52

第四节　南宋的佛教政策 60
一、宋高宗的佛教政策 60
二、宋孝宗、光宗的佛教政策 66
三、宋宁宗、理宗、度宗等帝的佛教政策 73

第二章　宋代士大夫与佛教 76
第一节　宋代士大夫参与佛教活动概述 76
第二节　两宋朝臣的禅林交游 78

第三节 宋代士大夫的佛教义学阐释 88
第四节 宋代士大夫的佛教著述及其影响 98
　一、晁迥及其《法藏碎金录》 98
　二、苏东坡、黄山谷及其"禅喜集" 103
　三、张商英及其《护法论》 109
　四、王日休及其《龙舒净土文》 114
第五节 佛教结社与宋代士大夫的修行活动 122
　一、江南佛教结社的盛行 124
　二、宋代士大夫的佛教活动及其影响 128
　三、宋代士大夫的净土信仰 137

第三章 两宋时期的僧官和度僧制度 142
第一节 僧官及其选任 142
　一、功德使与祠部 143
　二、两京僧录司 144
　三、僧正与僧首 153
　四、僧官的选任与权力的虚化 158
第二节 寺职与师号 163
　一、住持 163
　二、"十务"与"诸头" 173
　三、师号与紫衣 179
第三节 度僧与度牒 190
　一、童行出家与"特恩度僧"、"试经度僧" 190
　二、"进纳度僧"与鬻卖度牒 203
　三、度牒、戒牒、六念牒 213
第四节 系帐与建寺 226
　一、系帐和赐额 226
　二、"甲乙徒弟院"、"十方住持院"及"敕差住持院" 235
　三、功德寺与功德坟寺 243
　四、禅律教三大类佛寺与"五山十刹" 257
　五、佛寺"子院"的形成与发展 264

第四章 宋代佛典翻译、藏经刊刻及佛教史著 270
第一节 佛典翻译 270

第二节　藏经的刊刻　*279*
　　一、《开宝藏》　*279*
　　二、《崇宁藏》　*282*
　　三、《毗卢藏》　*286*
　　四、《思溪藏》　*288*

第三节　佛教史学著作　*291*
　　一、《宋高僧传》、《大宋僧史略》　*292*
　　二、《释门正统》、《佛祖统纪》　*296*
　　三、《隆兴佛教编年通论》、《历代编年释氏通鉴》　*301*

第五章　宋代禅宗　*303*

第一节　黄龙派的兴起及盛行　*303*
　　一、黄龙慧南的禅学思想与黄龙派的创立　*304*
　　二、黄龙派的兴盛　*308*
　　三、两宋时期黄龙派的传承及其影响　*311*

第二节　杨岐派的兴起与传承　*315*
　　一、杨岐方会的禅学思想与杨岐派的创立　*315*
　　二、杨岐派的兴盛　*317*
　　三、杨岐派的传法弟子与杨岐派的传承　*323*

第三节　文字禅的形成与兴盛　*325*
　　一、"禅教一致"说与文字禅的酝酿　*326*
　　二、"公案"与颂古　*330*
　　三、"文字禅"理论　*332*
　　四、"文字禅"的风行　*333*

第四节　大慧宗杲的"看话禅"　*336*
　　一、两宋之际的临济宗　*337*
　　二、大慧宗杲的行历及其佛学渊源　*338*
　　三、"看话禅"　*340*

第五节　两宋之际的曹洞宗与宏智正觉的"默照禅"　*347*
　　一、两宋之际的曹洞宗　*348*
　　二、宏智正觉与"默照禅"　*359*

第六节　惠洪的行历、思想及其影响　*367*
　　一、惠洪生平、行历　*367*
　　二、惠洪的禅学思想　*369*

三、惠洪的文字禅理论及其在文学方面的贡献　371
　　第七节　道济禅师的行历及其后世的"神圣化"　373
　　　一、道济其人　373
　　　二、道济的禅学思想　374
　　　三、道济与传说中的"济公"　375

第六章　宋代天台的发展　377
　　第一节　宋代天台谱系传承　377
　　　一、北宋天台谱系传承　377
　　　二、南宋天台谱系传承　392
　　第二节　山家山外之争　397
　　　一、山家山外之争概述　397
　　　二、山家山外之争议题　411
　　　三、后山家山外之争　440
　　第三节　宋代天台与诸宗交涉　444
　　　一、台宗与禅宗的对抗　444
　　　二、台宗对诸宗的融摄　458

第七章　宋代的华严中兴及其义学之辨　472
　　第一节　宗密之后的华严传承　472
　　第二节　长水子璇(965—1038)及其华严阐释　476
　　　一、生平与著述　476
　　　二、子璇的华严学阐释及其影响　481
　　第三节　晋水净源(1011—1088)与宋代华严中兴　489
　　　一、生平与著述　489
　　　二、净源的华严阐释及其成果　496
　　　三、义天入宋与杭州慧因教院　515
　　第四节　道亭(1023—1100)及其《义苑疏》　521
　　第五节　义和与南宋华严中兴　525
　　　一、华严教典之入藏　526
　　　二、华严圆融念佛论　528
　　第六节　南宋华严诸家及其义学争辩　533
　　　一、南宋华严诸家之学　534
　　　二、南宋华严的论诤及其影响　545

三、宋代天台与华严之辨 *552*

第七节　宋代华严的社会影响 *558*

第八章　宋代律宗的中兴 *571*

第一节　宋代的律师及其撰述 *571*

第二节　宋代律学的特点 *579*

一、儒家伦理化倾向 *579*

二、律师入净和净律结合 *581*

三、重视菩萨戒 *583*

第三节　"禅律相分"和"禅律相攻" *585*

一、"禅律相分" *585*

二、"禅律相攻" *587*

第四节　"十本记主"允堪 *590*

一、允堪的生平与著述 *590*

二、允堪的律学 *591*

第五节　律宗的"中兴"者元照 *594*

一、元照的生平与历史地位 *594*

二、元照的主要律学著作 *597*

三、元照的律学思想 *601*

第六节　两宋时期律学的东传 *615*

第七节　宋代律学的几种普及性著作 *618*

一、律宗简明读本《律宗会元》 *618*

二、律宗小辞典《律宗新学名句》 *619*

三、辨疑解惑的《律宗问答》 *620*

四、律宗的高等教科书《终南家业》 *621*

第九章　宋代密法的兴盛与唯识学的研习 *623*

第一节　宋代密法的兴盛 *623*

第二节　宋代唯识学的研习 *634*

一、释傅章、释继伦、释普胜 *635*

二、释无演、释成觉 *640*

三、释永道、释守千 *643*

第三节　永明延寿与唯识宗的终结 *648*

一、永明延寿的行历 *648*

二、"一心"说与阿赖耶识 650
三、永明延寿对于唯识古今学的融合 656
四、永明延寿的性相融通论 658

人名索引 664

第一章 宋代社会与佛教

960年,赵匡胤等人在陈桥驿发动兵变,夺取了后周政权,建立起宋朝。由于赵匡胤做皇帝之前担任归德军节度使,归德军在唐代被称为宋州(今河南省商丘市),因此赵匡胤将新王朝定名为宋朝。宋朝统治总共持续了320年,自960—1127年为北宋,1127—1279年为南宋。

近百年来,佛教史学界的大多数学者都将宋代看做佛教发展的转折或者衰败时期。我们认为,无论从佛学思想的发展,还是佛教制度进一步本土化尤其是佛教进一步民俗化、民间化等方面来说,赵宋时期,尤其是北宋中后期以及南宋中期,佛教在经历短暂的调整和恢复期之后,又迎来了一次大繁荣时期。

第一节 宋代佛教的社会、文化背景

长期以来,人们总是以为两宋是中国封建社会由盛到衰的转折时期,宋朝是一个腐败无能的王朝,尤其是与周边少数民族的交往过程中,宋朝一直处于被动的不利地位,在与西夏、辽、金的战争中,宋军多以失败告终。更为严重的是,北宋末期,宋徽宗、钦宗两代皇帝被女真族所俘,客死异域,偏安一隅的南宋朝廷失去了北中国的大片土地,最后为蒙古铁骑所灭。这些固然都是事实,但也应该同时看到另外的一面,即宋代在思想文化等方面的成就也非同一般。正如当代史学大师陈寅恪所说:"华夏民族之文化,历数千载之演进,造极于赵宋之世。"[1]本节拟从叙述两宋的政治演变入手,重点分析这一历史时期中国社会经济和思想文化所取得的重大成就。

一、两宋政治概观

960年,在"陈桥兵变"中"黄袍加身"的赵匡胤登基称帝。赵匡胤封后周恭帝柴宗训为郑王,后周覆灭。[2] 开国皇帝赵匡胤被后人尊为宋太祖。

赵匡胤建立宋朝伊始,就注意局势的稳定。后周的太后、幼主受到优厚的待遇,后周的宰相范质等文臣武将都继续留用,就是为后周殉职的韩通也被追赐为中书令,给予厚葬。由于政策得当,得到了后周在朝文武官员的支持,拥有重兵在外巡边的将领慕容延钊、韩令坤也拥戴赵匡胤为帝。此后在不到一年的时间里,赵匡胤基本上稳定了政权更迭后的局势。自乾德元年(963)起先后平荆湖、灭后蜀、平南汉、收南唐,五代十国的各个割据政权全部被消灭,最后建立了一个统一的政权。

北宋共历9帝,前后168年。这长达160多年的历史阶段中,可划分为前、中、后三个时期。

前期(960—997)即宋太祖、宋太宗统治时期。这一时期,北宋统治者除了致力于结束五代十国的分裂割据局面之外,着重在政治、军事和经济制度方面进行改革,以确保宋朝统治长治久安。其主要的改革措施

---

[1] 陈寅恪:《邓广铭〈宋史职官志考正〉序》,《金明馆丛稿二编》,第227页,北京,三联书店,2001年7月。
[2] 这一部分内容主要参考学术界有关两宋政治史的著作和观点编写而成。

有:一是军制改革。取消禁军最高统帅殿前都点检、副都点检职务,朝廷设枢密院掌管军队调动,但无统兵权。三帅统兵权和枢密院调兵权职责分明,相互制约,直接对皇帝负责。军队实行更戍法,定期换防,将帅常调,以防止官兵"亲党胶固"。① 二是行政改革。宰相下设数名参知政事、枢密使、三司使,以分其军、政、财三权,使宰相无法独揽大权。② 对独霸一方的节度使,采取"稍夺其权,制其钱谷,收其精兵"③的办法,逐步从地方调回都城任闲职,其原领州郡由朝廷控制,委派文官任知州、知府,直接对朝廷负责。规定地方财政每年赋税收入,除支给用外,凡属钱币之类,"悉辇送京师"。经过改革,宋朝专制主义中央集权得到强化。这对政治稳定,结束分裂局面和经济的发展创造了有利的条件。但是高度中央集权也带来"强干弱枝"、地方权限太小、军队战斗力削弱等消极后果。

中期(997—1100)即宋真宗至宋哲宗统治时期。这一时期是北宋历史上一个重要的发展阶段。④ 由于实施两税法、代役制和租佃制等新的经济制度,从而激发了广大农民的生产积极性。随之而来的是,人口的增加、垦田面积的扩大、铁制工具制作进步、耕作技术的提高、农作物的种类和产量倍增等等。据统计,宋太宗至道三年(997),北宋户籍上有523万多户,而到宋仁宗嘉祐八年(1063),北宋户数已逾2 246万户。宋太宗至道二年(996),耕地有3亿多亩,而至宋真宗天禧五年(1021),增至5.2亿多亩。农业经济的迅速发展促进了手工业、商业的发展。北宋的造船、矿冶、纺织、染色、造纸、制瓷等手工业,在生产规模和技术上都超过了前代。商业市场打破了旧的格局,大小城镇贸易盛况空前,纸币的出现及广泛使用,具有划时代的意义。这一时期也是宋代科技文化的繁荣时期。尤其是闻名于世的指南针、印刷术和火药三大发明,开发和

---

①② 参见现引各种中国通史及宋代史的表述。
③ 李焘:《续资治通鉴长编》卷二,第49页,北京,中华书局点校本,1979年。
④ 此段表述吸取了现有各种历史教科书中的通行表述。

应用主要是在这个阶段。然而,这一时期也是社会矛盾日益严重的时期。军队数量猛增、官僚机构庞大、土地兼并加剧,国家财政连年亏空,出现积贫积弱的局面。对此,宋朝政府也试图进行改革,以扭转危机四伏的局面。北宋改革影响最大的是宋仁宗时期的"庆历新政"和宋神宗时期的"王安石变法"。结果,两次改革收效甚微,北宋逐步走向衰落。

后期(1100—1127),即宋徽宗、宋钦宗统治时期。这一时期是北宋王朝最腐朽黑暗的阶段。由于社会生产遭到严重破坏,众多的农民倾家荡产无以为生,纷纷起事反抗暴政。其间以方腊、宋江先后领导的起义影响最大。内忧不已,外患又起。北宋长期与辽、夏、金争战不休。与西夏战事刚止,金军又大举南下。靖康元年(1126),金军攻占开封。次年二月六日,废宋帝,北宋亡。

宋徽宗、钦宗被俘的当年五月,原任河北兵马大元帅的皇族康王赵构,在金军退走之后,于南京(今河南商丘南)即位,仍沿用大宋国号,史称南宋,年号建炎(1127—1130),是为宋高宗。南宋新立,当务之急是选贤任能、革新军政、制定积极进取的战略计划。然而,宋高宗昏聩无能,任用佞人,排斥贤相李纲,改积极抗战方针为消极防御。结果导致李纲建国十策难以完全落实,宗泽经营的开封基地前功尽弃,中原抗金义军的活动遭受打击。随后,宋廷采用弃淮守江的战略,放弃两淮,南逃临安。结果造成临安卫军政变,金军亦乘机南下,宋高宗航海逃避,南宋险些亡国。金军穷追宋高宗不获,由江南北撤,被南宋韩世忠部拦截在黄天荡,北撤金军险遭灭顶之灾。此后,金军不敢轻易渡江,南宋朝廷得以立足江南。

南宋在江南的统治稳固之后,实施的几项战略举措是较为成功的:一是加强川陕防御,阻挡金军入川;二是建立以长江中游地区为重点,联结淮东的江淮防御体系,以阻止金军进攻;三是实施以荆襄为基地,联络河朔,乘隙而进,直捣中原的战略方针。同时,南宋还重视发展军事技术,改革军事制度,加强军队建设,从而使国防力量有所增强,从屡战屡败到胜多败少，战略形势逐渐向有利于南宋的方向转化，曾一度出现北进的较好形势。但南宋以妥协求和、偏安自保为基本方针，贯彻以文制武的军事指挥原则，极大地抑制了领兵将帅才能的发挥，妨碍了军事的发展。尤其在绍兴十一年(1141)南宋朝廷解除三大将兵权、杀害抗金名将岳飞、缩编军队等错误措施，无疑是自毁长城。结果，南宋在偏安中逐步走向衰弱。

蒙古兴起之后，蒙古、西夏、金三方在北方激战，此时是南宋向外发展的最佳时机。但是，南宋统治者在消极防御的战略方针指导下，对北方三国的争战作壁上观，没有任何积极的行动。待西夏灭亡，金朝尽得北方，随即战略转移，南攻宋地，南宋才被迫应战。南宋虽能阻止金军南下，但兵力受损，蒙古势力也进入黄河以北，南宋再也无力北攻。金垂亡之际，南宋尚不知唇亡齿寒，大祸将至，竟作出联蒙灭金的决策，结果寸土未得，软弱性完全暴露，最终走向灭亡。

南宋共历9帝，前后153年。其疆域北以淮水，经唐(今河南唐河)、邓(今河南邓县东)二州至秦岭大散关(今陕西宝鸡西南)一线与金为界，东南、西南两面疆界与北宋相同。

南宋的政治制度基本上是沿袭北宋，但行政机构较北宋精简集中，适应于新形势下的专制主义中央集权。南宋王朝首先对中央最高行政机构三省六部进行了调整：合门下省、中书省、尚书省为一，以左、右仆射兼同中书门下平章事，为正宰相；改门下、中书侍郎为参知政事，为副宰相；废尚书左、右丞。六部中的各部，只设长官或副长官，主持部务；所属司级机构，除户部以事务繁多未减少外，其他五部通过兼领、合并而大量省并。地方府、州、军、监级和县级机构，基本沿袭北宋制度。南宋中央统御体制前后有所变化。建炎初，以御营司掌兵权，由宰相和执政兼任御营使和御营副使，御营司实际成为统领全军的最高军事机构。建炎末，恢复北宋枢密院管军旧制，枢密院又成为最高军事机构。南宋还曾在临安设置诸路军事都督和三衙等重要军事机构。

南宋建立后,为了加强对地方的统治,先后设置招讨司、宣抚使司、镇抚使司、制置使司等军事统御机构,对维护地方治安和抗击金军起到一定的作用。

南宋政权趋于稳定后,社会经济逐步恢复和发展起来。尽管南宋国土比北宋减少2/5,但农业生产发达地区都在南宋境内。因此,南宋农业生产的总体水平并不亚于北宋。由于军事的需要,南宋重视军器制造、采矿冶炼、造船等手工业的发展,因此南宋手工业生产的技术、规模方面都超过北宋。

南宋德祐二年(1276),元军攻克临安,宋廷投降。部分大臣南下福建、广东重建小朝廷,祥兴二年(1279),南宋小朝廷败亡。

宋朝政治体制的主要特点是专制主义中央集权的加强。史学家总结出五大特点,即中央集权、皇帝集权、百官权力分散、重文轻武和军事上内重外轻。① 具体内容不再赘述。

宋朝军事制度的特点之一是兵权由几个机构分管,各部门权力分散,权力集中于皇帝。宋朝负责管理军事有关事务的有四个部门:枢密院负责军令、调动和高级军官的任免;"三衙"统率禁军;兵部负责后勤事务和管理地方的厢军;吏部负责武官铨选。

宋朝实行募兵制,士兵的来源有多种,其中一种,就是每逢有饥荒,从饥民中招募士兵,补本城。宋朝政府对从饥民中招募士兵的办法很得意,说是"天下犷悍失职之徒,皆为良民之卫"②,把社会上的可能反抗者变为镇压者,一举两得。宋朝还有从后周时代遗留下来的传统,即从地方厢军中选拔出强壮者充实到中央禁军。这种做法被称做"强干弱枝",也是宋朝军事制度的一个特点。③

另外,宋太祖赵匡胤"惩藩镇之弊,分遣禁旅戍守边城,立更戍法,使

---

①③ 参见李光霁《宋朝职官制度的特点》,《历史教学》,2001年第3期。
②《宋史》卷一九七,第4799页,北京,中华书局点校本,1977年。

往来道路,以习勤苦,均劳逸。故将不得专其兵,兵不至于骄堕。淳化、至道以来,持循益谨,虽无复难制之患,而更成交错,旁午道路。议者以为徒使兵不知将,将不知兵,缓急恐不可恃"①。这种办法可免去将官专权的威胁,但对作战十分不利。神宗即位知其弊,才废除了这种办法。

南宋初期,允许将领募兵,于是有了岳家军、韩家军的出现。然而却有成为私人武装的危险。因而南宋又有收回张俊、韩世忠、岳飞三大将兵权的举动。岳飞有大功于国,却被以莫须有的罪名杀害。②

"三衙",即侍卫亲军殿前司、侍卫亲军马军司和侍卫亲军步军司,是中央统率禁军的三个机构。除殿前司单独有最高级的军事职官都点检、副都检点(后不置)外,各衙的长官是都指挥使、副都指挥使和都虞侯。禁军分布在各地驻防。统率军队的率臣,有都总管、总管、副总管(初名部署,后避英宗讳改称总管)等军事职官。宋朝制度,军事正印官,一律由文官兼任,武人只能充当副职。③

厢军的长官亦称都指挥使、副都指挥使。但厢军均是老弱,无战斗力,兵士地位甚为低下,有如"给役"(只是一种"听差")。

南宋置御营司,自收三大将兵权后,诸军皆冠以"御前"二字,其将领为都统制、统制、副统制和统领。

宋朝的地方行政区划,基本上是两级制,即府、州、军、监为一级,县为一级。宋朝的地方官均以中央官吏派出任"知××事",高级官吏则称"判××事"。以州为标准单位,多称"知×州军州事"。知州照例兼厢军正印职。除知州外,每州设"通判"一人,其地位类似隋朝通守。州一级发出文件,必须通判签署,才能生效,目的就是要牵制一下知州的权力。④

县一级的官吏,主要有知县、县丞、主簿和县尉。知县由中央派出的官吏担任,也是一种差遣。

---

① 《宋史》卷一八八,第 4627 页。
②③④ 参见李光霁《宋代职官制度的特点》,《历史教学》,2001 年第 3 期。

与其他朝代相比较,宋代政治的一大特点是有优待士大夫的特殊制度。"重文轻武"是宋朝职官制度的一个显著特点,优待士大夫的某些特殊制度更充分地体现了这一点。①

人们常说,宋朝"积贫积弱"。其实,北宋的人力超过唐朝,物力和财力、政府财政收入更大大多于唐朝。但丰厚的财政收入难以负荷冗兵、冗官等支出,而横征暴敛又加重了民贫,这就是"积贫"。宋朝的综合国力无疑强于辽朝、西夏、金朝等,但因各种因素,实力的运用水平却是劣等的,这就是"积弱"。宋朝消极接受中唐、五代的教训,着重于推行文官政治,实行崇文抑武,其军制是以牺牲军事效能、束缚武将才能、降低武将地位和素质为代价的。宋朝继承自中唐以降丧失养马区的现实,缺乏马源,不重视骑兵的建设,主要以步兵对抗辽朝、西夏、金朝和元蒙的骑兵,就处于弱势。加之自北宋建国不久,就逐渐形成"守内虚外"、消极防御等军事传统,尚武精神沦落。②

自宋太宗始,以兴盛的科举制,造就了发达的文官政治。官场中从重视门第到重视出身,是唐宋期的一大转变。文官政治,即"以儒立国",对政治稳定和文化发展是有积极影响的。③

北宋除后期外,将"异论相搅"作为"祖宗之法",其初意是使臣僚"各不敢为非"④。在较为宽松的政治和舆论环境下,宋朝台谏政治发达,超越前朝后代。在人治条件下,台谏政治固然有各种流弊,但按照儒家理论,台谏官作为政治上的反对派,行使监督权,发表异论,对于"扶直道",维系一个时代的正派世风,有一定意义。

二、两宋经济的发展

两宋时期,我国的经济有了较快发展,在历史上有"宋富"的说法。

---

① 参见李光霁《宋代职官制度的特点》,《历史教学》,2001年第3期。
②③ 此段文字见著名史学家王曾瑜《正确评价宋朝的历史地位》一文,《北京时报》,2007年12月10日。
④ 李焘:《续资治通鉴长编》卷二一三,第5169页。

与前朝相比,无论是农业、手工业,还是商业等方面,这一时期都取得了长足的进步,特别是纸币的发明和使用,在中国经济史和社会生活中具有划时代的意义。从北宋开始,江南经济不断发展,甚至早在北宋中期,江南的经济地位已经超越了北方,当时甚至有"苏常熟,天下足"的谚语。经济的高速发展不但为佛教的快速传播提供了前提,而且更重要的是,两宋时期寺院经济大发展、大繁荣,与社会经济的促进推动密切相关。

两宋时期的赋税、徭役和户籍制,在沿用前代一些行之有效的制度之外,也迭有创新。

赋税方面,大致沿用唐代的两税法,但改称"二税",专指地税一项,将徭役单列出来。"二税"特指有田地的民户负担夏、秋两征,亩收一斗为率。宋代的徭役分职役、差役和夫役。职役为乡间小吏,如里正、户长之类;差役是当官差,如运送官物、看守仓库;夫役是通常的力役,如修桥筑路之类。

宋代的户籍制度的特点是划分主郡以及主户与客户。

主户是有资产的民户,负担各种税役;客户是无资产的民户,不负担二税和职役差役。主户按资产多寡、人丁多少划分为五等,第一、二等为上户,第三等为中户,第四、五等为下户。按户等高下承担不同的税役差役,如最重的衙前、正、户长主要由一、二等上户充任。此外,特富者在一、二等之上者为"出九户",特贫者一无所有为客户。合起来看,则是上户为大小地主、富农,中户为中农和上中农,下户为下中农,客户为赤贫、佃农。直到20世纪中期划分成份仍用这些名词,表明宋代的社会结构已经定型化和明朗化了。

在农业社会,租佃制度是最重要的经济制度。当代宋史学者一致认为,宋代官田、私田通行租佃方式,随着"田制不主"、"不抑兼并",土地高度集中,租佃关系各个方面都较前更成熟了。

第一,客户在民间成为佃客、佃农的代称,在东南地区尤多。

第二,具体方式仍为"承佃"和"合耕"两种方式,前者为定额租制,后者为分成制,并且"合耕"方式类同于庄园,然本质上仍属于租佃关系。

第三,佃农经济定型化。宋代佃农不仅租地,连籽种、牛具等要租赁。通常是租地交五成地租,租牛加一成"牛米",但仍须租牛,原因在于租牛可多租地,归佃农的绝对数大。

宋代农业发展较唐代更为迅速,其动力之一就是人口压力。版图小了,耕地也小了,但人口却较唐代增多了。这就迫使时人在扩大耕地面积和提供单位面积产量方面想办法。

在宋朝,广大农民开垦大量农田,在山地、江畔、海边新创了圩田、山田、沙田。耕作技术也大幅度提高,牛耕进一步推行,佃农租牛充分反映了这一事实。在缺牛的地方推行"踏犁",用人力踩踏耕地,"踏犁五日可当牛犁一日"。对粪肥的作用也重视了,"用粪如用药也",有畜肥、绿肥,对家耕技术更重视了。

水利工程的兴修,使数万顷贫地变为肥田,引水灌田和修固海防,既克服了缺水困难,保证长年灌溉,又挡住了风潮袭击,保障了农业的生产。

农作物品种增加。占城稻推广到江淮以及北方,抗旱早熟,产量高,"不择地而生",适应性强。其他作物的产量也有提高,江南亩产至均三石,高者达五六石,"苏湖熟、天下足"之说自此始。

产量提高后,经济作物更多了,除传统的桑麻外,唐代以来的茶叶生产进一步扩大,茶园(园户)增多。东南沿海地区蔗糖生产发展起来,有专门的"粮霜户"。棉花生产也由福建、两广推进至长江流域。

宋朝手工业也很兴盛,造纸业和印刷业已迅速发展,火药被大量用来制造武器,纺织、火器、制瓷、制盐、矿冶等业无论是在原料的采集、生产工艺还是产品种类、数量上,都有明显的进步。在矿冶业方面,管理矿冶的机构也称监,如徐州利国监,有36冶(炉),矿工4 000人。安徽繁昌、河北邢台炼铁炉也很大。铜矿有江西信州(上饶),煤矿有河南鹤壁等。在制瓷业方面,北宋有五大名窑,即官窑(开封)、钧窑(河南禹县)、汝窑(河南临汝)、定窑(河北曲阳)、哥窑(浙江龙泉),生产青瓷、红瓷、白瓷,有工艺品,也有日用品。真宗景德年间在江西新平设官窑,造进贡瓷器,书"景德年制",后发展为景德镇瓷器,一直持续发展到现代。

宋代棉花尚未普及,仍以丝织为主。织绢技术成熟,绢有50种,绫27种,丝织业生产中心仍在北方的河北、山东地区。

宋代印刷和造纸业很发达,以雕版印刷方式刻书,国子监刻印的书称"监本",民营书坊的称"坊本",开封、杭州、眉山、福建通阳等是刻书中心,监本多在杭州刻印。造纸技术用竹、藤、麻、楮作原料,可制多种用途的纸张。这一行业的发达也为北宋开始刊刻佛教藏经提供了技术和物质支持。

宋朝统一天下后,消除了割据的障碍,为商贸的发展提供了条件。东京是当时全国最大的城市,有真珠、匹帛、香药、金银、彩帛交易之所,"每一交易,动即千万";晚间夜市至三更,到五更又再开张,市场非常热闹繁华;除商店铺席外,还有定期集市贸易。市场上有来自江淮的粮米,沿海各地的水产,辽夏的牛羊,洛阳、成都的酒,江、淮、蜀、闽的名茶,南方的丝织品,西北的石炭,河中和成都的纸,福建、成都、杭州的印本书籍,两浙的漆器,赣州的陶瓷器,各地的药材、珠玉、金银器皿等,日本的扇子,大食的香料、珍珠,应有尽有。当时,人民生活必需品盐、茶、酒实行官卖制度。官府向商行办赊卖、便钱务、邸店、质库。到了南宋时期,农田的开垦、水利的兴修、稻麦的培育、棉花的种植等又达到了一个新的水平,兵器制造、造船业、制瓷业、纺织业、印刷造纸和矿冶也有新的发展,城市集镇、商行、海外贸易的发展也很迅速。

两宋主要货币仍是铜钱,是铸钱种类最多的时代。金银仍然只作为官俸或外交使用,市场上使用很少。纸币的发行,是宋代货币的新创举,不仅是中国历史上的创举,也使得中国成为最早在市场上流通使用纸币的国家。北宋时期发行的"会子",是宋朝最早的纸币。此后,宋朝又发行"关子"、"交子"等,金国还发行"交钞"纸币。

北宋初年,在四川地区只准流通铁铸钱,而铁钱的重量比铜钱更重。宋太宗淳化二年(991),赵安易去蜀地,见"市罗一匹,为钱二万",按照当时市场上流通的铁钱重量计算,这二万文铁钱大约重120斤。如此重的铁钱,在商业交往中非常不便,不但当时商人感到不便,就是官员和居民也都感觉不便,这就促使人们想用一种重量较轻、携带方便的货币来代替当时的铁钱、铜钱。北宋真宗年间,在四川成都地方,由16家富商共同发起,共同印制发行了一种"交子",并开设了"交子铺"。当时,在发行的"交子"上印有木屋、人物图案,铺户押字,"各自隐密题号",朱墨间错,难以伪造。但纸币"交子"发行后就出现了问题,《续资治通鉴》说:起初,发行"交子",由"富民十六户主之"。① 当时的"交子"铺就类似今天的银行,它专门为商人保存现钞,并从中收取一定的保管费,"交子"也好像今天银行的支票一样,人们拿着"交子",既可以到"交子铺"去兑换现钞,也可以拿着现钞,到"交子铺"去兑换"交子"。"交子"由民间发行,弊端日显,诤讼日增,尔后则逐渐由官方发行。宋仁宗天圣元年(1023),官府最终设置了"益州交子务"。从这时起,"交子"便成了法定货币,在市场上与铁钱同时流通使用。北宋时期发行的这种"交子",一直延续使用到南宋。

纸币"小钞"发行、流通时间只有三年。据史籍记载,北宋徽宗崇宁五年(1106),朝廷发行一种纸币,名叫"小钞"。朝廷用这种"小钞"来收兑"当十"的铜钱,当时这种"小钞"的面值是"一贯"。这种"小钞"在市场上流通的时间不长,到了北宋徽宗大观三年(1109),朝廷命令"小钞"全部作废,前后时间只有三年。"小钞"在市场上流通时间较短,但"小钞"流通使用的地区要比"交子"流通使用的地区广泛得多,因为它是朝廷面向全国发行的纸币,而不像"交子"仅是四川地区发行的纸币。

北宋、南宋时期另外一种纸币是"关子"。古时候,官府性质的文书

---

① 李焘:《续资治通鉴长编》卷一○一,第2342页。

称做"关",是通知支付、给领的意思。在北宋徽宗宣和年间(1119—1125),"关子"是提取钱币的一种凭证。南宋高宗绍兴元年(1131),朝廷在婺州屯兵,水路不通,军部运钞不方便,便在婺州发行一种"关子"。这种"关子"和唐朝的"飞钱"一样,是汇票性质,当时可凭"关子"到杭州、越州领现钞。后来,人们把"关子"作伞本,"关子"就变成了纸币。南宋高宗绍兴二十九年(1158),朝廷印给淮西、湖广两总领"关子"80万缗,作三年行使;印给淮东总领"关子"40万缗,作二年行使。南宋绍兴二十年(1150),"复出诸军见钱关子300万缗,听商贾以钱银请买"[①]。由此可见,北宋、南宋时期,这种纸币性质的"关子"在市场上流通转让的时间很长,范围也比较广。

南宋时期发行的纸币有"会子"、"川引"、"淮交"、"湖会"等。南宋高宗赵构后期,京城临安富商印制"便钱会子"在市场上流通。后来,这种"会子"改由官府发行。南宋高宗绍兴三十年(1160),官府按照四川"交子"的办法,设"行在会子务",正式由政府发行"会子"。"会子"分一贯、二贯、三贯三种,在东南各路市场上流通,所以又称"东南会子"。后来,政府又增印发行二百文、三百文、五百文三种。南宋时期在蜀地发行的"交子",通称为"川引",分为一贯、五百文两种。通行于两淮地区的纸币,称做"淮交"。南宋孝宗时期,政府印制了二百文、三百文、五百文、一贯四种"会子",金额为400万贯,允许在两淮地区流通使用。南宋光宗绍熙三年(1192),政府规定"淮交"每贯值铁钱720文,期限为三年一界(期)。通行于今湖北地区的纸币,称做"湖会"。南宋孝宗时,政府发行"直便会子"700万贯,允许在湖北地区流通使用,分为五百文、一贯两种。后来,政府又规定扩大流通范围,允许在京西和广南流通使用。

以地区而言,宋代社会经济文化最发达且持续发展的地区主要是江浙和四川。这一时期,山区和少数民族地区的社会经济文化,也比唐代

---

① 《宋史》卷三〇,第595页。

有较大发展。

两宋时期，江南经济的开拓是这一时期贡献于中国历史的最大成就。

北宋初期，江南地区经济尚处于开拓阶段。迨至北宋后期，大规模兴建水利工程，人口也逐渐由长江三角洲北、西丘陵地向东部低湿地、下三角洲核心带移居。核心地带的开发，使江南稻米的平均亩产量显著提高。当时长江下游一带已普遍开辟圩田。早在北宋前期，大规模的围湖使耕地面积大为扩展，但由于一些官僚豪绅独霸圩田之利，盲目围垦，致使不少湖泊枯竭，失去调蓄功能，又打乱了原来的水系，造成了圩区排灌的矛盾，水旱灾害加剧。北宋在唐五代的既有基础上，更大兴水利，尤以长江三角洲太湖流域水利工程较前更为发达，如宋神宗熙宁三年（1070）至熙宁九年（1076）的六年间，兴建了一万多处水利工程，其中大部分都在南方。

北宋时期，民众着力于稻种的改良，使粮食产量大增。以前的稻种属于一年一获的晚熟稻种。11世纪初，早熟稻从占城（今越南东南沿海）大量引进，并传到了太湖、江西和福建等东南地区，使得种植面积大为增加。占城稻的特性是耐旱，它不需要完备的灌溉系统就可以种植在高地上，所以即使在非平原地区也可以大量种植。随着稻获量的增加，稻米也就成为当时的主要粮食作物，长江三角洲的苏州、湖州一带，一年可以两熟，一亩好田可以收获五六石粮食，是宋代重要粮食生产地区。

南宋定都临安后，政治中心与经济中心重新合一，江南的地位更为重要。南宋时期，江南水利网大体形成，稻田耕作技术有较大改进。当时经济最发达的是两浙路、江南东西路和福建路，尤其是以太湖流域为中心的两浙路，精耕细作水平最高，是全国主要粮仓。

宋代国都南迁后，人口集中，商业鼎盛。大城市中批发、零售以及金融等行业已颇为完整，农村集镇之扩张尤为迅速。以临安为例，商业遍布城内，而且有同业成街的"行市"，商人地位提高，出现以工商业同业互助为主的"行",临安就有400多个行会,显示出工商业阶层的壮大。

南宋的手工业,较重要的有纺织和瓷器。纺织主要有丝织和棉织,前者以江、浙为中心,后者以闽、粤较发达;瓷器不但产量多,而且趋于艺术化。江南地区的市镇最为密集,有各种专业的市镇,如丝织业、棉织业、米粮、制笔等。有些市镇的人口,甚至比县城或府城人口还多,可见江南地区专业市镇的经济活力,远比行政中心要强。江南地区,透过各大城镇的商人活动,在原料与产品的交易上,逐渐与各省交流,因此促成了全国市场的出现。

总体言之,两宋经济的发展盛况空前。这为佛教的大发展,特别是寺院经济的发展提供了强大的基础。

三、两宋思想文化的发展

宋代思想文化也发展到一个新高峰。宋代文化的发达有多方面的原因与表现。

文化的成就与教育密不可分,宋时教育非常兴盛。宋代的官学、私学都很发达,从国子学到县学,普及面极为广阔。私立学校也很兴盛,如白鹿洞、应天府等著名的四大书院,可同时容纳数千名学生,规模和学术水准都能与官办学校相媲美。印刷术的精良和普及直接促进了文化的繁荣,宋代公私刻书业都很兴盛。拿国子监收藏的书板来说,北宋初不及四千,短短四十多年内就猛增到十余万。当时不仅皇家秘阁和州县学校藏书丰富,士庶之家也有不少藏书。宋代出现的以私人藏书为对象的目录学专著,如著名的《郡斋读书志》、《直斋书录解题》等就是这一形势的体现。

宋代文化事业中尤足称道的是《天平御览》、《太平广记》、《文苑英华》和《册府元龟》四大类书及史学巨著《资治通鉴》的编撰,诸书涉及到文化领域的各个方面,规模远超前代,给当时及后世树立了良好的典范。浓厚的文化氛围无疑给宋代士人以深刻的浸染,他们掌握的历史文化知识一般比前代学者丰富;同时提高了他们著书立说的兴趣,宋代私家著述远超前代,还有不少是几十卷甚至上百卷的大部头著作。士人的渊博学识,促使宋代学术达到了全面的繁荣。当时的理学、史学、文艺学、考据学都很发达。古文运动的完成、儒学的复兴、理学的产生、宋词的兴起,都是中唐以来学术文化发展变化的结果,也对后世产生很大影响。

两宋时期最重要的思想成就是儒学的复兴,传统经学进入了"宋学"的新阶段,产生了新儒学即理学,也促进了儒、佛、道三家相互交会的深入发展。

宋代文学艺术也高度发达。由于宋王朝提倡文治,书法、绘画、音乐、舞蹈、建筑、雕塑等艺术门类都各呈异彩,它们与文学彼此之间互相渗透、互相交融,呈现出繁荣的景象。而这一时期,佛教对文学艺术的影响也有突出的表现。

第二节 北宋初期的佛教政策

北宋建立之后,佛教面临新的发展机遇。宋太祖于开国时所制定的道教、佛教二门都有助于世教的政策,使得宋代佛教在政治层面未曾出现如唐末五代时期所发生的重大动荡。北宋初期诸位皇帝都支持佛教发展,尽管宋真宗个人崇奉道教,但也未曾产生彻底毁弃佛教的念头,佛教在其统治时期,仍然继续其发展甚至繁荣的势头。北宋末期,宋徽宗由于偏于信仰道教,有些敌视佛教,因此而有严厉限制佛教的措施。除徽宗之外,其他各代皇帝都对于佛教持友好态度,有一些皇帝甚至有较为明显的佛教信仰。事实表明,两宋佛教的发展有良好的政治环境,这也为佛教在宋代的重新繁荣提供了基本的政治保障。

一、宋太祖的佛教际遇与北宋佛教政策的奠基

北宋初期的两代皇帝,尤其是开国之君宋太祖赵匡胤对于佛教的态

度基本奠定了两宋时期佛教政策的基调。承续五代时期北方佛教的衰败,尤其是周世宗灭佛运动的打击,北宋初年北方佛教所面临的不是如何发展的问题,而是如何在极度颓势中恢复元气的问题。在这样的背景下,开国之君对待佛教的态度以及在此基础上所形成的佛教政策,不仅为北宋初期的佛教复兴奠定了基础,而且对于北宋的后继者以及南宋统治者都构成一种难于轻易抛弃的典范。

宋太祖赵匡胤不但是宋朝的开国之君,而且与佛教有着特殊的际遇。根据中外学者的研究①,宋太祖在位(960—976)期间,能够反映其与佛教关系的主要有以下数端:

其一,在登基之前,有襄阳寺僧、长武镇寺僧、洛阳寺僧预言赵匡胤命该称帝。《宋史·太祖本纪》记载:"汉初,漫游无所遇,舍襄阳僧寺。有老僧善术数,顾曰:'吾厚贶汝,北往则有遇矣。'会周祖以枢密使征李守真,应募居帐下。"②关于赵匡胤未仕之前僧人的预言,《佛祖统纪》卷四三综合时人的记载,有这样的归纳:

> 上未仕时,过泾州长武镇寺,沙门知非凡人,阴使人图上容于寺壁。后以其寺有御容,遂为官所护。及在洛阳,尝过长寿寺,枕殿砥昼寝。僧守严见赤蛇出入上鼻,上寤,严问所向。上曰:"欲往澶州见柴太尉,未有赍。"严曰:"贫道有驴可乘以往。"复赠之钱。及见太尉,奇之,遂留幕府。晋开运间,宋城有异僧,状如豪侠,挟铜弹走草莽上。指州地曰:"不二十年,当有帝王由此建号。"③

此中的前两则在其他宋代文献中多有叙述,但是在细节方面还是有很多

---

① 关于宋太祖的佛缘,研究成果不少。本节文字主要参考了两本集大成的著作:[日]牧田谛亮《中国近世佛教史研究》第二章第一节《赵宋帝室的佛教信仰》(索文林译,台湾,华宇出版社,1983年);刘长东《宋代佛教政策论稿》第一章《宋太祖受禅的佛教谶言与宋初政教关系的重建》(成都,巴蜀书社,2005)。
② 《宋史》卷一,第2页。
③ 志磐:《佛祖统纪》卷四三,《大正新修大藏经》(以下简称《大正藏》)第49卷,第394页上—中。

差别的。最后一则仅仅是僧人的预言,与太祖没有直接的关系。志磐在此则下加注说明:"太祖在周朝为归德军节度使。归德在唐为宋州,及受禅遂以'宋'建国。"①这几则实例均在赵匡胤开运之始,尽管这些事例并不一定都实有其事,但至少也可说明,太祖这一时期确实与僧人、佛寺有所接触,并且在一定程度上获得过其帮助。

其二,诌公铜牌记的谶语。志磐《佛祖统纪》引用宋赵普《皇朝龙飞记》所言记载如下:

> 先是,民间有得《梁志公铜牌记》云:"有一真人起冀州,开口张弓在左边,子子孙孙保永年。"江南李主名其子曰弘冀,吴越钱王诸子皆连弘字(弘倧、弘俶、弘亿),期应图谶。及上受禅,而宣祖之讳正当之。太祖皇考上弘下殷,追谥宣祖。②

宝诌为南朝中有名的神僧,又作宝诌、保诌,世称宝公、诌公和尚。其言每似谶记,民众遂争就问福祸。齐武帝以其惑众,投之于狱。然日日见此僧游行于市里,若往狱中检视,却见此僧犹在狱中。帝闻之,乃迎入华林园供养,禁其出入。而此僧不为所拘,仍常游访龙光、阚宾、兴皇、净名等诸寺。至梁武帝建国,始解其禁,其每与梁武帝长谈,所言皆经论义。宝诌和尚的谶语不仅在南北朝末期多有流传,唐五代时期甚至出现了不少伪托其名的谶语,上述就是唐末五代时期流行的相传为宝诌和尚所言的谶语。显然,在宋太祖登基之前后,他及其部下一定是知晓并且相信这一谶语的。

其三,麻衣僧之谶语。宋代史料屡言太祖在周世宗下令毁灭佛教的当口密访"麻衣僧",其中以《佛法金汤编》所引宋代僧人祖秀《欧阳外传》(今佚)的说法最为详尽。其文曰:

> 初,太祖目击周世宗镕范镇州大悲菩萨铜像铸为钱。太祖密访

---

①② 志磐:《佛祖统纪》卷四三,《大正藏》第49卷,第394页中。

麻衣和尚,问曰:"自古有毁佛天子乎?"麻衣曰:"何必问古事,请以柴官家目击可验。"太祖曰:"主上(世宗)神武聪明,善任人,日夜图治,以混一为心,有唐太宗之风,不知天下何日定矣?"麻衣曰:"甲子至,将大定。"太祖因问:"古天子毁佛法,与大周何如?"麻衣曰:"魏太武毁寺、焚经像、坑沙门,故父子不得其死。周武帝毁佛寺、籍僧归民,未五年遽萦风疹;北伐,年三十六崩于乘舆,国亦寻灭。唐武宗毁天下佛寺,在位六年,年三十二,神器再传,而黄巢群盗并起。"太祖曰:"天下久厌兵,毁佛法非社稷福,奈何?"麻衣曰:"白气已兆,不逾数月,至申辰,当有圣帝大兴。兴则佛法赖之亦兴,传世无穷。请太尉默记之,及即位,屡建佛寺,岁度僧人。"①

这里所说的"麻衣和尚"是五代时期最著名的神秘人物。如其传略所称:"麻衣和尚者,不知何许人也。当五季之际,方服而衣麻,往来泽潞关陕间,妙达易道,发河图之秘。"②尽管关于麻衣和尚的真实情况,现今所知不多,但一般以为,赵匡胤密访麻衣和尚之事基本可信。至于其谈话内容,如上文所引:一是赵匡胤密访麻衣和尚是在周世宗下令毁佛时刻,而其谈论也与毁佛事件相关;二是麻衣和尚暗示了后周政权的灭亡以及赵匡胤日后登基为帝之事。严格地说,上述内容在细节方面也许漏洞不少,但世宗毁佛而迅速衰败对于宋太祖即位之后制定佛教政策的殷鉴很是直接。

其四,当时有人将定光佛转世普度众生的传说与朝代的更迭联系起来,鼓吹宋太祖是定光佛转世,以此来争取民心,为赵宋王朝披上一层神圣的外衣。宋人朱弁在《曲洧旧闻》卷一中说道:

> 五代割据,干戈相侵,不胜其苦。有一僧,虽佯狂而言多奇中。尝谓人曰:"汝等望太平甚切,若要太平,须待定光佛出世始得。"至

---

① 心泰:《佛法金汤编》卷一一,《卍新纂续藏经》(以下简称《续藏经》)第87册,第416页中。
② 如惺:《补续高僧传》卷二三,《续藏经》第77册,第516页下。

太祖一天下，皆以为定光佛后身者，盖用此僧之语也。①

定光佛即燃灯佛。佛教经典中说，定光佛即燃灯佛，因其点化释迦菩萨而成佛果，当九十一劫时，将转世普度众生。定光佛的信仰，从南北朝开始流行不绝，不少僧人被目之为定光佛的化身。在北宋初期，宋人以定光佛出世看待宋太祖受禅之缘由，朝廷也有意识地利用这一传说为其合法性寻求支撑。这当然会对宋代佛教的大发展产生深刻影响。

其五，在赵匡胤发动陈桥驿兵变之时，赵母正在佛寺避难。如司马光《涑水记闻》记载："太祖之自陈桥还也，太夫人杜氏、夫人王氏方设斋于定力院。闻变，王夫人惧，杜太夫人曰：'吾儿平生多奇异，人皆言当极贵，何忧也？'言笑自若。太祖即位，是月契丹、北汉兵皆自退。"②这一记载，未言太夫人在寺院的目的以及寺僧的作用，有些宋人的著作对此言之甚详，如朱弁《曲洧旧闻》中说：

> 太祖皇帝在周朝受命北讨，至陈桥为三军推戴。太后眷属以下，尽在定力院。有司将搜捕，主僧悉令登阁而固其扃鐍。俄而大搜索，主僧绐曰："皆散走，不知所之矣。"甲士入寺，升梯，且发鐍，见蛛网丝布满其上，而尘埃凝积，若累年不曾开者。乃相告曰："是安得有人！"遂皆返去。有顷，太祖已践祚矣。③

不过，由于宋代的一些著作如王称《东都史略·宣祖昭宪皇后杜氏》以及元代所编的《宋史》中未曾言及这一细节，因此，不少现代学者都认为"杜太后是否确曾避难于僧寺，也大可疑问"④。不过，不管这一事件是否真的发生过，杜太后以及太祖之王皇后，与当时的士人以及家眷一样，常常去寺院烧香拜佛，大致是不差的。这一点，也不能不影响到宋太祖立国

---

① 朱弁：《曲洧旧闻》卷一，第85—86页，北京，中华书局，2002年。
② 司马光：《涑水记闻》卷一，第82页，北京，中华书局，1983年。
③ 朱弁：《曲洧旧闻》卷一，第83页。
④ 刘长东：《宋代佛教政策论稿》，第7页。

之后对待佛教的态度。

其六,相国寺奇遇。记载这件事的典籍很多,如宋蔡绦《铁围山丛谈》中说:

> 艺祖始受命,久之,阴计:"释氏何神灵,而患苦天下?今我抑尝之,不然废其教矣。"日且暮,则微行出,徐入大相国寺。将昏黑,俄至一小院户旁,则望见一髡大醉,吐秽于道左右,方恶骂不可闻。艺祖阴怒,适从旁过,忽不觉为醉髡拦胸腹抱定,曰:"莫发恶心,且夜矣,惧有人害汝,汝宜归内,可亟去。"艺祖心动,默以手加额而礼焉,髡乃舍之去。艺祖得促步还,密召忠谨小珰:"尔行往某所,觇此髡为在否,且以其所吐物状来。"及至,则已不见。小珰独爬取地上遗狼藉,至御前视之,悉御香也。释氏教因不废。①

上述记载有两大疑问:一是太祖登基之后是否曾经有过废除佛教的想法?二是微服私访的可能性有多大?但是,一是记载此事的宋代文献很多,有些距离宋初很近;二是早在北宋就有人以之来解释太祖恢复佛教的缘由。可见,此事在宋代信其真者很多。

上述事例说明,宋太祖与佛教的渊源关系颇早颇深,在某种程度上说,太祖对于佛教还是颇有信仰的,广泛引用的一个例子就是他读《金刚经》之事。《佛祖统纪》卷四三记载:

> 上自洛阳回京师,手书《金刚经》,常自读诵。宰相赵普因奏事见之,上曰:"不欲甲胄之士知之,但言常读兵书可也。"②

上述个人方面的际遇,自然会增加太祖对佛教的友好态度,但更重要的应该是政治的需要,特别是佛教方面对于赵氏禅代的预言以及谶语支持,"正满足了赵宋新政权的当时之需而大受欢迎"③。各方面因素的综

---

① 蔡绦:《铁围山丛谈》卷五,第82页,北京,中华书局,1983年。
② 志磐:《佛祖统纪》卷四三,《大正藏》第49卷,第396页下。
③ 刘长东:《宋代佛教政策论稿》,第55页。

合作用,使得太祖登基不久,就下令停止毁佛,并且采取了许多促进佛教恢复甚至发展的措施。

太祖平定天下之后,便开始实施扶持佛教的政策。他即位数月,便解除了周世宗显德年间(954—959)的废佛令,并普度童行 8 000 人,以此作为稳定北方局势和取得南方吴越等国归顺的重要措施。建隆元年(960)六月,太祖命令保存于显德二年(955)五月七日世宗诏敕停废的寺院,并停止显德五年(958)七月集中开封销毁铜佛像以供铸钱之用的命令,令于铜像所在地加以奉祀,但亦不许新铸佛像。据范成大《吴船录》卷上的记载,乾德二年(964),太祖便诏沙门王业等 300 人西入天竺,求舍利及贝叶经。乾德三年(965),沧州僧道圆游历五天竺,往返 18 年,偕于阗使者回到京师,太祖在便殿召见,垂问西土风情。乾德四年(966),太祖派遣僧人行勤等 157 人游西域,"各赐钱三万"①。这一做法,被后继者所继承,在宋初的六七十年中,其时西行求经者很多,仅持经还朝者即有 138 人,而同时期五天竺赍经来华的梵僧也有 80 余人。

太祖还广建寺院,铸制佛像。在平定李重进之后,太祖即在扬州造寺,赐额建隆,并为置寺田四顷,以僧道晖主持。乾德二年(964),太祖下诏重修杭州昭庆寺,规制宏伟,费财无数。开宝年(968—975)间,太祖又下令重修同州龙兴寺舍利塔,耗资百万。开宝四年(971),太祖还倾心崇建正定府龙兴寺大悲菩萨铜像,工役三千,耗费巨万。

宋太祖还坚决惩治污辱佛教的士大夫。河南府进士李霭著书数千言,号《灭邪集》,诋毁佛教,还以佛经缀为衾绸,结果为僧人所告,河南尹不敢怠慢,表奏其事。乾德四年(966),李霭受到决杖、配流沙门岛的重惩。只是因为毁裂佛经、批评佛教便受到如此严厉的惩治,看来太祖确实对佛教有感情,以致感情用事,以微罪重责敢于毁佛的士大夫。其后诸帝虽然崇奉佛教,但士大夫因攻佛而受罚之事似乎未再出现,这表明

---

① 《宋史》卷二《太祖本纪》,第 23 页。

政治更加宽松了,而宽松的政治是宋代文化繁荣的重要原因。

太祖还十分重视佛教经典的编辑刊行。开宝四年(971),宋太祖敕令高品、张从信到益州开雕中国有史以来的第一部汉文木版印刷的《大藏经》,以《开元录》入藏经为主,陆续收入本土撰著和《贞元录》诸经,称之为《开宝藏》。这一行动影响民间,影响辽金和西夏,刻经之风由此盛行,其文化上的意义远胜于单纯的信仰。

太祖对待佛教也不是一味崇奉,他既有佛教徒的热诚,更有政治家的清醒。他对出家要求严格,一方面要试经得度,另一方面要求严守戒规,对于不法僧徒重加处置,对于寺院及僧人的数额也加以限制,使之保持在一个合理的额度内,这一方面有利于国家,对佛教本身也是有利的。开宝八年(975),太祖诏令禁止举行灌顶道场、水陆斋会及夜集士女等佛事活动,并指责其"深为亵黩,无益修持"①。太祖在建隆元年(960)六月的诏书中说:"诸路州府寺院,经显德二年停废者,勿复置;当废未废者,存之。"②这是肯定和承认周世宗废佛的既成事实。可见,自北宋伊始,最高统治者即对佛教制定了一套既保护又限制的政策。除了个别君主外,两宋王朝基本上循此方针处理政府与佛教的关系。

二、宋太宗的佛教信仰及政策

宋太宗赵光义(976—997年在位)是太宗的弟弟。他不但继承了太祖的帝位,而且沿袭了太祖所实行的佛教政策。尽管宋太宗是两宋时期很有作为的皇帝,但是,宋太祖之死和宋太宗的即位确实为后世留下了"烛影斧声"和"金匮之盟"之类的千古谜案。虽然对这类谜案,学术界目前尚有不同的、甚至是根本相反的看法,但有一点诸家的看法则完全一致,即宋太宗获得帝位存在合法性的危机。也许正因为如此,"事佛救

---

① 《禁灌顶道场水陆斋会夜集士女诏》,《宋大诏令集》卷二二三,第861页,北京,中华书局排印本,1962年。
② 李焘:《续资治通鉴长编》卷一,第17页。

福"便成为诠释太宗崇信佛教的最重要的向度之一。从太宗即位之后对待宗教的态度看,他对于自己即位的合法性确实是缺乏足够自信的。从儒家角度,尽管有"金匮之盟"之母命所蕴涵的"孝"道依据,但太宗仍然有意识地利用道教和佛教为其增加合法性的依据。

关于太宗代禅之内幕的最早最明确记载,见于北宋熙宁年(1058—1077)间成书的释文莹的《湘山野录》"太宗即位"条。根据文莹的说法,太祖在未登帝位之前,曾经与一位不知姓名的道士交游,这位道士"于杳冥间作清征之声,时或一二句,随天风飘下,惟祖宗闻之,曰:'金猴虎头四,真龙得真位。'"其后,太祖登位遍访之。后来太祖驾幸西沼,此道士又来拜见。《湘山野录》记载如下:

> 上谓生曰:"我久欲见汝决克一事,无他,我寿还得几多在?"生曰:"但今年十月廿日夜,晴,则可延一纪。不尔,则当速措置。"……帝切切记其语。至所期之夕,上御太清阁四望气。是夕果晴,星斗明灿,上心方喜。俄而阴霾四起,天地陡变,雪雹骤降,移仗下阁。急传宫钥开端门,召开封王,即太宗也。延入大寝,酌酒对饮。宦官、宫妾悉屏之,但遥见烛戳影下,太宗时或避席,有不可胜之状。饮讫,禁漏三鼓,殿雪已数寸。太祖引柱斧戳雪,顾太宗曰:"好做,好做。"遂解带就寝,鼻息如雷霆。是夕,太宗留宿禁内,将五鼓,周庐者寂无所闻,帝已崩矣。太宗受遗诏,于柩前即位。逮晓登明堂,宣遗诏罢,声恸,引近臣环玉衣以瞻圣体,玉色莹然如出汤沐。①

这一条材料很受后来的史学家的重视,实际上成为后来所概括的"烛影斧声"之说的蓝本,而其中所说的"道士"也成为太宗朝甚至此后的真宗朝重视道教的来由。

---

① 释文莹:《湘山野录续录》,释文莹撰,郑世刚、杨立阳点校《湘山野录·续录·玉壶清话》,第74页,北京,中华书局,1984年。

关于太祖所信赖的这位道士,文莹并未说出其名,而其后则众说纷纭,南宋的李焘将此事系于张守真的名下①。关于张守真之事,《宋朝事实》记载:

> 国初,有神降于盩厔县民张守真家,自言天之尊神,号黑杀大将军,玉帝之辅。帝命乘龙降世,卫护宋朝。……乾德中,太宗皇帝方在晋邸,颇闻灵应,乃遣近侍赍信币、香烛就宫致醮。使者斋戒,焚香告曰:"晋王久钦灵异,敬备俸缗,增修殿宇,仍表乞敕赐宫名。"真君曰:"吾将来运值太平君,宋朝第二主修上清太平宫,建千二百座堂殿,俨三界中星辰,自有时日,不可容易而言。但为吾启大王,言此宫观上天已定增建年月也,今犹未可。"使者归以闻,太宗惊异而止。②

依据《宋朝事实》的说法,宋"太祖皇帝素闻之,未甚信异,召小黄门长啸于侧,谓守真曰:'神人之言,若此乎?'守真曰:'陛下倘谓臣妖言,乞赐案验,戮臣于市,勿以斯言亵渎上圣。'"可见,太祖并不大相信这一说法,于是就有神的表演:

> 须臾,真君降言曰:"安得使小儿呼啸,以鄙吾言,斯为不可。汝但说与官家,言天上官阙已成,玉锁开,晋王有仁心。"翌日,太祖升遐,太宗嗣位。寻召守真作延祚保生坛,醮罢,真君降言于内臣王继恩曰:"吾有言,汝当为吾奏之。"曰:"建隆元年奉帝言,乘龙下降卫人君。扫除妖孽犹闲事,纵横整顿立乾坤。国祚已兴长安泰,兆民乐业保天真。八方效贡来稽首,万灵震伏自称臣。亲王祝寿焚香祷,递相虔洁向君亲。吾有捷疾一百万,诸位灵官万垓人。若行忠孝吾加福,若行悖逆必诛身。赏罚行之既平等,天无纷秽地无尘。爱民治国胜前代,万年基业永长新。"继恩录之以闻,太宗览之,惊

---

① 参见李焘《续资治通鉴长编》卷一七,第377—378页。
② 李攸:《宋朝事实》卷七,第115页,北京,中华书局,1955年。

异,稽首谢曰:"家国之幸,宗庙之庆,虔荷上圣,赐此格言。"寻遣内供奉官王守节、起居舍人王龟从就终南山下筑宫。"

依据这一记载,在太宗即位的第二日,"真君"下降为太宗即位发布合法性的"神话"。这一君权神授的演示,自然当即博得太宗的欢心,不但道士张守真获得封赏,而且负责传达的宦官王继恩也由此受到太宗的格外宠信。将这一记载与释文莹所说的那位道士之事相比较,发生的事件似乎较为接近,但内容不同,因而可能不只一位道士看好晋王即位的事情,因而不惜以宗教语言的方式为太宗登基制造舆论。这些自然投合了太宗的心意,他在即位后随即封此神为"翊圣将军",在终南山修建上清太平宫,命张守真主持其事,凡遇军国大事,都派人前往祭祷。根据宋真宗时期的宰相王钦若编写的《翊圣保德真君传》记载,太宗朝"真君"多次降世显灵,发布上天对于太宗登基的赞誉之辞。道教由此也逐渐获得了良好的发展机会。

上文所引文莹所说的"烛光斧影",尽管被后来者解读为"谋杀"之暗示,但很难否认文莹的真实意图是为说明太宗即位确实是太祖禅让的结果。严格地说,从目前的证据看,我们不能否认太宗有合法即位的可能性,但是这种不同寻常的即位方式确实也有让人生疑之处。从太宗对于佛、道两教为此制造的舆论的重视程度来看,太宗确实心中不大踏实,在其执政的年代中,封赏道士、奖掖道教的发展,即是其中的一方面表现。而以佛教所说的"转轮王"自居,内心则更多地欲祈求佛教的佑助,则是太宗更加热心去做的事情。他在《新译三藏圣教序》中说:

大矣哉,我佛之教也。化道群迷,阐扬宗性。广博宏辩,英彦莫能究其旨;精微妙说,庸愚岂可度其源。义理幽玄,真空莫测;包括万象,譬誉无垠。①

---

① 念常:《佛祖历代通载》卷一八,《大正藏》第49卷,第659页上。

他甚至利用余暇撰著《秘藏诠》诠解佛语且颁赐给佛寺,"规定寺僧善加保存研读。以其个人对佛法之理解,指导丛林,教僧侣们阅皇帝解释佛义之作,以'免滞面生进此道',这岂不是有意自我膨胀,睥睨儒臣,藐视僧侣,而俨然以皇帝兼教主之姿态,宣示其超凡入圣,睿智无穷的其体表现?"①尤其是,宋太宗曾经对近臣表示:"朕曩世尝亲佛座,但未通宿命,不能于此了了见之耳。"②在一些场合,太宗明显地以"转轮王"自居,颇想显示出以佛教治国的面貌。"西域僧侣不断朝宋,对太宗的转轮王之至尊形象,最具有肯定作用"③。譬如太平兴国七年(982),成都沙门光远游西域还,曾谒阙进西天竺王子所上表,经施护翻译,有如下之语:

> 伏闻支那国有大天子,至圣至神,富贵自在。自惭福薄,无南朝谒。远蒙皇恩赐金刚座释迦如来袈裟一领,即已披挂供养。伏愿支那皇帝,福慧圆满,寿命延长。一切有情,度诸沉溺。谨以释迦舍利,附沙门光远以进。④

通过派遣僧人西行求法发展与西域诸国的交往,颇能满足他心中以"转轮王"降世的幻觉。

不管"转轮王"或者"尝亲佛座"是太宗的幻觉也罢,还是有意欺骗也罢,太宗总是希望能够使得民众相信确实如此。太宗朝重兴舍利崇拜大概也是他这一谋略的表现之一。自古相传,四明山(在今浙江宁波)阿育王寺藏有释迦牟尼佛舍利。后梁贞明二年(916),吴越国王钱镠派人虔迎释迦舍利到杭州罗汉寺供奉。太宗在灭掉吴越国之后,于太平兴国三

---

① 参见宋太宗淳化三年(992)《赐秘藏诠逍遥等敕》(收载于《全宋文》卷七〇,第 2 册,第 554 页)以及黄启江的解释(黄启江《宋太宗与佛教》,《北宋佛教史论稿》,第 50 页,台北,商务印书馆,1997 年初版)。
② 《皇朝类苑》卷四三,四库本。
③ 黄启江:《宋太宗与佛教》,《北宋佛教史论稿》,第 34 页。
④ 志磐:《佛祖统纪》卷四三,《大正藏》第 49 卷,第 398 页下。

年(978)派供奉官赵镕前往吴越迎取佛舍利。吴越王钱俶即令官吏僧众,将装有佛舍利的小型佛塔送纳北宋国都东京(今河南省开封市)。宋太宗最初将其供奉在紫金城内的滋福殿中。为了收藏供奉从吴越领地杭州迎取的佛舍利,宋太宗于太平兴国七年(982)开始筹建木塔。筹建的木塔决定建于开宝寺的福胜院内,负责设计和监造的是当时著名的木工喻浩(一作预浩、喻皓)。喻浩督造的灵感木塔,八角十三层(一说十一层),高三百六十尺,上安千佛万菩萨,塔下作天宫,奉安阿育王佛舍利小塔。历时八年,此塔终于于端拱二年(989)竣工落成。此塔极其伟丽,在京师诸塔中最高,且做工极精。"巨丽精巧,近代所无也"①。

太宗朝修建开宝寺灵感塔所付出的时间及金钱更为可观,内廷供应的费用以亿万计。开宝寺塔建成之日,赐名福胜塔院,太宗肩舆微行,亲自手奉舍利塔,安放于灵感塔下之"天宫"。当时开封士庶闻讯围观,据说见"白光起小塔一角,大塔放光,洞时天地。士庶焚香献供者盈路,内侍数十人求出家扫塔"②。尤其值得注意的是,太宗诏直学士院朱昂撰塔铭,并且特意嘱咐他说:"儒人多薄佛。向中竺僧法遇乞为本国佛金刚座立碑(即菩提树下金刚土台也),学士苏易简为之,指佛为夷人。朕恶其不逊,遂别命制之。卿宜体此意。"③可见,太宗对于安奉舍利相当看重,不想让不大奉佛的儒臣扫自己的兴。果然,塔建成之后,成为赵宋王朝受佛护佑的一种象征,即便是不大信佛的宋真宗对其也不敢忽视。宋真宗大中祥符六年(1013),"有金光出相轮(即塔顶铜宝珠放光),车驾临幸,舍利乃见,因赐名灵感塔"。后来仁宗也崇奉不已。

正如上文所引太宗告诫朱昂所说的,太宗对佛教是有一定的信仰之心的,赵普赞其"以尧舜之道治世,以如来之行修心,圣智高远,动悟真

---

① 参见潜说友《咸淳临安志》卷八九《纪遗》,《宋元方志丛刊》(4),第4181页,北京,中华书局,1989年。
②③ 志磐:《佛祖统纪》卷四三,《大正藏》第49卷,第400页中。

理"①,虽不乏肉麻的吹捧成分,却也道出了太宗对佛教留心钻研的实情。太宗御制《新译三藏圣教序》,较之唐太宗李世民的《大唐三藏圣教序》更加突出对佛教的崇信,开首便称"大矣哉,我佛之教也",表达了对佛教的皈依,其中特言"达磨西来,传法东土,宣扬妙理,顺从指归",又突出了禅宗的特殊地位。太宗在首次新经颁行不久,即发表《莲花心轮回文偈颂》,其序赞颂"如来妙法",略曰:"朕闻如来妙法理深也,不可轻易而诠量;真谛奥玄智广也,岂非邪见而测度?"其后又连续写成《秘藏诠》及《缘识》等论佛赞法的诗文。这些诗文及其赞提道教之作如《逍遥咏》等,于真宗时辑成一书,称《妙觉集》,并编入大藏。《秘藏诠》一集,顾名思义是太宗诠释佛法之作,全书计有五言古诗一千首,每五十首为一卷,共二十卷。卷尾有两首《佛赋》,一首《诠源歌》,百首五言律诗曰《幽隐》,五、七言的《怀感》古诗各百首,及五、七言《怀感回文》古诗各一首。书中还有当时两街义学僧侣奉命所作之注,引用佛经多种解释诗义,让天下人知皇帝欲与佛相亲,共为慈悲。因为其书旨在诠释佛义,宣示太宗对佛法的见解,因而对如来及其教法赞扬之语甚多。对其兴教、译经之构想及计划,太宗也有如下诗句表示:

> 东土方兴教,如来一法传;投林栖木鹤,悟达理无偏。
> 西方极乐界,我佛智重宣;祖印相提挈,无心即受传。
> 东土多缘境,无生及有生;人心知识用,善道恶根平。
> 西梵语音别,真传妙圣经;法流心普受,静念境中听。
> 西域传经梵,年流日月飞;愚营身外事,岂晓法中机。②

太宗还在许多诗中发愿求法,让佛法传遍各地:

> 愿我无为法,纵横遍大千;光明如皎日,慧眼照人天。
> 愿知一切法,真法自优隆;万境随心转,迷情了自通。

---

① 李焘:《续资治通鉴长编》卷二四,第555页。
② 《御制秘藏诠》,《中华大藏经》第73册,第3987页,北京,中华书局,1997年。

>俗愿求真谛,如来教法深;微言能洞达,悯起大慈心。
>求佛归三宝,庄严道不违;自然精法用,善事好相依。
>志愿亲三宝,威严布萨诃;圆明无碍法,西域礼弥陀。
>我信三乘法,周圆不可量;如来求秘旨,像教法根长。
>来慕经文意,瞥然见道理;身通大众心,秘印传深旨。①

太宗也有许多诠释佛理的诗句,从中可以看出太宗确实是留心释典的,而且对于佛教义理的理解也颇为深刻。

不过,太宗在这些场所所流露的情绪,在多大程度上发自内心,已经很难知晓。但可以肯定的是,宋太宗之所以信奉佛教、扶持佛教的发展,最实在的想法其实是从治世角度出发的,他对于佛教"有神政治"是深有体会的。太平兴国八年(983)十月,施护译《守护大千国土经》三卷、法护译《大力明正经》二卷,呈上御览。太宗以之示宰相并谕群臣说:

>浮屠氏之教有神政治。达者自悟渊微,愚者妄生诬谤。朕于此道微究宗旨,凡为君治人,即是修行之地。行一好事天下获利,即释氏所谓利他者。庶人无位,纵或修行自若,不过独善一身。如梁武舍身为寺家奴,百官率钱收赎,又布发于地令桑门践之。此真大惑,乃小乘偏见之甚,为后代笑。为君抚育万类,皆如赤子无偏无党,各得其所,岂非修行之道乎!虽方外之说亦有可观。卿等试读之,盖存其教,非溺于释氏也。②

在此,太宗强调自己之所以扶持佛教并非如梁武帝般沉溺于其中,而是以大乘佛教之行来治理国家。他甚至说,自己治国也就是佛教的"修行之地"。

综合言之,宋太宗奉佛的表现很多,最主要的当然是支持僧人西行求法、设立译经院、支持刻印大藏经、度僧、修建佛寺佛塔、褒奖高僧等

---

① 《御制秘藏诠》,《中华大藏经》第 73 册,第 3991 页。
② 李焘:《续资治通鉴长编》卷二四,第 554 页。

等。这些事对于宋初佛教的全面复兴起了关键的作用。这些在本著相关部分会较为详尽地说明其原委。在此,需特别指出,在两宋皇帝中,尽管从本人对于佛教的信仰方面说,太宗是最为显著的一个,但是,太宗奉佛总体言之,仍然是相当理性的。"他虽然对佛教有偏好,但是对处理佛教有关事务,相当费心、谨慎。除了自视有帝王兼现在佛的身份外,他还考虑到如何掌握佛教,使其对政治、经济、社会各方面产生实利。他并未采取放任政策,让丛林任意发展,反而对佛教一切设施加以管制,时而严厉,时而松弛。土木工程,凡与佛教相关,目的多在辅助个人形象,充实君主利益"①。所以他一方面度僧尼十余万,并花费亿万修建开宝寺舍利塔;另一方面又屡诏约束寺院扩建,乃至下诏限制僧尼数量。如雍熙三年(986),他诏令"天下系帐童行并与剃度",但是要求"自今而后,读经及三百纸,所业精熟者方许系帐"。② 让系帐童行剃度,是为了表示皇帝特殊恩惠,并不是放任出家。这一点,太宗在太平兴国七年(982)九月诏书中说得最明白:

> 朕方隆教法,用福邦家。眷言求度之人,颇限有司之制。俾申素欲,式表殊恩。应先系帐沙弥、长发未剃度者,并特于剃度,祠部即给牒。今后不得为例,不得将不系帐人夹带充数,犯者当行决配。③

这一特殊用心是过去佞佛的帝王难于注意到的,这也是北宋诸帝既大力扶持佛教的发展,又不至于让佛教成为国家财政负担的有效方法之一。太宗为其后北宋甚至南宋的皇帝树立了一个可资借鉴的楷模。

第三节 北宋中后期的佛教政策

在太祖、太宗两朝28年的扶持下,至真宗、仁宗时期,佛教终于迎来

---

① 黄启江:《宋太宗与佛教》,《北宋佛教史论稿》,第35页。
② 志磐:《佛祖统纪》卷四三,《大正藏》第49卷,第400页上。
③ 徐松:《宋会要辑稿》释道一之一四,第7875页,北京,中华书局影印本,1957年。

了会昌灭佛之后久违的繁荣局面。一直至北宋末期,佛教仍然处于持续繁荣之中。

一、宋真宗的崇道与重佛

宋真宗赵恒(997—1022年在位)是太宗的第三子,30岁时即位。在北宋中期佛教发展的进程中,宋真宗是一位承前启后的皇帝,他对于北宋佛教的繁荣起了关键性的作用。由政治等因素所决定,在北宋历史上,他与北宋末的徽宗同以崇奉道教著称于世。与宋徽宗不同的是,真宗大力发展道教但却并不限制佛教的发展。正因为如此,佛教接续了太祖、太宗两代皇帝所扶持下的强劲恢复势头,至仁宗朝,佛教迎来了宋代的第一个发展高潮,初现繁荣局面。

宋朝立国之初,太祖采取三教并用的国策,对于道教也多有留意,于即位之初就修造建隆、太清二观,并且逐渐允许重修战争毁坏的前代道观。但总体言之,太祖对于道教,除对个别高道甚为尊敬之外,没有明显的崇道举措。如前文所述,宋太宗由于政治的需要,"翊圣"崇拜搞得如火如荼,道教的地位有所提高。真宗赵恒即位后的前十年,即至道三年(997)至景德四年(1007),对于道教只是例行公事般地利用,其力度尚不及乃父太宗。而此时,他对佛教的兴趣却大得多,促使其心态发生变化的事件是"澶渊之盟"。

宋真宗景德元年(1004)十二月,北宋朝廷与契丹(辽)在澶州(今河北省濮阳县西南)订立和约,史称"澶渊之盟"。但这不等于消除了异族侵犯的威胁,更未能减除当政者内心的惶恐。宋真宗时刻感到地位的不稳,欲借神力以安定人心,巩固其统治。他自言梦见神人下降,说有天书颁赐,敕令中书令王钦若、参知政事丁谓、仪卫使王旦等迎合旨意,造天书以彰显祥瑞,然后和群臣大肆庆贺。如此般的举动,在真宗朝有很多次。据《宋史》卷一○四的记载:

先是,大中祥符元年正月乙丑,帝谓辅臣曰:"朕去年十一月二十七日夜将半,方就寝,忽室中光曜,见神人星冠、绛衣,告曰:'来月三日,宜于正殿建黄箓道场一月,将降天书《大中祥符》三篇。'朕竦然起对,已复无见,命笔识之。自十二月朔,即斋戒于朝元殿,建道场以伫神贶。适皇城司奏,左承天门屋南角有黄帛曳鸱尾上,帛长二丈许,缄物如书卷,缠以青缕三道,封处有字隐隐,盖神人所谓天降之书也。"王旦等皆再拜称贺。帝即步至承天门,瞻望再拜,遣二内臣升屋,奉之下。旦跪奉而进,帝再拜受之,亲奉安舆,导至道场,付陈尧叟启封。帛上有文曰:"赵受命,兴于宋,付于眘。居其器,守于正。世七百,九九定。"缄书甚密,抉以利刀方起。帝跪受,复授尧叟读之。其书黄字三幅,词类《书·洪范》、《老子道德经》,始言帝能以至孝至道绍世,次谕以清净简俭,终述世祚延永之意。读讫,帝复跪奉,蕴以所缄帛,盛以金匮。旦等称贺于殿之北庑。丙寅,群臣入贺,于崇政殿赐宴,帝与辅臣皆蔬食。遣官奏告天地、宗庙、社稷及京城祠庙。丁卯,有司设大次朝元殿之西廊,黄麾仗,宫县、登歌,文武官陪列,帝服靴袍升殿,酌献三清天书。礼毕,步导入内。戊辰,大赦,改元,百官并加恩,改左承天门为左承天祥符。①

类似的事件在大中祥符元年(1008)四月、六月接连发生。

面对社会对天书屡降的狂热反应,宋真宗还认为声势不够。他又想模仿唐朝皇帝崇奉老子的办法,来抬高皇帝的地位和显示神必佑宋室的可靠性。可是,道教王尊之神太上老君姓李,不能为赵氏装饰门面,于是宋真宗又假托梦见神人传玉皇之命,硬是造了一个保生天尊大帝赵玄朗,扬言这是赵氏帝王的族祖。《宋史》卷一〇四记载:

> 帝于大中祥符五年十月,语辅臣曰:"朕梦先降神人传玉皇之命云:'先令汝祖赵某授汝天书,令再见汝,如唐朝恭奉玄元皇帝。'翌日,复梦神人传天尊言:'吾坐西,斜设六位以候。'是日,即于延恩殿

---

① 《宋史》卷一〇四,第 2539 页。

设道场。五鼓一筹,先闻异香,顷之,黄光满殿,蔽灯烛,睹灵仙仪卫天尊至,朕再拜殿下。俄黄雾起,须臾雾散,由西陛升,见侍从在东陛。天尊就座,有六人揖天尊而后坐。朕欲拜六人,天尊止令揖,命朕前,曰:'吾人皇九人中一也,是赵之始祖,再降,乃轩辕黄帝,凡世所知少典之子,非也。母感电梦天人,生于寿丘。后唐时,奉玉帝命,七月一日下降,总治下方,主赵氏之族,今已百年。皇帝善为抚育苍生,无怠前志。'即离座,乘云而去。"①

宋真宗这么一说,王旦等人便再拜称贺。宋真宗还再召王旦等至延恩殿,历观临降之所,并布告天下。他还命参知政事丁谓、翰林学士李宗谔、龙图阁侍制陈彭年与礼官修《崇奉仪注》。当年闰十月,制九天司命保生天尊号"圣祖上灵高道九天司命保生天尊大帝",圣祖母号曰"元天大圣后"。从此道教又多了一位仅次于玉皇的尊神保生大帝赵玄朗。

真宗为配合天书、圣祖之崇兴,又大肆尊崇太上老君和玉皇大帝。老子在唐代即受到推崇,真宗屡诣太清宫,试图借唐代皇帝自谓的先祖为赵家圣祖张本。大中祥符七年(1014)正月,真宗至亳州,使天书扶持使奉天书赴太清宫,帝亲奉天书升殿,行朝拜之礼,并加号"混元上德皇帝"。大中祥符八年(1015)正月朔,真宗驾诣玉清昭应宫,上玉帝尊号曰"太上开天执符御历含真体道玉皇大帝",奉安刻玉天书于宝符阁。天禧元年(1017)正月,又上玉皇圣号宝策及圣祖徽号,诣玉清昭应宫荐献,上玉皇大天帝宝册,衮服,并上圣祖宝册,太庙谥册,享六庙神主。这都是仿照儒家昊天上帝而立玉皇大帝,使其证明天书和圣祖的合法性。一切典礼,皆仿郊庙之仪,祭祀玉皇,必以圣祖乃至太庙神主血食,而天书屡降,成为此种宫廷道教仪式中不可或缺的道具,至于紫薇大帝、七元辅弼真君、翊圣保德真君等较次要的道教诸神,则作为配角一同陪祭。真宗前后凡幸太清宫十二,玉津园十,太一宫、玉清昭应宫各六,每至必详订

---

① 《宋史》卷一〇四,第2541—2542页。

仪注,擘化周密,花费巨亿;君臣皆冠冕堂皇,恭行大礼,一如郊庙之制;真宗亲自焚香,过百拜以上。所谓"祥瑞淼臻,天书屡将,导迎奠安,一国君臣如病狂然"。但真宗非如汉武欲求长生而慕方士神仙之说,也不是如明皇雅好道教仪式而亲制乐章,推其本心,真宗对道教并无真诚信仰,而是自恃"英晤",欲造神以虚张声势,以神道掩人耳目,内立威德,外消契丹觊觎之志而已。

尽管真宗在其执政的后十余年,实行了积极的崇道政策,道教的地位有很大的上升,但佛教的重要性并未有多大的降低,更何况在其执政初期,佛教的地位是在道教之上的。

与对道教赤裸裸的利用相比,宋真宗对于佛教尚有更多的了解,也可能有不少信仰的成分。从目前可见的真宗所撰的经序以及诏敕中,即可窥见其一斑。真宗在《注遗教经序》中说:

> 朕祇嗣庆基,顾渐凉德,常遵先训,庶导秘诠,因览此经,每怀亲奉。冀流通而有益,因注解以斯形。虽寡昧以难精,幸覃研而克就,仍俾镂于方板,所期贻厥庶邦,凡在群伦,勉同归向云耳。①

在《注四十二章经序》中真宗又说:"尝以余闲,潜加览阅,冀协宣扬之谊,因形注释之辞。"②在《继圣教序》中,真宗说,他是在乃父的感召之下,绍继译经之盛事的。其文曰:

> 伏睹太宗皇帝法性周圆,仁慈普布。化蛮貊则万邦辐凑,跻烝民于仁寿之乡;崇教法则四海云从,惠苍生于富庶之域。简尊经之浩汗,设方便以救沉沦;知法界之恢宏,行精进而摄懈怠。乃择其邃宇,校彼真文,命天竺之高僧,译贝多之佛语。……有译经西域僧法贤,奏章恳切,致意专勤,以先皇帝大阐真风,高传佛日,兴前王之坠典,振觉路之颓纲。欲旌天造之功庸,用广圣文之述作,请予制序继

---

① 释熙仲集:《历朝释氏资鉴》卷九,《续藏经》第76册,第220页上。
② 《全宋文》卷二六二,第7册,第121页。

> 圣教焉。自圣考上仙追号冈极,息政事之外,何暇经心。今已禫除,思臻微奥。虽幼承慈训,奈凤乏通才,焉穷乎法海之津涯,莫造乎空门之阃域。略敷大意以徇舆情,蹄涔不足拟浴日之波,尺棰岂能量昊天之影?聊述短序以纪圣功者焉。①

从上述引文中可以推测出,真宗自幼即受家教之熏陶,涉猎佛书,于佛法略有所知,即位之初,遂视兴佛与译经为其主政的任务之一,佛教在其统治之初,仍然接续了乃父时期的发展势头。

在真宗朝,有不少儒士官员上书建议限制佛教,真宗都予以拒绝。真宗即位不久,王禹偁疏陈五事,其中建议澄汰僧尼,其疏文说:

> 四曰沙汰僧尼,使疲民无耗。夫古者惟有四民,兵不在其数。盖古者井田之法,农即兵也。自秦以来,战士不服农业,是四民之外,又生一民,故农益困。然执干戈卫社稷,理不可去。汉明之后,佛法流入中国,度人修寺,历代增加。不蚕而衣,不耕而食,是五民之外,又益一而为六矣。假使天下有万僧,日食米一升,岁用绢一匹,是至俭也,犹月费三千斛,岁用万缣,何况五七万辈哉。不曰民蠹得乎?臣愚以为国家度人众矣,造寺多矣,计其费耗,何啻亿万。先朝不豫,舍施又多,佛若有灵,岂不蒙福?事佛无效,断可知矣。愿陛下深鉴治本,亟行沙汰,如以嗣位之初,未欲惊骇此辈,且可以二十载,不度人修寺,使自销铄,亦救弊之一端也。②

王禹偁希望真宗能够改变太宗对于佛教的优容,未获真宗采纳。咸平二年(999),素不喜佛的吏部侍郎陈恕以译经院久费供亿,议请罢废,言辞甚为激切,真宗回应说:"三教之兴,其来已久。前代之毁者多矣,但存而勿论也。"③可见,真宗当时清醒地知晓依靠权力是不能取缔佛教的。景

---

① 念常:《佛祖历代通载》卷一八,《大正藏》第49卷,第661页上。
② 《宋史》卷二九三《王禹偁本传》,第9797页。
③ 释熙仲集:《历朝释氏资鉴》卷九,《续藏经》第76册,第219页下。

德三年(1006),诸王府侍续孙奭奏请减省修寺、度僧,真宗回答:"释、道二门有助世教,人或偏见,往往毁訾,假使僧、道时有不检,安可即废?"①这是说,佛教、道教二教都有助于教化,即便是出现一些问题,适时加以处理即可,不必言废弃。

尽管在其执政中期,宋真宗热心崇道,但其对待佛教的态度是前后一贯的,其态度与政策并未变化多少。真宗自撰的《崇释论》集中体现了他对于佛教有益于教化的理念,根据《佛祖统纪》的摘录,文曰:

> 其略云曰:"奉乃十力,辅兹五常。上法之以爱民,下遵之而迁善,诚可以庇黎庶而登仁寿也。"

> 又曰:"释氏戒律之书,兴周孔荀孟,迹异而道同。大指劝人之善,禁人之恶,不杀则仁矣,不盗则廉矣,不惑则信矣,不妄则正矣,不醉则庄矣。"②

真宗在此认为佛教戒律之书与周、孔、荀、孟迹异而道同,都可起劝人为善的作用。此外,真宗还撰成不少佛教诗文,经汇集成编,称《法音集》,与太宗之《妙觉集》前后辉映。

大中祥符(1008—1016)初年,真宗崇道之后,仍然在多方面奖掖佛教。见于《佛祖统纪》卷四四的就几十宗,在此选择几则略作分析:

其一,大中祥符四年(1011)三月,真宗"幸洛阳龙门山广化寺瞻无畏三藏塔,制赞刻石,置之塔所。复幸白马寺瞻摩腾三藏真身。上谓近臣曰:'摩腾至今千年,而全身不坏,良可尊敬。宜严谕寺僧用心守护。'因御制以褒之"③。由此例可见,在崇道的情形下,真宗仍然对于前代高僧怀有很深的崇敬之心。

其二,大中祥符六年(1013)十一月,"舍利见于玉清昭庆宫圣祖明庆

---

① 志磐:《佛祖统纪》卷四四,大正藏第49卷,第403页。
② 同上书,第402页上。
③ 同上书,第404页中。

殿,或以为道门无舍利事。上谓宰臣王旦曰:'三教之设,其旨一也。大抵皆劝人为善,唯识达之士能一贯之,滞情偏执于道益远。'"①

其三,大中祥符八年(1015)正月,"臣僚言:'每岁上元车驾诣寺、观三十余处,百拜已上。望自今诸殿,令近臣分拜。'上谓王旦曰:'朕祈福中外,虔恭拜起,未尝懈怠。卿等欲申裁减,非朕之意。'"②可见,真宗拜佛、拜道教天尊都很虔诚,礼仪周到,不肯偷懒,并不因崇道而忽略佛教。

鉴于此,真宗虽以崇道闻于后世,历代佛教史家仍尊其为外护,对他赞美有加。南宋的志磐评论说:

> 真庙之在御也,并隆三教,而敬佛重法过于先朝。故其以天翰撰述,则有《圣教序》、《崇释论》、《法音集》,注《四十二章》、《遗教》二经,皆深达至至理。一岁度僧至二十三万,而僧众有过者止从赎法。上元幸诸寺,礼像百拜弗辞。复唐家天下放生池,以广好生,皆本于宿愿而发于圣性,非俟于劝也。至于继世译经,大开梵学,五天三藏,云会帝廷;而专用宰辅、词臣兼润文之职,其笃重译事,有若是者。当时儒贤如王旦、王钦若、杨亿、晁回辈,皆能上赞圣谟,共致平世。君臣庆会,允在兹时。稽之前古,未有比对。③

截至天禧五年(1021),"是岁天下僧数三十九万七千六百十五人,尼六万一千二百四十人"④。佛教僧尼的人数与太宗朝相比,增加不少,超过道士、道姑不知多少倍。其实,佛教界是赞成三教共同发展的,并不希望以自己的发展来压制道教,如南宋志磐所论:

> 道事天,天事佛,故为国者,必两存之。而于尊卑小大之分,较然久已自明。恭惟真宗皇帝圣心虚融,并包法界,敬天命,宗佛乘,发于性真,不俟为学。既免梁武永弃道教之偏,且无唐宗上跻老聃之失。(梁天监二年罢道教,唐贞观十一年,升老子居佛上。)深距臣

---

①② 志磐:《佛祖统纪》卷四四,《大正藏》第49卷,第405页上。
③④ 同上书,第406页下。

> 僚佞佛邀福之说,肯顾陈恕译经费财之言,上法祖宗,下垂成宪,非天下之至圣,其孰能之!①

诚如志磐所言,佛道都有益于国家,应该共同发展。志磐等僧界的赞誉,从一个侧面说明,宋真宗的所为应该算做三教互相促进、共同发展的典范。

二、宋仁宗、英宗的佛教政策

宋仁宗赵祯是真宗第六子,13岁即位。宋仁宗在位(1022—1063)时期佛教仍然在快速发展的轨道上运行,一个重要的原因就是仁宗对佛教的支持。宋仁宗对佛教的崇奉,在北宋皇帝中是较为突出的。②

关于宋仁宗对佛教的态度,时人王珪曾说:仁宗皇帝"自膺宝祚,仰慕佛乘。持守兢兢,罔敢失堕"③。苏颂为仁宗写的《斋文》中特别提出:"仁宗皇帝伏愿三明证理,十号登尊,度沙界之群生,护金轮之景祚。"④苏轼对仁宗与佛教关系的评价最高:

> 臣谨按古之人君号知佛者,必曰汉明、梁武,其徒盖常以籍口,而绘其像于壁者。汉明以察为明,而梁武以弱为仁,皆缘名失实,去佛远甚。恭惟仁宗皇帝在位四十二年,未尝广度僧尼,崇侈寺庙。干戈斧质,未尝有所私贷。而升遐之日,天下归仁焉。此所谓得佛心法者,古今一人而已。⑤

考察仁宗与佛教的关系,可以清楚地看出,不仅太祖、太宗以来的有关政

---

① 志磐:《佛祖统纪》卷四四,《大正藏》第49卷,第403页中。
② 关于宋仁宗与佛教的关系,零散的论述颇多,而数费金玲撰《宋仁宗与佛教关系初探》一文论述最系统。本著此专题参考此文之处颇多,限于体例不一一注出。此文载于《历史教学问题》,2006年第2期。
③ 宋仁宗:《景祐新修法宝录序》,《宋藏遗珍》第6册,第4009—4010页,北京三时学会,1934年。
④ 苏颂:《仁宗皇帝忌日斋文》,《苏魏公文集》第547页,北京,中华书局点校本,2004年。
⑤ 苏轼:《苏轼文集》,第501页,北京,中华书局点校本,1986年。

策继续遵行、佛事活动继续开展,而且在不少方面达到了新的高度。

宋仁宗承续先代旧例继续译事活动,同时取得新发展。译馆从太宗到仁宗一直未间断。景祐二年(1035),宋仁宗"御制《天竺字源序》,赐译经院。是书即法护、惟净以华、梵对翻为七卷,声明之学实肇于兹"①。此书此序现存。庆历元年(1041),三藏法师惟净上书仁宗说:"西土进经新、旧万轴,鸿胪之设有费廪禄,欲乞停罢译经。"仁宗批示说:"三圣旧模,焉敢即废!且琛贡之藉,非鸿胪则不可识。"不久,中丞孔辅道上疏,请求罢译经,仁宗出示惟净上疏给朝臣看,并且告诉他们:"先朝盛典,不可辄废。"②宋仁宗不但没有停止佛典翻译,而且强化了对译经的管理。庆历三年(1043),仁宗设"译经润文使"以首相领衔。庆历七年(1047),"御制《译经颂》,赐三藏法护"③。由于朝廷重视,仁宗朝翻译颇为兴盛。

宋仁宗崇佛的一个重要表现是将自己的生日定为"乾元节"。由于在此节日期间度僧几乎成为惯例,因而在当时就被看做佛教节日。据宋代章如愚撰《群书考索》后集卷六三记载,仁宗乾元节度僧比例曾为僧尼每五十人度一人,创宋代度僧比例的最高值。庆历年(1041—1048)间《莱阳县趣果寺新修大圣殿记》就称:

> 每岁皇上诞辰,落发称大比丘者不减千数,天下业经试可籍名奏御者又不知几千焉。故知百民五僧,不为诬矣。方今之盛,颇近萧梁,以天下之广,缁田之众,岂无能树教饰像,发挥前佛之心者哉?

仁宗即位之初,已有人对佛教的过度扩张表示担心。天圣二年(1024)十二月,尚书右丞马亮上书谏言:"天下僧徒数十万,多游惰凶顽,隐迹为僧,结为盗贼,侮辱教门。"④他主张,除额定外,非时更不许放度,并且应该对试经者的身份进行验证。也许在朝臣谏言的压力下,仁宗多次下诏

---

① 志磐:《佛祖统纪》卷四五,《大正藏》第49卷,第411页下。
② 同上书,第410页上。
③ 同上书,第411页下。
④ 徐松:《宋会要辑稿》道释一之二六,第7881页。

重申对度僧资格的控制,力图由此而限制僧尼数量,但效果不佳。《宋会要》记载,至景祐元年(1034),比丘数达38万余,比丘尼为48 000余人。嘉祐年间(1056—1063),祠部判官张洞曾上书说:

> 至和元年,敕增岁度僧,旧敕诸路三百人度一人,后率百人度一人,又文武官、内臣坟墓,得置寺拨放,近岁滋广。若以勋劳宜假之者,当依古给户守冢,禁毋樵采而已。今祠部帐至三十余万僧,失不裁损,后不胜其弊。①

《宋史》说"朝廷用其言,始三分减一",但实际效果未必如此。只是表明了一种限制的态度而已。

仁宗即位初曾顶戴观音像。《佛祖统纪》记载:

> 上常顶玉冠,上琢观音像。左右以玉重,请易之。上曰:"三公、百官揖于下者,皆天下英贤,岂朕所敢当?特君、臣之分,不得不尔。朕冠此冠,将令回礼于大士也。"②

仁宗将自己戴雕琢观音像的皇冠之缘由解释为朝臣非礼拜自己而是礼拜观音,虽则有些牵强,但也说明仁宗对佛教的信仰是较为深厚的。

宋仁宗对供奉佛舍利的热衷在宋代皇帝中也是很突出的。天圣九年(1031年),朝廷下令将灵感塔中的佛牙迎入禁中供养,仁宗"以三朝敬事,遂置禁中,以蔷薇水灌之,忽于穴中得舍利一,五色映人,因为制赞,以金盂二重藏之,奉以还寺。"宋仁宗的赞诗是:"三皇身质皆归土,五帝潜形已化尘。孔子域中夸为圣,老聃世上亦称真。埋躯只见空遗冢,何处将身示后人。唯有吾师金骨在,曾经百炼色常新。"③

庆历三年(1043)六月,"久旱,诏迎相国寺佛牙入内殿,躬祷,须臾雨

---

① 《宋史》卷二九九,第9933页。
② 志磐:《佛祖统纪》卷四五,《大正藏》第49卷,第408页中。
③ 同上书,第409页中。

为注,乃作金殿四门以象天宫,用以奉藏。复制《发愿文》,以见归敬"①。

庆历四年(1044)六月,"开宝寺灵感塔灾,敕中使取塔基所藏舍利,入内供养,将事再建。谏臣余靖力谏,上不说"②。关于此事,《宋史·余靖传》中有记载:

> 开宝寺灵感塔灾,复上疏言:"五行之占,本是灾变,朝廷所宜诫惧,以答天意。闻尝诏取旧瘗舍利入禁中阅视,道路传言,舍利在内廷有光怪,窃恐巧佞之人,推为灵异,惑乱视听,再图营造。臣闻帝王之道,能勤俭厥德,感动人心,则虽有危难,后必安济。今自西垂用兵,国帑虚竭,民亡储蓄,十室九空。陛下若勤劳罪己,忧人之忧,则四民安居,海内蒙福。如不恤民病,广事浮费,奉佛求福,非天下所望也。若以舍利经火不坏,遽为神异,即本在土中,火所不及。若言舍利皆能出光怪,必有神灵凭之,此妄言也。且一塔不能自卫,为火所毁,况藉其福以庇民哉?"③

皇祐元年(1049),仁宗"诏再建灵感塔,奉藏舍利。(庆历四年灾毁,故重建。)"④在朝臣的反对声中,仁宗仍然坚持迎奉舍利,重建舍利塔,由此可见,他的佛教信仰很是虔诚。

《佛祖统纪》记载:起初,"陈留邑人为沙门义津建寺请额为阐教。俄有梵僧至,曰:'我自天竺携佛指舍利,欲求吉祥处奉安,非师不能护。'施之而去。既而瑞光屡发,祈祷频应"。皇祐元年(1049),仁宗"勅中使往陈留,入关寺,迎佛指舍利。或以为伪,上命试以烈火,击以金椎,了无所损。俄而舍利流迸,光照西方。上曰:'功德欲归阐教乎?'乃以水晶宝匣盛之,御制《发愿文》,奉迎归寺"⑤。

宋仁宗还多次下诏以佛教的方式为国家和将士祈福。庆历八年

---

① 志磐:《佛祖统纪》卷四五,《大正藏》第49卷,第410页中。
②④⑤ 同上书,第412页。
③ 《宋史》卷三二〇,第10408页。

(1048),"诏恩州置旌忠寺,以追福战没军士。又设水陆斋于京师普安院"①。嘉祐元年(1056),仁宗又下诏在开宝寺建大斋。仁宗还在皇宫大殿中举行这些佛事活动,并因此而招致一些大臣的强烈反对。如天圣五年(1027),"时命僧道祈禳于文德殿。殿中侍御史李纮奏曰:'文德殿,布政会朝之位,每灾异辄聚缁黄赞呗于间,何以示中外?'"②景祐四年(1037)十二月,因代州地震,韩琦上书说:

> 近闻大庆殿及诸处各建道场,及分遣中使遍诣名山福地,以致请祷,是未达寅畏之深旨也。臣窃以为祈祷之法,必彻乐减膳,修德理刑,下诏以求谠言,侧身而避正殿,是以天意悦穆,转为福应。愿陛下法而行之。且大庆殿者,国之路寝,朝之法宫,陛下非行大礼、被法服,则未尝临御,臣下非大朝会,则不能一至于庭,岂容僧道继日累月喧杂于上,非所以正法度而尊威神也!望今后凡有道场设醮之类,并于别所安置。③

对于这类劝谏,仁宗并不理会。

仁宗信赖的高僧很多。史书记载,在皇帝继统大事上他也向僧人咨问。由于仁宗的几个皇子都早夭,随着仁宗年龄的增长,至和三年(1056)范镇率先上奏乞择宗室之子养于宫中以待皇嗣之生。此后六年多,朝臣围绕劝立东宫展开一系列活动。《宋史》卷四六二有《志言传》记载:

> 仁宗每延入禁中,径登坐结跌,饭毕遽出,未尝揖也。王公士庶召即赴,然莫与交一言者。或阴卜休咎,书纸挥翰甚疾,字体遒壮,初不可晓,其后多验。仁宗春秋渐高,嗣未立,默遣内侍至言所。言所书有"十三郎"字,人莫测何谓。后英宗以濮王第十三子入继,众

---

① 李焘:《续资治通鉴长编》卷一六二,第3907页。
② 李焘:《续资治通鉴长编》卷一〇六,第2472页。
③ 李焘:《续资治通鉴长编》卷一二〇,第2842页。

始悟。①

时人张方平所撰《大宋上都左街景德寺显化禅师碑铭》也记载了此事。

在当时仍然流行的佛教宗派中,仁宗对于禅宗情有独钟。不但礼遇著名的禅师,与禅师谈禅,而且自己也参禅。天圣九年(1031),仁宗"勅韶州守臣诣宝林山南华寺,迎六祖衣钵,入京阙供养。及至,奉安大内清净堂。勅兵部侍郎晏殊撰《六祖衣钵记》"②。这件事是一个象征,表明禅宗在当时的特殊地位。宋代禅宗大兴,与朝廷的提倡大有关联。

对仁宗的参禅活动,时人张方平说:"仁宗皇帝在宥天下,慈育含生,万机之余,回向正觉。时则上都左街僧录宣教大师智林道行素修,恩眷最厚,咨访梵学,酬答句偈。"③从留下的记载看,与仁宗谈禅的禅师有数位,其中灵隐德章禅师、怀琏禅师、宣教智林、圆明道隆、慈明楚圆也曾多次参与过这类活动。

灵隐德章禅师为石霜楚圆弟子,曾住大相国寺西经藏院。庆历八年(1048)九月一日,仁宗皇帝诏德章禅师于延春阁下斋,宣普照大师代替皇帝问德章禅师:"如何是当机一句?"德章禅师回答说:"一言迥出青霄外,万仞峰前崄处行。"普照再问:"作么生是崄处行?"师便喝。普照说:"皇帝面前,何得如此?"德章禅师说:"也不得放过。"第二年,仁宗又宣德章禅师入宫内下斋。仁宗皇帝又宣普照大师问德章禅师:"如何是夺人不夺境?"师回答:"雷惊细草萌芽发,高山进步莫迟迟。"又问:"如何是夺境不夺人?"师回答:"戴角披毛异,来往任纵横。"又问:"如何是人、境两俱夺?"师回答:"出门天外迥,流光影不真。"又问:"如何是人、境俱不夺?"师回答:"寒林无宿客,大海听龙吟。"这一段对话的格式是临济宗的"四料简"。尽管提问者并非仁宗皇帝,但在这种场合逗禅机,其主题应该与皇帝的兴趣相关。以"四料简"提问,也反映了仁宗对禅宗的了解颇

---

① 《宋史》卷四六二,第 13518 页。
② 志磐:《佛祖统纪》卷四五,《大正藏》第 49 卷,第 409 页中。
③ 张方平:《张方平集》,郑涵点校本,第 745 页,郑州,中州古籍出版社,1993 年。

深。后来,仁宗再次宣德章禅师入化成殿斋。仁宗宣守贤代替自己向德章禅师提问。守贤问:"斋筵大启,如何报答圣君?"德章禅师回答:"空中求鸟迹。"又问:"意旨如何?"德章禅师回答说:"水内觅鱼踪。"①这则提问,从一个侧面表明,仁宗皇帝对佛教的关心是有一定的政治意图的。皇祐二年(1050),德章禅师乞归山林养老,仁宗御批其为杭州灵隐寺住持,赐号明觉。

宋代僧人晓莹《罗湖野录》记载了这样一件事:

> 仁庙阅《投子语录》。至"僧问:'如何是露地白牛?'投子连叱。"由兹契悟。乃制《释典颂》十四首。今只记其首篇。曰:"若问主人公,真寂合太空,三头并六臂,腊月正春风。"寻以赐琏。琏和曰:"若问主人公,澄澄类碧空。云雷时鼓动,天地尽和风。"既进,经乙夜之览,宣赐龙脑钵。琏谢恩罢,捧钵曰:"吾法以坏色衣,以瓦铁食,此钵非法。"遂焚之。中使回奏,皇情大悦。②

从此事所显示的情形推测,仁宗对于禅宗的了解远远超出了其他皇帝,而对怀琏将皇帝赏赐的龙脑钵烧毁的举动,不但没有生气,反而很高兴,说明他能够站在佛教的立场考虑问题,自然也反映了仁宗佛教修养已经达到了一定程度。

最后应该提及的是仁宗皇帝对佛教不杀生说的维护与提倡。仁宗于庆历七年(1047)曾撰一篇《放生文》,其文说:

> 哀汝等前生中,作何罪业,变入恶道,生胎、卵、湿、化、有无足、两足、多足等?故我今思曰:当往世曾为酷煞生人,过为凶恶,不忠国君,不重父母,十恶三业,六情尽牵,五盖皆惑,饮食盈腹而不美,衣重过度而不华。软硬染心,温冷著意,疼痒动念,贪滑见情。目乱杂色,耳耽淫声,口贪诸味,鼻齅煎香,心无所足,意起望外,荣尊登

---

① 普济:《五灯会元》卷一二,《续藏经》第80册,第250页上。
② 晓莹:《罗湖野录》卷上,《续藏经》第83册,第378页上—中。

天而不高,威人仗煞而不足。伏为汝等,各归人世,莫为畜种,信行三宝,奉成斋戒,乐闻佛法,永无罪障。三世一切佛,救此业因,信心迥向,不作过恶,得成佛果。①

宋仁宗多次下达禁止杀生令。如天圣二年(1024),他诏立放生池,每年定期进行放生活动。天圣四年(1026),禁民采杀大龟作玳瑁器。天圣六年(1028)、景祐三年(1036)和至和三年(1056)均下令禁止捕猎飞禽兽鸟。景祐三年,仁宗下令不得采捕鹿胎制冠,禁断屠事。如此等等,都显示了仁宗所受佛教的影响之深。

宋英宗赵曙是太宗的曾孙,32岁即位。英宗在位(1063—1067)日短,又以多病,不能理政,但对佛教也是谨守旧规,仍加尊崇。《佛祖统纪》记载了几件事:治平二年(1065),英宗"勅大相国寺造《三朝御制佛牙赞碑》,翰林学士臣王珪撰文,左仆射魏国公臣贾昌朝书,右仆射兼译经润文使卫国公臣韩琦立石"②。治平三年(1066),"净因琏禅师乞归四明阿育王山,上赐手诏曰:'天下寺院任性住持。'师遂建宸奎阁以奉先朝圣制(仁宗诗颂凡十七篇),学士苏轼为作记。移书问手诏中语,师答以'无'。此后示寂,得之笥中。轼闻之曰:'有道之士也。'"治平四年(1067),"勅天下私造寺院及三十间者,并赐寿圣之额"。③

英宗登基时已经32岁,从情理推测,在仁宗朝崇佛的气氛成长的英宗,对佛教是有一定了解的。在其在位的五年中,佛教继续发展当在情理之中。

三、宋神宗、哲宗的佛教政策

宋神宗赵顼(1067—1085年在位),是英宗的长子,20岁时即位。赵

---

① 《景定建康志》卷四,《宋元地方志丛书》(2),第1369页,北京,中华书局影印本,1990年。
② 志磐:《佛祖统纪》卷四五,《大正藏》第49卷,第413页下。
③ 同上书,第414页上。

项即位后,对疲弱的政治深感不满。他素来欣赏王安石的才干,即位数月,就让王安石出任江宁知府。几个月后,神宗又召王安石为翰林学士兼侍讲。朝中的很多老臣极力反对以王安石为相。面对种种阻挠,神宗不以为然,力排众议,于熙宁二年(1069)二月果断地拜王安石为参知政事,委以重任,从而揭开了变法图治、富国强兵的序幕。这就是历史上著名的"王安石变法",又称"熙宁变法"。可惜,由于操之过急、用人不当等主观原因,加之守旧派的势力过于强大,神宗逐渐动摇。熙宁七年(1074)四月,神宗在朝廷上下的压力下,罢王安石相位,改任江宁知府。虽然熙宁八年(1075)二月神宗又重新起用王安石,但随着守旧派势力的增强,变法派内部意见的分歧,神宗对王安石的信任程度大大降低。熙宁九年(1076)十月,王安石不得不复求罢相,出判江宁府。变法最后失败。

王安石被罢相后,神宗仍然维持新法将近二十年。时值西夏惠宗在位,母党梁氏专权,西夏国势日非,神宗企图一举歼灭羌夏。在庆州(今甘肃省庆阳市)大破夏军,占领西夏二千里土地。不过后来在永乐城之战中,宋军惨败,灭夏之举未能实现。事后,宋神宗在朝中当众痛哭。

神宗有抱负,励精图治,想灭西羌,惜壮志未酬,于元丰八年(1085)饮恨而殁,享年38岁。神宗在位17年,"不治宫室,不事游幸",致力于实现富国强兵的目标。他支持王安石变法,抑制了豪强兼并和高利贷者的活动,使自耕农的生产条件得到保证,中央和地方财政大大改善。在守旧势力的反对下,神宗虽然摇摆于新、旧两党之间,但他维持新政、坚持变革的决心不变,确是宋朝有抱负、有作为的皇帝。

神宗对待佛教的政策,与仁宗朝没有多大的区别。如神宗朝一如前代也流行舍利崇拜。如熙宁五年(1072),神宗下"诏衡州迎常宁资福寺玉塔入京师。塔高一寻,累以玉石,阿育王所造第九塔也。或夜中腾光明,且往瞻敬者,必获舍利"①。熙宁九年(1076),神宗下勅于"开宝寺灵

---

① 志磐:《佛祖统纪》卷四五,《大正藏》第49卷,第415页上。

感塔,建庆寿崇因之阁,中建木塔,御篆鸿福圆成之塔"①。此塔下供养的是前代皇帝迎奉过的佛牙。

一如宋仁宗,宋神宗也在宫中大殿举行过各种法会。熙宁十年(1077)夏旱,宋神宗"于禁中斋祷甚虔,夜梦神僧驰马空中,口吐云雾。觉而雨大霈。勒求其像,得之相国寺阁第十三尊罗汉,诏迎入内供养。宰相王珪以诗称贺曰:'良弼为霖孤宿望,神僧作雾应精求。'"②元丰三年(1080)正月,宋神宗"勒大内设千僧斋,施袈裟、《金刚经》,为慈圣太后追福"③。

此外,神宗朝也继续支持翻译佛典。元丰三年(1080),神宗下诏"详定官制朝议。以自唐至本朝,译经僧官皆授试光禄卿或鸿胪卿。今后改赐译经三藏法师,试少卿者,赐三藏法师"④。这一改变,有回归佛教本身意图,值得肯定。

《佛祖统纪》卷四五记载了神宗一则有趣的故事。先是元丰三年(1080),神宗下诏令相国寺辟六十四院,且为八禅、二律。元丰五年(1082)完成,"以东、西序为慧林、智海二巨刹。诏净慈宗本禅师住慧林,东林常总禅师住智海。总固辞,许之"。宗本于元丰六年(1083)到达京师,"入对延和殿,山呼,即就榻加趺。侍卫惊顾,师方自若。赐茶举盏,撼荡之。上问受业。对曰:'承天永安。'(姑苏承天寺永安院)上大喜,语论久。既退,上目之曰:'僧中宝也。'侍者问:'主上何语?'曰:'吃茶闲话耳。'"⑤此处可注意者有四:一是扩建相国寺并且突出禅宗的地位。二是宗本禅师到达首都,拜见皇帝时,在靠近皇帝宝座旁加趺坐的举动,惊呆了在场警卫和朝臣。三是神宗不但不怪罪宗本禅师的冒昧,反而更加敬佩宗本禅师。原因在于宗本在回答皇帝所问"受业"即所学时巧妙地将自己居住的寺院的寺额——姑苏承天寺永安院,转换成为所学全为皇

---

①② 志磐:《佛祖统纪》卷四五,《大正藏》第49卷,第415页上。
③④ 同上书,第415页中。
⑤ 同上书,第416页中。

帝和国家永安服务。四是宗本禅师与皇帝谈论许久,谈话内容为何,不得而知,而对于侍者的提问,宗本的回答也充满禅机。这一则谈话说明,神宗对佛教是尊敬的,也是了解的,因此,才不会因为宗本禅师的莽撞而动怒。而"及上元日,车驾幸相国止师,众无出迎"①。由此记载可知,神宗后来亲至相国寺访宗本,而宗本也未出迎。

关于神宗皇帝对佛教宗旨的理解,也可从下述二例中窥见一斑。

《续资治通鉴长编》记载:熙宁五年五月甲午(1072年6月4日),神宗与数位大臣谈论太学考试,话题后来转化为对佛教教理的评价。其文如后:

> 上谓王安石等曰:"蔡确论太学试,极草草。"冯京曰:"闻举人多盗王安石父子文字,试官恶其如此,故抑之。"上曰:"要一道德。若当如此说,则安可臆说?《诗》、《书》法言相同者,乃不可改!"安石曰:"'柔远能迩',《诗》、《书》皆有是言,别作言语不得。臣观佛书,乃与经合。盖理如此,则虽相去远,其合犹符节也。"上曰:"佛,西域人,言语即异,道理何缘异!"安石曰:"臣愚以为苟合于理,虽鬼神异趣,要无以易。"上曰:"诚如此。"②

从上文所说,似乎太学考试题目或者内容与"柔远能迩"一语有关。在解释此句的含义时,王安石说,佛教经典所讲道理与儒家经典所说是一致的。这一观点获得了神宗的赞同。神宗所说"言语即异,道理何缘异",并非怀疑,而是反问句式表达肯定的含义。

《续资治通鉴长编》记载:熙宁九年五月癸酉(1076年6月22日),神宗与王安石议论范仲淹"欲修学校贡举法,乃教人以唐人赋体《动静交相养赋》为法"③,王安石借机批评范仲淹。值得注意的是神宗下述议论:

---

① 明河:《补续高僧传》卷八,《续藏经》第77册,第426页下。
② 李焘:《续资治通鉴长编》卷二三三,第5659—5660页。
③ 李焘:《续资治通鉴长编》卷二七五,第6732页。

安石曰："不易乎世,大人之事,故于乾卦言之。"上又论:"道必有法,有妙道斯有妙法,如释氏所谈妙道也,则禅者其妙法也。妙道不可以智知,不可以识识,然尚有法可以诠之,则道之粗者固宜有法也。"安石曰:"陛下该极道术文章,然未尝以文辞奖人,诚知华辞无补于治故也。风俗虽未丕变,然事于华辞者亦已衰矣,此于治道风俗不为小补。"上因言:"读经者须知所以纬之,则为有用。不然,则不免为腐儒也。"①

从此文可以看到神宗对于禅宗"不立文字"的赞同。"妙道不可以智知,不可以识识"一句是佛教经典常见之语,但以佛教"所谈妙道"以及"禅者其妙法"与儒家经典所说"言"、"相"关系互相诠释,也反映了神宗对佛教(特别是禅宗)的充分了解。

最后,需要指出,神宗朝对后世影响大且前朝未曾有的政策是鬻卖度牒。根据《佛祖统纪》记载:熙宁元年(1068)七月,"司谏钱公辅言:'祠部遇岁饥河决,乞鬻度牒以佐一时之急。自今圣节恩赐,并与裁损。'鬻牒自此始"②。

宋哲宗赵煦(1085—1100年在位),为宋神宗第六子。元丰八年(1085)二月,宋神宗寝疾,宰相王珪乞早建储,为宗庙社稷计,又奏请皇太后权同听政,宋神宗首肯。三月一日,皇太后垂帘于福宁殿。三月五日,宋神宗崩于福宁殿,皇太子即位。是为哲宗,时年9岁余。

哲宗年幼登基,高太后执政。高太后执政后,任用顽固派司马光为宰相。司马光一上台,就把神宗时的"王安石变法"全部废止。宋哲宗对于司马光与高太后的执政与压制感到不满。到了元祐八年(1093),高太后死,哲宗亲政。哲宗亲政后表明绍述,追贬司马光,并贬谪苏轼、苏辙等旧党党人于岭南,接着重用革新派,恢复王安石变法中的保甲法、免役

---

① 李焘:《续资治通鉴长编》卷二七五,第6732—6733页。
② 志磐:《佛祖统纪》卷四四,《大正藏》第49卷,第414页上。

法、青苗法等,减轻农民负担,使国势有所起色。次年改元"绍圣",并停止与西夏谈判,多次出兵讨伐西夏,迫使西夏向宋朝乞和。元符三年(1100)一月,哲宗病逝于汴京(今河南开封市)。哲宗是北宋较有作为的皇帝。然而,哲宗朝的新党与旧党的党争,形成内耗,削弱了国力,也种下了北宋灭亡的远因。

哲宗在其父神宗奉佛的影响之下,幼年就了解佛教。如《宋史·哲宗本纪》记载:"三月甲午朔,皇太后垂帘于福宁殿,谕珪等曰:'皇子性庄重,从学颖悟。自皇帝服药,手写佛书,为帝祈福。'因出以示珪等,所书字极端谨,珪等称贺,遂奉制立为皇太子。"①依据此说,从神宗患病后,当时还不是太子的赵佣(哲宗原来的名字)就亲自抄写佛经,为父皇祈福,足见其对佛教的感情。在神宗驾崩之后,朝廷安排僧人为神宗说法。如《补续高僧传·释宗本传》记载:"神宗登遐,召师入福宁殿说法。左右以师为先帝所礼敬,见之呜咽不胜。"②

《佛祖统纪》卷四六所记载的佛教要事,与朝廷关系密切者有:元祐三年(1088),朝廷"勅内侍赍黄金往东林,妆饰神运五殿佛像"③。这是太后执政时期发生的事情。在哲宗亲政之后,绍圣二年(1095)夏四月"不雨,袁州守臣王古往祷于木平山圣塔,岩中放光,见白衣大士身金璎珞,获舍利,五色,大如枣,中有台观之状。复往仰山塔所,见泗州大士、维摩、罗汉列居左右。已而大雨沾足,郡闻于朝,诏赐木平塔曰会庆,仰山塔曰瑞庆。"④绍圣三年(1096),哲宗"诏治泰陵登封令楼异请因余力,修嵩高少林道场。官民同役,一朝而具,名曰面壁兰若。既而林中产芝草十二本,雨甘露于池上,夜有光属于天,后山陈无已为之记。"⑤这两例不但显示哲宗是护持佛教的,而且相信佛教所渲染的瑞相。

---

① 《宋史》卷一七,第317页。
② 明河:《补续高僧传》卷八,《续藏经》第77册,第426页下。
③ 志磐:《佛祖统纪》卷四六,《大正藏》第49卷,第417页中。
④⑤ 同上书,第418页下。

四、宋徽宗的崇道抑佛政策

在北宋,真宗和徽宗是以崇奉道教著称的。与真宗崇道而不废佛教不同,宋徽宗不但崇奉道教而且采取实际措施限制甚至想取缔佛教。尽管为时不长,但在宋朝还是很有影响的,特别是对南宋时期的佛教政策仍然显示出潜移默化的影响。

宋徽宗赵佶(1100—1125年在位)是宋神宗赵顼的第十一子,哲宗的弟弟。哲宗病死,无子,由向太后等做主册立他为帝,登基时19岁。徽宗即位后,向太后"权同处分军国事"。太后在神宗时即是守旧派,守旧派官员因此而相继上台。当年七月,向太后还政后不久,反对立徽宗为帝的左相章惇被罢相,韩忠彦升任左相,曾布升任右相。当时守旧派与变法派的斗争日趋激化。徽宗任用被时人称为"六贼"的蔡京、王黼、童贯、梁师成、朱勔、李彦,由此形成以蔡京为首的腐朽统治集团,蔡京、王黼先后任首相或太师、太傅。这六位权臣依靠宦官童贯、梁师成,以朱勔、李彦为爪牙,控制着整个徽宗时期的朝政,逢迎着臭名昭著的昏君宋徽宗,使北宋末期成为中国历史上最黑暗腐朽的时期之一。

为了增加实物收入,徽宗又设法侵夺民田作为"公田",时称"括公田"。从政和元年(1111)起,宋徽宗设"西城括田所",负责括田。西城括田所设置十年之后,所夺民田达343万多亩。官僚、豪绅大地主也依仗权势兼并了大量的田园宅第。如蔡京霸占的田地至少有50多万亩。

宣和元年(1119)和宣和二年(1120),先后爆发了宋江、方腊领导的两次大的农民起义,宋徽宗虽然镇压和瓦解了这两次农民起义,渡过了一场统治危机,但是中国东北地区女真族的兴起,却使北宋王朝面临覆灭的命运。女真族杰出首领完颜阿骨打1115年称皇帝,建立金朝。金崛起后,占领了辽国的许多土地,后来金和北宋联合夹攻辽。1125年,金军俘获辽的皇帝,辽国宣告灭亡。金灭辽以后,看到北宋统治腐朽,防备空虚,就在灭辽的当年冬天,挥军南下,大举进攻北宋。宣和七年(1125)

十二月,在金兵大举入侵之际,徽宗禅让帝位,赵桓被迫即位,是为钦宗,改次年为靖康元年(1126)。

钦宗赵桓,曾名亶、煊,生于元符三年(1100)。靖康二年(1127),金军攻陷北宋的都城东京,掳走宋徽宗、宋钦宗以及后妃、宗室、大臣等3 000多人,北宋灭亡,历史上称这一变故为"靖康之变"。宋钦宗与其父徽宗同被金兵俘虏北去,钦宗在位一年零两个月。绍兴五年(1135),宋徽宗病死于五国城。绍兴二十六年(1156),钦宗也死于五国城。

宋徽宗登基伊始,还是依照前朝陈规,允许佛教正常发展的。于建中靖国元年(1101),"法云寺佛国禅师惟白撰《续灯录》三十卷进上,赐御制序。"① 崇宁元年(1102),徽宗下"敕书节文,应天下名德僧道,为众师法未有谥号者,仰所属勘会以闻"。这时朝廷提出排查高僧和高道,未有谥号者可向朝廷报备。而第二年,宋徽宗就赐"终南山唐澄照律师道宣谥法慧大师,天竺山慈云大师遵式谥法宝大师,南屏梵臻谥实相大师,孤山智圆谥法海大师"②。这是对历史上的高僧封赐谥号。

宋徽宗也一如其前代皇帝,迎奉相国寺供奉的佛牙。崇宁三年(1104),宋徽宗下勅迎相国寺三朝御赞释迦佛牙,进入宫内供养。《佛祖统纪》如此记载:

> 隔水晶匣,舍利出如雨点。因制《赞》曰:"大圣释迦文,虚空等一尘。有求皆赴感,无刹不分身。玉莹千轮在,金刚百炼新。我今恭敬礼,普愿济群伦。"③

尽管这也许是出于遵守前朝惯例,但愿意去做,并且赋诗,说明宋徽宗还是不反感佛教的。此年也有对历史上的高僧和著名居士封赐谥号的记载。《佛祖统纪》卷四六记载:徽宗"诏谥白马寺摩腾三藏启道圆通法师,

---

① 志磐:《佛祖统纪》卷四六,《大正藏》第49卷,第418页下。
② 同上书,第418页下—419页上。
③ 同上书,第419页上。

竺法兰开教总持法师,双林傅大士等空绍觉大士,方山李长者显教妙严长者"①。

不过,至崇宁五年(1106)十月,宋徽宗下诏说:"有天下者,尊事上帝,敢有弗虔?而释氏之教,乃以天帝置于鬼神之列,渎神逾分,莫此之甚!有司其除削之。"尤其是,宋徽宗强力命令将佛教法会中同时安置的老子、孔子像撤出。《佛祖统纪》记载说:

> 又敕水陆道场内设三清等位,元丰降诏止绝,务在检举施行。旧来僧居多设三教像,遂为院额殿名,释迦居中,老君居左,孔圣居右,非所以奉天真与儒教之意。可迎其像归道观学舍,以正其名。②
>
> 洛京沙门永道读诏,泣曰:"域中孔、老法天制教,故不违天。佛出世法,天人所师,故不违佛。自古明王奉佛以事上帝者,为知此理也。佛法平等,故其垂教,虽圣凡俱会,而君臣尊卑之分莫不自殊。祖宗以来奉法已定,一旦除削,吾恐毁法之祸兆于此矣。"闻者为之怃然。③

这位永道法师从宋徽宗诏令中读出禁佛的预兆,可见,徽宗对佛教的态度转变已经昭然若揭。也许是未下定决心,大观元年(1107),徽宗下诏将作监李遇,"往启圣院移释迦栴檀像,置御容殿。舆像已至,而朵殿横梁,低不可度。众方惧,像忽敛肩俛首,舆竟度无碍。上下为之鼓舞。上尝闻太后礼像于足下度线。翌旦,上幸寺焚香,令小珰持纸度像足。众失声曰:'过矣。'上益嘉叹"。

大观元年(1107),有两件事预示宋徽宗崇道抑佛之心亦渐趋显著。第一件事,徽宗下勒令"道士位居僧上"。第二件事是因道楷拒绝皇帝所赐紫衣而贬谪其僧。其经过是:

> 勅左街净因寺道楷迁主法云,赐紫衣、定照禅师。楷表辞曰:

---

①② 志磐:《佛祖统纪》卷四六,《大正藏》第49卷,第419页上。
③ 同上书,第419页上—中。

"贫道幼别父母,为之誓曰:'出家之后,期不以利名为求,当一意学道报罔,极度生灵,答君恩。有渝此心,永弃身命。'今若窃冒宠荣,则上负亲心,下违本誓。敢辞。"上遣开封尹李孝寿赍勒书谕之,楷确执不回。上怒,收付狱。有司问:"长老有疾,法应免罪。"楷曰:"平生不妄语,岂敢称疾罔上。"遂受罚著逢掖,流淄州。都城道俗莫不流涕。①

因僧人拒绝封赏而惩罚之,在奉佛或者对佛教宽容态度的皇帝中是罕见的。徽宗如此,说明他从心底中已反感僧人。大观二年(1108)正月,宋徽宗因"受八宝大赦天下,勒淄州道楷自便。师归隐芙蓉湖之庵居,学者益至。朝廷闻之,赐额华严"②。此事结局不算太坏。

政和四年(1114)发生了佛、道斗法之事。《佛祖统纪》记载:"四年,方士言:'陈留八关寺佛指,乃海狗指耳。'有诏取验。火焚、铁搥十余日,色不变。勒加礼还之。"③从佛教信仰角度观之,道士的这一"揭发",是非常严重的挑衅,宋徽宗相信且令人验证,说明宗教政策转向已经如箭在弦上不得不发了。

宋徽宗崇尚道教,记载很多。据《宋史·徽宗本纪》记载:大观二年(1108)三月,"班《金箓灵宝道场仪范》于天下"④。政和三年(1113)十二月,"诏天下访求道教仙经"⑤。大观四年(1110)春正月"辛酉,诏士庶拜僧者,论以大不恭。……二月庚午朔,禁然顶、炼臂、刺血、断指"⑥。这是公然干涉僧团、限制佛教信仰的举措,特别是前者,目的是禁断僧俗之间既定的关系,事态相当严重。政和三年(1113)冬十月"戊辰,诏冬祀大礼及朝景灵宫,并以道士百人执威仪前导"。此年十一月"乙酉,以天神降,

---

①② 志磐:《佛祖统纪》卷四六,《大正藏》第49卷,第419页中。
③ 同上书,第420页中。
④ 《宋史》卷二〇,第380页。
⑤ 《宋史》卷二一,第392页。
⑥ 《宋史》卷二〇,第383页。

诏告在位,作《天真降临示现记》"。十二月癸丑,再次"诏天下访求道教仙经"①。政和四年(1114)"春正月戊寅朔,置道阶凡二十六等"②。政和六年(1116)九月"辛卯朔,诣玉清和阳宫,上太上开天执符御历含真体道昊天玉皇上帝徽号宝册。丙申,赦天下。令洞天福地修建宫观,塑造圣像"③。政和七年(1117)二月"甲子,会道士二千余人于上清宝箓宫,诏通真先生林灵素谕以帝君降临事。……辛未,改天宁万寿观为神霄玉清万寿宫。乙亥,幸上清宝箓宫,命林灵素讲道经"④。此年夏四月庚申,徽宗"讽道箓院上章,册己为教主道君皇帝,止于教门章疏内用"⑤。如此一来,宋徽宗便集天神(长生大帝君)、教主、皇帝于一身,这是历代崇道的帝王所绝无仅有的一个,可以说达到了狂热的地步。

对于政和七年(1117)所发生的事情,《佛祖统纪》卷四六也有记载:

> 初,永嘉道士林灵素挟妖术游淮泗,乞食于僧寺。是年至楚州,与僧慧世抗言相殴,辨于官郡,倅石仲喜其口辨脱之,挈入京师,谒太师蔡京,以为异人,引见上。即诞言曰:"上即天上长生帝君,居神霄玉清府,弟曰青华帝君,皆玉帝子也。蔡京即玉清左相仙伯,灵素乃书罚仙吏褚慧也。"上大喜,赐号金门羽客,筑通真宫以居之。因自号教主道君皇帝,建宝箓宫,设长生、青华二帝像,诏改天下天宁观为神霄玉清宫。灵素既得幸,念楚州之辱,日夜以毁佛为事,引方士刘栋为己助,上益安其说。⑥

宋徽宗曾经"梦赴青华帝君,召游神霄宫。觉而异之,勅道录徐知常访神霄事。或告曰:'太一宫道堂林道士,累言神霄。尝作诗,题于壁。'知常以闻,召入见。上问曰:'朕昔见东华帝君,闻改除魔髡之语。何谓也?'

---

①②《宋史》卷二一,第392页。
③ 同上书,第396页。
④ 同上书,第397页。
⑤ 同上书,第398页。
⑥ 志磐:《佛祖统纪》卷四六,《大正藏》第49卷,第420页中。

灵素遂纵言曰：'佛教害道久矣。今虽不可灭,宜与改正,以佛刹为宫观,释迦为天尊,菩萨为大士,僧为德士,皆留发顶冠执笏。'诏可"①。关于林灵素被徽宗垂顾的过程,《佛祖统纪》记载了两种说法。不管如何,在此年,林灵素入京并且获得徽宗的高度信任,是徽宗实行崇道抑佛政策的转折点。

《宋史·徽宗本纪》记载：宣和元年(1119)春正月乙卯,徽宗下诏说："佛改号大觉金仙,余为仙人、大士。僧为德士,易服饰,称姓氏。寺为宫,院为观。"②对此诏书,《佛祖统纪》记载稍详：

> 自先王之泽竭,而胡教始行于中国。虽其言不同,要其归与道为一教。虽不可废,而犹为中国礼义害,故不可不革。其以佛为大觉金仙,服天尊服菩萨为大士,僧为德士,尼为女德士,服巾冠执木笏,寺为宫,院为观,住持为知宫观事,禁毋得留铜钹塔像。③

这是徽宗正式的废佛诏书。于是,改女冠为女道,尼为女德。三月,徽宗又下诏："诏天下知宫观道士与监司、郡县官以客礼相见。"④五月丁未,徽宗"诏德士并许入道学,依道士法"⑤。六月甲申,徽宗"诏封庄周为微妙元通真君,列御寇为致虚观妙真君,仍行册命,配享混元皇帝"。⑥

关于宣和元年(1119)废佛诏书的效力,《佛祖统纪》记载：

> 初释氏之废,外廷莫有承向者。开封尹盛章为奸人激以利害,始为之从。乃以上旨谕蔡京。京曰："国家安平日久,英雄无所用,多隐于此徒。一旦毁其居,而夺之衣食,是将安所归乎？必大起怨咨,聚而为变。诸君他日,盍使谁任其咎？"上闻之,怒曰："是辈欲惧

---

① 志磐：《佛祖统纪》卷四六,《大正藏》第49卷,第420页中—下。
②④《宋史》卷二二,第403页。
③ 志磐：《佛祖统纪》卷四六,《大正藏》第49卷,第421页上。
⑤⑥《宋史》卷二二,第404页。

我耳?"京家人劝之曰:"上怒矣。"京曰:"吾以身当之以报佛。"会僧徒将投牒于京求辨论,盛章廉得之,捕其首高僧曰华严、胝觉二律师,凡七人杖杀之。左街宝觉大师永道上书曰:"自古佛法未尝不与国运同为盛衰。魏太武崔浩灭佛法,未三四年,浩竟赤族,文成大兴之。周武、卫元嵩灭佛法,不五六年,元嵩贬死。隋文帝大兴之。唐武宗、赵归真、李德裕灭佛法,不一年,归真诛,德裕窜死。宣宗大兴之。我国家太祖、太宗列圣相承,译经试僧,大兴佛法,成宪具在。虽万世可守也。陛下何忍?一旦用奸人之言,为惊世之举,陛下不思太武见弑于阉人之手乎?周武为铁狱之囚乎?唐武受夺寿去位之报乎?此皆前监可观者。陛下何为蹈恶君之祸,而违祖宗之法乎?"书奏,上大怒,勅流道州。上以京执不肯行,遂罢辅相之议,专决于左右。盛章逼僧录洪炳上表奉旨,于是尽改僧为德士,悉从冠服,否则毁之,京数恳列于上前。①

由上述记载可知,尽管遭到僧俗以及一些朝臣的强烈反对,徽宗还是坚定地要求贯彻抑制佛教的政策。

关于宣和元年(1119)各地执行徽宗抑佛令的情况,《佛祖统纪》卷四六有几则记述。宣和元年正月,"勅废乾明寺为五寺三。监杨戬议废太平兴国寺为邸肆民舍,初折正殿,瘗佛像于殿基之下,肢体破裂"。又"诏天下建神霄宫,州郡惮费,多以巨刹易其额"②。这是佛寺被改为道观的情形。而僧尼被强令易名易装的情况,《佛祖统纪》四六卷也有一则记述:

余姚法性行持禅师,初受请过上虞。邑令王君请说法要。师登座云:"头戴乌巾,身披鹤氅,分明好个神仙,解弄曹溪伎俩。"令与大

---

① 志磐:《佛祖统纪》卷四六,《大正藏》第49卷,第421页上—中。
② 同上书,第421页中。

众皆击节长叹。时会中,有垂泣不能已者。①

这一记载说明,宋徽宗仅仅是限制佛教的发展,僧人易道士服装后,还可以活动。

关于林灵素失宠之事,《佛祖统纪》也有几则记载:第一则,宣和元年(1119)三月京师大水,"鼋鼍出于院舍,宫庙危甚。诏灵素率道士治水,屡日无验,役夫数千争举挺欲击杀之,灵素走而免。上闻之不乐。俄而泗州大圣见于大内凝立空中,旁侍慧岸木叉。上焚香拜祷,大圣振锡登城,诵密语。顷之,一白衣裹巾跪于前,若受戒谕者,万众咸睹,疑龙神之化人也。既而水退。诏加僧伽大圣六字师号。灵素复劝上削去之"②。第二则,宣和元年十月,"灵素与宦官分党交诤,又于道上冒太子节,上始恶之。榜于神霄宫曰:'褚惠罪恶不悛。'帝命削其仙籍永为下鬼"。第三则,宣和元年十一月,宋徽宗"放灵素归温州,赐死于道。嘱门人归葬为数虚冢。于是内外俱以废佛教之罪归之"。③

宣和二年(1120)八月,徽宗下诏说:"向缘奸人建议改释氏之名称,深为未允。前旨改德士、女德士者,依旧称为僧尼。"九月,徽宗又下诏"大复天下僧尼"。至此,徽宗的态度完全转变了,徽宗又变成为佛教的维护者。如"吴国公主敬重空门,勅品官庶民如有毁辱僧尼骂称'秃'字者,照祥符三年指挥治罪"。④

宣和七年(1125)十二月徽宗逊位于皇太子,自称太上皇。

宋钦宗实行的是佛教、道教平衡发展的策略。登基伊始,于靖康元年(1126)年初,钦宗下诏:"比自大观初圣节行香,许就道观。今后道君圣节仍就道观,若乾龙节仍就佛寺建道场。一月一依祖宗旧法,其道士官阶并与追毁。"⑤不过,靖康二年(1127)五月,徽宗、钦宗被金军缚往北

---

① 志磐:《佛祖统纪》卷四六,《大正藏》第49卷,第421页下—422页上。
②③ 同上书,第421页下。
④ 同上书,第422页中。此条时间有误,无宣和八年之纪年。
⑤ 同上书,第422页中。

地,北宋灭亡。

第四节　南宋的佛教政策

南宋时期大致沿袭了北宋初期的佛教政策而略有调整。尽管在某些特定时期出台过一些限制佛教发展的政策,而且南宋时期,理学的发展势头远远超过北宋,但从总体上说,南宋朝廷仍然是支持佛教持续发展的。本节依据现存材料重点对高宗、孝宗的佛教政策作较为详细的分析叙述,而对光宗、宁宗、理宗、度宗统治时期的佛教政策作简略论述。南宋末年的三位皇帝在位时间不长,对他们对待佛教的态度,则存而不论。

一、宋高宗的佛教政策

宋高宗赵构(1127—1162年在位),是宋徽宗的第九子、钦宗的弟弟。北宋灭亡后,于南京应天府(今河南省商丘县南)即位,改年号为"建炎"。高宗在位36年,后来被迫让位后病死,终年81岁。

南宋时期,以宋高宗对佛教的态度最为复杂,以绍兴和议划界,此前他留下许多驾临佛寺的记录,也为了取得财政收入,大量发放度牒,以致南宋辖境僧尼已达二十余万。在绍兴和议之后,高宗较长时期内暂停发放度牒,似乎有限制佛教过于膨胀的意思。作为南宋政权的开创者,高宗对待佛教的态度,对南宋朝廷的宗教政策有重要影响。

高宗朝最突出的佛教信仰事件是对摩利支天母的崇拜。《佛祖统纪》卷四七记载:"初,隆祐太后孟氏将去国南向,求护身法于道场大德,有教以奉摩利支天母者。及定都吴门,念天母冥护之德,乃以天母像奉安于西湖中天竺,刻石以纪事。"[①]宋高宗时,隆祐太后以为大宋能够安居

---

① 志磐:《佛祖统纪》卷四七,《大正藏》第49卷,第423页中。

杭州,实出于"摩利支天母"护佑。于是,宋朝廷下令在杭州中天竺寺供奉摩利支天母。这一崇拜此后成为南宋最为流行的信仰之一。

宋高宗即位初期数年,驾临佛寺甚至拜佛的记载很多。如建炎四年(1130)正月一日,高宗到达"崎头,入白峰庵,僧岁朝礼忏,上前立其旁,闻保国安民之辞,喜甚,为徘徊茗饮而行"。一月三日,高宗到达台州章安镇,高宗"入金鳌山寺,有老僧祷佛前,皆忧时保国之语。上问:'何典?'答曰:'《护国金光明忏》。'上因宿于寺。后驻跸临安,岁赐辇下诸寺金帛,修举此法"①。当时的僧人自觉地为国家祈福,这些事情对高宗应该是有所触动的。此后,宋高宗下令诸寺举办"护国金光明道场",僧人高唱"保国护圣,国清万年"。

绍兴元年(1131)二月三日,宋高宗到达江心寺,"有旨以林灵素故居为资福教院,丞相吕颐浩举圆辨法师道琛主之"。高宗在由林灵素故居改建的江心寺中停留半月。如《佛祖统纪》记载:

> 三月己未(十七日)上发江心。(主上留寺中半月。赵汝四诗云"思陵半月都",世人以为实录。)诏法道法师随驾陪议军国事,上欲加以冠冕,师力辞,诏加圆通法济大师。②

四月,高宗"驻跸于会稽,天旱,诏法道法师祷于圆通(寺在城内),即日雨至。上大说"③。

绍兴二年(1132)正月,高宗"驻跸于钱唐,升为临安府。上每于禁中书《金刚》、《圆觉》、《普门品》、《心经》、《七佛偈》,暇日尝自披读,以发圣解。又御书阿育王山舍利塔曰佛顶光明之塔"。二月,高宗下诏"再建天竺观音大士殿"。四月,高宗召法道法师入见,高宗"从容谓之曰:'上皇为妖人所惑,毁师形服,朕为师去此黥涅。'道对曰:'上皇御墨,不忍毁

---

① 志磐:《佛祖统纪》卷四七,《大正藏》第49卷,第424页上。
② 同上书,第424页中。
③ 同上书,第424页下。

除。'上笑曰:'此僧到老倔强。'乃勅住庐山太平禅寺"①。法道法师曾经受到徽宗的惩罚,在其脸上刺字。高宗打算为其除掉,被法道法师拒绝。绍兴三年(1133)二月,庐山法道法师利用高宗对自己的信任,为佛教争得了昔日的地位。《佛祖统纪》记载:

> 申剳都省称:"崇观之后道士叨冒资品,林灵素、王冲道辈视两府者甚众,遂令道士冒居僧上。靖康、建炎,道士视官已行追毁,而国忌行香,寺院会聚,犹敢傲然居上,其蔑视国法有若此者。今欲复还祖宗旧制。僧史略具载,每当朝集,僧先道后,并立殿廷,僧东道西。凡遇郊天,道左僧右。"寻送礼部取到,太常寺状称因革礼:"乾德元年,宣德门肆赦故事,道左僧右。又检照嘉祐编勅并绍兴新书,并以僧道立文为次。其政和条内,道僧、观僧及道士位在僧上,并已删去不行。寻蒙朝旨,依条改正。以僧居上。"十一月,太常寺遍符诸路:"应行香立班,诸处聚会,并依祖宗成法,以僧居左。"②

由此开始,佛教终于又居于道教之上。

绍兴四年(1134),"伪齐刘豫同金虏入寇,上下诏亲征。九月,上亲诣天竺大士殿,焚香恭祷蚤平北虏。既而淮东宣抚使韩世忠败金人、齐人于承州,世忠献俘行在,因陈战没之人乞加赠恤。上蹙然曰:'死于锋镝,诚为可闵。'即勅直学士院胡松年具词,建水陆大斋,以为济度。是夕也有见鬼神来会甚众,有梦战死者,咸忻然相庆,以为自此得生善趣者。上闻之大说"③。绍兴五年(1135),"弥月大旱。诏道法师入内祈雨,结坛作法,以四金瓶各盛鲜鲫、噀水默祝,遣四急足投诸江,使未回而雨已洽。上大说,特赐金钵"④。九月,宋高宗前往天竺寺大士殿烧香,"住山应如奏对如流,上说,赐万岁香山以供大士,及度牒银币之类"⑤。

---

①② 志磐:《佛祖统纪》卷四七,《大正藏》第49卷,第424页下。
③ 同上书,第425页上—中。
④⑤ 同上书,第425页中。

绍兴七年(1137),高宗为佛教做的最重要的事情就是下诏禁止官员以已建佛寺充做功德寺。当时,左司谏陈公辅上疏建议:"乞照祖宗成法不许执政指射有额寺院,应臣僚前曾陈乞有额寺院充坟寺功德者,并令改正,许与无额小院。"①高宗批示同意。绍兴九年(1139),"勅天下州郡立报恩光孝禅寺,为徽宗专建追严之所"。

绍兴十一年(1141),高宗对辅臣说:"自佛法入中国,士大夫靡然从之。上者,信于清净之说。下者,信于祸福之报。殊不知六经广大,靡不周尽,如《易》无思无为,寂然不动,感而遂通;礼之正心诚意者,非佛氏清净之化乎?积善之家,必有余庆;积不善之家,必有余殃。与《书》作善降之百祥,作不善降之百殃,非佛氏祸福之报乎?"②从这段话可见,高宗对于佛教、道教、儒学的会通也有一些思考和解释。

绍兴十一年(1141)至绍兴十二年(1142),宋金完成谈判,订立了和约。其过程是:绍兴十年(1140),宋军在反击金军的入侵中取得顺昌(今安徽省阜阳市)、郾城(今属河南省)、颍昌(今河南省许昌市)等大捷后,宋高宗赵构与宰相秦桧唯恐有碍对金议和,下令各路宋军从河南、淮北等地撤回,以取悦金人。绍兴十一年,宋将刘锜、杨沂中、王德等部,在柘皋镇(今安徽省巢县西北)大败金兵,金兵也在濠州(今安徽省凤阳)击败宋兵,退至淮河北岸,淮西的宋军也退至江南。绍兴十一年十月,高宗派魏良臣为禀议使赴金。十一月,金以萧毅、邢具瞻为审议使,随魏良臣入宋,提出和议条件,双方最后达成和约。绍兴十二年三月,金遣左宣徽使刘筈至宋,对宋高宗进行册封礼。宋高宗向金一再请求,金才送归其母韦后及宋徽宗赵佶灵柩。绍兴和议确定了宋金之间政治上的不平等关系,结束了长达十余年的战争状态,形成了南北对峙的局面。

绍兴和议以后,在国内的经济有所缓和的情况下,高宗对佛教的态

---

① 志磐:《佛祖统纪》卷四七,《大正藏》第49卷,第425页中。
② 同上书,第425页中一下。

度有所改变。南渡以后,高宗对佛教取折中态度,既不毁其教灭其徒,也不崇其教信其徒,而是"不使其大盛耳"。出于这一政治目的,高宗采取了两项强有力的措施。

宋高宗采取的第一项措施是下诏停止发放度牒,以稳定僧数,使既有的出家者自然减员。绍兴十三年(1143),朝廷下令重修西湖寿星院,主事者请求拨度牒以充修缮费用。高宗说:"言者皆欲卖牒以资国用,朕谓不然。一牒所得不过二亘缗,而一夫不耕矣。若住拨十年,则其徒自少矣。"①这是《佛祖统纪》的记载。而《宋会要辑稿·道释一》的记载更详细些:

> 朕观昔人有恶释氏者,欲非毁其教,绝灭其徒;有喜释氏者,即崇尚其教,信奉其徒。二者皆不得其中。朕于释氏,但不使其大盛耳。献言之人,有欲多卖度牒以资国用者。朕以为不然。一度牒所得不过一二百千,而一人为僧则一夫不耕,其所失岂止一度牒之利。若住拨放,十数年之后,其徒当自少矣。②

这是高宗对其佛教政策的全面表述,而他一改前期以买卖度牒充当国用的做法,而决意停止出售度牒以便控制僧尼人数的扩张。

从上引高宗所言来说,其本意是停止十年,但实际上不止此数。《佛祖统纪》记载:

> 二十七年八月,礼部侍郎贺允中上殿。上问:"天下僧道几何?"答曰:"僧二十万,道士万人。"上曰:"朕见士大夫奉佛者,多乞放度牒。今田业多荒,不耕而食者二十万人。若更给度牒,是驱农为僧也。佛法自汉明入中国,其道广大终不可废,朕非有意绝之,正恐僧徒多则不耕者众。故暂停度僧耳。"③

---

① 《大正藏》第 49 卷,第 425 页下。
② 徐松:《宋会要辑稿》道释一之三四,第 7885 页。
③ 志磐:《佛祖统纪》卷四七,《大正藏》第 49 卷,第 426 页下。

这一条材料很重要,有三点很受重视:其一,截至绍兴二十七年(1157)八月,南宋辖境有僧尼20万,道士1万。其二,高宗实行限制佛教度僧政策的意图是一贯的。其三,朝廷停止度僧的命令一直延续至绍兴二十七年,而高宗仍然不松动。绍兴三十年(1160)十一月,住于灵隐寺的道昌禅师上表,"乞颁行度牒,不报"。这次,朝廷职能部门拒绝上报给皇帝。绍兴三十一年(1161),礼部侍郎吴子才奏,"乞颁行度牒。言事者以佞佛斥之,罢归田里"①。这次皇帝在言官的建议下竟然罢免了上表提建议的官员的职务。由此可见,宋高宗限制僧尼数量的决绝态度。

宋高宗采取的第二项措施是征收僧道"免丁钱",后又改为"清闲钱",赋金数倍于一般丁口,以此限制寺院僧尼人数。绍兴十五年(1145),高宗"勅天下僧道始令纳丁钱。自十千至一千三百,凡九等,谓之清闲钱。年六十已上及残疾者,听免纳"②。道法等法师上书于省部,强烈反对:

> 大法东播,千有余岁,其间污隆随时,暂厄终奋,特未有如今日抑沮卑下之甚也。自绍兴中年,僧道征免丁钱,大者十千,下至一千三百。国四其民,士、农、工、商也。僧道旧籍仕版,而得与儒分鼎立之势,非有经国理民之异,以其祖大圣人而垂化为善故耳。至若天灾流行,雨旸不时,命其徒以祷之,则天地应鬼神顺,抑古今耳目所常闻见者也。夫苟为国家御灾而来福祥,亦宜稍异庸庶之等夷可也。若之何遽以民赋,赋且数倍?今天下民丁之赋,多止缗钱三百,或土瘠民劳而得类免者。为僧反不获齿于齐民,以其不耕不蚕,而衣食于世也。夫耕而食蚕而衣,未必僧道之外人人耕且蚕也。③

僧人的反对不会改变高宗既定的政策。只是皇帝在特定情况下,以"恩

---

① 志磐:《佛祖统纪》卷四七,《大正藏》第49卷,第427页上。
② 同上书,第425页下。
③ 同上书,第425页下—426页上。

例"的方式赦免与朝廷有特殊关系的佛寺的赋税。如绍兴二十四年(1154),高宗下诏"以上天竺为御前道场,特免科敷等事"。鉴于上天竺寺是皇家寺院,高宗下令免除此寺的"科赋"。此问题对宋代佛教影响很大,具体内容当在下文论述寺院经济时再行详述。

高宗甚至也采取过收取佛像所用铜以铸钱的政策。《佛祖统纪》记载:绍兴二十八年(1158)七月,起居舍人洪遵"论铸钱未及额。上谕大臣:'令民间铜器以他物代之,乃出御府铜器送铸钱司,大敛民间铜器、寺观佛像钟磬,并令置籍,每斤收算二十。'"①

应该指出,尽管宋高宗在后期采取了一些限制佛教发展的措施,但在佛教与道教的关系上仍然坚持佛教优先于道教的定位。《佛祖统纪》记载,绍兴十三年(1143),临安府道正刘若谦"申省乞道士序位在僧上,妄称别得指挥。僧正善达陈状,乞检准绍兴三年都省批送法道法师乞复祖宗旧法,继蒙朝旨,批下依条改正,应行香立班,诸处聚会以僧在上。告示刘若谦,取知委状。后有妄词,以违制论"②。依据此中所记载,高宗在调整佛教政策之时,偏于道教的官员乘机上书要求道教在佛教之先,而朝廷在僧官的力争下,重申绍兴三年(1133)的诏令,而且严辞告知持此议的官员不得再议论此事。

二、宋孝宗、光宗的佛教政策

宋孝宗赵昚(1162—1189年在位),是宋太祖七世孙,即位时37岁。在两宋时期,宋孝宗的佛教政策最为独特,他是宋朝皇帝中唯一尊佛胜过崇道的皇帝。③ 他的态度和政策,在某种程度上是南宋佛教繁荣的推动力之一。

---

① 志磐:《佛祖统纪》卷四七,《大正藏》第49卷,第426页中。
② 同上书,第425页下。
③ 参见彭琦《南宋孝宗与佛教》,《浙江学刊》,2002年第5期;曾其海《南宋孝宗崇佛的史料、思想及其影响》,《台州师范学院学报》,2003年第4期。

根据史籍记载,孝宗早在王邸,就与很多高僧有密切关系。《佛祖统纪》记载:

> 上初在王邸,遣内都监至径山,问道于杲禅师。答以偈曰:"大根大器大力量,荷担大事不寻常。"后在建邸,遣内知客至山赐"妙喜庵"三字及真赞。至是悉取向赐,识以御宝。是年八月十日,师示寂。上伤悼不已,赐谥普觉,塔曰宝光,语录入大藏。①

类似材料还有不少,都可说明孝宗在未登基之前,已经对佛教有较为清晰的了解,并且对佛教抱有好感。孝宗即位时已经37岁,因此,他对待佛教的态度在为帝之前,应该是早已定型了。

孝宗即位不久,就写有《观世音菩萨赞》。隆兴元年(1163)七月,孝宗御选德殿,制《观世音菩萨赞》,其文有曰:

> 观音大士,以所谓普门示现神通力故,应迹于杭之天竺山,其来尚矣。朕每有祷祈,随念感应,曰雨曰旸,不愆晷刻。是有助于冲人者也。因为作赞曰:"猗欤大士,本自圆通,示有言说,为世之宗。明照无二,等观以慈。随感即应,妙不可思。"②

在佛教诸菩萨中,孝宗对观音菩萨的信仰尤其虔诚,有关礼拜赞颂观音的记载很多。如乾道三年(1167)二月,孝宗驾幸上天竺寺,"礼敬大士。问住山若讷曰:'大士之前,合拜不合拜?'师曰:'不拜,则各自称尊。拜则递相恭敬。'上欣然致拜"③。此中的"大士"特指观音大士。文中若讷的话,成为有关皇帝拜佛菩萨与否的经典解释,对后世影响很大。

宋孝宗阅读过不少佛典,并且亲自注经。乾道元年(1165)二月,孝宗"召灵山子琳法师入见。问曰:'朕欲读经,以何为要?'师曰:'《金刚》、

---

① 志磐:《佛祖统纪》卷四七,《大正藏》第49卷,第427页中。
② 觉岸:《释氏稽古略》卷四,《大正藏》第49卷,第893页上。
③ 志磐:《佛祖统纪》卷四七,《大正藏》第49卷,第427页下。

《圆觉》最为要道。'又问参禅之法。师曰：'直须自悟。'上说。赐号慈受"①。乾道九年(1173)正月，宋孝宗"召上竺讷法师，独对选德殿，赐座。问大士历代灵迹及《法华经》旨"②。淳熙二年(1175)夏六月一日，孝宗宣若讷入对内观堂。孝宗说："近看《宝积经》，其文何广？"若讷回应说："《华严》、《般若》、《宝积》、《涅槃》皆为大机说法，文长义广。"孝宗又说："《楞严》深造渊微，何故说得如此好？又说得如此澜翻？"若讷说："佛乃识达本源者也。从体起用，以无尽藏三昧，说默一如。"③可见，孝宗阅读过的佛经不但数量多，而且他对其内容也很熟悉。

淳熙七年(1180)，孝宗撰《赞〈法华经〉》，其文有云："《妙法莲花》七轴经，能令智慧了真明。斩钉截铁除疑惑，卸甲倒戈须志诚。圆觉声闻俱集会，国王帝子尽标名。为人不念如来句，死后将何破铁城。"④淳熙十年(1183)，孝宗亲注《图觉经》完成，"赐径山宝印禅师，刊行于世"⑤。陆游《渭南文集》卷一八《圆觉阁记》也记载，淳熙十年，孝宗亲注《圆觉经》，"遣中使费赐宝印，许述序刊行"。陆游受命为此书作序，刊行于世。宋人晁公武的《郡斋读书志》已著录此书，可见当时已流行。淳熙十六年(1189)，孝宗退休于重华宫，召上天竺寺若讷入内殿，令其注《金刚般若经》。

南北朝以来，举行仁王护国法会的皇帝不在少数，北宋时期的帝王如此做的也不少，但将其制度化者数宋孝宗最为显著。乾道三年(1167)二月，孝宗至上天竺寺，与若讷谈论"护国法会"。《佛祖统纪》记载：

> 又问"岁旦修光明忏之意"。师曰："佛为梵释四王说金光明三昧之道，嘱其护国、护人。后世祖师立为忏仪，于岁旦奉行其法，为

---

① 志磐：《佛祖统纪》卷四七，《大正藏》第49卷，第427页中。
② 同上书，第428页中。
③ 觉岸：《释氏稽古略》卷四，《大正藏》第49卷，第893页下。
④ 释熙仲集：《历朝释氏资鉴》卷一一，《续藏经》第76册，第243页上。
⑤ 志磐：《佛祖统纪》卷四七，《大正藏》第49卷，第430页上。

国祈福。此盛世之典也。"上说,授右街僧录,复赐钱。①

孝宗听了若讷的回答,产生重建"护国仁王法会"的想法。于是,他当即下令在道翌法师故居建十六观堂,并且命令内翰楼钥作《记》。尤其是,此年三月,孝宗"勅于禁中建内观堂,一遵上竺制度。"至乾道四年(1168)四月八日,孝宗召上天竺寺若讷法师,命其"领五十僧,入内观堂,行护国金光明三昧。斋罢说法。上曰:'佛法固妙,安得如许经卷?'师曰:'有本者如是。'上说,进授左街僧录慧光法师。自是岁岁佛生日,赐入内僧帛五十匹,修举佛事"。从此段文字的语境看,孝宗命令每年的四月八日佛诞日,招僧人入宫内所建的内观堂中举行"护国金光明三昧"法会。此后便成惯例。淳熙二年(1175)三月,孝宗"驾幸上竺,炷香礼敬大士,诏建护国金光明道场,赐白云堂印,令天下三学诸宗,并诣白云堂。公举用印,申明有司"②。依据此令,天竺寺举行"护国金光明三昧"法会便成为常态,而且在此次,孝宗为此寺赐印,使其有号令佛教诸山诸宗的权威和权力。

应该指出,孝宗奉佛的最直接目的仍然是"护国",因此,重视"护国仁王法会"是当然的。而佛教界高僧投合此意者很多。如淳熙四年(1177),孝宗"召灵隐光禅师,入对内殿,进《宗门直指》。上问:'浙东名山,太白玉几之外,以何为胜?'师曰:'保国、护圣、国清、万年。'上说。当时侍臣咸皆叹赏,以为名对"③。这一回答,巧妙之处在于将江南四所名寺的寺额融为佛教政治功能的形象性表达,因而颇得朝野的称赞。

现存很多文献都表明,宋代皇帝中,孝宗的禅学修养最高。为孝宗熟悉而经常应召与皇帝谈禅的禅师很多,如《佛祖统纪》记载,淳熙元年(1174)四个月之内接连三次征召著名禅师入宫谈禅。淳熙元年二月,孝宗"赐内帑于上竺建藏殿,及赐大藏经,皇太子为书殿榜。四月,召雁山

---

① 志磐:《佛祖统纪》卷四七,《大正藏》第49卷,第427页下。
② 同上书,第429页上。
③ 同上书,第429页中。

灵峰中仁禅师,入对禁中。五月,召灵隐远禅师,入对便殿"①。这样的例子很多,在此略举一二例予以说明。

乾道七年(1171)二月,"灵隐慧远禅师入对选德殿。上曰:'如何免得生死?'对曰:'不悟大乘,终未能免。'上曰:'如何得悟?'对曰:'本有之性,磨以岁月,自然得悟。'上曰:'悟后如何?'对曰:'悟后始知今日问答皆非。'上曰:'一切处不是后,如何?'对曰:'脱体现前,更无可见之相。'上有省,首肯之"②。对此,《释氏稽古略》卷四和《续传灯录》卷二八也有记载,字句稍多。

乾道八年(1172)八月,孝宗"召天竺讷法师、径山印禅师(别峰宝印)、灵隐远禅师,及三教之士,集内观堂赐斋。复令远禅师独对东阁赐坐。问曰:'前日睡中忽闻钟声,不知梦觉,是同是别。'对曰:'梦觉无殊,教谁分别?'上曰:'钟声从何处起?'对曰:'从陛下问处起。'"③有关孝宗与慧远禅师的谈论,《慧远禅师广录》卷二有记载,《续传灯录》卷二八也有收录,文繁不引。

淳熙三年(1176)二月,孝宗下诏"台州报恩德光禅师入住灵隐。十一月,入对选德殿。上问曰:'释迦雪山六年所成者何事?'师曰:'将谓陛下忘却。'上说,赐号佛照禅师"④。此问答的奥妙在于,孝宗问的是禅宗的核心话题,而德光禅师的意旨在于"无言无说"。这一回答颇为深邃,能理解其奥妙足以表明孝宗对禅宗的了解已经达到了一定的深度。

宋孝宗迎佛舍利。淳熙二年(1175)十二月,孝宗"遣中使至阿育王山迎佛舍利塔。上瞻礼之,顷见塔上有如月轮,他日复见如水晶者。勅迎往东宫,皇太子见相轮上累累,若水晶贯珠。三年正月,迎舍利于碧琳堂,上见塔角有光若金珠者。勅内侍奉塔还山,具斋以谢灵贶"⑤。

---

① 志磐:《佛祖统纪》卷四七,《大正藏》第49卷,第429页上。
② 同上书,第428页上。
③ 同上书,第428页上一中。
④⑤ 同上书,第429页上。

在儒家、道教、佛教中,宋孝宗最为看重佛教。他曾经下诏禁止民间人士和官员侮辱出家人。如乾道元年(1165)二月,郑国公主出家,孝宗乘机下诏:

> 敕品官庶民,有毁辱僧尼、骂称秃字者,依祥符、宣和敕旨,品官勒停,庶民流千里,仰天下州军,遍榜晓谕。仍许僧尼录白指挥,与度牒随身,永同公据。应僧尼过犯,官司不得私理,须奏闻取旨施行。①

在优礼僧尼之外,他还规定,僧尼犯过,地方官员不许擅自处分,必须报告朝廷,由朝廷处理。

应该指出,宋孝宗敬佛礼僧,但并未放弃以儒学为治国之本。《佛祖统纪》记载:乾道四年(1168)九月,孝宗对礼部尚书李焘说:"科举之文不可用佛老语。若自修之山林,于道无害。倘用之科场,恐妨政事。"②看来,孝宗很明确,佛道有自己的适用范围,如果科举考试以其语作考题,则会误导天下士子,妨害政事。

淳熙七年(1180),召明州雪窦宝印禅师入见,讨论三教关系。孝宗问:"三教圣人,本同此理?"禅师回答:"譬如虚空,初无南北。"孝宗说:"但所立门户异耳,故孔子以《中庸》设教。"禅师说:"非《中庸》何以立世间?《华严》有云:不坏世间相而成出世间法。"孝宗说:"今时学者祇?观文字,不识夫子心。"禅师说:"非独今之学者。当时颜子为具体,只说得瞻之在前,忽焉在后,如有所立卓尔,亦未足以识夫子心。夫子亦曰:二三子以我为隐乎?吾无隐乎?尔以此而观当时弟子,尚不识夫子心,况今人乎?张商英有云:'唯吾学佛,然后能知儒。'"孝宗说:"朕意常作此见。"皇帝问:"老、庄之教何如?"禅师回答说:"可比佛门中小乘人耳。小乘厌身如桎梏,弃智如杂毒,化火焚身入无为界。正如庄子,形固可使如槁木,心固可使如死灰。《老子》曰:吾有大患,为吾有身。大乘人则不

---

① 志磐:《佛祖统纪》卷四七,《大正藏》第49卷,第427页中—下。
② 同上书,第427页下。

然。度众生尽,方证菩提。正如伊尹所谓予天民之先觉者也,将以斯道觉斯民也。如有一夫不被其泽,若已推而内之沟中也。"①孝宗很高兴,即日诏其住于径山寺。

淳熙八年(1181),孝宗制《原道辩》,文章主旨在于驳斥韩愈的《原道论》,倡导"以佛修身、以道养身、以儒治世"的"三教合一"思想。文中,孝宗不仅驳斥了儒生攻击释、道二家的种种观点,还批驳了扬雄反对道家的观点。② 当孝宗将文章给前宰相史浩看时,史浩谏曰:"臣惟韩愈作是一篇,唐人无不敬服,本朝言道者亦莫之贬。盖其所主在帝王传道之宗,乃万世不易之论。"意思是说,韩愈的《原道论》是唐人无不敬服的文章,作为本朝君主没有必要去贬斥它,因为韩愈所主君王也有他自己所宗之教。朱熹看了孝宗的《原道辩》,立即上书反对。大臣程泰也有类似看法。由于众大臣的直谏,孝宗只是把文章的题目由《原道辩》更名为《三教论》,文章的基本观点还是没改。③

宋光宗赵惇(1189—1194年在位),孝宗第三子,即位时43岁。宋光宗体弱多病,又没有安邦治国之才,听取奸臣谗言,罢免辛弃疾等主战派大臣,又听命于李皇,奸佞当道,朝政从宋孝宗时的清明转向腐败。光宗历来就与孝宗不和,宋孝宗逊位,光宗得以登基。做皇帝以后,光宗长期不去探望太上皇。绍熙五年(1194),孝宗病逝,光宗不服丧惹众怒,失民心。大臣韩侂胄和赵汝愚经过太皇太后允许,逼迫光宗退位。光宗只好让位于太子赵扩,自己闲居临安寿康宫,自称"太上皇"。赵扩主持完宋孝宗的葬礼,就登基做皇帝,是为宋宁宗。庆元六年(1200)春,光宗驾崩,享年54岁。

宋光宗在位仅六年,现存文献中有关其与佛教关系的记载不多。从不多的文献记载看,他遵循其父孝宗的某些惯例,赐予僧人师号、谥号,

---

① 志磐:《佛祖统纪》卷四七,《大正藏》第49卷,第429页中一下。
② 同上书,第429页下—430页上。
③ 参见曾其海《南宋孝宗崇佛的史料、思想及其影响》,《台州师范学院学报》,2003年第4期。

如绍熙二年(1191)十月,慧光法师入寂,"谥宗教广慈法师,塔曰普照"①。总体而言,光宗主动性的奉佛举措似乎不多。

三、宋宁宗、理宗、度宗等帝的佛教政策

宋宁宗、理宗、度宗三帝在位(1194—1274)的80年,是南宋由稳定而略有发展的局面向混乱趋于灭亡转变的关键时期。这一时期佛教顺着前期发展的轨道继续着繁荣局面,这是一方面;另一方面则是儒学(理学)越来越受朝廷重视,在发展势头上远远胜过佛教。

宋宁宗赵扩(1194—1224年在位),光宗第二子,即位时27岁。宁宗即位后,任用赵汝愚和韩侂胄。赵、韩两派斗争激烈。宰相赵汝愚倡导理学,引荐朱熹,企图阻止韩侂胄参政。宁宗罢免了赵汝愚,韩党专权。宁宗又定理学为伪学,禁止赵汝愚、朱熹等人担任官职,参加科举。这就是"庆元党禁"。1202年,宁宗才宣布弛禁。宁宗还追封岳飞为鄂王,削去秦桧封爵,大快人心,打击了投降派。1206年,韩侂胄冒然北进而大败,被杨皇后所害,主和派把持了朝政。1208年,与金订立屈辱的"嘉定和议"。1224年,宁宗死于宫中,在位30年,终年57岁。

宋理宗赵昀(1224—1264年在位),原名赵与莒,并非皇子,是赵匡胤之子赵德昭的九世孙。1222年被立为宁宗弟沂王嗣子,赐名贵诚,1224年立为宁宗皇子,赐名昀,后即位,时年20岁。宋理宗继位的前十年都是在权相史弥远挟制之下,自己对政务完全不过问,一直到1233年史弥远死后宋理宗才开始亲政。亲政之初,理宗立志中兴,采取了罢黜史党、亲擢台谏、澄清吏治、整顿财政等等改革措施,史称"端平更化"。执政后期,朝政相继落入丁大全、贾似道等奸相之手,国势急衰。1234年南宋联合蒙古国灭金。1259年,蒙古攻鄂州,宰相贾似道以宋理宗名义向蒙古称臣,并将长江以北的土地完全割让给蒙古。

---

① 志磐:《佛祖统纪》卷四七,《大正藏》第49卷,第430页中。

宋度宗赵禥(1264—1274年在位),宋太祖十一世孙,宋理宗弟嗣荣王赵与芮之子,宋理宗的侄儿。1253年立为皇子,赐名禥,理宗死后即位。理宗在世时,就以崇尚理学著称,他为赵禥选的老师,也多是一些理学名家,受此影响,度宗对理学也十分偏爱。早在做太子时,他就在一次前往太学拜谒孔子时,提出增加张栻、吕祖谦为从祀,深得理宗赞赏。即位以后,他提拔了一些理学名士如江万里、何基等人,录用前代理学大家张九成、朱熹、陆九渊等人的后代为官,理学门徒也占据了从中央到地方的很多职位。度宗沉溺于酒色,权臣贾似道大权独揽,朝政日坏,边事日急。咸淳九年(1273),襄阳与樊城相继为元兵攻陷,朝野震动,局势于是不可收拾。

宋宁宗、理宗、度宗三朝仍然延续过去的佛教政策,赐予高僧师号、谥号。庆元三年(1197),"荆门军申忠翊郎赵善莹状,当阳县玉泉山景德禅寺为隋智者禅师开山道场,蜀将军关王奉智者为师,祈祷屡应,乞赐加封,勅宣赐灵惠大师"①。这是宋宁宗对天台宗祖师的旌表。宋理宗绍定二年(1229),"有旨,以禳祫事宣上天竺主僧赴南水门,引见柏庭。在假智觉居首座得旨,代入竣事,玉音褒嘉,赐赉甚渥。诏法昭法师住下天竺,寻迁上天竺,补右街鉴义,赐佛光法师,进录左街赐金襕袈裟"②。此外,理宗赐当朝最有影响僧人无准师范为"佛鉴禅师"。宋度宗咸淳元年(1265)九月,"诏佛光照法师再住上天竺,法堂绘事方新,宜昭揭先帝白云御书录状闻奏"。咸淳九年(1273)八月十五日佛光照法师示寂,度宗"勅赐天岩塔院,谥普通大师,塔曰慈应"③。如此等等,不再举例。

宝庆二年(1226),宋理宗"勅天申万寿圆觉寺改为天台教,以师赞法师主之"④。端平元年(1234),灵山守愚法师上奏朝廷:"四明延庆法智大

---

① 志磐:《佛祖统纪》卷四八,《大正藏》第49卷,第430页下。
② 同上书,第432页中。此条资料附于此卷之后,为志磐完成此书之后由后人附益。
③ 同上书,第433页下。此条资料附于此卷之后,为志磐完成此书之后由后人附益。
④ 同上书,第431页中。

师,中兴天台一家教观,所著《记钞》二百余卷,乞入大藏颁行。"①理宗批示同意。这些事例,表明了朝廷对天台宗的扶持。淳祐六年(1246)十一月,"临安明庆闻思律师奏:南山澄照律师《戒疏》、《业疏》、《事钞》等,并大智律师述三部诸记,共七十三卷,乞附入大藏。制可。绩据省部下诸郡经坊,镂板颁行"②。澄照律师即唐初道宣律师,大智律师即北宋末的著名律师元照。此事表明了朝廷对于律宗的支持。

南宋朝廷在佛教管理方面的新举措——"五山十刹"制度,是宋宁宗嘉定年(1208—1224)间由史弥远的奏请而设立的。此事当在下文叙述。

尽管宋宁宗、理宗、度宗本人的佛教信仰不明显,且对于理学家似乎更感兴趣,但也都分别有比较崇敬的僧人,且不断有礼遇僧人的行为。兹不再赘述。

宋度宗之后,南宋尚有恭帝(1274—1276年在位)、端宗(1276—1278年在位)、卫王(1278—1279年在位)三代皇帝苟延残喘,然从佛教政策角度已无叙述之必要。

---

① 志磐:《佛祖统纪》卷四八,《大正藏》第49卷,第432页上。
② 同上书,第431页中。

第二章 宋代士大夫与佛教

第一节 宋代士大夫参与佛教活动概述

宋代既是中国化佛教全面兴盛的历史阶段,同时也是佛教渗透于社会文化诸领域的转型时期,并且在总体上属于能够相对稳定并持续接纳、受容佛教思想观念及其自主活动的一个朝代。

宋代佛教之所以能够普遍渗透到社会文化诸领域,在较大程度上得益于宋代所推行的文教政策。

北宋初期,推行修德重教策略的宋朝廷,即在汴京开设译经院,改设传法院,附设印经院,一改唐末五代佛教典籍的匮乏情形,唤起了社会各界对佛教典籍文化的极大关注,吸引众多饱学之士参与佛教典籍文化的弘传事业,致力于佛教藏经的刻印与流通。佛教典籍文化的传承与普及,既成为宋代佛教全面复兴的先导,同时也推进了佛教对于社会文化领域的普遍渗透。

宋初真宗朝,相继在京城和地方各路开设甘露戒坛。通过试经度僧、特恩度僧、进纳度僧甚至空名度僧等不同途径与方式,致使全国僧尼人数迅速增加,佛教寺院数近四万所。宋代佛教寺院普遍具备能够自足的经济能力,确保了传扬佛教文化的自主性,从而反过来增强了佛教对于社会各阶层的吸引力量。

从佛教弘传的社会史意义上看,宋代佛教之所以能够持续发展,其结构性因素之一,就是具有上下互动、内外结合的社会性特征。在此结构特征中,上至朝廷、庙堂,下及民间、山林,无论是方内佛学,还是方外世学,都离不开宋代士绅阶层的联结作用。如北宋朝廷主导的佛教译经活动,设置译经润文官,由通达内外之学的士大夫担任。据《大中祥符法宝总录》、《景祐新修法宝录》等文献所载,当时参与译经活动者就有张洎、汤悦、杨砺、朱昂、梁周翰、赵安仁、晁迥、杨亿、丁谓、李维、王钦若、夏竦、王曙、吕夷简、宋绶等15人之多。这些兼通内外之学的文士,还积极参与宋代《灯录》、《语录》等禅宗典籍的编纂,如杨亿、李维、王曙等人参与《景德传灯录》30卷的编纂、刊定。此后,王随删繁就简,成《玉英集》15卷。

自北宋开国以来,随着科举取士规模的持续扩展,特别是坚持"取士不问家世"的明确导向,大大强化了宋代政治生活的庶民化与地域化,导致其不同利益集团的迅速形成。荐引朋党,离间君臣,排斥异己,在在皆是。此外,中央朝廷与地方机构之间的紧张关系,通过每三年一轮换等任职制度的规程,增加了地方官吏的不稳定性。宋代政治文化构成中普遍存在的变动性与风险性,亦在一定程度上促使同样充满变动与风险的士大夫们,在其现实生活中,往往涉足于禅林佛刹,在其社会交往、知识交往中,时见僧衲之影,呈现出包括政治行为、思想观念、知识活动、精神信仰等多方面的交游活动。谈禅论道,参请求法,不乏其人。诗文酬答,唱游山水,每每可见。中央官僚及地方官吏,成为佛教文化的有力外护者,史载甚多。如李遵勖、刘筠、曾公亮、富弼等人,即属此类。

宋代士大夫向佛、好佛、学佛、知佛之风,固然是宋代佛教生活的一大表现,但并非倾向于建构具有独立知识形态的佛教思想体系。历史上所谓"士夫禅"、"相公禅"的说法,其实都只不过是某种现象的描述,而并非参禅法门的方法界定。因此"士夫禅"、"相公禅"作为宋代士大夫的禅修性好,尽管不能与禅林"默照禅"、"公案禅"等参禅法门相提并论,但在客观上对南宋盛行的"文字禅"却不无影响。

宋代时期,一般佛教徒颇注重修持,并通过结社活动充实其修行生活。因此,不仅禅宗、净土两宗及其合流并进的趋势(禅净合流)相当流行,而且天台、华严等教家与禅宗、净土的融合(禅教融合或禅教净合流)也在深化。作为佛教义学的代表,天台教与华严教相继中兴,特别是在江南地区兴盛一时,宋代佛教与社会生活关系密切,导致佛教实践修持活动及其仪式安排,往往具有社会化、组织化、制度化的特征,佛教结社活动兴盛,类型众多,对于宋代佛教信仰及其修持方式影响广泛。

宋代朝廷朋党泛滥,门阀意识炽盛,朝政动荡多变,排佛论与护法论相互并进,往往导致士绅在外护佛法中体现出义理与实践、智慧与信仰、社会化与个体性等兼顾结合的特征。此外,宋代也是中国化佛教具有区域化推进的重要时期,巴蜀佛教、吴越佛教、湖广佛教、闽赣佛教、北方佛教等在此一时期各呈其盛,充分奠定了后世佛教传承的基本格局,影响深远。

总之,宋代士绅不仅积极参与推进禅林之兴盛、义学之中兴、禅教律净之并进、显密之兼修以及援禅入儒、学佛以知儒等知识性活动,而且更利用其社会资源,在诸如寺院兴建、经藏刊刻、请赐尊号、文字撰著等方面助缘尤甚,从而客观上有利于促进宋代思想文化的开放环境,充当佛寺、佛僧与社会之间互动交往的重要媒介,成为宋代佛教生活的重要方面。

第二节 两宋朝臣的禅林交游

宋代士大夫与禅林的交游活动,是其佛教活动的重心所在。

宋代三百余年间,堪称是中国禅林最为兴盛的历史时期,但仍然存在着发展的不平衡。这种不平衡,既有不同禅派间的不平衡,更有不同时期、不同地区间的不平衡。如宋初的禅家五宗中,除临济宗继续保持旺盛外,云门宗盛极一时,法眼宗次之,而沩仰宗数传后即衰落不明,曹洞宗则一时未振于世。契嵩曾反省导致当时禅林诸宗间不平衡性的缘由时,指出其关键在于得人与否。他说:"而云门、临济、法眼三家之徒,于今尤盛。沩仰已熄,而曹洞者仅存,绵绵然犹大旱之引孤泉。然其盛衰者,岂法有强弱也? 盖后世相承,得人与不得人耳。"[1]据此,云门、临济、法眼三家,北宋初期龙象辈出,颇显得人。与此相应,宋代士大夫的禅林交游及其修学活动,其主要对象即集中于云门、临济二派之禅僧。

继五代而兴的云门宗,宋初时期,其影响范围早已不限于起初的广东韶州地区,而是在保持地域优势的综合影响力,北移扩展到江西、湖湘、浙江等地,甚至进入汴洛地区,相继创立并持续营建了以韶州为中心的岭南丛林,以襄州、潭州为中心的湖湘丛林,以庐山、筠州为中心的江西丛林,以真州、杭州、明州、台州为中心的江浙丛林,以及弘化汴洛的丛林大刹。云门宗禅匠辈出,累代相承(自云门下二世至十世),声震丛林,名动公卿,其影响力至北宋中叶达到了顶峰,并持续到南宋末年。

北宋朝,奉诏入京传法的云门宗僧,从三世到八世,至少有14人之多。[2] 这些云门高僧的弘化传扬,不仅对于宋代士大夫的禅修信行影响至深,而且还充分奠定了云门禅系在北宋的独特地位,甚至对朝廷的佛教政策也具有一定程度的影响力。

如云门下五世大觉怀琏,于宋仁宗皇祐二年(1050)奉诏入主京师新建的十方净因禅院,其间每与王公士人论道说法,甚被推崇。英宗朝,怀

---

[1] 契嵩:《传法正宗记》,《大正藏》第51卷,第763页下。
[2] 参见黄启江《云门宗与北宋丛林之发展》,《北宋佛教史论稿》,第247页。

琏告老南下归山,退居四明育王山广利禅寺,同样受到地方士绅的崇敬。苏轼与其交游甚久,尝撰《宸阁碑记》,评述大觉怀琏之所以吸引士大夫的弘法特色,称"是时北方之为佛者,皆留于名相,囿于因果,以故士之聪明超轶者皆鄙其言,诋为蛮夷下俚之说。琏独指其妙与孔、老合者,其言文而真,其行峻而通,故一时士大夫喜从之游"①。苏轼的上述评论,一定程度上反映了当时士大夫禅悦之习所关注的思想取向,说明了云门宗从岭南向北扩展并盛行一时的思想文化因素。

士大夫的禅悦之习,颇受宋皇室好佛之风的影响。但宋代士大夫之与禅林交游的具体情形,则表现出不同的类型。大致来说,这种交游关系,约有三种类型。其一是表现为师徒关系的交游往来。如富弼之于证悟修执弟子礼,即属此例。其二是方外之交的友人关系,这是最为普遍的情形。如苏轼、王韶之于佛印了元,王安石之于宝林禅师,等等。其三是地方士绅的属地护法行为,如蒲宗孟之于宝印禅师,曾公亮之于长芦宗赜,等等。当然,上述三种情形多有交叉,尤以亦师亦友关系为常见。

有关宋代士大夫与禅林之间的交游活动情形,在当时禅宗灯史、语录等文献中多有记载。如驸马都尉李遵勖编纂的《天圣传灯录》、释正受编《嘉泰普灯录》(特别是其中的《贤臣上、下》)等。其次,宋代有关丛林纪事之作,亦有广泛记载,较著名者如云卧庵主晓莹《云卧纪谈》两卷、《罗湖野录》两卷、自融《丛林盛事》两卷、大慧宗杲《宗门武库》、慧洪觉范《林间录》两卷及《林间录后集》等,这些著述颇为后世士大夫熟习。此外,后世《名公法喜志》、《居士传灯录》、《居士传》及相关史志著述、时人文集汇编中,亦多有涉及。

在僧人正受所编集的《嘉泰普灯录》卷二二、二三中,以"贤臣"参禅求法为题材,撮录了自北宋初期直至南宋中叶,自丞相王随及至朝奉大

---

① 苏轼:《苏轼文集》下册,顾之川校点本,第1263页,长沙,岳麓书社,2000年。

夫俞南仲居士近五十人的参禅求法之经历,与其交游的云门、临济二宗禅僧则多达三十余人,可视为当时士大夫与禅林交游的一份实录。宋初禅宗的归依者代表为王随、杨亿、李遵勖、刘筠、曾公亮、富弼等人。现据《嘉泰普灯录》等相关文献,撮其有代表事例以述之。这些宋代士大夫,成为后世《居士传》所列归的重点对象。①

丞相王随,字子正,河南人,历真宗、仁宗两朝(998—1063)。其性喜佛,甚慕唐相国裴休之为人。尝谒临济宗僧首山省念(926—994)②,得言外之旨,自此践履益深,竟明大法。后与法眼宗清凉文益之再传弟子、天台德韶法嗣兴教小寿禅师,机语相契,结为方外之交。临终,书偈曰,"画堂灯已灭,弹指向谁说,去住本寻常,春风扫残雪。"王随与杨亿是北宋初期亲近禅林、号为参禅有得者的二位士大夫。杨亿裁定《景德传灯录》三十卷,王随删正《传灯玉英集》十五卷,于大中祥符四年(1011)敕许入藏,成为由士大夫编纂并在宋代入藏的两部重要禅宗史籍。

李遵勖(字用和、公武,谥文和,988—1038),进士出身,探索宗要有年,与翰林学士杨亿,同参石门蕴聪。闻慈照所举因缘,顿明大法,受其印可。述偈曰:"参禅须是铁汉,着手心头便判,直趣无上菩提,一切是非莫管。"后作慈照塔铭,自叙其问道始末。

宋仁宗天圣年间(1023—1031)编纂《天圣广灯录》三十卷,此书为宋代著名禅宗灯史之一。景祐三年(1036),宋仁宗尝赐其序,称"《天圣广灯录》者,镇国军节度使驸马都尉李遵勖之所编次也。遵勖承荣外馆,受律斋坛,靡恃贵而骄矜,颇澡心于恬旷,竭积顺之素志,趋求福之本因,洒六根之情尘,别三乘之归趣。迹其祖录,广彼宗风。采开士之迅机,集丛林之雅对,粗禅于理,咸属之篇"③。《天圣广灯录》与《景

---

① 参见彭际清《居士传》卷二〇至卷二九。
② 有关首山省念周边的居士,可参见[日]阿部肇一《中国禅宗史》第七章《宋初临济宗派下的有关居士》,关世谦译本,第383页文字的叙述。
③ 《续藏经》第78册,第426页上。

德传灯录》、《建中靖国传灯录》、《嘉泰普灯录》一同钦定编入宋代藏经，颇具史料价值。

杨亿(947—1020)，字大年，福建浦城人，谥文公。早年负才名，有神童之称。真宗朝，累迁至左司谏。杨亿初未知有佛，后读《金刚经》始生敬信，继而深信宗门心法，尝著《发愿文》以自警策。出守汝州，谒临济宗首山省念法嗣广慧元琏(951—1036)，游从日密，蒙滞顿释，多有契入，得嗣其法。其临终偈曰，"沤生与沤灭，二法本来齐，欲识真归处，赵州东院西"。广慧元琏以庞蕴居士视杨亿，并且在讳日设位供养，盛传为"师供养弟子"的佳话。有《武夷集》行世。

杨亿于禅法之造诣，颇受南宋著名禅僧洪觉范的首肯，尝称"予夜与僧阅杨大年所作《佛祖同源集序》，至曰昔如来于然灯佛所，亲蒙记莂，实无少法可得，是号大觉能仁，置卷长叹，大年士大夫，其辩慧足以达佛祖无传之旨。今山林衲子，反仰首从人求禅道佛法，为可笑也"①。

王随、杨亿、李遵勖等北宋朝臣，利用自身的社会名望，不仅广行佛教文化事业意义上的"法施"之举，忠实于宋初修文德之教的朝廷策略，客观上为当时佛教文化的繁荣作出了自己的贡献，同时也积极参与朝廷或官府组织的"祈雨"、"斋僧"、"水陆会"、"甘露戒坛"等大众化的佛教礼仪活动，并且投身于佛教性的结社修行，从而扩展了佛教活动的社会影响。② 据《佛祖统纪》载，宋真宗时，知礼法师修"法华忏"三年，焚身供法，杨亿贻书劝请住世。因知礼高行遗身，李遵勖尝上书奏议，准以嘉许，赐号"法智"。东掖山如法师，集百僧修长忏，李遵勖再次奏议，赐号"神照"，并与郡守景得象诸贤，结白莲社。③

赵抃(1008—1084)，字悦道，一作阅道，号自非，浙江衢州人。尝知

---

① 慧洪：《林间录》卷下，《续藏经》第87册，第258页中。
② 《佛祖统纪》卷五三引《宋会要》称，"真宗，昇州崇胜寺，赐名甘露戒坛。诏京师立奉先甘露戒坛，天下诸路皆立戒坛，凡七十二所。京师别立大乘戒坛。"《大正藏》第49卷，第463页上。
③ 参见《佛祖统纪》卷五三，《大正藏》第49卷，第466页下。

成都,颇具政声。仁宗朝,官御史,劲直敢言。神宗朝,擢参知政事,屡陈新法之害。年四十余,摈去声色,居常蔬食,系心宗教,会佛慧法泉禅师(号泉万卷),来居衢州南禅寺,前往亲近,后契其法印。富弼受其影响,亦留意宗门,对于"如来一大事因缘"有所证悟。赵抃去世,法泉悼之以偈,以示情谊之深。撰有《赵清献集》行世。

富弼(1004—1083),字彦国,河南人,谥文忠。庆历中,与文彦博(字宽夫)并列为相,时称"富文",赐封郑国公。早年持抑佛之论,后受参政赵抃(清献公)策警,发心参禅。闻证悟修颙主投子法席,执弟子礼。尝以偈寄圆照宗本,自述悟道因缘,"一见颙公悟入深,夤缘传得老师心,东南谩说江山远,目对灵光与妙音"。奏请修颙得"证悟"名,以报师恩。富弼与王安石、张商英,都是北宋由抑佛、排佛而转向崇佛、学佛的典型,于此可见佛教影响之深及士子学佛风习之盛。

此外,尚有郎中张仅,参桂府义禅师而有得。太傅高世则(字仲贻,号无功),依芙蓉道楷禅师,求指心要。中大吴中立居士(字德夫),参晦堂。提刑郭祥正居士(字功甫,号净空),谒白云守端禅师。元祐中(1086—1094),谒泉万卷。崇宁初(1102),到五祖寺拜演禅师。枢密徐俯居士(字师川,号东湖),谒法昌及灵源,语论终日。靖康初(1126),为尚书外郎,与朝士同志者挂钵于天宁寺之择木堂,力参圆悟。胡安国(字康侯,号草庵),久依上封,参禅问道,得言外之旨。左丞范冲(字致虚)、中丞卢航、左司都贶,谒圆机道旻禅师。透过上述诸例,可见宋代士大夫参禅风习之盛。而宋代士大夫所依持的禅僧,则主要分属于云门与临济二家。

宋室南渡前后,杭州地区的天目山、径山开始逐渐成为江南的禅修中心。特别是大慧宗杲及其"看话禅"、"公案禅",颇为身处国朝危乱、政局剧变中的士大夫所喜好。宗杲门下聚集了众多参禅问道的士子,从而把宋代"士夫禅"推向高潮,并影响到宗门"文字禅"的风行一时。《大慧普觉禅师语录》三十卷,至少有三分之二的篇幅涉及到对士大夫参禅问道的答复与开示,于此可以想见当时"士夫禅"之盛况。①

给事冯楫(字济川),自壮扣诸名宿,后居龙门,从佛眼清远禅师学,多有契入。宋高宗绍兴年间(1131—1162),随大慧宗杲于灵隐寺、径山寺。后出知卬州,移帅泸南,所至宴晦无倦,尝自咏曰:"公事之余喜坐禅,少曾将胁到床眠,虽然现出宰官相,长老之名四海传。"嘱诸官吏及道俗,各宜向道,扶持教门,建立法幢。建炎后,名山巨刹,教藏多不存,常施以己俸印施,凡一百二十八藏。有语录、颂古行于世。

宋代由儒入佛、儒佛同诠,同样蔚然成风。张九成参大慧宗杲而论儒门"格物",可谓当时儒佛交涉的典型公案。

张九成(1092—1159),字子韶,自号无垢居士、横浦居士等,浙江钱塘人。未及第时,因闻客谈杨文公、吕微仲诸名儒所造精妙,皆由禅学而至,于是心向慕学,笃志释典。闻宝印楚明禅师居净慈,请问入道之要。宝印曰:"念念不舍,久久成熟,时节到来,自然证入。"并令参"庭前柏树子"之话头,时时提撕,久而无省。后谒善权清禅师,以柏树子话究之,闻蛙鸣,释然契入。再谒法印一禅师,机语颇契。绍兴癸丑(1133),复谒尚于东庵。

张九成与大慧宗杲之间的交游,是南宋时期儒佛交涉的典型个案。据记载,出任礼部侍郎后,张九成尝与冯济川等人造访径山,谒大慧杲禅师,席间议及儒门格物之说。大慧曰:"公只知有格物,不知有物格。"子韶请其说。大慧曰:"不见小说所载,唐人有与安禄山谋反者,其人先为阆守,有画像存焉。明皇幸蜀见之,怒令侍臣以剑击像首,其人在陕西忽头落。"子韶言下领旨。题壁曰:"子韶格物,妙喜物格。欲识一贯,两个五百。"此后,九成即尊大慧宗杲为师,多有请益之举,臻于"得法自在,旷

---

① 有关大慧宗杲门下的士大夫参禅活动,可参见潘桂明《中国居士佛教史》(下册)第七章第四节(北京,中国社会科学出版社,1999年)。

然无惑"之境。而张九成也将自己之师于大慧宗杲的交谊,颇类于唐宋间裴休之师黄檗、韩愈之师大颠、李翱之师药山、白居易之师鸟窠、杨大年之师广惠、李和文之师慈照、苏东坡之师照觉、黄山谷之师晦堂、张无尽之师兜率等,颇见其推许自得之意。①

张九成晚年闲居,更显其信佛之举,如取华严善知识,日供其二回食以饭僧。又尝供十六大天,杯中茶悉化乳,等等。

对于儒士兼居士的张子韶,彭际清在其《居士传》评称:"予读无垢居士书,盖欲担荷五常,阐孔孟心法者,其于佛道未暇及也。而世儒往往以禅议之,意其生平得力之故,固有不可掩者乎。此则子韶之所以为子韶也。"②

此外,尚有参政李邴(1085—1146,字汉老,济州任城人),初醉心祖道有年,闻大慧排默照为邪,尝疑怒相半,及见大慧示众,举赵州庭柏子,颇为领悟,顿有入门之感。提刑吴伟明(字符昭),久参真歇清了禅师,得自受用三昧为极致,后访大慧于洋屿庵,随众入室,宗杲举狗子无佛性话问之而有省。

这些参禅"贤臣",大都入选后世所撰的《居士分灯传》、《居士传》等护法著述中,成为后世佛教护法的典型,常为世人所称引。

无论是从佛教与政治关系的角度,还是依据于佛法与教化的社会视野,都难以完全涵括于"宋代居士佛教"或"宋代士大夫佛学"的抽象概念,其中更需要立足于其历史活动的具体考量。当然,细致梳理宋代士大夫的佛教交游,还应该考虑其动机、过程、影响及其效应,其人、时、地、处的复杂性与多样性。因此,对宋代士大夫参禅学佛活动的历史社会学分析,仍然只能作出一些大致的结论。

首先,宋代士大夫历参名宿,请益宗要,咨决心法,而有省者为数甚

---

① 参见昙秀《人天宝鉴》,《续藏经》第87册,第6页下。
② 彭际清:《居士传》卷三二《张子韶传》,《续藏经》第88册,第242页上。

多。这表明当时参禅问道的传统法门,特别是以心印心、自悟自性这一原则立场的有效性。宋代禅宗大盛于世,不乏得益于士大夫参禅问法之处。宋代士大夫所参与编纂的禅宗文献,特别是《景德传灯录》成书入藏后,被普遍视为"禅学之源"。① 宋代以禅学为典型代表的佛教知识活动的相对活跃,促使其他显密诸教派同样处于复振之中。因此,佛教信仰活动与知识活动的交集并存,体现了宋代佛教文化样式的多样性与复杂性。其中,"达磨禅法入传中原",成为中国历史上甚具文化象征意义的事件,客观上引发了对孔孟为主导的中原齐鲁文化传统的关注,促进了儒家思想的反省批判意识,形成了宋代儒家与佛教共同兴盛的思想文化格局。

其次,赵宋立国,有鉴于唐末五代"武人政治"最终所导致的兵乱情形,或倡导以《论语》治天下,客观上体现出文献兴邦、文士治国的"文人政治意识"。宋代虽有朋党政治之习,却不乏开明、开放之士。士大夫具有知识活动性质的禅林交往,与下层民众对佛教的普遍信从,通过以"取士不问家世"为导向的政治庶民化与宗教信仰活动的庶民化相互并进,体现出士大夫佛教交往的广泛效应,并与更普及化的民众佛教活动相得益彰。这不失为后人评判宋代士大夫佛教活动的一个方便视角。

再次,宋代士大夫参禅问道、咨决心法的丛林交游活动,不仅充实了宋代思想文化的历史内容,而且在此过程中对于宋代极为丰富的佛教历史文献典籍的大量问世,产生了相当深刻而积极的推进作用,进而影响到宋代朝廷对佛教的态度取向。当然,由于宋代士大夫

---

① 如撰于南宋绍兴二十一年(1151)的《晁氏读书志》评述对此书评价甚高:"其书披奕世祖图,采诸方语录,由七佛以至法眼之嗣,凡五十二世,一千七百一人,献于朝,诏杨亿、李维、王曙同加裁定。亿等润色其文,是正差缪,遂盛行于世,为禅学之源。夫禅学自达磨入中原,凡五传而至慧能,慧能传行思、怀让之后有五宗,学徒遍于海内,迄今数百年,临济、云门、洞下,日愈益盛。尝考其世,皆由唐末五代兵戈极乱之际,意者乱世聪明贤豪之士,无所施其能,故愤世疾邪,长往不返。而其名言至行,犹联珠叠璧,虽山渊之高深,终不能掩覆其光彩,故人得而著之竹帛,罔有遗轶焉。"

与佛教之间具有一定自由度的交往关系,使这些向佛、学佛、信佛的士大夫(佛教知识分子)并未完全丧失其思考的独立性甚至批判性。这种宋代佛教展开过程中具有开放性的思想辩论性格,导致了宋代社会出现了如钱穆所言"宗教之再澄清"现象。基于佛教经论理解中所固有的差异性与辩论性,宋代佛教的辩论性格,又反过来影响士大夫佛教活动的相对独立性。

最后,宋代士大夫通过其佛教活动中的知识性探求(如经教阐释)与信仰性实践(如佛教修行、宗教结社),试图超越当时朝政所充斥的朋党之争、党禁之锢,在政治活动与文化意识中寻求思想自主、信仰开放的平衡,养成了作为当时社会精英的士大夫独特而开放的文化气质与思想品格。

自唐末会昌法难及周武宗的行政排佛论之后,随着宋代政治环境的改善,以禅宗为典型的佛教势力迅速复振于世。其中与宋皇室的持续崇佛和士大夫的热心外护,关系甚为密切。当时禅风所披,丛林不仅高僧辈出,而且大都文才与隐德皆具,颇契应于身处党争波澜中的宋代士大夫心结。特别是宋代盛弘一时的云门宗,香林澄远(？—987)一系再传的雪窦重显(980—1052)著《颂古百则》,大振宗风。宋仁宗皇祐元年(1049)汴京新创禅院,请云门五世的大觉怀琏(1009—1090)担任住持。云门宗的另一系,由缘密圆明三传的灵隐明教契嵩(1011—1072),祖述《宝林传》,反对天台宗所信奉的《付法藏传》之说,而厘定了后世禅宗谱系的"二十八祖说",著《禅宗定祖图》、《传法正宗记》及《传法正宗论》,在当时流传甚广,真正奠定了禅宗在佛教诸宗派中无可撼动的至尊地位,并极大地刺激了其他佛教宗派法统意识的觉醒。此外,契嵩强调禅为教外别传,一反当时禅教一致的常见,激发了宋代佛教思想的活跃,引发了对禅、教、律、净之间关系的教内关注,更激起了教外学者对于儒、佛、道三教关系的讨论。他还针对其时辟佛的议论作了《辅教篇》等。由于他擅长文章,得到了在朝官僚们的称赏,其著述也被许入藏流通,这更加强了云门禅系的宗势。但到南宋,此宗即逐渐衰微,其传承终于无考。

云门禅系的影响,大都依赖于地方宰官的势力。至少从北宋时期来看,以知名禅僧为主导的佛教文化,是当时地方士绅精神生活的一大构成内容。据晁说之的观察,"今之禅宗最盛者天衣之徒。天衣之大弟子曰北京元公、慧林本公、法云秀公,隐然名闻天子,而累朝耆德大臣、暨公卿大夫士,莫不降辞气以礼之。而三公之嗣法者,其盛尚胜计耶?惟是二公之外,又有长芦夫公,则高山在四岳之外者也"①。随着宋代禅法的兴盛,禅匠门流所及,寸有所长,尺有所短,对此应持清醒认识:"盖元公、秀公自讲而禅,本公、夫公由禅而劝人以讲。其视今之哑禅、魔禅、暗证禅为如何哉?而师又以为南方之讲与吾之禅近,则吾绝待之功浅。惟北方之讲迥异吾之禅,庶几深吾绝待之功也。乃入洛听《华严》、《金刚》、《圆觉》五年,极北律枯槁摧朽之行,莫知其初禅人也。"②晁氏此文所记的宝月和尚(1057—1117),注重听教与参禅的辩证关系,这表明在唐、宋禅风并炽的环境下,士大夫参禅者对禅教兼重的关注。

宋代朝臣及地方士绅的方外交流,通过禅林交游,充分展示其恣肆汪洋的才情智慧。他们中除《玉英集》、《天圣广灯录》为多卷帙的禅宗史著,广为流传之外,还有许多碑铭、序跋文字。据时人记载,"本朝士大夫与当代尊宿撰语录序,语句斩绝者,无出山谷、无为、无尽三大老。"③这里所称的"三大老","山谷"即黄庭坚,"无为"即杨杰,"无尽"即张商英。此外,宋代士大夫之参禅,不乏援佛解儒、引禅入儒乃至三教会通者。

第三节　宋代士大夫的佛教义学阐释

除禅宗盛弘全国之外,天台、华严等佛教义学宗派,在宋代江南地区

---

① 晁说之:《景迂生集》卷二〇《高邮月和尚塔铭》,《文渊阁四库全书》集部第1118册,第34—35页。
② 同上书,第35页。
③ 道融:《丛林盛事》卷下,《续藏经》第86册,第700页下。

亦颇为流行。其中,天台宗得到了新的发展,华严则力图复兴教势。当然,相对于参禅的普及,天台、贤首等佛教义学的知解与行持显得更为困难。当然,与参禅问道的禅学知解一样,宋代士大夫并未确立独立知识形态的佛教义学体系。宋代士大夫对于佛教义学,虽关注经教的探求,但更重视经教义理与儒家世典的会通阐释,体现出学佛以知儒而达儒佛俱显的思想特点。

宋代士大夫的经教探求与义学阐释,既与其交游寺僧的学问取向密切相关,亦与其佛法探求的志趣相关。比较来说,江南地区的天台盛于华严,故对天台教义的理解亦远比华严教义普及,这些士大夫信受天台教义者为数甚多,且多于华严。这表明地缘环境对其经教义学的理解具有一定的影响。

宋代士大夫的经教义学,往往渗透于其丛林交游的文字往来。就个体而言,在不同的人生阶段可能有不同侧重的佛典。因此,宋代士大夫的经教义学,受到丛林交游的祖师导向、人生阅历及生活际遇的左右,同时也与当时佛教经论的疏释活动密切相关。如张商英之于华严教学、晁说之之于天台教学、真德秀之于《遗教经》等等。

宋代士大夫的佛教义学,所涉领域颇为广泛。其中,既包括知识性的思想观念行为,更涉及到文学性的语言文化,甚至扩展活动化的社会文化,成为其"归依法宝,赞扬佛乘"的重要内容。

宋代士大夫对于佛经义学的接受对象,虽无明确细致的文献学统计,但《金刚经》、《楞伽经》、《楞严经》、《圆觉经》、《维摩诘经》、净土诸经和《大乘起信论》及作为天台与华严立宗之宗经的《法华经》、《华严经》,一般来说,普遍受到关注。这些无疑都成为宋代士大夫们经教阐释的留心对象。现撮其要而述之。

张方平(1007—1091),字安道,号乐全,谥文定。与眉山苏洵、苏轼父子友善。庆历中(1041—1048),知滁州,尝游琅玡山,抵藏院,阅《楞伽经》,如睹旧物。焚香展读《佛语心品》,至赞偈曰,"世间离生灭,犹如虚空华,智不得有无,而兴大悲心"。遂洞明己见,宿障冰释。书偈曰:"一念存生灭,千机缚有无,神锋轻举处,透出走盘珠。"方平暮年,尝以《楞伽经》授苏轼,辅以钱三十万使印施江淮间,可见其用心之专。① 释昙秀《人天宝鉴》竟附会称:"张文定公,前身为琅玡知藏僧,书《楞伽》未终而卒,誓云来生当再书。"②

除《楞伽经》外,张方平还研习《楞严经》,当时号称"清白宰相"的杜衍、推行新政的王安石之喜《楞严》,都不同程度地受其影响。

王安石(1021—1086),字介甫,江西抚州临川人。1042年举进士第,先后历任淮南判官、鄞县知县、舒州通判等地方官近20年。宋仁宗嘉祐五年(1060年),入朝为三司度支判官。熙宁二年(1069),被宋神宗委为参知政事,次年拜相,积极推行新法,称"天变不足畏,祖宗不足法,人言不可畏"。但随着新法受挫,王安石于1076年罢相后,却日益亲近佛法。《宋史》本传称,"晚居江宁,又作字说,多穿凿傅会,其流入于佛、老"③。与苏东坡相遇,"时诵诗说佛也"。黄庭坚在其《跋王荆公禅简》中称:"余尝熟观其风度,真视富贵如浮云,不溺于财利酒色,一世之伟人也。莫年小诗,雅丽精绝,脱去流俗,不可以常理待之。"④南宋陆九渊亦持此见,称王安石"英特迈往,不屑于流俗,声色利达之习,介然无毫毛得以入于其心,洁白之操,寒于冰雪"⑤。晚年更号"半山道人",舍宅为寺,其名即为半山寺。

王安石之学佛,始于蒋山赞元。据记载,赞元尝直指王安石身存三种般若之障,称:"公受气刚大,世缘深,以刚大气,遭深世缘,必以身任天

---

① 夏树芳:《名公法喜志》卷三,《续藏经》第88册,第342页上。另参见《居士分灯录》卷上,《续藏经》第86册,第590页下。
② 昙秀:《人天宝鉴》,《续藏经》第87册,第3页下。
③ 《宋史》卷三二七《王安石传》,第10550页。
④ 黄庭坚:《山谷集》卷三〇,《文渊阁四库全书》集部第52册,第315页上。
⑤ 陆九渊:《荆国王公祠堂记》,《象山先生文集》卷一九,第148页,北京,中国书店出版社,1992年。

下之重,怀经济之志,用舍不能,则心未平,以未平之心,持经世之志,何时能一念万年哉?人多怒而学问,尚理于道,为所知愚,此其三也。特视名利如脱发,甘澹泊如头陀,此为近道。且当以教乘滋茂之,可也。"王安石闻此开示,颇为深省,检阅教乘,终于《首楞严》深得其旨。

此后,王安石又向真净克文禅师请益《楞严经》与《圆觉经》二经的殊胜之处。尝问"一切众生皆证《圆觉》",而圭峰宗密却"易证为具",称"一切众生皆具《圆觉》",其义如何?克文答曰:"《圆觉》可易,则《维摩》亦可易也,维摩曰,亦不灭受而取证,证与证义,有何异哉?盖众生现行无明三昧,即是如来根本大智。圭峰之说,但知其具耳。"王安石即于言下领解。

王安石不仅留心佛典,且勤于著述。尝撰《华严经疏解》一卷、《金刚经注》、《楞严经解》十卷、《维摩诘经注》三卷等,对这些大乘经教进行疏释,惜皆佚无传。① 如王安石晚年对《楞严经》颇为重视,撰有《楞严经疏解》,受到了当时名僧惠洪觉范的称许:"王文公罢相,归老钟山,见衲子必探其道学,尤通《首楞严》。尝自疏其义,其文简而肆,略诸师之详,而详诸师之略。非识妙者,莫能窥也。每曰,今看此经者,见其所示性觉妙明,本觉明妙,知根身器界生起,不出我心。"②《圆觉经》中这种心生万法的思想,与心性本觉的妙明真心论,颇投契于士大夫们对于心性境界的追求。苏辙更称:"熟读《楞严》、《圆觉》等经,则自然词诣而理达。"③在宋代士大夫的心目中,《楞严经》、《圆觉经》等佛经成为佛学思维训练的必修经典。对此,苏轼、张商英等宋代名士都有许多阐论。

《圆觉经》与《楞严经》的思想,无论是对于显密二教,还是对于教家或宗门,都具有佛法知解与修行实践意义上的适用性。此诚如吕澂所

---

① 《宋史艺文录》载王安石撰《维摩诘经注》三卷,尤袤《遂初堂书目》录有《金刚经注》,晁公武《郡斋读书志》载其著《楞严经解》十卷。
② 惠洪:《林间录》卷下,《续藏经》第87册,第276页上。
③ 晓莹:《云卧纪谈》卷上,《续藏经》第86册,第664页上。

说,"贤家据以解缘起,台家引以说止观,禅家援以证顿超,密宗又取以通显教。宋明以来,释子谈玄,儒者辟佛,盖无不涉及《楞严》也。"①

丞相王随(名子正),在北宋华严的复兴者长水子璇完成《首楞严经疏》后,应请为之撰序,阐述经旨称:"《大佛顶密因了义首楞严经》者,乃竺乾之洪范,法苑之宝典也。……以为一切诸法,唯依妄念而起,一切众生,不出因缘而有,乃知生死轮转贪欲为本,修证常乐禅慧为宗。则斯经也,可以辨识诸魔,破灭七趣,谓止及观。修圆教妙明之心,发真归源,证上乘至极之说。……以是经典为时教于一代,分妙理于十门。功济大千,道传不二。瞪目合手以明妄,毁相泯心以会宗。信受则为世津梁,开悟则入佛知见。……"②

刘元城,名安世,字器之。尝从司马光受业,问尽心行己之要,光教之以诚,令自不妄语。出任台谏,论事刚直,忠孝正直,时称"殿上虎"。刘元城对《楞严经》的阐释,很有特点,"尝取《楞严经》示永卿曰,观音大士,熏闻成闻,六根销复,同于声听。能令众生临当被害,其兵戈犹如割水,亦如吹旋光,性无摇动,盖割水吹光而水火之性不动摇耳。犹如遇害,而吾性湛然。此观音无畏之力也。又云,音性圆消,观听返入,离诸尘妄。能令众生禁系枷锁,所不能著。谓人得无畏力,则枷锁不能为害。故祖师被刑云,将头迎白刃,一似斩春风。又呼永卿嘱之曰,吾友可以此理谕人,使后人不至谤佛"。这就把《楞严》教说与世间威仪教化结合起来了。

另有侍郎李浩(字德远,号正信,建昌人),绍兴中进士,"尝阅《楞严经》,如游旧国"。后为天童昙华禅师法嗣。

至于南宋时的冯楫(字济川,号不动居士,四川遂宁人),由太学登第,时人称"其文用《圆觉经》意发明之",由此可见他对《圆觉经》的深造自得之处。

---
① 吕澂:《楞严百伪》,《吕澂佛学著作选集》第1册,第370页,济南,齐鲁书社,1989年。
② 王随:《首楞严经疏序》,《大正藏》第39卷,第823页上。

宋代士子在留心佛典时,还多引佛入儒,关注儒佛会通。据记载,张方平虽与王安石政见有异,但二人间有关儒释的讨论,却颇引人关注。其中张方平所言"儒门淡薄,收拾不住,尽归释氏矣"。此见被张商英称为"达人之论",广为后人所传。曾会(字宗元),端拱二年(989)进士,官至翰林学士。童稚时,尝与雪窦重显禅师同舍共学,及冠而异途。天禧间(1017—1021),二人遇于淮甸,曾会遂引《中庸》、《大学》,参以《楞严》符宗门语句质之。而陈瓘则以《金刚经》"阿耨多罗三藐三菩提"之"觉"义,以配解《中庸》之"诚",也是如此。

宋代士大夫禅教相参、儒佛并举之风,颇为后人所称道。据《居士分灯录》称:"向上一着,其知有此事者。宋以后,出自宰官居士为多。如晁文元、李文靖、杜祁公、张文定辈,虽师承印证,考据无从,然皆见地高明,履践真确,有古尊宿遗风。因各附录之,以为宗乘之一助云。"① 宋代士大夫之好佛喜禅,固然是其知识活动的重要方面,但对于当时以出家僧为主导的佛教义学或禅学来说,仅为一助而已,并未构成所谓"士大夫佛学"之类具有独立完整、一成不变的知识形态。当然,这并不否认宋代士大夫对于当时佛教义学或禅学进展的促进性影响。宋代士大夫之于佛法的知识性活动,类型繁多,不可一概而论。其中,他们对以《华严经》、《法华经》为立教经本的教学阐释,对《金刚经》《遗教经》及净土诸经的析解,同样也是当时士大夫研习经教活动的重要内容。

《华严经》作为宋代经教研习中的一部重要佛典,备受宋代士大夫们的喜爱。晁迥《法藏碎金录》对《华严经》甚表推崇,张商英之于李通玄《新华严经合论》则襄赞有功,再如参政吕惠卿(字吉甫),对于华严法界观研味有年,后阅李长者《华严经合论》,心地豁然,说偈曰:"欲见文殊久,驰心向五台,谁知黄卷上,指出妙光来。"吕惠卿撰有《新注法界观序》、《杭州慧因教院华严阁记》诸文,与杨杰、张商英等人,都对北宋华严

---

① 《居士分灯录》卷上,《续藏经》第 86 册,第 591 页上。

教学中兴有外护之功。此外,还有时号"华严居士"的陈瓘,则对宋代江南华严、天台、净土诸教门的复振,助益颇大。

陈瓘(1057—1124),字莹中,号了翁、了斋、华严居士,南剑州沙县(今福建)人。元丰二年(1079),登进士甲科。绍圣初(1094),为太学博士。陈瓘秉直忠心,因忤章惇、蔡京等朝贵,终生坎坷。陈瓘与"文字禅僧"惠洪觉范之间的交往,是当时聚讼不已的一大公案。①

陈瓘之学,博采诸家,且多辨儒释异同,尝称"儒与释者,迹异而道同。不善用者用其迹,如梁之用斋戒,汉之求神仙是也。善用其心者,如我祖宗是也。用其迹则泥,泥则可得而攻。用其心则通,通则无得而议。汉梁之迹,可得而攻也,祖宗之心,孰得而议焉?"②其论儒佛异同,虽似从历史比较着眼,实则征引本朝祖、宗皇帝的"圣言量"为据。

在诸多佛典中,陈瓘独钟《金刚经》与《华严经》,主张"佛法之要,不在文字,亦不离于文字,只《金刚经》一卷足矣。世之贤士大夫无营于世而致力于此经者,昔尝陋之,今知其亦不痴也"③。陈瓘对学佛的理解,有其受用之处。尝称"于苦处中习安乐法",又说"吾平生学佛,故于死生之际了然无怖"④。

陈瓘号"华严居士",于《华严》之旨颇有心得。崇宁二年(1103),陈瓘与惠洪结识,常论华严宗旨。谪居廉州,更托惠洪设法购置《华严经》。其后,惠洪作《华严居士赞》,称"医国法门,笔端三昧。奋迅出入,游戏自在。居然不容,世议迫隘。梦游海南,御风骑气。觉来浙东,有口如耳。且置是事,聊观其一戏。以称性印,印毛印海,光生佛僧,沮却魔外。惟我可与此道人可游乎大华严毗卢法界也"⑤。从《华严》"毗卢法界"中体

---

① 有关陈瓘与惠洪之交往,参见陈自力《释惠洪研究》,第84—88页,北京,中华书局,2005年。
② 释熙仲集:《历朝释氏资鉴》卷一〇,《续藏经》第76册,第233页上。
③ 《宋元学案》卷三五,《陈邹诸儒学案》,《黄宗羲全集》第4册,第495页,杭州,浙江古籍出版社,2005年。
④ 同上书,第494页。
⑤ 《石门文字禅》卷一九,《文渊阁四库全书》集部第55册,第403页下。

会其超然之境。陈瓘的为人处事,颇得宗杲激赏,称其"立朝骨鲠刚正,有古人风烈"①。

崇宁五年(1106),陈瓘迁任浙江明州。大观四年(1110),再徙台州。明、台二州,是宋代天台兴盛之地,陈瓘受接僧衲,如四明延庆寺法智法师,即为名称一时的天台讲主。据相关文献记载,陈瓘撰有《止观坐禅法要记》、《三千有门颂》、《与明智法师书》、《南湖净土院记》等作品,对天台止观法门、一心三观、一念三千及天台净土论,多见其祖述智者大师之意。

特别值得一提的是,与杨杰一样,陈瓘也是自心净土思想的信奉者。早在元祐八年(1093)所撰《净土十疑论后序》中,陈瓘讨论对佛法疑、信的基本判别,称"人心无常,法亦无定,心法万差,其本在此。信此则遍信,《华严》所以说'十信';疑此则遍疑,智者所以说'十疑'。出疑入信,一入永入,不离于此,得究竟处。净土者,究竟处也。……若未究竟,勿滞方隅,勿分彼此,但当正念谛信而已。此二圣之意,而智者之所以信也。信者万善之母,疑者众恶之根。能顺其母,能锄其根。则向之所谓障缘众生,聋可复闻,昧可复觉,未出生死,得出生死。未生净土,得生净土"②。晚年的陈瓘"专修念佛三昧",对后世颇具影响。如清代彭际清在《居士传》评议其学佛之行,称"修行如幻三昧,泊然于夷险生死之际。……莹中之于台教盖得其精者,其于净土一门殆犹承蜩之人,掇之而已矣"③。

在宋代士大夫中,对弘扬华严经教影响较大者,当推"无尽居士"张商英及"无为子"杨杰。与张商英不同的是,杨杰更为关心当时华严学僧对华严教义的阐释活动。其中,杨杰撰有道亭(1023—1100)《华严一乘教义分齐章义苑疏》两篇序文,大表赞叹之情。其序文称:"……尘中本无华严,世尊割出华严教;义上实无分齐,贤首述为分齐章。一乘法轮,

---

① 道谦编:《宗门武库》,《大正藏》第47卷,第945页下。
② 宗晓:《乐邦文类》卷四《净土十疑论后序》,《大正藏》第47卷,第171页中。
③ 彭际清:《居士传》卷二七,《续藏经》第88册,第233页下。

运古今之通辙;十莲华藏,庄性德之妙因。佛智潜入众生心,众生心中具正觉。道场不动,遍九会于同时;海水湛然,含万形而齐印。大中小法,岂有殊涂;过现未来,全归一念。珠陀罗网,主伴交参;芥琉璃瓶,洪纤炳耀。……大唐长安荐福国师,符弥陀因地之名,莲生当处;赞毗卢称性之典,日照高山。以此章释无尽章,以此义解无量义,判五教而归圆教,辨十宗而显顿宗,大开三昧之门,不入二乘之手。夫大经有贤首品,如来有贤首号,菩萨有贤首称,达哉斯人,宜其旌德。是书三卷,行世累年,演畅旨归,必资奥学,因观《义苑》,乃述序云。"杨杰为道亭《义苑疏》的撰序受到推许,应归他熟知华严教典的结果。

此外,杨杰在其《义苑后序》(元祐五年,1090)中称:"《教章义苑疏》者,廓具德之宗,剖法义之判,是以宗之为德为实,趣之为本为融,注之而十宗备矣。若夫未明空有之朕,本绝理事之踪,十佛自知,法本然尔。《杂华》果分不可说者,法也。暨于因门,缘起分齐,具彰摄义,从名五门等异,判之为五教,分之为大小,推之为权实,定之为顿渐,融之为同别,一代圣言,三藏正典,区矣别矣。《杂华》因分可说者,斯之义欤。寻斯宗旨,却览余乘,《起信》守宗者自可知耳。是则三卷之书,十章之义,会经故不同乎经,辨律故不同乎律,扸论故不名乎论,飘飘然但总相彰明,遂云章也。……及其《义苑》之解搜义会教会宗搜文故例,如《孔目》之与《摄论》,《宗轮》之与《毗昙》,搜义故略。如一乘之与化仪,六因之与三性,引而伸之,足而补之,精义见矣。然后会诸师之得失,定的判之名,立决择部异之宗,使相从于有则。对明二祖宗义,出意会之,无违克义……"①此序撰于元祐五年(1090)端午。从序文中,颇可看出杨杰对于华严经义、华严教典及其义理思想(特别是对其判教观念、解经法门)的熟悉程度。

晚年的欧阳修(1007—1072),则更被后世视为归信《华严经》的典型

---

① 杨杰:《义苑疏后序》,《续藏经》第58册,第256页下。

人物。

欧阳修起初并不信佛,尝撰《本论》,是北宋时排佛论的健将人物。庆历五年(1045),因新政受挫,欧阳修被贬知滁州,舟过九江,上东林圆通谒祖印居讷禅师,与之论禅谈道,引为方外知己。嘉祐六年(1061),为参知政事,兼译经润文。游嵩山,见僧诵《法华》,询古代僧人于死生之际何以皆能淡定脱化,而今则寥寥无有。僧称:"古人念念定慧,临终安得散乱。今人念念散乱,临终安得定慧?"欧阳修深以为然。居颍州,尝备馔延请修颙禅师,修颙示以"优游于华藏法界之都,从容于帝网明珠之内",深叹佛义之奥。晚年更号"六一居士","日与沙门游",常息心危坐,摒却酒肴。易箦之时,切诫子弟,曰:"吾生以文章名当世,力诋浮图,今此衰残,忽闻奥义。方将研究,命也奈何。汝等勉旃,无蹈后悔。"据其外传记载,临终数日,令老兵往近寺借《华严经》,读至八卷,倏然而逝。时人视之为名实终于相符的"佛教居士"。《居士分灯传》赞曰:"史称范公宋朝人物第一,及考其参慧觉,有'尽收识性入玄关'之句。自非禅学精深,何以解行卓绝乃尔?"①

此外,《心经》、《大乘起信论》、《遗教经》等著名佛典,亦颇受宋代士大夫们的重视。如精通五经的儒士李觏(字彦礼,南阳人),虽尝著《潜书》力于排佛,但阅读契嵩的《辅教编》后,开始留意佛书,怅然有感,称"我辈议论尚未及一卷《般若心经》,佛道岂易言哉?"再如王以宁(湘潭人)尝过雪峰,问道于真歇禅师曰:"予昔访宏智大师,师令读《起信论》。谪官天台时,于邻僧得之。披阅再三,窃有疑焉。是书为大乘人作,破有荡空,一法不留之书也。而末章以系念弥陀往生净土为言,其旨何欤?"真歇回答说:"实际理地,不受一尘,万行门中,不舍一法。子欲坏世间相,弃有归空,然后为道耶?"闻言,王以宁深以为然。

真德秀(1178—1235),字景元,一字希元,号西山,谥文忠,福建浦城

---

① 《居士分灯录》卷上,《续藏经》第86册,第591页上。

人。庆元五年(1199),及进士第,累官参知政事,世称"西山先生"。其学以朱子为宗,慨然以斯文自任。又深于禅学,尝谓《遗教经》以端心正念为首,而深言持戒为智慧之本。尝读《楞严经》,称"观世音以闻、思、修为圆通第一"。据记载,真德秀尝读《金刚经》至四果,乃废经而叹曰:"……名虽四果。实一法也。但历三空,有浅深之异耳。"在其《跋杨和父施印普门品》,则云:"予自少读《普门品》,虽未能深解其义,然尝以意测之,曰此佛氏之寓言也。"不过,真西山虽对佛教颇为留心,且多宽容的表示,但多浮泛之知,鲜有酌见。

第四节　宋代士大夫的佛教著述及其影响

宋代士大夫的佛教著述,既集中体现了这个群体的佛教知识及其理解,又呈现出透过佛法知解所表达的教化意识。从其内容构成来看,宋代士大夫的佛教著述,约可分为三类。其一为相对完整的佛教论著及其纂集,如张商英《护法论》、王日休《龙舒净土文》等。其二是有关佛教文字的结集,如晁迥《法藏碎金录》等。第三种类型为后人汇撰的佛教结集,如苏东坡、黄山谷《禅喜集》等。清初《居士传》的撰著者彭际清,尝誉称宋代居士苏东坡、黄庭坚、晁补之为"三君子",皆以文人形象游泳佛海,更称"东坡浩落、庭坚锐猛、咎之切深"等。此外,则有杨杰撰《辅道集》,"专扬佛教",苏东坡为之撰序。这些名公贤达,以其文士兼居士的双重形象,扩大了佛教活动及其信仰教化的社会影响。

一、晁迥及其《法藏碎金录》

宋代晁氏家族之大显于世,始于晁迥。[①] 宋代晁氏之向佛,亦肇于晁迥。后则有晁补之(字无咎,1053—1110)、晁说之(字以道,一字伯以,自

---

① 有关宋代昭德晁氏家族的研究,可参见何新所《昭德晁氏家族研究》,上海古籍出版社,2006年。

号景迂生,1059—1139)兄弟,称名于世。

晁迥(951—1034),字明远,澶州清丰人(今河南)。从学于王禹偁(字元之),太平兴国五年(980)登进士第,历仕宋太宗、真宗、仁宗三朝,凡50年,官至翰林学士,以太子少保致仕退养。卒谥文元。《宋史·列传》卷六四有传。

晁迥博识多闻,精通内外文献。其晚年居昭德坊,辟养素园,研读佛书,勤于著述,撰著颇丰。晁迥为官时,即与杨亿等人编纂大典《册府元龟》。其撰著有《道院别集》十五卷、《法藏碎金录》十卷、《昭德新编》三卷、《理枢》一卷、《咸平新书》五十篇、《耄智余书》三卷、《礼部考试敕》一卷、《别书金坡遗事》一卷、《翰林集》三十卷等。其中,流传最广、深受士大夫喜爱的就是《法藏碎金录》十卷。

《法藏碎金录》为晁迥致仕退养后所撰,时年已届80,即约撰于1030年前后。此书约有三个明显特色。

一是因其体裁为随札,十卷共计一千条语类,其书名则取自《世说新语》"谢安碎金"之义。《四库全书总目提要》归之于"释家类",称:"迥受学之王禹偁,以文章典赡擅名,而性耽禅悦,喜究心内典。是编乃天圣五年(1027)居昭德里所作,皆融会禅理,随笔记载,盖亦宗门语录之类。"[①]在行文中多能结合自己一生阅历体察,阐释于典有据,论述于事有裁。

二是本书所涉面广,立论中正,既令人深感晁迥学识渊博,见地淳正,裁论得体,有涵养大度之气象,其议论不偏不激,却不失明确的思想取向。

三是晁迥文献功底甚深,博通内外典籍,又能切近取譬,每每以身阐理,故读之颇令人深省,甚能反映宋初士大夫对禅理、教理、易理、玄理之间的会通阐释,特别从中表达出宋初与晋唐在三教关系析论上的若干异同。宋兴之初,释老大盛,尚处于强势地位,而儒家之学则转型未备,仍承晋唐之习,以《论语》、《周易》玄解性理为尚,不似后世程朱等人推崇

[①]《四库全书总目提要》卷一四五《子部》五五,第747页,海口,海南出版社,1999年。

《大学》、《中庸》及《孟子》心体性体之论。

其后人晁说之评论此书,尝自信地声称,有二种人必酷好之,并列举了若干例子,"一曰穷悴之世,为儒不肆于胸臆,禅侣不私于宗派,道人能厌于飞练者。其二曰得意方显,仁而中道,逆风垂翅,乃惧富贵而恐无以胜忧患者,与夫白首谢事得归,而未以有忘平昔之豪习而自胜杜门者,必吾祖是书之好也。若慧林觉海冲老,每举扬是书以勉其学徒;文潞公奉之终身。"①据道融《丛林盛事》卷下称,"晁光禄迥,精穷内外教典,晚年自著《法藏碎金》,流行儒释中,其语甚敦教化"。"儒曰:'士之有志,不可无学。故佛书云,无学者,其理无别,若会其语,因循自弃,犹可惜也。余观三教之书,粗见必学之意,儒《周易》曰,君子进德修业。道教老聃曰,上士闻道,勤而行之。释《宝积经》曰,犹如大龙所作已办,舍于重担,殆得己利。余因会同参究,虽知其文句不类,而必德从于学无疑矣。加以耆年之志深,流施至穷,最后一说,虽万劫之不可易也"。②

晁迥秉性乐易淳固,处事执中,能以理胜情,历官三朝,颇具长者之风(如宋真宗屡称之为长者)。据彭际清《居士传》称,晁迥"初受学于刘海蟾,得炼形服气之术。后学释氏,以止观为宗。……所著书有《道院别集》,多发明空理"③。

从《法藏碎金录》所征引的佛教典籍来看,主要有《圆觉经》、《楞严经》、《法华经》、《华严经》、《金刚三昧经》、《金刚般若经》、《大般若经》、《般若仁王护国经》、《楞伽经》、《维摩诘经》、《涅槃经》、《大宝积经》及《中论》、《达磨论》、《肇论》等大乘经论。于中国佛教祖师论著,则有天台《摩诃止观》,禅典有永嘉《证道歌》、《景德传灯录》,华严教典则有法藏《修华严奥旨妄尽还源观》、李通玄《新华严经论》、圭峰宗密《禅源诸诠集序》、《楞严经道场修证仪》。至于世典部分,儒家典籍有《论语》、《周易》、《文

---

① 晁说之:《嵩山文集》卷一七《送郭先生序》,四库本。
② 道融:《丛林盛事》卷下,《续藏经》第84册,第697页下。
③ 彭际清:《居士传》卷二一《晁王文富张赵传》,《续藏经》第88册,第218页上。

中子》及《国语》、《春秋》、《左传》等。道家及道教典籍则包括《老子》、《庄子》、《列子》,杂家典籍则有《扬子》。特别引人注目的是,此书对《大宝积经》的引述,及对诗圣白居易的推崇。

宋代以文献兴邦,佛教以典籍立教。晁迥乃是以经教为师的典型,尤以《楞严经》、《大宝积经》、《圆觉经》、《维摩经》为学佛的理据。他说:"予今独断,自立三师:《维摩经》中所言柔顺忍,立之为戒师;《楞严经》所言不动尊,立之为定师;《宝积经》中所言自然智,立之为慧师。"①戒、定、慧修学之师,皆归本于佛经,正体现了佛陀"以经为师"之遗教。净土教以信、愿、行为三资粮,晁迥特重二愿,同样以经教为师。如称"我发二愿:夫《维摩经》中所言杂句文饰之事,此世间之事也,我愿外顺从权。《宝积经》中所言清澄微妙之法,此出世之法也,我愿内修致力。"②

晁迥明确表达了自己推崇《般若心经》与《圆觉了义经》之意,他说:"予今指陈佛书之简要者,有二经焉:《般若心经》、《圆觉了义经》是也。《般若心经》凡三百余言,佛为舍利子说人空、法空,破一切相,《圆觉了义经》凡二十八纸,佛为文殊菩萨等各说入道之门,与圆成之性合,更有何事?予谓以净行为足行之而还其原,臻其极而成于道,此乃妙本之体也。若人于此经中自足相资,始终如一,信解行证,尤严住持,其人殊租,不可称量也。理也,是也《般若》。"③

对于华严法界观门,晁迥则视之为体用圆融的典范,称:"华严法界,其用也,神妙无穷;圆觉道场,其体也,凝虚不动。意及此,谁与我同?"④经教义学与参究心地法门之禅学,称:"义学禅学,理须兼备。非义学何以开其智?非禅学何以成其行?予之趣向,立志如此。"⑤

晁迥虽勤习佛门经教,却保持着自己的评判立场。如称:"予好读内

---

① 晁迥:《法藏碎金录》卷五,第27页,台北:新文丰公司,1993年版(据《四库全书》影印本,下同)。
② 同上书,第27页。
③ 晁迥:《法藏碎金录》卷三,第15页。
④ 晁迥:《法藏碎金录》卷六,第29页。
⑤ 同上书,第33页。

典,非以课诵为功,必也详求入道之要。读《圆觉经》,得禅那数息之门;读《楞严经》,得观音入流之法。随时而用,亦不甚精至。虽未到自觉之境,而独闻无声之和,积岁弥加清胜,不知所以然而然也。"①对此,彭际清《居士传》评论晁迥之学称:"明远之学于天台三观之旨,知所致力矣。"②不过,彭际清的一语之评,未必能涵盖晁迥之学的全部。即便就止观而言,其根本理据实出于《圆觉经》,而非为亲近天台学僧的结果。晁迥并不对讲僧与禅僧过多亲近,反倒持有批评性意见,如称:"今之讲师率多传文之狂慧,今之禅师率多传口之空言,唯有该明之士。"

晁迥尝述儒、道、释三家之得称:"予读三家之书,各有所得而爱之。读儒家流之书,得大雅之法,爱其所说,行之端确而无邪。读道家流之书,得大观之法,爱其所说,智之旷达而无滞。读禅家流之书,得大觉之法,爱其所说,性之圆融而无碍。是三法者,阙一不可,曷争胜负而分彼我哉。"③又称:"予于三家之书,各得一法。儒家之法用,明智以保庆;仙家之法用,静安以永命;禅家之法用,清微以正性。三者并用,卓然殊胜。"④又称"方内之教,原情而立法;方外之教,原性而立法。二教浅深有异,内外兼济,若能和会而公共,不以胜负而交争,然后臻乎大通也"⑤。儒家以智胜情,道家以静安命,佛教以净正性,各具其用,可以兼举并行。

除净土宗外,晁迥对唐代所创立的禅、教、律诸宗皆有所识,并自述私淑华严与禅兼修的宗密禅师,尝称:"予素爱重唐圭峰禅师宗密所述法要之书,尤为详备,窃心师之久矣。"⑥此外,他还推崇玄觉禅师《永嘉证道歌》及智者大师天台止观之学。⑦ 晁迥对于华严经教,也有独特的体认。

---

① 晁迥:《法藏碎金录》卷七,第22页。
② 彭际清:《居士传》卷二一《晁王文富张赵传》,《续藏经》第88册,第220页中。
③ 晁迥:《法藏碎金录》卷九,第4页。
④ 晁迥:《法藏碎金录》卷七,第32页。
⑤ 晁迥:《法藏碎金录》卷三,第15页。
⑥ 晁迥:《法藏碎金录》卷一一,第20页。
⑦ 晁迥称:"圭峰禅源之序、永嘉证道之歌、天台观门之学,并为法要,学宜兼该,久味道腴,知其美味。"《法藏碎金录》卷九,第32页。

他曾比较《楞严》与《华严》之经旨称:"'明法身之体者,莫辩于《楞严》;明法身之用者,莫辩于《华严》。'学佛者以为不刊之论。"①对于《坛经》,晁迥更是情有独钟,据晁说之长孙晁子健所述,晁迥一生至少看过《坛经》16遍。②

在北宋士大夫中,净土教法颇为流行。在《法藏碎金录》阐论净土时,晁迥则称:"《弥陀》之净土,《法华》之化城,权教也,渐教也;《金刚》之无所住心,《圆觉》之普眼观门,实教也,顿教也。看内典者,当如是戒。"③在晁迥晚年撰《耄智余书》三卷中,更称"净土是小乘权术"。在时人的心目中,晁迥似乎是宋代净土流行的持不同意见者。

晁迥晚年"学于佛而求之于泰然若有得也"④。晁迥本人则自述"晚得释氏外生死说,始尽屏旧习,皇皇如堂室四达,无所依方寸之地"⑤。"佛音、人音、鸟音、兽音,一切风水百物之音,是音皆说,是说皆义,乃至墙牖栋柱,无说亦说,随其根性,使各悟入,如是解脱无量之众"⑥。既然真如遍在、佛性遍在,自可随处体认,不必拘于一家一教之言。

二、苏东坡、黄山谷及其"禅喜集"

苏东坡、黄庭坚为宋代文学名公,他们对佛教禅宗的信好,与其文学化的生涯如影相随,并分别辑有"禅喜集",视为宋代名公"法喜志怀"的典型人物,为后世所津津乐道。

苏轼(1036—1101),字子瞻,自号东坡居士,四川眉州眉山人。与父苏洵、弟苏辙,并称"三苏",为北宋著名文学家。"三苏"堪称宋代文士结

---

① 晁公武:《郡斋读书志校证》卷一六,孙猛校证本,第786页,上海古籍出版社,1990年。
② 莫伯骥:《五十万卷楼群书跋尾》子部卷一《法藏碎金录》条引晁子健《坛经后记》,转引见何新所《昭德晁氏家族研究》,第117页,上海古籍出版社,2006年。
③ 晁迥:《法藏碎金录》卷八,第19页。
④ 张耒:《晁无咎墓志铭》,宋杜大珪编《名臣碑传琬琰集》卷三四。
⑤ 晁迥:《归来子名缙城所居记》,四库本。
⑥ 晁迥:《佛鉴大师语录序》,四库本。

交出世衲子的典型家庭。如苏洵与庐山圆通居讷禅师相交,其撰《彭州圆觉院记》,尝称"求知于吾士大夫之间者,往往自叛其师"。苏辙谪居筠阳(今江西高安)时,与黄檗道全禅师相结交,与真净克文相往来,又尝咨心法于洪州顺禅师,并被明代朱时恩《居士分灯传》列归为"洪州顺禅师法嗣"。苏辙累官翰林学士门下侍郎,卒谥"文定"。至于苏东坡与禅林僧衲的交游则更为宽泛,在当时及后世的影响力也更大,甚至被传说为宗门五祖法演"戒和尚"的转世人物。

宋代多冗官、贬官。在这种政治环境下,东坡一生,可谓仕途坎坷,或谪居,或贬职,故交游广泛。其参禅论佛,不仅有家庭性因素的影响,更与地域性、文化性(文学性)甚至政治性因素相关联。如苏轼在江西时,常与东林常聪、佛印了元、张商英、黄庭坚、王旦等人相交往。苏轼曾两度出守杭州,多与道潜、辨才等僧人诗文往来。苏轼尝自述称,"吴越多名僧,与予善者常十九"。其中还列举了妙总师参寥子、径山长老维琳、杭州圆照律师、秀州本觉寺一长老、净慈寺楚明长老、苏州仲殊师利和尚、苏州定慧寺守钦、下天竺净慧禅师思义、孤山思聪闻复、祥符寺可久等三阇黎及沙弥法颖等人。① 这些禅衲中,既有持续时间较长的文字相交者,也有历游丛林的相识者。其中,妙总师参寥子道潜,最与苏轼相知。据《云卧纪谈》载,"钱塘僧道潜者,以诗见知于苏文忠公,号其为参寥子,凡诗词迭唱更和形于翰墨,必曰参寥,及吕丞相为奏妙总师名之,后与简牍,则曰妙总老师,江浙石刻具存者多。……"②

东坡为学,儒释兼通。他相当推崇唐代柳宗元在《曹溪第六祖赐谥大鉴禅师碑》中所阐扬的性始于善而终于善观念,对于这种儒禅同善论评判,认为"通亮简正",无出其右者。③ 与此同时,作为一代文豪,苏轼还

---

① 参见苏轼《苏轼文集》上册,顾之川校点本,第269—271页。
② 晓莹:《云卧纪谈》卷上,《续藏经》第83册,第663页中、下。
③ 苏轼称:"自唐至今,颂述祖师者矣,未有通亮简正如子厚者。"《书柳子厚大鉴禅师碑》,《苏轼文集》下册,第782页。

撰写了大量参禅论佛的文字,或书信往来,或题寺壁经卷,或塔铭,或纪游等。

在佛教修行活动中,除饭僧供佛等传统行为外,作为宋代书法四大家之一的苏东坡,还经常抄写佛经,见于苏轼诗文者,有《金刚经》、《法华经》、《般若波罗蜜多心经》、《楞伽经》、《圆觉经》、《楞严经》、《八师经》、《摩利支经》等。其中,有些为全部经文的摹写,有些则为部分偈句。至于抄写佛教的意图,则或回向功德,或为应请而书等。①

明末时期,一些文士们开始把苏轼与佛教相关文字作品编辑为书,最终成《东坡禅喜集》六卷。《东坡禅喜集》的内容构成,据日本刊刻的十四卷本,分别为颂、赞、偈、铭、书、记、序、传、文、疏、杂文、书、杂志和禅喜纪事等。

对于明末《东坡禅喜集》的编辑过程,据《四库全书总目提要》称:"明凌濛初编。……先是徐长孺尝取苏轼谈禅之文,汇集成编,唐文献序而刊之。濛初以其未备,更为增订。万历癸卯(1603),濛初与冯梦祯游吴闾,舟中名加评语于上方。至天启辛酉(1621),与《山谷禅喜集》并付之梓。"②据此,苏东坡与黄庭坚各有《禅喜集》,由明末文士徐长孺、凌濛初、冯梦祯等人编辑、增订而成,最终成书于天启年间。

在唐文献所作的刊序中,更将苏子瞻之好佛,比之于唐代白居易("香山居士"),视为唐宋文士兼习佛法的典范人物。其文称:"……子瞻平日熟于荀、孟、孙、吴,晚遇贬谪,遂以内典为摈愁捐痛之物。浸淫久之,斐然有得。唐有香山,宋有子瞻,其风流入入相期,而其借禅以为文章,二公亦差去不远。……子瞻于生死二字,虽不能与维摩、庞蕴争一线,然其谈笑轻安,坦然而化。"③

陈继儒的序文,则更明显地把苏轼"禅喜"文章与其禅法修习相关

---

① 参见刘金柱《唐宋八大家与佛教》,第97—102页,北京,人民出版社,2004年。
② 陆树声:《题禅喜集》,引见《苏轼资料汇编》上编(三),第1054页,北京,中华书局,1994年。
③ 唐文献:《东坡禅喜集序》,引见《苏轼资料汇编》上编(三),第1055页。

联。其序称:"唐宋而后,天下无才子。聪明辨才之士,往往而窜为高僧,如永明、觉范、大慧、中峰。其所为文章,纵横自在,有今之文人不能措一语者。然而独漏网眉山一长公,何也?长公与栾城先生皆得老泉法,而终未尽其变。"①这种描述,显然取材于苏轼为五祖法演戒和尚之化身的历史传奇。

当然,苏轼毕竟是文士,虽号"东坡居士",其佛法修为在很大程度上仍属于"文字般若"罢了。对于自己"以翰墨作佛事"的行为,东坡在自己晚年也是颇具自觉。如陆树声《题禅喜集》,评述称:"坡老平生喜谈般若,得此中三昧,故信口拈成,无非妙胜,参寥亦谓老坡牙颊间别有一副炉鞴。观其平生锻炼佛祖,纵横自在,具世智辩才,以翰墨作佛事,而他日复谓无始以来,结习口业,未空言语文字性,其自道若此。"②

顺便一提的是,尽管苏轼编有《禅喜集》,但其修道杂禅的学佛经历,后世的评论不一,甚至有所诟病者。据云栖袾宏评述称:"洪觉范谓,东坡文章德行,炳焕千古。又深入佛法,而不能忘情于长生之术,非唯无功,反坐此病。"又说:"元禅师与东坡书云,……子瞻胸中有万卷书,笔下无一点尘,为何于自己性命便不知下落。以东坡之颖敏,而又有如是善友策发,何虑不日进?……"③如此看来,东坡的"禅喜",更多地隐涵着其"喜禅"而已。尽管如此,"北宋以后,文之通释教者,以子瞻为极则"④。清初文人钱谦益的这种评论,可说是后人对苏轼与佛教关系的代表性观点。

与东坡《禅喜集》洋洋大观十四卷相比较,黄庭坚的《禅喜集》则仅有区区两卷。此书由陶元柱所编。据《四库全书总目提要》称:"明陶元柱编。元柱始末未详。是集于黄庭坚集中录其阐发禅理者,则为一书。盖

---

① 陈继儒:《东坡禅喜集序》,引见《苏轼资料汇编》上编(三),第1054—1055页。
② 陆树声:《题禅喜集》,引见《苏轼资料汇编》上编(三),第1054页。
③ 袾宏:《云栖法汇·东坡》,《莲池大师全集》,第3655—3656页,福建莆田广化寺影印本,1995年。
④ 钱谦益:《牧斋初学集》卷八三《读苏长公文》,第1756页,上海,上海古籍出版社,1985年。

欲以配《东坡禅喜集》也。"①其内容主要收录了黄庭坚禅林交游的铭、赞、颂、序、记、书、传诸文。其中包括为翠岩真禅师、云居祐禅师、大沩喆禅师、翠岩悦禅师、福州西岩遑禅师五人语录所撰之序,可见其与禅林交游之广。

黄庭坚(1045—1105),字鲁直,江西分宁(今修水)人,自号山谷道人、六一居士等,著有《山谷文集》等,谥文节。宋英宗治平中,登进士第,官至国子监教授。与张耒、晁补之、秦观同游苏轼门下,时人誉称"苏门四学士",甚至还有"苏黄"并称,后来更成为宋代"江西诗派"的代表人物。

彭际清《居士传》卷二六把苏东坡与黄庭坚合为一传,视为同道。这从另一方面表明了二人各编有《禅喜集》的部分理由。据称:"熙宁间(1068—1077),与苏、黄交者:道潜及仲殊、契嵩,而善权、祖可列江西派。惠诠诗见和子瞻,惠洪诗见赏鲁直。"②

作为宋代江西诗派的核心人物,黄庭坚素有"好作艳辞"之名。此后经过圆通秀禅师劝诫,不再以艳语动天下人淫心。由是绝笔,孜孜归心佛道。元丰三年(1080),黄庭坚出知江西太和县,路过泗州僧伽塔,作自誓文,忏悔心行,发三大愿。其词有称"我从昔来,因痴有爱。饮酒食肉,增长爱渴。入邪见林,不得解脱。今者对佛,发大誓愿:愿从今日,尽未来世,不复淫欲;愿从今日,尽未来世,不复饮酒;愿从今日,尽未来世,不复食肉。"并作《写真自赞》,称"似僧有发,似俗无尘。作梦中梦,见身外身"③。形迹作派,颇类禅僧。

黄庭坚的佛行禅思,同样与其一生坎坷的政治命运相关联。他谪官黔南,不仅痛戒酒色,甚至"但朝粥午饭而已",似持过午不食之行,同时

---

① 《四库全书总目提要》卷一七四,第923页,海口,海南出版社,1999年。
② 胡应麟:《诗薮杂编》卷五,引见《苏轼资料汇编》上编(三),第1031页。有关惠洪与江西诗派之交游,可参见《释惠洪研究》,第98—113页,北京,中华书局,2005年。
③ 黄庭坚:《山谷集》卷一四《写真自赞》,《文渊阁四库全书》集部第52册,第114页下。

检阅大藏,如是者三年,"道力愈胜,于无思念中,顿明死心所问"。后作《晦堂塔铭》曰,自称凤承记莂。据禅史文献所载,黄庭坚与王韶、吴恂三人同列为黄龙祖心的法嗣。黄庭坚的家乡本为临济宗黄龙派的盛行之地,这种地域性的记述,当不为过。

元祐年间(1086—1093),江西之地,诗禅并盛,儒佛相参,士绅与丛林交游,相互激扬,文字酬唱,蔚然成风。其间,黄庭坚适遇丁艰,"馆黄龙山,从晦堂和尚游,而与死心老、灵源清老尤笃方外契"①。山谷之学佛,立基于佛儒"同一关钥"之见,尝撰《临济宗旨论》,为晦堂辩护,文称:"或讽晦堂,不当以儒书杂糅佛语。师曰:'若不见性,祖佛密语尽成外书。若是见性,魔说狐禅皆为密语。'嘻!师乃学通内外,随机启迪,使人各因所习,同归于悟。吾佛与儒,同一关钥。"②

苏轼与黄庭坚是宋代文士好禅的两大代表人物,其禅风禅习,颇为后人所关注。如明人袁参坡尝评议黄山谷与苏东坡好禅之习,称:"黄、苏皆好禅,谈者谓子瞻是士夫禅,鲁直是祖师禅,盖优黄而劣苏也。……子瞻无论其立朝大节,即阳羡买房焚券一细事,亦足砭污起懦。鲁直与人书,论学论文,一切引归根本,未尝以区区文章为足恃者。"③引文中所谓"士夫禅",其实是士大夫参与宋代盛行的"文字禅"活动之别称。而"祖师禅",则以自性自悟的心地法门为主导。诗文功底暂且勿论,就佛法之见地、佛行之精进、信愿之勇猛而言,山谷之禅修,无不胜超于东坡之上。

在中国文学史上,江西诗派的诸多成员,如吕本中、汪革等人皆以崇尚禅学而著称一时要,"盖吕氏家世本喜谈禅,而紫微(吕本中)与信民(汪革)皆尚禅学。"④

---

① 晓莹:《罗湖野录》卷上,《续藏经》第 83 册,第 376 页上。
② 引见[日]忽滑谷快天:《中国禅学思想史》,朱谦之译,第 491 页,上海古籍出版社,1994 年。
③ 引见傅璇琮编:《黄庭坚与江西诗派》上卷,北京,中华书局,1978 年。
④ 引见刘克庄:《江西诗派小序》,《黄庭坚与江西诗派》下卷,第 231 页。

三、张商英及其《护法论》

尽管张商英之为人及其为政,异议众多,却不失为宋代士大夫护法的典型人物。①

张商英(1043—1121),字天觉,号无尽居士,蜀州新津人,谥文忠。商英年少时,为人负气倜傥,豪视一世。初任通川簿,偶入佛寺,见其藏经卷策齐整,以为孔圣之书亦不及此,遂有意撰"无佛论"。在如何看待佛法的思想认识上,与王安石等人一样,张商英亦曾有着由"无佛"、"非佛"转向"知佛"、"学佛"的思想转变。据载,张商英由"无佛"转向"学佛",得缘于阅《维摩诘经》。他于经文中"此病非地大,亦不离地大"之句慨然有感,遂深信佛法,由阅《维摩诘经》,进而留心佛法。此后,张商英就明确主张"吾学佛然后知儒"②,此见不仅在当时颇为宋孝宗所赞许,更为明代儒家好佛学者所赏识,颇多称引。

宋神宗元祐年间(1086—1093),朝政上新旧之争正趋剧烈,张商英以王安石荐举内召,再迁至监察御史里行,旋以事谪于外,除河东提点刑狱,至清凉山斋宿,见文殊菩萨化现于空中,乃塑文殊像供奉山寺,撰发愿文称,"一切处金色世界,真智所以无方;东北方清凉宝山,幻缘所以有在。无方则一尘不立,有在则三界同瞻,是以五体归依,两泪悲仰。……"复还僧寺田三百顷,由此植下与五台山的不解之缘。

在张商英的学佛经历中,对于华严经义及其教学义理的阐扬,是其在宋代佛教居士中表现突出的特点之一。张商英对唐代"华严疏主"清凉澄观、"华严论主"李通玄的著述都很熟悉。特别是其有关李通玄《华

---

① 有关张商英的传记文献,可参见《琬琰集删存》卷三《张少保商英传》、《宋史》卷三五一《张商英传》、《通鉴长编纪事本末》卷一三一《张商英事迹》、《居士传》卷二八及《宗门武库》、《罗湖野录》、《清凉通传》、《法喜志》等。研究文献可参见安藤智信《张商英〈护法论〉及其背景》,《中国近世以降之佛教思想史》附录,(日译)《关于宋代张商英》;黄启江《张商英护法的历史意义》等。
② 《佛祖统纪》卷四五,《大正藏》第49卷,第416页上。

严经论》及《华严修行决疑论》的阐释之作,可以说标示着李通玄《新华严经论》入藏后的另一个高潮,对于北宋华严学的中兴产生了一定的影响。

在《昭化院记》,张商英毫无保留地称颂《华严经》时处、因果、凡圣圆融无碍之义及其修行次第的合理性,对于李通玄抉择精微、融通事相表法的华严学成就,更是推崇有加。他说:

> 夫华严之为教也,其佛与一乘菩萨之事乎?始终一念也,今昔一时也,因果一佛也,凡圣一性也,十方一刹也,三界一体也,正像末一法也,初中后一际也。以十信为入佛之始,以十地为成佛之终。十住、十行、十回向、十地、十一地,谓之五位。每位具十者,以波罗密为主也。凡五位之因果,各五十,加本位之五因五果,为一百有十,所以成华严世界之佛刹,善财童子之法门,华严世界,一百一十而加一,何也?一者,佛之位,万法之因也。五位者,所标之法也。善财者,问法而行之人也。五十三胜友者,五十则五位也,三则文殊、普贤、弥勒也。此经也,以毗卢遮那为根本智体,文殊为妙慧,普贤为万行,方起其信而入五位也,则慧为体,行为用。及其行圆而入法界也,则行为体,慧为用。体用互参,理事相彻,则无依无修,而果成矣。故归之于后佛弥勒,十信以色为因者,未离色尘也。十住以华为因者,理事开敷也。十行以慧为因者,定慧圆明也。十回向以妙为因者,妙用自在也。种种名号者,智体之异名也……此华严事相表法之大旨也。至于一字含万法,而遍一切,其汪洋浩博,非长者孰能抉其微乎?①

张商英与当时禅林杰衲交游甚广。元祐年间(1086—1093),张商英转任江西运使,得谒东林常总,承其印可。在分宁任职时,再遇兜率从悦,与其论禅谈道,多有所悟。同时,还与晦堂祖心、真净克文、慧洪觉范、大慧宗杲等相过从。特别是张商英与洪觉范之交谊,长达30年之

---

① 释熙仲集:《历朝释氏资鉴》卷一〇,《续藏经》第76册,第239页上、中。

久,更为时人所关注。对此,除惠洪觉范《林间录》、《石门文字禅》等文集中多有记载外,其他宋人笔记及禅林撰著中,亦多有记载。洪觉范与无尽居士张商英之交谊,时人比为参寥子道潜之于东坡居士苏轼。

张商英对于当时华严与禅法的结合颇为推崇。据载,他曾与大洪恩禅师探讨"禅教之要",提出了清凉澄观、李通玄与临济禅三家的比较:"《华严》注释,古人各有所长,如题目七字,大清凉得之妙矣。始成正觉,李长者所具,剿绝佛智。既无尽无量,信乎名句文字所不能诠,输他临济劈耳便掌,三人公案未知如何?"①

张商英一生转任多职,时常参禅问道,虽位居丞相,时人却有"相公禅"之称。其记述丛林交游的文字,更为丛林所称道。当时的著名禅僧大慧宗杲就曾亲自礼请张商英为泐潭和尚撰塔铭,称"山中耆宿皆愿得相公大手笔为作塔铭,激砺后学"②。在张商英的许多佛教撰著中,最具特色者就是他晚年所作的《护法论》。

《护法论》当撰于宣和元年(1119)宋徽宗朝废佛之后,时在张商英的晚年,且罢相已有八年之久,可视之为思虑精审的成熟之作。③ 张商英晚年寓居成都撰写《护法论》时,既是其个人政治际遇的低潮,又处于人生的暮年,所以显得相当低调,似未立即刊刻、流通,不愿为时人所知。④

综观《护法论》,全文凡 12 345 字⑤,未分卷。此作总结了自韩愈《夷狄论》至欧阳修《本论》的儒家排佛论思潮,结合自己"学佛以知儒"的心路历程,成为记录宋代佛教渗透与儒家反渗透的思想标本之一。

一般而言,佛教"护法"活动,约可分别为两种类型。一是指护持佛法的行为、符号表现,如通过语言文字、实践行动来保护、拥护、维护佛

---

① 晓莹:《云卧纪谈》卷下,《续藏经》第 86 册,第 678 页下。
② 同上书,第 676 页上。
③ 张商英撰有《宗禅辩》一卷,与《护法论》内容大同小异,可能是《护法论》的草本。参见黄启江《张商英护法的历史意义》,《北宋佛教史论稿》,第 379、381 页。
④ 参见黄启江《张商英护法的历史意义》,《北宋佛教史论稿》,第 381 页。
⑤ 参见宋濂《重刻护法论题辞》,《大正藏》第 52 卷,第 637 页上。

法,或为佛法的价值功用进行理论上的辩护。二是指诸多类型的"护法者",既包括出家修行僧尼、佛教徒众等"内护",亦包括那些亲近佛法的文人学者、国君大臣、地方官吏等"外护"。① 当然,也有人主张护法与护僧并行。如明末的云栖袾宏认为,"人知佛法外护付与王臣,而未知僧之当其护者,不可以不慎也。护法有三,一曰兴崇梵刹,二曰流通大教,三曰奖掖缁流。"②张商英的《护法论》,则明确表达了在当时环境下具有全面性的护法立场。

张商英的护法言行,与其"直道而行"的为学从政性格紧紧相关。这就决定了他不仅希望能够充分调动行政资源,付之以佛教外护的实践行动,而且还想通过对儒家排佛论的回应,对自己的护法活动进行理论辨析。正是在此意义上,张商英被明代宋濂视为"弘宗护教"的典范人物,成为宋代为佛教公开辩护的第一人。此外,撰写《护法论》,固然与张商英的人品性格相关,更与其对佛法的真正体认、甚至独特的佛教体验相关,同时也离不开当时舆论开明的社会文化环境。宋徽宗时期虽一度盛行排佛、反佛论调,其实却与一批士大夫的护法维教相并行。在佛教内部,宋代有明教契嵩(1007—1072)《辅教编》,回应宋代正在崛起的新儒家对佛教行为及其观念的严厉批评。但时人称张商英《护法论》"能释天下之疑,息天下之谤,实后学之标准也",则未免过论。③

在北宋社会中,张商英之撰《护法论》与契嵩之作《辅教编》,一为在朝而外护,一以方外而内弘。正如契嵩深入儒籍,张商英同样精详释典,学问淹贯,博通内外。特别是张商英宁可冒着政治声誉受损的危险,更可见其"直道而行"之为人,这或许可以看出宋代士大夫气节与道义之人格的某些端倪。

在《护法论》为佛教信仰所作的思想辩护中,张商英广引《金刚经》、

---

① 参见黄启江《张商英护法的历史意义》,《北宋佛教史论稿》,第359页。
② 袾宏:《护法》,《云栖法汇·竹窗三笔》,《莲池大师全集》,第3990页。
③ 郑兴德:《护法论元序》,《大正藏》第52卷,第637页下。

《维摩诘经》、《法华经》、《华严经》等时人所熟悉的佛教经典,基于出世间法的信仰论立场,因此,其论题及论旨皆相当明确。以辩驳韩愈"夷夏之辨"、"寿夭之论"为导引,集中批辟欧阳修《本论》为典型表达的宋儒排佛论。《护法论》与契嵩《辅教编》,堪称为北宋佛教信仰社会化、中国化辩护论著中的"双璧"之作,对当时社会环境下及后世的佛教信仰皆有较大影响。

在内容构成上看,《护法论》首先是为佛教信仰社会化的合理性进行辩护,其次就是为佛教中国化的合法性作出辩解,而绝非单纯出于为个体信仰实践的合法性、合理性所作的辩护。这种立论结构,主要是由于宋代是佛教渗透中国传统社会最显著、最全面的一个历史时期,因此激起中国传统社会人士的强烈抨击,从而交织出现了护法与辟佛并兴的情形,各自有其代表人物。在此过程中,张商英的《护法论》成为宋代时期直接与欧阳修对话的一篇论著,于此可见其独特意义。在为佛法辩护中,多取反诘句式,颇示慷慨之气,但这并不影响此书剖析唐宋诸儒"排佛"的理智心态与历史观念。这主要缘于张商英不仅深入释典经论,更与丛林交游甚广,熟知佛教历史及其现状。所以,郑兴德(号无碍居士)在序文中,对于张商英的护法之论,给予了高度的评价:

> 无尽居士,深造大道之渊源,洞鉴儒释之不二,痛夫俗学之蔽蒙,下悟自己之真性,在日用之间,颠倒妄想,不得其门而入,深怀愤嫉,摇唇鼓舌,专以斥佛为能,自比孟子拒杨墨之功,俾后世称之,以为圣人之徒,聋瞽学者,岂不欺心乎?欺心乃欺天也,则护法之论岂得已哉?观其议论劲正,取与严明,引证诚实,铺陈详备,明如皎日,信如四时,非胸中超脱,该贯至道之要妙,何以臻此?故能释天下之疑,息天下之谤,实后学之标准也。①

---

① 郑兴德:《护法论元序》,《大正藏》第 52 卷,第 637 页下。

在后世儒佛之辩中,张商英《护法论》同样甚受关注。如明初宋濂对张商英的《护法论》就评价颇高,引称"弘宗护教之意,至矣尽矣"。"知归子"彭际清则评论张商英其人其学称:"天觉早岁嗜禄躁进,邪正不明,几不有其躬危矣。洎其晚节,直道而行,不挠于众枉。岂非所谓改过君子者耶?其于心地法门知所致力矣。呜呼!小智之流,一入禅宗,毫无畏忌,拨置因果,堕无明坑,不知自奋者,斯又天觉之罪人哉!"①据此,宋濂之评张商英护教多于弘宗,非为确评的论。

在其行历中,张商英每与东林常总、兜率从悦、晦堂祖心,晚年更尝与年轻的大慧宗杲等著名禅师相交游,同时崇佛好道,饭僧供佛,阐释教典,"居士位至极品,晚年好佛重道,建华严阁,设斋醮会,释子黄冠,纷纷趋之,道士教化,令诵《金刚经》,为之结般若缘……遇僧劝看《道德经》,使互相知有也。然护教之心,真如是耳"②。所有这一切的背后,则充分呈现出张商英护法维教的思想观念,主张三教同归一心,对于后世影响深远。

四、王日休及其《龙舒净土文》

王日休(1105—1173),字虚中,号龙舒居士,安徽庐州舒城人。③ 宋高宗时,王日休举国学进士,以其学识渊博,颇具才学之名。为人乐善好施,交游甚广。

在宋代文献兴邦环境的熏陶下,王日休学殖深厚,至少在其编撰《净土文》之前,即以治儒业而闻名于时。据载,他对《易经》、《春秋》颇具心

---

① 彭际清:《居士传》卷二八,《续藏经》第 88 册,第 234 页下、第 235 页上。
② 释熙仲集:《历朝释氏资鉴》卷一〇,《续藏经》第 76 册,第 239 页下。
③ 有关王日休的传历,见载于《乐邦文类》卷三、《佛祖通纪》卷二八《净土立教志》和卷四七《法运通塞志》、《庐山莲宗宝鉴》卷四、《净土晨钟》卷一〇、《净土圣贤录》卷六、《居士传》卷三三等。其生平、思想及《龙舒净土文》的文本研究,可参见林田康顺《王日休〈龙舒净土文〉之影响》系列论文,日本《大正大学院研究论集》第 17 号(1993);《王日休龙舒净土文之研究(二)》,《印佛研》第 41 卷第 1 号(1993);小笠原宣秀《宋代居士王日休与净土教》,载《佛之研究》(《玉城康四郎还历记念》),东京:春秋社,1977 年。

得。如《宋元学案补遗》卷四称:"诲诱后学,最为谆切。尝撰《易解》(一卷)、《春秋解》、《春秋名义》、《养贤录》(三十二卷)、《模楷书》行于世。"其著作多达八部,凡八十卷,大都属于儒家著述。这一点从当时名流如周葵、张孝祥等人为其晚年撰著《净土文》所作的序跋,亦见一斑。如周葵跋称:"龙舒王虚中学力深至,所解六经、语、孟、老、庄,要为不蹈袭前人一言一字,其用志勤矣。"①张孝祥则称:"友人龙舒王虚中端静简洁,博通群书。训传六经诸子,数十万言。"②

王日休在修习儒业之外,多亲佛书,尤喜《金刚经》。宋高宗绍兴末年,他编撰《龙舒净土文》十卷,"其文盛行天下,修净业者,莫不览之"③。可见此书在当时流传之广,影响之大。

王日休在其《净土文》之序言中称:"予遍览藏经及诸传记,取其意而为净土文,无一字无所本,幸勿以人微而忽其说。欲人人共晓。故其言直而不文。予龙舒人也,世传净土文者不一,故以郡号别之。"④

王日休《龙舒净土文》十卷,可谓是赵宋一朝文献兴邦、典籍兴教的典型产物。他本人对于弥陀经典熟读精考,广泛搜集净土文献,在诸多前人所传"净土文类"之作的基础上,广泛参考前人的净土论著,结合自身的信仰体验,使《龙舒净土文》具有类似于净土业修行者的教科书功能。直至清代民国,仍盛传不衰,如印光法师专意于修行净土,即深受其影响。

综观《龙舒净土文》十卷一百五十八篇,具有如下特点:

首先,从内容结构上,《龙舒净土文》以"净土起信"为首卷,凡九篇;第二卷"净土总要",凡七篇;第三卷"普劝修持",九篇;第四卷"修持法门",十五篇;第五卷"感应事迹",三十篇;第六卷"特为劝喻",三十七篇;

---

① 周葵:《龙舒净土文跋》,《大正藏》第47卷,第263页上。
② 张孝祥:《龙舒净土文序》,《大正藏》第47卷,第251页下。
③ 宗晓:《乐邦文类》卷三《大宋龙舒居士王虚中传》,《大正藏》第47卷,第196页中。
④ 王日休:《龙舒净土文》卷一,《大正藏》第47卷,第254页中。

第七卷"指迷归要",七篇;第八卷"现世感应",十八篇;第九卷"助修上品",十六篇;第十卷"净浊如一",十篇。全文共计一百五十八篇。其中,第六卷"特为劝喻"三十七篇,为王日休所独创的内容,普劝上自公门士子、下及童男室女,不同阶层职业、不同年龄层次的社会大众,勤修净业,往生净土。由此亦可见净业修行的普世性特征。

其次,《龙舒净土文》试图全面确立以《大阿弥陀经》为代表的净土经典在佛教修行中的指导地位。其论《净土总要》称:"大藏之中有《无量清净平等觉经》、《阿弥陀过度人道经》、《无量寿经》、《无量寿庄严经》,四者本为一经,译者不同,故有四名,其舛讹甚多,予久已校正,亦刊板以行。今按此经及余经传,为净土总要。"① 更进一步说,《佛说大阿弥陀经》的同类经典,立足于以"四十八愿"为主导的弥陀绝对愿力,强调称名念佛法门对于往生西方净土的有效性。据其撰于1162年的《佛说大阿弥陀经》校辑自序,可以明显看出王日休对于这部佛教净土经典的判析立场及其净土取向:

> 大藏经中,有十余经言阿弥陀佛济度众生,其间四经本为一种,译者不同,故有四名。……其大略虽同,然其中甚有差互,若不观省者,又其文或失于太繁,而使人厌观。或失于太严,而丧其本真。或其文适中,而其意则失之。由是释迦文佛所以说经,阿弥陀佛所以度人之旨,紊而无序,郁而不章,予深惜之故熟读而精考,叙为一经,盖欲复其本也。其校正之法,若言一事,扞此本为安,彼本为杌陧,则取其安者。或此本为要,彼本为泛滥,则取其要者。或此本为近,彼本为迂,则取其近者。或彼本有之,而此本阙,则取其所有。或彼本彰明,而此本隐晦,则取其明者。大概乃取其所优,去其所劣,又有其文碎杂而失统,错乱而不伦者,则用其意,以修其辞,删其重以畅其义,其或可疑者,则阙焉而不敢取。若此之类,皆欲订正圣言,

---

① 王日休:《龙舒净土文》卷二,《大正藏》第47卷,第257页中。

发明本旨,使不惑于四种之异,而知其指归也,又各从其事类,析为五十六分,欲观者易见,而喜于读诵,庶几流传之广,而一切众生,皆受济度也,予每校正,必祷于观音菩萨求冥助,以开悟识性,使无舛误,始末三年而后毕。……①

再次,《龙舒净土文》在坚持佛教出世解脱的修行主导原则下,突出了净土修行具有日用性、现实性的现世利益。这种现世化的"利益导向",显然与儒家通过立功、立德、立言现世不朽的成圣理念相一致,达到佛教利益与儒家利益、世间利益与出世间利益、未来利益与现实利益,在社会教化论意义上的统一。因此,净业修行完全可以纳归于上至国家朝廷、下及民众的现世教化体系。对此,王日休阐释说:"净土之说多见于日用之间,而其余功乃见于身后,不知者止以为身后之事而已,殊不知其大有益于生前也。何则?佛之所以训人者无非善,与儒教之所以训人,何以异哉?唯其名有不同耳。故其以净土为心,则见于日用之间者,意之所念,口之所言,身之所为,无适而非善,善则为君子为大贤,现世则人敬之,神佑之,福禄可增,寿命可永,由是言之,则从佛之言而以净土为心者,孰谓无益于生前乎?"②

《龙舒净土文》修行的现世导向,还具体落实于现实的善行功德之中,试图吸纳儒家学说,主张佛门功德无异于儒家善行。王日休称:"斋僧供佛,烧香献华,悬幡建塔,念佛礼忏,种种三宝上崇奉,以此功德,回向愿生西方亦可。或为世间种种利益方便善事,若为子而孝养父母,为兄而友爱昆弟,为弟而钦顺其兄,闺门之内无不尽善,宗族之间无不和睦,乡党邻里姻亲相接以礼,相与以恩,以至事君则赤心为国,为官则仁慈利民,为长善以安众,为下则勤以事上,或教导愚迷,或扶助孤弱,或济急难,或惠贫穷,或修桥砌井,或施药散食,或减己奉养以利他人,或临财

---

① 王日休:《龙舒净土文》卷二,《大正藏》第 47 卷,第 326 页下。
② 王日休:《龙舒净土文》卷一《净土起信一》,《大正藏》第 47 卷,第 254 页中。

饶人以自省约,或人以善,或赞善止恶,随力随所作世间一切善,以此回向愿生西方亦可。或为世间一切利益,不拘大小,不拘多少,若止以一钱与人,或以一杯水与人,下至如毫芒之善,亦必起念云,以此善缘回向愿生西方,常使一念不断,念念在彼,必上品生。"①

《龙舒净土文》为了突出净土修行称名念佛法门的简便性与实效性,辨析了诸多念佛理论及其实践问题,阐释了净土法门的殊胜性与出世性。

王日休对净土法门的理解,主要体现于第三卷"普劝修持"和第四卷"修持法门"。其中,"普劝修持"为净土法门的普遍概述,而"修持法门"则涉及具体的修行方法。在净土法门的过程中,还关注与儒家成贤作圣这一道德修养观相配合。他指出,"孟子云,人皆可以为尧舜。荀子云,涂之人可以为禹。常不轻菩萨云,我不敢轻于汝等,汝等皆可作佛。是人人可以为圣贤,人人可以作佛,西方净土乃要捷门庭,无人不可以修,故为普劝修持。"②

普劝修持,意味着净土法门不仅是个己性的自修法门,而且更是大众化的共修法门。这才是净土法门所具有的社会教化力量。对此,王日休阐释自己的立场称:"予为此净土说,欲劝一切见者闻者,广大其心,以佛之心为心,使人人知之而尽生净土。当起念云,此法门人若知之,如己知之,岂不快哉。人若不知,如己不知,岂不痛哉。……故能劝一人修净土,以此善缘消释罪恶可也,增崇福寿可也,庄严往生功德可也,追荐亡者亦可也。然必至诚咒愿,无不获其功果……况劝一人以上至五人十人乎?又况使其受劝者转以相劝,递相继续而不已乎?如是则西方之说可遍天下,苦海众生可尽生净土矣。劝人善道,名为法施,此净土法门为法施之大者,遂超出轮回,非其他法施之比,故其福报不可穷尽。……"③

据上所述,王日休对净土法门的理解,具有开阔的视野,具体表现于

---

① 王日休:《龙舒净土文》卷四《修持法门十三》,《大正藏》第47卷,第265页上。
② 王日休:《龙舒净土文》卷三,《大正藏》第47卷,第259页上、中。
③ 王日休:《龙舒净土文》卷三《普劝修持七》,《大正藏》第47卷,第261页上。

把大乘菩萨行与净土修行结合起来,作为"普劝修持"的一大理据。其行文通俗易晓,有理有据,辅之以实示范,颇具说服力。

对于宋代士大夫热衷禅修者注重实录的示范作用,王日休也撮录了若干实例,以表明净土法门的有效性。如卷二《净土总要七》,即引述了杨杰的净土观,称"无为杨杰次公少登高科,明禅门宗旨,谓众生根有利钝,即其近而易知,简而易行,唯西方净土,但一心观念,仗佛愿力,直生赡养。……"①

此外,王日休《龙舒净土文》还有一个颇引人注目的特点,那就是多方质疑禅净融合的有效性,挑战"唯心净土、自性弥陀"之说,主张归趣于称名念佛及其善行功德,具有明显的净业善行功德化倾向。如其卷七"指迷归要",王日休明确提出:"参禅者多不信净土,以谓著相,欲直指人心、见性成佛。此说甚善,极不易到,反成弊者多矣。今故详言参禅之弊,且引事迹为证,与诸修行不知其要者,并举而言,故此卷名《指迷归要》。"②

王日休生前亲自刊刻《龙舒净土文》后,迅速风行于江南,日见士子推崇。宗晓《乐邦文类》卷三《大宋龙舒居士王虚中传》,记载了《净土文》能够起死回生的神异感应,可见其风靡情形。如乾道年间(1165—1173),庐陵李彦弼染疾垂危,棺椁已备,忽梦龙舒居士以手按摩肢体,称起食白粥,念佛不辍,即可病愈。丞相周必大(益国公)为之制赞曰:"皇皇然而无求,惕惕然而无忧。闵颓风之将坠,揽众善以同流。导之以仁义之原,诱之以寂灭之乐。世知其有作,而莫识其无为。故中道奄然,而示人以真觉。"李彦弼无以报德,"遂刊公像并事迹以传远,自是庐陵家家供事之"。其后,乾道九年(1173),聂允迪更勒石于报恩弥陀殿。至庆元四年(1198),曾迅刊行此石刻,锓木布于江浙。③《龙舒净土文》的影响及

---

① 王日休:《龙舒净土文》卷二《净土总要七》,《大正藏》第47卷,第259页上。
② 王日休:《龙舒净土文》卷七,《大正藏》第47卷,第275页上。
③ 宗晓:《乐邦文类》卷三《大宋龙舒居士王虚中传》,《大正藏》第47卷,第196页中、下。另见王日休《增广净土文》卷一一《庐陵李氏梦记》,《大正藏》第47卷,第285页中、下。

至明清民国,成为佛教居士修学的典范文献之一。

除撰成《龙舒净土文》十卷之外,王日体还有校合《无量寿经》四种异译本及《大阿弥陀经》两卷,后被收入明代《南藏》、《北藏》及清代《龙藏》中,同样影响深广。

从当时佛教思想的影响来看,宗晓在其《乐邦遗稿》卷下"论唯心净土有理有迹"条,曾引称其《净土文》三条,其义旨分别为唯心净土与参悟自性的关系:

其一,引述"论唯心净土有理有迹"称:

> 世有专于参禅者云:唯心净土,岂复更有净土。自性弥陀,不必更见弥陀。此言似之而非也。何则?西方净土,有理有迹。论其理,则能净其心故一切皆净,诚为唯心净土矣。论其迹,则实有极乐世界,佛详覆言之。岂妄语哉?人人可以成佛。所谓自性弥陀者固不妄矣,然卒未能至此。譬如良材可以雕圣像,必加功力然后能成。不可遽指良材,而谓物象之华丽也。是所谓唯心净土而无复更有净土,自性阿弥不必更见阿弥者非也。又或信有净土,而泥唯心之说,乃谓西方不足生者。谓参禅悟性,超佛越祖,阿弥不足见者,皆失之矣。盖此言甚高切,恐不易到也。故修西方见佛,得道则易。若止在此世界,欲参禅悟性,超佛超祖。为甚难。况修净土者,且不碍于参禅,何参禅者必薄于净土也。①

其二,"劝参禅者不妨修西方"。引文称:

> 参禅大悟,遂脱生死轮回,固为上矣,然至此者恐少。若修西方,则直截轮回,万不漏一。故今劝参禅之人,每日留顷刻之暇修于西方。若果大悟,得超轮回,去佛地尚远。更往见阿弥陀佛,展礼致敬,有何不可?若未得大彻悟者,寿数忽尽,且径往西方,见佛闻法,

---

① 宗晓:《莲邦遗稿》卷下,《大正藏》第47卷,第243页上。

何患不大悟也？若不修西方，则未免随业受异报也。①

其三，"修西方如现受官职"，引述龙舒《净土文》称：

> 参禅取大悟，不肯修西方。如人有一品官而不受，必欲修学为大魁。其志甚美，然大魁不可必得。不如且受一官，然后一面修学。如得大魁，则锦上添花。若不得，则不失其为官人。修西方者，且受一官之谓也。一面修学。兼参禅之谓也。不得大魁者，参禅未悟之谓也。不失其为官人者，直脱轮回之谓也。既生西方，乌有不大悟者哉。②

王日休一生交游甚广，从《龙舒净土文》一书所收的序、跋、赠、赞诸文中，可见其一斑。其中，还包括宋代临济宗看话禅的集大成者大慧宗杲（1089—1163）。在《龙舒净土文》收录了宗杲撰于其晚年（1160）的一则跋语，文称："龙舒王虚中日休，博览群书之余，留心佛乘，以利人为己任，真火中莲也。佛言：自未得度先度人者，菩萨发心；自觉已圆能觉他者，如来应世。予嘉其志，为题其后。若见自性之弥陀，即了唯心之净土。未能如是，则虚中为此文功不唐捐矣。庚辰（绍兴三十年，1160）八月二十日。"③

《龙舒净土文》附有状元张孝祥所撰的序文，则提到王日休的一生为学经历，称："……友人龙舒王虚中端静简洁，博通群书。训传六经诸子，数十万言。一旦捐之曰，是皆业习，非究竟法，吾其惟西方之归。自是精进，惟佛惟念。年且六十，布衣蔬茹，重研千里，以是教人。风雨寒暑弗遑恤，闲居日课千拜。夜分乃寝，面目奕奕有光。望之者，信其为有道之士也。绍兴辛巳（1161）秋，过家君于宣城。留两月，始见其《净土文》。凡修习法门与感验章著，具有颠末，将求信道者，锓木传焉。"④

---

① ② 宗晓：《莲邦遗稿》卷下，《大正藏》第47卷，第243页中。
③ 王日休：《龙舒净土文》卷一〇，《大正藏》第47卷，第283页中。
④ 张孝祥：《龙舒净土文序》，《大正藏》第47卷，第251页下。

据荆溪周葵(号唯心居士)撰于绍兴壬午(1162)跋语,称:"龙舒王虚中学力深至,所解六经、语、孟、老、庄,要为不蹈袭前人,一言一字,其用志勤矣。一旦弃去,专修西方之教,作《净土文》,精粗浅深,且有条理。以是印施有缘,奔走于江浙诸郡。又将亲往建安刊版于鬻书肆中,汲汲然若不可一日缓者。……"①

《龙舒净土文》中,不乏有关佛教行持中种种神异感应的文字记载。其中,即载有著名的"戒禅师后身东坡"及苏轼往生西方的"公据"之说。文称:"五祖戒禅师乃东坡前身,应验非一,以前世修行故。今世聪明过人,以其习气未除,致今生多缘诗语,意外受窜谪。生此世界,多受苦如是。闻东坡南行,唯带阿弥陀佛一轴。人问其故。答云,此轼生西方公据也。"再如,又称"黄山谷前身诵莲经妇人","闻鲁直前世是妇人,长诵《法华经》,以诵经功德故,今世聪敏有官职,此故随业随缘来者也"②。从这些文字记载中,可以看出宋代士大夫佛教修行活动的社会影响。

王日休的净土信行,是其晚年佛教活动的主体。《龙舒净土文》注重佛教修行的现世导向,为中国佛教净土法门的实践伦理阐释,提供了一个新思路。王日休以其精英知识分子(国学进士)的身份,扩展了净土法门的社会影响。同时对于宋代及后世佛教弘化方式的转型,具有一定的作用。

第五节 佛教结社与宋代士大夫的修行活动

赵宋时期,除佛教藏经的民间刊刻之外,以佛教结社表达信仰活动的形式相当普遍。灌佛会("浴佛会")、盂兰盆会及年中行事活动的观音菩萨信仰、地藏菩萨信仰等活动颇为兴盛。随着佛教信仰活动的普遍推行,佛门中义学僧、仪式僧的同时活跃,佛教信众的持续扩展,半僧半俗

---

① 《龙舒净土文》卷一〇所附,《大正藏》第47卷,第263页上。
② 参见王日休《龙舒净土文》卷七,《大正藏》第47卷,第275页中。

的道人、道者、道民充斥民间,成为佛教活动的基本力量。在普通民众中,诸多奉佛活动的积极而热心的参与者,甚至具有职业化的性质。如参与民间道路的兴建、桥梁的修建等公益事业,都成为佛教助益世间的重要内容。宋代民众佛教的性格形成,与寺院佛教交互影响,最终促成了民俗化佛教的出现,佛教生活对于宋代社会文化产生了重要影响。

在宋代的佛教管理制度下,官方合法寺院与民间众多的庵堂并存。具有一定规模的寺院,很多都属于敕额寺院,其僧尼一般都拥有合法的身份。若符合一定的条件,如寺院三十间、佛像和功德、一定数量的住持僧尼等等,则由中央祠部统一申奏,"嘉泰二年(1202)六月十三日,臣僚言,乞申饬有司,不许私创庵舍。……既而又诏,诸路监司各行下所部州县,出榜晓谕,限半月,许令本州自陈给据,付主庵人收执。如出限不自陈,及再有创置之人,告受支给赏钱一千贯,先以官钱代支,却与犯人名下追纳。其庵舍产业,尽行籍没入官。候出给公据足日,逐州置籍,申监司类聚施行"①。与此同时,规模较小的无额寺院的大量存在,也成为宋代佛教的一个现象。

在宋代佛教活动的展开过程中,佛教结社不仅是表达佛教信仰的公众行为,更成为推进佛教实践的重要方式。其中,具有佛教居士及世俗宰官双重身份的宋代士大夫,热心参与佛教结社,则是当时一个突出现象。

早在南北朝时期,北方地区即盛行义邑作为佛教活动的社团组织,举行诵经、写经、斋会、造像等佛事信仰活动。至于南方地区的佛教结社,尤以慧远于庐山的莲社为典型。备受朝廷推崇的僧官赞宁,曾描述中国佛教结社的源起、特征、变迁及其功效。他说:

> 晋宋间有庐山慧远法师,化行浔阳,高士逸人辐凑于东林,皆愿结香火,时雷次宗、宗炳、张诠、刘遗民、周续之等,共结白莲华社,立

---

① 徐松:《宋会要辑稿》刑法二,第6561页。

弥陀像,求愿往生赡养国,谓之莲社,社之名始于此也。齐竟陵文宣王募僧俗行净住法,亦净住社也。梁僧佑曾撰法社建功德邑会文,历代以来成就僧寺,为法会社也。社之法,以众轻成一重,济事成功,莫近于社。今之结社,共作福因,条约严明,愈于公法。行人互相激励,勤于修证,则社有生善之功大矣。近闻周郑之地,邑社多结守庚申会,初集鸣铙钹,唱佛歌赞,众人念佛行道,或动丝竹,一夕不睡,以避三彭奏上帝,免注罪夺算也。然此实道家之法,往往有无知释子,入会图谋小利。会不寻其根本,误行邪法,深可痛哉。①

据赞宁的观察,从上述南北朝佛教结社的源初形态(莲社、净住法社、法会社或功德会社)来看,其组织形态、功能形态、活动方式各异,护法士绅的佛教结社具有不同类型。从赞宁的评述中,可以看出中国佛教结社一般具有修证信仰认同、行为或仪式认同、组织或规范认同以及祖师认同或寺僧认同四大要素。这些佛教信仰及修行活动的认同要素,在特定的环境下,各有侧重,并有着不同的表现方式。当然,佛教结社还受到特定的时间因素(如佛教传统习俗节日)、地缘因素及其他偶然性因素(如祖师忌日或诞生日、寺院兴建或创建纪念日)等影响。此外,除祖师引导的类型之外,佛教结社离不开护法士绅的热心参与和维持。由于过多地依赖于祖师信仰的效应,佛教结社的持续时间一般不长。

宋代普遍盛行的佛教结社活动,通过具有从众行为特征的群体活动,形成组织认同的意义激励,客观上推进了民间教门组织的涌现,从而不同程度地受到官府的行政干预。

一、江南佛教结社的盛行

从北宋时期杭州净行社的盛况,及其参加者的人员构成,可以看出具有准官方色彩的佛教结社特点。除了那些纯粹民间的佛教结社,更有

---

① 赞宁:《大宋僧史略》卷下《结社法集》条,《大正藏》第54卷,第250页下、第251页上。

佛教寺僧为主导的结社类型。

北宋佛教结社中的最典型者,莫过于杭州昭庆寺省常所倡设的华严净行社。据《大昭庆律寺志》卷五载:"永智之后,允堪之前,有省常结社胜事。考庐山慧远,躬厉清修,……结白莲之社。省公效之,亦结华严净行社。师德行素高,道风遐扇,一时名公卿士庶,翕然来归,踵故事,种白莲,亦称白莲社。初招朝贤十七人,及己共十八人,都共一百二十三人,皆符庐山社人之数。"①据此,杭州佛教结社,至少有永智、省常与允堪三师相继结社之举。允堪(号圆智)为律僧,永智为天台宗僧,省常则主华严净行社,可见佛教寺僧主导的结社活动之盛况。

省常(959—1020)早在宋代就被推尊为净宗四祖或五祖,后世更称净宗七祖。但省常的传记资料,在宋代元敬、元复所撰的《武林西湖高僧事略》中并无收录,未详何故。据《佛祖统纪》称:"杭州西湖昭庆寺沙门省常,刺血书《华严净行品》,结社修西方净业。宰相王旦为之首,参政苏易简百三十二人(应为百二十三人,引者注),一时士夫皆称净行社弟子,比丘预者千众人,谓庐山莲社莫如此日之盛。"②省常主导的净行社,虽有明显仿效慧远莲社的印迹,如十八高贤、八十高僧之数,但其倡导方式和运行方式却多有不同。省常在杭州的佛教建社,利用了刺血写经和华严信仰的修行方式。因此,昭庆寺净行社,并非是慧远庐山莲社的简单模仿。但从其名称上看,这种形式的仿效,颇可满足士绅的附雅之习。不过,净行社组织,尽管可以有效地扩展佛教信行的社会影响,但往往受到士绅流动性的左右,因此不能持久。华严净行社后改称"易行社",前后持续了二十余年。其始《华严经》所称许的"刺血写经"之行,辅之以弥陀像教之设,终成为佛经信仰、祖师信仰、菩萨信仰、灵迹信仰、净土信仰等诸多信仰因素的结合体。

---

① 《大昭庆律寺志》卷五《净社》,《杭州佛教文献丛刊》本,第 59 页,杭州出版社,2007 年。
② 志磬:《佛祖统纪》卷四三,《大正藏》第 49 卷,第 400 页下。

据《佛祖统纪》卷二七《净土立教志》载，天台学僧遵式也曾在四明宝云寺建立念佛会，"初居天台东山，遍行四种三昧，后住四明宝云，结缁素专修净业，作誓生西方记，及居天竺灵山，于寺东建日观庵，为送想西方之法，依无量寿经述往生净土忏仪，为杭守马亮述净土行愿法门、往生略传"①。另有知礼在明州延庆寺创建念佛施斋会，"曾于每岁二月望日，建念佛施戒会，动逾万人"②。还有本如在能仁精舍创建白莲社，"住东山承天三十年，讲经之余，集百人修法华忏，一年，与郡守章郇公结白莲社"③。上述文献所记载的佛教结社，都具有一个共同结构，就是当地士绅的热心加盟。于此可以看出宋代士大夫参与佛教活动的类型。

在宋代佛教结社活动中，有许多规模更小、范围较狭、内容纯粹的类型。如钱塘人陆伟，尝历官州都掾，后以净土为业，预西湖系念会，每对佛忏悔，"中年厌世念佛，率众结法华、华严二社，各百许人，其法各人在家诵经一卷，日终就寺读诵，终日而散，如是二十年，遂成大会。尝手书《法华》、《华严》、《楞严》、《圆觉》、《金刚》、《金光明》等经。晚年子孙凋落更无余累，忽一日易衣端坐，念佛而化"④。再如会稽李彦通，因开元系念往预其会，忽悟世无常，归心净业，一朝得疾，逡巡之际，见利行人开门引入，见莲池楼阁佛菩萨众，遂请睎经、道果二行人，至卧榻前说法策道，举家念佛西向坐逝。⑤

白衣社会皆由俗人组成，故称白衣。对于南宋杭州一地的僧寺社会，如《都城纪胜》卷三"社会"条所述："奉佛则有上天竺寺光明会，皆城内外富豪助备香花灯烛，斋衬施利，以备该寺一岁之用。又有汤茶会，此会每遇诸山寺院作斋会，则往彼以茶汤助缘，供应会中善人。城中太平兴国传法寺净业会，每月十七日则集男士，十八日则集女士，入圭讽经听

---

① 志磐：《佛祖统纪》卷二七《净土立教志第十二之二》，《大正藏》第49卷，第277页上、中。
② 同上书，第277页上。
③ 同上书，第277页中。
④ 同上书，第285页中。
⑤ 参见同上书，第285页中、下。

法。岁终则建药师会七昼夜。西湖每岁四月放生会,其余诸寺经会各有方所日分。"①《西湖老人繁胜录》也载"天竺光明会",称:"递年浙江诸富家舍钱作会,烧火烛数条如柱,大小烛一二千条,香纸不计数目。米面、碗碟、匙箸、扇子、蒲鞋、条帚、扫帚、灯心、油盏之类俱备,斋僧数日,满散出山。"②大抵上法事所需之物皆由光明会成员负责贡献。又如城中太平兴国寺净业会,则每月十七日集男信士,十八集女信士,入寺讽经听法,岁终则以所收赀金建药师会七昼夜,以终其会。

据《梦粱录》卷一九"社会"条,除上述奉佛结社活动之外,尚有"庚申会",皆府室宅内司之府第娘子夫人等参加,诵《圆觉经》,因与会贵妇俱带珠翠珍宝首饰赴会,故人称"斗宝会";四月初八日,六和塔寺集童男童女善信人建"朝塔会";每月庚申或八日,诸寺庵舍集善信人诵经设斋,建"西归会";宝俶塔寺则于每岁春季,建受生寄库大斋会;清明节时,则有诸寺建"供天会";七月十五日,建盂兰盆会;二月十五日,长明寺及诸教院建涅槃会;其他尚有白莲会、行法会、三坛会等,各有所分也。③

无论是"法华社",还是"华严社",其修行活动大都通过诵经、写经、净业等广为佛教信众所认同的方式。对于宋代佛教结社活动的盛行情况,时人多有记述。"每岁之春,有般若之会,少长咸集,以数千计,念诵佛号……真如为贤首十方教院……自绍兴间(1131—1162)有僧用智者,华华重盖于兵火之余,号智华严。今戒月自淳熙二年(1175)为主席,遂有意建华严阁,心不退转,迄臻于成"④。宗晓在《乐邦遗稿》中引《宝珠集》载,嘉禾人(今浙江嘉兴,尝任左朝散大夫)王衷,先参小本禅师,用心有年,自恨无札脚处。政和年间(1111—1117)中,王衷在钱塘西湖结莲

---

① 耐得翁:《都城纪胜》卷三"社会"条,北京,中国商业出版社,1982年,第12页。
② 佚名:《西湖老人繁胜录》"天竺光明会"条,北京,中国商业出版社,1982年,第10页。
③ 参见吴自牧《梦粱录》卷一九"社会条"条,北京,中国商业出版社,1982年,第168页。有关宋代结社的详尽探讨,可参见铃木中正《宋代佛教结社之研究史》一文,《史学杂志》第52卷第1、2、3期。
④ 《至元嘉禾志》卷二二《真如教院华严阁记》,《文渊阁四库全书》史部第249册,第481页。

社,专修净业,撰发愿文,称:"今衷谨于居处结白莲社,募人同修,有欲预者,不限尊卑、贵贱、士庶、僧尼,但发心愿西归者,普请入社也。"①

宋代佛教结社活动的盛行,客观上促进了佛教经忏佛事仪式制度的改进与完善,并成为宋代佛教渗透民众的重要表现方式。这种情形,反过来又影响了宋代佛教寺僧主导、士绅热心参与的佛教结社活动的兴盛一时。两宋时期,诸如法华忏、楞严忏、净土忏(弥陀忏)、圆觉忏、华严忏、普贤忏等,皆有不同程度的改进。至于佛教修证的仪式规范,则出现了以天竺遵式为代表的天台忏仪整理,以晋水净源为代表的华严忏仪改编,推进了佛教内部以天台宗、华严宗为主导的经忏活动制度化落实。

随着佛事活动的制度建设进一步展开,宋代士大夫参与护法、刻藏等佛教事业的热情持续不衰。据《佛祖统纪》卷四四载,北宋真宗朝,"初诸暨县令潘华,依普贤忏法不令人捕江湖内鱼。是年十月,奉诏还阙。夜梦江湖中鱼为人形者数万,号哭沸天,皆云长者去矣,吾众不免烹矣。华异之,作《梦鱼记》以嘱后来宰邑者"②。南宋初年的冯楫(字济川,号不动居士,四川遂宁人),由太学登第,时人称"其文用《圆觉经》意发明之",可见其对《圆觉经》有深造自得之处。冯氏相继参佛眼远禅师、大慧杲禅师,颇入禅境。晚年,"兼修净业,作弥陀忏仪"。出帅泸南时,率道俗作系念会,以西方为归。建炎(1127—1130)金宋兵乱之后,名刹藏经多受残毁,他又捐俸钱造大藏经48所,小藏四大部者,如数分贮诸刹。

二、宋代士大夫的佛教活动及其影响

佛教结社活动的盛行,对于宋代士大夫的佛教信仰及其修行活动影响至深。它不仅与宋代禅教归净思潮趋向的关系密切,并且还对民众佛教活动、甚至民间教门组织产生了一定的推进作用。属于天台净土的

---

① 宗晓:《乐邦遗稿》卷下,《大正藏》第47卷,第242页下、第243页上。
② 志磐:《佛祖统纪》卷四四,《大正藏》第49卷,第403页上、中。

《乐邦文类》记载,当时有"隆兴天台宗"之称的思梵讲主,"解明行峻,深造一家教观渊源,每与士大夫往复,随有所问,答释粲然,具见于《会宗集》"①。其中,不乏以净土接引四方信士之论。如思梵与通判郑公有一场问答,其中涉及到念佛净土的实教与权说、方便与究竟的判析,特别提到杨杰与王古的净土信行:

问曰:"经教中所明念弥陀佛愿生净土,此莫专为钝根方便权说否?上根一超佛地,岂假他佛之力耶?"师答曰:"吾宗先达呵此说云,佛世文殊普贤,灭后马鸣、龙树,此土智者、智觉,皆愿往生,应是钝根乎?释迦劝父王净饭并六万释种往生,应尽是凡器乎?若以此为权,将何为实?昔孙莘老亦疑于此,因会杨次公、王敏仲辩论,遂息此疑,乃云,则知净土非圣人之权设,真禅侣之栖止也。当知本朝洞晓净土,唯杨、王二贤矣。杨叙《决疑集》,引《华严》云,知一切法,犹如影像,目心如水,佛不来此,我不往彼,我若欲见,阿弥陀佛,随心即见,是知注念者定见,斯乃称性实言,非权教也。"②

文中所述的杨次公(名杰)、王敏仲(名古),即是北宋士大夫推崇净土信行、颇具影响的两位典型人物。在宗晓的《乐邦文类》简要传记里,更称"本朝士大夫洪赞净方,入正定聚者,唯公洎王敏仲侍郎二人而已"③。据此,杨杰与王古不仅盛赞净土,且入正定聚,崇尚实修。彭际清《居士传》卷二二,同样是杨杰、王古二人合传。

王古(字敏仲),尝游江西等地,与黄龙慧南、杨岐方会、翠岩奇真、晦堂祖心等禅师结交,深彻禅旨,后主禅净一致,专修净业,除撰有《直指净土决疑集》外,还编有《净土宝珠集》四卷。据《居士传》所记,《宝珠集》的内容,"自魏晋大经初出,则有远显诸贤继修,事列简编,验彰耳目。福唐释戒珠采十二家传记,得七十五人。搜补阙遗,芟夷繁长,该罗别录,增

---

① 宗晓:《乐邦文类》卷一,《大正藏》第47卷,第239页中。
② 宗晓:《乐邦遗稿》卷上,《大正藏》第47卷,第239页中、下。
③ 宗晓:《乐邦文类》卷三《大宋无为子杨提刑传》,《大正藏》第47册,第195页下。

广新闻,共得一百九人。隐显毕收,缁素并列。会江河淮,济于一海,融瓶盘钗,钏无二金。标为险道之津梁,永作后来之龟鉴"①。

杨杰,字次公②,安徽无为郡人(庐州府),号无为子或无为居士。雄才俊迈,宋仁宗时,举国学进士;神宗元丰年间(1078—1085),任太常;宋哲宗元祐年间(1086—1093),迁礼部员外郎,提点两浙刑狱事,故世称"杨提刑"。

早在神宗熙宁年间(1068—1077),杨杰即表现出对佛法的尊崇,尤以明悟禅宗为自许。尝历参诸山名宿,依云门宗第五世法孙、雪窦重显法嗣天衣义怀(989—1060)而有悟。义怀寂于1060年,故杨杰依归义怀,当在其早年。从学于义怀禅师,使杨杰对于当时以唯心净土为归趣的禅净合流颇为关注。据《佛祖念佛集》卷上载,天衣义怀一生以回向净土为行,尝撰《劝修净土说》,称"师问学者曰:言舍秽取净,厌此欣彼,则是取舍之情,众生妄想。若言无净土,则违佛语。修净土者,宜如何修?众无语。复自答曰:生则决定生,去则实不去。又曰:譬如雁过长空,影沉寒水,雁绝遗迹之意"③。"自天衣怀禅师以下,专用净土法递相传授,皆遂往生,各有明验,具载《宝珠集》"④。其后,则有姑苏守讷禅师,撰《唯心净土文》,祖述义怀劝修"唯心净土"之旨。天衣义怀等禅僧劝修净土,是当时佛教界由禅入净、教净兼行这一学佛之风的反映。如守讷即以唯识学中的"心外无境,境全是心"之说,表明"生佛同体,弥陀全是于自心"之论。⑤ 在这种取向的影响下,以杨杰等人为代表的宋代士大夫,早期参禅,晚年归净,且阐扬弥陀教观,归趋于观想念佛、仗愿往生的"易行

---

① 彭际清:《居士传》卷二二《杨次公王敏仲传》,《续藏经》第88册,第222页上。
② 有关杨杰的行历文献,主要可参见《乐邦文类》卷三《大宋无为子杨提刑传》、《嘉泰普灯录》卷二二、《释门正统》卷七、《佛祖统纪卷》卷二八《净土立教志第十二》、《五灯会元》卷一六、《法喜志》卷四、《居士分灯录》卷上、《往生集》卷二、《净土圣贤录》卷七、《禅祖念佛集》卷下、《居士传》卷二二等载。
③ 宗晓:《乐邦文类》卷四《唯心净土文》,《大正藏》第47卷,第208页上。
④ 同上书,第207页下。
⑤ 参见宗晓《乐邦文类》卷四《唯心净土文》,《大正藏》第47卷,第207页下。

之道"。

杨杰曾撰有《辅道集》,专纪佛乘之事,苏东坡为之作序,称"无为子宿禀灵机,遍参知识,凡所谓具烁迦罗眼者,次公目击而道存焉"①。于此可见,杨杰参禅究道的用功程度。

在宋代教禅一致论思潮下,特别是在永明延寿所倡导的"禅净双修"观念推动下,净土往生论思想大行于世。得益于当时佛教文献的整理刊行,热心佛法者大都关注佛教经典中的净土修行论思想进行梳理。博通经教的杨杰,在修习净土教的同时,还遍习诸教,尝作《天台净土十疑论序》(熙宁九年,1076)、《直指净土决疑集序》(元丰七年,1084)、《法宝僧监弥陀宝阁记》(元祐元年,1086)、《宗镜录序》(元祐六年,1091)、《安乐国三十赞》等文,主张"一身清净,则一切身清净;一念清净,则一切念清净"②,坚信"从一如来而见无量如来,入一净土而周无量净土,悟一法身而融无量法身矣,无念而念,无证而证,无修而修,净土果海,岂易量哉",被视为"备陈西方要津,诚为万世往生龟鉴"。③

杨杰之所以受到后世的推崇,得力于正聚定这一净土修行的果验。作为宋代禅教净律一体统观的学佛者,杨杰一生历参名宿,晚年成为天衣义怀禅师法嗣,习教则撰有许多序作。高丽义天入宋求决,杨杰为馆伴,访道吴越,遍游天台,"与法真咸契,执弟子礼"。其撰《无相院碑》,盛赞天台,"以法华三昧为极致,以赡养国土为依归,盖不读《法华》无以明我心本具妙法,不生赡养无以证我心本具妙法。"平居则以净土自信,绘丈六阿弥陀佛,随身观念。尝撰《天台净土十疑论序》、《直指净土决疑集序》等文,称"爱不重不生娑婆,念不一不生极乐"。"凡圣一体,机感相通。诸佛心内,众生尘尘。极乐众生,心中净土。念念弥陀。若自弃己

---

① 宗晓:《乐邦文类》卷三《大宋无为子杨提刑传》,《大正藏》第47卷,第195页中。
② 宗晓:《乐邦文类》卷三,《大正藏》第47卷,第184页中。
③ 宗晓:《乐邦文类》卷三《建弥陀宝阁记》,《大正藏》第47卷,第184页下—185页上。

灵,是谁之咎"。①

熙宁末年(1077),杨杰丁母忧,归乡闲居,阅藏经,修净业,游宦奉丈六弥陀画像以行,临终坐逝,感佛来迎,颂云:生亦无可恋,死亦无可舍,太虚空中,之乎者也,将错就错,西方极乐。有《文集》、《释氏别集》、《转辅道集》等行世。其《十疑论序》、《决疑集序》,谈净教尤力,颇为后世所称引:"爱不重不生娑婆,念不一不生净土。亦有善士废三种不信心,不求生者,尤可嗟惜:一曰吾当超佛越祖,净土不足生也;二曰处处皆净土,西方不必生;三曰极乐圣域,我辈凡夫不能生也。"②

杨杰与王古皆有由禅入净的行历,且被视为宋代士大夫禅净兼修的典型。"四方言禅者,唯黄蘗慧林为最盛,临济之后有慈明,慈明传江西黄蘗之道,次公实传之。云门之后唯雪窦,雪窦传怀,怀传本,本公居慧林时,敏仲早得其法。次公、敏仲皆儒者学禅,得师如此,方且汲汲,以净土为依归,则知净土非圣人之权设,真禅侣之栖止也"③。不过,杨杰、王古等宋代士绅的佛教修行,虽然由禅入净,但他们所主张的净土,多为"唯心净土"、"自心净土",主张即心即土,并无"念佛往生"的明确记载,并非当时更为盛行的西方净土思想。

宋代除禅宗大盛于世之外,天台、华严与净土诸教一时并兴,士大夫受其教化影响者甚众。宋代士大夫的禅悦之习,风靡一时;修习净土则大有后来居上之势。至于天台止观及华严观门,则更多地倾向于义理的融通会解。对此,彭际清评论称:"宋世宗风大盛,而其时传天台教者每以净土为归,故士大夫笃志西方者,视唐时称盛焉。"④于此可见宋代天台净土风习之盛。

宋代士大夫对天台教观的研习,除诵习《法华经》、修行天台止观之

---

① 宗晓:《乐邦文类》卷三《大宋无为子杨提刑传》,《大正藏》第47卷,第195页中、下。
② 宗鉴:《释门正统》卷七,《续藏经》第75册,第348页上。
③ 宗晓:《乐邦文类》卷二,《大正藏》第47卷,第173页中。
④ 彭际清:《居士传》卷二四,《续藏经》第88册,第227页下。

外,还积极参与宋代天台的复兴事业,推动以宋代辈出的天台学僧为中心所出现的诸多修行团体,体现了宋代士大夫佛教结社风行的特征。

天台宗经五代时吴越王钱弘俶,向高丽、日本求得唐代教典而复兴。入宋以后,从义寂(919—987)、义通(927—988)到慈云遵式(964—1032)、四明知礼(960—1028),天台益盛。遵式尝于乾兴元年(1022)在天竺替皇室行忏,并请得天台教典入藏(天圣四年,1026 年编入)。宋代天台宗以浙江四明、天竺、天台三地为中心。与知礼同时,而属于义寂同门慈光志因一系的有慈光晤恩(912—986)、奉先源清(?—997)。五代、北宋天台宗思想活跃,其影响延及南宋。

宋代天台提倡念佛的净土修行,从四明知礼起就颇为重视智𫖮的《观经疏》,在思想理论上通过天台宗观佛三昧的理观方法来阐释净土教行,在实践修行上则兴建结念佛净社来推进。此后,遵式还重视智𫖮所撰的《净土十疑论》,采用天亲《往生论》的五念门,参以忏愿仪式。他同样常常集合道俗修净业会。此外,孤山智圆同样地阐扬《观经疏》。这三位天台名僧门下的传播也很广,如知礼门下的本如,即继遵式之后,结白莲社,以弘扬净土。而弘律名家元照,则深受遵式思想的影响,以观心与念佛并重,视同定、慧之学,与持戒并为实修法门,其门下用钦继之弘传。南宋初,天台学者道因,曾一度评破其说,但其门人戒度则加以辨正。

除天台外,华严宗由普贤行愿而求生西方的典据,宋代自晋水净源开始,即明确主张修习净土。此后,义和提倡华严念佛三昧,也盛赞往生法门,可惜未能继续发展。

在教净合流的同时,禅净兼修亦相当盛行。禅宗当云门一系兴盛时,像天衣义怀、照圆宗本、长芦宗赜等,都是禅净双修,而约集莲华等会。禅宗固然是士大夫的最投契的行持法门,但净土信仰的日常性与超越性,同样得到了士大夫的普遍关注。

宋代纯粹的净土信仰,在宋初南方有省常(959—1020)效法庐山莲社故事,在杭州西湖集合僧俗结净行社,提倡念佛。随着各宗都倾向修

133

行净土的推动,各地结社集会益多;有些寺院建筑了弥陀阁、十六观堂,专供念佛修行的场所,在民间推广净土信仰,而成为风俗。特别是一些在家居士也相随提倡,如冯揖之发起系念净土会,张轮之发起白莲社等。净土法门逐渐形成一个相对独立而盛行一时的佛教宗派。

宋代士大夫的佛教信仰活动中,学行结合、悟修并重,同时注重信仰行为的落实,不仅体现于义理阐释的知解活动,并且弥陀信仰、观音信仰等佛教信仰亦较为盛行。至于文殊菩萨信仰五台山佛教文化,则在北方地区较为普遍接受。其中,不无佛教文化地理因素的影响与作用。

净土信仰全面确立的重要标志,就是效法禅宗的世系相传,排定净土祖师法系。如南宋四明石芝宗晓编撰了《乐邦文类》一编,即以莲社为专宗,和禅、教、律并称;并提出善导、法照、少康、省常、宗赜,上承慧远为净土教的历代祖师。其后,志磐更改定为七祖。从慧远而下为善导、承远、法照、少康、延寿、省常,一直为后世所沿用。从上述两种最为典型的净土宗祖师法系看,宋代净土诸祖师中,至少有延寿、省常和宗赜三人。

在宋代佛教净土信仰发展过程中,有关净土的《往生传》类也陆续传出,如遵式、戒珠、王古乃至志磐都有这类著作,从中可以看出净土和各宗相涉的事实,这也可说是宋代佛教的特点之一。

至于宋代新儒家与佛教的关系,则有着不同的类型。宋儒在工夫论立场与佛教诸多法门之间的收摄关系,即使通过儒家典籍本身的再阐发,重建儒学道统,但这一路径主要由仿效佛教法统以构建儒家道统,在客观上削弱了宋儒对佛教活动的伦理责难与道义微词。因此,在两宋时期,出现了禅儒并兴、儒佛俱显的思想文化局面。

宋代禅以临济宗为典型。临济宗虽创兴于北方,却盛行于南地。特别是自石霜楚圆之后,南方禅宗的主体非临济莫属,故传有"临天下"之称。继楚圆而兴的黄龙慧南与杨岐方会,则更是开创了临济宗下的黄龙、杨岐二派。宋代临济禅法的大行于南方地区,颇与士大夫崇信佛教相关。

政和年间(1111—1117),圆悟克勤(1063—1135,号佛果)被士大夫们誉称为"僧中管仲",不仅嗣法于五祖法演,而且七坐道场,交游广泛,在士绅中具有相当的影响力。通过持续性制度化的建设,辅之以自主性极强的参方行脚,宋代禅林达到了历史上的鼎盛时期,即便是理学宗师程颐亦不免喟叹,"威仪尽在丛林",表明自然对士大夫产生了相当的吸引力。禅林更具吸引力之处,还表现为对儒家君臣秩序的积极态度。如圆悟克勤不仅受到皇室贵戚、大臣权贵的尊崇,而且明确主张"忠臣不畏死,故能立天下之大事;勇士不顾生,故能成天下之大名。衲僧家透脱生死,不惧危亡,故能立佛祖之纲纪"①。这种更主动地关注世间事务的弘法取向,不仅把参禅悟道与传统儒家的成圣不朽观念结合起来,更把传统佛法及禅宗观念与宋代新文化力量结合起来。

宋代时期,通过士大夫与佛教教团之间的频繁交往,佛教界大都能够主动契应于当时社会政局的变迁。在与圆悟克勤相交游的诸多士大夫中,不凡朝臣重臣,除张商英外,还有李弥逊(1089—1153,字似之,号普现居士,苏州吴县人)、李纲(1083—1140,字伯纪,号梁溪,福建邵武人)。而张浚(1097—1164年,字德远,四川绵竹人)早年也随圆悟参悟。

继圆悟而后,临济宗以大慧宗杲、虎丘绍隆为代表,别开大慧派与虎丘派两大系统,其禅法同样颇为契合于士大夫的心性追求。特别是南宋的禅宗发展,在大慧宗杲所倡导的爱国禅影响之下,从心性参究的追求转向了对忠君爱国之义的褒扬,通过参禅破生死之关,造就了一批忠义气节之士,更在宋室南渡时达到了一个高峰。降及元、明时期,倡导忠义与佛性一体统观的大慧禅法,一直对士大夫参禅学佛有着内在的吸引力量。

宋真宗对于宋初佛教的传扬,关系重大。他不仅撰《圣教序》,而且更撰《崇释论》,称"释氏戒律之书,与兴周、孔、荀、孟迹异而道同,大指劝

---

① 绍隆编:《圆勤佛果禅师语录》卷二〇《为范和尚下火》,《大正藏》第47卷,第810页下。

人之善，禁人之恶。不杀则仁矣，不盗则廉矣，不惑则信矣，不妄则正矣，不醉则庄矣"①。

宋真宗时所开设大乘戒坛，对于士大夫佛教活动产生了一定的影响。北宋倡立的大乘戒坛，始于真宗时，"(真宗)三年(咸平三年,1000)，诏京师太平兴国寺，立奉先甘露戒坛，天下诸路皆立戒坛，凡七十二所。京师慈孝寺，别立大乘戒坛"②。在《立坛受戒》条又称："宋太祖，以僧尼无间，勅尼寺置坛受戒，尼大德主之。真宗，升州崇胜寺，赐名甘露戒坛。诏京师立奉先甘露戒坛，天下诸路皆立戒坛，凡七十二所。京师别立大乘戒坛。"③北宋僧统赞宁《大宋僧史传》中录有《立坛得戒》记称："今右街副僧录广化大师真绍先募邑社于东京大平兴国寺，造石戒坛，一遵南山戒坛经，宏壮严丽，冠绝于天下也。"④

宋代士大夫对佛教戒律的评判是其佛教活动中一大关注内容。对于当时丛林禅律相攻的评析文字，出现于众多的文献中，可见其普遍性。如苏轼尝称："孔老异门，儒释分宫。又于其间，禅律相攻。"⑤熙宁年间(1068—1077)，朝野有关儒释关系的论战，达到了一个高峰时期。

禅律相攻，其来有自。江西诗派饶节有诗曰："律师持律笑禅寂，禅客参禅笑律拘。禅律二途俱不涉，几个男儿是丈夫。"而黄庭坚在其所作《慈母岩亮长老颂》中有称："敕书改律为禅，意在无力空宗。人欲破禅作律，群儿更助之攻。莫恨塞翁失马，会取楚人亡弓。老夫亦不掩耳，我来自听松风。"⑥陈师道则明确表示："南北相异，禅律相资。曲士拘文，起差别于耳目；至人达观，示平等于君亲。"⑦

---

① 引见《佛祖统记》卷四四,《大正藏》第49卷,第402页上。
② 志磐:《佛祖统记》卷五一,《大正藏》第49卷,第404页上。
③ 同上书,第463页上。
④ 赞宁:《大宋僧史略》卷下,《大正藏》第54卷,第238页中。
⑤ 苏轼:《祭龙井辩才文》,《苏轼文集》下册,顾之川校点本,第1310页。
⑥ 黄庭坚:《山谷集》别集卷二《慈母岩亮长老颂》,《文渊阁四库全书》集部第52册,第555页上。
⑦ 陈师道:《后山集》卷一七《请兴化禅师疏》,《文渊阁四库全书》集部第53册,第682页下。

三、宋代士大夫的净土信仰

从净土教弘传与流行的地理分布来看,隋唐时代的净土教当以山西(太原)、陕西(西安)为中心,而入宋以后,净土教的中心地区则转向以浙江(杭州)、江苏(南京)为中心。北宋时期以杭州为中心的江南净土教,不同于隋唐时期以太原为中心的早期中国净土教,其一大特征就是杭州净土教中心形成的时期,同时出现了天台、华严、律宗特别是禅宗的全面兴盛。在此整体环境下,教净合流、禅净圆融,最终形成综合性的净土教形态。具体地说,教净合流则有天台净土、华严净土等综合形态,禅净合流则有念佛禅、参究念佛禅等综合形态。净土教综合形态的确立,对近世中国化佛教的演进产生了深刻影响,并在晚明时期达到最高峰。

中国净土教地理分布形态的变迁,固然相应于中国政治、文化中心从华北转入江南的变迁过程,甚至更与社会经济史的变迁相关,但从佛教史上看,宋代净土教与唐代净土教之间实际上存在着差异。至少在祖师形态、弘传方式上看是如此。宋代净土教的祖师形态,全然不同于隋唐净土教的祖师形态。宋代净土教的弘传模式亦多有不同之处。

据道端良秀对中国佛教往生类传记文献的调查统计,在唐代至北宋时期的净土往生类文献中,往生净土者,以华北山西、陕西为中心者为多。而从南宋至清代的往生类文献记载中,则以以浙江、江苏为中心的江南者为众。[①] 据志磐完成于南宋理宗宝祐六年(1258)至度宗咸淳五年(1269)的《佛祖统纪》卷二七《净土立教志》记载,"往生高僧传"所录128人中,宋代僧人共计75人,其中杭州僧人就达37人,几乎占到一半。必须指出的是,这些往生净土僧中,尤以天台宗僧为主体,至少有20位属于天台法系,其他则包括律僧、禅僧等其他法系者。其实,宋代杭州寺僧

---

① 参见道端良秀《中国净土教与玄中寺》序论第二章中有关中国净土教地理分布的析论,载杨曾文主编《中日佛教学术会议论文集》,北京,中国社会科学出版社,1997年。

中兼修净土者,当远不止此数,这是显而易见的。据上综合而论,江南净土教中心即在杭州,绝无夸大之处。①

宋代净土教的兴盛,与其说是传统祖师导向(即唐代净土祖师)的表现形态,倒不如说是多祖师的综合形态,既有天台祖师如四明知礼、慈云遵式,律宗祖师大智元照,更有禅宗祖师及华严祖师不同的引导。这从净土祖师的非世系性关联也可得以说明。浙江天台净土,不仅逐渐形成杭州、明州和台州三大中心,而且三个中心之间的学僧往来关系密切,其中尤以杭州、明州间的往来为盛。即,自五代十国时期钱氏控制以杭州为中心的吴越十四州以来,兴造佛寺,延揽僧徒。杭州民间文化相关联,如《宋史》卷八八《志》四一《两浙路》称:"人性柔慧,尚浮屠之教。"②又如《咸淳临安志》卷七五《寺观》所载:"今浮屠、老子宫观遍天下,而钱塘尤众。二氏之教,盛行钱塘,而习浮屠者尤众。"③随着寺院数量的增多与僧徒规模的扩大,既成为佛教渗透社会的重要基础,同时也加剧了不同佛教派系之间的竞争关系。不过,随着佛教诸宗派间竞争关系的展开,其结果却大多是异向以净土信仰为同归,逐渐形成了宋代佛教中禅净合流、教净会通的趋势。

在宋代士大夫的净土撰著中,如"……晁待制曾见延庆立法师灵芝照律师,作《净土略因》。杨无为(杰)、陈了翁(瓘)皆晚年留心净土。杨有《十疑论序》、《直指净土决疑集序》,陈作《延庆净土院记》等,并见于《乐邦文类》"④。

《佛祖统纪》、《乐邦文类》及彭际清《居士传》卷二四等佛教史籍中,记载了数代人同修净土的典型个案。

---

① 有关《佛祖统纪》卷二七《净土立教志》"往生高僧传"中杭州僧人的情形,参见佐藤秀成顺《北宋时代杭州的净土教者》,《中国佛教与文化》(镰田茂雄博士还历记念论集)第460页,东京,大藏出版,1988年。
② 《宋史》卷八八《志》四一《两浙路》,第2177页。
③ 《咸淳临安志》卷七五《寺观》,道光庚寅刻本,第1页。
④ 宗晓:《莲邦遗稿》卷下,《大正藏》第47卷,第249页下。

文彦博,字宽夫,汾州介休人,谥忠烈。历仕仁、英、神、哲四朝,出入将相五十余年,官至太师。尝兼译经润文使,皈信佛法。晚向道益力,专念阿弥陀佛,晨夕行坐,未尝少懈。发愿云:"愿我常精进,勤修一切善。愿我了心宗,广度诸含识。"居京师,与净严法师集十万人为净土会。①

锺离瑾,浙江会稽(今绍兴)人。其母任夫人,精修净业,称念佛名,年九十八仍起居如常。临终时,戒瑾曰:"人人有个弥陀,奈何抛去。处处无非极乐,不解归来。"寻官浙西,与慈云遵式论往生指要,清修弥笃。其子景融,官朝请大夫,"常诵《观无量寿佛经》,修念佛三昧"。尝与人言:"不识弥陀,弥陀更在西方外。识得弥陀,弥陀只在自己家。"其曾孙松,官朝请大夫。乾道中,寓居苏州,与宝积实公结社修净业,参与多达百人。②

孙良,浙江钱塘(今杭州)人。隐居阅大藏,尤得华严之旨,尝依大智律师受菩萨戒。"日课佛名万声,二十年不辍"。

陆浚,浙江钱塘人。少为吏。久之弃去,预西湖系念会,以净土为归。每对佛前忏悔声泪并下。间与友人相见,说净土因缘。临终请圆净法师说净土法门。讽《观经》至上品上生章,面西端坐而化。

张迪,浙江钱塘人。官助教,从圆净法师受菩萨戒,专修净业。曾于佛前燃臂香为誓。每称佛名,其声奋厉。最终西向念佛名而化。

孙忠,浙江明州(今宁波)人。早慕西方,蔬食持戒,月集众为念佛会。马圩,庐州合肥人,出任杭州太守时,慈云遵式授以净土法门,遂全家奉佛。元丰(1078—1085)中,仲玉遇僧广初,得《天台十疑论》,喜曰:"吾今得所归矣。"遂依慈云十念回向法,行之二十余年。后更与王敏仲往还,益精进念佛,常以放生为佛事。历守淄川、新定,以慈惠为政。课诵经咒,观想西方,日有常法。其子永逸亦行十念法,习十六观,长达三

---

① "(皇祐)二年(1050),宰相文彦博兼译经润文使,彦博在京师与净严禅师,结僧俗十万人念佛,为往生净土之愿。"《佛祖统纪》卷四五,《大正藏》第49卷,第412页中。
② 彭际清:《居士传》卷二四,《续藏经》第88册,第224页。

十余年。

左伸,天台临海人,从神照法师受菩萨戒,遂造西方三圣像,求生净土。诵《法华经》三千四百部、《金刚经》二万卷。复请僧诵《阿弥陀经》,端坐结印而化。

范俨,浙江仁和(今杭州)人。居常蔬食,不牵世缘。日诵《法华经》,手书一部,求生净土。

胡达夫,浙江钱塘人。官宣义郎,为人坦易。好吟咏,乐游山水。后信向佛法。晚年致政退居后,尝与清照律师游,从自心净土转向弥陀净土,一心称念佛名。《居士传》列有其传。

孙忭,浙江钱塘人,号无诤居士。早先业儒,后掩关晦迹,居绝俗务。与沙门守宁相交,闻白居易"以儒修身,以释治心"之论,遂日阅《华严经》、《金刚经》诸佛典,以净土为归。

王无功(名阒),明州慈溪人。再举进士不第,布衣蔬食,遍参讲席,晚年专修念佛三昧。撰有《净土自信录》,归信净土"凡夫入报"法门。

王衷,浙江嘉禾(今嘉兴)人。晚年隐居钱塘之孤山,参禅而无所入,因闻僧诵弥陀经有感,遂专心净业。日诵《阿弥陀经》七遍,佛号万声。历19年而未尝间断,即所居为莲社,无问道俗贵贱,咸得与会。

张抡,官浙西副都总管,虔修净土。尝请宋高宗书"莲社"二字为其室额。仿效慧远庐山结社之志,日率妻子,课佛万遍。修普静精舍,与信道者共住。

李秉,绍兴末为内廷。官历三朝,爵武功大夫。壮岁慕禅宗,参净慈自得禅师有省。后归心净土,刻《龙舒净土文》以劝世,持诵谨笃。逾30年。其子李元长,结净业会于传法寺。

钱同伯,名象祖,浙江台州人。嘉定二年(1209),尝拜左丞相。不久,罢官归乡,问道于此庵元公,后归心净土。于乡州建接待寺十所,皆以净土极乐命名,并创止庵作为高僧谈佛论法之处。

昝省斋,名定国,浙江明州人。尝任州学谕,常修净业,结西归社。

嘉泰初(1201),于小江慧光建净土院,每月十六日集僧俗于院中诵观经及佛号。

吴复之,名克己,自号铠庵居士,婺州(今金华)浦江人。少业儒,慨然有济世之志。既不得志,隐于左溪。因苦目疾而持圆通大士号,转归信佛。读《楞严经》《宗镜录》,著《法华枢键》,认为"不读《法华》,无以明我心本具妙法。不生赡养,无以证我心本具妙法"。乾道年间,寓居苏州,结莲社,锺离松等为社友,绘十界九品图于两庑,一示万法唯心,一指西方径路。

宋代佛教居士的佛教修持,大致包括诵经、写经、蔬食、持戒不杀等方式。就居士诵经而言,《法华经》《金刚经》《楞严经》等著名佛典,更是成为佛教修行者所普遍持诵的对象。清代佛教学者彭际清对宋代结社念佛之习,曾将其原因部分地归结为宋代天台教净土思想的盛行一时。他说:"宋世宗风大盛,而其时传天台教者每以净土为归,故士大夫笃志西方者,视唐时称盛焉。"①自智者大师以降,台净兼修成为其弘化传统风格,宋代亦不例外。宋代传天台教者,如宋代士大夫的佛教结社一样,不再强调更具有个体性的参禅明心见性,而是倾向于结社念佛这种显然更能体现大众活动的行持方式,并对宋代士大夫及普通庶民的佛教信行活动产生了直接影响。

---

① 彭际清:《居士传》卷二五,《续藏经》第88册,第227页下。

第三章 两宋时期的僧官和度僧制度

宋代在佛教管理制度方面,接续唐、五代的发展方向,继续强化世俗的权力而使得僧人自主管理佛教教团的传统几乎丧失殆尽,这表现在朝廷及地方政府的相关衙署在建寺、度僧、僧官的选择甚至犯戒僧尼的处罚方面的权力都要超过僧官。宋代僧官的人数大大超过前代,朝廷通过大量任命僧官以及颁赐各种德号,表面上似乎提高了僧尼的社会地位,但实际上却培育了僧团内部追求荣誉的风气,对于佛教的发展未必有利。在度僧制度和管理方面,宋代一方面强化了朝廷对于度僧、建寺、寺职等环节的管理力度,力图通过这些管理制度的实施限制僧团发展的规模,但是,另一方面,由于朝廷买卖、赏赐度牒的行为的频发以及与此相关的度牒"货币化"的倾向,宋代的僧尼数量不可避免地继续膨胀,也孕育了僧尼素质下降的危机。本章将分三节从僧官制度、建寺、度僧等方面对宋代在佛教制度本土化方面的进展作一论述。

第一节 僧官及其选任

关于宋代佛教的管理体制,契嵩有一总体概括:"唐革隋则罢统而置录,国朝沿唐之制,二京则置录,列郡则置正。"①这里有三个要点:一是宋代的管理制度基本上来源于唐代;二是宋代的中央僧署为"僧录司";三是宋代在"两京"都有中央级僧署,北宋的两京是西京洛阳和东京开封;四是宋代的地方僧官是僧正。不过,契嵩的这一叙述仅仅涉及到僧官系统。宋代的僧官延续了唐代后期的发展趋势,僧官地位崇高而权力日益萎缩,直至被完全虚化。因为唐宋在僧任的"僧录"之上又在中央官署之中设立了主管佛教、道教的机构,这样,几乎所有的权力都收归官署,而僧官只能听命于朝廷及其署衙。至于寺院内部主事职位,宋代的一大变化是"三纲"萎缩为"住持"的一职独大,过去中国佛教还存在的寺职之间的权力制衡机制也逐渐丧失殆尽。值得注意的是,宋代的僧官有名无实而又数量众多,即便是中央级的僧署——"僧录司"也是如此,权力基本都收归其主管衙门,地方僧正则既须听命于朝廷,又须听命于地方官员。尽管僧官有职无权,但宋代朝廷在其选任制度的完善方面却煞费苦心,一系列制度的出台不仅使僧官以及寺职的任用完全出于己意,而且在佛教界逐渐培育出了谋求官任的风气,对于宋代及其以后佛教风气的转换甚至衰败起了不少推波助澜的作用。

一、功德使与祠部

关于佛教事务的最高管理机关,赞宁在《大宋僧史略》中说:"至今大宋,僧道并隶功德使,出家乞度,策试经业,则功德使关祠部出牒,系于二曹矣。"②这是说,佛教和道教的事务由功德使管辖,度牒则由功德使委托祠部颁给。不过,宋代不同于唐代的地方在于,功德使无宦官,多由开封府尹领功德使。这一体制是由宋太祖于开宝二年(967)初步确定的,而据《资治通鉴长编》卷二二八等资料所示,此制度延续至宋神宗元丰年间

---

① 契嵩:《镡津文集》卷二《辅教编》中,《大正藏》第 52 卷,第 658 页下。
② 赞宁:《大宋僧史略》卷中,《大正藏》第 54 卷,第 246 页上。

(1078—1085)。元丰年间改制,僧道管辖权由开封尹移至鸿胪寺,而废除功德使。这样,北宋鸿胪寺便领有"在京寺务司及提点所,掌诸寺葺治之事",又辖有"左右街僧录司,掌寺院账籍及僧官补授之事"。① 南宋废省鸿胪寺,以上僧务机构都归并于尚书祠部。刘长东对日本学者的研究提出了不同的看法,认为宋代自神宗元丰改制一直在实行功德使制,由开封尹或权知开封府事一人兼任,其职位并不低下。宋代僧尼机构的两次变迁,原因在于大规模调整官制,与度牒和紫衣的发放滥授并无直接的关系。② 其管辖范围从区域性和分散性到全国化和统一化的趋势,是由前代功德史制的沿革及其在宋代的废兴造成的。这种知情权和管理权的统一,无疑给中央政府对全国僧、寺的宏观管理,增添了一些行政制度上的保障。

宋朝于中央置左、右街功德使,管辖左、右街道录司和左、右街僧录司。据《续资治通鉴长编》卷二建隆二年(961)闰三月条下记载:"上还自扬州,左、右街僧、道出迎。"《长编》的记载说明,宋太祖建隆二年以前就已经设置了功德使及其所属的左、右街道录司。至于功德使既统僧又管道,究其渊源则来自唐朝。又据《宋会要辑稿》第八册"道释一"记载:真宗"大中祥符二年(1009)十一月,诏诸州僧、道依资转至僧、道正者,每年承天节前具所管僧、道及寺、观分析为僧、道已以来年月、岁数、名行、有无过犯、开坐以闻"。无论左右街道录或诸州道正,凡关涉道教管理大政概由礼部的祠部司总揽。

二、两京僧录司

宋代的左右街僧录司一如唐制,也是分署设立,各领一部分在京佛寺。南渡前,左街设于东京相国寺,右街设于开宝寺。南渡后,僧录司设

---

① 《宋史》卷一六五《职官五》,第3903页。
② 参见刘长东《宋代僧尼隶属机构的变迁及其意义》,《宗教学研究》,2002年第2期。

于何处,无文献可供稽考。

宋代僧录司的主要职位有僧录、副僧录、首座、鉴义等,一般都分左、右对置。僧录是两街僧录司的常设主官,这是没有疑问的,但是,关于僧录的具体设置,如在右街僧录、左街僧录之上是否还有"两街僧录",目前的争论较大。

我们先看左、右街僧录的记载。北宋初,首任僧录是道深,他于后周广顺年间(951—953)就担任过此职,至北宋初仍然担任此职。如《宋高僧传·傅章传》记载,释傅章,"大宋乾德二年,左街僧录道深荐于太祖神德皇帝,赐师号曰义明"①。赞宁曾这样批评道深在管理德号赐予方面的混乱:"近僧录道深,不循科目,多妄张懿美文字为题,至于四字六字,唯纳赂而后行。江南两浙之地至有十寺院,中无长行可以充僧役也。"②显然,道深任的是左街僧录。道深之后的继任者有僧可朝、神曜、省才及赞宁等。如《佛祖统纪》记载:太平兴国七年(982)七月,"诏两街僧选义学沙门百人详定经义。时,左街僧录神曜等言:'译场久废,传译至艰。天息灾等即持梵文,先翻梵义,以华文证之。'曜众乃服"③。赞宁于真宗咸平元年(998),"诏擢宁汴京右街僧录,主管教门公事。次年,进左街"④。南宋时的名僧若讷、子琳等人都曾任左街僧录、右街僧录。唐宋僧官,都以左为尊,左录因之而崇于右录。如赞宁自述说:"咸平初,承诏入职东京右街僧录,寻迁左街。"⑤从"进"、"迁"等文字分析,左街僧录确实高于右街僧录。

在现存有关宋代的史籍中,屡见"都僧录"、"两街僧录"的记载,今人莫衷一是。关于"都僧录"的记载,现在检索到的资料涉及三位僧人。第一位为南宋孝宗时期的名僧若讷。乾道三年(1167),"春二月,帝幸上天

---

① 赞宁:《宋高僧传》卷七,《大正藏》第50卷,第751页上。
② 赞宁:《大宋僧史略》卷下,《大正藏》第54卷四,第250页上。
③ 志磐:《佛祖统纪》卷四三,《大正藏》第49卷,第398页上。
④ 觉岸:《释氏稽古略》卷四,《大正藏》第49卷,第861页上。
⑤ 赞宁:《宋高僧传》卷三〇《后序》,《大正藏》第15卷,第900页上。

竺,展敬观世音菩萨",僧人若讷奏对称帝之意,"帝悦,擢讷右街僧录,赐钱二万"。"次年四月八佛诞日,宣讷请五十僧,入内观堂行'护国金光明三昧'。斋罢,命讷说法。帝悦,进左街僧录"。① 17年之后,"淳熙十一年,讷囪老进左右街都僧录,退居竺山弥陀兴福院"②。第二位是南宋理宗时期的名僧法昭(法照)。绍定二年(1229),"诏法昭法师住下天竺,寻迁上天竺,补右街鉴义,赐'佛光法师',进录左街,赐金襕袈裟。召见倚桂阁,对御称旨。时,集庆寺新成,有旨命法照开山,力辞,举白莲观主南峰诚法师以代。明年,诚公入寂,诏佛光兼住持,转左右街都僧录,御书'晦岩'二大字赐之"③。第三位是南宋理宗时期的名僧"同庵宪法师"。《佛祖统纪》记载:淳祐元年(1241),"上又书《心经》一卷,御书《圣教序》,并玉手炉,赐上天竺同庵宪法师,补左右街都僧录,新上天竺五百罗汉阁,御书'超诸有海'四大字以赐"④。关于这三条资料,疑问不少。从前述引文可见,"左右街都僧录"的名分显然要高于左街僧录,但其性质如何呢?白文固、谢重光等先生认为可能都属于"一种荣誉性的虚衔,并不掌握实际权力,估计是皇帝为褒奖一些高风亮节的僧人而设置的,并非经常补授,有则授,无则阙"⑤。笔者以为,将其当做"荣誉性的虚衔",适用于若讷而并不适用于法照。《佛祖统纪·序》后的署名中有:"校正特赐佛光法师、左右街都僧录、主管教门公事、住持上天竺教寺、赐金襕衣法照。"⑥"主管教门事"使"都僧录"成为有职有权的实职。这一序文的撰写日期为南宋度宗咸淳五年(1269),也就是说,法照从绍定三年(1230)始任左右街都僧录,至咸淳五年时仍然在任。这样就有一个新的问题,宋理宗在淳祐元年(1241)敕命"同庵宪法师"为左右街都僧录,法照法师

---

① 觉岸:《释氏稽古略》卷四,《大正藏》第49卷,第893页中。
② 同上书,第893页下。
③ 志磐:《佛祖统纪》卷四八,《大正藏》第49卷,第432页中。
④ 同上书,第432页中。
⑤ 游彪:《宋代寺院经济史稿》,第2—3页,保定,河北大学出版社,2003年。
⑥ 志磐:《佛祖统纪》卷一,《大正藏》第49卷,第130页上。

的任期或者有间断,或者"都僧录"也可有两员。两种可能相比较,法照法师的任期有间断的可能为最大。此外,"左右街都僧录"的任命是否为临时性职位呢？从见于记载的"都僧录"很少来考虑,这一判断可能性很大。但从上述三例的叙述语气看,似乎也有常设的可能。

  宋代史籍中还有"两街僧录"的记载,游彪先生很谨慎地提出了一种推测:"还有一种可能就是'左右街僧录'或'两街僧录'等地位在左街或右街僧录之上,是否地位与'都僧录'有异曲同工之妙,不得而知,在此仅仅是将对史书记载的疑问提出来而已。"①这一意见值得考虑,但将现有能够检索到的用例考察一番之后,我们以为"左右街僧录"独立的可能性几乎不大。首先,佛教史籍中关于宋代"两街僧录"、"左右街僧录"的记载倒是不少,但有许多文字中的含义很模糊,不能将其看做独立的职位名称。第二,如游先生所说,也存在"同一僧侣既任过左街僧录,也担任过右街僧录,故称之为'两街僧录'"②的情况。如赞宁于左街僧录任上圆寂,《佛祖统纪》就记载为:"史馆修撰、左右街僧录赞宁亡。"③第三,通过对游先生举的三例以及笔者检索到的一例的考察,我们发现"重迭"的现象很突出。第一例与第二例都在宋太宗时期并且相隔不久。《佛祖统纪》记载,端拱元年(988),"两街僧录可朝等请笺释《御制佛乘文集》,诏许之"④。至道元年(995),"诏两街僧录省才进盂兰盆仪"⑤。《佛祖统纪》记载:景定四年(1263),"复诏妙铦法师住上天竺,补左右街僧录"⑥。这一条与上述"都僧录"的任职情形严重重迭。如上所论,淳祐元年(1241)上天竺同庵宪法师补左右街都僧录,而至咸淳五年(1269),法照仍然任左右街都僧录。如果加上景定四年(1263)敕命的妙铦法师,高于

---

① ② 游彪:《宋代寺院经济史稿》,第3页。
③ 志磐:《佛祖统纪》卷四四,《大正藏》第49卷,第402页中。
④ 志磐:《佛祖统纪》卷四三,《大正藏》第49卷,第400页上。
⑤ 同上书,第401页上。
⑥ 志磐:《佛祖统纪》卷四八,《大正藏》第49卷,第433页中。

左街僧录职位的在任僧人可能达三人。当然,也存在职位为一,而任职者迭有变迁的情形。不过,我们以为这一可能性不大。第四例为《建中靖国续灯录》的记载:作为左右街僧录的普孜禅师于元丰五年(1082),"定居华严,再整禅规。京城内外,翕然归向。八年四月十日,诏入禁中说法,天子锡赉甚厚。是月十四日,辞众坐逝"①。这一例从记载语气看,似乎应该为一独立职位。因为在《建中靖国续灯录》的传记中,未有其在此之前任右街或左街僧录的记载,而且普孜禅师在任职三年之后就圆寂了,因此,"左右街僧录"应该是一次敕命而得的。

北宋的僧录司在作为主官的左街僧录、右街僧录之外,还一度设有"僧正"一职。根据《宋会要辑稿》记载,宋仁宗天圣八年(1030)五月,开封府言:"勘会左、右街僧正、僧录管干教门公事,其副僧录、讲经论首座、鉴义等并不管干教门事,诏今后左、右街副僧录并同管干教门公事。"②宋代州一级的僧官称之为"僧正",但从语义看,《宋会要辑稿》所载这条奏章中所说的并非州一级的僧正,而是与中央级左右街僧录处于同一级别的中央僧正。至于中央级的僧正之所主事为何,与僧录所主又有何种分工,游彪先生的意见值得重视:"作为全国的佛教重镇之一,开封府左、右街设置'僧正'统一管理所属的寺院,恐怕也是合情合理的。"③由开封府尹领功德使主管佛道事务在宋神宗元丰年间(1078—1085)结束之后,也许"僧录司"下设"僧正"的局面也就结束了。这可能是这条资料戓为孤证的缘由。

宋代的左右街僧录司又设有副僧录,应是僧录的副手。关于此职的源流,赞宁说:"有三教首座,昭宗乾宁中,改首座为副僧录,得觉晖焉。副录自晖公始也。朱梁、后唐、晋、汉、周或置或省,出没不定。今大宋太

---

① 惟白集:《建中靖国续灯录》卷八,《续藏经》第78卷,第689页上。
② 徐松:《宋会要辑稿》道释一之一一,第7874页。
③ 游彪:《宋代寺院经济史稿》,第4页。

平兴国六年,勅立右街副僧录,知右街教门事焉。"①从赞宁的叙述可知,这一僧职是由唐代的"三教首座"演变而来的,唐末的昭宗皇帝首先设立,五代王朝有设也有不设的。赵宋建国之初,曾经废省副僧录而不设,至宋太宗太平兴国六年(981),方设立右街副僧录,后来又设立左街副僧录。皇祐时期(1049—1053)的僧人慈云、怀琏,绍兴时期(1131—1162)的僧人德言,都曾经担任过这一职务。

宋代左、右街僧录的主要佐职又有首座,这也是由唐代创设的一种僧官名号。关于这一职位的沿革,赞宁说:

> 首座之名即上座也,居席之端,处僧之上,故曰也。寻唐世勅辩章检校修寺,宣宗赏其功,署"三教首座"。元和中,端甫止称"三教谈论"。盖以帝王诞节偶属征呼,登内殿而赞扬,对异宗而商榷,故标"三教"之字,未必该通六籍、博综二篇。通本教之诸科,控群贤而杰出而脱,或遍善他宗,原精我教,对王臣而无畏,挫执滞而有功,膺于此名,则无愧色矣。次后经论之学或置首座,三教首座则辩章为始也。朱梁洎周,或除或立,悉谓随时。今大宋有讲经、讲论首座,乃僧录之外别立耳。②

依照赞宁的叙述,参之于史实,可知,作为僧官的"首座",首次出现于唐末的宣宗朝,名称为"三教首座",此中的"三教"来源于唐代朝廷经常举行的儒、道、佛三教的辩论。五代时期,或设立或废而不立。至宋代则设立"讲经首座"、"讲论首座",是中央僧录司在僧录之外所设立的一种职位。如前引赞宁所说,"三教首座"的职位在五代一度被改称为"副僧录"。而宋代与唐末、五代不同,既设立两街副僧录,又设立了位次于副僧录的首座。《宋会要辑稿》中在叙说僧录司的官员设置时同时出现两街僧录、副僧录、首座等职名,其他文献也屡见任命首座的条令。如赞宁本人就曾经任过这一职位,淳化元年(990),赞宁"撰《鹫岭圣贤录》五十

---

①② 赞宁:《大宋僧史略》卷中,《大正藏》第54卷,第244页中。

卷以进，勅充左街讲经首座"①。大中祥符八年(1015)，"诏以证义沙门修净为右街讲经首座"②，知两京教门事。天禧五年(1021)，令"置首座、鉴义，分领本街事"③。宋代两街首座，还有"讲经"、"讲论"之别，从《天圣释教总录》所见，入馆修史僧人的头衔就有"同编修左街讲经首座"、"同编修右街讲论首座"等。④

两街僧录司的佐职还有"鉴义"。作为僧官的称谓，"鉴义"不见于前朝史籍，应是宋朝所首创。根据《景祐新修法宝录》的记载，北宋大中祥符八年，宋真宗下诏敕命"重珣为左街鉴义"，"启冲为右街鉴义"；天禧四年(1020)，宋真宗"诏以证义沙门简长为右街鉴义"。⑤ 南宋时期，宋孝宗于淳熙十一年(1184)下诏以若讷的"嗣法高弟首座师觉补右街鉴义，继席住持"⑥。宋理宗于绍定二年(1229)，"诏法昭法师住下天竺，寻迁上天竺，补右街鉴义，赐佛光法师；进录左街，赐金襕袈裟"⑦。宝祐元年(1253)，宋理宗因"皇后谢氏功德寺成，命撰额曰'嘉德永寿'，以首座宝鉴大师时举应诏，补右街鉴义"⑧。这位宝鉴大师实为嘉德永寿寺的首座，又赐以右街鉴义的僧官名号。

以上僧录、僧正、副僧录、首座、鉴义等宋代两街僧录司的常设正员，均分街设置，一般合计十员。如嘉祐时期(1056—1063)左街僧录惟几给开封府的表状中说："窃睹僧官每年遇圣节许令进功德疏，自僧录到鉴义十人，各蒙赐，特敕祠部度一名系帐行者。"⑨这一设置主要是针对东京两街僧录司而言的，"宋代西京洛阳虽然同东京开封府一样，设有僧录司机

---

① 志磐：《佛祖统纪》卷四三，《大正藏》第49卷，第400页中。
② 吕夷简等撰：《景祐新修法宝录》卷一六，《宋藏遗珍》下集第十二函。
③ 高承：《事物纪原》卷七，第382页，北京，中华书局点校本，1989年。
④ 惟净等编修：《天圣释教总录》下册，《宋藏遗珍》下集第六函。
⑤ 吕夷简等撰：《景祐新修法宝录》卷一六，《宋藏遗珍》下集第十二函。
⑥ 觉岸：《释氏稽古略》卷四，《大正藏》第49卷，第893页下。
⑦ 志磐：《佛祖统纪》卷四八，《大正藏》第49卷，第432页下。
⑧ 同上书，第433页中。
⑨ 徐松：《宋会要辑稿》道释一之一一，第7874页。

构,但所设与开封府僧录司大相径庭"①。根据司马光的记载:

> 西京僧官凡六员,曰录,曰首座,曰副首座,左右街各一;有缺则选僧之有行业者补之,又缺则以次上迁,逮左录而止。崇德僧绍鉴既为左首座矣,会足有微疾,乃叹曰:"吾弃家为僧,固求自安逸,今已病而犹自勤于僧职,岂吾本心哉?"即投牒请自解去。时,左录新物故,其徒皆止之,以为宜待次补。鉴不听,既解去。明日,右录亦物故,补其处者乃位于鉴下之人也。②

从司马光的叙述看,西京僧录司仅设置六员僧官,包括左右街僧录、首座、副首座各一人。而如前所叙,东京僧录司常设十员,而往往超过十员的定额。并且,西京、东京二僧录司所设僧官的名称也有区别,西京无副僧录、鉴义,讲经、讲论首座也未分设,而东京僧录司未设置副首座。

宋代在官制上采取了官号与职权分离的办法,即设官以寄禄,用差遣任职事。这一制度同样也适用于僧官。上文列出的东京、西京僧录司的职位,都属于"官"的范畴,如果仅仅授给这些僧官职位,而无"知教门事"、"管干教门事"等特殊名号,都不得理僧录司的具体事务。如天圣八年(1030)五月,开封府曾经奏称:"刊会左右街僧正、僧录,管干教门事;其副僧录、讲经论首座、鉴义并不官干教门公事。"宋仁宗于是"诏今后左右街副僧录并同管干教门公事"。③ 这里并非确立僧正、僧录、副僧录、讲经论首座、鉴义的职务分工,因为这种分工并不是确定不变的,如《景祐新修法宝录》卷一六记载:"大中祥符八年,诏以证义沙门修净为右街讲经首座,重珣为左街鉴义,分知西京左右街教门事。"可见,授予一位僧人僧录、副僧录之类的名号,不授予"管干教门事"的特令,那仅仅是给了一个有一定等阶、特别资历的荣誉衔,并不能以之而参与僧录司的管理。

---

① 游彪:《宋代寺院经济史稿》,第4页。
② 司马光:《温国文正公司马公文集》卷六九《书〈心经〉赠绍鉴》,四库本。
③ 徐松:《宋会要辑稿》道释一之一一,第7874页。

相反,有的僧人并没有给予僧录、副僧录等名号,但只要有了差遣的特别诏令,就可以成为握有实权的实际上的僧官。如僧人善慧,在宋太祖乾德时期入汴京,受任"掌教门事",因为这次任命是皇帝的诏令,他"不可辞,勉而就职"①。僧知林,在宋仁宗时受"命主教门事,赐号宣教大师"②。这两位僧人所受名号并非左右街僧录司所常设的职位,但他们有了"掌教门事"或"主教门事"的名号,就成为了最有权力的僧人,"天下僧籍,为之统首"③。这种情况,实际上反映了宋代僧官体制中"官"与"差遣"的分离。散见于释氏纪传和金石文字中的常见差遣名号有:"管干教门事"、"知教门事"、"领教门事"、"知僧司事"、"管干教门公事"等。

宋代僧官所具的"官"与"差遣"的分离之特质,使得宋代的僧官具有与前代不同的三大特征④:其一,许多具有名号的僧官实际上依旧没有实际执掌。如僧人洪蕴"以医术知名。太祖召见,赐紫方袍,号广利大师。……咸平初,补右街首座,累转左街副僧录"⑤。这位洪蕴先是获得师号,后虽获得僧录司的官号,但无"管干教门事"等名号而无实权。僧人智缘"尝以医术供奉仁宗、英宗",宋神宗时期又前往西部边境地区传播佛法,"遂自称经略大师,……朝廷怜其意,犹得左街首座"⑥。其二,宋代很多具有中央一级僧官身份的僧人实际上是当时一些名山大寺以及皇帝、后妃功德寺的住持僧。如宋高宗时期,绍兴三十年(1160)七月六日,"中书诏皇后功德院住持、天竺时思荐福寺法灯大师子琳,与补右街鉴义"⑦。南宋孝宗于淳熙十一年(1184)下诏以若讷的"嗣法高弟首座师觉补右街鉴义,继席住持"⑧天竺山弥陀兴福院。南宋理宗因"皇后谢氏

---

① 明河:《补续高僧传》卷二三,《续藏经》第77册,第516页中。
② 同上书,第518页下—519页上。
③ 同上书,第519页上。
④ 参见游彪《宋代寺院经济史稿》,第6—7页。
⑤ 《宋史》卷四六《方技传》,第13510页。
⑥ 魏泰:《东轩笔录》卷七,第82页,北京,中华书局校本,1983年。
⑦ 徐松:《宋会要辑稿》道释一之一一,第7874页。
⑧ 觉岸:《释氏稽古略》卷四,《大正藏》第49卷,第893页下。

功德寺成,命撰额曰'嘉德永寿',以首座宝鉴大师时举应诏,补右街鉴义"①。其三,宋代具有僧录司僧官头衔的僧人数量达到了空前绝后的程度,南宋时期尤其严重。譬如"鉴义"一职,出现了许多的"守阙鉴义僧"。宋代一直存在"守阙鉴义"一职,如吕夷简"私交荆王元俨,尝为补门下僧惠清为守阙鉴义"②。不过,北宋前期、中期控制比较严,守阙鉴义僧并不太多,北宋末年至南宋时期,僧官愈加冗滥,守阙鉴义、额外守阙鉴义等等有名无实的僧官大量涌现。针对这一严重事态,南宋朝廷也颁布了一些限制措施,如崇宁元年(1102),宋徽宗下令,要求中书、枢密院依据11项规定对各种僧官的除授进行严格审查,其中有一条就是"僧、道官免试,超越职名补额外守阙鉴义之类"③。这些限制诏令一方面是出自对佛教有所保留的皇帝,因此,只有一时之用,并不会有长久的仿效者;另一方面,也从另一方面说明这样的事例在宋代时普遍存在并且严重到成为弊政。

三、僧正与僧首

关于宋代的地方僧官,北宋余靖曾经说过:"凡僧之董领教门者,国曰统、曰录,郡曰正,县曰首。"④一般而言,宋代州一级的僧官以"僧正"为主官,县一级僧官以"僧首"为主官,州一级设有僧司。另外,宋代的佛教名山也设有独立于州、县之外的僧官系统。

宋代州一级的僧司设有僧正和副僧正。如建隆(960—962)初年,济州僧人玄应从汴京回到济州,被"补管内僧正"⑤。苏轼说到他做地方官时见到杨氏三兄弟都为名僧,其中长兄仁庆曾任"故眉僧正"⑥。僧人被

---

① 志磐:《佛祖统纪》卷四八,《大正藏》第49卷,第433页中。
② 《宋史》卷三一〇《李迪传》,第10174页。
③ 《宋大诏令集》卷一九五《传宣内降特旨许三省、枢密院契勘诏》,第718页,北京,中华书局排印本,1962年。
④ 余靖:《武溪集》卷七《广州南海县罗汉院记》,四库本。
⑤ 王禹偁:《小畜集》卷一六《济州众等寺新修大殿碑并序》,四库本。
⑥ 苏轼:《苏东坡集》卷四〇《前集·书正信和尚塔铭后》,《苏轼文集》卷六六,第2084页,北京,中华书局点校本,1986年。

任命为州一级的副僧正的例子，也屡见不鲜。如熙宁七年(1074)，"嘉兴僧道亲，号通照大师，为秀州副僧正"①。又如僧人持正就曾经被地方官提升为"副僧正"②。

此外，一些佛教寺院较为集中、佛教较为发达的地区，还设有"都僧正"一职。苏轼曾经说过：

> 钱塘，佛都之盛盖甲天下。道德才智之士与妄庸巧伪之人，杂处其间，号为难齐。故于僧职正、副之外，别补都僧正一员。簿帐、案牒、奔走将迎之劳，专责正、副以下，而都师领略其要，实以行解表众而已，然亦通号为僧官。③

这段文字将"都僧正"设置的目的、职责以及与僧正、副僧正的关系都作了说明。根据苏轼所见，僧司中的日常事务仍然由僧正、副僧正承担，都僧正只是略知其要即可。从苏轼的表述可以知晓，宋代的都僧正主要的职责是整顿佛教内部的犯戒行为，用僧传经常用的一句话来概括就是"纲维僧众"。这一职位其实是有很深的渊源的。

在宋代，平江府、温州、台州、湖州、楚州、明州等一部分州府设置了都僧正。如平江府"都僧正清立以医药利施一方"④，在当地具有很大的影响力。温州的都僧正持正，初为当地僧正司的"僧判"，"次迁副僧正，……又迁都僧正"。史书说他颇具声望才干，"自僧判至都正，掌握教门二十余年，略无遗阙"⑤。从文中的叙述看，都僧正的地位肯定是高于"副僧正"。而从苏轼的叙述看，也许还要高于僧正。因为对于僧正、副僧正所管的事务，"都师领略其要"，而不是反之，"都师"所管由僧正知其

---

① 沈括：《梦溪笔谈》卷二〇，胡道静《梦溪笔谈校证》，第665页，上海，上海古籍出版社，1987年。
②⑤《芝园集》卷上《温州都僧正大师行业记》，《续藏经》第59册，第658页中。
③ 苏轼：《东坡后集》卷二〇《海月辨公真赞并引》，并见《佛祖统纪》卷四五，《大正藏》第49卷，第415页上。文字略有差别。
④ 范成大：《吴郡志》卷三一，《宋元方志丛刊》，第930页，北京，中华书局影印本，1989年。

要。有学者认为的都僧正"并无实际的职权,仅仅是名义上的虚衔而已"①的看法,也许是被苏轼"然亦通号为僧官"的说法迷惑所致。景祐年间(1034—1037),明州有"管内都僧正兼临坛选练讲经论赐紫"僧慎矜②。杭州有僧惠辩,以不卑不亢的处世态度为知州沈遘所器重,"初是学士沈遇(遘)治杭,以师有重德,补为都僧正"③。而"师既莅职,凡管内寺院虚席者,涓日会诸刹及座下英俊,开问义科场,锄名考校,十问五中为中选,不及三者为降等,然后随院等差以次补名。由是诸山仰之,咸以为则"④。可见,"都僧正"还是具有权威的。

远在北齐时期,就在中央僧官之外设置专门维护纲纪的职位——"断事沙门"或称"平等沙门"。《续高僧传·洪遵传》记载:

> 齐主既敞教门,言承付嘱,五众有坠宪网者,皆据内律治之。以遵学声早举,策授为断事沙门。时青齐诸众连诤经久,乃彻天听,无由息讼,下勅令往。遵以法和喻,以律科惩,曲感物情,繁诤自弭。由是更增时美,法侣欣之。⑤

隋朝沿袭了北齐的这一设置,在朝廷中称之为"平等沙门"。如《续高僧传·昙延传》:"勅又拜为平等沙门,有犯刑网者,皆对之泣泪,令彼折伏从化,或投迹山林,不敢容世者。"⑥昙延是隋文帝仕北周时期的朋友,入隋后地位很高。唐代僧人神清在《北山录》中说:文帝"乃请昙延于大兴殿登御座,南面传戒,帝命朝宰席北面跪受,不崇朝而雨焉。衣与食皆出自帝宫,传自帝手。寻升为平等沙门,于所犯者,两造具备,然后泣而惩

---

① 游彪:《宋代寺院经济史稿》,第 10 页。游先生其实对此结论也颇费踌躇,他又说:"当然,各地具体情况不同,因而都僧正的地位和职权并不完全一致,既然政府挑选德行高洁的僧人为'都僧正',管理当地繁杂的佛教事务,想来不会不赋予其权力,估计在佛教事务的重大问题上还是颇具权威的。"
② 《两浙金石志》卷五《宋保安院界相碑》,《石刻史料新编》第 1 辑第 14 册,第 10308 页,台北,新文丰出版社影印本,1982 年。
③④ 志磐:《佛祖统纪》卷四五,《大正藏》第 49 卷,第 415 页上。
⑤ 道宣:《续高僧传》卷二一,《大正藏》第 50 卷,第 611 页中。
⑥ 道宣:《续高僧传》卷八,《大正藏》第 50 卷,第 489 页中。

之,哀敬刑书弘大禹之悼罚"①。在神清看来,昙延任"平等沙门"是"升"任。隋代地方也有仿此设置"断事沙门"的,如《续高僧传·智琳传》记载:僧智琳于陈太建十一年(579)被"下勅为曲阿僧正。至德二年,勅补徐州僧都,称首攸归,谅由德举。开皇十六年,闰州刺史李海游屈为断事,纲维是寄,允当金属"②。对于这样的僧官,赞宁注意到了,但却错误地将其看做隶属于寺院的寺职③,导致今人的误解。从南北朝隋代的传统来看,这一职位专门处理僧团内部的犯戒事件和内部争讼,自非德高望重、持律严谨者不能奏效,因此,不属于常设的僧官系列,非其人不授,但地位和权力大多很高。从上引苏轼的文字看,宋代州一级的"都僧正"与前朝的"断事沙门"、"平等沙门"职权很相似。

宋代县一级僧司的最高长官称为僧首。如广州南海县僧法宗由于"人地相高,众所推择,遂选为县僧首"④。可见,此僧是被众多僧侣推选出来担任县级僧官僧首的。又如"婺州武义县了蒙,为一邑僧首,诵经精专,不饮酒食肉"⑤。至于县级僧司的僧首有无佐贰,一时难于考知。

宋代一仍唐制,在佛寺集中的名山也设置僧正,最典型者为五台山。宋代五台山的僧官系统延续五代十国时期北汉政权之设置。《广清凉传·宋僧所睹灵异》记载:

> 释净业,姓孟氏,代州五台县人也。幼而刚毅,神俊不群。初年十三,依五台山真容院通悟大师为师,事师服劳,特出伦类。每诣太原,行化山门,供养资具,靡不悉备。伪主刘氏,深所崇仰,乃赐紫衣,加号广慧大师。至天会十一年,众请充山门都监。⑥

---

① 神清:《北山录》卷三,《大正藏》第52卷,第590页中。
② 道宣:《续高僧传》卷一〇,《大正藏》第50卷,第504页上。
③ 赞宁:《大宋僧史略》卷中,《大正藏》第50卷四,第245页上。
④ 余靖:《武溪集》卷七《广州南海县罗汉院记》,四库本。
⑤ 《夷坚志补》卷二五《蒙僧首》,第1779页,北京,中华书局点校本,1981年。
⑥ 延一:《广清凉传》卷下,《大正藏》第51卷,第1123页中—下。

这位净业和尚在北汉天会十一年(967)任五台山山门都监,而此时赵宋已经建立数年。"寻属宋太宗皇帝戎辂亲征,克平晋邑。师喜遇真主,乃率领僧徒,诣行宫修觐,陈其诚欵。遂进《山门圣境图》并五龙王图。帝……乃赐命服,改号崇教大师,仍擢为台山僧正,应阖山刘氏所赐衣师号,并改伪从真。至淳化四年四月下旬,寝疾而终,春秋五十九"①。宋太宗灭北汉的时间为太平兴国四年(979)五月,净业圆寂于993年。值得注意的是,《佛祖统纪》记载,太平兴国"五年正月,勅内侍张廷训往代州五台山造金铜文殊万菩萨像,奉安于真容院。诏重修五台十寺,以沙门芳润为十寺僧正"②。如果《佛祖统纪》无误,便意味着净业的僧正任期仅仅半年,半年之后,太宗任命僧人芳润为五台山十寺僧正。可是,《广清凉传》中却有与此不同的记载:

> 太平兴国之五年四月十五日,勅使臣蔡廷玉、内臣杨守遵等诣五台山菩萨院,与僧正净业同计度修造事,及同部辖工匠等,并勅河东河北两路转运给五台山菩萨院修造费用。至七年八月二十二日,张廷训等,奏修造功毕。③

此处则说住持这次修造的五台山僧正是净业。如果考虑到宋代的僧官常常有临时差遣的性质,因此,也许沙门芳润为专门主持维修十寺的僧正,二位僧正同时在任。其二,根据张商英《续清凉传》卷上的记载,元祐年间(1086—1093),五台山僧正为僧人省奇。其三,在宋仁宗时期(1041—1063),五台山的"山门僧守"为法慧,如《广清凉传·安生塑真容菩萨》记载:

> 庆历至皇祐三年,朝廷三次遣使颁降太宗、真宗、仁宗皇帝三朝御书凡一百八十轴,并天竺字源七册。后有山门僧守法慧顺绾于瑞

---

① 延一:《广清凉传》卷下,《大正藏》第51卷,第1123页中—下。
② 志磐:《佛祖统纪》卷四三,《大正藏》第49卷,第397页下。
③ 延一:《广清凉传》卷中,《大正藏》第51卷,第1110页中。

相殿北重建大阁一座,两层凡一十三楹。于上层置斗官分布,中楹安卢舍那佛像,四周造万圣像,雕刻彩绘,备极工巧。嘉祐二年丁酉岁,勅遣入内,内侍省黎永德送御书飞白宝章阁牌额一面,诣真容院于三月二十二日安挂阁上。①

可见,僧人"山门僧守"曾经受敕前往朝廷,将皇帝的御书牌匾迎回悬挂于真容院阁上。此后一直到金代,五台山都应该设有僧正等管理台山十寺。如《续清凉传·重雕清凉传序》中说:"东安赵统以酒官视局台山,慨然有感于心。即白主僧:'愿捐橐金以助缘。'僧正明净语其属曰:'兹事念之日久,属化宫之灾,用力有先后。今因其请,尽出粟帛,以成其事。'傲工镂板,告成有日。赵因造门,属余为序以冠其首。明净与前提点僧善谊,相继以书为请。"②这篇序文的作者是姚孝锡,撰于金代大定四年(1164)九月十七日,可见直至金代统治时期,五台山都设置了僧正。

四、僧官的选任与权力的虚化

宋代中央僧官和地方僧官的选任程序略有不同。概括言之,宋代中央僧官的选敕有三种方式:一是荐举制,二是考试制,三是"特补"制。从南宋、北宋三百余年的历史看,这三种方式是逐渐形成的,但在考试制成为惯例之后,荐举制和特补制仍然流行。这是宋代僧官泛滥的原因之一,也成为宋代僧官的选任时常为人所诟病的最重要根源。

宋代中央僧官的选任从宋初直到宋真宗景德二年(1005),一直由兼任功德使的开封府尹负责,如古人所述:"旧例,僧职迁补,止委于开封而滥选者众。"③功德使选拔僧官弊端很多,引人非议。宋真宗于是决定亲自过问选任。《宋会要》对这一转变过程叙述得甚为清楚:"先是,道官上

---

① 延一:《广清凉传》卷中,《大正藏》第51卷,第1110页中。
② 张商英:《续清凉传》卷上,《大正藏》第51卷,第1127页中。
③ 李焘:《续资治通鉴长编》卷七三,第1657页。

令功德使选定迁补,所置或非其人,多致谤议,故帝亲阅试焉。"景德二年(1005),宋真宗"御便殿,引对诸寺院主首,询行业优长者次补左、右街僧官"①。从这段文字记载看,中央僧官的选任往往是从各大寺院的住持之中拣选的,选拔的着眼点是"行"与"业"即经教信仰和修行实践等方面。这样的内容自然难以有固定的标准,就为功德使掺杂其他标准甚至谋求私利或集团利益提供了很大的活动空间,弊端层出也是不可避免的。由皇帝亲自拣选,虽然避免了功德使个人的好恶和被人操纵的局限,但却是以皇帝的好恶和观感为依据的,也说不上多么客观公正。也许是出于这一考虑,宋真宗下决心仿照已经成熟了的科举考试方式来选拔僧官。

大中祥符三年(1010),宋真宗敕命李维等"宿于中书,出经论题考试左、右街僧官而迁序焉"②。僧官通过考试而迁补的制度由此开始实施。据《旧五代史》卷四七载,报考僧官的资格,必须法腊四十,夏安居二十度以上。设置七科考试,分别是讲论科、讲经科、表白科、文章应制科、持念科、禅科和声赞科。考试的时候,试场是要隔离起来的,试卷上的姓名也要用糨糊密封起来。

除了用试经办法外,南宋时也经常采用"期集"的方式来选拔僧官,这是透过诸山名僧众议评定的荐举方式,合议推荐的人选要送交中书或尚书等中央机构审核批准,才算生效。

尽管宋代的中央级僧官设置齐全、人数众多、地位很高,选拔也逐渐走向制度化的道路,但是,在这些表面的炫色掩盖下的是僧人管理佛教事务之自主权的完全失落。"隋唐时期,尽管中央级地方僧司已经开始纳入世俗官僚机构的行列,但当时僧官仍然保留了不少特权,如度僧权等等。入宋以后,僧司僧官差不多都听命于世俗官僚。可以肯定,这是集权政治的需要,也是统治者控制寺院、僧尼的一项重要策略。宋代大多数僧官都仅仅是荣誉性的头衔,并无实际的执掌。与此同时,虽然设

---

①② 徐松:《宋会要辑稿》道释一之一一一,第 7874 页。

置了僧录司等机构,但统治者又委派其他一些世俗官僚管理佛教事务,将僧录司等机构的权力瓜分殆尽,如东京僧录司的经济大权就被提举寺务司所剥夺"①。根据《宋会要·职官志》记载:"课利司,雍熙四年置,掌京城诸寺邸店、庄园课利之物,听命于三司,以寺务司官兼掌。"②从文中看,这一机构是专门管理、监督寺院的经济经营活动并且征收赋税的。可见,宋代的僧录司并不能过问佛寺的经营活动。这样的局面,同样出现在地方僧官体系上。

关于地方僧官的选拔、任用程序,朝廷也有相应的规定。一般而言,宋代地方僧官通常由知州、通判从所辖地区的僧尼中拣择,然后申报转运司,转运司审查通过后再上报朝廷,最后由中央相关机构颁发任命书。现在可见这一程序的最早诏书是北宋真宗于大中祥符八年(1015)七月颁布的。在这一诏令中,真宗规定:

> 诏令诸州军监僧、道正有阙,委知州、通判于见管僧、道内从上选择,若是上名人不任勾当,即以此拣选有名行、经业及无过犯、为众所推、堪任勾当者,申转运司体量诣实,令本州军差补勾当讫奏,候及五周年,依先降指挥施行。③

依据这一条令,由知州等地方官员选择、上报批准的僧官还有五年的试用期,经试用合格之后才算正式的僧官。由此可见,朝廷和地方官员对于僧官的控制力的强大。

与中央级僧官还存在的考试选拔制度不同,宋代地方僧官往往是依照资历升迁的。宋真宗的诏令说:"诏诸州僧、道依资转至僧、道正者,每年承天节前具所管僧、道及寺、观分析为僧、道正已来年月、岁数、名行、有无过犯、开坐以闻。"④如前所论,宋代的地方僧正司中还设有"僧判"

---

① 游彪:《宋代寺院经济史稿》,第 14 页。
② 《宋会要》职官二五之九,第 2918 页。
③④ 徐松:《宋会要辑稿》道释一之一一,第 7874 页。

等低级的僧官或者"听差"职位,从"诸州僧、道依资转至僧、道正"一句看,宋代的僧官选拔特别注重依照资历和秩序逐级递升。这与五代之前僧官选拔中的"直选"制度不大一样。在此之前,某位僧人即便是连寺院三纲都未曾做过,只要其道行高超、在僧团和信众中得到普遍崇信,就有可能直接被任命为地方最高僧官甚至中央级僧官。但是,这种情况在宋代的僧官选拔体制中不大容易出现,最多是稍作越级。僧正的选拔通常有一个固定的程序,"诸州僧、道正阙,副正递迁,如无,或不应迁,即以次选有行业、无私罪、众所推服者充"①。依照南宋朝廷的这一诏令,州一级僧司的最高长官僧正缺员,一般情况下应该由副僧正递补,如果副僧正经审查不适合递补或者副僧正不愿担任僧正,或者副僧正也出缺,则由州长官依照条件进行拣选。

从上述地方僧官的选拔任用程序观之,宋代的僧官队伍存在许多被世人所诟病的弊端甚至腐化堕落现象,是有其内在必然性的。通过对僧官的选拔,宋代政府可以最大限度地选择那些喜好与政府合作的僧人,五年的试用期,其主要的效果就是将其主见和刚性磨平,待其完全成为一位听命于地方官和朝廷的官场中人之后才给予任命。这样一种将僧官完全官僚化的任用体制,使得僧官最大限度地成为"官"而很少能够代表僧团的利益和立场。这一进程,凸现了王权对于教权的完全吞噬。依照资历选拔僧官的体制,看起来甚为合理,但其实质却是僧官系统官僚化和缺乏活力的根源。政府所因循的所谓资历,其实就是循规蹈矩的代名词。这与五代之前主要依照修行和在信众中的威望选拔僧官的做法完全不同。这样的体制,选拔出来的只能是政府的传声筒而不是佛教僧团的领袖人物,更不可能是信众信仰和修行的楷模。

我们可以分析分析当时一位州官的感叹。《密斋笔记》中记录了时

---

① 谢深甫:《庆元条法事类》卷五〇《道释门》,燕京大学图书馆藏版,1948年10月影印。

任华州知州的韩建的一段话。韩建知华州,"患僧杂犯者众,欲贷,不可尽治,恐伤善类。乃择有道行者为僧正,训治之而非其人,反为所惮。久乃悟牒云:'本置正欲要正僧,僧既不正,何用僧正?'"①这则记载中,有几个要点耐人寻味:一是当时华州僧众"杂犯者"很多。二是被选而任僧正的僧人没有威望,因为其自身也不"正"。三是这位知州悟出了僧既不正,即便有僧正也是无法可正的。这可从僧官的素质说起。《夷坚志》记载了一位僧官武唐公:"武唐公者,本阆州僧官,嗜酒亡赖。尝夜半出,扣酒家求沽,怒酒仆启户迟,奋拳揕其胸,立死。"②《志雅堂杂钞》又记载了"明因尼寺"事情:"临平明因尼寺,大刹也。往来僧官,每至,比呼尼之少艾者共寝。于寺中专作一寮,储尼之常有淫滥者,以供不时之需,明曰明因尼站。"③这样两则记载,真有些触目惊心。宋代的僧官之中竟然有如此腐化堕落之辈,而更可悲的是明因尼寺的住持竟然如此迎合腐化的僧官。这样的一些事例,肯定是个别的现象,但其对于佛教僧团的负面影响尤其是对佛教社会形象的影响是不可估量的。这里不禁要追问一个问题,如此"德行"且不堪为僧的人竟然长期做僧官,何也?其根子就在于僧官的选拔制度忽略了信众的崇信和口碑。宋代的僧官系统被时人描述成一个贪赃枉法与俗官系统无二无别的官衙,如人所说:"僧录司在京号为脂膏之地,交接贵近,货贿公行。"④其实,从宋代佛教的整体观察,僧团和僧尼队伍仍然是健康的、向上的,这是宋代佛教仍然能够继续保持隋唐佛教的繁荣景象继续向前发展的最根本保证。但是,不可讳言,"宋代僧官的冗滥现象是中国历代僧官中绝无仅有的"⑤。中国佛教的败相首先是从僧官体系中逐渐孕育出来的。

---

① 谢采伯:《密斋笔记》卷五,四库本。
② 洪迈:《夷坚丁志》卷一四,第656页,北京,中华书局点校本,1981年。
③ 周密:《志雅堂杂钞》卷下《仙佛》,四库本。
④ 李焘:《续资治通鉴长编》卷三六九"元祐元年闰二月庚辰",第8912页。
⑤ 游彪:《宋代寺院经济史稿》,第13页。

第二节　寺职与师号

宋代寺职的突出特点是"三纲"逐渐演变成"住持"独大,而包括其他宗派的寺院在内逐渐采用禅寺的规制,设立诸多的"知事僧"。作为僧尼修行之标志的师号,在宋代有两大发展动向值得注意:一是师号的普遍化,拥有者众多;二是师号是可以通过向朝廷缴纳一定的费用而得到,并且拥有师号者向政府缴纳的赋税要高于一般僧尼。两大动向,使得宋代僧尼的师号在某种程度上演变成社会地位特别是经济地位的象征而道行的含义却退居其次。

一、住持

唐代佛教以寺主、上座、维那为三纲。宋代有关史籍中,依然保留有三纲的提法,如《宋会要辑稿》中记载,北宋太宗至道元年(995)下令严格考试经业剃度童行的制度,诏令中有"若干系人吏、三纲、主首"[1]等提法;宋真宗天禧五年(1021)三月,"诏自今在京寺院、房廊住持僧及五年已上,委实不是自外暂来者,令本寺三纲、主首及僧司结罪保明"[2]。北宋前期,一些律宗、华严宗寺院仍然沿袭唐代制度,但有的寺院以住持、典座、维那为三纲,如熙宁时期(1068—1077)京兆善感禅寺中设有三纲,即典座僧德安、维那僧德岳、住持僧智海。[3] 隋唐以三纲管理寺院时,凡遇重大寺务,必由三纲共同协议。唐末禅宗《百丈清规》风行后,佛教寺院便多采用禅寺僧职的规定。唐末、五代时期,逐渐以住持为禅院僧首,其他二纲权力萎缩。特别是宋真宗时杨亿向朝廷进呈《百丈清规》,原来私定的清规从此取得了合法的地位,全国丛林无不执行。宋代以来,大多数

---

[1] 徐松:《宋会要辑稿》道释一之一五,第7876页。
[2] 徐松:《宋会要辑稿》道释一之二四,第7880页。
[3] 王昶:《金石萃编》卷一三七《善感禅寺新井记》,《石刻史料新编》第1辑第4册,第2561页。

佛寺废三纲并立之制而突出住持,形成了住持僧独尊而设置诸多知事僧辅佐的模式。

"住持"的含义原本为"安住之、维持之",即指代佛传法、续佛慧命之人,后乃被用来指称寺院的最高僧职。契嵩在《广原教》说:

> 教谓住持者,何谓也?住持也者。谓藉人持其法,使之永住而不泯也。夫戒定慧者,持法之具也。僧园物务者,持法之资也。法也者,大圣人之道也,资与具,待其人而后举。善其具,而不善其资,不可也。善其资,而不善其具,不可也。皆善可以持而住之也。①

相传"住持"一职为唐代百丈山怀海所创。《敕修百丈清规》卷二《住持章》说:

> 佛教入中国四百年而达磨至,又八传而至百丈。唯以道相授受,或岩居穴处,或寄律寺,未有住持之名。百丈以禅宗寝盛,上而君相王公,下而儒老百氏,皆向风问道,有徒实蕃,非崇其位,则师法不严。始奉其师为住持,而尊之曰长老。如天竺之称舍利弗、须菩提,以齿德俱尊也。②

住持尊称"长老",也称之为"堂头和尚";又因其所居处为一丈四方之室,又作"方丈"、"方丈和尚"。僧尼出任一寺住持称为"主法席",又谓之"出世"。如《大明高僧传》及《续传灯录》等史料载记载僧人出任住持时,常常会以"出世"称之。《大明高僧传·崇岳传》记载:释崇岳,"隆兴二年得度于杭之西湖白莲精舍,……因密庵还灵隐,命居第一座。久之出世,首住平江澄照,次居江阴光孝、饶之荐福、明之香山。宁宗庆元三年(1197),诏住灵隐,三易寒暑,乞老退居寺之东庵"③。此外,从关于南宋

---

① 契嵩:《镡津文集》卷二《辅教编中》,《大正藏》第52卷,第658页中—下。
② 德辉重编:《敕修百丈清规》卷二《住持章》,《大正藏》第48卷,第1119页上。
③ 如惺:《大明高僧传》卷八,《大正藏》第50卷,第932页中。

径山寺道冲的记载中可以见出"出世"确实可以用来指僧人出任住持。《续传灯录·荐福道生禅师法嗣》中记载:释道冲,"嘉定己卯,由径山第一座应嘉禾光孝,请嗣曹源。"①而此后的《增集续传灯录·杭州径山痴绝道冲禅师》记载为:释道冲"嘉定己卯,由径山第一座出世嘉禾光孝"②。二书的资料来源可能是一致的,而对于同一件事的记述,前者用"应请继承法嗣"来表达,后者则用"出世"来表达,可见二者的语意都是出任光孝寺住持的意思。

关于住持的职责,有"说法"、"修造"、"安众"三大项。关于"说法",《备用清规·住持》云:住持"居金粟如来方丈之位,得善现尊者长老之名。入室升堂,告香普说,世出世间,法如法说,行说俱到,名实相当,举古明今,师承有据。或单提直截,对接上根;或设化随机,诱劝中下。成就胜缘,权衡纵夺"③。关于"修造"与"安众",《备用清规·住持》云:

> 致若行道说法之暇,勾稽钱谷簿书,丰俭随宜供众。修造虽曰世间余事,古今亦号难齐,苟能兼济,斯谓全才。不及此者,竭力运谋,修造尽心,供众安僧。列职任贤,庶田旷役。斯谓三等住持,良非细事。焚修祈祷,贵在专诚。临众闲居,无宜慢易。丛林之设,老病为先,照拂矜怜,尤须介念。方来高士,加礼送迎,率身以先,无事不办。如密庵披衣夜卧,代先师持戒,克振家声,地藏指石说心,与弟子投机,得大智慧。此皆千古典刑,佛法重任也。④

三项之中,"说法"是开导僧众,"修造"指寺院的各种经济活动,"安众"即指安排照顾僧众的日常生活等等。

关于寺院住持的选拔任命,宋代的职权划分并不十分清晰,有些寺院的住持是由朝廷任命的,有些寺院住持是由地方官员选拔任命的,也

---

① 圆极居顶:《续传灯录》卷三六,《大正藏》第51卷,第711页上。
② 南石文琇:《增续传灯录》卷三,《续藏经》第83册,第288页下。
③ 式咸编:《备用清规》卷七,《续藏经》第63册,第646页上。
④ 同上书,第646页上—中。

有些功德坟寺似乎是由功德主自行聘请的。① 由朝廷选拔任命的住持又分为由皇帝下敕书任用和由朝廷职能部门下牒任用等几种情况。

由皇帝任命住持称之为"敕札差补"。"敕札"又称"敕书",是皇帝赐给中下级官员的文书,一般由翰林学士撰文,由内廷发出。这一种方式主要是针对中央级僧官而言的,用之于寺院住持者属于特例,一般而言仅仅皇帝、后妃的功德寺以及一些名山大刹的住持僧由皇帝制敕宣补。如西京"应天禅院,即太宗诞生之地",宋真宗天禧元年(1017)建成,"凡九百九十一区,令洪州僧智新住持"②。又如宋仁宗皇祐中(1049—1053),"有诏庐山僧怀琏住京师十方净因禅院"③。宋徽宗大观三年(1109),"敕左街净因寺道楷迁主法云,赐紫衣、定照禅师。楷表辞……上遣开封尹李孝寿赍勅书谕之。楷确执不回,上怒,收付狱。有司问:'长老有疾,法应免罪。'楷曰:'平生不妄语,岂敢称疾罔上?'遂受罚,著逢掖流淄州"④。这一例中,皇帝下诏令僧人道楷出任法云寺住持,道楷不接受,最后被处罚。南宋时期,皇帝敕补住持的情况更普遍。宋代人岳珂说:"中兴以后,驻跸浙右,大刹如径山、净慈、灵隐、天竺,宫观如太一、开元、祐圣,皆降敕札差主首。"⑤其中,"径山为东南第一丛林,非第一等人不足以居之",宋孝宗淳熙十五年(1188),"丈室虚席,临安守臣奏请无锡华藏涂毒禅师,寿皇素闻其名,制曰:'可'"⑥。又如宋光宗绍熙元年(1190)六月十四日,"诏故贵妃张氏坟所修盖屋宇,可特充本家功德院,仍赐永宁崇福院为额,差僧法云住持"⑦。以"敕书"方式任命中央级和地

---

① 参见谢重光、白文固《中国僧官制度史》,第189—195页;游彪《宋代寺院经济史稿》,第19—25页。这两部著作是将僧官和寺职合并为僧官论述的,本著则分而论之。
② 徐松:《宋会要辑稿》道释二之一〇,第7893页。
③ 《东坡续集》卷一二《宸奎阁碑》,《苏轼文集》卷一七,第501页。
④ 志磐:《佛祖统纪》卷四六,《大正藏》第49卷,第419页中。
⑤ 岳珂:《愧郯录》卷一〇《寺观敕差住持》,《笔记小说大观》第8册,第382页,扬州,江苏广陵古籍刻印社影印本,1983年。
⑥ 楼钥:《攻媿集》卷一一一《径山涂毒禅师塔铭》,四库本。
⑦ 徐松:《宋会要辑稿》道释二之一一,第7894页。

方僧官以及部分寺院住持的做法,在北宋时期就受到朝廷非议。宋神宗熙宁四年(1071)下诏说:"自今有关宣补者,罢宣补及差官定夺,止令开封府指挥僧录司定夺,准此给牒。"关于这一诏书,李焘解释说:"开封府旧领功德使,而左右街有僧录司,至于寺僧差补,合归府县僧司,而相承奏禀降宣。上欲澄清细务,诸如此类悉归有司。"①这是说,佛教的中央主管部门是由开封府尹兼任的功德使统领,并由左右街僧录司具体承办事务,至于寺院僧人包括寺院寺职的任用都归于府县主管,并且报请皇帝下诏宣布。熙宁元年改革的主旨就是直接由中央部门下牒任命,并不需要直接由皇帝下诏书宣布。如熙宁八年(1075)八月,宋神宗"诏内外宫观、寺院主首及僧道正,旧降宣敕差补者,自今尚书祠部给帖"②。此中所言的"寺院主首"指的就是寺院住持,"僧道正"是指地方僧道司的"僧正"和"道正"。可见,宋神宗的意图就是将寺院住持、地方僧官的任命权下放并且由尚书省的祠部给牒。不过,熙宁年间的这次改革并未完全实行,在北宋也可以找到由皇帝下敕的例证,如前述道楷的例子,再如宋徽宗时期宣和六年(1124),常州资圣禅院礼请悟空尼担任住持,而她却说:"吾奉诏住临平明因尼院,不可则去。"③至于南宋,如前述岳珂所言,至少五山十刹的住持已经由皇帝下敕任命了。

如前述神宗的诏令所说,寺院的住持和地方僧官可由尚书祠部发牒任命,这就是"敕牒"任命的方式。"敕牒"是承旨官署根据皇帝的旨意,重新草拟的文书,"凡知县以上并进士及第出身,并被指挥差充试官,或奉使接馆伴,及僧道被旨住持,并庙额,并给敕牒"④。宋代除少数特例之外,任命僧人为国立寺院住持以及赐颁寺额,一般以敕牒形式宣布任命。

---

① 李焘:《续资治通鉴长编》卷二二八,第5545页。
② 李焘:《续资治通鉴长编》卷二六七,第6551页。
③ 孙觌:《鸿庆居士集》卷二二《常州资圣禅院兴造记》,四库本。
④ 赵升:《朝野类要》卷四《文书·敕牒》,四库本。

但敕牒的颁行机关前后有所变化,并非一律为尚书省牒。如岳珂所说:"造命之地,本曰中书门下,制敕院在焉。自元丰分三省,中书取旨,门下省审,尚书奉行,而其职始分。故熙宁以前,士大夫所被受堂帖,多是中书省札子。而官制后归之尚书,非沿袭之误也。"①经"查阅《金石萃编》、《两浙金石志》,见辑有多道宋廷赐给寺观的敕牒全文,从这些敕牒内容看出,岳珂的说法是正确的。大凡元丰改制前的敕牒全文,一开始几乎千篇一律的有'中书门下牒'某某一语,接下去是敕牒的正文,末了有'牒奉敕'如何,'牒至准敕、故牒'等语,最后是敕牒颁行的时间和中书门下官员(平章事和参知政事)的署押。但所见元丰改制后的敕牒,一开始皆曰'尚书省牒'某某。并且由于神宗元丰时期(1078—1085)、徽宗政和时期(1111—1117)和南宋建炎时期(1127—1130)宰相制度的变化,牒中署押官员的称谓各不统一,或为左右仆射及尚书左右,或称太师、太宰、少宰。建炎后又恢复为以平章事、参知政事署押"②。可以《两浙金石志》卷一一所载绍定时期(1228—1233)高丽寺选补住持牒为例管窥其格式:

  尚书省牒 前住嘉兴府东塔广福院传贤首宗教僧如介,牒奉敕宜差住持南山高丽慧因教寺。牒至准敕,故牒。绍定四年拾壹月 日牒。参知政事郑押,知枢密院事兼参知政事薛、少师右丞相押。③

这一牒文体现的是元丰改制后的情况。至于改制前的情况,《金石萃编》卷一三三载有《改赐终南山宫观名额牒》,牒文前的署名为"中书门下牒",牒文后署"户部侍郎、参知政事王,户部侍郎、参知政事辛,中书侍郎兼户部尚书、平章事吕,守太保兼侍中"。④ 此牒的下发时间为端拱元年

---

① 岳珂:《愧郯录》卷一三《皇祐差牒》,《笔记小说大观》第 8 册,第 390 页。
② 谢重光、白文固:《中国僧官制度史》,第 191 页。
③ 《两浙金石志》卷一一《宋高丽寺尚书省牒碑》,《石刻史料新编》第 1 辑第 14 册,第 10461 页。
④ 王昶:《金石萃编》卷一三三,《石刻史料新编》第 1 辑第 4 册,第 2494 页。

(988)十月十八日。尽管此牒的内容是颁发道观之名称的,但如前所述"及僧道被旨住持,并庙额,并给敕牒",寺院住持的任命文书与之是一致的。

宋代朝廷也有以黄牒任命寺院住持的做法。"黄牒"任命也称"堂帖"除任,宋代凡任命无品及临时差遣的官员,不论职任轻重,都由中书省给黄牒。南宋时有以黄牒任命的较大的寺院住持,如岳珂所说:"遐轹禅席,如雪峰、南华之属,亦多用黄牒选补。"①这是说,南宋时期除"五山十刹"用前述"敕札差补"方式补选住持之外,一般性的大型寺院用黄牒选补住持。

宋代大多数寺院的住持都是由各州县行政长官或者转运司选差,主要由知州、通判执掌,也可用"职状"和"令状"的形式任命。关于寺院住持的推举程序,也有诏令作了规定:

> 诸十方寺观住持僧道缺,州委僧、道正司集十方寺观主首选举有年行、学业、众所推服僧道次第保明申州,州申察定差;无,即官选他处为众所推服人,非显有犯罪及事故不得替易,即本虽甲乙承续,其徒弟愿改充十方者,听。无人继绍或毁坏寺观不能兴葺者,准此,仍申尚书礼部。②

这是说,如果地方僧官以及寺院的住持等出缺,各路转运司、知州、军使监使等地方长官可以委托地方僧正召集各大寺院住持推举,如果在本地找不到合适的人选,可以在其他地方寻找。而无人继承住持职位的寺院或者毁坏不能修复的寺院报经尚书礼部可以撤并。而关于住持的任命程序,南宋时期有诏令规定:"诸僧道正、副及寺观主首、主事应差补者,本州给帖。其旧降宣敕者,申尚书礼部。"③这是说,对于寺院的住持,一般而言,地方官员可以以职令状的形式任用合适的僧人担任。而

---

① 岳珂:《愧郯录》卷一〇《寺观敕差住持》,《笔记小说大观》第8册,第382页。
②③ 谢深甫:《庆元条法事类》卷五〇。

原先由皇帝"宣敕"的方式任用僧官和寺院住持的地方,其任命须在地方举荐之后报经尚书礼部下牒任命。大中祥符八年(1015)七月朝廷有诏令:

> 诏令后诸州军监僧、道正有阙,委知州、通判于见管僧、道内从上选择,若是上名人不任勾当,即以次拣选有名行、经业及无过犯、为众所推、堪任勾当者,申转运司体量诣实,令本州军差补勾当讫奏,候及五周年,依先降指挥施行。①

应该指出,这两条诏令并不能完全配套,前者明确包括寺院住持,而后者未提及住持。现存的史料涉及地方长官甚至功德寺的功德主推荐、礼请住持的记载很多,但对于最终的任用权表述都不很清楚。而对照上述诏令,则基本可以肯定,寺院的住持荐举形式多样,而最后的任命权则有三种情况:一是由皇帝下诏任命,二是由中央省部任命,三是由地方政府下帖任用。尤其是,宋代朝廷也依照寺院住持的任命方式将寺院分为不同的类型和级别。

宋代官方对于寺院住持的选拔,也暴露出很多问题,特别是在寺院经济高度发达,而朝廷、地方政府又将寺院当做可以攫取大量财富的富矿来对待的情形之下,住持选拔方面弊端丛生,对宋代佛教的损害非常直接而巨大。曾巩于熙宁十年至元丰元年(1077—1078)知福州时,就发现"福多佛寺,僧利其富饶,争欲为主守,赇请公行。巩俾其徒相推择,识诸籍,以次补之。授帖于府庭,却其私谢,以绝左右徼求之弊"②。宋神宗元丰七年(1084),"前汀州通判、奉议郎郭祥正勒停,坐权漳州补僧道亨住持不当受金"③。可见,这位通判是收到僧人道亨的贿赂之后,荐举任命道亨为住持的,后被人检举而败露受罚。南宋大儒朱熹在弹劾台州知

---

① 徐松:《宋会要辑稿》道释一之一一,第7874页。
② 《宋史》卷三一九《曾巩传》,第10391页。
③ 徐松:《宋会要辑稿》职官六六之二七,第3881页。

州唐仲友的札子中写道:"本州新报恩寺元住持僧,诬以他罪逐去,却请乡僧介登来此住持,早晚出入斋堂,传度关节。凡五县僧寺易换住持几遍,尽是介登保明乞差。通同接受货卖,每处必数百缗,其中皆是婺州富僧。"①与此类似,闽中的许多名山大寺之住持的任用,也存在这样严重的问题。时人记载:

> 闽多嘉刹,而僧尤盛,一刹虚席,群纳动色,或挟书尺,竭衣盂以求之,有司视事低昂,资厚薄而畀焉。先输资后给帖,福曰实封,莆曰助军。异时大丛林、大尊宿补处,往往皆实封、助军之僧矣。②

所谓"实封"、"助军"实质都是僧人缴纳货贿而获得寺院住持的职位,这一做法对于佛教的伤害是不言而喻的。文中的"福"是指福州,"莆"是指莆田。莆田县佛刹每任十年为期,连任须换帖者亦照样输纳助军钱。更为可悲的是,本来由实封、助军而获任的住持十年为一任期,可也有一些地方官员借口财政困难,竟然将此类住持的任期缩短为五年,如"景定元年七月视事,闽中僧刹十五百区,旧例,住持入纳以十年为限,谓之实封,官府科需皆僧任之,不以病民。近以州用不足,减为七年或五年,甚者不及一岁,托以词讼数易置。由是因弊,公首命罢之"③。从这一记载看,陈姓官员所做的可能是缩短任职时间和故意找茬撤换的行为而非停止"实封",这一做法可能根深蒂固,难于奏改。如兴化军,"郡多名刹,主僧例以货取,名曰实封"④。在漳州地区,"今亦无名色过取,只约住持五年纳贴头钱与换贴,不愿纳者听别愿纳者住持。至甲乙寺亦随座高下,比附

---

① 朱熹:《朱文公文集》卷一八《按唐仲友第三状》,《朱子全书》第 836 页,上海古籍出版社、安徽教育出版社,2002 年。
② 刘克庄:《后村先生大全集》卷一六八《明禅师墓志铭》,四库本。
③ 刘克庄:《后村先生大全集》卷一四六《忠肃陈观文神道碑》。
④ 刘克庄:《后村先生大全集》卷一六六《直秘阁林公》。

而行之"①。根据陈淳的叙述,在漳州地区,鬻卖寺院住持职位竟然是地方官仅余的搜刮财富的手段。一般而言,朝廷和地方政府仅仅拥有十方寺院住持的选拔权限,甲乙院则由寺院自主决定继承者,但漳州的地方官还是找到了办法从中分一杯羹。

以"实封"或"助军"名义来任用寺院住持的地区尚有岭南之韶州、端溪、英石等州。根据元陈栎所撰《通守陈公传》记载,陈庆勉在宋理宗淳祐年间(1241—1252)以札子言寺院之弊于部使者云:"近年以来,僧不以戒行任住持,惟以奔竞住持耳。官因常住之多寡,立为租息之定额,利租息之入,开告讦之门,大率常住有千缗数,则租千口之半。今日僧请增输,则乙可攘甲之处,明日讦其小过,则可毁丙之过,是官与僧同盗常住也。某仕于韶,如端溪、英石诸州多所经历,每到寺院,东倒西倾,未尝有一榻可卧一可炊者。积弊所由,盖常住归于郡守之囊橐,寺院坏于客僧之住持。……乞委本路监司察觉,有常住住持处,只许衣钵相传(甲乙相传),不许客僧寅缘请住;有戾于此,上下同以脏论,庶主僧不至视寺院如传舍。"②

不过,应该特别指出,福建并非所有的十方寺院的住持都是通过非正当手段选任的。如福州一地自始即保留四十余刹以待有德高僧来住持,其他寺院以实封或助军方式来决定住持人选。根据《宋会要辑稿》的记载,绍兴二年(1132),知福州的张守"遂与土居大夫谋,为寔封之说,存留上等四十余刹以待真僧传法,余悉为实封,金多者得之,岁入不下七八万缗。以是助军兵春冬二衣,余宽百姓非泛杂料,时宜便矣"③。可见,地方官员在以货贿任用寺院住持之余,也象征性地保留了一些影响巨大的寺院来吸引一些高僧住持,以利佛教法脉的传扬。尽管如此,这些做法对于佛教的伤害恐怕已经难以避免。

---

① 陈淳:《北溪大全集》卷四五《与李推论海盗利害》,四库本。
② 陈栎:《定宇集》,(四库珍本二集)卷九,第4页上一下。
③ 徐松:《宋会要辑稿》食货二六之四二,第5254页。

二、"十务"与"诸头"

尽管丛林执事的设置是由百丈怀海奠定的,唐末即在禅寺中实行,但由于《百丈清规》历经唐末、五代逐渐散佚,那时寺院执事的设置究竟如何,仍然不能准确地叙述。因此,关于唐末之后寺院执事的设置只能依据宋代宗赜编订的《禅苑清规》作一叙述。

根据宋初杨亿撰写的《百丈清规序》,百丈"制十务寮舍,每用首领一人,管多人营事,令各司其局也"[①]。对于百丈所设立"十务"具体为何,杨亿没有明确说。而随着禅宗日后的发展,禅宗寺院的扩大以及僧人的增多,后来的寺院大都超出了百丈最初设立的"十务",增添了一些新的僧职职务。如宋代之后的清规中记载的"四大班首"和"八大执事"的设置等等,数量和分工都超过了"十务"。编订于北宋徽宗崇宁二年(1103)的《禅苑清规》设立的僧职,主要者仍为十个,可见宋代寺院执事的设置仍然大致为"十务"。

"十务"之首为监院,职责是"总领院门诸事",凡寺院内外一切活动均应过问,是住持以下的最高权威。"监院"是相当于清规流行之前的监寺、主首、寺主,原本属于"三纲"之一。据《禅苑清规》卷三"监院"条记载:

> 监院一职,总领院门诸事,如官中应副,及参辞谢贺,僧集行香,相看施主,吉凶庆吊,借贷往还,院门岁计,钱谷有无,支收出入。准备逐年受用斋料米麦等,及时收买。并造酱醋,须依时节。及打油
> 碾磨等,亦当经心。众僧斋粥,常运胜心。管待四来,不宜轻易。如冬斋、年斋、解夏斋、结夏斋、多茄会端午、七夕、重九、开炉、闭炉、腊八、二月半是,如上斋会,若监院有力,自合营办。如力所不及,即请人勾当。如院门小事,及寻常事例,即一面处置。如事体稍大,及体

---

① 《大正藏》第48卷,第1158页上。

面生刬,即知事、头首同共商量,然后禀住持人行之。自住持人已下,如有不合规矩,不顺人事,大小诸事,并合宛转开陈,不得缄默不言,亦不得言语粗暴。训诲童行之法,宜以方便预先处置,不得妄行鞭捶。设有惩戒,当库堂对众行遣,不过十数下而已。不虞之事,不可不慎。如发遣行者出院,须十分有过,责伏罚状,禀住持人遣之,更不须决也。如违之不当,防避官中问难。如请街坊化主、庄主、炭头、酱头、粥头、街坊般若头、华严头、浴头、水头、园头、磨头、灯头之类,应系帮助常住头首,须当及时禀住持人请之,不可怠慢迟延。施主入院,安排客位,如法迎待。如作大斋会,预前与诸知事、头首商量,免致临时阙事。①

可见,监院须负责应对官吏、参辞谢贺、吉凶庆吊、探访施主、借贷往还、筹计一寺岁用、备办米麦酱醋等,乃至营办年节各大斋会等等,事务相当繁杂。

"维那"为"十务"之二,原本也属于"三纲"之一。据《禅苑清规》卷三"维那"条记载,维那"凡僧中之事并主之"②,其基本职责是管理僧众日常生活,使僧众衣食无缺,和合安宁。"院中诸小头首,如堂头侍者、圣僧侍者、延寿堂主、炉头、众寮寮主首座、阁主、殿主,并维那所请"③。尤其是主管僧众的威仪、纲纪,实际上相当于寺院的监察官。

"十务"的第三位是"典座",是僧厨的主要负责人。据《禅苑清规》卷三"典座"条记载:"典座之职,主大众斋粥,须运首心,随时改变,令大众受用安乐。亦不得枉费常住斋料,及点检厨中,不得乱有抛撒。选拣局次行者,能者当之。等令不得太严,严则扰众。不宜太缓,缓则失职。造食之时,须新自照管,自然精洁。如打物料并斋粥味数,并预先与库司、知事商量。如酱醋淹藏收菜之类,并是典座专管。不得失时,常切提举

---

① 《续藏经》第63册,第530页上一中。
② 同上书,第530页中。
③ 同上书,第530页下。

火烛,依时俵散同利,务要均平。如合系监院、直岁、库主所管,同共商量即可,并不须侵权乱职。"①典座是寺院执事中最累的僧职,如芙蓉道楷禅师曾任海会寺典座,常进厨房、下菜园,极为辛苦,有人问:"子曰:'厨务勾当不易。'师曰:'不敢。'子曰:'煮粥邪? 蒸饭邪?'师曰:'人工淘米著火,行者煮粥蒸饭。'子曰:'汝作么?'师曰:'和尚慈悲,放他闲去。'"②

"十务"的第四位是"直岁",掌管寺院的生产与修造活动。据《禅苑清规》卷三"典座"条记载:"直岁之职,凡系院中作务并主之。所为院门修造寮舍门窗墙壁,动用什物逐时修换严饰,及提举碾磨、田园、庄舍、油坊、后槽鞍马舡车,扫洒栽种,巡护山门,防警贼盗,差遣人工,轮拨庄客,并宜公心勤力,知时别宜。如有大修造、大作务,并禀住持人矩划,及与同事商议,不得专用已见。"③可见,直岁是在住持的领导之下,掌管寺院的一切经营活动以及财务支出等事务。

以上所述监院、维那、典座、直岁等四职,总称为"四知事"。知事任职一年,所谓"执事一年外,夜间入方丈告退"④,含义就是如此。不过,"四知事"可以连选连任。"十务"中的"首座"、"书状"、"藏主"、"知客"、"库头"、"浴主"等合称为"六头首"。

"十务"的第五位是"首座",主要任务是检查众僧不如法事,予以指正。据《禅苑清规》卷三"首座"条记载:"首座之职,表仪众僧,举正非法。堂中座位衣单,挂钵展钵,吃粥吃饭,或茶或汤,皆须低细齐整。凡是堂中一切不如法事,于粥前以软语白众,言须简当。"⑤首座的职责主要为僧众做表率,并且监督僧尼的非法行为。

"十务"的第六位是"书状",负责寺院与外界的书信往来。据《禅苑清规》卷三"书状"条记载:"书状之职,主执山门书疏。应须字体真楷,言

---

① 《续藏经》第63册,第531页上。
② 普济:《五灯会元》卷一四,《续藏经》第80册,第291页中。
③ 《续藏经》第63册,第531页上。
④ 同上书,第531页中。
⑤ 同上书,第531页下。

语整齐,封角如法,及识尊卑触净,僧俗所宜。如与官员书信,尤不得妄发。每年化主书疏,预先安排,实时应副,子细点检,恐封角差赚,及漏落施主名衔。如写常住书信,即用常住纸笔。如写堂头书信,即可用堂头纸笔。如发自己书信,不宜侵用。轻尘积岳,宜深戒之。"①

"十务"的第七位是"藏主",负责寺院藏经的管理。据《禅苑清规》卷三"藏主"条记载:"藏主掌握金文,严设几案。准备茶汤、油火、香烛,选请殿主、街坊表白,供赡本寮及看经大众。"②

"十务"的第八位是"知客",负责接待来访的官员、檀越、云游僧人等。据《禅苑清规》卷四"知客"条记载:"官员、檀越、尊宿及诸方名德之人入院相看,先令行者告报堂头,然后知客引上,并照管人客,安下去处。如寻常人客,只就客位茶汤。欲往堂头、库下及诸寮相,只令行者相引。且过寮内,床帐动用,常须齐整。师僧旦过,且在温存。檀越斋设,相看行香,并须知客引领。宾客相看,并须恭谨,不得妄谈无益之事。常须如实赞叹主人、知事、头首并大众美事,令人生善。家丑不得外扬。"③

"十务"的第九位是"库头",是寺院的仓库主管。据《禅苑清规》卷四"库头"条记载:"库头之职,主执常住钱谷,出入岁计之事。所得钱物,实时上历收管,支破分明。斋料米麦,常知多少有无,及时举觉收卖。十日一次计历,先同知事签押;一月一次通计,住持人已下同签。金银之物,不宜谩藏。见钱常知数目,不得衷私借贷与人。如主人并同事非理支用,即须坚执,不得顺情。常住之财,一毫已上并是十方众僧有分之物,岂可私心专辄自用?如非院门供给檀越,及有力护法官员并不宜将常住之物自行人事。如有借贷米麦钱物,除主人及同事自办衣钵外,常住之物,不可妄动。当库行者,须有心力,解计算,守己清廉,言行真的,众所推伏,方可委付。如山野寺院,城市稍远,众僧所用及药蜜茶纸之类,亦

---

① 《续藏经》第63册,第531页下—532页上。
② 同上书,第532页上。
③ 同上书,第532页中—下。

宜准备。僧行回买,常存道念,不可惮烦。病僧合用供给之物,不得阙少。如遇打给,实时应副。如食廪疏漏,雀鼠侵耗米麦,蒸润常住物色,顿放守护。若不如法,并须库头照管,白同事人处置。"①

"十务"的最后一位是"浴主",负责僧众洗浴。

"四知事"、"六头首",总计十个职务,应该就是百丈最初设立的"十务",由宗赜在《禅苑清规》中直接继承下来。除十务外,《禅苑清规》还设有具体从事某些专项工作的寺职,一般称之为"某某头",一般是由方丈或者上述"十务"所招请为寺院和僧众办事的人员,并且与"十务"不同,"诸头"有僧人出任者,也有些"头"是可由檀越出任的。《禅苑清规》所列的"诸头"很多,大略可分为几类:

其一,负责寺院与社会联络的"诸头"——"化主"和"街坊"。"化主"由檀越出任,主要职责一是替寺院出面化缘,二是代替寺院出外采买。实际上是寺院与社会的主要联络人。"街坊",又可细分为粥街坊、米麦街坊、菜街坊、酱街坊等,一般由檀越弟子担任。职责是替寺院索取所化之物,以供僧众日常生计。

其二,参与寺院经营活动的"诸头"——"磨头"、"园头"、"庄主"。"磨头"负责磨面,园头负责菜园,庄主主执农耕。

其三,负责寺院僧尼日常生活的"诸头":"廨院主",廨院是禅林食物管理之处,廨院主管其事。"延寿堂主",掌管供养、疗治病僧。"净头",负责打扫净厕,有负责寺院殿堂卫生的殿主、阁主、塔主、罗汉堂主、水院堂主、真堂主等,负责打扫殿堂,列正供具。钟头,负责打扫钟鼓楼,定时鸣钟。"水头",也由檀越出任,为寺院运水烧汤。"炭头",由檀越出任,掌管寺院火炭。"炉头",由僧人担任,职责是相度寒暖,适时装炭,供僧众取暖。

其四,与佛事活动有关的"诸头":"华严头",由檀越出任,为寺院书

---

① 《续藏经》第63册,第532页下。

写供养《华严经》，劝化信施。"般若头"，由檀越出任，书写供养《般若经》，劝化信施。"经头"，由檀越出任，负责修补藏经，劝化信施。"弥陀头"，由檀越出任，为供养弥陀佛进行劝化。

以上职务基本上是定职，有的由堂头延请，有的由维那延请，任期相对来说是固定的。除上述定职之外，《禅苑清规》还设立了一些散职，最主要的散职是"寮主"、"寮首座"。《禅苑清规》卷四说："寮主依入寮先后轮请，或当一月，或当半月，或十日，各逐所在。主看守众僧衣钵，本寮什物。"①可以看出，寮主、寮首座的确立，实际上是要建立轮流值日制度，以保证寺院和僧众财产的安全。此外，《禅苑清规》还为方丈、知事、头首等大僧安置了侍者，侍者的主要任务，一是照看大僧的生活起居，动用什物，另外则是代替主人发布消息，起着寺院内部加强联络的重要作用。

以上我们依据宋代僧人编订的《禅苑清规》对于寺院所设置的执事僧的情形作了说明。根据学者的研究，宋代的"《清规》的内容，正是当时所风行的禅院僧职、僧仪的概括和总结"②。《增集续传灯录》、《明高僧传》、《新续高僧传》等僧传中，常常出现"首座"、"典藏"、"知殿"、"直岁"等僧职。北宋初年的王禹偁在其所撰《黄州齐安永兴禅院记》中记录了永兴禅院所设置的僧职，"里人周遇舍菜园，此之谓檀越。知院元吉掌申牒公府，维那法俊提辖堂司，供养主文遇掌化募施利，典座道真掌庖厨，直岁省慎掌垦种，此之谓知事僧"③。这一记述中，"知院"、"维那"、"典座"、"直岁"即是《禅苑清规》中所列的"四知事"，而"供养主"应该相当于《禅苑清规》中所说的"化主"。也许对于这一寺院来说，募化显得异常重要，所以，此寺的僧职设置中，"供养主"的地位较高。再如立于北宋大中祥符三年（1010）的《千阳县普济禅院碑》尾具名者有："院主僧定庄、典座僧定升，修造主、讲金刚经僧定昭，维那僧定旸，供养主、持瑜伽大教僧定

---

① 《续藏经》第 63 册，第 534 页中。
② 谢重光、白文固：《中国僧官制度史》，第 180 页。
③ 王禹偁：《小畜集》卷一七《黄州齐安永兴禅院记》，四库本。

晖,佛殿主僧定真,直岁僧定晤,勾当僧定暲。"①此例中,"院主"即为《禅苑清规》中的"监院",其与典座、维那、直岁一起构成"四知事","修造主"、"供养主"、"佛殿主"以及"勾当僧"则属于这一寺院的"头首"。《金石萃编·灵严寺记》中署名的僧人有:"首座僧即敏、书记僧普置、知藏僧蕴奥、知客僧宗彻、知阁僧广仲、殿主僧宗坚、监寺僧法叙、副寺僧普迁、维那僧悟宝、典座僧普守、直岁僧志功、库头僧觉囗。"②这一碑石树于金明昌七年即南宋庆元二年(1196),基本反映了南宋时期北方寺院寺职的设置情况。碑文中,"监寺"、"维那"、"典座"、"直岁"等"四知事"以及"首座"、"书状"、"知藏"、"知客"、"库头"等五种"头首"都具备,"十务"中仅仅缺少"浴头";"知阁"在《禅苑清规》卷四中成为"阁主",与"殿主"均为《禅苑清规》中地位较低的"诸头",而"副寺"则是"监寺"即监院的助手。

关于宋代寺院知事的设置,从上述例证中可知,各大寺院一般都设有"十务",至于如元代《敕修百丈清规》所记述的那样众多而整齐划一的寺职设置在宋代仅仅是在逐步形成之中。从文献、金石资料与"清规"的参照可知,《禅苑清规》所述庶几近于宋代寺院的真实情形。

三、师号与紫衣

如前所论,唐、五代时期朝廷给予僧人的褒奖方式有赐予"师号"("国师"、"大师")、"德号"("大德")以及赐紫衣等三大类。宋代沿袭了这些方法,并且将其进一步制度化甚至商业化。关于宋代"师号"、"赐紫",北宋初的赞宁有一概括性的说法:"今大宋止行师号、紫衣,而大德号许僧录司简署。"③这是说,大宋朝廷仅仅赐予僧人师号和紫衣,至于"德号"则将权力下放给僧录司署理。

---

① 王昶:《金石萃编》卷一二九,《石刻史料新编》第1辑第4册,第2399页。
② 王昶:《金石萃编》卷一五七,《石刻史料新编》第1辑第4册,第2905页。
③ 赞宁:《大宋僧史略》卷下,《大正藏》第54卷,第249页中。

关于宋代"德号"的流行情况,赞宁说:"今大宋朝廷罕行德号。开宝中,左右街僧录准旧勅得简署三学杂科僧名题,或曰禅大德,或讲经律论、表白声赞、医术诸科,宜与大德二字。"①赞宁在此明确说,开宝年间(968—975),宋代朝廷将命名"大德"僧的权力下放给了"左右街僧录"。从赞宁的叙述看,分为"禅大德"、"讲经律论"、"表白声赞"、"医术"等类别,可见,分类之细是前代罕见的。更重要的是,"德号"是由僧录司颁发的,并非皇帝宫廷所为,在古代帝王崇拜的背景下,"德号"由此而失去了炫色。更加之,"近僧录道深不循科目,多妄张懿美文字为题,至于四字、六字,唯纳赂而后行。江南两浙之地至有十寺院中,无长行可以充僧役也"②。作为左街僧录的道深,在颁发署理"德号"问题上,存在过多、过滥并且追求文字优美之形式,更严重的是,只要缴纳贿赂就给予,"德号"失去了应有的神圣性。如赞宁所批评的,江南十所寺院中,几乎人人获得了"德号",使得寺院中没有无德号之僧人充当仆役。因此,赞宁的意思并不是说"宋代对大德号的封赐很严格"③,而是相反。这样的结果,使得唐、五代时期流行的神圣的"德号"在宋代之后逐渐变成了普通的尊称。

宋代朝廷对于僧人所赐的"师号",以"大师"、"禅师"最为盛行,而"国师"之号被废止。五代时期,获得师号的僧人很多。后周世宗限制佛教,欲毁灭佛教,赵匡胤即位后废除了毁佛法令,同时,也恢复了在后周初年仍然实行的赐师号的惯例。根据现存史料,最早获得北宋朝廷颁赐之师号的僧人是东京天清寺傅章,"广顺中,左街僧录广智大师荐闻于周高祖,赐紫方袍。大宋乾德二年,左街僧录道深荐于太祖神德皇帝,赐师号曰义明"④。此中所说的"广智大师"为五代北方高僧道丕,"天祐三年丙寅,济阴王赐紫衣,后唐庄宗署大师曰广智"⑤。道丕于梁朝后主时期

---

① 赞宁:《大宋僧史略》卷下,《大正藏》第54卷,第249页下。
② 同上书,第249—250页上。
③ 谢重光、白文固:《中国僧官制度史》,第162页。
④ 赞宁:《宋高僧传》卷七《傅章传》,《大正藏》第50卷,第751页上。
⑤ 赞宁:《宋高僧传》卷一七《道丕传》,《大正藏》第50卷,第919页上。

获赐紫衣,后唐庄宗时期获"广智大师"之号,"周太祖潜隐所重,广顺元年,勅召为左街僧录"①。道丕在显德二年(955)六月圆寂。宋太祖任命的左街僧录是道深。然关于这位僧录的生平事迹一无所存,按照上文推荐傅章获得太祖赐师号的情形推测,道深肯定也应该会获得太宗的赐紫和师号。《佛祖统纪》记载了赵匡胤当上皇帝的当年建隆二年(961),"以二月十六日圣诞为长春节,赐百官宴于相国寺"②。宰相范质所制《祝圣斋疏》以佛陀下生模拟皇帝。"是日以庆诞恩,诏普度童行八千人"③。对于这次活动的现存记载,未提及对于僧人的封赐。但此后,在京都大相国寺举行庆诞活动,成为北宋王朝的惯例。开宝二年(969),宋太祖于"长春节,诏天下沙门,殿试经律论义十条,全中者赐紫衣"④。这是用考试的方法来确定封赏僧人的名单。此后,宋太祖在庆诞活动中封赏僧众,也同时成为宋代皇帝颁赐僧众的习惯性做法。

不言而喻,宋代颁赐僧人师号是从宋太祖赵匡胤开端的。除前述僧人傅章被赐为"义明大师"的例子之外,见于记载的宋太祖颁赐僧众紫衣、师号的事例还有⑤:乾德三年(965)十二月,"沧州沙门道圆,游五天竺,往反十八年。及还偕于阗使者至京师,献佛舍利、贝叶梵经。上召见便殿,问西土风俗,赐紫方袍、器币"⑥。开宝四年(971),"诏京城名德玄

---

① 赞宁:《宋高僧传》卷一七《道丕传》,《大正藏》第50卷,第819页上。
② 志磐:《佛祖统纪》卷四三,《大正藏》第49卷,第394页中。
③ 同上书,第394页下。
④ 同上书,第395页下。
⑤ 参见黄敏枝《宋代佛教社会经济史论集》第十一章《宋代的紫衣师号》,第490—491页。另外,黄敏枝先生所说的东京观音禅院的释岩俊不属于乾德四年赐紫衣的事例。(黄敏枝:《宋代佛教社会经济史论集》,第490页)因为黄先生所据的《宋高僧传》卷二十八《岩俊传》并非明确记载其获紫衣的时间。赞宁在传文中在叙述其"以乾德丙寅三月示身有疾"而圆寂之后,又说:"初,俊被朝恩赐紫袈裟也,受而不服;锡'净戒'师号也,有而不称。"(《大正藏》第50卷,第886页中。)而《景德传灯录·行思禅师第五世前舒州投子山大同禅师法嗣》则明确记载:"东京观音院岩俊禅师,邢台人也。……周高祖、世宗二帝潜隐时,每登方丈必施跪礼。及即位,特赐紫,号'净戒大师'。"(《大正藏》第50卷,第325页上。)可见,岩俊的紫衣和师号是由后周高祖颁赐的。
⑥ 志磐:《佛祖统纪》卷四三,《大正藏》第49卷,第396页中。

超等入大内,诵金字大藏经,车驾临幸,并赐紫方袍"。此外,"西天竺沙门可智、法见、真理三人来朝,赐紫方袍。西天竺沙门苏葛陀来,贡舍利、文殊华,赐紫服金币"。"西天竺沙门弥罗等十四人来朝,并赐紫服"。从这几条资料中,即可见太祖于此年至少给19位僧人赐紫衣。开宝六年(973),"中天竺三藏法天至,译《圣无量寿经》、《七佛赞》。河中府梵学沙门法进执笔缀文,龟从润色。诏法天赴阙,召见慰问,赐紫方袍"①。另据《宋高僧传·普胜传》记载,这位西京广爱寺的僧人,"太祖神德皇帝赐紫衣,师号曰'宣教'也"②。这些例子中,僧人获得赐紫和师号的理由与契机,是多方面的。可见,宋太祖赐紫衣、师号的时间也不限于长春节。

宋太祖的这一做法实际上奠定了北宋、南宋赐紫衣、师号的基本惯例。继承其位的宋太宗赐给僧人紫衣和师号的事例更多,其最重要者罗列如下:太平兴国三年(978),"吴越王俶奉版图归朝,令僧统赞宁奉释迦舍利塔入见于滋福殿。上素闻其名,一日七宣,赐号'通慧大师'"③。太平兴国五年(980)"二月,北天竺迦湿弥罗国三藏天息灾、乌填曩国三藏施护来,召见赐紫衣,勅二师同阅梵夹"。同年,"沙门知则进所著《圣无量寿经疏》,赐号'演教大师'"。"六月,译经院成,诏天息灾等居之。赐天息灾'明教大师',法天'传教大师',施护'显教大师'"。④ 太平兴国八年(983),"天息灾等言:历朝翻译并藉梵僧,若遐阻不来,则译经废绝,欲令两街选童子五十人习学梵字。诏令高品王文寿选惟净等十人引见便殿,诏送译经院受学。惟净者,江南李煜之侄,口受梵章即晓其义,岁余度为僧,升梵学笔受,赐紫衣光梵大师"⑤。惟净后来成为译经院的主要译经成员。

关于宋太祖、宋太宗二朝赐紫衣、师号的具体办法,赞宁有一总结:

---

① 志磐:《佛祖统纪》卷四三,《大正藏》第49卷,第396页中。
② 赞宁:《宋高僧传》卷二八,《大正藏》第50卷,第887页下。
③ 志磐:《佛祖统纪》卷四三,《大正藏》第49卷,第397页下。
④ 同上书,第398页上。
⑤ 同上书,第398页下。

先是开宝至太平兴国四年以前,许四海僧入殿庭,乞比试三学,下开封府功德使差僧证经律论义,十条全通赐紫衣,号为"手表僧",以其面手进表也。寻因功德使奏,天下一家不须手表,求选勅依。自此每遇皇帝诞节,亲王、宰辅、节度使至刺史,得上表荐所知。僧道紫衣、师号唯两街僧录道录所荐得入内,是日授门下牒,谓之"帘前师号";给紫衣四事,号"帘前紫衣"。此最为荣观也。其外王侯荐者,间日方出,节制帘问牧守转降而赐也。①

依照赞宁的这一记载,宋初二帝时期,赐紫衣、师号的方式有两个阶段。第一阶段从宋太祖开宝二年(969)开始,允许僧人自由报名,至宫廷经过考试佛教戒、定、慧三学来确定敕赐名单。凡是十条全通者,赐紫衣。这种方法称之为"手表僧"。宋太宗太平兴国四年(979)开始,废除"手表僧"制度,而代之以荐举制。从此,凡皇帝的庆诞日,两街僧录、亲王、宰辅、节度使至刺史都可以向皇帝荐举僧人获赐紫衣、师号。两街僧录荐举者得以进入内廷,当日即可授予门下省的牒文,称之为"帘前师号"或"帘前紫衣"。由王侯荐举者,则隔日方才获得。而由节度使、刺史等荐举者,则采取逐级颁赐的方式。

由太宗所奠定的荐举制维持了相当长的时间。然而至宋真宗大中祥符三年(1010)十月,因为推荐过于浮滥,因此,朝廷下令僧腊满五年者方才允许被推荐。② 宋仁宗于景祐元年(1034)闰六月下诏规定,每年乾元节赐僧人以及道士紫衣、师号各以一百人为额度,仍令入内,内侍省置簿管理。③ 由此逆推,也许在此之前每年圣诞日所赐给僧人和道士的紫衣、师号均可能超过百人。仁宗在庆历二年(1042)六月十五日的诏书中特别强调说,非御前特恩不许奏荐。④ 由此可见,赐紫衣和师号应该不属

---

① 赞宁:《大宋僧史略》卷下,《大正藏》第54卷,第249页中。
② 李焘:《续资治通鉴长编》卷七四,第1692页。
③ 李焘:《续资治通鉴长编》卷一一四,第2682页。
④ 李焘:《续资治通鉴长编》卷一三七,第3278页。

于经常性的,而是皇帝在节庆日的特恩。宋英宗在治平元年(1064)正月十七日的诏书中特别规定,圣寿节所赐紫衣、师号以及祠部颁发的度牒由三百道减少为两百道。这两百道之中也包括贵妃、修仪、公主等原先在限额之外申请的名额。① 由此可见,"宋代有资格推荐紫衣师号的成员已经由五代的现任诸道节度使、防御使、团练使、州刺史等地方官扩大到中央的高级官员如宰辅、宦官,皇亲国戚如王后、太后、皇后、贵妃、修仪、长公主、公主、皇帝乳母等"②。不过,应该指出,从表面上看,宋英宗限制了赐紫衣和师号的数量,有些须制止其过滥的意图,但实际效果却未必如此。

关于师号,宋代流行字多为贵。师号,一般以两字最平常。如北宋中兴天台的四明知礼,于天禧四年(1020),"驸马李遵勖录行实奏上,特赐'法智大师'号"③。北宋著名高僧契嵩,嘉祐七年(1062)"入京师,见内翰王素,进《辅教编》、《定祖图》、《正宗记》。上读其书至'为法不为身',嘉叹其诚,勅以其书入大藏,赐'明教'大师"④。四字和六字师号史籍中不多见,但在当时却较二字尊贵。如宋真宗大中祥符二年(1009)"九月,吴国大长公主出家,法名清裕,赐号'报慈正觉大师'"⑤。这位公主即太宗第七女,刚出家即赐给四字师号,以示与普通僧众的区别。这恰恰与佛陀回乡省亲,其姨母等出家时,佛陀的处理方式形成鲜明对照。宋仁宗天圣七年(1029),"春不雨,遣使往随州大洪山祈雨。使人晨兴叩殿,遇紫服神僧,以目视之。翌日,大雨。诏封'慈忍灵济大师'"⑥。这位"神僧"引祈雨有功而获"慈忍灵济"四字师号。南宋高宗建炎四年(1130),

---

① 李焘:《续资治通鉴长编》卷二〇〇,第4845页。
② 黄敏枝:《宋代佛教社会经济史论集》,第449页,台北,学生书局,1989年。
③ 宗晓:《四明尊者教行录》卷一,《大正藏》第46卷,第858页上。
④ 志磐:《佛祖统纪》卷四五,《大正藏》第49卷,第413页上一中。
⑤ 志磐:《佛祖统纪》卷四四,《大正藏》第49卷,第404页上。
⑥ 志磐:《佛祖统纪》卷四五,《大正藏》第49卷,第411页中。

"诏法道法师随驾陪议军国事,上欲加以冠冕,师力辞,诏加'圆通法济大师'"①。六字师号的例子有天竺来华僧法护,宋仁宗至和元年(1054),"勅三藏法护戒德高胜,可特赐六字师号,曰'普明慈觉传梵大师'"②。宋徽宗时期,西天竺金总持三藏获"明因妙善普济大师"的师号。③ 现存的文献中,四字、六字师号的例子不多,但在当时确实不在少数。

《宋会要辑稿》所记载的南宋高宗绍兴十五年(1145)正月二十七日朝廷讨论向僧尼、道士征收免丁钱的文书中,明确论及了二字、四字、六字师号各自应该负担的赋税,其文曰:

> 户部言:"今措置到下项,甲乙住持律院并十方教院、讲院僧、散众每名纳千五贯文省,紫衣、二字师号纳钱六贯文省(只紫衣无师号同)。紫衣、四字师号每名纳钱八贯文省,紫衣、六字师号每名纳钱九贯文省,知事每名纳钱八贯文省,住持、僧职、法师每名纳钱一十五贯文省,十方禅院僧、散众每名纳钱二贯文省,紫衣、二字师号每名纳钱三贯文省(只紫衣无师号同),紫衣、四字师号每名纳钱五贯文省,紫衣、六字师号每名纳钱六贯文省,知事每名纳钱五贯文省,住持、长老每名纳钱一十贯文省。宫观道士、散众每名纳钱二贯文省,紫衣、二字师号每名纳钱三贯文省(只紫衣无师号同),紫衣、四字师号每名纳钱四贯文省,紫衣、六字师号每名纳钱五贯文省,知事每名纳钱五贯文省,知观、法师每名纳钱八贯文省(道正、副等同)。"诏:"依"。④

由此可见,四字师号、六字师号与二字师号一样,获得者甚众。

---

① 志磐:《佛祖统纪》卷四七,《大正藏》第49卷,第424页中。
② 志磐:《佛祖统纪》卷四五,《大正藏》第49卷,第412页下。
③ 《佛祖统纪》卷四六记载:政和三年"译经三藏明因妙善普济大师金总持同译语仁义、笔受宗正,南游江浙……。"(《大正藏》第49卷,第420页上。)《大正藏》中收有其主译的的《佛说法乘义决定经》三卷以及《文殊所说最胜名义经》二卷等,署名为"西天三藏明因妙善普济法师金总持等奉诏译"。
④ 徐松:《宋会要辑稿》食货一二之九至一○,第5011—5012页。

关于敕赐紫衣、师号的僧人所应有的资格，或者称之为"敕赐紫衣师号的对象"，白文固先生将其归纳为五种"制度性"规定①：第一，试经中高中者可赐紫；第二，献梵文贝叶经者可赐紫；第三，天竺高僧入译场者可赐紫；第四，年迈的老僧可给赐紫；第五，一些功臣、外戚、佞幸，建造类似家庙祠堂似的功德寺，招僧住持，亦可请求赐予紫衣、师号。黄敏枝先生将"有资格得到紫衣师号者"归纳为十四类②：第一，品德道行俱佳，僧腊较长者；第二，凡担任僧正满七年，别无私罪且被州司推荐者；第三，帮助收瘗骨骸三年内满标准者；第四，主持病坊满三年治愈千人；第五，年满八十以上之僧；第六，现任住持长老；第七，其他如西域取经回国、外国来华僧人、皇帝召见应对将轮之僧等；第八，阵亡将士之遗族获得度牒出家者；第九，入军中粮或船只者；第十，僧人守城御侮者；第十一，各地陵寺、功德寺；第十二，其他车驾临幸之寺院及掌管御容之寺院的长老僧；第十三，全国崇宁禅院或天宁禅院每年赐紫一人；第十四，灵异特著之寺每年赐紫一人。上述两位先生在其论著中也分项引述了例证。然而，从宋代赐紫、赐师号的方法来说，唯有试经义一种可以有客观的标准，而作为普遍实行的荐举制来说，正如蒋义斌先生所说，"其实荐举制，是无法定出严格标准的"③。在中土的社会风气中，哪位僧人可以获得赐紫和师号，除僧人自身的修行和对于佛教的贡献之外，也与其与上层社会以及官员的联系密切相关。因此，依据现存的若干诏书以及僧传留存的事例来逆推当时朝廷赐紫衣和师号所遵循的内在依据，是难得其真相的。前述十几种"资格"中，品德道行俱佳、德高望重自然是最符合赐紫衣和师号的本意的，而其他的种种资格中，献梵文贝叶经和天竺高僧入译场者属于历朝对于译经的特殊尊重，也是理所当然的。至于其他的"资格"，也许都属于若干孤立的特殊的事件，即便有些事例不止一例，也可能难以推

---

① 参见谢重光、白文固《中国僧官制度史》，第164—165页。
② 参见黄敏枝《宋代佛教社会经济史论集》，第450—451页。
③ 黄敏枝：《宋代佛教社会经济史论集》第十一章所附蒋义斌之"评论"，第462页。

高至"资格"的层面。譬如关于年满八十以上的僧人可获赐紫衣一项，白、黄二位都提及，根据是宋高宗和光宗的两封诏书。南宋高宗绍兴五年(1135)下诏，僧人、道士年岁八十以上者可给紫衣。绍兴二十九年(1159)十二月一日再次下诏："僧尼、道士、女冠年八十已上，并与紫衣。已有紫衣者，与师号。"①宋光宗绍熙五年(1194)正月一日庆寿赦文中也提及了这一规定。② 面对这样的三封诏书，我们现在很难证明高宗朝一直沿用这一规定对于80岁以上的僧尼、道士赐紫和师号，光宗的这一封诏书也是如此。很大可能，这一规定也是一种特例，也即在诏令中出现方才有效。

宋代赐紫衣、师号最为人所诟病的是，它们可以当做商品向朝廷购买。尽管现存正式的紫衣、师号鬻买事件始见于宋神宗时期，但此前有两件事可作为其前导：一是宋仁宗时于庆历二年(1042)六月十五日下诏，在延州地区如果纳细色军粮一百硕则可赐给紫衣、师号。③ 二是治平四年(1067)十月，朝廷因岁饥河决，"给陕西转运司度僧牒，令粜谷赈霜旱州县"④。对于前一事件，尽管史家大多将其看做因功赏赐的性质，但其已经具备了以物质交换名声的要义，因此，将其看作鬻卖紫衣、师号的前导也是可以的。对于后者，有一些论者推测神宗在鬻买度牒的同时，也宣布了鬻卖紫衣、师号。⑤ 不过，为谨慎起见，我们还是以黄敏枝所考证的熙宁四年(1071)为最早的事例。⑥《宋会要辑稿·方域》记载，宋神宗熙宁四年十二月十四日，赐河北转运司度牒500道以及紫衣、师号各250道，充修筑河道的费用。⑦ 此后，元丰四年(1081)八月，国戚高遵裕

---

① 徐松:《宋会要辑稿》道释一之三五，第7886页。
② 徐松:《宋会要辑稿》道释一之一〇，第7873页。
③ 李焘:《续资治通鉴长编》卷一三七，第3278页。
④ 李心传:《建炎以来系年要录》卷二六，第520页，北京，中华书局，2006年。
⑤ 参见袁震《两宋度牒考》，《中国社会经济史集刊》，第7卷第1期，1944年。
⑥ 参见黄敏枝《宋代佛教社会经济史论集》，第453页。
⑦ 徐松:《宋会要辑稿》方域一四之二三，第7557页。

请求赐给空名紫衣、师号牒以助军资,神宗下诏赐给"紫衣师号敕、度牒八百"①,鬻卖后作为军费开支。"徽宗即位,宰臣请特建景灵西宫,奉安神宗于显承殿,为馆御之首,昭示万世尊异之意。建哲宗神御殿于西,以东偏为斋殿,乃给度僧牒、紫衣牒千道为营造费,户牖工巧之物并置于荆湖北路。已而右正言陈瓘言'五不可',且论蔡京矫诬。不从。"②此例中,宋徽宗将鬻卖度牒、紫衣牒作为筹集修神宗、哲宗神殿的资金。宣和二年(1120)四月二十五日,宋徽宗以度牒、紫衣、师号共 200 万贯充籴米费用③;宣和七年(1125)三月,宋徽宗以番药钞并告敕补牒、度牒、紫衣、师号各 20 万贯付河北籴使司作籴米费用。④ 南宋时期,高宗建炎二年(1128)六月十日下诏,赐度牒、师号各 10 万贯充福建路、两浙路市舶本钱。⑤ 建炎二年"十一月,勅卖四字师号价二百千"⑥。建炎三年(1129)七月庚子,高宗赐给张浚度僧牒两万及紫衣、师号 5 000 道作为军费。⑦ 绍兴四年(1134)九月,宋高宗赐赵鼎度牒、紫衣、师号 2 500 道以充军费。⑧ 宋宁宗嘉定三年(1210)春,以紫衣、师号帖 300 道(每帖 100 贯),充行在会子钱。⑨ 这些事例很多,兹不多举。

至于紫衣、师号的售价,通常依据所赐为二字、四字或六字的区别而确定,字多则价高,此外也有时间和地区的差别。南宋建炎二年(1128)十一月,定四字师号为每道 200 贯。⑩ 建炎三年(1129),定紫衣每道 45 贯、师号每道 40 贯。⑪ 不过,由于度牒是面向世俗社会的,而紫衣、师号

---

① 李焘:《续资治通鉴长编》卷三一五,第 7620 页。
② 《宋史》卷一〇九《礼志一二》,第 2623 页。
③ 徐松:《宋会要辑稿》食货四〇之八,第 5512 页。
④ 徐松:《宋会要辑稿》食货四〇之一〇,第 5513 页。
⑤ 徐松:《宋会要辑稿》职官四四之一二,第 3369 页。
⑥ 志磐:《佛祖统纪》卷四七,《大正藏》第 49 卷,第 423 页下。
⑦ 李心传:《建炎以来系年要录》卷二五,第 514 页。
⑧ 李心传:《建炎以来系年要录》卷八〇,第 1305 页。
⑨ 李心传:《建炎以来朝野杂记》乙集卷一六,第 514 页。
⑩ 徐松:《宋会要辑稿》职官一三之二七,第 2677 页。
⑪ 徐松:《宋会要辑稿》职官一三之二八,第 2678 页。

仅仅面向僧尼,所以一般而言,其售价比度牒要低,有时甚至是度牒的1/10。①如南宋乾道年间(1165—1173),蜀地度牒一道钱引710贯,紫衣仅售六七十贯一道,少者至三四十贯一道。②

紫衣、师号本来是作为僧人道行之象征或者弘法有力之标志而存在的,但在中土官本位思想的强烈影响下,其弊端在唐末就已经引起了时人的讥评。欧阳修在《六一诗话》③中所引述的唐末诗人郑谷所写的"爱僧不爱紫衣僧"的诗句,反映了"名僧"并非普遍地受到尊重,"名僧"与高僧还是不同的。宋代将紫衣、师号彻底地庸俗、商品化,对于佛教僧团的侵蚀是严重的,在当时就遭到了佛教内外有识之士的批评、谏阻。譬如前文引述过的赞宁对于太祖朝的左僧录道深的尖锐批评,北宋初年的诗人魏野《送瑞上人南归》诗云:"题诗当路少,乞食入城稀。肯学寻常辈,忙忙为紫衣。"④应该说,获赐紫衣、师号的很多僧尼无论是道行、义学修养,还是对于佛教的贡献等方面,都是名实相符的。《续传灯录·道楷传》记载:道楷禅师于宋徽宗大观元年(1107)冬天移天宁寺做住持后,徽宗皇帝"差中使押入,不许辞免。俄开封尹李孝寿奏:'楷道行卓冠丛林,宜有以褒显之。'即赐紫伽黎,号'定照禅师'。楷焚香谢恩罢。上表辞之曰:'……所有前件恩牒不敢只受,伏望圣慈察臣微恳,非敢饰词。特赐俞允臣没齿行道,上报天恩。'上阅之以付李孝寿,躬往谕朝廷旌善之意,而楷确然不回。开封尹具以闻。上怒,收付有司。有司知楷忠诚而适犯天威,问曰:'长老枯悴有疾乎?'楷曰:'平日有疾,今实无。'又曰:'言有疾,即于法免罪谴。'楷曰:'岂敢侥幸称疾而求脱罪谴乎?'吏太息。于是受罚著缝掖,编管缁州。都城道俗见者流涕,楷气色闲暇。至缁州僦屋而居,学者益亲。明年冬敕

---

① 徐松:《宋会要辑稿》职官一三之三三,第2680页。
② 徐松:《宋会要辑稿》职官一三之三七,第2682页。
③ 欧阳修:《欧阳文忠公文集》卷一二八《诗话》,《欧阳修全集》第5册,第1950—1951页,北京,中华书局点校本,2001年。
④ 魏野:《东观集》,四库本。

放,令自便庵于芙容湖中。"①从道楷禅师的遭遇可以推知,有些高僧接受紫衣、师号也有不得已而受之的心态。

第三节 度僧与度牒

宋代朝廷对于佛教采取既利用又控制的方针,政府对于僧团的控制能力和控制方法比之前代更为多样和完善,将度僧的权力完全收归朝廷,度牒的管理制度更趋严格,并且将唐代出现的鬻卖度牒的个案扩大为常规行为。宋代强化了僧籍管理制度对于度僧的管理,最大特点是"童行系帐"和"度沙弥(尼)"即为"度僧"的概念,而受具足戒成为比丘、比丘尼的阶段政府干预不太多。

一、童行出家与"特恩度僧"、"试经度僧"

童行是指已经进入寺院而尚未正式出家的童子。由童行剃度为沙弥或沙弥尼,再由沙弥或沙弥尼受戒为比丘、比丘尼,是隋唐以后形成的度僧的一般程序。这种程序的主管者或批准者不再是僧尼或僧团,而是朝廷或者相关部门。这一度僧制度流行于隋唐,至宋代则日渐完备。这也标志着朝廷完全掌握了度僧的权力,僧团完全丧失了自主管理僧团事务的权限。

唐代的法令未曾规定童行为出家的必经阶段,而宋朝却规定,打算进入佛门者,首先必须入寺作童行。童行是出家者的必经过程,因此宋代将作童行称为"出家"。《禅苑清规·训童行》规定,志愿成为童行者必须向自己所欲入之寺的寺主,提出大略如下的申请书(投院状):"投院童行,姓某名某,年若干,本贯某州某县某乡某里人事,或是郭下人事,在身并无雕青刑宪及诸般违碍。今为生死事大,久慕空门,蒙父母情允,许舍

---

① 居顶:《续传灯录》卷一〇,《大正藏》第51卷,第523页下。

入本院,出家为童行。(如无父母,即云今欲投院出家为童行)。伏乞堂头和尚慈悲容纳。谨状,年月日,具前位某押状送。如有父母即连状书名。"① 从此文看,受理如上之申请书时,住持要先以口头审问来确认其出家的动机。若是为了衣食生计或逃避徭役而入寺,或者在缺乏父母承诺的情况下,政府不允许其出家。《庆元条法事类·道释门》明确地规定:"或无祖父母、父母之听许文书者,不得为童行。"②对于出家必须得到父母允许,其最初的正式根源可能出自于宋朝的这些法令。

宋代朝廷对于童行的管理有三方面的特点③:

第一,童行入寺的年龄限制。关于这一问题,宋代朝廷的前后规定不大一致。北宋真宗咸平四年(1001)规定年满10岁④,仁宗天圣八年(1030)三月则提高到男20岁、女15岁以上。⑤ 至南宋宁宗嘉泰二年(1202)则规定男子须19岁、女子14岁以上。⑥ 这些规定有一明显的动向,就是允许入寺为童行的年龄逐渐提高,甚至提高到成年以上。可见,宋代的"童行"已经不再仅仅指"童子",而成为入寺院出家的一个必不可少的阶段,因而"行"于寺院而不必是"童子"。这是与唐代大不相同的。唐代的"童子"确实是名副其实的,而成年人入寺行走而未正式成为沙弥、沙弥尼者,称之为"行者"或"净人"。而宋代之所以强制规定童行的年龄限制,"主要是出于限制幼童入寺及保证政府差役的人手两方面的考虑"⑦,但这样一来,却使得"童子"失去了其原本的意义,成为正式出家人的一个预备阶段。

---

① 宗赜:《禅苑清规》卷九,《续藏经》第63册,第548页中。
② 谢深甫:《庆元条法事类》卷五一《道释门》。
③ 参见黄敏枝:《宋代佛教社会经济史论集》,第358—359页。另外也可参见[日]冢本善隆《中国近世佛教史の诸问题》以及[日]小笠原宣秀《宋代佛教史の研究》等著作中的相关论述。黄著对这些研究成果多所吸收,本著此段落则主要以黄著为主作概括叙述。
④ 徐松:《宋会要辑稿》道释一之一七,第7877页。
⑤ 徐松:《宋会要辑稿》道释一之二七,第7882页。
⑥ 谢深甫:《庆元条法事类》卷五〇《道释门》之"违法剃度"条。
⑦ 白文固、赵春娥:《中国古代僧尼名籍制度》,第111页,西宁,青海人民出版社,2003年。

第二，童行系帐而又不享有出家的正式待遇。系帐就是未曾正式出家而仅寄名于寺院，登录于簿籍并申报祠部备案，等待朝廷批准获得度牒然后受戒成为僧尼。系帐者必须以正式的名字申报入籍，要列具清楚新收童行的姓名、年龄、出家寺院、到寺时间、业师法名等。一般而言，系帐是正式出家的必经阶段，特殊的例子都出于帝王的特别恩遇，如宋真宗景德四年(1007)十一月下诏，恩准涟水军僧澄因大师、赐紫守坚每年在承天节可度僧一人并且不拘系帐行者。① 正因为系帐是成为僧尼的必经阶段，因此，朝廷对其管理颇为严格。

第三，有严格的禁止性规定。如宋真宗天禧二年(1018)三月曾经下诏规定：其一，祖父母或父母健在而别无子息侍养者禁止入童行。其二，犯罪隐匿逃窜者禁止入童行。其三，曾在军队遭受笞刑者禁止入童行。② 关于违反朝廷禁令而为童行者，朝廷规定："诸童行卖帐买帐，并给合引领卖各各徒二年，甲头、同保人并本师、主首及经历干系人知情，与同罪；不知情者各杖六十。"③如果有上述禁止性情形而知情者仍然容留其为童行者，则本人、师主、三纲、知事僧等等都要受到相应的惩罚。其四，系帐童行的待遇前后有所变化。在宋仁宗之前，童行享有免除税役的特权，景祐三年(1036)五月，为了遏制童行数量的激增，下令只有僧尼才可以免除身役。《宋史·食货志》记载："景祐中，稍欲宽其法，乃命募人充役。初，官八品以下死者，子孙役同编户；至是，诏特蠲之。民避役者，或窜名浮图籍，号为出家，赵州至千余人，诏出家者须落发为僧，乃听免役。"④因此，《庆元条法事类》规定："诸童行并留发，仍于本户收其身丁钱。"⑤ 这一规定也许正是童行急于受戒为僧的原因，也彰显了戒牒的价值。

宋代政府牢牢地掌握了由童行剃发为沙弥、沙弥尼的批准权。宋朝

---

① 徐松：《宋会要辑稿》道释一之一九，第7878页。
② 徐松：《宋会要辑稿》道释一之二二，第7879页。
③⑤ 谢深甫：《庆元条法事类》卷五一《道释门》之"供帐"条。
④ 《宋史》卷一七七《食货志·役法》，第4296页。

规定,童行系帐年满一年后,方才有可能经过特定程序取得剃发受戒为僧尼的资格。依照《佛祖统纪》卷五一的归纳,宋代的剃度有"特恩度僧"、"试经度僧"和"进纳度僧"等三种途径,其中以"试经度僧"为考试方式,"特恩度僧"为特殊恩宠,并非常制。"进纳"是用钱买度牒,也是常制,尤其是出售度牒最多时,试经与恩度无形中已不再实行。从时间言之,北宋初期,恩度和试经的较多,从宋神宗开始鬻卖度牒开始,进纳得度成为主流。

关于宋代的"特恩度僧",《佛祖统纪》卷五一"特恩度僧"条①下简要归纳了六次重大的"恩度"事件,其中涉及到五次"普度"和一次"特度"。

所谓"普度"就是下诏各地各寺院都可度童行为沙弥、沙弥尼。赵匡胤建立宋王朝的当年二月就开始了敕度童行的活动。建隆元年(960)二月十六日是太祖皇帝的圣诞日,太祖令称其日为长春节,在东京相国寺赐百官宴,"是日以庆诞恩,诏普度童行八千人"②。这是在当时赵宋统治区域一次性总度童行 8 000 人为沙弥,这推动了被周世宗毁佛运动所破坏的佛教的恢复步伐。宋太祖后期将这种"恩度"制度化,开宝六年(973)太祖下诏诸路,此后按"僧帐见管数目七十人至百三十人,每年放一人;至百七八十人,放两人"③。此中所说的"放"即恩度之义。依据这一诏令,一旦管理的童行数量达到诏令的额度,地方管理部门即可不经诏令而直接给予寺院相应的剃度指标。由开国之君所施行的"普度"僧尼的做法,在两宋时期均得到历代皇帝的沿袭,不过规模有大小之别。

史籍所记载的宋太宗"普度"事件既多而且规模巨大。《佛祖统纪》卷四三记载:"太平兴国元年,诏普度天下童子凡十七万人(《国朝会要》)。"④

---

① 志磐:《佛祖统纪》卷五一,《大正藏》第 49 卷,第 453 页上。
② 志磐:《佛祖统纪》卷四三,《大正藏》第 49 卷,第 394 页下。
③ 徐松:《宋会要辑稿》道释一之一四,第 7875 页。
④ 志磐:《佛祖统纪》卷四三,《大正藏》第 49 卷,第 396 页下。白文固、赵春娥在《中国古代僧尼名籍制度》(第 96 页)中怀疑这一记载的准确性,可从。

这一记载不大严密,《佛祖统纪》卷四五有另一说法:"本朝太宗普度十七万人至二十四万人。此特恩蒙度之大略也。"①而编修于太平兴国年间的《大宋僧史略》则说:"我大宋太平兴国初年及七年,度僧一十七万有余,古之莫比。缁徒孔炽,在于兹矣!"②元代的念常沿用了赞宁的说法:太平兴国七年(982),"诏普度天下童行为僧,不限有司常制。自即位至是,度一十七万余人"③。关于太宗太平兴国七年九月的诏书,《宋会要辑稿》记载:"应先系帐沙弥、长发未剃度者,并特于剃度,祠部即给牒。今后不得为例,不得将不系帐人夹带充数,犯者当行决配。"④可见,在这一年,太宗下令将所有系帐沙弥全部度为比丘、比丘尼,将所有系帐童行(即文中"长发未剃度者")全部剃度为沙弥、沙弥尼。由此可见,宋太宗确实在登位的七年之内,下诏恩度了总共 17 万名童子为僧。至于《佛祖统纪》卷四五所说的"至二十四万人"是不是指的是从太平兴国七年以后,宋太宗又剃度了七万名童子为僧呢?《佛祖统纪》又记载:雍熙三年(986),太宗下"诏天下系帐童行并与剃度"⑤。可见,至此年,凡是系帐童行很快都能获得剃度的机会。然而,太宗在晚年开始对全额剃度的做法有所修正。上述是太宗朝的几次大规模的"普度"事件,太宗小规模的"普度"见于记载的也不少。

  太宗之后,宋真宗时期"普度"的规模比之太宗朝有过之而无不及。景德二年(1005),真宗下诏,"释、道岁度十人者,特放一人不试经业。"⑥在此确定了"恩度"的比例为度僧总人数的 10%。大中祥符二年(1009)"正月,以封禅行庆,诏天下寺、观各度一人,朝觐泰山陪位僧、道各度弟子一人"。同年九月,因吴国大长公主出家,"诏于是日普度天下童子十

---

① 志磐:《佛祖统纪》卷四五,《大正藏》第 49 卷,第 414 页上。
② 赞宁:《大宋僧史略》卷下,《大正藏》第 50 卷四,第 525 页中。
③ 念常:《佛祖历代通载》卷一八,《大正藏》第 49 卷,第 659 页下。
④ 徐松:《宋会要辑稿》道释一之一四,第 7875 页。
⑤ 志磐:《佛祖统纪》卷四三,《大正藏》第 49 卷,第 400 页上。
⑥ 志磐:《佛祖统纪》卷四四,《大正藏》第 49 卷,第 403 页上。

人度一人"①。更有甚者,天禧三年(1019)八月,真宗下诏"天下僧尼、道士女冠、系帐童行,并与普度"②。根据这一诏令将所有的系帐童行都准予剃度为沙弥、沙弥尼。至于数量,《佛祖统纪》卷四四有二说:其一为:"尚书右丞林特提举祠部文牒,是岁度僧二十三万百二十七人,尼万五千六百四十三人;道士七千八十一人,女冠八十九人。"③此卷中有一"述":"真庙之在御也,并隆三教,而敬佛重法,过于先朝。故其以天翰撰述,则有《圣教序》、《崇释论》、《法音集》、《注四十二章、遗教二经》,皆深达于至理。一岁度僧至二十三万。"④参照二说可知,经过这一年的剃度,北宋的僧数达到了 230 127 人,尼数 15 643 人。而至天禧五年(1021),"是岁天下僧数三十九万七千六百十五人,尼六万一千二百四十人"⑤。两个数字相对照,短短两年,僧尼增加了 313 085 人,这一数字就应该是两年之内由童行度为沙弥、沙弥尼的人数。

  北宋真宗之后,"普度"虽然时见采用,但再也没有如此前的大规模"普度"了。宋仁宗时期至少有两次"普度",但具体情形失载,已难得其详。无尽居士撰《荆门玉泉皓长老塔铭》中记述,释承皓于明道二年(1033)"普度为僧,景祐元年受戒,庆历二年游方"⑥。法师覃异,"遇皇祐普度恩得剃发,习教观于天竺明智,后入雷峰广慈之室"⑦。这位僧人是在皇祐年间(1049—1053)的一次"普度"中剃度为僧的。这两条资料显示,宋仁宗朝至少实施过两次普度,人数不详。宋神宗于熙宁六年(1073)"诏同天节日普度僧尼"⑧。也许由于神宗之后鬻卖度牒制度的实行,在史籍中仅仅查到这一条"普度"事例。

  "特恩度僧"的第二种类型是"特度",即下诏给予特定的对象以额外

---

① 志磐:《佛祖统纪》卷四四,《大正藏》第 49 卷,第 404 页上。
②③ 同上书,第 406 页上。
④⑤ 同上书,第 406 页下。
⑥ 念常:《佛祖历代通载》卷一九,《大正藏》第 49 卷,第 674 页中。
⑦ 志磐:《佛祖统纪》卷一三,《大正藏》第 49 卷,第 219 页下。
⑧ 念常:《佛祖历代通载》卷一九,《大正藏》第 49 卷,第 699 页中。

剃度名额。根据初步考证,宋代最早的"特度"的例子发生于宋太宗朝。太平兴国七年(982)七月,宋太宗"幸译经院,召僧众赐坐尉谕,赐卧具缯帛什物,度其院童子十人"①。第二年六月,天息灾等僧请求"欲令两街选童子五十人习学梵字。诏令高品王文寿选惟净等十人引见便殿,诏送译经院受学"②。后来这十人被剃度为僧,其中惟净成为北宋著名的义学僧。关于"特度"的事例,黄敏枝有较为全面的考证,共归纳出 89 例③,并且由此归纳出十几种最易于获得"特度拨赐"的对象④。将这些研究成果归结起来,"特度"的获得以下列几种情形较多:

其一,名山福地之寺院,像五台山诸寺院、天台山 54 所寺院、越州天章寺、嘉州峨嵋山普光王寺六所、嘉州大象凌云寺、嘉州白水普贤寺、嘉州黑水华藏寺、嘉州中峰乾明寺、舒州天柱山三祖乾明寺、福州雪峰山崇圣禅院等,都曾获得恩赐特度僧尼的特殊待遇。

其二,某些由当时很受尊崇的高僧住持的寺院,较为容易获得恩赐特度僧尼的待遇,如并州惠明寺因时任舍利塔主的启麟的关系获得特度僧尼的优待,谭州衡岳善果庵在内品僧守德任住持时获得特度的敕令,定州开元寺因讲经论修塔功德主演法大师而获得特度僧尼的优待,

---

①② 志磐:《佛祖统纪》卷四三,《大正藏》第 49 卷,第 398 页下。
③ 参见黄敏枝《宋代佛教社会经济史论集》第九章所附"宋代恩度僧、童行表",见于此著第 366—376 页。不过此表有两个缺点:其一,未明确列入"普度"的例子,而"特度"并不能算作"恩度"僧尼的全部。其二,此表是将"度僧"和"度童行"分列的。显然是作者忠实于原始文献的缘故,但也许作者并未注意到宋代"度牒"所代表的大概都是度童行为沙弥、沙弥尼的,"度僧"的概念在宋代大多数是指"度童行为僧"。譬如黄先生所列的 89 例中,"度僧"与"度童行"的表述未曾重迭过。黄先生还说:"《淳熙三山志》只提到僧和童行(还有道士),而没有尼和沙弥,颇令费解。尼的数量一向少,有可能已包括在僧数内,至于沙弥为何没有提到?笔者翻阅其他资料如《宋会要辑稿》〈道释〉,十之八九也都没有讲到'沙弥'这一级,有可能是将沙弥和童行这两级归并成童行一级来计算。"(《宋代佛教社会经济史论集》,第 356 页。)在此需要指出,"僧"的全称为"僧伽",本为为比丘、比丘尼之通称,也可将沙弥、沙弥尼包含在内。简言之,广义的"僧"的概念是将"出家四众"——比丘、比丘尼、沙弥、沙弥尼都包括其中的,由于童行或行者是不剃除须发、不着僧装的,因此,有关宋代的僧人数量的统计数字,如果没有特别将僧、尼单列,应该是指出家四众之全体,不大可能存在将沙弥和童行合并计数的做法。
④ 参见黄敏枝《宋代佛教社会经济史论集》,第 362 页。

等等。

其三,来华译经的僧人在完成部分翻译工作之后,跟随的弟子较为容易获得特度的嘉奖。

其四,太后、皇后、贵妃、官僚、内侍的功德坟寺较为容易获得特度的诏令。

其五,皇帝临幸的寺院较为容易获得特度的恩遇。

其六,掌管御容、御书的寺院以及追奉皇帝、皇太后、皇后的陵寺,大多会获得特度的待遇。

其七,显现灵异的寺院大多会获得特度的奖励。

其八,参与慈善救济工作的童行,也有可能获得特度的恩遇。如南宋高宗绍兴元年(1131)十二月,绍兴府养济院收容病患,令童行二人照管汤药,至次年三月一日止,如千人以上死亡不及十分之二,则给予度牒。① 帮忙掩埋尸骨百人或两百人也赐给度牒。② 如此等等,兹不多述。

一般情形下,"特恩度僧",无论是"普度"还是"特度",都无须加试经业,如宋真宗于景德二年(1005)下诏,"释、道岁度十人者,特放一人不试经业"③。根据文献记载推知,作为与"试经度僧"并列的一种方式,"特恩度僧"之"特"就在于免于考试经文以及缴纳钱币。尤其是在太宗、真宗朝下诏将全部系帐童行都度为僧尼的情形下,"试经度僧"的方法采用的频度自然很少。

关于"试经度僧",宋代僧人志磐在《佛祖统纪》中有一归纳:

> 唐中宗景龙初,诏天下试经度僧,山阴灵隐僧童大义诵《法华》,试中第一。肃宗勅白衣诵经五百纸,赐明经出身为僧,时僧标试中第一。代宗勅童行策试经、律、论三科,给牒放度。敬宗勅僧背经百

---

① 徐松:《宋会要辑稿》食货六八之一三八,第6322页。
② 徐松:《宋会要辑稿》道释一之三二,第7884页。
③ 志磐:《佛祖统纪》卷四四,《大正藏》第49卷,第403页上。

五十纸,尼百纸,许剃度。宣宗勅每岁度僧,依戒、定、慧三学,择有道性通法门者。梁末帝勅天下僧尼,入京城比试经业。唐末帝诞节度僧,立讲经、禅定、持念、文章、议论为四科。周世宗勅男子十五诵经百纸,女子七十纸,郡考试,闻祠部给牒。①

至于宋代"遵用唐制,立试经度僧之科。窃详《大宋高僧传》、洪觉范《僧宝传》所载,自建隆开国至于南渡,名德高行,皆先策试《法华》,然后得度"②。根据南宋僧人若讷的总结,宋代开国之初即继承了唐、五代试经度僧的传统,一直到南宋中后期一直坚持这一做法。不过,宋代史籍中所说的"试经度僧"与唐、五代同类政策的最大的区别在于,宋之前的"试经度僧"大多指的是度沙弥(尼)为比丘、比丘尼,而在剃度童行阶段试经的情况不多。宋代的"试经度僧"则几乎全部指的是剃度童行为沙弥(尼),例外者不多,如宋太祖开宝二年(969)"长春节,诏天下沙门殿试经、律、论义十条,全中者赐紫衣"③。不过,这一例不能算做"试经度僧",而是"试经赐紫"。

与前述"特恩度僧"相同,宋代"试经度僧"的做法也是由宋太祖奠定的。《释氏稽古略》记载:建隆三年(962),"诏僧门童行每岁经本州岛考试入京师,执政重监试,所业其《妙法莲华经》七卷。通者,奏名下祠部给牒披剃"④。《佛祖统纪》记载:开宝五年(972),"勅僧、道并隶功德使,出家求度策试经业,关祠部给牒"⑤。这两条资料,表明太祖在建隆元年(960)二月十六日圣诞日普度童行 8 000 人这一"特恩度僧"方式之外,也正式下诏启用"试经度僧"的方式。至于具体时间,两条资料所说不一。特别是对于《释氏稽古略》所记载的"试经"分为两级的说法,当代学人有

---

① 志磐:《佛祖统纪》卷五一,《大正藏》第 49 卷,第 452 页下。
② 志磐:《佛祖统纪》卷四七,《大正藏》第 49 卷,第 430 页上。
③ 志磐:《佛祖统纪》卷四三,《大正藏》第 49 卷,第 395 页下。
④ 觉岸:《释氏稽古略》卷四,《大正藏》第 49 卷,第 859 页中。
⑤ 志磐:《佛祖统纪》卷四三,《大正藏》第 49 卷,第 396 页中。

一些疑问。① 首先是学界一贯认为此著的编撰略显粗率②,而这一条又不见于《大宋僧史略》《佛祖统纪》等史籍,因此需要略作辨析。

《释氏稽古略》标明此条资料的来源是《系年录》,而"《系年录》者,上天竺寺讲经首座慧鉴之所编也"③。此书的全名为《佛法系年录》④,释慧鉴的情况不明,但根据此僧的职务"讲经首座"以及《佛祖历代通载》以及《释氏稽古略》等的引用情况看,《系年录》是南宋僧人编撰的佛教编年史著作。此外,关于北宋两级试经度僧之事,《佛祖统纪》收录了南宋名僧上天竺寺、左街僧录若讷于宋孝宗淳熙十一年(1184)所上的札子,其文中说:

> 及我朝而甚详。如文莹《湘山录》载,国初潭州僧童试经。此州郡比试也。欧阳《归田录》载,执政宋绶、夏竦同试童行。此朝廷开试也。若《僧史略》载,朱梁时不许私度,愿出家者入京比试。窃详三书之意,当是天下童行,先就州郡试中,然后入京。执政开场亲监覆试,第名奏上,乃下祠部给牒。⑤

此文中所引用的三书现在俱在,可借此作些辨析。

宋代僧人文莹在《湘山野录》卷中记载:"一日,潭州试僧童经。一试官举经头一句曰:'三千大千,时谷山',一闽童接诵。辍,不通。因操南音上请曰:'上覆试官,不知下头有世界耶,没世界耶?'群官大笑。"⑥此文未标明具体年代,但从上下文所叙述内容之时间看,若讷称为"国初",应该没有问题。欧阳修《归田录》卷一记载:

> 宋宣献公、夏英公同试童行诵经。有一行者诵《法华经》不过。

---

① 参见白文固、赵春娥:《中国古代僧尼名籍制度》,第97—98页。
② 参见陈垣《中国佛教史籍概论》卷六《释氏稽古略》条,第151—152页,北京,中华书局,1962年11月第1版。
③ 觉岸:《释氏稽古略》卷四,《大正藏》第49卷,第859页上。
④ 同上书,第892页中。
⑤ 志磐:《佛祖统纪》卷四七,《大正藏》第49卷,第430页中。
⑥ 释文莹撰,刘世刚、杨立阳点校:《湘山野录·续录·玉壶清话》,第25页。标点酌有改动。

> 问其"习业几年矣",对曰:"十年矣。"二公笑且闵之。因各取《法华经》一部诵之。宋公十日,夏公七日,不复遗一字。

关于这一事件的年代,《归田录》未曾说明,白文固不知何故称其为天禧初年之事,①然《佛祖统纪》将其系于景祐元年(1034)。经查《宋史》中的《宋绶传》、《夏竦传》以及《宋真宗本纪》、《宋仁宗本纪》,景祐元年(1034)宋绶任参知政事,夏竦则在先一年被免去参知政事的职务,改任礼部尚书。《佛祖统纪》在引用《归田录》的文字之前,并且说:景祐元年,"诏试天下童行诵《法华经》,中选者得度,命参政宋绶、夏竦同监"②。对于上述资料的含义,白文固先生说:"如《归田录》所载,天禧初年,由执政宋绶、夏竦主持赴京的童行考试,那仅是朝廷重视经业考试的一个特例,是宋政府把试经权临时收归中央而已,那些赴京的童行并非由地方官初试后解送中央,不能依此认为宋代就通行地方官和中央两级试经制度,这一点从《宋会要辑稿》相关资料中看得很清楚。"③白先生的这一看法,笔者认为不大妥当。

首先,元代僧人编写的《释氏稽古略》依据宋代《佛法系年录》的资料记载,早在建隆三年(962),太祖就下诏两级试经度僧。依照考据学的一般规则,要推翻这一记载需要更为强有力而直接的证据,但白先生在其文中仅仅概略地说:"总的说,北宋以临时差遣使职或由州府判官、录事参军主持对童行的考试。"④这一说法是对的,但我们在对《宋会要辑稿》等资料的检索中,未查阅到明确否定宋初两级童行试经的记载。

其二,宋代僧人编写的《佛祖统纪》所录载的南宋僧人若讷在淳熙十一年(1184)上给孝宗皇帝的文书中对于宋初两级试经度僧的记述,应该属于事实,否则就有欺君之罪。《佛祖统纪》记载:"上可其奏,付执政,下

---

①③④ 白文固、赵春娥:《中国古代僧尼名籍制度》,第98页。
② 志磐:《佛祖统纪》卷四五,《大正藏》第49卷,第409页下。

僧司,具格式。"①孝宗皇帝已经被若讷所说服,并且显然已经拟议了试经的"格式",若讷列举的依据怎么可能是误解或者伪造的呢?

其三,宋初赞宁在《大宋僧史略》中说:"梁末帝龙德元年,禁天下私度僧尼。有愿出家,勒入京比试后,祠部上请焉。"在记述了这一事实后,赞宁又说:"至今大宋僧、道并隶功德使,出家乞度,策试经业,则功德使关祠部出牒,系于二曹矣。"②这一说法与前引《佛祖统纪》所记载的开宝五年(972),"勑僧、道并隶功德使,出家求度策试经业,关祠部给牒"相对照,似乎说明宋初是由功德使主持组织"试经",通过者报经祠部发给度牒。这样看来,童行试经本来就是中央僧司管理的,不存在将权力收归中央的特例问题。综合以上数点,我们可以断定,北宋初年曾经实行过两级试经度僧的制度。

关于宋代"试经度僧",考之于现存史籍,以下几方面的内容是较为可靠的:

其一,宋代试经以《法华经》为主,如建隆三年(962),太祖规定童行试经"所业其《妙法莲华经》七卷。通者,奏名下祠部给牒披剃"③。宋仁宗景祐元年(1034),"诏试天下童行诵《法华经》"④。其原由,如南宋僧人若讷所说:"以由此经是如来出世一化之妙唱,群生之宗趣。帙唯七卷,繁简适中,故学者诵习,无过与不及之患。"⑤

其二,关于试经的具体标准,宋太宗雍熙三年(986),"诏天下系帐童行并与剃度。自今后读经及三百纸,所业精熟者,方许系帐"⑥。至道元年(995),"诏两浙、福建路每寺三百人,岁度一人;尼百人,度一人。诵经

---

① 志磐:《佛祖统纪》卷四七,《大正藏》第49卷,第430页中。
② 赞宁:《大宋僧史略》卷中,《大正藏》第54卷,第246页中。
③ 觉岸:《释氏稽古略》卷四,《大正藏》第49卷,第859页中。
④ 志磐:《佛祖统纪》卷四五,《大正藏》第49卷,第409页下。
⑤ 志磐:《佛祖统纪》卷四七,《大正藏》第49卷,第430页上。
⑥ 志磐:《佛祖统纪》卷四三,《大正藏》第49卷,第400页上。

百纸、读经五百纸为合格"①。依据现存的文献记载,宋代试经有读经、诵经两种方式,如时人洪迈所解释的"念经、读经之异,疑为背诵与对本云"②。所谓"诵经"、"念经"是考官提举几个字作为起头,由试者接续背诵下去。关于宋代的写经格式,时人赵彦卫说:"释氏写经,一行以十七字为准。国朝试童行诵经,计其纸数,以十七字为行,二十五行为一纸。"③300纸即为127 500字,500纸即为222 500字,显然都超过了鸠摩罗什所翻译的《妙法莲花经》的篇幅。可见,读经的范围不仅局限在《法华经》上,但现存试经的资料显示,考官常常问及的仍然是《法华经》,因此,可以推定,《法华经》属于诵经即背诵的范围。

其三,朝廷对于试经的基本程序作了严格的规定。譬如,宋太宗雍熙二年(985)曾经下诏规定:"天下应系二年所供帐有名者,并许剃度。"④依照这一规定,系帐两年的童行方才有剃度为僧的资格。而关于试经的合格率,预先也有一个大致的名额限制。北宋初期一般是每百位系帐童行可通过试经度一人,在特殊情形下则有所调整。如至道元年(995),太宗"诏两浙、福建路每寺三百人,岁度一人;尼百人,度一人"⑤。这可能是针对两浙、福建僧尼数量过膨胀而作的特殊规定。再如北宋真宗大中祥符元年(1008)十二月,由于封禅礼毕,特别下诏令系帐童行每百人试经业剃度二人,不及百人处亦剃度二人。⑥ 经过测试经业,按照择优放度的原则,由主考官向祠部呈报《保奏试经拨度童行状》,列举考试经过、放度比例、合格人数以及每一位剃度者的简单情况。如果试经程序有问题,朝廷会给予当事人严厉的惩罚,如宋太宗至道元年(995)六月的诏令中就说:"江南两浙福建僧尼,今后以见在僧数每三百人放一人,仍依原敕比试,念读经纸合格者,方得以闻。不如此式而辄奏者,知州通判职官

---

①⑤ 志磐:《佛祖统纪》卷四三,《大正藏》第49卷,第410页中。
② 洪迈:《容斋三笔》卷九,"僧道科目"条,第534页,北京,中华书局点校本,2005年。
③ 赵彦卫:《云麓漫钞》卷三,第49页,上海古籍出版社点校本,1996年。
④ 徐松:《宋会要辑稿》道释一之一四,第7875页。
⑥ 徐松:《宋会要辑稿》道释一之二〇,第7878页。

并除。若干系人吏、三纲主首、本犯人决配。"①对于试经中的舞弊行为，朝廷规定："诸童行令人代试经及代之者，虽不合格，各徒二年。甲头同报人并本师主首及经历干系人知情，与同罪。……不知情者，各杖六十。"②

不过，如前所论述，宋仁宗之前度僧是以"特恩度僧"为主的，系帐童行长期得不到剃度的情形不多，"试经度僧"并不一定常常举行。至宋神宗之后，"进纳度僧"成为度僧的最主要手段，"试经度僧"几乎成为绝响。这也正是南宋孝宗时期若讷上书皇帝请求重新恢复试经度僧传统的根由。若讷的建议其实相当沉痛："洪惟圣朝，遵用唐制，立试经度僧之科。窃详《大宋高僧传》、洪觉范《僧宝传》所载，自建隆开国至于南渡，名德高行皆先策试《法华》，然后得度。"③不过，这一方法弛废已久，因此，若讷特别建议："但于每岁以千牒为试经之拟。即以千牒之资均于余牒，俾不能诵经而裕于财者亦得求度。厥今天下僧冗矣，试经以行古道，贵牒以限常人，诚足以复祖宗之成法救末流之冗弊也。"④在鬻卖度牒之收入成为朝廷日常开支的重要支柱的情形下，若讷仅仅请求每年给予1 000名试经度僧的名额，并且替朝廷设想将这1 000道度牒的费用摊入鬻买的度牒之中，朝廷并不损失什么。但即便是这样一个建议，在皇帝认可并将具体办法下发给僧司的情形下，仍然被执政当局的官僚所阻碍而未曾实行。

二、"进纳度僧"与鬻卖度牒

北宋中期之后，童行剃度大多走的是"进纳度僧"的途径，这就是现今学界一般所说的"鬻卖度牒"政策。如前面所说，这一做法起源于唐代中期，但宋代无论在鬻卖的规模、度牒的经济功能以及对于佛教的侵蚀

---

① 徐松：《宋会要辑稿》道释一之一五，第7876页。
② 谢深甫：《庆元条法事类》卷五〇《道释门·试经拨度》。
③ 志磐：《佛祖统纪》卷四七，《大正藏》第49卷，第430页上。
④ 同上书，第430页中。

等等方面都是空前绝后的,实际上成为宋代佛教甚至整个中国佛教盛极而衰的重要因素之一。

出家须领度牒的制度,也被宋太祖所沿袭。太祖开宝六年(973)四月诏令诸州度僧额度①,并且令度牒由礼部下,祠部颁给,每牒纳费百钱。② 不过,僧尼以这种名义所纳的百钱仅仅是手续费,不能算做"鬻卖度牒"。真正的"鬻卖度牒"指的是将进纳金钱作为获准度僧的唯一要件,此先例也创始于唐中期,北宋初期也未曾使用,其开始于宋神宗即位之初,具体时间则有两种不同说法:第一种说法为李焘在《续资治通鉴长编》中所记载的熙宁元年(1068)七月,第二种说法为李心传在《建炎以来系年要录》中所说的治平四年(1067)十月。对于这两种说法,有些著作采取其中之一,有些则将二者都列入。在此特别需指出,南宋志磐在其编定的《佛祖统纪》卷四七③采取了李心传的说法,而在同著卷四五④则沿袭了李焘的记载,在卷五一则记载说:"神宗司谏钱公辅言:遇岁饥、河决,乞鬻度牒。……自治平末,始卖度牒。"⑤可见,宋代的志磐仅仅是将其罗列在一起而未曾详细考辨。现代的学者面对这一问题,也是莫衷一是。有学者就建议"在没有发现更多的史料之前,暂存二说"⑥。而本著则认为治平四年十月开始鬻卖度牒说是正确的,以下略作考辨。

现今可以查考的最先记录神宗开启鬻卖度牒之举的著作是《续资治通鉴长编》,可惜的是现存《长编》缺少的部分中恰有英宗治平四年(1067)四月至神宗熙宁三年(1070)三月这一段载记,因而关于李焘对这

---

① 李焘:《续资治通鉴长编》卷一四,第298页。
② 参见徐松《宋会要辑稿》道释一之一四(第7875页)所载太平兴国六年二月户部郎中侯陟所言。
③ 志磐:《佛祖统纪》卷四七,《大正藏》第49卷,第424页下。
④ 志磐:《佛祖统纪》卷四五,《大正藏》第49卷,第414页上。
⑤ 志磐:《佛祖统纪》卷五一,《大正藏》第49卷,第453页上。
⑥ 白文固、赵春娥:《中国古代僧尼名籍制度》,第117页。

一问题的叙述只能依靠现存著作的转述。在众多的转述中,数李心传和章如愚的著作较早,且很接近《长编》的编订年代。章如愚在其著《山堂群书考索》中说:神宗熙宁元年(1068年)七月戊戌,"知谏院钱公辅言:'祠部遇岁饥、河决,鬻度牒以佐一时之急。若于无事时,立为陈乞恩例,则亦可惜。欲乞自今宫禁遇圣节恩赐度牒,并裁损或减半为紫衣,稍去剃度之冗。'从之。卖鬻牒盖始此年,前此未尝书卖度牒"①。李心传在其著作中说:"前此未尝书卖度牒,因前公辅言表而出之。鬻牒盖始此年。"②将二者进行对照,相同的一句"前此未尝书卖度牒"之中"前此"以及"书"字颇费思量。这是否是说,在此段文字之前未曾写及大宋王朝鬻卖度牒之事,章如愚和李心传所引文字都据此得出结论"卖鬻牒盖始此年"。这一推理颇使人怀疑,"未书"某事而可归结出未有某事,这究竟应该属于何人的口气? 李心传在其著作中,反驳了《长编》的说法:"《长编》云始于熙宁元年秋,盖误。"③在此可以对照一下元代僧人的著作《佛祖历代通载》卷一九中的说法:熙宁元年,"知谏院钱公辅言:'遇岁饥、河决,鬻祠部以济急。'从之"④。此中并无"卖鬻牒盖始此年"一句。在此,我们有一可能是大胆的猜想,"卖鬻牒盖始此年"的结论很可能是由阅读使用《长编》者自己依据"前此未尝书卖度牒"的事实而推展出来的,但现今的学者则大多相信这一句或者是《长编》的原文或者至少是《长编》的注文。也许,《长编》的作者仅仅是叙述、罗列钱公辅的建议以及皇帝的态度,而并未追叙朝廷到底是何时开始鬻卖度牒的。

李心传在其著作《建炎以来系年要录》卷二六记载了南宋绍兴三年(1133)改换度牒样式之后说:"自治平末年,始鬻度牒。"此后的注文说:"《实录》治平四年十月庚戌,赐陕西转运司度牒千道,籴谷赈济。"⑤从这

---

① 章如愚:《山堂群书考索后集》卷六三,四库本。
② 李心传:《建炎以来系年要录》卷二六,"建炎三年八月丙辰"条注,第520页。
③ 李心传:《建炎以来朝野杂记》甲集卷一五之注,第331页。
④ 念常:《佛祖历代通载》卷一九,《大正藏》第49卷,第668页中。
⑤ 李心传:《建炎以来系年要录》卷二六,第520页。

一记述看,李心传似乎是依据其重新发现的一条新材料而认为"《长编》云始于熙宁元年秋,盖误"。李心传说自己的资料来源是《实录》,而李焘编写其著时似乎也应该阅读到神宗之《实录》,不知为何没有在《长编》中载入这一事件？治平四年(1067)十月的赐度牒赈济之事与熙宁元年(1068)七月采纳钱公辅建议之事,包含的历史事实并不相同,因此,不会存在李焘和李心传将其发生的年代误写的可能。前者是真实发生的事例,后者其实属于政策建议。如《燕翼诒谋录》卷五说:"新法既行,献议者立价出卖,每牒一纸,为价百三十千。然犹岁立为定额,不得过数。熙宁元年七月始出卖于民间。"①这一记载补足了鬻卖度牒初期的价格和额度。可见,钱公辅的建议已经发生了重大效应。《宋会要辑稿·方城九》中就有熙宁元年(1068)的鬻卖度牒的一例。此年,广南东路转运使王靖乞请祠部给度牒,付经略司出卖,以雇民工筑城,诏给五百道。② 从这一年起,"进纳度僧"便成为赵宋王朝度僧的主要方式,而鬻卖度牒也成为宋代朝廷重要的财政收入。

在"进纳度僧"制度化之后,度牒就有了法定的价格,而且它的价格一直在上扬。宋神宗元丰七年(1084年)令度牒每道售价钱一百三十千,夔州路至三百千,以次减为一百九十千。③ 宋哲宗元祐四年(1089)十月每道定价为一百七十千。④ 宋徽宗建中靖国元年(1101)十月,朝廷确定的官价为每道正价两百千、附加二十千。⑤ 南宋高宗时期,建炎二年(1128)每道110贯⑥,绍兴四年(1134)每道200贯⑦,至绍兴三十一年(1161)由于停售多年,增价出售度牒,每道510贯省陌⑧。宋孝宗隆兴元

---

① 王栐:《燕翼诒谋录》卷五,第50页,北京,中华书局,1981年。
② 徐松:《宋会要辑稿》方城九,第7472页。
③⑤ 参见徐松《宋会要辑稿》职官一三之二二,第2675页。
④ 参见李焘《续资治通鉴长编》卷四三四,第10462页。
⑥ 参见徐松《宋会要辑稿》职官一三之二八,第2678页。
⑦ 参见李心传《建炎以来系年要录》卷七四,第1229页。
⑧ 参见徐松《宋会要辑稿》职官一三之三四,第2681页。

年(1163)因军需急需经费每道增价 300 贯出售,第二年则为每道 250 贯①;至淳熙九年(1182)上涨至每道 500 贯②。宋光宗绍熙四年(1193)朝廷定价每道度牒 800 贯。③ 宋宁宗时期度牒的官价基本保持在每道 800 贯以上,最高时每道竟达 1 200 贯。④ 从这些资料中可以见出,元丰年至绍熙年一百年间,度牒价格增长了 6 倍以上。

度牒既然已经商品化,经济规律自然会起作用,宋代各代朝廷为了使其价格保持稳定上扬的态势,每年出售的度牒大致保持在一定的范围内,北宋徽宗之前最高限额为每年 10 000 道,徽宗崇宁四年(1105)由于西夏战事的需要,突破了限额,竟达 26 000 道;大观二年(1108)为 15 000 道,大观四年(1110)竟然多达 30 000 道以上。由于出售发行过多,度牒严重积压,民间折价至九十千。朝廷无奈,徽宗下令至政和元年(1111)起停售三年,三年满后依绍圣元年(1094)数量发行 10 000 道。北宋末年,度牒在财政上的重要性,相当于盐课和商税,有时出售度牒的收入占到朝廷总收入的 1/10。南渡之初,岁入不满千万,而度牒的收入即占其五六百万。度牒出售之数额,甚至可以作为考察地方官吏政绩的内容之一。

在度牒完全商品化的背景下,度牒不再仅仅是合法剃度童行的证明,更成为具有广泛用途的商品,其多方面的功能大致可以归纳如下:

其一,鬻卖度牒以赈济灾荒。如宋代首例朝廷鬻卖度牒就是发挥度牒的这一功能的。熙宁三年(1070)四月,"给两浙转运司度僧牒,募民入粟"⑤。熙宁七年(1074)八月,"赐环庆路安抚司度僧牒千,以备赈济汉、番饥民"⑥。哲宗元祐四年(1089),苏轼守杭州,大旱,饥疫并作,奏请赐

---

① 参见李心传《建炎以来朝野杂记》甲集卷一五,第 331 页。
② 参见徐松《宋会要辑稿》职官一三之三八,第 2683 页。
③ 参见徐松《宋会要辑稿》食货六八之九四,第 6300 页。
④ 参见徐松《宋会要辑稿》瑞异二之二八,第 2095 页。
⑤ 《宋史》卷一五,第 276 页。
⑥ 李焘:《续资治通鉴长编》卷二五五,第 6235 页。

度僧牒以易米,以赈饥民。南宋孝宗乾道三年(1167)八月,"四川旱,赐制置司度牒四百,备赈济"①。次年,绵汉等州饥,"五月癸亥,出度牒千道,续减四州科调"②。乾道八年(1172)十二月,"甲寅,雨雹,以度僧牒募闽、广民入米"③。淳熙十四年(1187)七月"辛酉,江西、湖南饥,给度僧牒鬻以籴米备赈粜","八月辛未,赐度牒一百道、米四万五千石,备赈绍兴府饥"。④

其二,鬻卖度牒筹集营造费用。如元丰元年(1078),神宗下诏给予巡护惠民河大管勾杨琰度牒五十,以作筑堤的费用。⑤ 次年,又"赐梓州路转运司僧牒百,修遂、戎、泸州城"⑥。苏轼在任杭州知州时,曾经请得百道度牒,以募役开浚西湖,筑长堤。徽宗建中靖国元年(1101),给度僧牒、紫衣牒千道为建景霄西宫的营造费,以安置神宗、哲宗的神位。⑦ 宋代朝廷还以度牒充作修建寺院的费用,如景定五年(1264),临安府开宝仁王寺被毁,"太傅平章贾魏公施度牒给省札市村重建"⑧。

其三,鬻卖度牒以充军事费用。如神宗元丰五年(1082)七月,"赐广西转运司度牒二千,供军兴"⑨。同月又"赐广南转运司度僧牒二千,粜宜、融州军粮"⑩。南宋时期,军事活动频繁,财政支绌,朝廷还往往以度牒充军费,如高宗建炎三年(1129)七月,赐张浚度僧牒两万道为军费。⑪ 如绍兴九年(1139)八月乙丑,"给新法度牒、紫衣、师号钱二百万缗,付陕西市军

---

① 《宋史》卷三四《孝宗本纪》,第641页。
② 同上书,第643页。
③ 《宋史》卷三五《孝宗本纪》,第676页。
④ 同上书,第687页。
⑤ 李焘:《续资治通鉴长编》卷二九〇,第7086页。
⑥ 李焘:《续资治通鉴长编》卷二九七,第7218页。
⑦ 参见《宋史》卷一〇九,第2623页。
⑧ 潜说友:《咸淳临安志》卷七六《寺观二》,《宋元方志丛刊》(4),第4042页。
⑨ 李焘:《续资治通鉴长编》卷三二八,第7893页。
⑩ 同上书,第7906页。
⑪ 李心传:《建炎以来系年要录》卷二五,第505页。

储。"①绍兴十一年(1141),宋金激战于庐州,"三月庚子朔,张俊进鹭田及卖度牒钱六十三万缗助军用"②。宁宗嘉定十一年(1218)正月乙未,"以度僧牒千给四川军费"③。理宗淳祐七年(1247)四月庚戌,"出缗钱千万、银十五万两、祠牒千、绢万,并户部银五千万两,付督视行府赵葵调用"④。

其四,以度牒旌表有功或孝节。北宋徽宗大观元年(1107)闰十月二十六日诏,明州育王山寺掌管仁宗御容僧行可,赐师号,度牒各二道,用为酬奖。⑤南宋高宗建炎元年(1127)五月一日赦,暴露遗骸许所在寺院埋瘗,每及一百人,令所属勘验,申礼部给度牒一道。绍兴二年(1132)改为每及二百人给度牒一道。⑥次年九月七日,陕西诸路都统制兼宣抚处置司都统制吴玠,母刘氏坟寺乞赐名额。诏以报功显亲院为额,仍岁给度牒一道。⑦乾道六年(1170)湖州马墩镇行者祝道诚收葬运河遗骸千二百六十有余,蒙赐度牒并给紫衣剃度。⑧乾道八年(1172)二月,建康府僧普立童行彭普海"以管干皇兄元懿太子道瓒所香火已及三年,赐度牒一道"。五月饶州饥,僧绍禧、行者智修煮粥供赡计 51 365 人,僧法传、行者法聚煮粥供赡计 38 561 人,诏行者智修、法聚各赐度牒披剃。⑨乾道九年(1173)三月,叙州男子郭惠全自少出家,母死,负土成坟,孝节感著,赐度牒一道披剃为僧。⑩

其五,朝廷还以度牒经营商业或者发展生产。如北宋神宗时"河北转运司干当公事王广廉召议事,广廉尝奏乞度僧牒数千道为本钱,于陕

---

① 《宋史》卷二九《高宗本纪》,第 541 页。
② 同上书,第 548 页。
③ 《宋史》卷四〇《宁宗本纪》,第 769 页。
④ 《宋史》卷四三《理宗本纪》,第 837 页。
⑤ 徐松:《宋会要辑稿》道释一之三一,第 7884 页。
⑥ 徐松:《宋会要辑稿》道释一之三二,第 7884 页。
⑦ 徐松:《宋会要辑稿》道释一之三三,第 7885 页。
⑧⑨ 徐松:《宋会要辑稿》道释一之三六,第 7886 页。
⑩ 徐松:《宋会要辑稿》道释一之三七,第 7887 页。

西转运司私行青苗法,春散秋敛"①。这样以度牒充青苗资本,增加朝廷收入。神宗熙宁六年(1073),"又赐夔州路转运司度僧牒五百,置市易于黔州,选本路在任已替官监之,仍以知州或通判提举"②。这样以度牒充市易本钱,防止大商人垄断物价,稳定市场,并增加朝廷收入。北宋神宗熙宁七年(1074),"遣三司干当公事李杞入蜀经划买茶,于秦凤、熙河博马。而韶言西人颇以善马至边,所嗜唯茶,乏茶与市,即诏趋杞据见茶计水陆运致。又以银十万两、帛二万五千、度僧牒五百付之,假常平及坊场余钱,以著作佐郎蒲宗闵同领其事"③。熙宁八年(1075),神宗"赐度僧牒五百,治保州东南缘边陆地水田"④。熙宁九年(1076),"赐度僧牒千,付绍州岑水场买铜;又五百付广南东路转运司买铅、锡"⑤。元丰七年(1084),广西经略安抚司请求在融州五口寨"置转卖务,通汉、蕃交市,乞以度僧牒三十为本。从之"⑥。建炎二年(1128)五月,"复置两浙、福建路提举司舶司,赐度牒直三十万缗为博易本"⑦。

其六,两宋时期始终将出售度牒为增加政府收入的重要途径,乃至当纸币("会子"、"交子")贬值时,也采用以度牒作价的方式收回,使度牒直接成为货币,投入流通领域;南宋时户部还专门设立买卖度牒的市场,度牒俨然成为了一种特殊商品。如嘉定二年(1209),"以三界会子数多,称提无策,会十一界除已收换,尚有一千三百六十万余贯,十二界、十三界除烧毁尚有一万二百余万贯。(十二界四千七百万余贯,十三界五千七百万余贯。)诏封椿库拨金一十五万两(两为钱四十贯),度牒七千道(每道为钱一千贯),官告绫纸、乳香(乳香每套一贯六百文),凑成二千

---

① 《宋史》卷一七六《食货志》,第4281页。
② 《宋史》卷一八六《食货志》,第4549页。
③ 《宋史》卷一八四《食货志》,第4498页。
④ 李焘:《续资治通鉴长编》卷二六二,第6408页。
⑤ 李焘:《续资治通鉴长编》卷二七八,第6805页。
⑥ 李焘:《续资治通鉴长编》卷三四七,第8337页。
⑦ 李心传:《建炎以来系年要录》卷一五,第324页。

余,添贴临安府官局,收易旧会,品搭入输"①。这是以度牒等作价回收贬值的"会子"。"嘉定三年春,制、总司收换九十一界二千九百余万缗;其千二百万缗,以茶马司羡余钱及制司空名官告,总所椿金银、度牒对凿,余以九十三界钱引收兑"②。"嘉定五年,湖广饷臣王釜,请以度牒、茶引兑第五界旧会,每度牒一道,价千五百缗,又贴搭茶引一千五百缗,方许收买,期以一月"③。后来朝廷还以度牒帮助改革币制,如南宋光宗绍熙三年(1192),"出度僧牒二百收淮东铁钱"④。

其七,以度牒抵顶皇室的日常耗费。如建炎四年(1130)十月十六日,内府资金缺乏,宋高宗于是诏令"天申节,合回进隆裕皇太后度牒五十道,紫衣五十道"。而此前一年,又令"龙裕皇太后生辰,合进度牒、紫衣各七十道,冬节进奉并支散行门班直节料使用度牒五百道"⑤。

宋初一般采用"特恩度僧"和"试经度僧"的方式度僧,度牒的名称一般是"记名"的,但自神宗朝开始鬻卖度牒之后,度牒不再是"记名"而成为"空名"度牒。参与鬻卖活动的机构十分繁多,在京师有提举京城所⑥,行在有户部度牒场⑦,诸路有宣抚处置司⑧、提刑司⑨、转运司⑩、提举常平司⑪、榷货场⑫。南宋又设淮东、淮西、湖广、四川四总领所⑬具体负责度牒的鬻卖、发放等事务。这些机构的参与都缘于度牒所要发挥的功

---

① 《宋史》卷一八一《食货志》下三,第4418页。
② 同上书,第4410页。
③ 同上书,第4413页。
④ 《宋史》卷三六《光宗本纪》,第702页。
⑤ 徐松:《宋会要辑稿》后妃二之二,第234页。
⑥ 参见徐松《宋会要辑稿》职官一三之二二,第2675页。
⑦ 参见徐松《宋会要辑稿》食货五六之五五,第5805页。
⑧ 参见徐松《宋会要辑稿》职官一三之三二,第2680页。
⑨ 参见徐松《宋会要辑稿》职官一三之二九、三五,第2678页、第2681页。
⑩ 《宋史》卷一四:治平四年(1068)十月"庚戌,给陕西转运司度僧牒"。(第267页)《宋史》卷一五《神宗本纪》:熙宁三年(1070)夏四月"丁卯,给两浙转运司度僧牒,募民入粟"。(第276页)
⑪ 参见徐松《宋会要辑稿》食货七之三五、四一之一七、六八之九四,第4923页、第5545页、第6285页。
⑫ 参见徐松《宋会要辑稿》职官一三之二八、三三,第2679页、第2680页。
⑬ 参见徐松《宋会要辑稿》职官一三之三四、三五、三七,第2681页、第2682页。

能,也就是说,在鬻卖度牒的情形下,度牒实际上是作为支付手段而被颁赐的,需要依度牒换取钱物的机构自然会参与进来。

度牒买卖的盛行,为豪富之家从中渔利提供了方便。崇宁五年(1106)三月,为川峡和买度牒,宋徽宗下诏,有文说:"交子、度牒充折买价,致细民难以分擘,货卖皆被豪右操权,坐邀厚利,民间颇以为扰"。① 不过,鬻卖度牒的最大受害者是佛教自身,正如南宋僧人志磐所评论的:"从恩犹可择人,试经是为得才,至于纳訾为僧,则富者可以逞欲,长污杂亏精进,法门之不幸也。"②这一种度僧方式的流行与佛教寺院经济的畸形繁荣等因素合力导致宋代佛教的盛极而衰。当时的有识之士已经认识到这一问题,如南宋僧人双杉元禅师于理宗嘉熙年间上丞相书中所说:

> 寺观有田,税赋尤倍,又有非待不时之需,正与大家相似。今既买度牒以钱,免丁又增以钱,官府无丝毫之给,而徒重责其利于无穷,则僧道可谓不幸矣。国家爱惜名器泛滥,何以劝励天下,僧道若以贿得金环象简,得诸处住持,则嚚顽无赖之徒皆以贿进,何以整齐风俗?③

正与此上书被中书所沮的命运相似,宋代朝廷对于佛教的管理,自此已经陷入恶性循环而不能自拔,一方面是朝廷希望以鬻卖度牒的收入缓解朝廷的财政危机,另一方面却造成了僧民数量的急剧膨胀。志磐郑重地记载了熙宁元年(1068)的僧尼数字:"是岁天下僧二十二万六百六十人,尼三万四千三十人"④,而至宋徽宗宣和七年(1125),"天下僧、道逾百万数"⑤,二者对照,志磐对于僧尼数量的伪滥是何等的痛心疾首! 而这一局面的形成,主要的原因应该是鬻卖度牒的度僧方式,这正如南宋王栐

---

① 徐松:《宋会要辑稿》食货三八之五,第5469页。
②④ 志磐:《佛祖统纪》卷四五,《大正藏》第49卷,第414页中。
③ 圆悟:《枯崖和尚漫录》卷下,《续藏经》第87册,第43页下。
⑤ 王栐:《燕翼诒谋录》卷五,第50页。

所说的：北宋前期实行试经度僧，"而庸蠹之甚者无所容。自朝廷立价鬻度牒，而仆厮下流皆得为之，不胜其滥矣！"①

三、度牒、戒牒、六念牒

唐宋时期，朝廷对于佛教僧团的管理和干预，最大的特色就是对于僧团自主度僧权力的剥夺以及僧籍制度的完善。宋王朝沿袭了创设于唐中后期的度牒、戒牒制度，并在此之上新设"六念牒"，"籍帐制度与身份证件管理办法环环相扣，把僧尼禁锢在封建户籍制度的铁笼中"②。与唐王朝时期相比，宋王朝对于僧团的干预程度进一步加深了。如前所述，如果说唐代的度牒是在剃度为沙弥、沙弥尼阶段颁发还是在授受具足戒阶段颁发，在文献中仍然有其模糊之处的话，宋代所实施的严格的童行制度已经非常明确地将度牒的批准、颁发固定化为由童行剃度为沙弥、沙弥尼阶段。而戒牒制度的强化和六念牒的启用，表现为宋王朝试图在受戒环节，特别是在授受具足戒环节上加强对于僧团的监督管理。在此，对于宋代的度牒、戒牒及六念牒的管理程序进行一些叙述说明。

宋代度牒的颁发由祠部负责，文思院则负责制作。"按照工艺流程说，印制度牒首先得雕成印板，宋代从雕版到印刷度牒，都有一套严格的办事程序。据考，元丰改制前，三司一直是参与管理度牒印刷和拨放事宜的主要机构，凡度牒印板的雕刻、使用，要有三司使副签押，停印期间印板要封存于三司官衙。另外，三司盐铁判官领有勾覆官六人与祠部手分（杂吏）共同司理度牒的分检、发出。元丰改制后，尚书省直接参与印

---
① 王栐：《燕翼诒谋录》卷三，第 24 页。
② 白文固、赵春娥：《中国古代僧尼名籍制度》，第 80 页。此著收有《唐宋时期的度牒、戒牒、六念牒文书的管理制度》一文，在日本、台湾学者的相关研究基础上作了综合叙述。本专题吸收了此著以及黄敏枝《宋代佛教社会经济史论集》第九章《宋代佛教教团的管理政策》第四节《宋代的度牒》等对于宋代度牒的综合论说。

213

板的管理,雕刻印板要有左右司郎中签押,停板期间印板要交送尚书省置柜封锁,启用时得由祠部具状申请。宋代由礼部祠部司具体职掌度牒印造事务,祠部司辖有办事机构制造案,职掌度牒库官吏工匠的替换申请,度牒、紫衣师号牒的印刷选料及度牒的填写、审验。制造案辖有度牒库,这是专门印刷保管度牒的机构,设监当官一员,一般以诸司副使阶的武官差任;有抄写手、库子、巡防兵若干;雕字、裱褙、裁剪打磨工匠若干①。至于度牒的用料,宋代朝廷也有专门的规定。北宋时期的度牒原来采用朱红、黄纸印出后再以黄表纸裱褙。以黄纸印,造伪者多,元丰五年(1082)一度改为绫纸印制,但不久又改回用黄纸。至南宋高宗绍兴三年(1133),"户部朱异始奏,令僧道用勅绫牒"②。"绍兴五年易以绢,七年又易为绫"③。这是模仿官诰式样,以朱字素绫印成后以黄绫裱褙。印制度牒所用的绫专门由文思院制造,文思院分为上、下两界,度牒的用绫由下界制造。④ 这种绫上织有"文思院制敕绫"六个字⑤。

从神宗朝实行鬻卖度牒的办法以后,度牒就分为"记名度牒"和"空名度牒"两种,凡"恩度"、"试经"方式度僧都属于记名,鬻卖的度牒都属于空名。试经度僧,考试通过之后,主考官员将试经合格的童行的具体姓名、法名等情况申报祠部。祠部根据这些资料具实填写,下发原试地方,由地方官员送给本人签收。"空名度牒"则是未曾填写法名等情况的空白样式,《禅苑清规》卷八载有度牒的样式,可资参考:

> 书填状式:某院童行姓某,右某年若干,本贯某州某县某乡人氏,或郭下人氏,昨于某年某月某日到院出家(有父母即云父母送到出家),礼住持僧某为师,今买到(如客处买到,即称买到客人某甲名

---

① 白文固、赵春娥:《中国古代僧尼名籍制度》,第84页。
② 志磐:《佛祖统纪》卷四七,《大正藏》第49卷,第425页上。
③ 李心传:《建炎以来朝野杂记》甲集卷一五,第332页。
④ 徐松:《宋会要辑稿》职官二九之一,第2988页。
⑤ 参见徐松《宋会要辑稿》职官一一之六九,第2657页。

下)某处某字号空名度牒一道,欲乞书填为僧,并无诸般违碍,请申状云云。年月日具前位姓某状。①

从上文可见,这是一份鬻买的空名度牒,凡是写"某某"之处,都属于受戒时须据实填写的地方。南宋建炎之前,度牒都无号簿,在改为绫纸印刷之后,始仿茶盐钞引之法,用朱印合同号簿。② 空名度牒由官告院立字号,吏部注籍。③ 以千字文除去间有犯世俗忌讳的一百字为编号。④

在宋代,度牒相当于出家人的身份证明,僧尼必须妥善保存,僧尼亡失度牒要受到还俗的惩罚。如果因为水火等灾害以及盗贼而丢失度牒,限令失牒僧尼于丢失之日起十日内,向所属本路提刑司投状说明,所在州县官府随即召集寺院纲维、僧尼等进行调查,经众僧出据作保,提刑司审查属实,报经祠部,方才给出公据作为证明,但并不能补给度牒。宋朝承袭唐代做法,定期编制僧尼籍帐,每临编制籍帐之前,都要有提刑司督责地方,对各寺院的僧尼进行"点检",勘验僧尼所持的度牒的真伪,查验有无丢失度牒者。宋王朝对于持伪冒度牒者,惩罚很严厉。如北宋真宗咸平五年(1002)十月下诏:"天下有窃买祠部牒冒为僧者,限一月隶军籍陈首,释其罪。违者,论如律,少壮者隶军籍。"⑤第二年五月又重申禁令。僧尼圆寂、还俗或者避罪逃亡之后,限令寺院住持等对其所遗留的度牒进行批字涂抹等,初步处理后,缴纳州县官员转交祠部。如果寺院或者地方官员处理不及时,要科以60—100杖的杖刑。如果有人胆敢在收缴过程中,扣押倒卖,倒卖者、中介者以及承买者,都要受到两年徒刑的惩罚。若有告发寺院僧尼或者地方官员倒卖亡僧度牒者,可奖钱100贯。

从整个度僧程序上说,取得度牒意味着政府对于童行转变成沙弥、

---

① 《续藏经》第77册,第546页上。
② 参见徐松《宋会要辑稿》职官一三之三三,第2680页。
③ 参见李心传《建炎以来系年要录》卷六六,第1111页。
④ 参见徐松《宋会要辑稿》职官一三之三一,第2679页。
⑤ 徐松:《宋会要辑稿》道释一之一八,第7877页。

沙弥尼的认可,而出家为僧尼的最主要程序应该是受戒。如前所论,为了落实政府或者僧司对于传戒活动的具体监督,早在唐代后期就实行了颁发戒牒的制度。现存的敦煌资料显示,北宋立国之初,就沿袭了唐王朝的这一做法。

从敦煌保存的资料来考察,北宋初期戒牒的作用不大。因为敦煌发现的几十道这一时期的戒牒主要是受五戒、八关斋戒的戒牒,向出家人传授菩萨戒的戒牒四道,而没有发现向沙弥、沙弥尼传授具足戒的戒牒。P.3143《乾德三年正月廿八日沙州三界寺授菩提最千佛大戒牒》云:

> 南瞻部州娑诃世界沙州三界寺授千佛大戒　牒
> 授戒女弟子提菩最
> 牒得前件弟子,久慕良缘,夙怀善意,求出尘
> 之快捷方式,祈入圣之广途,遂乃离火宅之
> 苦空,向无涯之觉路。吾今睹斯真意,方
> 施戒牒条。仍牒知者,故牒。
> 乾德三年正月廿八日授戒女弟子　牒。
> 奉请阿弥陀佛为檀(坛)头和尚。
> 奉请释迦牟尼佛为校(教)授阿阇梨。
> 奉请弥勒菩萨授揭摩阿阇梨。
> 奉请十方诸佛为证戒师。
> 奉请诸大菩萨摩诃萨为同学伴侣。
> 授戒师主释门赐紫道真。

这一道戒牒屡遭误解,如郝春文等先生将其当做授受具足戒之戒牒看待[①],因此发生许多解释不通的地方,如"此件有错字衍文,颇似牒稿。但

[①] 郝春文:《唐后期五代宋初敦煌僧尼的社会生活》,第61页,北京,中国社会科学出版社,1998年。湛如在其博士论文《敦煌佛教律仪制度研究》中将其当作八关斋戒的戒牒,"敦煌八关斋戒戒牒的名称也不统一,主要有四种:……3、千佛大戒牒,如 P.3143"(第143页,2003年),也不大妥当。

最后'道真'二字,系另笔所书,经与其他授戒牒对照,应为道真本人签名,可知其确为实用文书,只是书写者不够认真。问题是此件之和尚、阁梨与证戒师等都是佛与菩萨,只有道真一人是实有其人"①。按照佛教戒律,受具戒时的三师、七证都应由在世的大德老宿等担任。而根据研究,唐末至宋初,敦煌等道场授戒时确有三师七证。这样便有一个问题,授戒牒为什么不写这些授戒大德的法名呢? 正确的结论是,此件戒牒与它同时期的敦煌戒牒格式相同,文中的"千佛大戒"并非指"比丘尼大戒",而是菩萨戒。"千佛大戒"之语来源于《梵网经》中的一段经文:"若佛子,不得为利养故,于未受菩萨戒者前,若外道恶人前,说此千佛大戒。邪见人前,亦不得说。除国王,余一切不得说。是恶人辈不受佛戒,名为畜生。生生不见三宝,如木石无心,名为外道邪见人辈木头无异。而菩萨于是恶人前说七佛教戒者,犯轻垢罪。"②关于此中的"千佛"和"七佛",唐法藏在《梵网经菩萨戒本疏》卷六中解释说:"一切诸佛皆同说此戒,故云'千佛大戒',非但贤劫千佛也。"③天台宗则解释说:"言'七佛'者,一切诸佛同禀此戒,从近略举,故言'七佛'。"④将菩萨戒称之为"千佛大戒"原因有二:一是此戒为诸佛所同说,二是此戒为诸佛、菩萨所同禀。由这两种原因,"千佛大戒"与比丘、比丘尼大戒不能等同。循此线索,可以消解现今学者若干疑问或者指责。如有学者以"日本佛界自天平(749—765)以后,始发戒牒,且规定戒牒必须要有三师七证签字"⑤为参照来批评唐末宋初中土的戒牒颁发:"受菩萨等戒者,坛头和尚、证戒师、羯摩师、教授师不是由现实生活中的僧人担任,而是按仪式虚延释迦牟尼佛及其他佛祖充任,惟有授戒师是现实宗教生活中的和尚,这是古今中外戒牒的一

---

① 郝春文:《唐后期五代宋初敦煌僧尼的社会生活》,第60页。
② 鸠摩罗什译:《梵网经卢舍那佛说菩萨心地戒品第十》,《大正藏》第24卷,第1009页上。
③ 法藏:《梵网经菩萨戒本疏》卷六,《大正藏》第40卷,第653页中。
④ 明旷删补:《天台菩萨戒疏》卷下,《大正藏》第40卷,第599页下。
⑤ 白文固、赵春娥:《中国古代僧尼名籍制度》,第90页。

大差别,反映了唐代及北宋前期佛界在颁给戒牒上的敷衍行为。"①这种批评不能成立,敦煌所发现的戒牒所表明的,授受五戒、八关斋戒、菩萨戒的仪轨与具足戒不同,勿须三师、六证,而唐末宋初的具足戒牒在敦煌文献中尚未发现。依照中日佛教交流的一般情况,日本佛教仪轨模仿唐王朝的可能性甚大。由于中土唐末宋初的具足戒戒牒失传,因此难得其貌,也就不便比较。

敦煌发现的北宋初期的五戒、八关斋戒、菩萨戒戒牒文献,文字格式大同小异,一般由三部分构成:第一部分为"戒牒文",劝导受戒者受戒或者受戒者表白自己的受戒缘由。第二部分为受戒时间。第三部分则标明坛头和尚、羯摩阿阇梨、教授师、证戒师、同学伴侣、授戒师主等。s1183、s2448、p3203、p3206、p3207、p3320、p3484 号戒牒中,这一部分的文字为:"奉请阿弥陀佛为坛头和尚、奉请释迦牟尼佛为阿阇梨、奉请弥勒菩萨为羯摩阿阇梨、奉请十方诸佛为证戒师、奉请诸大菩萨摩诃萨为同学伴侣、授戒师主赐紫道真牒。"在 p2449、p3392、s4915 号等戒牒中,这一部分的内容为:"奉请阿弥陀佛为坛头和尚、奉请释迦牟尼佛为羯摩阿阇梨、奉请弥勒尊佛为教授师、奉请十方诸佛为证戒师、奉请诸大菩萨摩诃萨为同学伴侣、传戒师主都僧录大师赐紫沙门道真牒。"②这两种格式的区别是教授阿阇梨与羯摩阿阇梨不同。尤其重要的是,这些戒牒显示,唐末宋初的敦煌戒牒都是由僧团自主颁发的,未见到官府的痕迹。这也许说明,这一时期戒牒仅仅是受戒经历的一种证明,由于未专限于僧尼,所以不构成对于僧团的一种限制。

戒牒的颁发的官方化,可能始于北宋真宗时期,而且可能同时或者稍早,还向受戒者颁发六念牒。根据《宋会要辑稿》记载,大中祥符三年(1010)七月,真宗下诏祠部,僧尼所给度牒要在各州帐内"勘会、勾凿"。

---

① 白文固、赵春娥:《中国古代僧尼名籍制度》,第 91 页。
② S.4915《雍熙四年沙洲三界寺授智惠花菩萨戒牒》。

童行试经合格需"祠部者,将帐照证,亦勾凿讫,递送逐州。所给戒牒,如本人将到剃度受戒,六念勘会文帐印书给付"①。大中祥符六年(1013)十月,宋真宗又诏令祠部:"今后据逐处申纳僧尼祠部、六念牒,验无虚诈,即予给戒牒。"②从这两条记载推断,"六念牒"应该在戒牒实行之前已经使用。依照宋真宗的诏令,在受戒之后先颁发六念牒,然后再颁发戒牒。祠部在审查度牒、六念牒之后,方才给剃度者颁发戒牒。而依据《庆元条法事类》的规定:"诸未受戒僧尼,遇圣节执度牒赴僧司验讫。州委职官一员审验,委无伪冒,听诸开坛所受戒,给六念讫,本州岛出戒牒,并以度牒、六念连黏用印,仍于度牒内注给戒牒年月日印押给讫,申尚书祠部。"③从这一规定看,宋代后期可能将颁发戒牒的权限由尚书祠部下放给了地方政府。这一点从现存的戒牒样式上也可以得到证实。

"六念牒"的所指究竟为何,现存的也许是唯一的物证是日本僧人长命在东京开封受戒时所获得的"六念牒",兹俱引如下④:

  皇帝 同天节
  敕东京右街太平兴国寺资圣万善戒坛院开坛度僧受戒所
    六念
  第一念 须知日月大小黑白。(从月一日至十五日云白月,从十六日至月末云黑月)。
  第二念 须知食处有四。(或云常乞食,或云僧常食,或云自己食,或云坛越食。)
  第三念 须知受戒年月,熙宁六年癸巳岁,三月甲辰朔一日,甲

---

① 徐松:《宋会要辑稿》职官一三之一七,第2672页。
② 徐松:《宋会要辑稿》职官一三之一八,第2673页。
③ 谢深甫:《庆元条法事类》卷五〇《受戒·道释令》。
④ 转引自[日]小川贯弌《宋代受戒制与六念、戒牒》,载日本《龙谷大学论集》第385号,1968年,第63—64页。

辰寅时分受具足戒。

第四念　须知三衣钵具阙。（三衣具，即云受持。不具即云阙受持。长衣，已说净，未说净。）

第五念　不别众有七缘。（病时、作食、施衣、道行、乘船。大众集沙门施食时，得别众食。）

第六念　无病依众行道。有病当念随病医疗，无病者随众行道。

凡吃食时，先作五观法思念。此食难得，资身济道。

一、计功多少，量彼来处。

二、忖己德行，全欠应供。

三、防心离过，不过三毒。

四、正事良药，为疗形苦。

五、为修业道，方受此食。

知祠部秉律临坛大德赐紫惠炬

知六念秉律临坛大德善洞

威仪首秉律临坛大德赐紫惠顺

发戒师秉律临坛大德赐紫惠及

授五戒秉律临坛大德惠华

授十戒师秉律临坛大德赐紫法隆

十戒和尚秉律临坛大德善琛

外引请律学临坛大德善乐

内引请律学临坛大德惠来

奉敕选补临坛大德资圣万善戒坛主讲经律论内外临坛赐紫在判

第一座宗主讲经律论内外临坛传戒普照大师师诠

第二座讲经律论内外临坛传戒慈照大师惠严

第三座讲经律论内外临坛宣教大师诠秘

第四座讲经律论内外临坛传戒海印大师可隽

第五座讲经律论内外临坛传戒赐紫文并

第六座讲经律论内外临坛传戒赐紫惠净

第七座讲经律论内外临坛传戒赐紫令惠

第八座讲经律论内外临坛大德赐紫惠深和尚

第九座讲经律论内外临坛大德赐紫惠焕羯摩

第十座讲经律论内外临坛大德惠巨教授

从上引文字可知,这是授受具足戒的六念牒。文中的"六念"来源于《弥沙塞律本》和《四分律》,道宣在《四分律删繁补阙行事钞》卷上之三中作了综合发挥①,并且将其当做授受具足戒时应有的程序之一;在《四分律删繁补阙行事钞》卷中之三中,道宣也有所论述②。道宣所论与上述六念牒中所引,文字略有出入,但含义完全相同。

关于宋代的戒牒现存两种样式可供探究,一种是日本僧人长命的戒牒,一种是《庆元条法事类》中所载的样式。兹见下文:

长命戒牒③

　　尚书祠部　　　　牒

　　准　　银台司送下开封府奏

　　同天节开坛度到僧尼、沙弥数人内　　一名日本国沙弥长命

　　牒具如前　　其上件沙弥长命已受戒讫　　事须准

　　勒出给戒牒为僧者　　故牒

　　　　　　　　熙宁六年肆月　　日书令史徐旦郑在给

（祠）

尚书侍郎郎中充集贤校理同判太常兼礼仪事兼同潘王安国

右谏一大夫知制诰同知道进银台司兼门下封驳事集贤院兼尚书礼部兼同判王益柔

---

① 道宣:《四分律删繁补阙行事钞》卷上之三,《大正藏》第40卷,第30页中。
② 道宣:《四分律删繁补阙行事钞》卷中之三,《大正藏》第40卷,第84页上。
③ 参见[日]小川贯弌《宋代受戒制与六念、戒牒》,[日本]《龙谷大学论集》第385号,1968年。

道释式　　　僧尼戒牒①

某州

　　某寺院戒坛

　　遇圣节开坛度到若干人数内　　壹名某

　　处某寺院某人(谓法名)

牒上件森或尼某人已受戒讫准

令给戒牒者　　故牒

　　　年　月　　日吏人姓　　名　　给

(余依例程)

这两种格式,前者可以当做北宋流行的样式看待,后者可当作南宋流行的样式观之。

关于宋代的"六念牒"和戒牒,还有一个重大问题就是,它们是在剃度为沙弥时候颁发还是在授受具足戒时候颁发?或者是两次颁发而内容不同。从前述的证据显示,由童行剃度为沙弥(尼)之时,在戒坛一旦受戒,当即颁发六念牒,然后由官府颁发戒牒。而上述所引日本僧人长命在东京开封受戒所得的六念牒上所写属于"比丘六念",那么,授受沙弥戒时所颁发的六念牒如果也是如此,在道理上是说不过去的。另外,戒牒既然是已经受戒的证明文书,也应该是多层次的才符合戒牒的本来含义,也就是说,至少应该有两种戒牒,即沙弥(尼)戒牒和具足戒戒牒。尽管现存的宋代六念牒和戒牒很笼统,不能明显看出其类型来,但是从敦煌发现的唐末至宋初的戒牒来看,戒牒确实是有层次性差别的。尽管在现存的敦煌资料中还未发现具足戒戒牒,但从事理上推断,应该有五戒、八关斋戒、十戒、菩萨戒、具足戒这样一个戒牒序列。敦煌资料显示,在北宋前期戒牒的颁发和签署权在地方僧官和僧司,而北宋中期之后,戒牒的颁发权限官方化之后,戒牒成为监督僧尼素质的重要手段,因而

---

① 谢深甫:《庆元条法事类》卷五〇《道释门》。

官方监督的重点应该是在沙弥(尼)戒和具足戒的授受这两个阶段,也就是说,官府颁发戒牒可能应该是两次,沙弥(尼)所持的戒牒和比丘(尼)所持的戒牒应该分别标明其内容。现在的问题是,如果"六念牒"也是两次颁发,是否"六念"的内容也可以不同呢?在事理上言之,应该如此。佛教本身就有两种"六念",前述"比丘六念"是律本所规定的。而在佛教修行上有"六随念"、"六念处"、"六念法"的说法:其一,念佛,念佛之大慈大悲无量功德。其二,念法,念如来所说三藏十二部经能利益大地众生。其三,念僧,念僧具足戒、定、慧,能为世间众生作良福田。其四,念戒,念戒行有大势力,能除众生之诸恶烦恼。其五,念施,念布施有大功德,能除众生之悭贪。其六,念天,念三界诸天皆因往昔修持净戒、布施、闻慧等之善根,而得此乐报。这一说法来源于《杂阿含经》卷三三、北本《大般涅槃经》卷一八、《观佛三昧海经》卷六等经文中。敦煌文书上博 48 (41379)号繕写这一内容,并且将其称之为"沙弥六念":念佛是众生慈父;念法是众生烦恼良药;念僧是众生三乘福田;等等。敦煌 S.2354 号文书中有:"白众生等听说寅朝清净偈:欲求寂灭乐,当学沙门法,衣食继身命,精粗随众等。今日寅朝清净,各记六念,念佛、念法、念僧、念戒、念天、念施。启佛及法事,并依上文。"① 这些内容,与上述经文中所说一致。这也许昭示出宋朝颁发给沙弥的六念牒写的是上述"沙弥六念"②,而绝不应该是律本上的"比丘六念"。当然,这一推测仍然需要新的文献的发现来证实。

将宋代朝廷所颁发的度牒、戒牒、六念牒的内容作一简要考察之后,

---

① 《大正藏》第 85 卷,第 1306 页上。
② 另外,在《佛说斋经》中说到斋日"五念":"佛告维耶:'受斋之日,当习五念。何谓五? 一、当念佛。……斋念佛者,其净如是,众人见之,莫不好信。二、当念法。……斋念法者,其净如是,众人见之莫不好信。三、当念众。……斋念众者,其德如是,众人见之,莫不好信。四者,念戒。……斋念戒者,其净如是,众人见之,莫不好信。五、当念天。……斋念天者,其净如是。奉持八戒,习五思念,为佛法斋。'"(吴支谦译:《佛说斋经》,《大正藏》第 1 卷,第 911 页中一下。)从这段经文可知,八关斋戒者受持"五念"。与敦煌本《沙弥六念》相比,少一项"念施"。

我们可以对宋代的出家程序作一完整的描述:欲出家为僧尼者,首先须经朝廷批准成为系帐童行;系帐满一年以上遇到"恩度"或经过试经或者通过缴纳现钱购买度牒,然后再礼师受沙弥(尼)戒;授受沙弥戒(尼)之后,受戒者可获得六念牒和戒牒。经过这样的程序获得合法的沙弥、沙弥尼身份者,一般即可算做僧尼之数内。然而,作为沙弥、沙弥尼的"僧尼"须被固定在一所寺院内成为系帐僧尼,须随本师修道并研习经、律、论,如果本师移居其他寺院,必须随之申报,在官方改正帐籍之后,方才可以随本师迁移;沙弥(尼)不得随意改换本师,如果本师亡故需要改换本师,须申报官府批准之后实施。沙弥(尼)达到法定年龄,并且持有度牒,可往戒坛受具足戒,受戒后由祠部发给戒牒。

从上述叙述即可看出,宋王朝对于民众出家为僧尼的管理可谓细致而严格。除上述程序管理之外,还有三大表现在此须强调:

其一,宋朝出家的剃度师、受戒师不得自选,而是由官方指派。这是从唐末之后逐渐形成的。北宋初的赞宁对这一变化深怀不满:"观其唐世已上求戒者,得自选名德为师。近代官度以引次排之,立司存主之,不由己也。朗之求戒,不其是乎? 如是师资相练,恩义所生。脱临事请为则,喻同野马也。"①赞宁这一段话写于《唐东阳清泰寺玄朗传》之后的评论中。玄朗的出家受戒过程是:"九岁出家,师授其经,日过七纸。如意元年闰五月十九日,勅度配清泰寺。弱冠,远寻光州岸律师,受满足戒,旋学律范。"②根据此传所记推算,玄朗 9 岁出家为沙弥,如意元年(692)接近 20 岁时获朝廷批准可受戒为比丘,而玄朗则远寻光州道岸律师受具足戒。赞宁据此认为,求戒者自己选择名师,与其结成师徒关系,有利于建立"恩义"关系。而现今的指派受戒方式,临事而为,受戒者与求戒者缺乏深度联系,如同野马。

---

① 赞宁:《宋高僧传》卷二六,《大正藏》第 50 卷,第 876 页上。
② 同上书,第 875 页下。

其二,为了有效地杜绝私度的发生,并且限制僧尼的随意云游,宋代朝廷所规定的僧尼的证件类别几达顶峰,除上文所叙述的度牒、六念牒、戒牒之外,还有"巡游公凭"①,其格式见于《庆元条法事类》:

某州
　　据在州或某县某寺院主首(或本师保明者,亦具言。)保明
　　本寺院僧或尼姓法名　乞判凭往某州行游,别无违碍者
　　右检准
　　敕令云云(备作行游及亡失度牒并伪冒等条例)今给公凭付僧或尼姓法名　准令只得诣某州处依限缴纳　年　月　日给列位依牒式

"公凭"的主要功能相当于云游的批准书或路条。元代的盛如梓曾经说:宋朝的寺院遇到云游僧挂单,"有六验方留","六验"是:"一度牒,二公据,三戒牒,四免丁,五帐尾,六假状。"②这些文书合力将僧尼限定在官府所划定的范围内活动。

其三,宋王朝特别规定:"诸僧道于度牒、戒牒、六念、公凭有伪冒者,还俗。罪至徒者,配本城。"③这是严格限制伪造上述四种凭证的法令。对于失效的这些凭证,宋朝廷规定了严格的注销程序:"僧道身亡及还俗事故,其度牒、六念、戒牒,令所在官司先行毁抹,依旧缴申礼部,本部以籍拘管,置柜盛贮,每季委郎官监送于省外焚毁之。"④如果这些证明文书,在僧尼身亡或还俗之后,其僧尼所在的寺院的"主首过十日不纳者,杖六十,还俗。仍许人告。州县不及毁抹及过限不行纳申所属,杖一

---

① 此并非始于南宋,唐代时期日本求法僧圆仁在《入唐求法巡礼记》中已经提及,但也许仅仅是对于外来僧尼的限制。而宋代显然已经普泛化,僧尼离寺外出参学,管理地远比唐代严格。
② 盛如梓:《庶斋老学丛谈》卷四,四库本。
③ 谢深甫:《庆元条法事类》卷五〇《道释门》。
④ 徐松:《宋会要辑稿》职官一三之二二,第 2675 页。

百"①。可见,宋王朝对于违规者的惩罚是很严厉的。

第四节　系帐与建寺

与高度集权的中央政府体制相适应,宋王朝对于佛教的管理控制更加严格、更加制度化,使佛教教权完全屈服于政权之下,前面数节已经分别从僧官、寺职、度僧制度等方面作了说明,此节则从僧尼的日常管理和寺院自身存在的合法性两方面对宋代的佛教管理制度再加说明。首先是"系帐"制度,一方面便于朝廷全面及时地掌握全国僧尼、童行的数量及其基本情况,另一方面也作为寺院合法性的前置条件之一。一如唐代,宋代寺院的建造也须获得朝廷的正式批准,即"敕额",无敕额的寺院属于非法留存,往往会被强制毁除。宋代"子母院"的流行,也许与这一背景密切相关。宋代在佛教寺院的管理方面出现了类别管理和多层次管理的特征,具体而言有三方面:其一,在住持和财产继承制等方面表现出的不同特征,至宋代形成了甲乙徒弟院、十方住持院、敕差住持院等三大类型的寺院。其二,大量出现功德坟寺。其三,大量出现依附于"母院"的"子院"。此外,禅宗的丛林制度日趋完善,朝廷也因势利导,将管理权限牢牢地掌握在自己手中。南宋时期,朝廷在禅宗丛林中设立的"五山十刹",在宋代寺院管理制度中也是很重要的一环,也可算做宋代寺院管理的特色之一。以下分而论之。

一、系帐和赐额

系账本来是对于寺院所有的童行和出家僧尼的数量以及各方面情况的上报制度,敕额则是由朝廷正式下诏批准寺院的名称。宋朝廷吸取前代的寺院管理经验,以系帐和敕额来控制寺院的发展。"系帐的手续

---

① 谢深甫:《庆元条法事类》卷五一《道释门》。

涵义是,寺院通过系帐则可取得存留的资格,而且系帐还是请赐敕额的先决条件,但是系帐寺院又未必都能请得敕额,而未请得敕额的系帐寺院,当朝廷欲沙汰寺院时,则其通过系帐所取得的存留资格就会作废而遭到拆毁,故系帐所取得的还只是相对有限的合法性;赐额的手续涵义则是凡请得本朝敕额的寺院,即使是在朝廷沙汰寺院时,都可免遭拆毁,敕额的取得是寺院享有最终合法性的标志或凭证"①。在此,我们在参考学界的研究成果②的基础上,先对宋代的系帐制度和寺院敕额的情况作一考察,然后再对宋代寺院合法性之取得以及寺院管理的成效与佛教发展的关系等方面的问题作些综合分析叙述。

宋王朝沿袭了唐、五代僧籍管理制度,如《大宋僧史略·僧籍弛张》云:"今大宋用周显德条贯,三年一造,著于律令也。"③《宋会要辑稿》记载:"凡僧道童行,每三年一造帐,上祠部,以五月三十日至京师。"④宋人将三年一造的道观寺院帐籍称之为"全帐"。太平兴国二年(977)三月,宋太宗又"岁令诸州上僧尼之籍于祠部"⑤。因为这是皇帝特诏设置的,因而称之为"敕帐",而相对于"全帐"而言,又称之为"支帐"。各地的两帐上报朝廷之后,朝廷又有专门汇总全国寺观情况的"都籍"。

关于两帐制,《庆元条法事类》记载:"诸僧道及童行帐,三年一供,每一供全帐,三供敕帐,周而复始,限三月以前申尚书礼部。"⑥这是说,在

---

① 刘长东:《论宋代寺院合法性的取得程序》,《普门学报》第九期,2000年5月。
② 此类研究成果主要有:1.[日]高雄义坚《宋代仏教史の研究》,京都,百华苑昭和五十年(1975),第57—60页。2.[日]竺沙雅章《中国佛教社会史研究》,京都,同朋舍,昭和五十七年(1982),第83—110页。3.[日]小川贯弌《宋代寺院の特质》,《印度学佛教学研究》第17期,1968年。4.黄敏枝先生《宋代佛教社会经济史论集》第八章。5.刘长东《论宋代寺院合法性的取得程序》,《普门学报》第九期,2002年5月。6.白文固、赵春娥《中国古代僧尼名籍制度》所收《宋代僧尼管理制度管见》一文,西宁,青海人民出版社,2003年。这些研究中,刘文详细地论证了系帐与敕额的关系,属于集大成并有独得之见的论文,本节参考之处甚多。
③ 赞宁:《大宋僧史略》卷中,《大正藏》第54卷,第248页上。
④ 徐松:《宋会要辑稿》第8册,第7875页上。
⑤ 李焘:《续资治通鉴长编》卷一八,第400页。
⑥ 谢深甫:《庆元条法事类》卷五一。

"两帐制"同时实行之后,以三年为一周期,上报全帐一次,上报敕帐三次。

《庆元条法事类》卷五一①载有一份完整的南宋时期的僧道供帐格式,文长不录。概括而言,"僧道童行等全帐式"规定须申报下列内容:其一,要开列宫观、寺院总数以及分别开具道士观、女冠观和僧寺、尼寺的数量,并且须分列"旧管"和"新置",对于新置者须说明事因。其二,须开具道士、女冠、僧、尼的总数及分项数。其三,开列道教和佛教之童行的总数,并且分别开具道士童子、女冠童子以及佛教的行者、尼童的数量。其四,以道观、寺院为单位统计道士、女冠以及僧、尼的数量。此项值得注意的是须将每一位僧尼的法名、年龄、本贯、最初所礼之师、获得度牒(包含六念牒、戒牒)的年月日和缘由等等都列具清楚。如果僧尼获赐紫衣、师号,须将获得紫衣、师号的时间以及师号的名称列出。此外,还须将僧尼历次系帐于某寺院以及行游至某寺院的年月日都列出来。尤其是分"旧管"、"新收"、"开落"(可能是指云游僧再行系帐)分别将其列入,并且统计出"见在"(现在)的数字。其五,依照前述僧尼系帐的格式开列道士童子、女冠童子以及佛教的行者、尼童的各方面情况,须将每一位童行的姓名、年龄、本贯、最初所礼之师及年月日、所礼之师卒年月日、至某年月日回礼本寺某人为师;如果改换过名字,也须列出;在本寺系帐之前,若曾经在别寺系帐,也须列出。"僧道童行等敕帐式"较前者简略,着重反映当年变化情况,即当年"新收"(新披剃和新系帐者)和"除附"(还俗、去世),而省略旧有寺观和旧管僧道尼冠童行的法名和数量。宋王朝通过这样长短结合的帐籍登记和上报制度,可比较直接和准确地掌握合法童行、僧尼的数量等等情况。从管理制度层面来说,显然比前代要严密得多。

参学游访是佛教最重要的修行惯例,宋代朝廷从政策上是限制僧尼

---

① 参见谢深甫《庆元条法事类》卷五一。

巡游的,上文所说的"公据"就是其限制手段之一。然而在外出参学不可避免的情形下,宋王朝对于云游僧的外出与系帐作了若干规定:其一,"僧道已系帐而行游出外,未再经供帐开落者,亦为在州之数"①。这是说,外出云游的僧尼只要未曾再行系帐于其他州的寺院之中的,仍然算原来州僧尼之数;再行"供帐开落"者则不必如此。其二,僧尼外出云游须由业师或者寺院住持具名担保,申请地方政府颁发准许其外出的"公据","本师或主首保明不实,致请公凭因缘游罪者,杖八十"。僧道云游但却"无公凭者,杖一百,还俗"②。其三,云游僧挂单须具备的"六验"中的"帐尾"可能与系帐有关。

  宋代自徽宗开始,"各地僧帐上报中央后,中央在其基础上又要再造一种帐籍,即所谓的'都籍'"③。《宋会要辑稿·职官》记载:大观二年(1108)八月二十一日,"礼部尚书郑久中等奏:'勘会祠部所管天下宫观寺院自来别无都籍拘载名额,遇有行遣,不免旋行根寻。今欲置都籍拘载,先开都下,次畿辅,次诸路;随路开逐州,随州开县镇,一一取见,从初创置因依、时代年月、中间废兴、更改名额及灵显事迹、所在去处,开具成书。'小贴子称:'天下神祠庙宇,数目不少,自来亦无都籍拘载,欲乞依此施行。'从之"④。据上可知此"都籍"可看做全国寺观的总账册,是将各州县帐籍中的寺观内容单独剔出,归于都下、畿辅、诸路的纲目之下,并可能汇总了全国和各纲目层次上的寺观数目。这一"都籍"是细致的,除关注现实情况外,对于寺院的历史沿革、兴废、寺额更改设置、寺院的灵异故事等等,都要写入账册。可以说,"都籍"从宏观、微观以及历史等数方面反映出全国和各地的寺观情况,便于朝廷管理控制佛教僧团的发展、制定针对宗教的经济政策。

---

① 谢深甫:《庆元条法事类》卷五〇《道释门·试经拨度》。
② 谢深甫:《庆元条法事类》卷五一《道释门·行游》。
③ 刘长东:《论宋代寺院合法性的取得程序》,《普门学报》第 9 期,2002 年 5 月,第 121 页。
④ 徐松:《宋会要辑稿》职官一三之二三,第 2675 页下。

建立寺院首要的条件无疑是应该有僧尼住寺,而在朝廷对于寺院的管理日趋严格的情形下,"系帐"便成为寺院取得朝廷批准的前提。换言之,"在一般的情况下,私建寺院欲取得合法性,最初的手续就是要系帐,或曰系籍"①。现存的寺院敕额牒文的碑刻,可以证明此点。如以《山右石刻丛编》所载为例,其书卷一三《百福寺敕》有云:"大汾州奏,准敕勘会到下项未有名额系帐存留寺院共八十四□,乞赐额。"②卷一四《大云寺牒》云:"威胜军奏,准敕勘会到武乡县岩净寺系帐存留,乞赐名额。牒:敕旨取到祠部状,系得文帐。"③同卷《真如院碑》云:"潞州奏,准敕勘会到系帐存留寺院,乞赐名额,候敕旨。取到同(祠?)部状,并系得文帐。"④同卷《鹿苑寺记》云:"晋州奏,保明到下项寺系帐,乞叙明堂赦,赐名额,候敕旨。"⑤同卷《义宗和尚塔记》云:"适会朝廷奉仁庙遗旨,天下僧寺旧隶省籍存留者,特与敕额。"⑥"以上这些请得敕额的寺院,都是先经过了系帐而得存留资格的寺院,这说明赐额是在已系帐的寺院范围之内实行的,有时甚或还要在赐额牒文中写明已取祠部文帐做过核实,对其已通过了系帐手续这一点给予特别的再次确认。另外,司马光对仁宗嘉祐七年(1062)的一次特恩的谏议,也可反证出这一点来"⑦。《续资治通鉴长编》卷一九七"仁宗嘉祐七年九月辛亥"条云:"辛亥,大飨明堂,大赦。……寺观及其在四京管内,虽不系帐而舍屋百间以上者,皆特赐名额。"⑧宋仁宗下诏对于虽然未系帐但有寺舍一百间以上的,可以以特例而给予寺额。但此遭到司马光的反对,司马光针对仁宗之特恩而上《论寺额札子》云:"伏望陛下追改前命,应天下寺观院舍不系帐者,不以舍屋

---

①⑦ 刘长东:《论宋代寺院合法性的取得程序》,《普门学报》第9期,2002年5月。
② 翁聘之:《山右石刻丛编》卷一三,《石刻史料新编》第1辑第20册,第15245页。
③ 翁聘之:《山右石刻丛编》卷一四,同上书,第15247页。
④ 同上书,第15249页。
⑤ 同上书,第15250页。
⑥ 同上书,第15266页。
⑧ 李焘:《续资治通鉴长编》,第1825页上。

多少,并依前后敕条处分。其昨来赦文内'四京寺观院舍,虽不系帐,亦赐名额'一节,乞更不施行。"①司马光反对的是不先系帐而直接给予寺额的诏令,那么从逻辑上可推出,朝廷原先实行的确实是仅仅系帐寺观才具备赐给名额的可能性的政策。当然,系帐之寺院未必都能获得赐额,这里面还需其他因缘的际会。

　　寺院经过系帐等于进入了朝廷的管理系列,获得了合法暂存的资格。说其"暂存",是因为每当朝廷欲沙汰佛寺时,系帐而无"赐额"的寺院和"私建"寺院首当其冲。现存文献中屡见无敕额被拆毁或移作他用的事。根据学者的研究检索,宋朝有数位皇帝曾经下令在全国范围内拆毁无额寺院。宋太宗于淳化年间(990—994),"大宋统天应运顺圣孝明文武皇帝,敕命指挥,有修盖到寺院无名额者,并须毁废,不得存留"②。天禧二年(1018)三月,宋真宗下诏书:"诸路转运司,应部内诸州有神庙、不系赐额佛堂、无僧主持、据山险孤迥之地,为盗贼藏伏者,并令毁拆。"③宋仁宗景祐元年(1034)闰六月"乙亥,毁天下无额寺院"④。另外,宋仁宗"庆历初,西方用兵,诏寺不及三十室者皆毁"⑤。这一资料未曾明言取缔的是无额寺院,但依照惯例应该并非针对有额寺院。宋徽宗于大观三年(1109)"有诏毁天下寺之无名额者"⑥。南宋高宗绍兴二十一年(1151)九月戊戌,"上谓大臣曰:'缘不度僧,常住多有绝产,其令户部并拨以赡学。'既而本部乞令提举司拘管,其无敕额庵院,亦依此施行。从之"⑦。上述资料表明,宋

---

① 司马光:《传家集》卷二六,《文渊阁四库全书》,第9页右。又参见宋赵汝愚编《宋朝诸臣奏议》卷八四《上仁宗乞罢寺观赐额》,上册,第906—907页,上海古籍出版社,1999年;李焘:《续资治通鉴长编》卷一九七"仁宗嘉祐七年九月辛亥"条,第1285页下。
② 《山右金石丛编》卷一一《永安禅院碑》,第15188页。
③ 《宋会要辑稿》兵一一之八,第6941页下。
④ 《宋史》卷九,第198页。
⑤ 王昶:《金石萃编》卷一三四,《石刻史料新编》第1辑第4册,第2504页。
⑥ 陆增祥辑:《八琼室金石补正》卷一一〇《西河普济寺记》,《石刻史料新编》第1辑第8册,第5792页。
⑦ 李心传:《建炎以来系年要录》卷一六二"绍兴二十一年(1151)九月戊戌"条,第2643页。

太宗、宋真宗、宋仁宗、宋徽宗、宋高宗都曾经下令拆毁全国无额的寺院。其中,宋高宗登基后,很长时间禁断度僧,使得有些寺院没有常住僧尼,高宗于是下令将这些寺院废掉,籍没的田产充作"学田"。后来,有大臣建议对于无额寺院也可如此办理,获得了高宗的批准。不过须指出,以上引文中"无额"、"无名额"、"无敕额"大部分是指民间私建寺院,也有一部分是仍然存在但未曾取得本朝赐额的前朝古寺。宋王朝一度将寺院分为"古迹"与"敕额",如中央政府为州县政府所制定的全帐和敕帐格式中,都要求必须注明某寺院是"古迹"还是"敕额",在"都籍"中也须写清"更改名额"的情况。

对现存史料的不完全检索表明,宋王朝就先后六次大规模的敕额:

第一次是在宋太祖时期,建隆元年(960)"六月,诏诸路寺院经显德二年当废未毁者,听存。其已毁寺所有佛像,许移置存留"①。这一背景是后周世宗显德二年(955)五月下诏毁废佛寺,"是岁,诸道供到帐籍,所存寺院凡二千六百九十四所,废寺院凡三万三百三十六,僧尼系籍者六万一千二百人"②。太祖的旨意是针对后周下令毁废而未曾毁掉的寺院,虽说仅言"听留"未曾明言"赐额",但从道理上是对于后周所存未毁佛寺之合法性的承认。北宋初年的寺院数量,据文献记载,景德年间(1004—1007)全国的寺院数是二万五千寺③,如下所述,十余年中大规模赐额的次数不多,因此,太祖、太宗、真宗三朝对于前朝旧寺之额的承认,恐怕占两万五千余寺中的大多数。

第二次发生于宋太宗时期。此次为各地无额寺院赐同样的寺名,起于将后周废毁的东京龙兴寺改名之缘,太平兴国"二年,使改龙兴寺为太平兴国寺,立开先殿以奉太祖御容"④。第二年即太平兴国三

---

① 志磐:《佛祖统纪》卷四三,《大正藏》第49卷,第394页下。
② 《旧五代史》卷一一五《周书六·世宗纪》,第154页,北京,中华书局校本,1976年。
③ 参见江休复《杂志》,商务本《说郛》卷二,《说郛三种》第1册,第32页上,上海古籍出版社,1988年。
④ 志磐:《佛祖统纪》卷四三,《大正藏》第49卷,第397页中。

年(978)三月,太宗"赐天下无名寺额,曰'太平兴国',曰'乾明'"①。前者依年号命名,后者则以皇帝诞节命名(太宗乾明节十月七日)。在这次赐额中,获得合法的寺院很多,如京兆府兴平县有无名寺额61所,其中57所符合规定得到敕额,余4所虽不合规定,经特案申请亦得到敕额。② 以此推知全国的情况,正式恢复的寺院数量是很可观的。

第三次发生于宋真宗时期。如宋真宗天禧二年(1018)四月下诏:"寺院虽不系名额而屋宇已及三十间、见有佛像、僧人住持,或名山胜境、高尚庵岩不及三十间者,并许存留。自今无得刱建。"③在此诏令之前一月,宋真宗已经下令将无赐、无僧住持以及据山险孤迥之地且被盗贼藏伏的寺院拆毁,而这一诏令大概是针对前一诏令而作的补救措施。在宋代皇帝中,真宗对于佛教的支持是最有力而切实的,寺舍30间的合法化标准与仁宗时百间的标准相比,是很宽松的。

第四次发生于宋仁宗时期。仁宗嘉祐七年(1062)九月,帝病笃,乃诏天下系帖存留无额寺院皆特赐名额,四京(东京开封府、西京河南府、南京应天府、北京大名府)管内无系帖而舍屋在百间以上者亦赐额,获得寺额的寺院多达千余所。④ 针对仁宗敕赐屋宇达一百间的未系帐寺院名额之特恩,司马光上《论寺额札子》说:"臣恐自今以往,奸滑之人将不顾法令,依凭释老之教,以欺诱愚民,聚敛其财,以广营寺观,务及百间以上,以须后赦,冀幸今日之恩,不可复禁矣。"⑤从实际结果看,司马光的反对未曾奏效。

第五次发生于宋英宗时期。英宗于治平四年(1067)正月病笃,在其

---

① 志磐:《佛祖统纪》卷四三,《大正藏》第49卷,第397页中。
② 参见陆增祥辑《八琼室金石补正》卷八九《保宁寺牒并使县帖》,《石刻史料新编》第1辑第8册,第5441—5442页。
③ 李焘:《续资治通鉴长编》卷九一,第813页上。
④ 李焘:《续资治通鉴长编》卷一九七,第4778页。
⑤ 司马光:《司马文正公集》卷二四《论寺额札子》,四库本。

诞日正月三日的前一日下诏,令无敕额有屋宇30间以上,且有佛像者,皆赐"寿圣"寺额,借以追福。① "故僧寺名'寿圣'者,所在有之,一州或至十数"②。又如《滕县金石志》之《宋三省同奉圣旨存留宝塔院记》载,该州在治平四年(1067)正月一日前系帐的无额寺院有3 350所,其中1 001所因屋宇未达30间而未得敕额,另2 349所则符合规定得到了敕额。③ 这一次赐额在英宗死后继续执行,至少在熙宁元年(1068)仍然有不少寺院援此恩例而获圣寿寺之额。④

第六次发生于宋徽宗时期。徽宗崇宁元年(1102),"诏天下军、州创崇宁寺,又改额曰天宁寺"⑤。南宋高宗"勅天下州郡立报恩寺,为徽宗追严"⑥。宋高宗其实未曾建立新寺,而只是将徽宗敕额的天宁寺改为报恩寺而已。

概括言之,宋代的系帐制度既使朝廷及时而较为准确地掌握了僧尼、童行的总数以及各州县、寺院以及每位合法僧尼、童行的具体情况,又为朝廷处理系帐而又未敕额的寺院提供了过渡性的方法。而经朝廷赐额方才完全成为合法寺院的规定,一方面使朝廷牢牢地掌握了建造寺院的批准权,另一方面,也为其在必要情况下限制取缔一些不合规寺院提供了法令的依据。正如学者所论,从施政意图上看,"这些政策的目的都是要把寺院的数量控制在合理的范围之内,可见宋代对僧、寺的管理制度,的确比前代更加严密而完善,而其所体现的则是宋政府对佛教事务的行政性干预的强化"⑦。但是,就施政效果而言,"宋代的寺院数却庞

---

① 参见志磐《佛祖统纪》卷四五,《大正藏》第49卷,第414页上。
② 《嘉泰会稽志》卷七寺院条,《宋元方志丛刊》(7),第6824页,北京,中华书局影印本,1990年。
③ 《滕县金石志·宋三省同奉圣旨存留宝塔记》,转引自黄敏枝《宋代佛教社会经济史论集》第304页。
④ 《山右石刻丛编》卷一五《泗州千峰院寿圣禅院牒碑》以及《山右石刻丛编》卷一四《寿圣寺牒》均提及熙宁元年(1068),山西平定、乐平二县有23所赐额寿圣。
⑤ 觉岸:《释氏稽古略》卷四,《大正藏》第49卷,第880页下。
⑥ 志磐:《佛祖统纪》卷五三,《大正藏》第49卷,第464页中。
⑦ 刘长东:《论宋代寺院合法性的取得程序》,《普门学报》第9期,2002年5月。

大到了超出其合理的范围,也即是说在意图与效果之间存在着很大的反差。如果我们透过这种反差现象去探究系帐和赐额制在宋代寺院管理上的意义,就会发现系帐和赐额制尽管也发挥着将全国寺院总量控制在合理范围内的作用,如当僧尼数与人口数的比值高达1∶43和1∶44的真宗天禧年间与徽宗时期,以及比值达到1∶66的仁宗景祐年间,正如前文已述,朝廷在这时也正好颁布了毁拆无额寺院的诏敕,及时对寺院总量采取了紧缩措施;但是,我们在看到系帐和赐额制发挥行政干预作用的同时,也应该注意到宋政府所制定的赐额标准又体现出了宋代寺院管理政策对崇佛世风的退让"①。如前所论,宋代对私建寺院的赐额标准介于30间至100间之间,而在唐代这一标准则是200间。这种赐额标准的大幅度降低表明,面对佛教更深入地本土化、佛教信仰更为普遍化的情势,宋王朝在管理上也只能顺应这一趋势。也许正是这一大背景,极度发达的宋代寺院经济实际上成为朝廷的第一项重要财源。从这个意义上,与其说宋王朝严格的系帐制度是为寺院合法化提供一个过渡,毋宁说是为了更顺畅、更无遗漏地收取各种赋税。

二、"甲乙徒弟院"、"十方住持院"及"敕差住持院"

宋代佛教丛林依照寺院住持产生的方式,分为"甲乙徒弟院"、"十方住持院"、"敕差住持院"等三种类型②。其中,"甲乙徒弟院"是由自身所度之弟子依序传承,简称为"甲乙院";"十方住持院"是请诸方名宿住持,简称为"十方院";"敕差住持院"是由朝廷给牒任命住持,简称为"给牒院"。"甲乙院"采用师资相承的世袭制,因而又称"制度丛林"或"子孙丛林";"十方院"的住持由官吏监督选举,故又称"十方丛林"。关于"甲乙徒弟院"与"十方住持院"的区别,可依据宋代文献中的记载作些分析。

---

① 刘长东:《论宋代寺院合法性的取得程序》,《普门学报》第9期,2002年5月。
② 参见黄敏枝《宋代佛教社会经济史论集》第八章第二节,第305—312页。以下关于这一问题主要参照此著所述补充论之。

首先可从日常饮食方面见其差别。北宋陈舜俞（？—1072）于仁宗至和二年（1055）八月所撰崇德县（浙江崇德）《福严禅院记》即说："途人如归，环食剑处，不问疏亲者谓之十方。人阖一室，室居而家食，更相为子弟者谓之甲乙；甲乙非道之当也。"①南宋史绳祖《学斋占毕》卷二说："余尝观张横渠语云：'曾看相国寺饭僧，因嗟叹以为三代之礼尽在是矣！'诚哉斯言也。余尝观成都华严阁下饭万僧，如尽得横渠之所以三叹。盖其席地而坐，不设椅桌，即古之设筵敷席，未食先各出。"②这是说，"十方住持院"是面对整个佛教界开放的，各地来的僧尼都可挂单共食，寺中的僧众一起在斋堂用餐。而"甲乙院"则是在师徒子弟之间呈封闭状态，分房列户各自独立分爨炊食。

其次，"甲乙徒弟院"、"十方住持院"的最主要区别在于住持的任命方式不同。《敕修百丈清规》"新住持"云："凡十方寺院住持虚席，必闻于所司。"③由遴选决定继任人选，这一点在宋代形成的法令《庆元条法事类》中有明确规定："诸十方寺观住持僧阙，州委僧道正司，集十方寺观主首，选举有年行、学业、众所推服僧道，次第保明申州，州审察定差。无，即官选他处为众所推服人，非显有罪犯，不得替易。"④依照这一规定，一旦十方院的住持出缺，由所在州的官府委托僧司召集十方寺院的住持等推举符合条件的僧尼若干名，然后将候选名单上报州长官，由州长官审查定夺。推举的范围首先在本州岛管内及十方寺院主管熟悉的范围内抉择，如果这一范围内没有合适的人选则由官府在其他地方选择任命。对于官府所任命的人选，寺院僧众不得否决，除非发现重大的犯戒等非法行为。可见，十方寺院住持的任用是在僧团推举制度的外衣之下，最终由地方官员全权决定的。"甲乙徒弟院"住持的产生与此不同，《庆元

---

① 《至元嘉禾志》卷二六陈舜俞《福严禅院记》，《宋元方志丛刊》（4），第4612页。
② 史绳祖：《学斋占毕》卷二"饮食衣服今皆变古"条，四库本。
③ 《大正藏》第48卷，第1128页下。
④ 谢深甫：《庆元条法事类》卷一五《住持问道释令》。

条法事类·道释令》规定：

> 诸非十方寺观主首身死，或有故不应住持者，听充弟。（如有向上尊长住持者，从众保明先差补）。无兄弟，以所度及兄弟所度之人继承。非祖师营置者，以所度住持；无所度人，以同师兄弟。（并以现阙日在寺观，及判凭出外未及半年并干办本寺观事僧道，依名次先后为次，未回者以次。人权其出外干办本寺观事及壹年，非干办本寺观事通及半年未回者，不在继绍之限。）即意在规图临时回礼者，不用此令。①

这一条令可以说相当清楚完备，将诸多情况都作了规定：其一，"甲乙徒弟院"住持出缺，优先由师兄弟继承权力；如果有向上的尊长可以继承，也可由众僧保荐递补。其二，在第一种情况不存在的情形下，可以由徒弟或是兄弟的徒弟继承住持之位。其三，条令规定只有住持缺位之时在寺者以及合法外出为本寺办理各种事务未及半年的僧人，才有资格继承职位。而合法外出为本寺办理各种事务超过一年的僧人，以及合法外出然所办事务与本寺无关者只要超过半年未返回寺院者，均无资格继承住持之位。这一条尤其重要，依据此条可以将那些长期不在寺院而临时急匆匆回寺抢班夺权者排除在外，避免无谓的权力纷争。从总体看，"甲乙徒弟院"住持继位是由寺院自身的既定秩序逐次递补，因而具有师徒兄弟相及的特征，官方干涉的余地很小。

现有资料表明，宋王朝对于寺院的分类管理很是严格，不论是"十方院"还是"甲乙院"，一经申请立案，即为定制，若需变更体例，还得申请批准。在此我们可以通过四明知礼的一段经历分析这一问题。《四明尊者教行录》卷一记载：知礼于淳化二年(991)"中选住持。《实录》云：'淳化辛卯，受请于乾符寺，绵历四祀。'"②知礼在32岁那年被推举（即文中所

---

① 谢深甫：《庆元条法事类》卷一五《住持问道释令》。
② 宗晓：《四明尊者教行录》卷一，《大正藏》第46卷，第857页上。

说的"中选")为乾符寺住持,但是,乾符寺"有寝无庙,学徒爱止,盈十莫容。又观其密迩阛阓,诚非久宜"①。于是在至道元年(995),知礼"遂徙居城东南隅保恩院"②,"至道二年七月内,前两次院主僧(居明、显通)舍此院与(知礼、异闻)永作十方住持,传演天台智者教法,安僧修道"③。由此可见,保恩院原本属于"甲乙徒弟院",在知礼住锡的第二年,前两任院主将此院舍给知礼、异闻二僧,并承诺永远转为十方住持院以弘扬天台教法。至道三年,四明知礼"以院宇颓弊,与同学异闻始谋经理。大中祥符二年,重建保恩院成,自兴役至今凡十载,通守石待问为之记。三年,乞郡奏于朝,十月。赐额延庆"④。这一过程是清楚的,即在宋真宗大中祥符三年(1010)十月,经朝廷批准该保恩院为延庆院。

保恩院初建于后周广顺二年(952),南宋绍兴十四年(1144)改赐寺额为延庆寺,有十六观堂。⑤《四明尊者教行录》收载了知礼、异闻上报朝廷的帖子,其文曰:

> 据本院住持,传天台教沙门著状称:先去经今一十六年,昨为舍宇颓毁,稍妨安众,遂请天台山金文藏院僧觉圆募缘重新修盖,今已圆就,见管系帐,屋宇一百二十余间,已蒙颁赐勅额,旌显院门。僧众五十来人,讲习焚修,上酬国泽。切缘此院元舍与等,永作十方住持,即非徒弟继续之限,常须名德僧继代讲演,不废安众焚修,欲依准江南湖南道山门体式,永作十方住持。或终身后任,在院僧众并檀越于本院学众中请明解智者教乘、能聚四远学徒、有德行僧,继续传教住持。或本院全无此德人,即于他寺及他郡请的传天台教法、备解行僧传教住持,并常选请到院听学僧充主事。所冀永远安僧,

---

① 宗晓:《四明尊者教行录》卷一,《大正藏》第46卷,第857页上。
② 志磐:《佛祖统纪》卷八,《大正藏》第49卷,第192页上。
③ 宗晓:《四明尊者教行录》卷六,《大正藏》第46卷,第909页上。
④ 志磐:《佛祖统纪》卷八,《大正藏》第49卷,第192页中—下。
⑤ 参见宗晓《四明尊者教行录》卷六《四明图经纪延庆寺迹》,《大正藏》第46卷,第912页上。

焚修讲演,祝延圣寿。伏虑将来徒弟不悉元舍院宇住持因依,妄有干执,并恐将来本院及外处僧讲业不精,但以传天台教为名因,嘱托权势,求觅住持,乞行止绝,代代须得素业天台智者教乘、实有戒行学众咸愿者,住持此院,继续讲演。所冀常有德人流通妙教,上资国祚,广福蒸民,遂于大中祥符三年七月内,经使衙陈状,乞备录因依,奏闻天听,乞降勅旨,许永作十方住持,长演天台教法。蒙使衙申奏,况本院徒弟僧等,著状称:"伏睹师主经州陈状,将本院永作十方住持,长演天台教法,即非徒弟继续之限。等亦愿将此院,永作十方住持,代代请明解智者教乘、能聚四远学徒、有德行僧传教住持,常选请到院听学僧,充主事。等各有咸愿,更无干执。"①

知礼此文提供了许多细节,重要者有三:其一,保恩院在至道二年(996)就由徒弟院改为十方院,但知礼等在修葺一新之后,仍然郑重其事地通过地方政府上书朝廷请求批准并宣告启用作十方住持院,并且请求朝廷批准永远选用弘传天台教义的僧人任住持。可见,十方院与徒弟院之间的转换是可逆的。其二,文中请求在知礼、异闻终身之后,应该首先由此院常住僧众并檀越于本院学众中荐举精通天台教法而有德行的僧人继续传教住持,如果本院全无合适人选,即于他寺及其他州郡聘请传天台教法备解行僧传教住持,并应该选请本院僧人充作寺院的主事。这一请求的特殊之处在于,为了保证此寺永久传承天台教法,由此院的僧众与此院的施主共同推举住持,而依照通例,"十方院"的住持是由当地的僧司集合当地各佛寺的首领在本州范围内拣选的。因此,知礼上书是有其强烈的宗派传承意图的,其实质就是请求朝廷允许在拣选此院的住持时,能够有所变通。其三,为了使得此院能有长久持续,文中引用了此本院徒弟僧即知礼、异闻之徒——立诚、又玄、本慈、本常、尚闲、德才等僧的上书以加强佐证,而在朝廷批准之后的第二年,

---

① 宗晓:《四明尊者教行录》卷六,《大正藏》第46卷,第909页中—下。

即大中祥符四年(1011)七月十七日将此帖刻碑树立,在南宋绍兴二十六年(1156)"岁次丙子十二月一日,住持传天台教观赐紫觉云大师(智连)重立"①。

也许由于保恩院曾经是徒弟院的缘故,因而才有知礼等郑重其事地上奏朝廷以及刻石立碑的举动。不过,由于政府能够参与甚至主宰十方寺院住持的选拔、任用,所以,宋王朝在政策上鼓励徒弟院转为十方院,如《庆元条法事类·住持问道释令》就规定:"即本为甲乙承续,其徒弟愿改充十方者,听。无人继承或毁坏寺观不能兴葺者,准此。"可见,由甲乙徒弟院转为十方院,一律批准。而对于无僧继承以及重修修缮的毁弃寺院,可转为十方院。与此相反,由十方住持改为甲乙院则为朝廷所限制,《庆元条法事类·住持问道释令》就规定:"诸寺观改充十方住持,而主首或徒弟妄诉讼,及乞改为甲乙承续者,杖壹佰;即私自改,或不申告,而私以寺观人承续,并官司故纵,各加贰等;若系户绝而擅住持者,准。"②由此规定可以见出,一旦甲乙徒弟院转改为十方寺院,如改制之前的寺院管理者或者徒弟,重新提出异议,要求重改为徒弟院,政府就会加以干涉镇压。

从十方院和甲乙院的本意考察,前者属于政府主导的寺院,后者则属于僧团自主继承、自主管理的寺院。二者在财产归属上的重大区别,导致两种类型的寺院管理以及兴衰变迁呈现出不同的特质。在此可借《两浙金石志·城东慈云院甲乙传流住持部据府帖》所记载的慈云院的兴衰变化来加以分析说明。"据慈云院住持僧崇宁状:右崇宁本院荒芜,数僧同住,额系十方常住,素无田产,自崇宁戊午年内恭奉圣旨指挥行下使府给帖充应住持。入院之初,常住应干动用什物,皆为前住僧搬挈一空,崇宁竭力置办,将周遭欹斜破屋修葺一新,止有钟楼、轮藏次第重建,

---

① 宗晓:《四明尊者教行录》卷六,《大正藏》第46卷,第910页上。
② 谢深甫:《庆元条法事类》卷一五《住持问道释令》。

稍成伦序。窃见本院柒拾年内捌易住持,无非毁坏,常住全不似修造为念。今崇宁非敢固执住持,窃恐复有夤缘之人前来破坏,委是可惜。近睹小隐、竹阁、玉泉、法雨等处元系十方去处,后缘修造仅成次第。深虑他日为十方人废坏,尚改作徒弟,永充甲乙住持……仍给据付本院。……乞将本院照竹阁、资国、法雨等处改为甲乙徒弟院事,本司承准指挥照得慈云院坐落仁和县马婆巷,元系十方教院单丁去处(一如旅寄)……欲照竹阁、咨圣等寺改,乞改为甲乙,永远住持……景定肆年十月。"①这一材料显示,作为"十方院"的崇宁院,70年间即八易住持,历任住持全不以修造为事,临行尚且将常住什物搬迁一空。僧崇宁于宋理宗宝祐六年(1258)来此院主事后,惨淡经营,渐成局面,他不欲旧事重演,仍申请更改为甲乙徒弟制。在这一例中,僧人崇宁将对于十方寺院住持的评价推定到十方寺院与徒弟院之间的差别的高度来看待。然而,如前所述,北宋初期的知礼即专门上奏朝廷要求将保恩院改为十方院长期化。这样的两个典型事例对观,我们只能得出结论:两种类型的寺院如果任命住持不是合适的人选,都有可能对寺院的发展造成毁灭性打击。而从知礼和崇宁的意图观之,也许"十方院"容易在佛教界和社会中产生广泛影响,而徒弟院则较容易稳妥地保持寺院的资财。如刘克庄(1187—1269)在他所撰的《漳州鹤鸣庵》中也说,在漳州、泉州等偏僻山区,由潮州到惠州和由漳州到潮州,一路上既无逆旅又无庵舍,行人视为畏途,乃于沿途修造17所庵舍,皆为十方刹,以解决行旅之住宿与安全问题,拨给田地以养庵僧。但是,其后苦于有司数易其僧,巨室豪家复兼并庵田,而庵舍遂颓坏。所以,最后只好将平沙、云霄、仙童、鹤鸣等17所庵舍改以甲乙承续,免遭覆辙。② 可见,社会豪强等各种势力对于十方寺院的经济掠夺很是普遍,因而连地方政府也无奈地采取改换门庭的方

---

① 《两浙金石志》卷一三,《石刻史料新编》第1辑第20册,第10503页。
② 刘克庄:《后村大全集》,《四部丛刊初编》卷八九,漳州鹤鸣庵,第762页下。参见黄敏枝《宋代佛教社会史论集》,第309—310页。

法来抵御各方对于寺院财产的侵蚀。

从前述两例十方寺院与徒弟院的转换中,可以看出二者各有优长和缺点。"十方制之优点为住持出缺后,能够圈选深孚众望、能力强干者接任。也就是说接任者已有很好的背景和历练,一旦膺新任,万方瞩目,檀施随至,兴废起弊,指日可待。所以,有能力之住持的去留,关系一院之盛衰隆替即在此。阙失则除了上述住持更迭无常,和视寺院如过舍,不肯费心尽力,及将常住视为己物,临走搬拿一空之外,就是官方的介入圈选。官府虽然多能秉持公正客观,以人品、学问为考虑条件,但是,反其道而行者亦所在多有"①。但是,在许多地方,住持职位之获得,不一定与学行成正相关,而是取决于对于官府缴纳财物的多少,官府也往往借住持之更迭以牟利,这种状况严重地败坏了佛教的风气,引起有识之士的忧虑与反对。

与十方寺院所受官方的干涉稍有不同,甲乙制寺院在住持的选任上,有一定的空间规避官方介入以及住持的急功近利行为对于寺院本身所造成的伤害。如元黄溍所撰婺州《净胜院庄田记》所说:"凡佛之居曰寺若院,有甲乙次相授法,田庐赀蓄器械百须之物,悉得以为世业传子若孙,其成之难而保有之不易与齐民之家固无大异也;然人之子孙不皆才且贤,而佛氏之子若孙率以义合,必择焉而得其才乃以畀之,故其传往往至于千数百岁而不坠,世家大族弗如也。迹以所凭借以永久者,存乎其人尔,顾岂有它术哉?"②依照此文作者的议论,净胜院自北宋英宗治平年(1064—1067)间赐额,以甲乙相传,迄元已260余年,大致与此相关。

宋代朝廷关于寺院的分类管理制度中,最特别的要数"敕差住持制"寺院。南宋以后,一些名刹巨寺的住持,先由中央僧司荐举,最后由皇帝敕命驻锡。宋宁宗时的岳珂在其所著《愧郯录》"寺观敕差住持"条中说:

---

① 黄敏枝:《宋代佛教社会史论集》,第310页。
② 黄潜友:《金华黄先生文集》,《四部丛刊初编》卷一三,第129页上一下,上海,商务印书馆,1929年。

"中兴以后,驻跸浙右,大刹如径山、净慈、灵隐、天竺,宫观如太一、开元、祐圣,皆降敕札主首,至于遐陬禅席,如雪峰、南华之属,亦多用黄牒选补。"①这一类佛寺的主体是南宋末叶形成的"五山十刹",下文当专节论述。

三、功德寺与功德坟寺

"功德寺"的提法是很笼统的一个概念。现今很多学者都从以为其至亲祈福为动机修建寺院的界定出发来归纳历史资料,如张弓先生在其大著《汉唐佛寺文化史》"造设编"所贯穿的主线之一就是"功德性"建寺。如他说:"唐释法琳回顾两晋营寺,只列举诸帝功德性造寺,没有提到官寺。"②"皇家造寺,同官方营寺有区别。它与皇族外戚,自心发愿,舍宅捐资营造,属于皇家功德寺性质。法琳《辨正论》记述历代造寺,对这两种营造有明确的区分:著于正文的是宫廷营造;著于夹注文中的是皇家功德寺。"③依据这一标准,张先生说:"《长安志》显示,自隋文帝至唐太宗一百八十余年间,隋唐两代皇家,在京师共立功德寺五十三所。"④同样,士族阶层营建功德寺的行为也被追溯到东晋时期。"江南士族,代袭其裘,他们营造的功德寺,也成为法灯久传的家寺"。如王导第五子吴国内史王劭,在其父的湘州清庙之北"造枳园精舍","至王劭初立功德,到王奂补作塔寺,枳园作为王氏家寺,传袭五世,历百余年"。⑤ 从张弓的研究中,可以总结出其所认可的"功德寺"的标志是主要是修建动机,其次也兼顾到寺产的归属问题。

朝廷官员所修造的"功德寺"有两种情况:一是其寺一旦建成,与捐施土地财产的士大夫及其家族不再有紧密的关系,寺院实际上归属佛教

---

① 岳珂:《愧郯录》卷一〇《寺观敕差住持》,《笔记小说大观》第8册,第382页。
② 张弓:《汉唐佛寺文化史》,第182页,北京,中国社会科学出版社,1997年。
③④ 同上书,第186页。
⑤ 同上书,第191页。

界。二是其寺建成后,捐施者及其家族后裔对于寺院有足够的控制权。前者则属于普遍现象,例子颇多,毋庸再举。宋代之前的文献中所说的"家寺"大概就属于后者,如张弓先生所列举的"开业寺"可谓典型。起初,北魏黄门侍郎尚书令李裔,在元氏县故里,"舍山地"立隐觉寺,"自魏历齐,僧徒弥广",而毁于周世宗毁佛时期。李裔嫡孙李祖元,隋时"舍旧居"恢复家寺,改寺额为开业寺,后在隋末战乱中毁坏。武德初,祖元之子李维摩入唐为官,"贞观四年,还赐旧额,为开业寺"。至唐玄宗开元年(713—741)间,李裔曾孙李纬、李俊,玄孙李充忯等,都在唐朝为官,仍在承续家寺香火。① 这所寺院,历经二百年一直延续未绝,也与李氏家族保持了紧密的关系,将其称之为"家寺"也不为过。另外,学者所指出的唐无锡慧山寺也值得分析。《全唐文》收有李浚撰写的《慧山寺家山记》,其文起首即说:"金陵之属郡毗陵南无锡县,有佛寺曰慧山寺,浚家山也。"② 黄敏枝先生据此而断定:"慧山寺为李浚家山,家山即功德院、功德坟寺。"③张弓则将其归入另外一种类型:"贵臣入据原有的僧寺,其后人遂占为家寺,成为代袭'功德'的一种新形式。"④李浚之父即唐武宗时期的宰相李绅,李绅家居无锡县,《旧唐书·李绅传》说他为"润州无锡人"⑤。李浚说:"贞元、元和中,先丞相太尉文肃公,心宁色养,家寓是县,因肄业于慧山。"后来又"退归慧山寺僧房,犹孜孜勤经史。洎十年,手写书籍前后约五百轴,寺山之泉独称奇,能发诸茗颜色滋味。公僻居舍饮,虽崇贵,未尝辄自优奉。惟辇载慧山泉数千里不问其费耗。"⑥从这一段文字看,似乎李绅与慧山寺有不同寻常的关系,至少其子李浚是将慧山寺当

---

① 原文见《常山贞石志》卷四《大唐开业寺李公之碑》,载《石刻史料新编》第 1 辑第 18 册,第 13225—13227 页。张弓先生的分析见《汉唐佛寺文化史》,第 192—193 页。
② 《全唐文》卷八一六,第 8591 页。
③ 黄敏枝:《宋代佛教社会史论集》,第 242 页。
④ 张弓:《汉唐佛寺文化史》,第 195 页。
⑤ 《旧唐书》卷一七三,第 4497 页。
⑥ 李浚:《慧山寺家山记》,《全唐文》卷八一六,第 8591 页。

做自己的"家山"看待的。李俊说:"乾符四年,浚自秘书省校书郎为丞相荥阳公独状奏入直史馆,会己亥岁春,有事白相府,乞假东出函谷关数千里。夏五月癸卯,过家山睹旧刻石诗题,别无碑版叙录,惧年祀寝远,不得布闻于人,谨以史笔条叙于寺之正殿内。时乾符六年夏五月十六日。"①可见,至少在此时,慧山寺俨然成为"家寺"②,但是否是"功德坟寺"则难于遽断。

这里,有一问题需要讨论,即唐代文献中"功德院"、"功德寺"一语的使用问题。前述几位学者关于唐之前的功德寺的归纳,并非从古代文献的记载出发,而是从以为其至亲祈福为动机修建寺院的界定出发的。经过检索《大正藏》,唐代形成的文献中未见"功德院"、"功德寺"一语。而追叙唐代佛教史实的资料中也仅仅见到《佛祖统纪》中的两个用例,《佛祖统纪》记载:唐睿宗于景云二年(711),"勅贵妃、公主家,始建功德院"③;唐代宗大历二年(767),"诏辅相大臣始建功德院"④。对于这一记载,日本学者怀疑其真实性,而问题的核心实际上是此处所言的"功德院"是张弓先生所使用的含义,还是研究宋代佛教的学者所惯常使用的"功德坟寺"的概念。日本学者从宋代功德坟寺的角度否定这条记载,而台湾学者则找到了两条间接证据印证其真实性⑤,角度仍然是"功德坟寺"。其中第一条证据就是前述李浚的《慧山寺家山记》,另外一条证据即《全唐文》卷七九三《大赦庵记》。此记为当事者刘汾亲自撰写,他自叙自己的功勋,从其叙述中我们得知,他是宣宗大中十三年(859)的进士,

---

① 《全唐文》卷八一六,第8591—8592页。
② 其实,"家山"并非一定是"功德寺",如《全唐文》卷八〇四《吴县邓蔚山光福讲寺舍利塔记》中说:"光福寺者,即梁九真太守顾氏之家山也。士有恶嫌尘网,种植善根,遂舍林泉,建兹佛刹。立寺之始,其由此焉。斯地之银阙移来,洪波驾出,碧岫孤耸,青天下临。"细读此记文可知,此寺为顾氏捐献自家所属山地而修建,从文中看不出来寺院属于顾氏家族之"家寺"的文证。
③ 志磐:《佛祖统纪》卷四〇,《大正藏》第49卷,第373页上。
④ 志磐:《佛祖统纪》卷四一,《大正藏》第49卷,第378页上。
⑤ 参见黄敏枝《宋代佛教社会经济史论集》第七章《宋代的功德坟寺》,第242—243页。

官至兵部员外郎。咸通三年(875)迁本部侍郎,出任河南招讨使,领兵镇压黄巢起义。"汾再战再克,十无一失。蒙诏镇守饶、信二州,连年不得回朝,汾遂寓居广信路弋阳县归仁乡四十六都新陂里"①。刘汾于光启二年(886),"佃得荒间山田一段,约计八百余亩,名曰南山。坐落饶州路乐平县归桂、丰乐二乡,居崇山峻岭之间,人境寥绝。东至弋阳高界培分水为界,西至丰乐风门岭洪鹤山嘴为界,南至归桂乡东源坑合水为界,北至丰乐乡红鹤山盘岭分水为界。四至分明,源头坞尾,上崋下坳,与外并无一毫之间。其田地成者少,荒者多。召人勤力其中,尽一夫可受。屡次召佃耕种,俱各辞以不能"②。刘汾置买的这一大块山地无法佃耕,于是想到自己"连年奉诏征讨,百战百克,未能一归故土。于祖宗之德,并无寸报,久违春秋二祭。文德元年,汾谨将前山田地施舍,创立禅寺一所,名曰南山寺。召到属郡鄱阳北隅妙果寺禅僧至明、至公等五人,入寺住持。勤于开耕,守奉祖宗春秋二祭,及礼三宝慈尊,兼得利生益死。景福元年,佛殿、观音堂、坐禅亭并东西廊房俱克完焉。已经奏达,朝廷念汾忠孝,诏曰:'汾战阵能勇,思祖能敬,其山寺税粮,俱沐优免。'故寺曰南山七诏寺,庵曰大赦庵"③。从此文的叙述看,"南山七诏寺"具有以下特征:其一,修建此寺的土地及其费用,大多来源于刘汾,他并且订立规约,告诫子孙:"其山已有四大界至,诸人不许侵占";"吾家子弟,不许常行到寺需索酒食"。其二,吩咐寺僧管理山田,"常守清净,奉礼三宝";"所建三宝殿、观音堂、坐禅亭及东西廊房,四时俱检看,漏烂即行修礼,不可怠慢"。其三,刘汾特别告诫子孙,"遇春秋二祭,止许二三人到寺,拜谒祖先即返,不许动骚常住"。其四,刘汾家族的坟墓并不在寺院周围,刘汾及其家族是在异乡为其祖先祭祀的。其五,刘汾及其后裔保留了干预寺院事务的特权,文中明确说:"自兹之后,僧众不从吾言者,即便斥退。吾

---

① ②《全唐文》卷七九三《大赦庵记》,第8315页。
③ 同上书,第8315—8316页。

之后人不从吾言者,定准不孝论。"①

　　从前述唐之前相关资料的分析中可知,"功德寺"或"功德院"的名称或许在唐代使用过,但其具体含义是什么,尤其是是否具有宋代"功德坟寺"的含义,现有文献并不清楚。可以说,现在查考到的资料,还没有一例明确地记载士大夫或者皇族、后妃的成员在其先祖坟墓旁边修建寺院的文证。至于在皇帝陵墓旁修建的"陵寺",则确实起源很早。如研究者所广泛引用的北魏杨衒之在《洛阳伽蓝记》中所说的:"明帝崩,起祇洹于陵上,自此以后,百姓冢上或作浮图焉。"②这一记载,颇多疑问,可能出于北魏时期仍然流行的传说,不足凭信。③ 较为可信的最早记载应该是隋炀帝"于泰陵、庄陵二所并各造寺"④的说法。唐高宗于永徽六年(655)在太宗之昭陵建造佛寺一座。⑤ 宋代帝陵大多设有陵寺。宋真宗景德二年(1005),"以钱八百万作永昌僧院于三陵之侧"⑥。此中所说的"三陵"应为宣祖(太祖父赵弘殷)永安陵、太祖永昌陵、太宗永熙陵。神宗朝又拟筑永昭陵(仁宗陵)寺。司马光为此上札子说,宣祖、太祖、太宗"三陵共有一寺,若独于真宗、仁宗各置一寺,则是尊奉之礼逾于祖宗"⑦。司马光反对为真宗、仁宗之陵单独建寺。起初,在宋真宗的永定陵修建永定禅院,后加修葺扩建,兼奉仁宗永昭陵。⑧ 北宋时期最重要的变化在于,这一原本在埋葬死去的皇帝的地方修建的佛寺,被扩大为整个皇室成员甚及达官贵人整个上等社会阶层,由此在整个社会形成了一股延续不绝的修造功德坟寺的热潮。尤其是,功德坟寺在宋代寺院高度社会化的背景

---

① 《全唐文》卷七九三,第 8316 页。
② 杨衒之:《洛阳伽蓝记》,《大正藏》第 51 卷,第 1014 页中。
③ 这几句话是夹杂在关于白马寺的叙述之中的,而《后汉书·明帝纪》中并无关于这一内容的记载。
④ 法琳:《辨正论》卷三,《大正藏》第 52 卷,第 509 页下。
⑤ 参见《唐会要》卷四八,第 995 页。
⑥ 李焘:《续资治通鉴长编》卷五九"景德二年四月"条,第 1330 页。
⑦ 司马光:《温国文正公文集》卷二八《永昭陵寺札子》,四库本。
⑧ 徐松:《宋会要辑稿》礼三七之一二,第 1325 页。

下，却拥有许多宗教和经济方面的特权，实际上成为与其他类型寺院不同的特权寺院。这在整个中国佛教发展史上，是绝无仅有的。宋代大兴功德寺的突出表现是范围的扩大，不仅皇室宗祖、高官勋爵可以修建，一般士庶也可以自由设置。

北宋初期，仅仅见到皇室成员设立功德坟寺的记载，从宋真宗、仁宗朝开始，显官名宦之族创建功德坟寺的情况就十分常见。如学者所指出的，宋代最早的功德坟寺的记载是宋真宗天禧五年（1021）下诏为建在已故太尉王旦之坟侧的佛寺赐额曰"觉林院"，并免除坟寺所拥有的田地的田租。① 至宋仁宗朝，大臣敕建功德坟寺逐渐增多。范仲淹于庆历四年（1044）奏请以坟侧白云寺为功德坟寺："右谏议大夫参知政事范仲淹札子奏：苏州天平山有白云泉，南有寺，……明古寺也。臣本家松楸实在其侧，常令此寺照管。准先降条贯，应寺院及五十间已上，至乾元节并得赐额。上件古寺屋宇，已应得条贯。伏望特赐一名额，取进止。"②范仲淹的请求得到批准，赐额为白云寺。皇祐四年（1052），仁宗又赐已故参政知事蔡齐的坟寺为宝严寺。③ 皇祐二年（1050），枢密使夏竦在临安府设置庆善禅院作为自家的功德院。④ 学者习惯以宋仁宗嘉祐四年（1059）六月所下诏书来分判功德坟寺在宋初的实行情况，诏书曰："应乞坟寺名额，非亲王、长公主及见任中书、枢密院并入内内侍省都知、押班，毋得施行。"⑤关于此诏书的意义，有学者说："此次诏书一方面规定坟寺的设置有资格的限制，另一方面也使得坟寺的设置有了常规，即合乎规定的大臣皆可依例申请。嘉祐四年以前，朝臣申请坟寺虽然是个别例子，但是，还没有资格的限制。"⑥这一年对于佛教来说，还有另外一件重要的事，即

---

① 李焘：《续资治通鉴长编》卷九七，"天禧五年二月甲子"条，第 2242 页。
② 《范文正公文集》附录朝廷优柔条载有"置功德寺牒"。
③ 李焘：《续资治通鉴长编》卷一七三，第 4181 页。
④ 潜说友：《咸淳临安志》卷七七，《宋元方志丛刊》(4)，第 4054 页。
⑤ 李焘：《续资治通鉴长编》卷一八九，"嘉祐四年六月乙丑"条，第 4567 页。
⑥ 黄敏枝：《宋代佛教社会经济史论集》第七章《宋代的功德坟寺》，第 252 页。

判知祠部的张洞上奏皇帝：

> 至和元年，敕增岁度僧，旧敕诸路三百人度一人，后率百人度一人；又文武官、内臣坟墓，得置寺拨放，近岁滋广。若以勋劳宜假之者，当依古给户守冢，禁毋樵采而已。今祠部帐至三十余万僧，失不裁损，后不胜其弊。①

《宋史·张洞传》未标明时间，经笔者考证，此奏章在前，而前述诏书在后。② 这样一来，前述诏书的意义就要重新评估了，一般认为的"嘉祐四年的新规定应该有助于功德坟寺的发展"③的判断就难于成立了，事实真相可能是相反的，即这是一则限制功德坟寺发展的诏书。如张洞所说，近年来文武官员肆行创置功德坟寺，而皇帝又以特恩敕度的方式度僧住寺，更助长了这一风气。张洞认为，这一做法超越古制，因此建议取消设立坟寺的做法，改设家户代为看守私家坟墓。仁宗所下的这一诏书，也许与张洞的奏章不无关系。总之，将仁宗时期几则与士大夫建造功德坟寺有关的材料连缀起来分析，基本可以断定，至仁宗朝，士大夫建立坟寺已经不是特例，而是较为普遍的现象，并且得到了朝廷的优待。

从上述分析观之，我们不认为迟至神宗朝士大夫建造功德坟寺才成风气，而是早已如此。在此可补充两条佐证：其一，司马光在英宗治平元年（1064）所奏的《永昭陵寺札子》中说："凡臣僚之家，无人守坟，乃于坟侧置寺，啗以微利，使人守护种植而已。"④其二，英宗时判祠部的苏颂也

---

① 《宋史》卷二九九《张洞传》，第9933页。
② 《宋史》卷二九九《张洞传》说："枢密副使高若讷、参知政事吴育荐其文学，宜为馆职，召试学士院，充秘阁校理、判祠部。"（第9933页）依据宋代整理的医学书籍之题记可知，张洞任此职大致在嘉祐二年。而《张洞传》在记载了上引奏章之后说："知太常礼院，宰相陈执中将葬，洞与同列谥为荣灵，其孙诉之，诏孙抃等复议，改曰恭。洞驳奏：'执中位宰相，无功德而罪戾多，生不能正法以黜之，死犹当正名以诛之。'竟从抃等议。"（第9933页）经查《宋史·仁宗本纪》得知，陈执中死于嘉祐四年夏四月癸未。可见，仁宗关于限制建置功德寺范围的诏书是在张洞限制佛教的奏章之后形成的。
③ 黄敏枝：《宋代佛教社会经济史论集》第七章《宋代的功德坟寺》，第252页。
④ 司马光：《温国文正公集》卷二八《永昭陵寺札子》，四库本。

曾上书对大臣创建坟寺提出批评说:"大臣节将又例得以看坟为名陈乞修建者,无岁无之。"①苏颂建议不要再另起新寺,而应该让坟墓附近的寺僧代为看管坟墓。英宗朝持续时间不长,但至少已有两位大臣就官员、内官修建坟寺问题提出反对意见,这就说明滥建之风已经非常严重了。现存的神宗时期有关士大夫建造功德坟寺的材料很多,因此,现代学者均认定"到神宗君临天下,贵戚勋臣创建功德坟寺的势头更为炽烈"②。其实,神宗朝大兴功德坟寺是接续前朝而来的,未必至此朝方才勃兴。宋神宗于熙宁五年(1072)十二月二十七日对于功德坟寺的申请资格再次作了界定:"应见任两、亲王、长公主、入内都知、押班许陈乞守坟等寺额,许于十年内依见在例,仍两经圣节与度行者一名。"③这一规定与仁宗诏令的不同之处是,坟寺童行的剃度,在此后的十年内由每年一次改为两年一次并且以一名为限,其意图是限制僧尼数字过多增长。神宗朝,见于史籍的奏建功德坟寺的事例不少④,如王安石于熙宁九年(1076)十二月舍田予金陵蒋山太平兴国寺为其父母及子营办功德⑤;熙宁十年(1077)十二月,神宗颁赐昭州防御使李神福坟寺一所,已故昭州防御使李神福曾长期给事太宗左右,神宗便颁赐褒勤禅院为李家坟寺,并特诏"每二年度一僧"⑥;元丰元年(1078),宣徽南院使王拱辰不曾任官二府,神宗却以"历事三朝,累经内外清要繁剧"为由,赐给王家坟寺一所,并诏令"岁度僧一人"⑦;元丰七年(1084),崇信军节度使任泽因为是任昭仪弟弟,死后也凭裙带关系得赐坟寺,又令"岁许度僧二人"⑧。北宋末期的哲

---

① 苏颂:《苏魏公文集》卷一七《奏乞今后不许特创寺院》,四库本。
② 白文固、赵春娥:《中国古代僧尼名籍制度》,第133页。
③ 徐松:《宋会要辑稿》道释一之二八,第7882页。
④ 黄敏枝在日本学者研究基础上罗列了15起,见黄敏枝《宋代佛教社会经济史论集》第七章《宋代的功德坟寺》后所附表一《北宋功德坟寺设置表》,第286—287页。
⑤ 李焘:《续资治通鉴长编》卷二七九,熙宁九年十二月,第6831页。
⑥ 李焘:《续资治通鉴长编》卷二八六,熙宁十年十二月,第6998页。
⑦ 李焘:《续资治通鉴长编》卷二九四,元丰元年十一月,第7164页。
⑧ 李焘:《续资治通鉴长编》卷三四六,元丰七年六月,第8315页。

宗、徽宗朝,见于记载的敕建功德坟寺也很多,根据现代学者的不完全检索,哲宗朝10起,徽宗朝16起。① 限于篇幅,不再举例。

功德坟寺在北宋的发展,起初大多是由官员购置或者捐舍田产建立并向朝廷申请寺额,同时或者稍后有一些大臣吞并无额寺院为自家功德坟寺,严重者发展到侵占有额寺院的程度。至此,引起佛教界的不满并最终引起朝廷的注意,发生于徽宗朝的争论就是这一矛盾的集中反映。大观三年(1109),徽宗"勅勋臣戚里应功德坟寺自造屋、置田,止赐名额、蠲免科敷,从本家请僧住持;不许指占有额寺院充坟寺功德,许御史台、内侍省弹劾施行。"②这一道敕令,一方面正式给予功德坟寺蠲免赋税的特权,一方面又严令不许官员将有额寺院改为功德坟寺。这一诏令看似严厉,其实未曾起很大的作用。

南渡后,执政大臣强占有额寺院为私家坟寺的现象更是十分常见,正如南宋僧人所描述的:"士大夫一登政府,便萌规利,指射名刹,改充功德,侵夺田产。"③而另一方面,各地寺院"有庄产多者",也"类请于贵臣之门,改为坟院"④,希望获得蠲免科敷的好处。但这种情形对于佛教自身和政府都是不利的,因此,一如北宋时期,在政策层面,南宋朝廷也试图限制官员对于有额寺院的蚕食。南宋初期,围绕名臣李纲奏设之功德坟寺的争论就是典型的例证。史籍记载:"初是知院李纲。占常州普利及邵武兴圣。台臣论奏'以两处俱为有额,有所违碍'。诏令'别占无额小院'。士论为快。"在此背景下,"枢密沈与求奏称:'坟寺妙严院虽本家建造。既元有勅额,不当拨赐。'上以为自造之屋,不必改正。时谏臣谓:'与求能体祖宗法,意革今日之弊,宜从所请。'有旨许之"⑤。《佛祖统纪》

---

① 黄敏枝《宋代佛教社会经济史论集》第七章《宋代的功德坟寺》后所附表一《北宋功德坟寺设置表》,第287—288页。
② 志磐:《佛祖统纪》卷四六,《大正藏》第49卷,第419页下。
③ 志磐:《佛祖统纪》卷四七,《大正藏》第49卷,第431页下。
④ 李心传:《建炎以来系年要录》卷一〇五,"绍兴六年九月壬辰"条,第1713页。
⑤ 志磐:《佛祖统纪》卷四六,《大正藏》第49卷,第425页中。

记载朝廷的态度:绍兴七年(1137)"左司谏陈公辅上疏:'乞照祖宗成法,不许执政指射有额寺院。应臣僚前曾陈乞有额寺院充坟寺功德者,并令改正,许与无额小院。'诏可"①。此处所说的"祖宗成法"是指徽宗大观三年(1109)的诏令,高宗绍兴七年(1137)重申了这一规定。在60年之后颁布的《庆元条法事类》中仍然沿袭了这一规定:"诸臣僚应陈乞坟寺名额,不得更乞踏逐寺院充下院。"②庆元三年(1197)五月四日,宋宁宗下诏"应臣僚已请到守坟功德坟院,其家子孙并不得占据屋宇居止,干预常住钱谷出入,及差使人夫等。如违,许守僧经台省陈诉。其自盖造及置到田产者非"③。可见,南宋朝廷的政策是一贯的,但贯彻起来却并不坚决。如宁宗嘉定(1208—1224)以后,史弥远曾久居相位,笃信佛教,创功德寺甚多。检阅方志,仅宁波一府之地共有官僚建立的功德寺12所,其中属史弥远父子创立的就有8所之多,而由史弥远本人创立的有6所。这些功德坟寺大多是侵占有额寺院的结果。到理宗朝,贾似道专权,恃宠妄法,指占多处有额寺院为贾氏功德坟寺。根据学者就《咸淳临安志》的统计,南宋末临安一府共有寺院(括尼庵)734所,其中亲王、嗣王、宰执、贵妃的功德寺24所,皇后及太子、亲王等人的14所,嫔妃、大臣、内侍等人的香火院21所,外戚、节度使的坟寺7所,皇家及官府的祝圣道场3所,另有贾似道生祠及亲王祠堂2所,共计71所,约占全府寺院总数的10%。④可见,朝廷的禁令难以阻挡官员的侵占改建行为。

可惜,《庆元条法事类》的规定未曾起什么作用,这从《佛祖统纪》记载的理宗淳祐年(1241—1252)间的新一轮争论即可见出。这一争论也许是由天台沙门思廉发端的,《佛祖统纪》卷四六全文载录了天台沙门思廉写给当时的宰相杜范的一封信,此信的价值在于一方面反映了寺院受

---

① 志磐:《佛祖统纪》卷四六,《大正藏》第49卷,第425页中。
② 谢深甫:《庆元条法事类》卷五一《道释门·约束敕令》。
③ 徐松:《宋会要辑稿》道释二之五,第7891页。
④ 参见白文固、赵春娥《中国古代僧尼名籍制度》,第136页、第147页。

到侵占的现实,另一方面则准确地记录了当时佛教界正直之士的激愤情绪。在此可作些引证分析:其一,在思廉看来,占寺建功德坟寺是当时最为突出的"破坏佛法者"。他说:"朝廷立法,许大臣为祖父以家财造寺乞额,所以荐福为先亡也。今昧者为之则不然。以祖父玉体之重,不能捐财买山。既已夺取僧蓝之地以为坟,而又欲影占数寺称为功德,举寺中所有诸物而有之。今日发米,明日发茶笋,又明日发柴炭,又明日发竹木,甚至于月奉水陆之珍。一有亡僧则必掩取其物,归之私帑。尝闻时贵之言曰:请过功德,一针一草皆我家之物。"①建功德寺的正道应该是捐施家财而建寺,但现今的官员则是夺取既有的寺院之地为坟寺,尤其严重的是,一旦成为坟寺,官员及其家属将寺院的一草一木、一针一线都视为己有,侵吞夺占,习以为常。考之于史籍,思廉所说不虚。其二,思廉从佛教教义的角度,抨击了多占现存寺院的恶习。他说:"哀哉!彼诚不知常住物业、亡僧财物皆属三宝,侵夺之者,若主若仆必招苦报,其于安厝祖父之体魄?宁不贻三涂之恶报乎?吁占夺伽蓝欺君也,葬父僧地陷父也,自为不法贼己也,以不法教子弟累人也。欺君者不忠,陷父者不孝,贼己者不智,累人者不仁,如此以为人,是诚何人哉!今名胜道场效尤而夺取者,几遍诸郡,一属功德则使庸缪之辈以居之,方竭力奉承之不暇,又宁能辨清供以安广众乎?以故寻师问道者,翩翩南北,但能嗟时,事之不然而已。"②其三,思廉提出了杜绝此弊的政策建议。他说:"区区愚衷,欲望大丞相明察积弊,检准旧法。凡宰执之家,除四明大慈七山,史氏自造请额合格外,自余占夺有额旧寺者,专令台部置司行下诸郡,从实供析悉与拘回,并从所属州郡给帖住持,仍厘正在前侵占山林,屋宇归还各寺,子弟有敢与住持交通如前侵占者,许杂人密告台部追捕干吏断刺,号令住持勒令罢道,清整法门,申明朝宪,诚有在于大丞相奉行之,不

---

① 志磐:《佛祖统纪》卷四六,《大正藏》第 49 卷,第 431 页下。
② 同上书,第 431 页下—432 页上。

为物论动摇为可耳。"① 杜范淳祐四年(1244)十一月起任右丞相,翌年(1245)四月卒于任内。从这一时间段推测,思廉的这封书信应该写于淳祐五年初前后。尽管杜范未来得及就此上奏表,但在淳祐十年(1250)三月有臣僚就此事上奏理宗,与思廉之文不同之处在于将北宋、南宋朝廷在此问题上的政策作了系统的追述,其文曰:"国家优礼元勋大臣、近贵戚里,听陈乞守坟寺额,盖谓自造屋宇自置田产,欲以资荐祖父,因与之额。故大观降旨,不许近臣指射有额寺院,充守坟功德。及绍兴新书,不许指射有额寺院,著在令甲。凡勋臣戚里有功德院,止是赐额、蠲免科敷之类,听从本家请僧住持。初非以国家有额寺院与之,迩年士夫一登政府,便萌规利指射名刹,改充功德,侵夺田产,如置一庄,子弟无状,多受庸僧财贿,用为住持,米盐薪炭随时供纳,以一寺而养一家,其为污辱祖宗多矣。况宰执之家所在为多,若人占数寺,则国家名刹所余无几,官中一有科需,则必均诸人户,岂不重为民害?臣愚欲望睿旨申严旧制应,指占勅额寺院并与追正。仍从官司请僧,庶以杜绝私家交通寺院贿货之弊。"② 尽管皇帝批曰"可",但实际上仍然是不了了之。

南宋时期,不惟贵戚勋臣创建功德坟寺的风气极为盛行,即便是富民商贾之家也"葬必置庵赡僧"③。一些殷实之族有父祖辈逝世,如果不建坟庵,其"子孙赧赧然歉,人亦号之曰不孝"④;即不建坟庵,不仅子孙会感到脸上无光,还会被乡邻视为不孝。与前述由皇室或官僚地主建立的坟寺相比,坟庵一是规模小;二是多为中小地主或富商所设,政治上特权不多;三是无特许敕额,亦可称之为无额坟庵。富民商贾兴建坟庵的个别史例可以追溯到五代十国时期,如莆田方氏在当时曾建有荐福院,割

---

① 志磐:《佛祖统纪》卷四六,《大正藏》第49卷,第432页上。
② 同上书,第431页中—下。
③ 陆游:《放翁家训》,四库本。
④ 胡寅:《裴然集》卷二〇《陈氏永慕亭》,胡寅:《崇正辩斐然集》下,第426页,北京,中华书局,1993年。

田入寺,聘僧住持,祭祀本族六房始祖。① 入宋以后,兴建坟庵的情况增多,渐次形成一种社会习俗,如:四明汪氏子孙在原祖茔所在建有坟庵,"买田建屋,以奉香火"②。生活在北宋中后期的庄绰记载说:"浙西人家就坟多作庵舍"③,其实由史料所见,不仅浙西,江西、江苏、福建等地一些巨室望族建立坟庵的风气也颇盛行。

作为一种特殊类型的寺院,宋代官宦之家设置的功德坟寺除住持僧有受赐紫赐师号的优待以及享有敕度僧尼的优待之外,最重要的特权在于拥有优免科差敷配的优待。这正是官宦之家能够说服某些僧寺同意改换门庭的深层次原因。也就是说,侵占有额寺院为功德坟寺,在某种程度上是两厢情愿的事情。后文将论述,宋代的普通寺院已丧失了赋役优免权,而皇家功德寺属国立寺院,有特殊的社会地位,普遍享有免纳赋差优待,如真宗之世,太宗神御殿落成于太原资圣禅院,寺院不仅受"爰田上腴之赐",且"蠲其国征"。④ 绍兴的报恩光孝寺因为是南宋皇室功德寺,"故异于他寺",有"赐田十顷,科徭悉蠲"⑤。熙宁五年(1072)十二月,神宗下诏"崇奉圣祖及祖宗陵寝、神御寺观免纳役钱"⑥。元丰时,成为定令。至于官宦之家所设置的功德坟寺是否能够获得蠲免科敷的特权,问题比较复杂。

关于官宦之家的功德坟寺是否具有蠲免科敷的特权,北宋前期的情形不甚明了。从可考的事例看,此前宋真宗曾赠给"故太尉王旦坟侧僧院曰'觉林',近坟田租悉除之"⑦;韩琦知太原府时兴建功德院一所,"其后庞籍奏蠲地税"⑧。而根据徽宗大观四年(1110)五月十四日大臣所作

---

① 刘克庄:《后村先生大全集》卷九三《荐福院方氏祠堂》,四库本。
② 楼钥:《攻媿集》卷六〇《汪氏报本庵记》。
③ 庄绰:《鸡肋编》卷上《各地寒食习俗》,第 23 页,北京,中华书局点校本,1983 年。
④ 刘颁:《彭城集》卷三二《太原府资圣禅院记》,四库本。
⑤ 袁燮:《絜斋集》卷一〇《绍兴报恩光孝寺寺田庄记》,四库本。
⑥ 李焘:《续资治通鉴长编》卷二四一,第 5875 页。
⑦ 李焘:《续资治通鉴》卷九七,第 2242 页。
⑧ 徐松:《宋会要辑稿》刑法二之四二,第 6516 页。

奏折的追叙,宋神宗于元丰年间对于坟寺所具有的蠲免特权试图作一限制:"元丰令'惟崇奉三圣祖及祖宗神陵寝寺观不输役钱'。"①但是,《佛祖统纪》却记载:大观三年(1109),徽宗"勅勋臣戚里应功德坟寺自造屋、置田,止赐名额,蠲免科敷,从本家请僧住持;不许指占有额寺院充坟寺功德,许御史台、内侍省弹劾施行"②。令人疑惑的是,依照这一记载,在大臣上奏的前一年,徽宗已经明确下令对于官员自己购置田产设置的功德坟寺给予优待,但第二年(大观四年五月十四),臣僚依然上奏说:"近者,臣僚多因功德坟寺奏乞特免诸般差役,都省更不取旨,状后直批放免,由此援例奏乞,不可胜数。或有旋置地土,愿舍入寺,亦乞免纳。甚者至守坟人虽系上中户并乞放免。所免钱均敷于下户,最害法之大者。"依照这一文献的记载,似乎功德坟寺所享有的种种特权已经是一种惯例,管理机构可循例批准而不须通过皇帝钦准。此臣最后的建议是:"欲今后臣僚奏请坟寺不许特免役钱,仍不得以守坟人奏乞放免。"③然而这一建议依然被束之高阁。

南渡以后,宋廷在财政上一直处于捉襟见肘的地步,而许多功德坟寺优免科敷的政策又直接影响了政府正常的赋税收入,因而要不要对功德坟寺行优免政策一直成为有见识的朝臣指陈时弊的主要话题。绍兴六年(1136)九月,王缙指出:"军兴以来,费用百出,州县科敷,有不能免。已降指挥,官户并同编户,所以宽下民也。诸处寺院,有庄产多者,类请求于贵臣之门,改为坟院,乞免科敷。朝廷优礼大臣,特从所请。"④他认为这种做法很不妥当,要求厘革,尽管高宗"诏户部申严禁之"⑤,但仍未见效。如隆兴元年(1163),资政殿大学士贺允中拜官参知政事,宋廷援例拨给天台县兴化院为贺氏坟寺,改额"资福",并"依例免州县非时诸般

---

① ③ 徐松:《宋会要辑稿》食货一四之一五,第5045页。
② 志磐:《佛祖统纪》卷四六,《大正藏》第49卷,第419页下。
④ 李心传:《建炎以来系年要录》卷一〇五,"绍兴六年九月壬辰"条,第1713页。
⑤《宋史》卷一七四,第4214页。

科率、差使、借借"①。咸淳间(1265—1274),秦齐国夫人胡氏(贾似道生母)卒,宋度宗颁赐宝器锦帛甚多,又赐给"功德寺及田六千亩"②,优免其赋差科配。

以上我们讨论了功德寺及坟寺的赋税优免情况。至于富室望族的一般坟庵,因创立者没有特殊的政治地位,这类坟庵也就不具有免赋役特权。如武进孙氏坟庵有田五百亩,每年田租收入达 80 石,其使用途径是"具斋粥输赋有赢矣",即供僧人食用和缴纳赋税外尚有剩余。从孙氏坟庵的情况看,庶民之家的坟庵有赋税负担。

四、禅律教三大类佛寺与"五山十刹"

关于宋代佛教寺院的管理程序,还有几方面的特色必须加以论说:一是禅寺、律寺、教寺的分类,二是"子院"。佛教寺院的这一发展趋势的内在逻辑有两方面:一是佛教的宗派化发展使然,二是与朝廷对于寺院的"敕额"管理有关。在三大类寺院的分类管理方面,至南宋初期,形成了禅院"五山十刹"的格局。

接续隋唐佛教的宗派化路向,宋代朝廷对于佛寺也依照宗派进行了分类。宋王朝针对佛教宗派发育的实际情况,自然而然地将佛寺分为"禅刹"、"律寺"、"教院"三大类型。"禅刹"和"律寺"的归属很明晰,而"教院"又作"教寺",是天台、华严、法相、净土等寺院之通称。中唐以后,随着禅宗之勃兴,寺院概称禅院,至宋代,随着天台等诸宗的兴盛,遂有教院之设,以显示禅、教并立的事实。然而,关于宋代设置"教寺"名称的确切时间目前难于考辨清楚。从理论上说,"禅"、"教"的区分发生在唐代禅宗兴起之时,这一区别何时反映在寺额之中,是确立"教寺"确立的关键。经过检索《大正藏》,宋代之前未曾使用过"教院"的名称,"教寺"

---

① 《两浙金石志》卷九《宋苍山资福寺敕牒碑》,《石刻史料新编》第 1 辑第 14 册,第 10404 页。
② 周密:《齐东野语》卷一五,第 273 页,北京,中华书局点校本,1983 年。

的名称也不多见,仅查到数例。如隋"仁寿置塔,勅召送于瓜州崇教寺"①。此处的"教"泛指佛教,与寺院的宗派属性概不相关。唐玄宗为玄奘弟子利涉建造明教寺,《宋高僧传》说:玄宗"赐涉钱绢助造明教寺,加号明教焉"②。这位利涉,作为玄奘的印度籍弟子,僧传说"奘门贤哲辐凑,涉季孟于光、宝之间"③,玄宗赐其"明教大师"的德号,此中之"教"即指唯识宗。根据史籍记载,北宋开宝元年(968),"漕使顾承徽屡亲师诲,始舍宅为传教院,请师居之"④。此中所说的"师"是指天台宗宝云尊者义通,此"传教院"后改为"宝云教院"。关于此寺在宋初的沿革,《四明尊者教行录》卷七《四明图经纪院事迹》记载如下:"宝云教院在县西南二里,旧号传教院。皇朝开宝元年建,太平兴国七年改赐今额。"⑤《佛祖统纪》记载改额经过说:"六年十二月,弟子延德诣京师奏乞寺额。七年四月,赐额为宝云。"⑥根据这一条材料,如果"传教院"寺额中之"教院"已经初步具有区别于"禅院"的含义的话,将太平兴国七年(982)四月作为与"禅刹"、"律寺"鼎立而三的"教院"的最后定型应该不会有大错。此后,又有四明延庆院。大中祥符三年(1010)七月,四明知礼"经使府陈状乞申奏天听,永作十方住持,长讲天台教法。当年十月,内准中书札子,奉圣旨依"⑦。南宋绍兴十四年(1144),高宗敕改延庆院为延庆寺。北宋元祐五年(1090),哲宗敕令上天竺禅寺改为教寺,此寺后来成为教寺之权舆。此外,南宋理宗于宝庆二年(1226),"勅天申万寿圆觉寺,改为天台教,以师赞法师主之"⑧。此寺初建于高宗绍兴十三年(1143),此前为禅刹。由此可见,三类寺院的属性有时会变动转换,兹不

---

① 道宣:《续高僧传》卷二六,《大正藏》第50卷,第676页下。
② 赞宁:《宋高僧传》卷一七,《大正藏》第50卷,第815页中。
③ 同上书,第815页上。
④ 志磐:《佛祖统纪》卷八,《大正藏》第49卷,第191页中。
⑤ 宗晓:《四明尊者教行录》卷七,《大正藏》第46卷,第929页上。
⑥ 志磐:《佛祖统纪》卷八,《大正藏》第49卷,第191页下。
⑦ 宗晓:《四明尊者教行录》卷一,《大正藏》第46卷,第857页下。
⑧ 志磐:《佛祖统纪》卷四八,《大正藏》第49卷,第431页中。

举例。

宋元志书中保存一部分有关禅、律、教院之数量,日本学者根据《嘉定赤城志》和《宝庆四明志》制成下表,可借此一窥全宋三大系佛寺之概貌。

宋代部分地区三大系佛寺统计表[①]

	禅院	教院	十方律院	甲乙律院	废院	尼院	合计
台州府	5	5	1	10		2	23
临海县	26	31	2	55		3	117
黄岩县	33	20	2	34		2	91
天台县	15	12	2	43		0	72
仙居县	16	3	0	23		4	46
宁海县	12	14	0	19		1	46
四明城	3	4	6	6	6	5	30
鄞县	22	24	8	36	0	0	90
奉化县	23	23	4	23	0	1	74
慈溪县	6	11	6	16	1	1	41
定海县	7	6	5	13	0	0	31
昌国县	10	6	1	6	0	0	23
象山县	9	3		4	0	0	16

在宋代佛寺的管理方面,一直有"五山十刹"的说法,有"禅院五山十刹",也有"教院五山十刹"。现今学者对于前者基本没有疑问,对于后者则众说纷纭。本著则采纳刘长东等先生的考证,"明清文献所载'教院五山十刹'说显然缺乏信实性"[②]。以下根据现今学者的研究成果对此问题略作叙述。

[①] 转录[日]高雄义坚:《宋代寺院制度の考察》一文,《支那佛教史学》第52卷,第8—22页,1941年。
[②] 刘长东:《宋代五山十刹制考论》,《宗教学研究》,2004年第2期。

现存最详细记载宋代五山十刹的较早文献是明初宋濂的两篇塔铭。宋濂在《天界善世禅寺第四代觉原禅师遗衣塔序》中说："浮屠之为禅学者，自隋唐以来，初无定止。惟借律院以居。至宋而楼观方盛，然犹不分等第，惟推在京巨刹为之首。南渡后，始定江南为五山十刹，俾其拾级而升。黄梅、曹溪诸道场反不与其间。则其去古也益远矣。"①宋濂所撰的《住持净慈禅寺孤峰德公塔铭》说："古者住持各据席说法以利有情，未曾有崇庳之位焉。逮乎宋季，史卫王奏立五山十刹，如世之所谓官署，其服劳于其间者必出世小院，候其声华彰著，然后使之拾级而升；其得至于五名山殆犹仕宦而至将相，为人情之至荣，无复有所增加，缁素之人往往歆艳之，未然非业行出常伦，则有未易臻此者矣。"②根据这一说法，"五山十刹"是南宋宁宗嘉定年间（1208—1224）由史卫王（弥远）的奏请而设立的。尽管南宋时期资料中，缺乏详细记载此事的文献，但是，根据学者检索考证③，宋末元初的许多著述都提及"五山十刹"的名目。牟巘（1227—1311）说：吴兴道场寺，"自熙宁间大苏公《游道场诸诗》一出，名愈重五山，由此其选不勤畀也。"④周密（1232—1298）说："淳祐庚戌之春，创新寺于西湖之积庆山，……其后恩数加隆，虽御前五山亦所不逮。"⑤元初僧人中峰明本说："牛头横出一枝，南北宗分，两派皆腰镰荷锸，火种刀耕，……彼时安又五山十刹之广居？"⑥元初黄溍（1277—1357）也提到过"五山十刹"这一名词，称平江能仁寺"雄踞乎万井中而隐然为一大丛林，五山十刹殆无以尚也"⑦。元初修订的《敕修百丈清规·游方参请》中说：

---

① 宋濂：《宋学士文集》卷二五，四部丛刊初编本，第313页，上海，商务印书馆，1926年。
② 宋濂：《宋学士文集》卷四〇，四部丛刊初编本，第316页。
③ 参见刘长东《宋代五山十刹制考论》，《宗教学研究》，2004年第2期。
④ 牟巘：《牟氏陵阳集》卷二四《龙源禅师塔铭》，四库本。
⑤ 周密：《癸辛杂识·别集下》"阁寺"条，第295页，北京，中华书局，1988年。
⑥ 明本：《天目中峰和尚广录》卷一一《山房夜话》，《大藏经补编》第25册，第801页，台湾，华宇出版社，1984年。
⑦ 黄溍：《金华黄先生文集》卷一二《平江承天能仁寺记》。

"就法堂下间迎,伺住持回礼,免烦降重,而五山大方则不回礼。"①此例说明,"五山"的住持地位比一般的寺院要高许多。此外,日本大乘寺收藏《有五山十刹图》二卷,是该寺开堂彻通于理宗开庆元年(1259)入南宋,巡礼南宋五山十刹的建筑及堂内设备等而绘制的手卷原本,京都东福寺的《大宋诸山图》及若狭凌霄山常高禅寺《大唐五山诸堂图》二本可能均是大乘寺的传写本。② 以上的证据以足以证明,南宋时期在禅院之中确实设立了地位特殊的"五山十刹"。

现存的各种史料中,对于"五山十刹"的寺名记载略有差异,但仅仅有寺额沿革的差别而所指是一致的。概言之,禅院五山是:第一,径山兴圣万寿禅寺,杭州临安县径山;第二,景德灵隐禅寺,杭州钱塘县灵隐山;第三,净慈山报恩光孝禅寺,杭州钱塘县南屏山;第四,天童景德禅寺,明州鄞县天童山;第五,阿育王山广利禅寺,明州鄞县阿育王山。禅院十刹:第一,中天竺山天宁万寿永祚禅寺,杭州钱塘县;第二,道场山护圣万寿禅寺,湖州乌程县;第三,蒋山太平兴国禅寺,建康上元县;第四,万寿山报恩光孝禅寺,苏州吴县;第五,雪窦资圣禅寺,明州奉化县;第六,江心龙翔禅寺,温州永嘉县;第七,雪峰崇圣禅寺,福州侯官县;第八,云黄山宝林禅寺,婺州兰溪县;第九,虎丘山灵岩禅寺,苏州吴县;第十,天台山国清禅寺,台州天台县。

作为官寺的高级层次,"五山十刹"具有若干特点或特权:其一,五山十刹虽然迟至南宋宁宗时才有,但是五山十刹几乎都已经以名刹著称,南宋王朝只是以朝廷的名义将其官方化而已。譬如列于"五山"之首的

---

① 黄潜:《敕修百丈清规》卷五,《大正藏》第 48 卷,第 1140 页中。
② 参见[日]伊东忠太《五山十刹图に就て》,日本《佛教史学》第一编第四号,1911 年,第 112 页;[日]石井修道《中国の五山十刹制度の基础研究(一)》,[日]《驹泽大学佛教学部论集》第 13 号,1982 年;张十庆《五山十刹图与南宋江南禅寺》,南京,东南大学出版社,2000 年。一般认为,《五山十刹图》是彻通所绘制,但也有一部分学者怀疑并非彻通绘制。[日]《扶桑五山记》(约撰于 1722—1723 年)卷一《大宋国诸寺位次》详细记载了南宋"五山十刹"的基本情况,并且说除"五山"、"十刹"之外,还有一个"甲刹"的等次,且列有 65 座寺院的名称。

径山寺就是如此。径山寺由唐代宗朝的法钦(或道钦)禅师(701—792)开山。① 宋哲宗元祐五年(1090)奏改为十方制。徽宗政和七年(1117)改"径山能仁禅寺",孝宗时御赐额书"径山兴圣万寿禅寺"。此寺在第十三任住持大慧宗杲(1089—1163)时期,一跃成为临济宗重镇。宗杲于绍兴七年(1137)七月二十四日主院事,次年有僧1 000人,第三年则增为1 200余人,使前后两堂均无法容纳。绍兴十一年(1141)五月二十五日宗杲贬谪衡州。绍兴二十八年(1158)三月九日再入院,昔日盛况再现。可见,宁宗朝确立其为"五山"之首,是对其地位的确认。其二,五山十刹的住持都需要敕差诏命。"五山十刹"的住持一定先经由小院小刹,待声名彰著后再逐步拾级而升,最后则跻身五山十刹之林。至此地位,有如俗世间仕宦而位至将相,官居极品,为缁林所称羡,有至高的荣誉、地位。南宋宁宗时的岳珂在《愧郯录·寺观敕差住持》中说:"中兴以后,驻跸浙右,大刹如径山、净慈、灵隐、天竺,宫观如太一、开元、祐圣,皆降敕札主首,至于遐陬禅席,如雪峰、南华之属,亦多用黄牒选补。"②譬如,"径山为东南第一丛林,非第一等人不足以居之",宋孝宗淳熙十五年(1188),"丈室虚席,临安守臣奏请无锡华藏涂毒禅师,寿皇素闻师名,制曰:'可'"③。其三,"五山十刹"都拥有大量田产,并且具有许多一般寺院所无的经济特权。如径山寺,南宋初,在大慧宗杲住持下,筑涂田数千亩,建"般若庄"。乾道二年(1166)孝宗游历大慧所在的径山寺,"以妙喜故,赐吴郡田万亩"④,并且孝宗还蠲免税。宁宗朝初期,径山寺遭灾,堂宇尽毁,蒙庵元聪于"庆元三年,自福之雪峰,被旨迁径山"⑤,乃捐衣钵。及光宗、宁宗赐赍,并远走闽、浙募化,重建堂宇。⑥ 绍定五年(1232),无准师范受命

---

① 参见李吉甫《杭州径山寺大觉禅师碑铭并序》,《全唐文》卷五一二,第5206—5207页。
② 岳珂:《愧郯录》卷一〇《寺观敕差住持》,《笔记小说大观》第8册,第382页。
③ 楼钥:《攻媿集》卷一一〇《径山涂毒禅师塔铭》。
④ 叶绍翁:《四朝闻见录》甲集《径山大慧》,第34页,北京,中华书局点校本,1989年。
⑤ 聂先:《续指月录》卷二,《续藏经》第84册,第84页上一中。
⑥ 宋奎光:《径山志》卷七,楼钥《径山兴圣万寿禅寺记》。

住持宋代著名的径山寺,他于端平(1234—1236)初年设法恢复了广陵庄,又购买田产1 000亩,并且在远离寺院40里之处建立云水接待处,建屋共数百楹,称为万年正续,购买田产9 000亩作为费用,①理宗曾蠲免和籴米②。

作为与"禅院"并驾齐驱的"教院",在禅院五山十刹确定之后,从事理上推测,也应该有相应之安排。也正是从事理出发,明清以来也一直传说南宋也设置了教院"五山十刹"。如明代田汝成所说:嘉定(1208—1224)间品第江南诸寺,在确立禅院"五山十刹"之外,"以钱塘上天竺寺、下天竺寺,温州能仁寺,宁波白莲寺,为教院五山。钱塘集庆寺、演福寺、普福寺,湖州慈感寺,宁波宝陀寺,绍兴湖心寺,苏州大善寺、北寺,松江延庆寺,建康瓦棺寺,为教院十刹"③。而明释广宾《上天竺寺志》卷一二也说:"宋史弥远,四明人,当国日奏列五山十刹,比仕官之九棘三槐,仍分禅、教,如文武班。僧必出小院,声华彰著,拾阶而升。"这两条资料都说教院五山十刹也是在南宋嘉定年间确定的。有不少学者相信这些记载的说法,但也屡有学者质疑其真实性。刘长东的质疑集这一看法的大成④:其一,钱塘普福寺应始建于宋咸淳四年(1269)之后,而早于嘉定年近半个世纪。其二,田汝成所说的教院十刹中的苏州大善寺、松江延庆寺的所在地或有淆乱之处。其三,田汝成所说的教院五山十刹中,有些寺院未实行十方住持中的敕差制。其四,宋元文献中,未曾找到与田说相参照的资料。而南宋林希逸的一段话,似乎与此相关,但实际却不能构成印证。林希逸说:"钱塘上天竺,诸教寺之冠冕也。位置其人,亦犹五山之双径焉。"⑤诚如刘长东的分析,此语句将上天竺寺与"五山"媲美,但在"五山"之前未加修饰语限定,表明当时的"五山"仅仅指禅院,而整

---

① 黄溍:《金华黄先生文集》卷一三《密印院记》,四库本。
② 宋奎光:《径山志》卷四"理宗蠲免径山和籴指挥"。
③ 田汝成:《西湖游览志余》,第260页,上海古籍出版社,1980年。
④ 参见刘长东《宋代五山十刹制考论》,《宗教学研究》,2004年第2期。
⑤ 林希逸:《竹溪鬳斋十一稿续集》卷二一《前天竺住持同庵法师塔铭》,四库本。

段话的意思无非是说,上天竺寺的地位与禅院五山之首的径山寺的地位相当。综合这些辨析,可以断定,与禅院"五山十刹"的记载相比较,教院是否真正地设置有"五山十刹",现有的证据确实不大充分。

五、佛寺"子院"的形成与发展

"子院"也就是较大的寺院的"分院",宋代之前最常用的是"别院"的称呼。从现存资料中寻找"别院"或"子院"最早的设置时间是有难度的,因为这不仅与寺院的建筑格局有关,也与寺院的修造、扩建的历史过程有关。如泰山神通寺"即南燕主慕容德为僧朗禅师之所立也"。而"燕主以三县民调用给于朗,并散营寺,上下诸院十有余所,长廊延袤,千有余间"。① 梁武帝下令建造的大爱敬寺,"结构伽蓝同尊园寝,经营雕丽,奄若天宫。中院之去大门延袤七里,廊庑相架,檐溜临属,旁置三十六院,皆设池台周宇环绕,千有余僧,四事供给"②。《续高僧传·明舜传》在叙述到明舜在隋仁寿四年(604)受命送舍利至蕲州福田寺时,简略地叙述了此寺的格局:"寺是州北三里鼓吹山上。每天雨晦冥便增鼓角之响,因以名焉。竹林蒙密,层巘重迭,唯有一路才可通车。寺处深林,极为闲坦,是南齐高帝所立也。三院相接,最顶别院名曰禅居,赵州沙门法进之所立也。下瞰云雾,至于平旦日晚,望见横云之上乃有仙寺,每日如此,实为希有之胜地也。舜案行山势,唯此为佳,乃于次院之内,安置灵塔。"③这一寺院的"三院"依山势而建造,可能也不是紧密相连的,有山道相接,明舜将隋文帝礼奉的舍利安置在"次院"即中间之院内。唐代建造寺院以多院式为盛,唐初贞观年(627—649)间建造的大慈恩寺"凡十余院,总一千八百九十七间"④。唐玄宗入蜀,在成都建造大圣慈寺,"赐田

---

① 道宣:《续高僧传》卷一〇,《大正藏》第 50 卷,第 507 页上。
② 道宣:《续高僧传》卷一,《大正藏》第 50 卷,第 427 页上。
③ 道宣:《续高僧传》卷一一,《大正藏》第 50 卷,第 511 页上。
④ 慧立本、彦悰笺:《大唐大慈恩寺三藏法师传》卷七,《大正藏》第 50 卷,第 258 页上。

一千亩,勅新罗全禅师为立规制,凡九十六院,八千五百区"①。唐代宗大历元年(766),"作章敬寺于长安之东门,总四千一百三十余间,四十八院"②。

隋唐至宋大型寺院纷纷设置别院,有时也是功能性的,最突出的莫过于"翻经院"的设置。如唐初玄奘归国翻译佛典,先在鸿福寺,又"在北阙别弘法院安置",后"有令造慈恩寺,于寺西北角造翻经院,勅法师移就翻译,给弟子五十人"③。其后,神龙二年(706)唐中宗为义净"置翻经院于大荐福寺居之"④。北宋太平兴国七年(982),"有诏立译经院于东京太平兴国寺之西偏,聚三藏天息灾等梵僧数员,及选两街明义学僧,同译新经"⑤。

此外,隋唐佛寺"别院"设置也与"宗派"有关。一般而言,隋唐宗派佛教的一般特质是一寺仅属一宗一派,但也有一些寺院是数派并存的,甚至形成一些惯例,突出的莫过于三阶教院和唐末之前的禅宗。三阶教的创始者信行在隋初受左仆射(丞相)高颖的邀请"延住真寂寺,立院处之,乃撰《对根起行》、《三阶集录》及山东所制众事诸法,合四十余卷"⑥。此中所言"立院处之"即在真寂寺之中另辟一"别院",信行居于其中完成了三阶教立宗的基本经典。此后,信行"又于京师置寺五所,即化度、光明、慈门、慧日、弘善等是也"⑦。这五所寺院在三阶教强盛时期大致完全属于三阶教。再如唐武德之始,朝廷下诏创立会昌寺,三阶教僧人德美受邀住锡,"美乃于西院造忏悔堂,行事均尊三阶之法"⑧。关于三阶教依附于某些寺院而另造"别院"以求发展的做法,《开元释教录》记载:开

---

① 志磐:《佛祖统纪》卷四〇,《大正藏》第49卷,第376页上。
② 宋敏求:《长安志》卷一〇,《宋元方志丛刊》(1),第130页。
③《大唐故三藏玄奘法师行状》,《大正藏》第50卷,第218页中。《大唐大慈恩寺三藏法师传》卷七则记载说:"其新营道场,宜名大慈恩寺。别造翻经院,虹梁藻井,丹青云气,琼础铜沓,金环华铺,并加殊丽,令法师移就翻译。"(《大正藏》第50卷,第259页中。)
④ 赞宁:《宋高僧传》卷一,《大正藏》第50卷,第710页下。
⑤ 赞宁:《大宋僧史略》卷上,《大正藏》第54卷,第240页中。
⑥⑦ 道宣:《续高僧传》卷一六,《大正藏》第50卷,第560页上。
⑧ 道宣:《续高僧传》卷二九,《大正藏》第50卷,第679页中。

元十三年(725)"乙丑岁六月三日,勅诸寺三阶院并令除去隔障,使与大院相通,众僧错居,不得别住"①。玄宗这一禁令,从反面证实三阶教的这一做法的普遍性。又如段成式在其所著的《酉阳杂俎》卷六及《酉阳杂俎续集》卷五讲到当时寺院情况时,屡屡提到"三阶院西廊下"、"三阶院门外"、"辞三阶院"等等说法,这表明至少在唐懿宗时期三阶教在各地寺院中依然享有"别立三阶院"的特权。关于禅寺寄寓律宗寺院的事实,《禅门规式》说:"百丈大智禅师以禅宗肇自少室,至曹溪以来,多居律寺。虽系别院,然于说法、住持未合规度故,常尔介怀。"②可见,在唐末禅林大兴之前,禅院大多以"别院"的形式附属于律宗寺院之中。

可见,由于种种原因,拥有许多"别院"的佛寺成为一般大寺的基本格局,甚至于有学者认为"中古时代的廊院式佛寺,有两种基本类型:单院式和多院式"③。佛教发展至宋代,"多院式"佛寺成为主流。如学者所概括④,在宋代,子院有多种称谓:其一,"子院"。如庆元府鄞县开元寺,"寺又有子院六:曰经院,曰白莲院,曰法华院,曰戒坛院,曰三学院,曰摩诃院"⑤。又如雍熙寺,"寺之子院三:曰华严,曰普贤,曰泗洲,皆为讲教之所"⑥。其二,"下院"。如旌忠禅院,"绍兴一十六年赐额,为秦申王坟寺,今为天禧寺下院"⑦。其三,"支院"。如华严教院,"旧为太平寺支院,名法华"⑧。其四,"属院"。如"光明庵,兴福属院也"⑨。其五,"小院"。如吴郡报恩寺"有小院五:曰文殊,曰法华,曰泗洲,曰水陆,曰普贤"⑩。

---

① 智昇:《开元释教录》卷一八,《大正藏》第50卷五,第679页上。
② 道原:《景德传灯录》卷六《百丈怀海传》,《大正藏》第51卷,第250—251页上。
③ 张弓:《汉唐佛寺文化史》,第166页。
④ 参见游彪《宋代寺院经济史稿》,第139页。
⑤ 罗濬:《宝庆四明志》卷一一,《宋元方志丛刊》(4),第5132页。
⑥ 朱长文:《吴郡图经续记》卷中,《宋元方志丛刊》(1),第657页。
⑦ 张铉:《至大金陵新志》卷一一,《宋元方志丛刊》(6),第5712页。
⑧ 《咸淳毗陵志》卷二五《寺院》,《宋元方志丛刊》(3),第3182页。
⑨ 《琴川志》卷一〇,《宋元方志丛刊》(2),第1247页。
⑩ 《吴郡志》卷三一,《宋元方志丛刊》(1),第932页。

应该指出,"小院"的一般意义还指散布于乡间的小型寺院或者精舍,如《佛祖统纪》所提及的"无额小院"①等等。其六,"别院"。如苏州承天寺,"寺中有别院五:曰永安,曰净土禅院也;曰宝幢,曰龙华,曰圆通,教院也"②。上述名称虽别,所指大致无别。综观宋代的"子院",出现了新的特点:其一是一寺之内禅、律、教三者并存,其二是从属大型寺院的"子院"和庵堂分散各地。前者是佛教宗派发展与竞争的结果,后者则是宋代朝廷对于"赐额建寺"的严格管理所导致的直接结果。

如前所论,隋唐时期的寺院,在宗派佛教发达的背景下,寺院的宗派属性在一定时期是相对固定的。如日本僧人圆仁《入唐求法巡礼记》所记载,大多数的寺院都是如此,例外者也有,如禅院附属于律寺以及三阶院的依附性等等情形,但这并不普遍。佛教发展至宋代,宗派融合的趋势越来越明显,因而一寺之内可以同时有禅、律或十方甲乙并存的情形。如前述承天寺的别院中,永安院、净土院为"禅院",宝幢院、龙华院、圆通院则属于"教院"。再如汴京相国寺,"虽有六十余院,一院或止有屋数间,檐庑相接,各具庖爨,常虞火患"③。北宋神宗时期,对其进行了归并。其后,为避免罹受火灾,神宗于元丰五年(1082)"诏相国寺辟六十四院为八禅、二律,以东、西序为慧林、智海二巨刹。诏净慈宗本禅师住慧林,东林常总禅师住智海"④。按,《佛祖统纪》所说"八禅、二律"应该为"二禅、八律"。《长编》卷三三七记载:"元丰六年秋七月己巳,提点寺务司言:'已令大相国寺六十二院⑤,以其二为禅院,余为律院。其旧院名及试经恩例,乞并罢。'从之。"⑥可见,这次归并时间颇长,先是"十院",其后又并

---

① 《佛祖统纪》卷四八:南宋高宗绍兴七年(1137),"左司谏陈公辅上疏:'乞照祖宗成法,不许执政指射有额寺院。应臣僚前曾陈乞有额寺院充坟寺功德者,并令改正,许与无额小院。'诏可。"(《大正藏》第49卷,第425页中)。
② 朱长文:《吴郡图经续记》卷中,《宋元方志丛刊》(1),第655页。
③ 李焘:《续资治通鉴长编》卷三〇三"元丰三年四月丁酉"条,第7378页。
④ 志磐:《佛祖统纪》卷四五,《大正藏》第49卷,第416页中。
⑤ 《续资治通鉴长编》中说大相国寺旧有六十二院,而其他史料大多数说旧有六十四院。
⑥ 李焘:《续资治通鉴长编》卷三三七"元丰六年秋七月己巳"条,第8115页。

为八院,邹仲之在《使燕目录》中记载:"其寺旧包十院,今存其八。右偏定慈、广慈、普慈,律院三;智海,禅院一。东偏宝严、宝梵、宝觉,律院三;慧林,禅院一。"①如汴京的大相国寺、苏州的承天寺这样禅院、律院、教院并存于一寺的例子,还有很多,兹不举例。

一般而言,宋代之前佛寺的别院或子院,大多都连成一体,而"寺庄"则除外。譬如,日本求法僧圆仁走访了许多唐代寺院,在其撰写的《入唐求法巡礼记》中所叙述的寺院中仅有一例,即位于太原北门内的花严下寺,因为"五台山大庄严寺僧下山来者,皆此寺下,故名花严下寺。"②此处的"大庄严寺"应为"大花严寺"之误写。圆仁在五台山时曾经参访过大花严寺,他说:"大花严寺十五院僧,皆以远座主为其首座。"③而"远座主"即天台座主志远和尚,因此此寺属于天台宗寺院。从圆仁所叙述中看不出太原的花严下寺与五台山的大花严寺之间的关系之真实内涵,从称为"下寺"而言,似乎与宋代的"子院"不大可能相同。从目前检索的资料分析,分布于异地的"别院"或者"子院"的风行大概是唐末以后才发生的。

从目前资料分析,唐末北宋初期异地"子院"很可能已经大量出现,并且得到官方的认可。譬如《宋会要辑稿》中记载:宋太宗"诏嘉州峨眉山白水普光王寺上下共六处寺院,每年承天节与度五人"④。此例中所说的普光王寺上、下五所子院,各院之间并非连在一起。福州长溪县竹林寺,唐末时同时兴造的就有三十六庵,宋仁宗庆历时(1041—1048)始将诸庵归并成禅寺,而三十六庵始废。⑤ 宋代这样的寺院很多。如杭州龙山崇福寺由僧人宗明创建,"已而浸至衢、建、泉、福、南剑诸州,为寺者二,为院者四,为庵者二十有三,起衢逮建,凡山溪之险峻皆平治之,买田

---

① 白珽:《湛渊静语》卷二引,四库本。
② [日]圆仁:《入唐求法巡礼记》卷三,校本,第133页。
③ [日]圆仁:《入唐求法巡礼记》卷二,校本,第108页。
④ 徐松:《宋会要辑稿》道释一之一七,第7877页。
⑤ 《淳熙三山志》卷三五《寺观类》,《宋元方志丛刊》(7),第8191—8192页。

种山以赡守者"①。泉州莆田县广化寺,宋时有子院十,庵一百二十,也是分散异地的。② 仙游县龙华寺则有院十一,庵七十七。③ 像这样的例子不胜枚举。这些子院庵与本寺或隔县或隔州,并非全在同一州县。

可以说,"子院"并非宋代独有,但宋代佛寺的"子院"之修建更为风行。其中的主要原因有:其一,佛教宗派的发展及其融合趋势。其二,寺院经济发达使得寺院的规模不断扩大,以"子院"的内部分立形式便于实行更为便捷而有效的管理。其三,唐宋时期朝廷通过"敕额"方式对于寺院修造的管制,使得大量的无额寺院和散布于乡间的安堂、精舍不得不依附于大型的有额寺院。如此等等原因,不一而足。

---

① 潜说友:《咸淳临安志》卷七七,《宋元方志丛刊》(4),第4053页。
② 若霖:《蒲田县志》卷四《寺观》,光绪五年补刊本,民国十五年(1926年)重印本。
③ 《古今图书集成神异典》卷一一一《僧寺》引《福建通志》。

第四章 宋代佛典翻译、藏经刊刻及佛教史著

入宋以后,佛典汉译工作逐渐进入尾声。尽管如此,北宋初期的佛典翻译在完善翻译体制以及传译印度后期密教经典等方面仍然取得一定成绩。两宋时期,最大的成就是佛教藏经的刊刻,不仅四部藏经的相继问世,更重要的是开了编辑、刻印大藏经的先河,为后代不断完善补充藏经提供了基本的操作范式。此外,两宋的佛教史学也取得了较大成就,不但继承了隋唐时期佛教史学体例、史著类型,而且出现了佛教宗派史、佛教编年史等新的体裁,对后世影响很大。本章拟对宋代佛教所取得的上述三方面的成就作一叙述。

第一节 佛典翻译

宋朝开国之初,国中掀起了僧人西去求法的热潮,乾德四年(966),行勤等157人请求西去取经,太祖各赐钱三万遣之。同时,也有大批印度与西域僧人陆续不绝地进入中国。《佛祖统纪》卷四〇中说:"西土梵僧绳绳而来者多矣,至于五竺沙门竞集阙下,则无若兹时之为盛,岂法运之兴隆,亦帝德之感通也。"[①]东来之梵僧大都携带梵夹、舍利等物,而西

[①]《大正藏》第49卷,第405页下。

去求法归来的僧人也颇有携带经卷者。比如,乾德三年(965),沧州僧人道圆回国后就献梵经43夹。这样,北宋就设立译经院,恢复了从唐代元和六年(811)以来就已中断的译经活动。从总体上看,中国历史上官设译经机构翻译佛经,除了唐代,便以北宋为最盛了。

北宋的译经始于宋太宗时期,太宗继位后,北天竺迦湿弥罗天息灾及乌填国施护入国,这两个人都通晓汉语,太宗始有意翻译佛经。太平兴国五年(980),太宗诏令中使郑守约在太平兴国寺西殿量地作译经院,设译经三堂。太平兴国七年六月,译经院建成,自后成为北宋译经的常设机构,一直到元丰五年(1082)废止,前后历时百余年。

所谓译经三堂,指的是译经、证义、润文三堂。其中译经堂在译经院中央,润文堂在东,证义堂在西。译经堂设译主,成立之初主要由天息灾、法天、施护等担任。其他译经人员还有证梵义僧、证梵文僧、梵学书字、梵学笔受、梵学缀文、参译、刊定等,这些职务都由两街义学、梵学沙门担任。译稿完成之后,经润文官润色刊定,方正式宣告完成。由此可见,宋代整个译经过程还是很慎严的。

在译经院正式建成之前,太宗让天息灾、法天、施护等人入朝审阅朝中所藏梵夹,筛选梵经以备翻译。译经院建成后,太宗诏三人入院,并赐天息灾为明教大师,法天为传教大师,施护为显教大师,令三人于所携带的梵本各译一经进上。三人用一个月的时间,各译出一部经典。天息灾所译为《新译圣佛母经》,法天所译为《吉祥持世经》,施护所译为《如来庄严经》。经文呈上之后,太宗乃诏左街选京城义学沙门百余人审定经义。两街僧录神曜与众义学僧认为,"译场久废,传演至难,迭兴诤难",对骤兴译事表现出了一种不信任的态度。天息灾等人乃手持梵本,"先翻义以华,华文证之"[①],神曜等方信服。于是,这次译成的三部经被太宗下令入藏并刻版流行。

---

① 徐松:《宋会要辑稿》道释二之六,第7891页。

这次天息灾等人的试译以及稍后召集僧人审定,一则有检验天息灾等人译经水平的目的,二则也有为了使新建的译经院得到僧众的认可和支持,并建立其权威的目的。而且,太宗也顺利地达到了这两个目的。试译成功后,太宗亲临译经院慰勉译僧,并加以赏赐。随后,尽行取出宫中所藏梵夹,交与天息灾等人,令择拣大藏经录中所缺经典加以翻译。

天息灾等人在试译经前,译经院还举行了密宗的开译仪式,即:

> 于东堂面西,粉布圣坛,开四门,各一梵僧主之,持秘密咒七日夜;又设木坛,布圣贤名字轮,目曰大法曼拿罗。请圣贤阿伽沐浴,设香华灯水肴果之供,礼拜绕旋,祈请冥祐,以殄魔障。第一译主,正坐面外,宣传梵文。第二证义,坐其左,与译主评量梵文。第三证文,坐其右,听译主高读梵文,以验差误。第四书字梵学僧,审听梵文,书成华字,犹是梵音。第五笔受,翻梵音成华言。第六缀文,回缀文字使成句义。第七参译,参考两土文字使无误。第八刊定,刊削冗长,定取句义。第九润文官,于僧众南向设位,参详润色。僧众日日沐浴,三衣坐具,威仪整肃。所须受用,悉从官给。①

同年十二月,诏选梵学沙门八人为笔受,义学沙门十人为证义,太宗还下令凡新译经典均入藏流行。在宋代设的这些译经职位中,润文官制度非常值得一提。润文官的职司是对所译成的文字加以润色,一般是由一位通内外之学的儒臣担任,也就是说这位儒臣必须具有基础的佛学素养。到了真宗时,这一职务开始由宰臣兼任,名称也改为"译经使兼润文"、"译经润文使"等,宋代担任过润文官的先后有张洎、汤悦、杨砺、朱昂、梁周翰、赵安仁、晁迥、杨亿、丁谓、李维、王钦若、夏竦、王曙、吕夷简、宋绶、高若讷等人。由身居高官者兼任润文官,这也是为了显示译经的官方性和神圣性,在客观上增强了佛教在朝野和社会上的影响。

但译经开始不久,人才短缺的问题就暴露出来。太平兴国八年

---

① 《佛祖统纪》卷四三,《大正藏》第 49 卷,第 398 页中。

(983)天息灾等上书说"历朝翻译,宣传佛语,并在梵僧。而方域遐阻,或梵僧不至,则译场废绝,望令两街选童子五十人,令习梵字学"①。太宗遂令两街从五百童子中选出惟净等十人送至译经院受学。同时,改译经院为传法院,凸现其传法的功能,并在译经院增设了印经院。

宋代译经活动历经太宗、真宗、仁宗、英宗、神宗五朝,前后持续百年左右,主要集中在太宗、真宗及仁宗朝。从太平兴国七年(982)到仁宗天圣五年(1027),译经院每年都有新经译出,前后总共翻译了佛经五百余部。此后梵经匮乏,译事时断时续,维持到政和初(1111年,这个时间说法也不一),终于全面停止。宋朝诸帝在百年间,对整个译经活动非常支持,对译经人员常有赏赐和擢拔。雍熙二年(985),太宗在查看了新译经典之后,对译经质量大加赞赏,赐封天息灾、法天、施护并为朝散大夫、试鸿胪少卿,又"诏译经日给酥酪钱有差"。雍熙元年(984),太宗亲制《新译三藏圣教序》赐译僧。咸平二年(999),真宗也作《三藏圣教序》赐传法院。在宋朝诸帝的支持下,当时的佛经翻译取得了很大的成果。

宋代佛经翻译始终贯彻的一个原则是翻译大藏经中所不备的经典。这就导致宋代的佛经翻译出现了两个特点:一是密教经典数量较多。显教方面的经典经过唐及以前的大规模翻译,已经较为齐备,藏中所缺多为密教经典。再加之当时印度密教发展兴盛,这就决定了这一时期所翻译的经典中有很大一部分为密宗经典。二是梵本几度告缺。雍熙二年(985),太宗曾下诏于陕西诸路访求私藏梵经。淳化四年(993),又下令东来梵僧及归国僧人将所持梵经封题奏具。天圣年间(1023—1031),法护、惟净两个译经主力上奏请求归山,其理由是:"近者五天竺所贡经叶,多是已备之文,鲜得新经翻译,法护愿回天竺,惟净乞止龙门山寺。"②宋仁宗有鉴于梵经的缺乏,明道间曾遣沙门怀问入西域"求访东土未有之经,

---

① 徐松:《宋会要辑稿》道释二之六,第7891页。
② 吕夷简、宋绶:《景祐新修法宝录》卷一七,第4085页,台北,新文丰出版社影印本,1992年。

赍还翻译"①,宋译经院最终停止工作的重要原因之一也是因为梵本缺乏。

尽管梵本时常告缺,宋代对所译经典内容的拣选还是很重视的。淳化五年(994),于阗僧人吉祥进献《大乘秘藏经》二卷,太祖诏法贤等辨真伪。法贤经辨认,认为该经为于阗书体,经题名应该为《大乘方便门三摩题经》而非《大乘秘藏经》,经中也没有"请问人及听法徒众",与一般经文次第不同。另外,"前后六十五处,文义不正,互相乖戾,非是梵文正本"。太宗于是宣喻法贤及吉祥曰:"使邪伪得行,非所以崇正法也。宜令两街集义学沙门,将吉祥所献经,搜检前后经本,对众焚弃。"②这充分体现了宋代译经中的一个审慎的态度。

天禧元年(1017),真宗下诏不许新译的《频那夜迦经》入藏,原因是"金仙垂教,实利于含生,贝叶誊文,是资于传文,苟师承之或异,必邪正相参。既失精详,浸成讹谬,而况荤血之祀,颇渎于真乘,厌诅之词,尤乖于妙理。其新译《频那夜迦经》四卷,不得编入藏目,今传法院似此经文,无得翻译"③。《频那夜迦经》中血祀、厌诅等内容属于受印度教影响而产生的内容,这和佛教的整体精神不符,因而遭到禁绝。

有宋一代,共译出佛经二百八十六部,八百二十八卷。④ 前后可考的译经者有 14 人:即法天、天息灾、法护(中印度人,980 年进入中国)、法护(1006 年进入中国)、惟净、日称、慧询、绍德、智吉祥、金总持、天吉祥、相吉祥、律密、法称。其中惟净、慧询、绍德都是由传法院培养出来的中国僧人,天吉祥等则是帮助金总持翻译经典者。在这些人中,天息灾、法天、施护、法护、惟净前后主持了译经活动。

天息灾:迦湿弥罗国人,太平兴国五年(980)与乌填国僧施护同至京师,诏赐紫衣。译经院建成后,天息灾开始了他的译经活动,并先后被授

---

① 吕夷简、宋绶:《景祐新修法宝录》卷一八,第 4101 页。
②③ 徐松:《宋会要辑稿》道释二之七,第 7892 页。
④ 这是周叔迦在《宋元明清译经图纪》中所说的数字。吕澂在《中国佛学源流略讲》中认为是二百八十四部,七百五十八卷。吕建福在《中国密教史》中认为是二百五十二部,四百八十一卷。

明教大师、朝散大夫、试鸿胪少卿(989年,升为试鸿胪卿)等。雍熙四年(987),诏改名法贤。天息灾卒于真宗咸平三年(1000),诏谥慧辩法师,敕有司具礼送终。天息灾共译佛经十七部,五十六卷(或为十八部五十七卷),其中密教经典七部三十九卷,均入藏流通。

法天:中天竺摩伽陀国人,刹帝利种姓。太祖开宝六年(973),与其兄一同入国。先至鄜州,译出《圣无量寿经》《七佛赞》,鄜州知府王龟从上表荐进,被召入汴京。太祖召见慰问,赐紫衣。之后,他先后游历了五台山、江浙、岭表、巴蜀诸地。译经院建成后,赐传教大师,参与译经。雍熙二年(985),拜朝散大夫、试鸿胪少卿(后又陆续擢拔为试鸿胪卿、试光禄卿)。咸平四年(1001)卒,诏谥玄觉法师,敕有司具礼送终。法天共译佛经一百一十九部,一百七十四卷(或作一百二十二部,一百八十五卷),其中密典六十七部,九十九卷。

施护:乌填国(即乌仗那)人,15岁便学习了梵文以及师子国、于阗、三佛齐等国文字,太平兴国五年与天息灾同至京师。译经院成立后,赐显教大师。雍熙二年(985),也拜朝散大夫、试鸿胪少卿(后又陆续擢拔为试鸿胪卿、试光禄卿)。法天、法贤死后,施护成为第一主译,惟净协助,后来又加入法护。施护卒于天禧元年(1017),诏谥明悟。他共译佛经一百一十三部,二百三十一卷(或作一百零四部,二百卷),其中密典三十九部,六十七卷。

法护:中天竺人,真宗景德三年(1006)至京师,真宗召见于便殿,赏赐丰厚,之后馆于译经院,参与译经。并官拜银青光禄大夫,试光禄卿。至和元年(1054),特赐六字师号"普明慈觉传梵大师"。嘉祐三年(1058)卒,诏谥演教大师。法护共译经十二部,一百五十五卷。

惟净:俗姓李,南唐后主李煜之侄。太平兴国八年(983),惟净作为译经的后备人才被选入译经院。他悟性很高,别人"口授梵章",他"即晓其义"[①]。

---

① 徐松:《宋会要辑稿》道释二之六,第7891页。

《大中祥符法宝录》卷一五说他:"梵字本母,悉洞达之;每一睹梵章,历然如诵。至于天竺音义,无不通究,复对注真言,诠解秘印,多所允协。常以华竺之文,对参奥义,自得古师翻译之旨。"

因此,入译经院一年后就被剃度为僧,升梵学笔受,太宗赐其紫衣,号光梵大师。大中祥符六年(1013),拜试光禄卿,开始参与译经。同年,惟净与秘书监杨亿等编修《大藏经》目录二十一卷,敕名《大中祥符法宝录》。仁宗天圣三年(1025),惟净与翰林学士夏竦编成《新译经音义》七十卷。天圣五年(1027),惟净又编成《大藏经》目录六千一百九十七卷,仁宗赐名为《天圣释教总录》。惟净于皇祐三年(1051)卒,共译佛经七部,一百二十一卷。

日称(1017—1078):中天竺人,约于宋仁宗庆历八年(1048)进入中国。他先被安排在译场协助法护译经,从嘉祐三年(1058)或四年(1059)开始担任主译。《宋会要辑稿》中称其为"西天译经三藏试鸿胪卿"。日称卒于元丰元年(1078),诏谥阐教大师。日称共译经七部四十六卷。

金总持:西夏人,与智吉祥结伴到汴京,后入译场译经,被称为译经三藏,受赐"明因妙善普济法师"之号。据《至元法宝堪同总录》,金总持共译有佛经四部十七卷。

宋代译出的经典多属小部,所以就其种数而言,几乎接近唐代所译之数。为此,北宋曾先后三次编撰过新的经录。第一次编成的就是《大中祥符法宝录》,其中录入了从太平兴国七年(982)到大中祥符四年(1011)间所译的经典,共二百二十二部,四百一十三卷,此外还有中国僧人的撰著十一部,一百六十卷。这部经录的特色是:主要部分完全依照各次进经的年月编次,除列出经名、卷数、译人而外,还附载进经表文,这都依据当时译经院的实录,所以连带记载着有关译场的各事,如新献梵荚、校经、更动职事等等,其题材和过去的各种经录完全不同。① 第二部

---

① 吕澂:《中国佛学源流略讲》,第386页,北京,中华书局,1979年。

经录即《天圣释教总录》。惟净在天圣四年(1026),上表言道:"藏乘名录,类例尤多,今所流通,凡有三录:僧智昇撰,即《开元录》;圆升撰《正元录》;圆照《续正元录》。今请将皇朝经总成一录。"仁宗下诏让"惟净合三录,令续译经律论,西方东土圣贤集传为之,凡六千一百九十七卷。"①这里的"正元"乃是避仁宗名讳,本应为"贞元"。可见,《天圣释教总录》是当时入藏的全部经典的目录,收录了《开元释教录》、《贞元新定释教目录》、《大中祥符法宝录》中的各经以及其后新译的经典和著述。第三个经录是景祐三年(1036)到四年(1034)由吕夷简等编成的《景祐新修法宝录》,共二十一卷,体裁和《大中祥符法宝总录》一样。所录经目紧接《大中祥符法宝录》之后,即从大中祥符四年(1011)到景祐三年(1036)所译出的经典,共计二十一部,一百六十一卷,另外还收有中国僧人的撰述十六部,一百九十余卷。这三部经录中的两部都与惟净有关,所以惟净在经录编撰史上起到了很重要的作用。

在宋代所翻译的经典中,密宗经典有一百二十六部,二百四十卷,数量最多,占到一半左右。并且密教经典中,新译的也较多,即便是异译,内容也有所扩展。如施护所译的《一切如来真实摄大乘现证三昧大教王经》,虽属于《金刚顶经》的异译,但却是该经十八会中第一会的全译,比起前代的翻译,无论在卷数数量还是内容上都有所扩展。此外,像观音六字明咒信仰的根本经典《大乘庄严宝王经》也被天息灾翻译了过来。这一时期所译的密教经典的特色,在陀罗尼密典方面,出现了一部分取持明密典和瑜伽密法(包括无上瑜伽)中的真言编成新的陀罗尼经典。这部分经典在形式上变化不大,都是以说一首陀罗尼为主,兼讲其他功用等。但说陀罗尼的佛菩萨却是后来出现的。有的陀罗尼系改造般若类经典而成,前部分说波罗蜜多法门的般若空义,后一部分则说般若波罗蜜多陀罗尼,类似于《般若心经》。

---

① 徐松:《宋会要辑稿》道释二之七,第7892页。

持明密典与传统的同类密典相比,受晚期密教影响的特色明显,并加入了许多印度教的内容。宋译持明密典属晚期持明密教的进一步发展。它们都讲成就法,但以前所译持明密典,以佛菩萨为中心,如观世音类、佛顶类比较突出,主尊形象虽多臂多面,但以慈相为主,承事供养及其密法的方式方法,基本与显教仪式相符顺。而宋译持明密典,以明王类、诸天类为中心,突出主尊的忿怒相,瞋怒忿恨、威猛烈焰,多面多臂,而以虎皮骷髅为严饰,身作舞势等。而承事供养,修成就法,更带有浓厚的印度教特征,尤其与北印一带流行的骷髅派较密切,多作修尸林、役使鬼神、血祭荤祀、咒人诅物等,与黑巫术极其相似。这类经典几乎与佛教的基本精神背道而驰。

另外,宋代翻译的密典中还出现了许多无上瑜伽部的密典,但节译、选译得比较多,这可能是宋代对密教经典内容有所限制的缘故。①

宋代翻译的佛经,从外在形式上看,可以见宋译本大致上较为口语化,可能接近宋代的日常口语,可读性较高,较适于推广流传。所以太宗进行重译的经典,也有将佛典的翻译标准化,使官译佛典普及化之意。此外,宋代的佛经译本在音译方面也有自己的发展及风格。天息灾等人在翻译陀罗尼和赞呗时,为了使人能更正确地念诵,在梵汉对音的一致、正确方面做了最大的努力,以至于七佛的名称都没有沿用旧译。这一类译本,还有法天译的《文殊师利一百八名梵赞》、《圣观自在菩萨梵赞》,法贤译的《三身梵赞》、《八大灵塔梵赞》、《键椎梵赞》、《圣金刚手菩萨一百八名梵赞》、《曼殊室利菩萨吉祥伽陀》,施护译的《圣多罗菩萨梵赞》。依照这些华梵对翻的经验,后来法护、惟净加以总结,编成了《景祐天竺字源》,作为一代音译的典范。所以,宋代所译佛经也许在音译方面的贡献更大些。

从内容上看,宋代译经者缺乏像唐代玄奘那样的佛学大家,而唐宋

---

① 详细可参见吕建福《中国密教史》,第 448—451 页,北京,中国社会科学出版社,1989 年。

两代的译场人员设置则比较接近,这样一来,宋代翻译的佛典反倒不如前代的质量。尤其是显教的论方面,如龙树的《六十颂如理论》、《大乘二十颂论》,陈那的《佛母般若圆集要义论》、寂天的《菩提行经》等,因为本身的义理性较强,宋译本就显得译文晦涩,且多有错误。因此,这类论典翻译出来之后,对于当时佛教义学并没有发生什么作用。此外,在宋朝组织译经的10—11世纪,印度佛教已经日趋没落,在教义思想上没有新的发展,所以,当时翻译的经典具有新义、足以引起时人重视的很少。加之当时翻译的经典以密典居多,但同时又缺乏像唐朝时那样的密宗大师来推行,而北宋前期实际上盛行的是天台、法相及西方净土信仰,译经与佛教的实际发展情况脱节。这些原因都导致宋代译经在中国佛教史上的影响十分有限。

第二节 藏经的刊刻

南北朝起,至木版雕印术发明之前,佛教经典的流通,主要是以抄写本形式展开。五代、宋初时,木版雕刻事业兴起,便开始有了木刻本的佛经。敦煌发现的唐懿宗咸通九年(868)由王玠出资雕刻的卷轴本《金刚经》,是现存最早的木刻印书。宋代是我国历史上雕版印刷事业发展的黄金时代,两宋刻书之多、雕镂之广、规模之大、版印之精、流通之宽,都为空前。在宋代三百多年的历史中,共刻印佛教大藏经五种,即《开宝藏》、《崇宁藏》、《毗卢藏》、《思溪藏》和《碛砂藏》。其中,《碛砂藏》始刻于南宋理宗绍定(1228—1233)初年,至咸淳八年(1272)因战祸而中止,后入元代才继续刻成。依照本著体例,于此章暂不叙述。下文逐次对《开宝藏》、《崇宁藏》、《毗卢藏》、《思溪藏》的刊刻过程和成就作一简要叙述。

一、《开宝藏》

《开宝藏》,又名《开宝大藏经》、《北宋敕版大藏经》、《蜀版大藏经》、

《蜀版》《蜀本》,为宋太祖敕令雕印。始刻于北宋太祖开宝四年(971),完成于太宗太平兴国八年(983),前后历时12年。

关于此藏的雕刻,有几种文献记载:首先,唐代僧人神清著《北山录》卷一〇有一夹注:"今大宋皇帝造金银字《大藏经》数藏,雕《藏经》印板一十三万余板,严饰天下寺舍。"①其二,《佛祖统纪》的记载:乾德五年(967),"右街应制沙门文胜奉勅编修《大藏经》随函索隐,凡六百六十卷。"②开宝四年(971),"勅高品张从信往益州雕大藏经板"③。太平兴国八年(983),"诏译经院,赐名传法,于西偏建印经院",后"成都先奉太祖勅造大藏经板,成,进上"④。其三,元念常《佛祖历代通载》卷一八记载:开宝四年,"诏成都造金银字佛经各一藏。(初,戊辰九月廿七,勅兵部侍郎刘熙古监造。是年六月十一日,勅再造金字经一藏)"。开宝五年(972),"诏雕佛经一藏,计一十三万板"⑤。其四,元觉岸《释氏稽古略》卷四记载,开宝五年,"前后凡造金银字佛经数藏,今年勅雕佛经印一藏,计一十三万版。"⑥依据这些记载可知,宋太祖开宝四年或五年,太祖命宦官高品、张从信二人往益州雕印第一部《大藏经》。太平兴国八年(983),张从信将益州大藏经全部印板运京进上。宋太祖命于太平兴国寺译经院西侧创建印经院,开始印刷大藏经,并将译经院与印经院合称传法院。传法院因而成为北宋朝廷主持翻译、雕印、流通佛经的总机构,《开宝藏》即是在那里不断印刷,流向天下寺舍的。

由于这第一部刻本大藏经是开宝年(968—975)间完成的,所以被名为《开宝藏》。《开宝藏》先后雕刻了13年,计有经板13万块。全藏内容以智昇《开元释教录》的入藏经目为底本,共四百八十帙,千字文编次自

---

① 《大正藏》第52卷,第632页上。
② 志磐:《佛祖统纪》卷四三,《大正藏》第49卷,第395页下。
③ 同上书,第396页上。
④ 同上书,第398页下。
⑤ 念常:《佛祖历代通载》卷一八,《大正藏》第49卷,第656页下。
⑥ 觉岸:《释氏稽古略》卷四,《大正藏》第49卷,第860页上—中。

天字至英字,五千零四十八卷。卷轴式,每板二十三行,每行十四字。板首刻有经题、板数、帙号等,卷末有雕造年月、干支、题记。

《开宝藏》刻成之后,前后印刷了140年之久。在印行过程中,由传法院的僧人加以校勘,改正了初刻本上的一些错讹的文句,损坏的板子和有错别字的地方也及时得到了更正。同时陆续增刻了一批新编入藏的经典,从而形成了一些不同的版次和印本,版式也有一定的差异。其中较为重要的有三种:宋太宗端拱二年(989)至真宗咸平(998—1003)年间修订的"咸平本";真宗天禧(1017—1021)初年修订的"天禧本";神宗熙宁元年(1068)至熙宁四年(1071)修订的"熙宁本"。所增补的经典包括:唐代智昇撰《开元释教录》时已经译出、但遗漏未编的佛经;《开元释教录》以后新译的佛经;北宋译经院新译的佛经;经朝廷准许以及熙宁四年(1071)印经院停办后,由经管《开宝藏》续印事宜的显圣寺圣寿禅院审定后编入的中国佛教撰著。关于《开宝藏》所收经典的总数,学者有不同的考证。童玮先生在《北宋开宝大藏经雕印考释及目录还原》一文中认为,《开宝藏》续刻的经典总计有一百五十九帙,四百四十九部一千五百四十七卷。初刻和续刻两项相加,《开宝藏》最后收录的经典已达六百三十九帙,一千五百三十部六千六百四卷。而最近的研究成果则认为,《开宝藏》经过三次增补,收经总数约为一千五百六十五部、六千九百六十二卷、六百八十二帙。①

《开宝藏》的装帧形式为卷子本,即将印出来的纸一张一张粘连起来,然后粘在卷轴上,以卷轴为中心将它们卷起来,便成了一卷。版式为每板(印一张纸)二十三行(第一板有时为二十二行),每行十四字。第一板的起首用大字刻写经题、卷次、帙号,此下各板的板首用小字刻写经题、卷次、张次(第几张)、帙号。每卷之末往往用大字刻写雕造的年代,印本上有时加盖印工的名章、施经愿文、执事僧等墨记,这些构成了通常所说的题款。

---

① 参见李富华、何梅:《汉文佛教大藏经研究》,第83页,北京,宗教文化出版社,2003年。

《开宝藏》初刻和续刻的印本,曾作为朝廷的礼物赠送给日本、高丽、女真国、西夏国,影响扩大到邻国,它是木刻本《大藏经》共同的祖本。如《佛祖统纪》记载:雍熙元年(984)三月,日本国沙门奝然来朝,"奝然求谒五台。及回京师,乞赐印本《大藏经》,诏有司给与之"[1]。淳化元年(990),"高丽国王治遣使,乞赐《大藏经》并御制《佛乘文集》。诏给之"[2]。天禧三年(1019)十一月,"东女真国入贡,乞赐《大藏经》。诏给与之"[3]。嘉祐三年(1058),"西夏国奏,国内新建伽蓝,乞赐大藏经典。诏许之"[4]。

《开宝藏》初刻本和续刻本的全藏已佚。我国保存的散本有:《大般若经》卷二〇六、卷五八一、《大方等大集经》卷四三、《阿惟越致遮经》卷上、《中论》卷二(残缺)、《杂阿含经》卷三九,它们分别藏于北京图书馆、上海图书馆、中国佛教协会、山西省博物馆、山西省高平县文博馆。日本保存的散本有:《华严经》卷一、《佛本行集经》卷一九、《十诵尼律》卷四六、《龙树菩萨劝戒王颂》一卷。它们分别藏于日本京都大德寺、南禅寺、东京书道博物馆等。由于《开宝藏》一般在卷末刻有"雕造"的年次、干支,有时加盖长方形记载"印造"的年月和人员的墨印,这对于考证雕版和印刷的年代提供了便利。从中可知,《大般若经》卷二〇六雕造于开宝五年(972),印刷于元符三年(1100),为传世诸卷中雕造年代最早的本子之一;《十诵尼律》卷四六雕造于开宝七年(974),印刷于大观二年(1108),为传世诸卷中印刷时间最晚的本子之一。

二、《崇宁藏》

《崇宁藏》,又名《东禅寺大藏经》、《崇宁万寿大藏》、《崇宁万寿藏》、《东禅寺本》、《闽版》、《闽本》,是由民间自发组织刻印的佛教藏经,是中

---

[1] 志磐:《佛祖统纪》卷四三,《大正藏》第49卷,第399页中。
[2] 同上书,第400页下。
[3] 同上书,第406页中。
[4] 同上书,第413页上。

国佛教史上第一部私刻藏经。

此藏经始刻于北宋神宗元丰三年(1080),初步完成于徽宗崇宁二年(1103)。发起人为东禅等觉院住持冲真、参知政事元绛等,主持人为刻院历任住持冲真、智华、智贤、道芳、普明、达皋等六位僧人。宋代福州东禅等觉院,位于今福建省闽县城外白马山。今世所传东禅院本《华严经》卷八〇题云:"福州东禅等觉院住持慧空大师冲真于元丰三年庚申岁谨募众缘,开大藏经板一副,上祝今上皇帝圣寿无穷、国泰民安、法轮常转。"又《大般若经》题云:"于是亲为都大劝首,于福州东禅院劝请僧慧荣、冲真、智贤、普明等募众缘,雕造大藏经板,及建立藏院一所,至崇宁二年冬方始成就。"全藏自"天"字函至"群"字函,凡四百七十九函,与《开元释教录略出》所载大致相同,微有变更,并依《贞元新定目录》增入十经。但其后又陆续增刻开元以后入藏诸经,成为四百八十函。

宋徽宗继位,定年号建中靖国。第二年(1102)便改元崇宁,随后诏赐全国建立以"崇宁"为名的寺庙。《释氏稽古略》徽宗壬午年(1102)下记:"诏天下军州创崇宁寺。"高宗绍兴九年(1139),定都临安。《释氏稽古略》记载,为给徽宗、钦宗祈福,下诏诸郡县州,改崇宁万寿寺(或天宁寺)为报恩光孝禅寺,以奉徽宗皇帝香火。绍兴十年(1140),福州东禅寺改名为报恩广孝禅寺,绍兴十七年(1147)再改报恩光孝禅寺。关于福建东禅寺在崇宁年间到底改为何名,还有一件重要资料可以为证,就是北宋颁赐《崇宁藏》的敕文。这篇敕文刊在《崇宁藏·大般若波罗蜜多经》卷一之首。

这件敕文,记录了礼部侍郎、东禅寺大藏经都劝首陈旸上奏朝廷的奏章,以及朝廷批准的敕文。陈旸,《宋史·儒林传》载:"陈旸,字晋之,福州人。中绍圣制科,授顺昌军节度推官。……得太学博士,秘书省正字,……进鸿胪太常少卿,礼部侍郎。"[1]陈旸因大藏经版刊成,故请赐大

---

[1] 参见李际宁《"崇宁万岁寺"或"崇宁万寿寺"考》,《佛教大藏经研究论稿》,北京,宗教文化出版社,2006年。

藏经名《崇宁万寿大藏》,也就是在这个时期,福州东禅寺等觉院因大藏名而改名"崇宁万寿寺"。① 因此缘故,新刻的《大藏经》也被赐名《崇宁万寿大藏》,其印本颁予各地的崇宁寺。

《崇宁藏》的初刻本大体上依《开元释教录略出》雕造,总计四百八十函(千字文函号为"天"至"英"),收经一千八十七部。与《略出》相比,《崇宁藏》初刻本所收的经典有增有减,前后顺序也有出入。《崇宁藏》增收的经典有:《观弥勒菩萨下生经》《奈女耆婆经》《咒时气病经》《檀特罗麻油述经》《辟除贼咒害经》《咒小儿经》《咒齿经》《咒目经》《开元释教录略出》等;减少的经典有:《观世音菩萨如意摩尼陀罗尼经》《瑜伽师地论释》《显扬圣教论颂》等。

东禅等觉院在《崇宁藏》初刻本告成以后,又利用印经的收入,进行了续刻入藏经的工作。所刻的经典为《开元释教录》以外和以后翻译的佛经和东土撰著。其中,徽宗大观七年(1113)至政和二年(1112)续刻了八十四函。编次具有随机性,次第为:其一,唐代佛教撰著。收《法苑珠林》(道世撰),十函,函号为"杜"至"罗"。其二,北宋太平兴国七年(982)至咸平二年(999)新译经。收《大乘庄严宝王经》(天息灾译)、《大方广总持宝光明经》(法天译)、《分别善恶报应经》(天息灾译)等,二十函,函号为"将"至"穀"。其三,宋代佛教撰著,收《景德传灯录》(道原撰)、《宗镜录》(延寿撰)、《天圣广灯录》(李遵勖撰)、《建中靖国续灯录》(惟白撰)、《大藏经纲目指要录》(惟白撰)、《御制秘藏诠》(宋太宗撰)等,二十六函,函号为"振"至"衡"。其四,北宋咸平三年(1000)以后新译经和《大唐贞元续开元释教录》(圆照撰)新编入藏经,收《大集法门经》(宋施护译)、《集大乘相论》(宋施护译)、《除盖障菩萨所问经》(宋法护译)、《本生心地观经》(唐般若、利言译)、《菩提场所说一字顶轮王经》(唐不空译)等,二十八函,函号为"庵"至"勿"。

----
① 《宋史》卷四三二,第 12848—12849 页。

第四章　宋代佛典翻译、藏经刊刻及佛教史著

南宋孝宗乾道七年(1171)至淳熙三年(1176),东禅等觉禅院又续刻了十六函,函号为"多"至"虢"。所刻的经典,以天台宗"三大部"及其注释为主,兼及禅宗、华严宗的一些撰著。有《大慧语录》(宗杲撰)、《法华玄义》(智𫖮撰)、《法华文句》(智𫖮撰)、《摩诃止观》(智𫖮撰)、《华严合论》(李通玄撰)等。这样,如此计算,《崇宁藏》已达五百八十函,千字文函号为"天"字至"虢"字,收经一千四百四十部六千三百十二卷。

不过,也有学者主张,《崇宁藏》的总函数并非五百八十函,而是五百九十五函。① 原因在于今存于日本宫内省、高野山劝学院、高野山上醍醐寺、京都东寺的《崇宁藏》缺乏总目录。而学者一般将《东寺经藏一切经目录》看做是《崇宁藏》的目录。《东寺目录》收经五百八十函,千字文编次止于"虢"字号。《昭和法宝总目录》第一册在收载《东寺目录》时,有注文云:此目录为"北宋版东禅等觉院本,又名崇宁万寿大藏,其所缺者以开元寺本补之"。这就是说,此目录是以《崇宁藏》本为主,而以《毗卢藏》本补缺的一个混合目录。对此目录的解释不同,便造成在《崇宁藏》总函数上的歧义。

与《开宝藏》不同,《崇宁藏》的装帧形式为梵夹本(又称折装本、折叠装)。这在木刻本《大藏经》中是第一部。每版版心高约24厘米,宽58厘米。上面刻三十行,每行十七字(补刻的天台宗三大部及其注释,每行为十九字)。每版折成五面,这样,每面的实际行数是六行。版心上下有界线,中缝刻经名、函号、卷次、纸序和刻工姓名,偶尔还刻施主姓名。每卷的第一版还在经题前空出三行或四行,刻写题记,唯《大般若经》六百卷的卷头无题记,可能是由于它的雕刻年代更早的缘故。每一函之末均附有音释。《崇宁藏》的这种版式,为其后的《毗卢藏》、《圆觉藏》、《资福藏》、《碛砂藏》、《普宁藏》、《洪武南藏》、《永乐南藏》所沿用,影响甚深。

---

① 参见何梅《关于〈毗卢藏〉、〈崇宁藏〉的收经及总函数问题》,《世界宗教研究》,1995年第3期。

三、《毗卢藏》

《毗卢藏》，又称《毗卢大藏经》、《开元寺大藏经》、《福州开元寺本》，为民间发起刊刻的藏经。

关于《毗卢藏》的刊刻时间，此藏中《新华严经》卷八题记记载：

> 福州众缘寄开元寺，雕经都会蔡俊臣、陈询、陈靖、刘渐，与证会住持沙门本明，恭为今上皇帝祝延圣寿，文武官僚同资禄位，雕造毗卢大藏经印板一副，计五百余函，时政和壬辰岁十月日，劝缘沙门本悟谨题。

而"谓"字函《分别功德论》卷中题记："福州开元寺住持僧传法慧海大师惟冲谨募开封府……从四百一函起，取至周圆。"又"图"字函《杂譬喻经》题记：

> 入内内侍省东头供奉宣干，办应天启运宫奉迎所武师说，恭为今上皇帝祝延圣寿，谨施俸资雕造毗卢大藏经板泾字至图字一十函。时绍兴戊辰闰八月日，福州开元禅寺住持传法慧通大师了一题。

根据学者对全藏刊刻题记的研究，大多数学者认为，自"天"字至"勿"字凡五百六十四函，始于宋徽宗政和二年（1112），迄于宋高宗绍兴二十一年（1151），凡40年而后完成。而现存的南宋理宗景定元年（1260）再雕之本藏《大般若经》卷第二十刊记记载："开元寺经板于政和壬辰创刻，绍兴甲戌完成。"政和壬辰年即北宋徽宗政和二年（1112），绍兴甲戌即南宋绍兴二十四年（1154）。也有学者依据此说推断，《毗卢藏》始刻于1112年，完成于1154年。

《毗卢藏》刊雕于福州闽县东芝山，因其卷端往往有"福州管内众缘寄开元禅寺雕造毗卢大藏经印板一副五百余函"之题记，因此名为"毗卢版大藏经"，又称"开元寺版大藏经"。根据题记所见，刊刻此藏的发起人为蔡俊臣、陈询、陈靖、刘渐、本明、本悟等,主持人为开元寺历任住持本明、法超、惟冲、必强、了一。如"弁"字函《华严经音义》卷上题云:"敷文阁直学士左朝议大夫川府路都钤辖安抚使知涂门军州提举学事兼管内劝农使赐紫金鱼袋冯楫,恭为今上皇帝祝延圣寿,舍俸添镂经板三十函补足毗卢大藏,永冀流通。劝缘福州开元禅寺住持慧通大师了一题。"再如《毗卢藏》所收《大周刊定众经目录》卷首有题记:

> 福州开元禅寺住持传法赐紫慧通大师了一,谨募众缘,恭为今上皇帝祝延圣寿,文武官僚资崇禄位,圆成雕造《毗卢大藏经》板一副。
>
> 时绍兴戊辰闰八月日谨题。

绍兴戊辰即绍兴十八年(1148),此年刊刻仍然在进行中。

《毗卢藏》的版式与《崇宁藏》相同,也是梵夹本。每版三十行,折成五面,每面六行,每行十七字。各卷之首均有题记,但各函之末缺音释。其版面略小于《崇宁藏》。纸质厚实坚韧,色黄,纸背有长方形朱印"开元经局染黄纸"。

《毗卢藏》全藏已佚,今存散本。其散本混编在日本保存的各种《崇宁藏》本中。

《毗卢藏》的总目名为《宫内省图书寮一切经目录》,收入日本编的《法宝总目录》第一册中。但这一目录已非《毗卢藏》的原目,而是《毗卢藏》与《崇宁藏》的混合目录。至今,人们对《毗卢藏》究竟收录了多少部经典,合计有多少卷,说法不一,是由于缺失原目造成的。而有学者认为①,日本《宫内省图书寮一切经目》中记载的《华严经合论》至《李长者事迹》共八部经籍,既有明确的千字文函号,"会"字至"颇"字,又有绍圣年(1094—1097)刻经题记,同时此目录亦明示包含东禅等觉院本,应属于《崇宁藏》本。这是说,见载于《宫内省图书寮一切经目录》中第五百八十

---

① 参见何梅《关于〈毗卢藏〉、〈崇宁藏〉的收经及总函数问题》,《世界宗教研究》,1995年第3期。

三函至五百九十五函,千字文编次"会"字到"颇"字,共十三函八部经典,因其问世早于《毗卢藏》开雕十余年,故非《毗卢藏》所收经目,实为《崇宁藏》所有。而《毗卢藏》的总函数当为五百八十二函。

四、《思溪藏》

《圆觉藏》和《资福藏》都是因存世的印本题记或其他历史文献中提到其雕版处所"湖州思溪圆觉禅院"和"安吉州思溪法宝资福禅寺"而得名,又因该处所在地属于湖州归安县松亭乡思溪村,而有《前思溪藏》和《后思溪藏》之称。很多学者都以为这是两部独立的藏经刊本,而何梅的研究表明,这一说法其来有自,但却是错误的。据考证,"安吉州"一名是南宋理宗宝庆元年(1225)由湖州吴兴改名而来,而"思溪法宝资福禅寺"是思溪圆觉禅院在获赐"法宝资福禅寺"的匾额以后的名称,并非是两所不同的寺院。此藏先刻于思溪圆觉院,淳祐十二年(1252)后移到思溪法宝资福禅寺。其实两藏同为一版①,为行文方便统称为《思溪藏》。

关于《思溪藏》雕刻缘起,收藏在日本增上寺的思溪藏版《解脱道论》卷一("背"字号)题记,记述了刊经缘起:"丙午靖康元年二月旦,修武郎门祗侯王冲元亲书此经,开板结大藏之因缘。"②《菩提行经》卷一("槐"字号)有题记:

> 崇敬三宝,我王永从志诚书写《菩提行经》,此第一卷,所褒妙利,上报四恩,下资三有,愿与法界一切含诚,速证菩提,如诸佛等。时大宋号靖康元年七日望日,谨立斯志。③

到绍兴二年(1132),大藏刻毕。收藏在京都南禅寺的《长阿含经》卷第二

---

① 近年有两篇论文论述这一问题:何梅《南宋〈圆觉藏〉、〈资福藏〉探究》,《世界宗教研究》,1997年第4期。李际宁《新入藏思溪版〈大般若波罗蜜经〉的经过及其文物版本价值》,《文津流觞》,第9期,2003年2月号。
② 《增上寺三大藏经目录·宋版·刊记》,载《赠上寺资料集·别卷》,第397页。
③ 《增上寺三大藏经目录·宋版·发愿偈颂》,载《赠上寺资料集·别卷》,第397页。

十二("履"字号)还保留着王永从的发愿题记和刊经机构的资料：

> 大宋国两浙路湖州归安县松亭乡思村居住左武大夫密州观察使致仕王永从同妻恭人严氏，弟忠翊郎永锡妻顾氏、侄武功郎冲允妻卜氏、从义郎冲彦妻陈氏、男迪功郎冲元妻莫氏、保义郎冲和妻吕氏与家眷等，恭为祝延今上皇帝圣躬万岁，利乐法界一切有情，谨发诚心，捐舍家财，开镂大藏经板总五佰五拾函，永远印造流通。绍兴二年四月日谨题。
>
> 雕经作头李孜、李敏；
>
> 印经作头密荣；
>
> 掌经沙门法己；
>
> 对经沙门仲谦、行坚；
>
> 干雕经沙门法祖；
>
> 对经慈觉大师静仁、慧觉大师道融、赐紫修敏；
>
> 都对证湖州觉悟教院住持传天台祖教真悟大师宗鉴；
>
> 劝缘平江府大慈院住持管内掌法传天台教说法大师净梵、
>
> 劝缘住持圆觉禅院传法沙门怀深。

由这些材料可知，《思溪藏》是南宋靖康元年(1126)由湖州路王永从兄弟一家在思溪圆觉禅院舍资助缘刊刻的大藏经。

之所以有许多人将《思溪藏》当作两部不同的经藏，主要是因为《大正藏》中收录有《安吉州思溪法宝资福禅寺大藏经目录》，而在高野山亲王院又发现宋刻《湖州思溪圆觉禅院新雕藏经律论目录》。按说，每一部大藏经都各有自己的目录，出现两套《思溪藏》目录，似乎就标志着有两套思溪版《藏经》，也就是说，"思溪圆觉禅院"版《大藏经》与"思溪资福禅寺"版《大藏经》应该是两套系统。

何梅先生实地细阅了现藏中国国家图书馆的杨守敬所购大藏经之后，根据版式、刻工等资料进行分析，在前述文中做出了"被称为《圆觉藏》和《资福藏》的两种刻本,实际上属于同一付刻板","因此可以统一称为圆觉禅院本或《圆觉藏》本"的判断,并厘清了传世之《安吉州思溪法宝资福禅寺大藏经目录》中比《圆觉藏》的五百四十八函多出五十一函的缘故为误抄。另外,从传今的《资福藏》的印本来看,《资福藏》所保存的一些题记实际上都是《圆觉藏》印本上的题记。故《资福藏》实际上是在《圆觉藏》的基础上,于淳祐年间(1241—1252)进行补刻,并对个别经典作了增移分合调整而成的。

这就是说,以往所称的另一版本之《资福藏》原来是不存在的,现存我国国家图书馆的以《资福藏》名世的大藏经应该正名为《圆觉藏》,其中一部分是《圆觉藏》刻竣近百年之后由圆觉禅院在升格为资福禅寺前后一段时间内重新补刻的,其全藏总函数仍应为五百四十八函;其所收经籍部数和卷数按何梅文中的统计分别为一千四百三十七部和五千九百一十六卷。

李际宁先生通过对2001年后中国国家图书馆购入的思溪版《大般若波罗蜜经》版本的研究也证实何梅的这一结论。他指出,"我们在鉴定这批《大般若波罗蜜经》的时候,以日本增上寺本为对照,因为增上寺本《解脱道论》卷一有丙午靖康元年题记,这是本经最初开版的记录。另外,增上寺版又有后期的补刊。以彼本对照比勘,具有典型意义。比勘的结果,我们发现本经的版次与之基本相同,比如卷第四○四版心中刊有'卢道开舍'、'沈道禅舍'刊记,这样的补版刊记,在增上寺本中保留了许多,也在本版中体现了出来,说明它们与增上寺版全同,是一个版次。另外,本馆(中国国家图书馆)原收藏一册《思溪圆觉藏》本卷一三一,卷首卷尾有'圆觉藏司自纸版'墨印,这是当时圆觉禅院时期开版印刷的记录。而本次入藏品中,恰有卷一三一,两个相同卷次,正好为我们作比较提供了资料。比较以后发现,两卷的版本相同,惟本馆新入藏者有补版,而原藏没有补版。由此,也为我们就《思溪藏》两版的关系,提供了一个资料,即《思溪资福藏》应该是在《思溪圆觉藏》基础上补刊经板而成。"①

遗憾的是,《思溪藏》完成的时间不见于记载。

南宋端宗景炎元年(1276),思溪法宝资福禅寺遭到蒙古军伯颜破坏,寺院、经坊以及大藏经板全部被烧毁。

第三节　佛教史学著作

两宋时期,佛教历史方面的著述数量空前。这自然与这一时期文化的发达、文人地位空前提高,特别是印刷技术的应用、书籍文献得以广泛流传等等因素密切相关。志磐《佛祖统纪》"沙门著书"条列北宋一代有20种之多。其中,李昉所编《太平广记》非全书都与僧史相关,惟净《新译经音义》应该属于音义批注类著作,永明延寿《宗镜录》一百卷、沙门契嵩《辅教编》属于思想类著作,其余17种均为佛教史作品。陈垣《中国佛教史籍概论》收宋代佛教史籍11种,即《宋高僧传》、《景德传灯录》、《五灯会元》、《传法正宗记》、《释门正统》、《佛祖统纪》、《禅林僧宝传》、《林间录》、《罗湖野录》、《法藏碎金录》、《道园集要》。

纵观两宋时期的佛教史著,体裁丰富。纪传体教史有南宋宗鉴《释门正统》、南宋志磐《佛祖统纪》,编年体教史有南宋祖琇《隆兴编年通论》、南宋本觉《释氏通鉴》,传记体教史有北宋赞宁《宋高僧传》、北宋惠洪《禅林僧宝传》、南宋祖琇《僧宝正续传》,会要体教史有赞宁《大宋僧史略》、北宋仁赞《释氏会要》、北宋道诚《释氏要览》,目录类有北宋赵安仁和杨亿《大中祥符法宝录》、惟净和夏竦《天圣释教总录》、吕夷简《景祐新修法宝录》、惟白《大藏经纲目指要录》、王古《大藏圣教法宝标目》,地志类有北宋延一《广清凉传》、张商英《续清凉传》,灯录体有道原《景德传灯录》、李遵勖《天圣广灯录》、惟白《建中靖国续灯录》、悟明《联灯会要》、正

---

① 李际宁:《新入藏思溪版〈大般若波罗蜜经〉的经过及其文物版本价值》,《佛教大藏经研究论稿》,第180页,北京,宗教文化出版社,2007年。

受《嘉泰普灯录》、普济《五灯会元》。这一时期出现的新体例著作是编年体佛教史书以及宗派性史著。限于篇幅,本节仅仅对现存的几部重要史著作些论述。①

一、《宋高僧传》、《大宋僧史略》

《宋高僧传》、《大宋僧史略》都是北宋初期僧人赞宁所撰写的佛教史学著作。

赞宁,俗姓高,吴兴郡德清县(今浙江省德清县)人。后梁贞明五年(919)生,后唐天成间(926—929)在杭州祥符寺出家,清泰初年(934)入天台山受具足戒。通南山律,有"律虎"之称。任两浙僧统,吴越国王授其以"明义宗文大师"师号。宋太平兴国三年(978),吴越降宋,赞宁随钱俶来到汴京。宋太宗在滋福殿召对,授予赞宁紫衣,赐"通慧大师"师号。太平兴国六年(981),赞宁任右街副僧录。淳化二年(991),赞宁任史馆编修。咸平元年(998),赞宁任右街僧录,次年迁左街僧录。咸平四年(1001),赞宁圆寂,享年83岁。赞宁一生撰佛教著作共一百五十二卷,其他著作四十九卷。

赞宁之所以撰写僧传,与朝廷的提倡有很大的关系。赞宁叙述说:

> 自太平兴国七年,伏奉敕旨,俾修《高僧传》,与新译经同入藏者。臣等退求事迹,博采碑文,今已撰集成三十卷。谨诣阙庭进上,益琅函而更广,延玉历以弥长。②

从此可知,太平兴国七年(982),赞宁奉敕撰写僧传,在杭州与弟子显忠、智轮等从事编撰,历时将近七年,撰成《宋高僧传》三十卷,至端拱元年(988)十月书成,表上之。到至道二年(996),赞宁又修理重治,补进去一些材料始成定本。此书本名《大宋高僧传》,后人去"大"存"宋",意思

---

① 本节依据学术界现有研究成果,如陈垣《中国佛教史籍概论》等编写。
② 赞宁:《宋高僧传》卷一,《大正藏》第50卷,第709页上。

是宋朝所修的《高僧传》。此书接道宣《续传》,迄北宋雍熙年,卷七晤恩卒于雍熙三年(986),义寂卒于雍熙四年(987),此年应该是成书之前一年。

赞宁的《宋高僧传》,与此前两《高僧传》衔接,以表彰高僧行迹、承续佛教事业为目的。他在该《传》的序文中说:"慧皎刊修,用实行潜光之目;道宣缉缀,续高而不名之风。令六百载行道之人,弗坠于地者矣。爰自贞观命章之后,西明绝笔以还,此作蔑闻,斯文将缺。"①这是他撰《宋高僧传》的主要原因。

赞宁为编纂本书,广泛地采撷了各方面的资料。他在《自序》中说:"或案诔铭,或征志记,或问輶轩之使者,或询耆旧之先民。"②而以采自碑文塔铭的为最多,就现在的碑版文字来对照,还可以看出其中采撷的痕迹,如《道因传》(卷二)是据李俨撰的碑文所写,《端甫传》、《宗密传》(卷六)是据裴休撰的碑文,《惟宽传》(卷一〇)、《上恒传》(卷一六)、《神凑传》(卷一六)、《寂然传》(卷二七)是据白居易撰的碑铭所写。这些传中都曾经提到某某人为他撰碑或铭,这就等于注明了出处。另外有的虽没有说明出处,根据学者研究,实际也是从碑铭中来,如《玄素传》(卷九)是据李华撰的《润州鹤林寺故径山大师碑铭》,《道光传》(卷一四)是据皎然撰的《唐杭州华严寺大律师塔铭》。如此者还很多。

本书内容,分十科,与《续高僧传》相同:一译经,三卷;二义解,四卷;三习禅,六卷;四明律,三卷;五护法,一卷;六感通,五卷;七遗身,一卷;八读诵,二卷;九兴福,三卷;十杂科,二卷。正传532人,附传125人。每篇之末有论,均与《续高僧传》相同。但在有些人的传末又附以"系曰"申明作者的宗旨,或者自为问答,来解释某一疑难,则是前传所无。

赞宁明习掌故,对于史书写作的体例,颇为重视,在某些传中,接题说明写作的标准和态度。《钦师传》(卷一八)中说明作传的人受到条件

①② 赞宁:《宋高僧传》卷一,《大正藏》第50卷,第709页下。

的限制，难免遗漏。出于这种考虑，赞宁在《宋高僧传》中也上涉到魏、齐、陈、隋的僧人，用来补《续高僧传》之缺。《道鉴传》（卷一八）说一件事有许多不同的说法，史家记录，可以按传闻异辞之例来记载。《清彻传》（卷一六）说明有的传太简，乃因记载阙如；撰史要求实录，繁略都必须有据等。

赞宁的这部僧传的叙述对象是处于繁荣时期的唐、五代时期，与这一时期高僧辈出的局面相比较，《宋高僧传》显得有些单薄，确实有一些被后人诟病的重大遗漏，如对于禅宗云门文偃的遗漏，也有后人批评。宋释慧洪说："云门大师僧中王也，与之同时，竟不载，何也？"①对此，慧洪解释说："予初游吴，读赞宁《宋僧史》，怪不作《云门传》。有耆年曰：'尝闻吴中老师自言，尚及见宁，以云门非讲学，故删去之。'"②不过，对于此书可能有的遗漏，赞宁在《钦师传》中有一解释："亦犹大宋文轨既同，土疆斯广，日有奇异，良难遍知。纵有某僧也，其奈史氏未编，传家无据，故亦阙如弗及录者，留俟后贤者也。"此中，赞宁说由于疆域广阔，资料收集困难，遗漏在所难免。

总体而言，本书根据大量原始资料，整理排比，剪裁融贯，然后成书，而叙事清楚，虽间有神奇怪诞记载，仍不失为这一时代中有关佛教历史人物的一部重要著作。

赞宁所撰的另外一部史学著作是《大宋僧史略》三卷，简称《僧史略》。

关于此书的撰写过程，赞宁撰《大宋僧史略·序》说：

> 夫僧本无史，觉乎《弘明》二集，可非记言耶？《高》、《名僧传》，可非记事耶？言事既全，俱为载笔。原彼东汉，至于我朝，仅一千年。教法污隆，缁徒出没，富哉事迹，繁矣言诠，蕴结藏中。从何攸

---

① 慧洪：《林间录》卷上，《续藏经》第 87 册，第 246 页中。
② 慧洪：《石门文字禅》卷二六，四库本。

> 济(赞宁)以太平兴国初,选奉诏旨,《高僧传》外别修《僧史》。及进育王塔,乘驲到阙,勅居东寺,披览多暇,遂树立门题,搜求事类,始乎佛生,教法流衍,至于三宝住持诸务事始,一皆隐括,约成三卷,号《僧史略》焉。盖取裴子野《宋略》为目。所恨删采不周,表明多昧,不可鸿硕寓目,预惧缺然者尔。①

上文没有明确记载赞宁开始撰写此书的时间,然参照其他资料则可知,此书始撰于太平兴国三年(978)。此年,吴越国王钱俶降宋,赞宁也奉阿育王真身舍利塔到汴梁。赞宁是否在此年就开始撰写此书,似乎也不一定,应该在此年后不久。但此书成于何年,则无明确的记载,仅在每卷目录下注有"咸平二年重更修理"八字。依据文献记载,赞宁是在太平兴国八年(983)夏回杭州编修《大宋高僧传》的。从《僧史略》中有关于宋代的事迹来看,最迟记载到太平兴国七年(982)(见"此土僧游西域"、"临坛法位"二条)为止。可见,本书记载到太平兴国七年为止,完成时间当在次年赞宁回杭州之前。至于在"行香唱导"条中引用虞部员外郎李宗讷的奏议而提到宋太宗的庙号,又作者的题名上冠有右街僧录的官衔,都是咸平元年(998)以后的事,当是重修时所补入。

本书虽名为僧史,事实上是佛教事物以及典章制度的起源和沿革的记载。在赞宁之前,梁僧人僧祐曾经著有《法苑杂缘原始集》十卷,就是专门考查印度和中国佛教的"法门常务,僧众恒仪"②,其中包括仪式、节日、建塔、梵呗、造像、写经、受戒等的起源的著作,可是久已亡佚,只有目录保存在《出三藏记集》卷一二中,和本书记录的范围与形式,有着明显的不同。隋释彦琮著有《僧官论》,与本书有着部分的关系,但是宋初已不见,所以赞宁说"求本未获"(见"杂任职员"条)。唐人刘将孙的《事始》,虽然涉及佛教,但不过是很少几条。因此,赞宁写这本著作,必须要

---

① 赞宁:《大宋僧史略》,《大正藏》第54卷,第235页上—中。
② 僧祐:《出三藏记集》卷一二,《大正藏》第55卷,第90页中。

从教内教外典籍中搜寻资料,才能编写。如本书中引用的书籍有:《法显传》、《汉法本内传》、《魏书·释老志》、《洛阳伽蓝记》、《出三藏记集》、《萨婆多部师资传》、《高僧传》、《开皇三宝录》、《寺诰》、《祇洹图经》、《广弘明集》、《三宝感通传》、《南海寄归内法传》、《会要》等。此外,引用官方文书和当代的记载也很多。

本书上卷目录之后说"所立仅六十门",实际是五十九门。上卷二十三门,从佛降生的年代开始,说到三宝的东传、三藏的翻译、寺宇的创建、中国人的出家、服装、受戒、斋忏、礼节、讲经、注释经律论、传禅观、密教,以及西行求法等的起源。中卷十七门,从检约僧人的僧制起,说到行香、唱导、赞呗的缘起,僧官的设置、国师的封号、僧官的俸禄、管辖僧尼的机构,以及在朝廷的班位和内道场等的起源。下卷十九门,从皇帝诞辰、僧人讲论经义起,说到赐紫衣师号、授官秩、筑戒坛、结法社、赠谥号、对国王的称谓、戒坛的班位、出售度牒、盛经的七宝案、城门置天王像、上元节放灯,甚至涉及摩尼教等的起源,最后,是以总论一篇作结束。从它所涉及的面来看,幅度是相当广泛的。此书也讲到佛教东来在中国的传播,和佛教某些仪式的沿革,以至历代政府对于佛教的管理和待遇种种方面。时人王禹偁说:"师述《僧史略》三卷,凡法门事始因革,莫不毕录。台阁之士,欲通练内外典故者,皆于此观之。"①此书对后世乃至当代佛教史和佛教制度的研究,都是一部值得参考的著作。

大中祥符四年(1011),真宗下令将本书收入大藏,崇宁四年(1105)再入藏,绍兴十四年(1144)释法道曾加以重刻。卷末附绍兴朝旨改正僧道班列文字一集一卷,没有题编辑者姓名。

二、《释门正统》、《佛祖统纪》

《释门正统》、《佛祖统纪》都是宋代天台宗僧人编撰的以记载本宗史

---

① 志磐:《佛祖统纪》卷四四,《大正藏》第49卷,第402页中。

实为主的史著。

早在北宋政和(1111—1117)年间,释元颖撰有《天台宗元录》一书,记述天台宗传授情况。至南宋庆元(1195—1200)年间,吴克己增广《宗元录》,撰成《释门正统》,但未及刊行吴克己就去世了。嘉定年(1208—1224)间,释景迁在以上两书基础上编成《宗源录》。释宗鉴将吴著《释门正统》加以扩充改编,分本纪、世家、诸志、列传、载记等五科,沿用吴克己原书名,详叙天台宗历史,刊刻流行于世。

关于《释门正统》的编定,宗鉴在《序》中说:

> 释氏岩居穴处,身屈者名愈高,位下者道愈肃。四海万里,孤云身特,乌论所谓编年者。若门户颓圮,称戎侮我,烝然来思,不有不似罪使谁。当其用迁、固法,诚有不获已者。法虽迁、固,而微显志晦,惩恶劝善,未尝不窃取旧章,此正统之作也。本纪以严创制,世家以显守成,志详所行之法,以崇能行之侣,诸传派别而川流,载记岳立而山峙。以耕以战,谁主谁宾,而能事毕矣。宗鉴学浅识暗,管见狭闻,狂斐之罪,亦自知之。道重身微,利害奚恤。皇宋嘉熙改元三月十日,沙门宗鉴序。①

从上述引文可知,宗鉴是以司马迁的《史记》和班固的《汉书》为范例来编定此书的。成书的时间是嘉熙元年(1237)三月。此书通过对唐宋佛教的宗派、传承、教说、人物、著述、事件、掌故以及佛事活动、内外关系等所作详略不等的记载,保存了许多珍贵的史料,成为志磐编写《佛祖统纪》的主要资料来源。

志磐,号大石,天台宗僧。幼年曾从儒者袁机受学,在文学、史学以及文章方面都有一定基础。出家后,他曾经住于四明(今浙江省鄞县)福泉寺及东湖月波山,精研天台教观。他虽是山外派仁岳下的传人(第十世),但观点则是山家派的。曾撰《宗门尊祖义》一文,尊山家为正宗;对

---

① 《续藏经》第 75 册,第 254 页中。

山家倡导者知礼的所谓"辟异端"、"再清教海"的功绩,极表赞许。著作除本书外,另有《法界圣凡水陆胜会修斋仪轨》六卷。

《佛祖统纪》是在《宗源录》和《释门正统》的基础上编撰而成的,对此,志磐叙述说:

> 惟昔良渚(宗鉴)之著《正统》,虽粗立体法,而义乖文蔽。镜庵(景迁)之撰《宗源》,但列文传,而辞陋事疏。至于遗逸而不收者,则举皆此失。于是并取二家,且删且补,依放(仿)史法,用成一家之书。①

所谓"粗立体法",即指宗鉴《正统》"仿史法,为本纪、世家、列传、载记、诸志"②,是对宗鉴初步确立天台史传之纪传体例给予肯定。志磐《统纪》之撰,"并取"宗鉴、景迁二家,当然包含借鉴宗鉴《正统》之体例。既然宗鉴《正统》系承续铠庵《正统》而作,它的体例也不免会同铠庵《正统》之体例有一定关联。铠庵《正统》已佚。

关于《佛祖统纪》的体例,《佛祖统纪·序》叙述说:"纪、传、世家,法太史公;通塞志,法司马公。"③志磐又说:"法运通塞,事变纷纭,系于编年,莫明始末。为通古练今,欲求类知者,作历代会要志。"④所谓"会要",即"开张众目,会其事要"⑤。天台史家志磐熟谙传统史法。他这两段话,揭示《佛祖统纪》庞大的体例建构,乃是对三种传统体例进行创造性整合而形成:一是司马迁的纪传体,二是司马光的编年体,三是会要体。《统纪》对传统体例所做的整合,尤其是诸门内容的取舍安排,尽显出匠心运用之妙。如纪传体之"传人"诸门,"本纪"以传佛与诸祖,"世家"以传"诸

---

① 志磐:《佛祖统纪》卷一,《大正藏》第 49 卷,第 129 页下。
② 同上书,第 131 页上。
③ 同上书,第 129 页下。
④ 同上书,第 130 页下。
⑤ 志磐:《佛祖统纪》卷五一,《大正藏》第 49 卷,第 450 页中。

祖旁出"①,"列传"以传"诸师";宗鉴《正统》所立"载记"一门,义含乖谬,《统纪》弃而不用,天台以外佛教诸宗,改立"志"门。纪传体之"纪事"诸门,正史所立大抵为国家政经文教重要事项,如《宰相表》、《河渠书》、《食货志》、《经籍志》之类。《统纪》则以"表"记"历代传教"、"佛祖世系",以"志"记佛门、天台教门诸重要事项。又如"编年"史法,被志磐视为最基本的学术原则,贯彻在全书撰述之中;其中,《诸祖纪》、《佛祖世系表》、《法运通塞志》等篇,是采用同《资治通鉴》相似的编年方法编纂的。再如四卷《历代会要志》,运用会要体,将散见于漫长岁月之中的各类事项,纂集为五十余目,如"试经度僧"、"僧职师号"、"放生禁杀"、"立坛受戒"、"西天求法"、"三教谈论"、"僧籍免丁"、"君臣慢法"等,举要钩沉,会通本末,同编年撰述相得益彰。

志磐为编撰《佛祖统纪》,殚精竭虑,呕心沥血,"十阅流年,五誊成稿,夜以继昼"②,《通例·释引文》列出《佛祖统纪》引用书目,计"大藏经典"73种、"天台教文"21种、"释门诸书"24种、"儒宗诸书"41种、"道门诸书"20种,共五类179种。《统纪》撰成于志磐的晚年。至咸淳六年(1270)冬,志磐"忽感喘嗽之疾",而"是时尚有《会要志》四卷未能刊,于是乘病写本,俾刊人毕其功"③。

《佛祖统纪》共五十四卷,五部分大要如下:

"本纪"部分凡八卷(一至八卷)。初为"释迦牟尼佛本纪",从天台宗角度阐述释迦生平;次为"西土二十四祖纪",记述释迦大弟子迦叶等13人及龙树、龙树十弟子的事迹;三为"东土九祖纪",记载龙树、慧文、慧思、智𫖮、灌顶、智威、慧威、玄朗、湛然等"天台九祖"事迹;最后为"兴道下八祖纪",记录自道邃(兴道)至知礼间天台八祖相承的历史。

"世家"部分凡二卷(第九至第十卷),"诸祖旁出世家",记载天台宗

---

①② 志磐:《佛祖统纪》卷一,《大正藏》第49卷,第129页下。
③ 志磐:《佛祖统纪》刊板后记,《大正藏》第49卷,第475页中。

上述十七祖中除龙树、慧文、智威、知礼四人以外东土诸祖弟子们的事迹,凡十三世家,205人。

"列传"部分凡十二卷(一一至二二卷)。首为"诸师列传",记述自遵式、知礼以下共十世的天台宗人物,其中以尚贤、本如、梵臻三家的传承弟子为主;次为"诸师杂传",记述持有与山外派相似观点的知礼门下仁岳、从义和遵式门下道因三家,指斥他们"背宗破祖,别树门庭";三为"未详承嗣传",记述修习天台教学而不详师承的傅翕等43人。

"表"部分凡二卷(二三至二四卷)。初为"历代传教表",以年代为序,记叙从梁武帝天监元年(502)起至北宋仁宗明道二年(1033)间天台诸师讲经、说法、著述、交往等的简要事迹,以明天台宗的传授和规模;后为"佛祖世系表",就以上本纪、世家、列传中诸师及其弟子,列表以明示传承关系。

"志"部分凡三十卷(二五至五四卷)。首为"山家教典志",系慧思、智顗等61人的著述目录,同于史书之《艺文志》;二为"净土立教志",下分莲社七祖(慧远、善导、承远、法照、少康、延寿、省常)、莲社十八贤、莲社123人、不入社诸贤的传以及往生高僧、高尼、杂众、公卿、士庶、女伦、恶辈等的传;三为"诸宗立教志",记禅宗达摩等六人、华严宗法顺等九人、法相宗玄奘等二人、密宗金刚智等五人、律宗道宣等三人的事迹;四为"三世出兴志",叙述过去、现在、未来三世成、住、坏、空各劫的演变;五为"世界名体志",用图文描绘佛教所说的种种方界,如华藏世界、万亿须弥、大千三界、忉利天宫等,其中包括"震旦"、"西域"、"五印"等历史地图;六为"法门光显志",记录佛教各种仪式和制度的起源,如雕像、舍利塔、忏仪、僧斋、盂兰盆供、放生等;七为"法运通塞志",以编年法记述佛教产生、传播及其在中国盛行和衰落的历史,起自周昭王二十六年(前1023),终于南宋度宗咸淳元年(1265);八为"名文光教志",收录居士、高僧及作者自撰的有关天台宗的重要碑、记、颂、赞、序、书等共24篇;九为"历代会要志",按时代先后分类汇编佛教史实,如屡朝拜佛、试经度僧、士夫出家、凤翔佛骨、东土译经、三教谈论等计56则。

总之,《佛祖统纪》奉天台宗为正宗,虽编述偏重天台宗,但也兼涉其他各宗。由于采择史料面广,编选比较精审,因而具有较高的史料价值。

三、《隆兴佛教编年通论》、《历代编年释氏通鉴》

《隆兴佛教编年通论》、《历代编年释氏通鉴》是南宋时期僧人编订的编年体佛教史书。

《隆兴佛教编年通论》,简称《编年通论》,二十九卷。南宋沙门祖琇撰,成书于隆兴二年(1164)。该书仿司马光《资治通鉴》的体例而成,是现存最早的编年体佛教史书。作者虽是禅僧,但在书中着力贯彻禅、教、律等并重的原则。他说:

> 是故禅称教外别传,而教不足以拟禅也。虽然非教无以显禅之深,非禅无以臻教之妙。唯悟彻者兼资律仪高行,而后融通自在也。……故今博采累朝外护圣贤绪余,及弘教秉律韵人胜士,兴失(与夫)禅林宗师提纲警策法要,规仰司马文正公《通鉴》,裁成此书,凡二十有八卷,垂二十万言,将以遗诸后学,则予岂敢特欲前贤外护之迹,常存几案,日见而讽咏之?惟是皇朝圣贤颂述吾教之作,浩博尤多。附四圣御制《序》于左方。若其宅文,予之精力疲竭,于此而未遑纂辑,请俟后之作者云耳。①

如上文所说,此书二十八卷,所附内容成第二十九卷。

该书所记内容,始自东汉明帝永平七年(公元64),迄于五代后周显德四年(957)。每一朝代之首间有"叙",用以介绍王朝兴废始末以及所译经卷;所载史事之末附"论",以表达作者的看法。该书博采此前传世的各类佛教文献和史书,如僧传、经录、文集、灯录、书翰、碑铭、诏令、正

---

① 《续藏经》第75册,第251页下—252页上。

史、别史等,以年月为经,以史实为纬,对将近九百年间的佛教重要人物、历史事件、传播情况作了详尽的记载。其中对唐代佛教的繁荣发展状况,记载尤为详细;由于作者大量引用所见的碑铭石刻资料,使有关人物、事件的真实性和可靠性得到加强。

但是,《编年通论》忽略了对一些重要佛教人物的记载。如三论宗的吉藏、三阶教的信行、净土宗的善导、律宗的怀素、禅宗的本寂等,书中都无记载,这无疑是很大的失误。

《历代编年释氏通鉴》,简称《释氏通鉴》,十二卷。南宋沙门本觉撰,成书于咸淳六年(1270)。该书也是仿《资治通鉴》体例而成的编年体佛教史书。《释氏通鉴》所记内容,起自周昭王甲寅,终于后周恭帝庚申(960)。据书首《采摭经传录》所列,全书共采录佛书 59 种,其中属于翻译的佛经只有三种,其余均为汉地佛教撰述,且多系宋代各宗著作。此外,采录儒书 44 种,多系宋代笔记小说。采录道书也仅三种。

《释氏通论》的主要特点有三:一是按年代顺序,每年必录;即使无人事可记,也必列出甲子、帝年;二是凡引用史料,必注明出处;三是以注释形式考辨人物事实。其不足之处有二:一为部分史料的出处注释不够确切;二为大量记述神通感应事迹,降低了自身的史料价值。

第五章　宋代禅宗

禅宗由北魏历经杨隋、李唐、五代十国之发展,在理论、修证、接引手法上皆趋成熟,造就了无数禅门作家,弘扬禅门心法。这一时期的禅法,从总体风格上来说,平易简捷,无多言教。进入两宋之后,顺应三教合一的潮流,禅宗倡导禅教一致,文字禅逐渐兴起。一方面形成了文人士大夫的禅悦之风;另一方面既推动了禅宗的发展,也造成了雕饰文辞的弊端。由于以上种种原因,禅宗逐渐走向衰落。北宋初期,沩仰宗便后继无人,不见传承;而临济宗、曹洞宗、云门宗、法眼宗这四个宗派,亦大不如从前。然而,亦有其禅风变换,及相应发展,其中临济宗大慧宗杲所倡导的"看话禅"与曹洞宗宏智正觉所提倡的"默照禅",开创禅法参究的新局面。

第一节　黄龙派的兴起及盛行

黄龙慧南继承了临济宗风,兼具沩仰宗、曹洞宗、云门宗、法眼宗之长处,融通儒道二教,倡导三教合一,应机时代之要求,大开禅门教化,门下弟子如云,形成了临济宗的支派——黄龙派。

一、黄龙慧南的禅学思想与黄龙派的创立

1. 黄龙慧南与黄龙派

黄龙慧南(1002—1069),江西信州玉山人,姓章,参学各地,师事诸多善知识。后参石霜楚圆。

> 明(楚圆)曰:公学云门禅,必善其旨,如云放洞山三顿棒,是有吃棒分,无吃棒分? 师(慧南)曰:有吃棒分。明色庄曰:从朝至暮,鹊噪鸦鸣,皆应吃棒。明即端坐,受师炷香作礼。明复问:赵州道:台山婆子,我为汝勘破了也。且那里是他勘破婆子处? 师汗下,不能加答。次日又诣,明诟骂不已。师曰:骂岂慈悲法施耶? 明曰:你作骂会那? 师于言下大悟,作颂曰:杰出丛林是赵州,老婆勘破没来由,而今四海清如镜,行人莫与路为仇。①

石霜慈明予与印可,列为临济宗第八世。慧南初主凤栖(今江西永修)同安寺,后主庐山归宗寺,再主临济祖庭黄檗寺,结住积翠庵,始以"生缘、佛手、驴脚"三关语接引学人,丛林目为"黄龙三关"。宋英宗治平二年(1065),主黄龙寺(今江西修水),其"法席之盛,追媲泐潭马祖、百丈大智"②,故人称黄龙慧南禅师。

神宗熙宁二年(1069),黄龙慧南禅师示寂,谥普觉。今存《黄龙慧南禅师语录》一卷、《黄龙慧南禅师语录续补》一卷。

五代以来,黄龙禅师是临济宗首位法缘殊胜、影响深远之一代宗师,所以,他创立的禅门宗派,世称"黄龙派"。之后,经二传、三传,其弟子遍布大江南北,遂成"黄龙一派,横被天下"之势。

2. 黄龙慧南禅法风格之渊源

儒释道三教合一,每一个时代皆有提倡,只是到了宋代,才成为一股

---

① 普济:《五灯会元》卷一七,《续藏经》第 80 册,第 351 页下—352 页上。
② 慧洪:《禅林僧宝传》卷二二,《续藏经》第 79 册,第 535 页中。

时代潮流。儒家排斥佛道虽时有发生,然而,融合的趋势亦终始存在。事实上,禅宗在唐宋时期的兴盛,起到了催生理学的作用。黄龙禅师审时度势,顺应"三教融合"之潮流,主张以禅为体,以儒、道为用,且以此为立场,弘扬临济宗风。

黄龙禅师广参博学,师从多人,先依定水智鉴,学习经教。次依归宗自宝,修习坐禅。次依栖贤澄湜,参究法眼宗旨。次依泐潭怀澄,参究云门宗旨。次依福严审承,参究曹洞宗旨。后依石霜楚圆,断尽凡圣,得悟宗旨。

黄龙禅师历主同安寺、归宗寺、黄檗寺、黄龙寺,应机施设,圆融禅教,会通禅宗各家,以三关语、锻尽凡圣为特色,具有谨严峻利、恳切提撕、诸家融合、拈提公案、随机变化之宗风。

3. 黄龙慧南的禅法

谨严险绝、壁立千仞、诸家融合、随机变化、拈提公案等,乃黄龙禅法之主要禅风,影响较为深远而广泛。

(1) 黄龙三关

《禅林僧宝传》卷二二惠洪赞曰:"予观黄龙,以三关语,锻尽圣凡。"①黄龙三关,壁立千仞,锻尽凡圣,名重丛林,此是黄龙宗之禅风。《五灯全书》卷三七云:

> 师(黄龙慧南)室中常问僧曰:人人尽有生缘,上座生缘在何处?正当问答交锋,却复伸手曰:我手何似佛手?又问诸方参请宗师所得,却复垂脚曰:我脚何似驴脚?三十余年示此三问,学者莫有契其旨。脱有酬者,师未尝可否,丛林目之为黄龙三关。②

第一,生缘。以姓氏、籍贯、师承、参学等平常事考问学人,看其是否落在知解里。面对这个问题,若就事而答,即为境转。第二,佛手。以我

---

① 慧洪:《禅林僧宝传》卷二二,《续藏经》第79册,第535页中。
② 超永:《五灯全书》卷三七,《续藏经》第82册,第33页上。

手、佛手考问学人,看其是否落在师、佛相上。面对这个问题,若言似,或言不似,皆为手相转。第三,驴脚。以我脚、驴脚考问学人,看其是否落在师、生相上。面对这个问题,若言似,或言不似,皆被脚境转。

黄龙三关,险绝犀利,勘验天下学人,实无固定答案,否则便成死形,故黄龙对于学人所答,一律不置可否,正如黄龙所云,"已过关者,掉臂径去,安知有关吏?从吏问可否,此未透关者也"①。

(2) 融合诸家

黄龙融合禅宗各派与儒道二家,形成了响彻古今的黄龙宗,其禅法并为后世所广泛运用。黄龙作为一代禅门宗师,遍读诸子百家,并以此来接引学人。这种"以禅为体,三教并用"的理念,契合了两宋时期的文化思潮。故黄龙宗的禅师接引了许多文人士大夫,如黄檗惟胜接引丞相吕微仲、东林常总接引内翰苏轼、晦堂祖心接引太史黄庭坚等。

黄龙禅师遍参禅门各家尊宿,熟悉其教法,尽得其宗旨。黄龙禅师云:

> 三玄三要,五位君臣,四种藏锋,八方珠玉,三十年前,争头竞买,各逞机锋。而今道泰升平,返朴还淳,人人自有。山青水绿兮,白云深处兮,三衣并为一衲,万事无思何虑兮。②

"三玄三要"为临济宗旨,"五位君臣"③为曹洞宗旨,"四种藏锋"④为云门宗旨。黄龙禅师以临济宗旨为纲要,打破分别执见,融会贯通各家,成就了黄龙宗风,所谓"三衣并为一衲"。

(3) 随机变化,谨严险绝——黄龙应机之道

黄龙宗的禅法,融会贯通各家,所以,在接引学人的方法上,能够"不

---

① 慧洪:《禅林僧宝传》卷二二,《续藏经》第79册,第535页中。
② 《大正藏》第47卷,第633页中。
③ 五位君臣:即正中偏、偏中正、正中来、兼中至、兼中到。
④ 四种藏锋:即三句一字,三句为函盖乾坤、截断众流、随波逐浪。一字为一字关,即云门文偃应机善用一字。

拘一格,随机而施",造就了许多禅门龙象。《五灯会元》卷一七记载,仰山行伟参黄龙慧南:"一日扣请,寻被喝出,足拟跨门,顿省玄旨。"①这段公案,显示了黄龙禅师的"临济喝"之禅风。黄龙禅师的这一喝,具有"顿脱妄想,速证本来"之功。

又载,泐潭洪英参黄龙公案,云:"因阅华严十明论,乃证宗要,即诣黄檗南(黄龙禅师住黄檗山时之称)席。檗与语达旦,曰:荷担大法,尽在尔躬厚自爱。"②座谈付嘱,亦禅法之道也。

又载晦堂祖心参黄龙公案,黄龙四年内不作开示,只让晦堂阅经教、参公案,使其"百计搜寻",磨炼心志,至于"无用心处",令其"自见自肯"。③ 可见黄龙禅师之苦心,此也黄龙禅师之善巧多方也。

又载草堂善清参黄龙公案,黄龙教导善清:屏息诸缘,默然参究,久久便悟。善清悟后,则又告之曰:"得道非难,弘道为难,弘道犹在己,说法为人难。既明之后,在力行之。大凡宗师说法,一句中具三玄,一玄中具三要。子入处真实,得坐披衣,向后自看,自然七通八达去。"④可谓谆谆嘱咐,此也黄龙禅师的应机教化也。

(4) 拈提公案——黄龙与文字禅

黄龙善于拈提、点评前人公案,或发前人之未发,或反其道而行之,用各种方法接引学人,故黄龙重视禅机问答。通过禅机问答,为学人解粘去缚,令其"自见自肯"。黄龙对古公案有偈颂评唱,有时也与人唱和。提持公案、师生问答、偈颂酬唱等,皆属"既不离文字,亦不立文字"的禅门之法。

黄龙禅师以为,文字只是阐述教义的工具,指示明月的指头,非究竟之意旨。学人依据文字所示,于自心上细密体察,便能明心见性,就路还

---

① 普济:《五灯会元》卷一七,《续藏经》80册,第356页中。
② 同上书,第358页中。
③ 同上书,第353页上。
④ 同上书,第361页中。

家。故禅门之法,须"借文字之用而离文字之执",方可契悟自心实相。黄龙禅师云:"诸佛出世,假设言诠。祖师西来,不挂唇吻。"①诸佛假设言诠,教之所由出也。祖师不挂唇吻,禅之所由传也。文字为表法之用,然而,却非佛法的根本。又云:"大道无中,复谁前后。长空绝迹,何有量之。空即如是,道岂言哉。虽然如是,若是上根之辈,不假言诠。中下之流,又怎免得?"②强调上等根器,可不假言诠而入道。中下之机,须借文字而得悟。然而,悟缘有别,归宗不二,不二之宗,均非文字言教本身,而是文字言教之源头——心。

总之,黄龙禅师开显言教之大用,又力避文字之执著,所谓文字言语,只为开示学人,令其识得自家本心。宋代禅学开辟了"即文字而离文字"的禅悟之道,赢得了天下丛林与文人士大夫的景仰,引领了中国文化的新时代。

二、黄龙派的兴盛

黄龙禅法,灵活多变,随缘当机地接引各类学人,因此,历经几十年的发展,黄龙一派普被天下。

据记载,黄龙禅师的嗣法弟子83人,遍布江南一带,各自弘化一方。其中较著名者有:晦堂祖心、东林常总、宝峰克文等。其中晦堂祖心、东林常总、宝峰克文又各有弟子47人、62人、38人。黄龙禅师的嗣法弟子还有:云居元祐、开元子琦、黄檗惟胜、佑圣法居、仰山行伟、大沩怀秀、泐潭洪英、云盖守智、保宁圆玑、百丈元肃、报本慧元、福严慈感、建隆昭庆、隆庆庆闲、上蓝顺、三祖法宗、石霜琳、四祖法演、五祖晓常、佛印宣明等,其法嗣分别有27人、6人、16人、3人、8人、7人、11人、9人、7人、12人、8人、8人、5人、3人、4人、4人、3人、2人、3人、6人,其影响依然以江南为中心。黄龙禅师的弟子及再传弟子的禅法,既有其独特个性,也有其

---

①② 慧泉:《黄龙慧南禅师语录》,《大正藏》第47卷,第633页下。

时代特征,他们在继承前人的基础上,又不断地加以创新,共同创造了禅宗史上的一个辉煌。

1. 晦堂祖心

晦堂祖心(1025—1100),南雄人,姓邬,年十九出家,初参云峰文悦,后参黄龙慧南,历经"百计搜寻",直至"无心可心",方悟"禅门宗旨"。晦堂禅师悟后,又依翠岩可真,再谒泐潭晓月,后继黄龙法席,演唱宗乘12年,宋哲宗元符三年(1100)示灭,谥宝觉,法嗣有47人,即死心悟新、灵源惟清、草堂善清、太史黄庭坚等。今存《宝觉祖心禅师语录》一卷。

晦堂禅师不愿身为住持,乐于归隐山林,五辞黄龙法席而得退居。晦堂禅师的此举,实为对治僧人忙于俗务、比附权贵、不事修行之弊病,非为消极避世也。

晦堂禅师重视借文字而契悟真乘,反对依文字而妄生知见。晦堂禅师开示谢景温云:

> 三乘十二分教,还同说食示人。食味既因他说,其食要在自己亲尝,既自亲尝,便能了知其味,是甘是辛,是咸是淡。达磨西来,直指人心,见性成佛,亦复如是。真性既因文字而显,要在自己亲见,若能亲见,便能了知目前是真是妄,是生是死,既能了知真妄生死,返观一切语言文字,皆是表显之说,都无实义。①

晦堂禅师还常常举起拳头,向学人开示禅法的大义。

> 师(晦堂)室中常举拳,问僧曰:唤作拳头则触,不唤作拳头则背,汝唤作什么?②

竖拳头示禅意,此也晦堂禅师之应机教化,亦"黄龙三关"之变相。

---

① 慧洪:《禅林僧宝传》卷二三,《续藏经》第79册,第537页上。
② 普济:《五灯会元》卷一七,《续藏经》第80册,第354页上。

2. 东林常总

东林常总(1025—1091)，剑州人，姓施，初参吉州禾山禅智材公，后至归宗寺依慧南禅师，无所得而去。及慧南迁至石门南塔，又来依从。慧南迁黄檗寺、黄龙寺，常总皆侍左右。20年间，总七往返，久依慧南，密授大法。慧南入灭，哭不成声，不忍离去。初住泐潭，次迁东林，住持12年。宋哲宗元祐三年(1088)，赐号照觉。元祐六年(1091)示寂，法嗣有62人，即泐潭应干、开先行瑛、象田梵卿、襃亲有瑞、内翰苏轼等。

东林常总禅法直追黄龙慧南，丛林尊崇。常总禅师不慕名利，谢绝世情，以归隐山林为志，故无语录传世。其门庭作略，仅从灯录中窥见。

> 僧出众，提起坐具曰：请师答话。师(常总)曰：放下着。僧又作展势。师曰：收。曰：昔年寻剑客，今朝遇作家。师曰：这里是什么所在？僧便喝。师曰：喝老僧那？僧又喝。师曰：放过又怎得。便打。乃曰：乾坤大地，常演圆音，日月星辰，每谈实相。翻忆先黄龙道，秋雨淋漓，连宵彻曙，点点无私，不落别处。复云：滴穿汝眼睛，浸澜汝鼻孔。东林则不然，终归大海作波涛。①

常总禅师之机锋，颇有黄龙之风格，"不落别处"与"终归大海作波涛"同一理致。

3. 宝峰克文

宝峰克文(1025—1102)，河南陕县人，姓郑，年二十五落发，研学经论，严持戒律。宋英宗治平二年(1065)，因闻僧举云门公案而稍有相应，后见黄龙禅师，仍不得契悟，再参香城顺，方知黄龙禅师之用心处。

宝峰克文禅师历主仰山、高安、洞山、圣寿寺。游金陵，舒王舍宅为寺，奏赐号真净。又主高安、归宗、泐潭，晚年退隐居云庵，徽宗崇宁元年(1102)示寂，法嗣38人，即兜率从悦、泐潭文准、寂音惠洪、法云佛照、丞相王安石等。今存《云庵克文禅师语录》一卷。

---

① 超永：《五灯全书》卷三七，《续藏经》第82册，第34页中。

宝峰克文这一禅系,在继承"黄龙三关"上,较为突出。宝峰克文禅师云:

> 德山呵佛骂祖,承其言者多,见德山者少。黄龙佛手驴脚,见黄龙者众,善其机者稀。暮拈拄杖曰:欲得见德山么?遂左边卓曰:看。要知佛手驴脚么?复右边卓曰:看。乃横曰:佛手驴脚,我宗恢廓。德山披毛,黄龙戴角。万化目前,磊磊落落。乃喝曰:眼孔定动,总是着缚。①

克文禅师如此手段,意在夺却学人所执,令其会取当下。在应机设教上,克文禅师尽显"黄龙三关"之妙义。

黄龙慧南的禅法,历经三传、四传,在北宋后期至南宋初年,达到了黄龙派的辉煌。

三、两宋时期黄龙派的传承及其影响

1. 传承概况

关于黄龙派之传承,据《续传灯录》等载,黄龙慧南法嗣有83人,为黄龙一世。黄龙祖心有47人,东林常总有62人,宝峰克文有38人,云居元祐(1030—1095)有27人,仰山行伟(1018—1080)有8人,泐潭洪英(1013—1071)有11人等,为黄龙二世。灵源惟清有18人,死心悟新有16人,泐潭善清(1057—1142)有8人,泐潭应干有18人,开先行瑛有16人,泐潭文准(1061—1115)有5人,兜率从悦有12人等,为黄龙三世。长灵守卓(1064—1123)有8人,圆通道旻(1047—1114)有7人等,为黄龙四世。育王介谌(1080—1148)有7人,大沩智有4人等,为黄龙五世。万年昙贲有4人等,为黄龙六世。天童从瑾(1117—1200)有1人等,为黄龙七世。虚庵怀敞(1120—1195)有1人等,为黄龙八世。时为南宋初

---

① 超永:《五灯全书》卷三七,《续藏经》第82册,第35页上。

中期,黄龙派传承的概略。之后,黄龙派走向山林清修,其影响逐渐式微。

2. 参活句与兜率三关

"黄龙三关"直接启发了黄龙派的历代禅师,同时也间接地影响了其他宗派。随着时代的变迁,黄龙派也呈现出了新风尚,以适应禅宗发展的新时代。北宋以前的祖师,直接就根本而开示,如四祖道信问法融:"观是何人?心是何物?"①学人也常常因此而悟道。学人也就根本而发问,如泐潭法会问马祖:"如何是西来祖师意?"②师徒问答,直截了当。北宋之后,学人钻研公案,死于句下,故祖师顺应时代,一改接引之法,"黄龙三关"亦应运而生。黄龙慧南之后,依"黄龙三关"再作变换,如晦堂禅师举起拳头问学人:"唤作拳头则触,不唤作拳头则背,汝唤作什么?"③大慧宗杲则以竹篦设问:"唤作竹篦则触,不唤作竹篦则背,不得下语,不得无语,不得于意根下卜度,不得掉在无事甲里,不得于举起处承当,不得良久,不得作女人拜绕禅床,不得拂袖便行,一切总不得。速道!速道!"④此为活参古公案,即参活句、活语。悟新禅师云:"参玄上士,须参活句,直得万仞崖前,腾身扑不碎,始是活句。"⑤参活句、活语之法,逐渐被人广泛运用,进而催生了"看话禅"。

宝峰克文禅师常以"黄龙三关"接引学人,其再传弟子兜率从悦禅师(1044—1091),弘扬黄龙宗旨,以三个问题勘验学人。

> 一曰:拨草担风,只图见性。即今上人性在什么处?二曰:识得自性,方脱生死。眼光落地时怎么生脱?三曰:脱得生死,便知去处。四大分离,向什么处去?⑥

---

① 道原:《景德传灯录》卷四,《大正藏》第51卷,第227页上。
② 道原:《景德传灯录》卷六,《大正藏》第51卷,第248页上。
③ 普济:《五灯会元》卷一七,《续藏经》第80册,第360页中。
④ 瞿汝稷集:《指月录》卷三一,《续藏经》第80册,第732页下。
⑤ 《死心悟新禅师语录》,《续藏经》第69册,第230页上。
⑥ 普济:《五灯会元》卷一七,《续藏经》第80册,第365页中。

兜率从悦的这三个问题,丛林名之为"兜率三关"。

泐潭文准参宝峰克文,宝峰问:我手何似佛手?文准罔措。宝峰又云:适来只对,一一灵明,一一天真,及乎道个我手何似佛手,便成窒碍,且道病在甚处?文准曰:某甲不会。宝峰曰:一切现成,更教谁会?文准当下释然,服勤十载,精勤用功,疑惑消尽,方透脱三关。①

黄龙派禅师的发问,学人若用心参究,即属于"看话禅"。参至脱落处,回光一鉴,若能识得本真,即是禅宗的明心见性。

3. 黄龙派与文人士大夫

黄龙派的禅法,重视禅教一体、三教合一,与文人士大夫之间,往来密切,其影响渗透到社会各个阶层。黄龙派涌现出了诸多精于三教的禅宗大德,如黄龙晦堂、宝峰克文、东林常总、泐潭洪英、隆庆庆闲、云居元祐、泐潭文准、兜率从悦、圆通道旻、报慈进英等,皆禅门之尊宿。《禅林僧宝传》卷二三载,晦堂"以无学之学,朝宗百川"②。卷三〇载,泐潭洪英"议论常倾四坐"③等。黄龙宗以经教为基础,得悟宗乘,贯通儒道,随缘教化,不拘一格。

悟得宗乘,方可随缘接引文人士大夫,使之徜徉于性海之门。黄龙派门下有许多在家嗣法者,根据《禅灯世谱》卷四、《居士分灯录》卷下记载,黄檗惟胜门下有丞相吕微仲,上蓝顺门下有参政苏辙,东林常总门下有内翰苏轼,建隆昭庆门下有学士秦观,黄龙晦堂门下有太史黄庭坚,宝峰克文门下有丞相王安石,兜率从悦门下有丞相张商英,圆通道旻门下有枢密吴居厚,上封祖秀门下有胡安国等。这些大德居士,出于儒门之学,入于性海之门,往来于公府与丛林之间,成了佛教的有力外护,促进了三教的融合。这些大德居士,或寄住佛寺,或寓止宅第,或诗歌酬唱,或品茗话禅,既为禅林之盛事,也为文坛之佳话,更是交友之规式。以苏

---

① 参见普济《五灯会元》卷一七,《续藏经》第80册,第366页上。
②《续藏经》第79册,第536页下。
③ 同上书,第522页上。

东坡、黄庭坚、张商英等最著名,为时人所景仰。

黄龙派的禅师们与文人士大夫之间的文化交流,推动了宋代三教合一的深入,完成了更深层次、更宽范围的三教融合,推助宋明理学的产生,促进心性道教的回归,促使佛教各宗的统一,推动宋朝文化的繁盛。

4. 退隐山林与黄龙派之传承

黄龙禅师以彰显临济宗风为己任,历主名刹,重视清规。但鉴于丛林怠于修行,故而时有退隐之言行,以自我检束,也告诫学人。《禅林僧宝传》卷二二记载:黄龙慧南禅师"住黄檗,结庵于溪上,名曰积翠,既而退居曰:吾将老焉"①。黄龙禅师之退居,并非消极避世,乃对治之法,有利于端正佛门风气。黄龙慧南禅师的这一举措,直接影响了黄龙派僧人,形成了退隐山林之风尚。

晦堂禅师避开俗事,退居"晦堂",然而,学人益众,学风日成。晦堂禅师云:

> 马祖百丈已前,无住持事,道人相寻,于空闲寂寞之滨而已。其后虽有住持,王臣尊礼为天人师。今则不然,挂名官府,如有户籍之民,直遣伍伯追呼之耳,此岂可复为也?②

可见,晦堂禅师之退居,不是消极避世,而是出家之本分。无住持之前,修行人但以道相见,不涉俗务。有住持之后,自觉觉他,王臣尊礼。

黄龙派的禅师,虽然与文人士大夫交往甚密,然而,始终保持着僧人的风范。《禅林僧宝传》卷二三记载,晦堂禅师"盖于四方公卿,合则千里应之,不合则数舍亦不往"。③ 可见晦堂禅师待人接物之道。

黄龙派志在退隐山林,崇尚清修,远离功利,利于保护佛法之纯正。证悟佛法,重在修行,隐居山林,暂时摒弃俗事,是求证佛法的有力措施。黄龙慧

---

① 《续藏经》第79册,第535页上。
② 慧洪:《禅林僧宝传》卷二三,同上第537页上。
③ 《续藏经》第79册,第537页中。

南以下三代,高僧辈出,普被天下,四代之后,影响渐小,此与退隐山林有关。

黄龙派自北宋立派以来,经元、明、清,至于民国,传承不断,江西、湖南、湖北、福建、四川、贵州等地,皆有该派之传承。黄龙派之禅法于南宋中期传入日本,成为日本最早的禅派。

第二节 杨岐派的兴起与传承

杨岐方会秉承石霜楚圆之法脉,提纲振领,力弘临济宗风,创立了禅宗史上著名的杨岐派。杨岐派先弱后强,成为临济宗之主流,也为禅宗之主流。

一、杨岐方会的禅学思想与杨岐派的创立

1. 杨岐方会之生平与杨岐派

杨岐方会(992—1049年),江西袁州宜春人,俗姓冷,年二十出家,阅经闻法,心领神会,参究数载,未得脱落,后依石霜楚圆禅师,多番问寻,石霜皆不与说。

> 一日,明(楚圆)适出,雨忽作,师(方会)侦之小径,既见,遂搊住曰:这老汉今日须与我说,不说打你去。明曰:监寺知是般事便休。语未卒。师大悟。①

方得悟后,住持袁州杨岐、潭州云盖,仁宗皇祐元年(1049)示寂,法嗣有12人,即白云守端、保宁仁勇、比部孙居士等。今存《杨岐方会和尚语录》与《杨岐方会和尚后录》各一卷。

关于杨岐方会之禅风,惠洪评曰:"杨岐天纵神悟,善入游戏三昧,喜勘验衲子,有古尊宿之风。"②又云:"其提纲振领,大类云门","其验勘锋

---

① 普济:《五灯会元》卷一九,《大正藏》第80卷,第387页下。
② 慧洪:《禅林僧宝传》卷二八,《续藏经》第79册,第548页下。

机,又类南院。"①

自此之后,杨岐方会禅法逐渐成为一个禅门宗派,世称"杨岐派"。之后,经二传、三传,至于四传之时,有佛鉴慧勤、佛眼清远、佛果克勤三大士而使杨岐派大兴。黄龙派与杨岐派,法运昌隆,远超他宗,成为禅宗主流。自北宋末、南宋初,黄龙派退居山林,隐而不显。杨岐派则势力强盛,影响渐著。此后之临济宗的传承,便主要由杨岐派来荷担。

2. 杨岐方会之禅法

杨岐方会远承临济义玄,直接石霜楚圆,开启了"临济中兴"之先河,是临济宗之重要人物。

(1) 杨岐说梦——提纲振领

杨岐方会禅师云:"只个心心心是佛,十方世界最灵物。释迦老子说梦,三世诸佛说梦,天下老和尚说梦。且问诸人,还曾作梦么? 若也作梦,向半夜里道将一句来。"②佛说三藏十二部,祖师横说竖说,无非点醒梦中之人,令其识自本心,见自本性。方会禅师这一段开示,直承"即心是佛,除此心外,更无别佛"的禅宗宗旨。

若能顿悟此心,便能梦中觉醒,此事须亲证,口说非为真。杨岐禅师云:"万法是心光,诸缘惟性晓,本无迷悟人,只要今日了。山河大地,有什么过? 山河大地,目前诸法,总在诸人脚跟下,自是诸人不信。可谓古释迦不前,今弥勒不后。"③此心灵明不昧,原无所得,不落根尘,本与万物同体,无前无后,无自无他,故又云:"心是根,法是尘,两种犹如镜上痕,痕垢尽时光始现,心法双忘性即真。"④

(2) 是人总见——堪验机锋

杨岐方会禅师云:"若据祖宗令下,祖佛潜踪,天下黯黑,岂容诸人在这里立地,更待山僧开两片皮。虽然如是,且向第二机中,说些葛藤。繁

---

① 慧洪:《禅林僧宝传》卷二八,《续藏经》第79册,第548页上、中。
② 仁勇:《杨岐方会和尚语录》,《大正藏》第47卷,第640页下。
③④ 同上书,第646页下。

兴大用,举步全真,既立名真,非离真而立,立处即真。这里须会,当处发生,随处解脱,此唤作闹市里上竿子,是人总见。"①扬眉瞬目,举手投足,无非佛性之显现,故上根之人不待言说,自可会去。次之,则须方便开示,说些葛藤,若能由此会去,则葛藤全无,"当处发生,随处解脱",故"是人总见"。既见已,则可"繁兴大用,举步全真"。

又有问答云:"僧问:急水江头须下钓,如何钓得巨鳌归?师(杨岐方会)云:撒手长空外,时人总不知。进云:知的事作么生?师云:云生岭上。"②佛性原本有之,可惜"百姓日用而不知"。既知已,也不过是"云生岭上",更无奇特,故又云:"寅朝清旦,古今总见,更问如何,也是痴汉。"③

又有问答云:"师(杨岐方会)问僧:杨岐路僻,高步何来?僧云:和尚幸是大人。师云:嘎。僧云:和尚幸是大人师。师云:杨岐近日耳聋,且坐吃茶。"④杨岐方会勘验学人,皆从本分事上发问,看学人如何转身,步步跟进,峻利绵密,自在无拘,非脚跟站稳者,难以过关,此正是"慈悲利人、提振纲宗"之表现。

二、杨岐派的兴盛

1. 传承概况

关于杨岐派的传承,据《续传灯录》等载,杨岐方会的嗣法弟子有12人,为杨岐一世。白云守端有12人,为杨岐二世。五祖法演有22人,为杨岐三世。佛果克勤有75人,佛鉴慧勤有16人,佛眼清远有21人,为杨岐四世。大慧宗杲有94人,虎丘绍隆有1人等,为杨岐五世。西禅鼎需有4人,育王德光(1122—1202)有14人,应庵昙华有8人等,为杨岐六世。密庵咸杰(1077—1136)有9人,灵隐之善(1150—1257)有7人,北

---

① 仁勇:《杨岐方会和尚语录》,《大正藏》第47卷,第641页中。
② 同上书,第640页中。
③ 同上书,第641页中。
④ 同上书,第642页下。

涧居简有2人等,为杨岐七世。灵隐崇岳(1133—1202)有12人,破庵祖先(1136—1211)有4人等,为杨岐八世。云峰妙高有6人、晦机元熙(1238—1319)有10人,元叟行端(1274—1341)有17人,无准师范(1174—1249)有17人等,为杨岐九世。雪岩祖钦(1215—1287)有9人,断桥妙伦有8人等,为杨岐十世。此为北宋至元初杨岐派传承之概略。

杨岐方会在世之时,法脉不广,后经二传、三传至于四传,则宗风大振,时为北宋末年。五传则有大慧宗杲、虎丘绍隆等,推动杨岐派,使之普被天下,时为南宋初期。

2. 白云守端

白云守端(1025—1072),湖南衡阳人,俗姓葛,参杨岐方会,杨岐以"我有神珠一颗,久被尘劳关锁,今朝尘尽光生,照破青山万朵"①之偈启发之,白云守端久参得悟。悟后,历主承天、圆通、证道、干明、兴化、白云山海会寺,徽宗熙宁五年(1072)示寂,法嗣有12人,即五祖法演、云盖智本、提刑郭祥正等。今存《白云守端禅师语录》二卷、《白云守端禅师广录》四卷。

《禅林僧宝传》卷二八赞扬白云首端云:"至于应世,则唾涕名位,说法则荡除知见。"②即白云守端之禅法,荡涤名利知见,直指本来面目。

白云守端禅师云:"古者道:动则起生死之本,静则沉昏醉之乡。动静双泯,则落空亡。动静双收,则颠顸佛性。到这里,直得穷天玄辩,竭世枢机,用一点不着。"③动也乖,静也乖,动静双泯也乖,动静双收也乖,向言语处会也乖,向无言语处会也乖。守端禅师的一切皆乖,旨在"扫一切相,离一切执",扫至无可再扫处,离至无可再离时,便是契入宗乘的"无门之门",故云:"有为虽伪,弃之即道业不成。无为虽真,着之即慧性

---

① 慧洪:《禅林僧宝传》卷二八,《续藏经》第79册,第548页中。
②《续藏经》第79册,第548页下。
③ 守端:《白云守端禅师广录》,《续藏经》第69册,第304页中。

不明。"①实际理地,不染一尘,万行门中,不舍一法,否则道业不成,彼岸难达,所以又云:"大众须知,悟了遇人者,向十字街头与人相逢,都在千峰顶上握手。向千峰顶上相逢,却在十字街头握手。"②见性是初步,更须历境练心,至于身居尘世,而心无染污。若无"十字街头"之历练,则难有"对缘应事"之妙用。若无"千峰顶上"之超拔,则难有"十字街头"之轻安,故又云:"法华③亦有四弘誓愿:饥来要吃饭,寒到即添衣,困时伸脚睡,热处要风吹。"④端守禅师经历磨炼,已达"不舍一法,不染一尘"之境。

3. 五祖法演

五祖法演(1024—1104),四川绵阳人,俗姓邓,读玄奘法师的"如人饮水,冷暖自知"而起疑情⑤,故行脚参访,以决疑情。参白云守端禅师,白云一喝,当下契入。几经历练,身心透脱,历主四面、白云、太平、黄梅东山。徽宗崇宁三年(1104)示寂,嗣法弟子22人,即佛果克勤、佛鉴慧勤、佛眼清远等。今存《法演禅师语录》三卷。

《禅林僧宝传》卷三〇引张商英之评价云:"其应机接物,孤峭径直,不犯刊削。"⑥即法演家风直接自如、孤峭峻利、斩钉截铁。

《法演禅师语录》卷下云:"三世诸佛,若无第一义,将什么化度有情?西天四七,唐土二三,乃至天下老和尚,若无第一义,将什么建立宗风?"⑦此"第一义",即万法之本源,众生之佛面。若不悟此,则妙语连珠,尽属戏论,若悟根本,一棒一喝,无非教化。可见,这"第一义"乃佛教之根本所在。

又有问答云:"僧问:如何是临济下事?师(五祖法演)云:五逆闻雷。

---

① 守端:《白云守端禅师广录》,《续藏经》第69册,第315页下。
② 同上书,第308页中。
③ 法华:白云守端禅师的自称。此为白云住持舒州法华山证道寺时之法语。
④ 守端:《白云守端禅师广录》,《续藏经》第69册,第309页中。
⑤ 《续传灯录》卷二〇,《大正藏》第51卷,第601页下。
⑥ 《续藏经》第79册,第554页中。
⑦ 《大正藏》第47卷,第662页下。

学云：如何是云门下事？师云：红旗闪烁。学云：如何是曹洞下事？师云：驰书不到家。学云：如何是沩仰下事？师云：断碑横古路。僧礼拜。师云：何不问法眼下事？学云：留与和尚。师云：巡人犯夜。乃云：会即事同一家，不会万别千差。"①指示五家宗风，以"五逆闻雷"，喻临济宗风之顿断；"红旗闪烁"，喻云门宗风之急迅；"驰书不到家"，喻曹洞宗风之叮咛；"断碑横古路"，喻沩仰宗风之严谨；"巡人犯夜"；喻法眼宗风之绵密。五祖法演融会各家而成一家，故能应机自如。

4. 佛果克勤

(1) 生平

佛果克勤(1063—1135)四川彭州人，俗姓骆，先学经论，后究心法，广参禅门尊宿，皆未能契，后参五祖法演，尽其机用，五祖法演皆不许诺。克勤乃出不逊语，强移换人，忿然而去。临行前，五祖嘱曰：待你着一顿热病打时，方思量我在。克勤到金山，偶染伤寒，极难度日，方知平日所学的佛法见解，终究属于"画饼不能充饥"。遂想起临行前的五祖法演所嘱咐，乃自誓：待病稍有好转，一定回到五祖身边。不久，病稍好转，便回到了五祖处。五祖见之，令入侍者寮，随时参问酬答。

会部使者解印还蜀，诣祖问道。祖曰：提刑少年，曾读小艳诗否？有两句颇相近：频呼小玉元无事，只要檀郎认得声。提刑应喏！喏！祖曰：且子细。师（克勤）适归，侍立次。问曰：闻和尚举小艳诗，提刑会否？祖曰：他只认得声。师曰：只要檀郎认得声，他既认得声，为什么却不是？祖曰：如何是祖师西来意？庭前柏树子聻？师忽有省，遽出，见鸡飞上栏干，鼓翅而鸣。复自谓曰：此岂不是声？遂袖香入室，通所得，呈偈曰：金鸭香销锦绣帏，笙歌丛里醉扶归，少年一段风流事，只许佳人独自知。祖曰：佛祖大事，非小根劣器所能造诣，吾助汝喜。②

---

① 《大正藏》第 47 卷，第 655 页下。
② 普济：《五灯会元》卷一九，《续藏经》第 80 册，第 396 页上、中。

佛果克勤禅师历主六祖山、昭觉寺、夹山、道林,太保枢密邓子常,奏赐号佛果。又历主蒋山、天宁、金山,时赐号圆悟。又主云居山、昭觉寺。曾在荆州见张商英,共谈华严要妙。佛果克勤与佛鉴慧勤(1059—1117)、佛眼清远(1067—1120)并称"演门二勤一远",丛林谓之"演门三杰"。高宗绍兴五年(1135)示寂,谥真觉,法嗣75人,即大慧宗杲、虎丘绍隆、侍郎李弥逊等。今存《圆悟佛果禅师语录》二十卷、《佛果克勤禅师心要》四卷、《碧岩录》十卷、《佛果击节录》二卷等。

(2) 禅法

南宋张浚为《圆悟佛果禅师语录》作序云:"师常偃处一室,坐断语言,转无上法轮,不容拟议,扬眉开口,立便丧身,才涉廉纤,老拳随起,每举到不与万法为侣公案,已是拖泥带水,落第二义。"①圆悟克勤禅师"坐断语言"之法,旨在隔断学人妄念,使之亲证自家本真,非以"哑人痴汉"为是。

《圆悟佛果禅师语录》卷一云:"三世诸佛只言自知,历代祖师全提不起,一大藏教诠注不及,明眼衲僧自救不了。若据本分草料,犹是节外生枝。"②圆悟克勤禅师开篇便示"无位真人"。此"无位真人",言语不及,思虑不得,只许返本还原,自鉴自识。

《佛果克勤禅师心要》卷一云:"世间随流,将错就错,满地流行,分五家七宗,递立门户提唱。就实穷之,端的成得什么边事?是故从上达人,不吃这般茶饭。"③五家七宗,遍地流行,实际理地,无自无他,只贵见地纯正,不分五家七宗,可见圆悟克勤禅师之指归处。

《碧岩录》,是克勤对《百则颂古》之评唱,由门人记录而成。首讲于成都昭觉寺,时为徽宗崇宁五年(1106),后在湖南沣州夹山灵泉院、湘西道林寺续讲,历时约二十年。圆悟克勤禅师住持灵泉院时,丈室有"碧岩"匾额,《碧岩录》即以此而得名。

----
① 《大正藏》第47卷,第714页上。
② 同上书,第714页下。
③ 《续藏经》第69册,第457页中。

《百则颂古》,为北宋初年云门宗雪窦重显(981—1053)所著,内容有二:即一,本则,又称话头,雪窦重显所选的一百则公案;二,颂古,又称偈颂,雪窦重显所作的妙旨发挥。

《碧岩录》内容有五:一,垂示,又称示众,在每则公案之前,所点出的公案要旨。二,本则,雪窦重显所选的一百则公案。三,颂古,雪窦重显所作的偈颂。四,着语,又称下语,本则与颂古之句下的画龙点睛之作。五,评唱,本则与颂古之后的微妙大义,或叙公案之机缘,或述颂古之未尽,或行总评等,旨在点明用功心要。

《碧岩录》一出,响彻禅林。在彰显禅法上,借文字而入,也有助于禅师应机施教,同时,也适应了两宋文人士大夫的参禅之风,促进了"宗派一致、三教合一"之发展,然而,也容易落入知解。据《续传灯录》卷二八载,圆悟克勤禅师的嗣法居士有:枢密徐俯、郡王赵令衿、侍郎李弥逊、成都范县君、门司郑谌等,①而与之从游者,则难以胜举,其影响可见一斑。

唐朝五代禅法直接平实,贵在不疑不易。北宋雪窦、汾阳颂古公案,一改宗风,趋于"文字禅"之途。《碧岩录》作为评唱之作,推波助澜,使"文字禅"达到了登峰造极,此时,迈古淳全之士,莫能止此"文字禅"风。绍兴初,大慧宗杲禅师碎毁《碧岩录》刻板,力辟"文字禅"风,禅林风尚稍有改变。②

---

① 《大正藏》第51卷,第656页上、中。
② 净善重集《禅林宝训》卷四,《大正藏》第48卷,第1036页中,引心闻昙贲语:"教外别传之道,至简至要,初无他说,前辈行之不疑,守之不易。天禧间(北宋真宗年号,即1017—1021年),雪窦以辩博之才,美意变弄,求新琢巧,继汾阳为颂古,笼络当世学者,宗风由此一变矣。迨宣政间(北宋徽宗年号,政和、宣和年间,即1111—1125年),圆悟又出己意,离之为碧岩集。彼时迈古淳全之士,如宁道者、死心、灵源、佛鉴诸老,皆莫能回其说。于是新进后生珍重其语,朝诵暮习,谓之至学,莫有悟其非者,痛哉!学者之心术坏矣。绍兴(南宋高宗年号,即1127—1130年)初,佛日(即大慧)入闽,见学者牵之不返,日驰月骛,浸渍成弊,即碎其板,辟其说,以至祛迷援溺,剔繁拨剧,摧邪显正,特然而振之。衲子稍知其非而不复慕,然非佛日高明远见,乘悲愿力,救末法之弊,则丛林大有可畏者矣(与张子韶书)。"

汾阳善昭、雪窦重显、圆悟克勤等,其颂古评唱之作,原本之意并不在文字,而在"言外之旨""教外别传",可惜,学人游戏于文字,耽搁于名相,遂成"执指为月"之弊病,故"迈古淳全之士"出世,制止"文字禅"之风。

三、杨岐派的传法弟子与杨岐派的传承

自南宋中晚期之后,黄龙派虽然传承未断,然而,由于黄龙派的禅师以退隐山林为志趣,故其影响逐渐减弱。杨岐派恰恰相反,兼顾世间与出世间,与时俱进,不断推动禅宗向前发展,故南宋之后,临济宗的弘扬与传承,便主要由杨岐派来承担。此时的沩仰宗与法眼宗,早已绝传于世,曹洞宗、云门宗、临济宗弘扬于世,杨岐派作为临济宗的代表,其影响力远过曹洞、云门二宗,成为禅宗的主流。

1. 宋代临济禅之代表——杨岐派

杨岐派传至五祖法演时,门下有佛眼清远、佛鉴慧勤、圆悟克勤,并称"演门二勤一远",丛林谓之"三杰",此时宗风大振,时为北宋末年。圆悟克勤有二大弟子,一,大慧宗杲,二,虎丘绍隆(1078—1136),成为传承杨岐法脉的主力。

(1) 大慧宗杲系

大慧宗杲门人众多,再传弟子更是遍及天下。南宋中晚期,大慧宗杲一系,一直是临济宗杨岐派的主力,其中,大慧宗杲门下,西禅鼎需一系传承最远,清初之时尚见有嗣法弟子。育王德光一系最为著名,深得南宋孝宗帝赏识,历主名刹,门人众多。育王德光门下,又有灵隐之善与北涧居简二系,知名于世。

灵隐之善一系,一传径山善珍,二传元叟行端。北涧居简一系,一传径山元熙,二传育王大观。灵隐之善与北涧居简二系,同为宋末元初之著名者。元叟行端尤其知名,门庭高峻,善用呵斥,有"再世妙喜"之称。妙喜者,大慧宗杲之号也。大慧宗杲一系,传承略举如下:

```
                ┌─西禅鼎需—鼓山安永—净慈悟明
大慧宗杲—┤          ┌─灵隐之善—径山善珍—元叟行端
                └─育王德光—┤
                            └─北涧居简—径山元熙—育王大观
```

(2) 虎丘绍隆系

虎丘绍隆虽然证悟甚深,然而仅得应庵昙华一人嗣其法,故无多影响,但自应庵昙华的弟子密庵咸杰开始,则呈现出虎丘绍隆系的蓬勃向上活力。密庵咸杰门下有破庵祖先与灵隐崇岳二系,与大慧宗杲系相比,虎丘绍隆系则更重视"看话禅"之修学与弘扬,在南宋中期渐有声望,尤其破庵祖先一系,无准师范门下有雪岩祖钦与断桥妙伦二系,皆举唱"看话禅",在宋末元初,打破大慧宗杲系一统天下的局面,影响愈加显著,成为临济宗传承之代表。虎丘绍隆一系,传承略举如下:

```
                                      ┌─破庵祖先—无准师范—┬─雪岩祖钦
虎丘绍隆—应庵昙华—密庵咸杰—┤                                └─断桥妙伦
                                      └─灵隐崇岳—天童文礼—育王如珙
```

2. 杨岐派与文人士大夫

中唐以来,禅宗广为社会所认可,至于宋代而成风尚,文人士大夫大都参禅。南宋初中期,杨岐派成为禅门的主流,杨岐派禅师与文人士大夫交往,亦成一时之风尚。

杨岐派禅师与文人士大夫之交游,以圆悟克勤与大慧宗杲为知名,而以大慧宗杲为最著名。据《续传灯录》卷三二载,大慧宗杲门下之居士嗣法者,有侍郎张九成、参政李邴、宝学刘彦修、提刑吴伟明、门司黄彦节、秦国夫人计氏、编修黄文昌、居士郑昂等,[①]与之从游者,其数量之多、范围之广,皆超过前代禅师。

大慧宗杲与文人士大夫之间,相互酬唱,举扬宗风,运用看话禅,纠正禅宗之时弊。在三十卷的《大慧普觉禅师语录》中,答居士书就有十一

---

① 《大正藏》,第51卷,第685页中。

卷之多,除此之外,室中请益、随机开示、禅门普说等,也大都是应文人士大夫之请所作的方便开示。

首先,开示看话禅的方法,日常举一"无"字话头。复智通居士书中有云:"日用尘劳中,种种不如意事,是众生病。一念回光返照,是佛药。苟能于佛于众生,直下不生分别,则病瘥药除。"①

其次,说明学世间法与出世间法的差别,以契入正法,至于圆融无碍之境界。复妙证居士书中云:"学世间法,须要理会得分晓。学出世间法,却全要理会不得,方有趣向分。"②

第三,融通三教,应机各类众生。复觉空居士书中有云:"以斯道觉斯民,儒者之事也。吾佛亦曰:性觉妙明,本觉明妙。又佛者,觉也,既已自觉,而以此觉,觉诸群迷,故曰大觉。"③

第四,指明士大夫易流于文字知解,反而成了悟道的障碍。复罗知县书中有云:"聪明利智之士,往往多于脚根下蹉过此事。盖聪明利智者,理路通,才闻人举着个中事,便将心意识领览了,及乎根着实头处,黑漫漫地不知下落。"④知见多,而境界现前时,又无法招架,此乃参禅之一大弊端也。

上述种种,涉及到参禅修学的诸多方面,指导文人士大夫参禅,使禅宗心法渗透到社会的诸多领域,直至今天,影响犹存。

第三节 文字禅的形成与兴盛

禅宗向以"直指人心,不立文字,见性成佛"为宗旨,正如六祖慧能所说,"诸佛妙理,非关文字"⑤。既不关文字,似无文字禅之可言。然而,不

---

① 蕴闻编:《大慧普觉禅师语录》卷一九,《大正藏》第47卷,第893页上。
② 同上书,第893页下。
③ 蕴闻编:《大慧普觉禅师语录》卷二〇,《大正藏》第47卷,第896页下、897页上。
④ 同上书,第897页中。
⑤ 法海集:《坛经·机缘品第七》,《大正藏》第48卷,第355页上。

立文字,并非"废除文字",而是即文字而离文字。所谓"即文字",是指运用文字,方便开示,使学人体悟"言外之意"。所谓"离文字",是指不执著于文字,亦即禅宗所说的"离指而见月"。故历代禅师"善用文字而不立文字",并非"废弃文字而作哑人"也。然而,若不能正确地运用文字,而是纠缠于文字理路上,陷入文字理路之中,则自缠自绕,无由解脱,就像执著在手指头上,而不能见到月亮一样,执著在文字理路上,也永远不能证悟本源佛性。

一、"禅教一致"说与文字禅的酝酿

1. "禅教一致"说的形成与发展

隋唐是佛教中国化的完成阶段,净土宗、禅宗、天台宗、三论宗、华严宗、唯识宗、律宗、密宗等相继形成,并形成了各自的理论体系与实践方法,中国佛教也就进入了历史上的辉煌。与此同时,各宗分歧亦日益增多,问题也渐渐暴露,主要表现在禅与教的关系上。概教下或孜孜不倦于经论研究,或仅仅流于宗教形式,而未能普及大众。而宗下尤其自六祖慧能之后,高举"不立文字,直指人心,见性成佛"的宗旨,以平易近人、直截了当的方式,一扫繁琐名相与神秘面纱,使佛法走近普通百姓,使普通百姓在日常生活中体悟禅心,故禅宗得以迅速发展,以至成为佛教的主流。

中国传统文化博大包容,自佛教传入中土之初,便提倡儒释道三教合一,以后代有倡导,三教之间自觉不自觉地相互碰撞与融合,而融合是其主流。佛教各宗之间亦有相互批评与吸收,而吸收则是其主流。随着唐代禅宗的发展,"禅教一致"说亦应运而生。

佛法分教、证二法,教法即理论体系,证法即修证体系。举凡任何宗派皆具教、证二法,即各有其相应的理论体系与修证体系,否则便不可名为严格意义上的宗派。因此,宗下与教下各有其理论体系与修证体系,不可简单地将宗下说为纯粹的修证,也不可将教下说为纯粹的理论。因此,"禅教一致"说,不是讨论理论与修证的关系问题,而是通过分析宗下与教下的理论体系与修证体系,说明宗下与教下的相互吸收与融合。就此而言,禅教一致说有其悠久的历史渊源。

在宗下内,从初祖达摩至四祖道信,皆以《楞伽经》印证所悟,五祖弘忍之后则以《金刚经》印证所悟,同时,亦以《圆觉经》、《首楞严经》、《大乘起信论》等大乘经论印证。牛头宗初祖法融禅师,曾经披阅、讲解《大般若经》,后来,师事四祖道信,并嗣其法,弘扬宗乘,故融会般若经义于禅门心法。① 石头希迁因受《肇论》启发而作《参同契》②,融会般若空宗于禅法。马祖道一弟子大珠慧海著《顿悟入道要门论》,以教释禅,以禅释教,融通禅教,倡导"禅教一致"。如此等等,皆为融合禅教之典范。

在教下内,天台九祖荆溪湛然的"无情有性说",来自于牛头宗的启发,其《绝观论》中有"草木无情,本来合道"之言。华严宗四祖清凉澄观大师,曾从荆溪湛然学习天台止观,又从牛头慧忠、径山法钦、洛阳无名等参学禅法,并融会于华严宗的教义之中。

在前辈祖师所作努力的基础之上,圭峰宗密禅师明确地阐述了"禅教一致"的思想。宗密嗣法于菏泽宗神会系的道圆禅师,又师从华严宗四祖澄观,为华严宗五祖。宗密禅教并修的经历,为完善"禅教一致"说提供了得天独厚的条件。他著《禅源诸诠集》百卷,可惜散佚不见,仅存《禅源诸诠集都序》二卷。该序卷一云:"经是佛语,禅是佛意,诸佛心口必不相违。"③教下以经为依,经即佛之言语。宗下"以心传心,不立文字",所悟正是佛意。佛之语意,不相违背,故禅教二者,也必然一致的,只缘众生根性不同,故而方便法门有别,而非实际理地不同。宗下所证必合经论,教下所证必合佛心,故应着眼于佛法整体,不宜纷争自闭。尽管圭峰宗密立足于华严的禅教会通之举,具有其明显的华严风格,然而,

---

① 黎眉等编:《教外别传》卷四,《续藏经》第84册,第186页下、187页中。
② 道原:《景德传灯录》卷一四,《大正藏》第51卷,第309页下。
③ 《大正藏》第48卷,第400页中。

他所开辟的禅教会通之路,则具有重大的启发意义,故宗密的"禅教一致"说,影响后世较为深远。

时至五代,法眼宗初祖清凉文益禅师,立足于禅宗,融会华严于禅门心法,是法眼宗的禅法特色。法眼文益曾作《宗门十规论》,批评不重经教、禅教脱节之现象,提倡学习义理,如法实修。他曾有颂云:"今人看古教,不免心中闹。欲免心中闹,但知看古教。"[1]法眼文益的弟子天台德韶,继承了法眼文益的以禅融教的思想。

降及北宋,德韶禅师的弟子永明延寿,更加完善了"禅教一致"说,并将其发扬光大,使之成为北宋重要的佛教思想。永明延寿作为法眼宗的传人,被推为净土宗的第六祖,他主张"三教合一、万善同归",倡导"禅教一致"、"禅净双修"。为化解宗下与教下的矛盾,永明延寿召集唯识、天台、华严三家的大德高僧,相互质疑研讨,由延寿以禅法融摄,完成了《宗镜录》百卷。永明延寿的禅教会通,其特点在于以禅摄教,《宗镜录》一书"举一心为宗,照万法为镜"[2],深入论证其"禅教一致"的思想,他强调参禅与研习经教并重,经教是参禅之指导,依经教而修,则不至于盲目。参禅是悟达的舟船,乘般若之船,则不至于不前。

《宗镜录》一出,各宗学人竞相研习,大有化解禅教纷争之功,亦有助于纠正禅门弊病,使禅教更进一步走向融合,最终完成"禅教一致"的思想,并引领了佛教的发展方向。

2. "文字禅"的形成

禅宗"不立文字",并非"废除文字",而是善用文字,以此开示佛法的大义。禅宗对于心要的指示,有直接指示与间接指示之分。所谓直接指示,就是直指,就是直截了当地指示心要,六祖慧能之前,多用此法。六祖慧能之后,则多用间接指示,特别是五代之后,则以禅宗语录、古代公

---

[1] 道原:《景德传灯录》卷二九,《大正藏》第 51 卷,第 454 页中。
[2]《大正藏》第 48 卷,第 417 页上。

案为契机,通过禅师们的文字化、艺术化的颂古评唱,隐晦暗含地开示佛法的大义。这种以禅宗语录、古代公案为契机的文字化、艺术化的颂古评唱禅,就是学术界通常所称的"文字禅"。

历代禅师,种种开示,方便接引,为后人留下许多语录、公案,以令后人借此而悟,因指见月。解读发挥前辈语录、公案,以此为接引学人之法,在唐朝就已经运用。但是,以偈颂、诗歌等形式来引申语录、公案之妙义,则始于晚唐、五代云门文偃(864—949),五代宋初首山省念而继之,此为"文字禅"之萌芽,北宋汾阳善昭之时,则已经相当成熟。

"三教合一"、"禅教一致"的思想,是宋代佛教发展的主旋律。在这个时代背景下,一方面,文人士大夫以儒会禅,形成别开生面的禅悦之风,既可解脱官场人事之烦恼,又可扣开无相悉地之大门。另一方面,禅师以禅会儒,既可接引文人士大夫,又可扩大佛教之影响。由此,文字禅则应运而生。

云门宗初祖文偃禅师,嗣法于雪峰义存,初主灵树寺,后主云门山,以"涵盖乾坤,截断众流,随波逐浪"为其禅法特色。云门文偃善于运用"代别"解说公案,旨在以机锋转语接人学人,绝非故作新奇。仅举一例,以作介绍:

> 僧云:古人何在?师(云门文偃)云:古人即知,是你不知。无对。代云:大有人不识势。①

临济宗的首山省念也善于运用"代别",以此为接引之法,开临济宗风之先声。"代别"作为一种文体,是为文字禅之萌芽。首山省念的"代别"之作,收录于《汝州首山念和尚语录》之中。仅举二例,以作介绍:

> 师(首山省念)出镜清十二问答,泪翠岩代语,师于一语下代三转。问:时至草庵无一物,为什么却有盈余?清云:要道,何难!岩

---

① 守坚集:《云门匡真禅师广录》卷下,《古尊宿语录》卷一八,《续藏经》第68册,第114页中。

云:适来道什么?师代云:自不知。又云:洎成忘却。又云:共语不知音。

问:尽乾坤不出一刹那,今时人向什么处辨明?清云:共语商量。岩云:向你道什么处辨明?师代云:不问他别人。又云:明眼人笑你。又云:用辨即非。①

首山省念的弟子汾阳善昭,他不仅广泛运用"代别"之形式,也采取"颂古"文体,发挥古公案之妙义,影响巨大,为后世广泛运用,促成了文字禅的正式形成。

二、"公案"与颂古

所谓"公案",原指公府之案牍,即律令也,至严而不可犯,可以为法度,可以断是非。从上佛祖之垂示,是宗门之正令,学人之规范,故拟名为公案。《碧岩录》第九十八则评唱曰:"古人事不获已,对机垂示,后人唤作公案。"②《禅林宝训音义》云:"公案乃喻公府之案牍也,法之所在,而王道治焉。公者,乃圣贤一期之辙,天下通途之理也。案者,圣贤之正文也。凡有天下者,未尝无公府也。有公府,未尝无案牍。盖取为法,而治天下之不正矣。夫佛祖机缘,目之曰公案者,亦由是而已,盖非一人之臆见,乃百千开示同禀,至理也。"③

中晚唐之际,公案就被运用于参禅活动之中,遂有"举古"与"拈古"之法的流行。譬如百丈怀海举自己的悟道因缘,以启示黄檗希运。

一日,师(百丈)谓众曰:佛法不是小事,老僧昔被马大师一喝,直得三日耳聋。黄檗闻举,不觉吐舌。师曰:子已后莫承嗣马祖去么?檗曰:不然。今日因和尚举,得见马祖大机之用,然且不识马

---

① 赜藏主:《古尊宿语录》卷八,《续藏经》第68册,第49页下—50页上。
② 克勤:《佛果圆悟禅师碧岩录》卷一〇,《大正藏》第48卷,第221页中。
③ 大建:《禅林宝训音义》,《续藏经》第64册,第445页下。

祖。若嗣马祖,已后丧我儿孙。师曰:如是,如是。见与师齐,减师半德,见过于师,方堪传授。子甚有超师之见。檗便礼拜。①

"举古",就是举出古公案,或详,或略,乃至其中一句,以启发学人。所谓"拈古",就是对所举古公案加以点评,或详,或略,乃至一字,以警示学人。

广泛地运用古公案启发学人,则始于五代、宋初,随即便有了"代别"之法,譬如,临济禅师的四料简、四宾主等,后人给予诸多的代语与别语。"代别"是代语与别语的合称。所谓"代语",代即代替,就是对于所举的古公案,其答语不全,或无答语者,则予以代答。所谓"别语",别即另外,就是对于所举的公案,虽有契旨之答语,然而,举者另下一答语,以作启发。

北宋汾阳善昭在运用举古、拈古、代语、别语的基础上,新立"颂古"之法。所谓"颂古",颂即称颂、颂赞,古即古公案,就是以偈颂、诗歌等形式,揭示古公案的意旨,以启发学人。汾阳善昭禅师的"颂古代别",收录于《汾阳无德禅师语录》卷中,系汾阳善昭于真宗咸平元年至乾兴元年之间(998—1022)所作。

颂古属偈颂文体,或四言、五言、七言,或杂言不等,由四句、六句、八句,或多句组成,一般隔行押韵,读来朗朗上口。以禅文学的形式接引学人,架构与世俗学问交流之平台,以教化文人士大夫,此为汾阳善昭颂古代别之本意也。仅举"三玄三要颂",以见其"颂古代别"之意:

第一玄:照用一时全,七星常灿烂,万里绝尘烟。
第二玄:钩锥利似尖,拟拟穿腮过,裂面倚双肩。
第三玄:妙用且方圆,随机明事理,万法体中全。
第一要:根境俱亡绝朕兆,山崩海竭洒扬尘,荡尽寒灰始为妙。
第二要:钩锥察辨呈巧妙,纵去夺来掣电机,透匣七星光晃耀。

---

① 普济:《五灯会元》卷三,《续藏经》第80册,第71页中。

第三要:不用垂钩不下钩,临机一曲楚歌声,闻了尽皆悉返照。①

颂古文体的诞生,深得文人士大夫之喜爱,从此,禅师便以颂古的形式接引文人士大夫,这标志着"文字禅"的正式成立。后人竞相效仿,以至成为风尚,这时,禅宗便有了"藻饰文辞,标新立异"的现象,这绝非"文字禅"之正途,而是文字禅的变异。

三、"文字禅"理论

唐初盛行经教之研究,而繁琐的经教研究仅限于有一定文化素养者,这对于广大的平民百姓来说,则难以进道。鉴于此,禅宗的"不立文字",则有利于纠正"执著文字"的弊病,倡导"以心传心、直了成佛"的禅风,使佛法得到了普及,使修行融于生活。故中唐之后,禅宗大兴,不仅百姓学佛成为现实,而且朝中大夫也渐渐醉心于禅法,更有具足学养之僧人,在遍研经教之后,也倾心于禅法。禅师"不立文字"而妙用文字,造就了诸多的僧才。六祖慧能正是鉴于"诸佛妙理,非关文字",方能成就其经典之作——《坛经》。若执著文字,则会被文字所缚,不得文字解脱,便不会有禅宗的辉煌。

降及五代、北宋,禅宗在破除了繁琐的经教研究之后,一洗繁琐的文字义理,获得了长足的发展。但是,法久弊生,有些禅僧不明"不立文字"的用意,却走上"贬斥经教、废除文字"的极端之途。不通教理,乱用棒喝,成了当时禅宗的一大忧患。若不及时纠正,则必然有碍于禅宗的发展,遂有诸多禅师出世,提倡参禅与看教并行。同时"三教合一"、"禅教一致"作为宋代佛教的倡导,促使禅僧自觉地注重经教研究与世间学问,从而开辟了禅宗发展的新道路。文字禅正是在此历史背景下而产生的。

文字禅结合古公案,再加之禅者的代别启发,则成为禅宗接引学人

---

① 楚圆:《汾阳无德禅师语录》卷下,《大正藏》第 47 卷,第 628 页中。

的新手法。文字禅貌似"大立文字",但实质上依然是"不立文字",其种种方便言说,旨在体会"无言之旨"、"言外之意"。文字禅属于方法,也是学人借此而契入的方便途径。为使学人借助于文字而体悟禅法,禅师须对禅与文字的关系,予以明确的定位,汾阳善昭、雪窦重显、寂音惠洪、圆悟克勤等有功于此。

汾阳善昭以为,文字乃指示禅心之法,所谓标月之指,学人借文字而悟自心,即是文字禅之正途。汾阳善昭云:"祖师心印,绝有言诠。唱导之机,岂无谈说?"①文字作为示禅、悟禅的工具,然而,禅却不是文字,参禅也不是参究文字本身,而是借文字而悟自心。参究古公案,不是用文字解释公案,而是会心于公案之外,妙契于公案之意,否则便囿于文字、死于公案,而无出头之日。运用文字参究公案,是为了更好地体悟自心。

惠洪禅师以为"言通大道"②,即语言文字是通向大道之门径,巧妙运用文字,可以启发学人,体悟自心,故"宗门旨要,虽即文字语言不可见,离文字语言,亦安能见哉?"③透过语言文字,直契真心。语言文字不是真心,只是心的现象,也是接引学人的方便工具,故须借用文字启发学人,故须借用文字契悟自心,故曰"离文字语言,亦安能见哉?"

四、"文字禅"的风行

1. 雪窦颂古

汾阳善昭之后,颂古之风渐兴,至于雪窦重显而大盛。雪窦为云门宗第四世,初参临济宗石门蕴聪三年,后依云门宗智门光祚五年而悟,嗣其法。初主江苏苏州吴江洞庭山翠峰禅寺,后主浙江宁波奉化雪窦寺,宗风大振,号"云门中兴"。雪窦的嗣法弟子11人,有《明觉禅师语录》六卷、《雪窦显和尚颂古》一卷存世。《明觉禅师语录》载其举古与拈古、代

---

① 慧圆:《汾阳无德禅师语录》卷上,《大正藏》第47卷,第606页上。
② 惠洪:《临济宗旨》,《续藏经》第63册,第168页下。
③ 惠洪:《智证传》,《续藏经》第63册,第171页上。

语与别语等文字禅著作,但最能代表其文字禅风格的是《雪窦显和尚颂古》。

《颂古百则》内容有二:一,本则,乃雪窦从唐宋丛林语录中特选一百则古公案,相当于"举古"。二,总结,即颂古,就是围绕所举公案发挥自己的见解。在有的公案后尚加"着语",即简单的评论,相当于"拈古"。仅举一例以作介绍:

第一则:"举:梁武帝问达磨大师:如何是圣谛第一义?磨云:廓然无圣。帝曰:对朕者谁?磨云:不识。帝不契。达磨遂渡江至魏。帝后举问志公。志公云:陛下还识此人否?帝云:不识。志公云:此是观音大士,传佛心印。帝悔,遂遣使去请。志公云:莫道陛下发使去取,阖国人去,他亦不回。"此举出古人公案,为本则。

"颂云:圣谛廓然,何当辨的?对朕者谁?还云不识。因兹暗渡江,岂免生荆棘。阖国人追不再来,千古万古空相忆。休相忆,清风匝地有何极?"此雪窦颂古之文,前为重复公案之大意,后为引申公案之妙义。

"师(雪窦)顾视左右云:这里还有祖师么?自云:有,唤来与老僧洗脚。"此前为拈古,后为代语。①

缘于仰慕以诗画著称的禅月贯休,②雪窦在诗文上较为用力,故其颂古百则文笔优美,用词典雅。又其证悟甚深,通达经教,故偈颂、诗文意境高远,深得禅僧及文人士大夫的喜爱。雪窦禅师的偈颂,不直接点破公案的禅意,而是旁敲侧击,启发学人,令其自参自究,自悟自心。

雪窦颂古,虽然富赡华丽,文采斐然,然而,也是方便引导士大夫参禅悟道之法,是门庭而非堂奥,合于"不立文字"之旨。雪窦云:"三

---

① 法应集、普会续集:《禅宗颂古联珠通集》卷六,《续藏经》第65册,第507页中、下。
② 贯休(832—912年),唐末、五代僧,俗姓姜,浙江金华兰溪人,以诗画著称。曾受吴越王之敬重,后入蜀,得前蜀王王建、王衍父子礼遇,赐号禅月大师。有《禅月集》行世。参见《宋高僧传·贯休传》卷三〇,《释氏稽古略》卷三等有关记载。

世诸佛说梦,六代祖师说梦,翠峰今日说梦。还有梦见的么?"一时无人回答,乃代答:"掀倒禅床!"①即一切言教,无非梦幻,须借文字而悟言外。

雪窦重显这一禅系的传承如下:青原行思—石头希迁—天皇道悟—龙潭崇信—德山宣鉴—雪峰义存—云门文偃—香林澄远—智门光祚—雪窦重显—天衣义怀—慧林宗本。

自此颂古之风,弥漫禅林,各派禅师多有颂古之作,譬如曹洞宗的投子义青颂古百则、丹霞子淳颂古百则、圆悟克勤《碧岩录》等较为知名,以《碧岩录》为登峰造极。总之,雪窦重显的颂古之作,将颂古之风推向高潮,《碧岩录》就是颂古之风的最高成就。

2. 圆悟评唱

雪窦之颂古,善于引用三教经典,然而,限于学养之不足,多数禅僧难会其意。时至北宋末年,圆悟克勤再立新法——"评唱",解说雪窦之颂古百则,题名《碧岩录》。可见,评唱是为解释颂古而产生的。

所谓"评唱",即以经教与禅宗语录,结合儒、道学说来评论、诠解公案与颂古。《碧岩录》就是圆悟克勤在雪窦颂古百则的基础上,加以评唱而形成的。共有十卷,每卷解说十则公案与颂古,分成十部分,每部分有五项内容:一,垂示,就是纲要提示,概略指示公案与颂古之要旨,以使学人有一个总体性把握。二,本则,就是雪窦所举的百则公案。三,颂古,就是雪窦所作的偈颂。四,着语,就是圆悟对雪窦所举的公案和所写的偈颂作一夹注,又名"下语",用语简短,多则十余字,少则三五字,或仅一字,形式不一,有书面语,也有口语、俗语、谚语,多具点评意味,或称誉,或嘲讽。五,评唱,就是圆悟对公案的评判。

禅宗历代祖师语录及文人士大夫所作诗文众多,内容丰富多彩,蕴含禅僧的学修生活与社会思想,初学者不易把握其要领,难以得入门径。

---

① 惟盖竺编:《明觉禅师语录》卷四,《大正藏》卷47卷,第693页上。

鉴此,《碧岩录》一书始终贯穿"不立文字,直指人心,见性成佛"这一宗旨。概就表面意义上来说,各种公案语录内容不一。但就实际理地上而言,种种方便开示会归一处,即指归自心。故圆悟在解说公案时,常作结语,"一机一境,一言一句,且图有个入处"①。此"入处"即"不立文字,以心传心"之旨。

《碧岩录》的问世,代表文字禅发展的顶峰,享誉禅林,一时成为禅宗的主要典籍,推动禅宗继续向前迈进。自此之后,颂古之作更多,宏智正觉颂古百则、无门慧开颂古百则、虚堂智愚颂古百则较为著名,与汾阳善昭、雪窦重显、丹霞子淳并称"宋代六大颂古"。又佛眼清远与大慧宗杲的颂古也比较有名。南宋安徽池州(今贵池)报恩寺僧法应所编的《禅宗颂古联珠集》,载"采摭机缘三百二十五则,颂二千一百首,宗师一百二十二人"②。元浙江钱塘僧普会续编而成《联珠通集》,载"加机缘又四百九十又三则,宗师四百二十六人,颂三千另五十首"③。由此可见颂古风尚之普及。

但学人在阅读《碧岩录》时,不事参究自心,徒然文字模仿,使禅宗流于玩弄文字之歧途,遂耽搁于方便,迷惑于通途。鉴此,遂有"看话禅"与"默照禅"之产生,以救文字禅之流弊。

第四节 大慧宗杲的"看话禅"

大慧宗杲在中国禅宗史上的重要贡献和影响,主要是他的"看话禅"。大慧宗杲之时,正是文字禅与默照禅流行极盛之时代,同时,也逐渐暴露出二大禅门的流弊:一,由于文字禅的盛行,学人执著于文字言说,忘却了言外之意。二,由于默照禅的兴盛,学人执著于空寂默照,迷

---

① 克勤:《碧岩录》卷一第三则,《大正藏》卷48卷,第142页下。
② 法应:《禅宗颂古联珠通集》,《续藏经》第65册,第476页中。
③ 同上书,第475页下。

失于空劫前事。鉴于此二种禅病,大慧宗杲禅师提出了他的"看话禅",以克禅宗发展之时弊,使禅宗一时人才辈出,其门下悟旨者有80人之多。

一、两宋之际的临济宗

北宋中期,临济宗分出二派,一黄龙派,一杨岐派,各弘临济禅法。时至两宋之际,黄龙、杨岐二派逐步推动临济宗走向鼎盛,其势力超过曹洞、云门二宗,成了当时禅宗的主流。

两宋之际,正是黄龙派由强渐弱之时,此时,黄龙派的嗣法弟子主要有长灵守卓(1064—1123)、上封本才、禾山慧方(1073—1129)、黄龙道震、胜因咸挣、雪峰有需、圆通道旻(1047—1114)、云岩天游等,为黄龙派四世,各有弟子8人、4人、2人、3人、6人、5人、7人、2人。更有育王介谌(1080—1148)、道场慧琳、光孝果悯、万寿普信、大沩智等,为黄龙派五世,各有弟子7人、3人、2人、4人、4人。其崇尚山林清修,远离都市,故在佛教界之影响日渐淡出。

两宋之际,正是杨岐派由弱渐强之时,逐渐成为临济宗的主力。此时,杨岐派的嗣法弟子主要有,佛果克勤、佛鉴慧勤(1059—1117)、佛眼清远(1067—1120)、大随元静(？—1135)、开福道宁(1053—1113)等,为杨岐派四世,各有弟子75人、16人、21人、14人、1人。更有大慧宗杲、虎丘绍隆(1077—1136)、育王端裕(？—1160)、大沩法泰、护国景元(1081—1146)、灵隐慧远(1103—1176)、文殊心道(1058—1129)、南华知昺(1078—1158)、龙牙智才(？—1158)、何山守珣(1064—1134)、归宗正贤(1084—1159)、云居善悟(1074—1132)、黄龙法忠、龙翔士珪(1083—1146)、道场明辨、乌巨道行、大沩善果(1079—1153)、天宁梵思等,为杨岐派五世,各有弟子94人、1人、9人、4人、5人、9人、3人、4人、4人、3人、9人、4人、3人、6人、6人、15人、3人。杨岐派注重现实生活中参悟锻炼,故在佛教界的影响而日益显著。

二、大慧宗杲的行历及其佛学渊源

1. 生平

径山大慧宗杲(1089—1164),宣州宁国(今安徽宁国)人,俗姓奚,幼年警敏而有英气,年十三始入乡校,年十六至东山慧云院,依慧齐学习,次年落发受具,参明教绍珵,学云门宗旨,后依宝峰湛堂文准六年,文准入灭前,嘱宗杲依克勤参学。北宋宣和六年(1124),克勤住持天宁寺,大慧往参。

> 圆悟举僧问云门:如何是诸佛出身处?门云:东山水上行。若有人问天宁(克勤),只向道:熏风自南来,殿阁生微凉。于言下,(大慧宗杲)豁然顿悟。圆悟大喜,迁师择木堂,以古今差别因缘,密加研练。一日,圆悟饭超然居士赵公。师(大慧宗杲)预坐,忽忘举箸。圆悟顾师而语超然曰:是子参得黄杨木禅也。师既为所激,乘问扣曰:闻和尚尝问五祖话,不知记其答否?圆悟曰:向问有句无句,如藤倚树,作么生?五祖(五祖法演)云:描也描不成,画也画不就。又问:树倒藤枯时如何?五祖云:相随来也。师廓然脱去,知见玄妙。圆悟深可之。①

自此之后,大慧宗杲禅师便常以"竹篦子话头"接引学人,丛林尊仰。右丞吕舜徒奏赐佛日之号。克勤住江西云居,大慧任第一座。后克勤回川,大慧亦辗转江西、湖南、福建、广东等地,随缘说法。应丞相张德远之请,大慧曾住持临安径山能仁禅院,四方学人汇集,凡二千余众,宗风大振,号"临济中兴"。

大慧时与南宋主战派右相张浚、刑部侍郎张九成等来往密切。绍兴十一年(1141),大慧因与张九成议及朝政,而遭流放衡州(今湖南衡阳)

---

① 祖琇:《僧宝正续传》卷六,《续藏经》第79册,第577页下。

达十年之久,在此期间,他编写了《正法眼藏》。①

后迁梅州(今广东梅县)五年,学人追随甚众。绍兴二十五年(1155)冬,蒙赦放还。明年春,复还僧衣,诏住明州育王山。逾二年,诏住径山,天下宿衲,复集如初。晚年,退居明月堂。孝宗隆兴元年(1163),赐号大慧,不久示寂,塔全身于明月堂之后。诏所居为妙喜庵,谥普觉,塔曰宝光。

大慧法嗣94人,其中西禅鼎需、东禅思岳、教忠弥光、荐福悟本、西禅守净、开善道谦、育王遵璞、能仁祖元、伊山冲密等九人,较为著名。

今存《大慧普觉禅师语录》三十卷、《普觉宗杲禅师语录》二卷、《宗门武库》一卷、《正法眼藏》六卷等。

2. 佛学渊源

大慧宗杲学识广博,行证圆融,五家宗旨,了然于心,尤其精通黄龙禅法,其次便是云门、曹洞二宗。同时,对于儒、道二家亦融会贯通,且运用于禅法之中,引导文人士大夫参悟禅法,创立新的用功方法——"看话禅",其禅法体系,自成一家,为后世之规范。

大慧曾依绍珵参学,会通云门宗旨,又依宝峰克文之湛堂文准六年,精通临济、黄龙一系。湛堂文准善于运用儒学接引学人,这对大慧禅师影响甚深。其与张商英友善,且切磋佛法。又依宝峰克文之弟子寂音惠洪参学,惠洪学识渊博,通达经教,精通五家,直接启发了大慧的禅学见地。湛堂文准、张商英及寂音惠洪,皆黄龙派之大德,由此可见,黄龙派对大慧宗杲的影响。又参大阳微,得曹洞宗旨。最后依圆悟克勤,几经锤炼,得以彻悟,传承杨岐派禅法,并融会其平生所学,成一家之宗旨,故《僧宝正续传》评价大慧曰:

> 荷佛祖正续,全体作用,扫除知见,无法与人,虽古宗师,无以加之。殆其纵无碍辩,融通宗教,则奄有圆悟之风。是以高峻门庭,容

---

① 超永:《五灯全书》卷四三,《续藏经》第82册,第93页下。

摄多众,若海涵地负,绰绰有余。至于棒喝讥诃、嬉笑怒骂,无非全提向上接人,第学者难于凑泊耳。其阔略宏度,脱去绳捡。①

大慧的禅法特色,在于扫除知见,融通各家,有圆悟克勤之宗风。至于其机锋棒喝、嬉笑怒骂,则有并举五家之用,更创立"看话禅",应机接物,利益有情,影响后世深远。

三、"看话禅"

大慧所提倡的看话禅,使临济宗走向了新的参悟方式,直至今天,犹为通用。所谓"看话禅",又名"参话头"、"看话头"。"话头",即古公案中之问答语句,如"万法归一,一归何处?""如何是祖师西来意?"等等。面对话头,透又透不过,绕又绕不过,避又避不开,与钻牛角尖相似,上下左右皆不得,借此而隔断妄想,借此而深入玄机。话头何以能有如此功用?缘于话头能生疑情,缘于疑情能隔断妄想。唯有疑情存于心中,时时刻刻化解不去,方有磕着碰着、疑情顿脱之时。

大慧宗杲的看话禅,大致包含这样几个阶段:一是看话禅不像以往的"颂古"、"评唱"注重意解理会,注释"公案",论量古今,而是单参一个"话头";二是对此"话头"之参究,必须做到行住坐卧,时时提撕,专心致志,念念不忘;三是在参究过程中,应该返观自己,提起疑情;四是此疑必须一疑到底,疑到水穷山尽处,"大死一番";五是要蓦然咬破疑团,疑团一破,则朗然大悟,生死心绝而诸佛现前。下面我们就沿着这一思路,对大慧宗杲的"看话禅"作一番剖析。

1."但举话头"

大慧宗杲看话禅的入手处是"只看个话头"。而他最经常举的"话头"就是赵州和尚的"狗子还有佛性也无"。据《大慧普觉禅师语录》卷一四记载:"和尚(宗杲)只教人看狗子无佛性话,竹篦子话,只是不得下话,

---

① 祖琇:《僧宝正续传》卷六,《续藏经》第 79 册,第 578 页下、579 页上。

不得思量,不得向举处会,不得去开口处承当。狗子还有佛性也无？无。只恁么教人看。"①也就是说,参禅既不能像以往的"颂古"、"评唱"那样专在语言、文字上讨意度,曲指人心,说性成佛,也不能今日参一个话头,明日参一话头,而是应专就一个话头历久真实参究,只要还没达到"洞见父母生前面目","誓不放舍本参话头"。一时参不透,参一年;一年参不透,参一生。死死咬住本参话头,毫不放松,一参到底。当然,所参的话头不局限于"狗子佛性"话,也可参"父母未生之前,如何是本来面目"。像香严智闲禅师那样,被沩山禅师的"父母未生之前,如何是本来面目"一问,苦苦参究数年,后终于"偶抛瓦砾,击竹作声,忽然省悟"②。而宗杲后之高峰原妙禅师则专参"万法归一,一归何处"。原妙禅师在《开堂普说》中曾这样描述他苦参此话头的情形：

> 山僧昔年在双径归堂,未及一月,忽于睡中,疑着万法归一,一归何处？自此疑情顿发,废寝忘食,东西不辨,昼夜不分,开单展钵,屙屎放尿,至于一动一静,一语一默,总只是个一归何处,更无丝毫异念……如在稠人广众中,如无一人相似。从朝至暮,从暮至朝,澄澄湛湛,卓卓巍巍,绝清绝点,一念万年,境寂人忘,如痴如兀。不觉至第六日,随众在三塔讽经次,抬头忽睹五祖演和尚真,蓦然触发日前仰山老和尚问拖死尸句子,直得虚空粉碎,大地平沉,物我俱忘,如镜照镜。③

2."时时提撕"

大慧看话禅的第二个特点就是要"时时提撕"。所谓"时时提撕",也就是时时处处,行住坐卧,死死咬住这一话头,毫不放松。在《大慧普觉禅师语录》中,宗杲说：

---

① 《大正藏》第 47 卷,第 869 页下。
② 普济：《五灯会元》卷九,苏渊雷点校本,第 537 页,北京,中华书局,1994 年。
③ 洪乔祖：《高峰原妙禅师禅要》,《续藏经》第 70 册,第 703 页上—中。

> 常以生知来处，死不知去处，二事贴在鼻孔尖上，茶里饭里，静处闹处，念念孜孜，常似欠却人百万贯钱债，无所从出，心胸烦闷，回避无门，求生不得，求死不得，当怎么时，善恶路头，相次绝也。觉得如此时正好著力只就这里看个话头。僧问赵州：狗子还有佛性也无？州云：无。看时不用博量，不用注解，不用要得分晓，不用向开口处承当，不用向举起处作道理，不用堕在空寂处，不用将心等悟，不用向宗师处领略，不用掉在无事匣里。但行住坐卧，时时提撕：狗子还有佛性也无？无！提撕得熟，口议心思不及，方寸里七上八下，如咬生铁镢，没滋味时，切勿忘志，得如此时，却是个好消息。①

在这段文字中，宗杲一连用了九个"不用"。总之，不用思量分晓，不用求知求解，只要一心一意咬住那个没义味之话头，时刻都不要放松，越是觉得没滋味，越是不要放弃，长此以往，好消息就在后头。对于宗杲这种"时时提撕"，后来的禅师把它比做"如鸡抱卵"、"如猫捕鼠"、"如饥思食"、"如渴思水"、"如儿思母"，时刻也不能放松，否则将功亏一篑。同时，这种"时时提撕"，还必须专就一个话头，如看"无"字，要紧在"为什么狗子无佛性"上用力；看"万法归一，一归何处？"要紧在"一归何处"；若参念佛，要紧在"念佛者是谁"。切切不可见异思迁，今日一话头，明日一话头，如此则永无得悟之期。尤其是在参到精疲力竭、心灰味穷之时，千万不要打退堂鼓，因为此时也许正是大悟之前夜。正如《大慧普觉禅语录》中所说的："行提撕，坐也提撕，提撕来，提撕去，没滋味，那时便是好处，不得放舍，忽然心花发明，照十方刹，便能于一毛端，现宝王刹，法微尘里，转大法轮。"

3."提起疑情"

大慧宗杲看话禅的第三个特点，就是在死死参究某一话头的时候，必须不断地提起疑情。在看话禅看来，"疑以信为体，悟以疑为用。信有

---

① 蕴闻：《大慧普觉禅师语录》卷二一，《大正藏》第 47 卷，第 901 页下—902 页上。

十分,疑有十分;疑有十分,悟得十分"①。"不疑言句,是为大病"②。"大疑之下,必有大悟"③。此谓"疑"是"悟"的前提条件,是"悟"的必经路径,所谓"不疑不悟,小疑小悟,大疑大悟"是也。当然,看话禅的"疑"又非全然不"信",而是与"信"互为体用,"疑以信为体"。因此,高峰和尚说:参禅要具足三个条件:第一要有大信根;第二要有大愤志;第三要有大疑情。此中所谓"信"或"大信根",实际上就是,一要信自己;二要信死某一话头,最后定能开悟。如果无此"大信根",三天捕鱼,两天晒网,或者今日一话头,明日一话头,自然没有成功的希望,用高峰禅师的话说,"譬如折足之鼎,终成废器"。所谓"大愤志",实则须有一往无前的精神和锲而不舍的意志,所谓"泰山崩于前而心不跳,刀剑加于项而色不变"。能如此,则"管取克日成功,不怕瓮中走鳖"。所谓"大疑情",就比较复杂了,至少有这样两层含意:一是疑什么? 二是怎么疑? 对此,原妙禅师是这么说的:

> 先将六情六识,四大五蕴,山河大地,万象森罗,总溶作一个疑团,顿在眼前……行也只是个疑团,坐也只是个疑团,著衣吃饭也只是个疑团,屙屎放尿也只是个疑团,以至见闻觉知,总只是个疑团。疑来疑去,疑至省力处,便是得力处,不疑自疑,不举自举,从朝至暮,粘头缀尾,打成一片,无丝毫疑缝,撼也不动,趁也不去,昭昭灵灵,常现在前。④

此段话的意思是说,先将内情外色融作一个疑团,然后死死咬住这个疑团,行住坐卧、屙屎放尿,甚至地动山摇、山崩地裂,都不放松。这种说法似乎比较空泛,不易把握。有些禅师的解释就比较具体,例如,明末无异元来禅师所作之《博山和尚参禅警语》中有这样一段话:"做工夫,贵在起

---

① 宗杲:《示信洪居士》,《续藏经》第 70 册,第 707 页上。
② 普济:《五灯会元》卷一九,苏渊雷点校本,第 1273 页。
③ 蕴闻:《大慧普觉禅师语录》卷一七,《大正藏》第 47 卷,第 886 页上一中。
④ 洪乔祖:《高峰原妙禅师语录》,《续藏经》第 70 册,第 704 页中。

疑情。何谓疑情？如生不知何来，不得不疑来处；死不知何去，不得不疑去处。"①也就是说，所谓"提起疑情"，疑个什么呢？疑个生究竟是从何处来的？死又是到何处去了？然后紧紧抓住这个话头，历久真实参究。再如高峰禅师的"万法归一，一归何处？"之疑，也是一例。万法归一，一又归于何处呢？"便就在一归何处上东击西敲，横拷竖逼，逼来逼去，逼到无栖泊、不奈何处，诚须重加猛利，翻身一掷，土块泥团，悉皆成佛"②。所谓"万法归一一归何，只贵惺惺著意疑，疑到情忘心绝处，金鸡夜半彻天飞"③。上面这两段话，如果说"一归何处"是指疑个什么，那么，所谓"东击西敲，横拷竖逼"及"只贵惺惺著意疑，疑到情忘心绝处"则在说明"怎么疑"。当然，对于"怎么疑"问题，看话禅的论述很多，思想也颇深刻丰富，因此，有必要作深入一步的探讨。

4."大死一番"

"大死一番"是"看话禅"对怎么疑、疑到何种程度为好的一个十分形象的说法。所谓"大死一番"，语出宋、元之际的中峰和尚《示云南福元通三讲主》。在那篇示文中，中峰和尚说：

> 近代宗师，为人涉猎见闻太多，况是不纯一痛为生死，所以把个无义味话头，抛在伊八识田中，如吞栗刺蓬，如中毒药相似。只贵拚舍形命，废忘寝食，大死一番，蓦忽咬破，方有少分相应。你若不知此方便，于看话头起疑情之际，将一切心识较量动静，妄认见闻，坐在驰求取舍窠臼中，或得暂时心念不起，执以为喜，或昏散增加，久远不退，承以为忧，皆不识做工夫之旨趣也。④

中峰禅师这里所说的"大死一番"，主要是指参话头应该抛弃一切心识计量、见闻取舍，而应该忘餐废寝地死死咬住所参话头，几致于拚舍身

---

① 成正：《博山和尚参禅警语》卷上，《续藏经》第 63 册，第 756 页上。
② 同上书，第 756 页上。
③ 洪乔祖：《高峰原妙禅师语要》，《续藏经》第 70 册，第 687 页下。
④ 明本：《天目中峰和尚广录》卷四之上，清刊本。

命,如痴如愚。这种情形,高峰和尚有一段更为生动的论述。在《高峰和尚禅要·示众》中,他说:

> 直得胸次中,空劳劳地,虚豁豁地,荡荡然无丝毫许滞碍,更无一法可当情,与初生无异。吃茶不知茶,吃饭不知饭,行不知行,坐不知坐,情识顿净,计较都忘,恰如个有气底死人相似,又如泥塑木雕底相似。①

这后句最是形象、逼真,所谓"大死一番",亦即参话头必须参得如"有气的死人"、"泥塑木雕",一切情识、见闻、计较全无,如痴如愚,吃茶不知茶,吃饭不知饭。用佛果克勤等禅师的话说:"养得如婴儿相似,纯和冲淡"(《示成都雷公允居士》)、"终朝兀兀如痴,与昔婴孩无异"(高峰原妙《示众》)。又如达摩参禅,心如墙壁,夫子三月忘味,颜回终日如愚。提倡看话禅的禅师们认为,只有经过这样"大死一番"之后,才有希望借助于某一机缘,如灵云桃花,香严击竹,长庆卷帘,绝后复苏,突然得悟,"绝后复苏"。而此中之关键是要"蓦然咬破"疑团。

5."蓦然咬破"

"蓦然咬破"在参禅中是十分重要的一环。在看话禅看来,参禅者的提起疑情、大死一番本身并不是目的,目的是看破疑团、绝后复苏。这是因为,"疑情不破,生死交加;疑情若破,则生死心绝矣"②。而要看破疑团,最重要的在话头上用力,这正如大慧宗杲所说的:"千疑万疑,只是一疑。话头上疑破,则千疑万疑一时破;话头不破,则且就上面与之厮崖。若弃了话头,却去别文字上起疑,经教上起疑,古人公案上起疑,日用尘劳中起疑,皆是邪魔眷属。"③这也就是我们在上面语及的"但举话头"、"时时提撕",不要随便更换话头,更不能半途而废;而应该专在此话头上

---

① 明本:《天目中峰和尚广录》卷四之上清刊本。
② 蕴闻:《大慧普觉禅师语录》卷二八,《大正藏》第47卷,第930页中。
③ 同上,第930页上。

与之"厮崖",直到把此话头看破为止。

当然,更重要的在于,如何看破。看话禅认为,要看破话头,不可以理论,不能以义解。如果"于言句上作路布,境物上生解会,则堕在骨董袋中,卒捞摸不着"①。因为"道贵无心,禅绝名理","唯忘怀泯绝,乃可趣向回光骨烛,脱体通透,更不容拟议,直下桶底子,……一了一切了"②。所谓"直下桶底子,一了一切了",用通常的话说,就是"豁然贯通",用禅宗的语言说,就是"顿悟",用看话禅自己的话说,或如大慧宗杲所言:"蓦然打发,惊天动地,如夺得关将军大刀入手,逢佛杀佛,逢祖杀祖,于生死岸头得大自在,向六道四生中游戏三昧。"③或如高峰禅师所说:"跳来跳去,跳到人法俱忘,心识路绝,蓦然踏翻大地,撞破虚空,元来山即自己,自己即山。"④"蓦然打破疑团,如在罗网中跳出"⑤。看话禅的禅师们用了许多诸如"蓦然"、"蓦忽"、"爆地一声"、"喷地一发"、"忽然爆地断"、"忽然啐地破"等术语来表示疑团被打破的情形,旨在表明疑团的被打破绝不是靠义理分析或理性的思维,而是思维的中断,或者说"飞跃"。只有通过这一"飞跃",才能大彻大悟、超佛越祖。可见,看破疑团的关键,或者说看话禅的关键,乃在于"悟",或者更准确点说——"顿悟"。

6."须是悟得"

"禅无文字,须是悟始得"⑥。这可说是宗杲对看话禅的一个画龙点睛般的概括。我们在前面所说的一切,诸如"但举话头"、"时时提撕"、"提起疑情"、"大死一番"等等,都是为了达到"蓦然咬破"——豁然贯通而大彻大悟这一最后的目标。当然,这一大彻大悟的到来,绝对必须是顺其自然的,而不可去求、去等。也就是不可有丝毫"待悟之心","切忌

---

① 绍隆:《圆悟佛果禅师语录》卷一四,《大正藏》第47卷,第779页上。
② 绍隆:《圆悟佛果禅师语录》卷一六,《大正藏》第47卷,第788页中。
③ 宗绍:《无门关》,《大正藏》第48卷,第293页上。
④ 高峰原妙:《示众》,《续藏经》第70册,第696页下。
⑤《续藏经》第70册,第690页下。
⑥ 蕴闻:《大慧普觉禅师语录》卷一六,《大正藏》第47卷,第878页下。

作知解求觅,才求,即如捕影也"。① 而是"必须自然入于无心三昧"②。

按照看话禅的基本思想,"禅无你会底道理。若说会禅,是谤禅也。……若不妙悟,纵使解语如尘沙,说法如涌泉,皆是识量分别,非禅说也"③。也就是说,禅法非思量、分别之所能解,参禅亦非一切有作思维之所能及,做工夫既不是一种学问,也不可以事说,尤不可以理论,更不容以义解,"当知禅不依一切经法所诠,不依一切修证所得,不依一切见闻所解,不依一切门路所入,所以云教外别传"④。

至此,我们看到这样一种现象,如果说五祖分灯后的禅宗有一种逐渐从"不立文字"转向"不离文字"的倾向,那么,大慧倡导的看话禅又出现一个转机,开始从文字禅中摆脱出来,提倡直指见性;如果说超佛越祖的分灯禅较之前期禅宗注重心悟,更主张"纯任自然、无证无修",那么,宗杲以后的看话禅则又开始强调"顿悟",当然这种"顿悟"是在专参某一公案话头、经过"大死一番"后"蓦然"而得的。

不过,说看话禅使中国禅宗的禅风发生了重大的变化,丝毫不等于说宋元时期的禅宗是看话禅的一统天下。实际上,在赵宋一代,除了大慧宗杲所倡导的看话禅之外,当时的禅宗,另有一股禅风也颇具影响,这就是由宏智正觉倡导的"默照禅"。

第五节 两宋之际的曹洞宗与宏智正觉的"默照禅"

两宋之际的"默照禅",也是针对"文字禅"的流弊而兴起的,在文字理路上追寻佛法的大义,正是心之动态之相,自生思虑想象,自逐想象之境,为自生心境所惑,障碍回归自性之途,故令学人放下一切,息下思虑,以静境对治动相,为悟本还原创造一个内在环境,实不得已之方便设施

---

① 子文:《佛果圆悟真觉禅师心要》卷上,《续藏经》第69册,第464页上。
② 《续藏经》第70册,第689页下。
③ 明本:《天目中峰和尚广录》卷五之下,《续藏经》第70册,第729页下。
④ 明本:《天目中峰和尚广录》卷一一之上,清刊本。

也。可是,学人不知默照禅之用意,将个心态固死在黑洞洞、静悄悄的寂静之相上,乃舍动取静之举,亦住方便为究竟之误,违背了默照禅的真正用意。默照禅的真正用意,在于舍动归静,静也打破,归于动静一如的真如实相,真证自家本来面目。

一、两宋之际的曹洞宗

云居道膺传承下来的曹洞法脉,历经四传而至大阳警玄(948—1027),然而,大阳警玄圆寂之时,仍未寻得承法之人,故大阳警玄委托临济宗禅师——浮山法远,令其代觅传法之人。二十年之后,浮山法远令其入室弟子投子义青,接续大阳警玄,传承曹洞宗之法脉。

投子义青禅师(1032—1083),青社(今安徽舒州境内)人,俗姓李,年7岁于妙相寺出家。出家之后,先习《百法论》,不久便叹曰:"三祇途远,自困何益?"于是,又前往洛阳听华严教义,且能贯通其义。一次,读诸林菩萨偈,至"即心自性"一句时,猛然有省:"法离文字,宁可讲乎?"于是,弃讲肆,游丛林,闻浮山禅法享誉天下,义青径趋法席。浮山法远禅师令其参一公案,此公案是这样的:

> 外道问佛云:不问有言,不问无言。世尊良久。外道礼拜云:善哉世尊,大慈大悲,开我迷云,令我得入。外道去已,阿难问佛云:外道以何所证而言得入? 佛云:如世间良马,见鞭影而行。①

于此公案,义青禅师三年未得透过。一日,浮山法远问他:"外道问佛:不问有言,不问无言。世尊默然。其意如何?"义青正要开口,浮山法远突然掩住义青的口。于此当下,义青妄念顿断,契入玄旨,便礼拜。

义青悟道之后,继续又随浮山法远禅师锻炼三年。义青禅师道业纯熟之后,浮山法远便把大阳警玄禅师的顶相、皮履交于义青禅师,并嘱

---

① 道原:《景德传灯录》卷二七,《大正藏》第51卷,第434页下。

曰:"代吾续洞上宗风,无久滞此,善宜护持。"之后,义青禅师住投子山,一时座下如林,故人称投子义青禅师。

投子义青秉承临济宗浮山法远禅师之教,故有临济宗的"顿断妄念,当下归宗"之作风。投子义青上堂云:

> 孤村陋店,莫挂瓶盂,祖佛玄关,横身直过,早是苏秦触塞,求路难回,项主临江,何逃困命?诸禅德到这里,进则落于天魔,退则沉于鬼趣,不进不退,正在死水中。诸仁者,作么生得平稳去?良久曰:任从三尺雪,难压寸灵松。①

投子义青上承大阳警玄之法脉,故又具有曹洞宗的"家风细密,言行相应"之作风。投子义青作五位颂云:

> 正中偏。星河横转月明前,彩气夜交天未晓。隐里俱彰暗里圆。

> 偏中正。夜半天明羞自影,朦朦雾色辨何分。混然不落秦时镜。

> 正中来。火里金鸡坐凤台,玄路倚空通脉上。披云鸟道出尘埃。

> 兼中至。雪刃笼身不回避,天然猛将两不伤。暗里全施善周备。

> 兼中到。解走之人不触道,一般拈掇与君殊。不落是非方始妙。②

可见,投子义青之禅法,继承了"隐蔽暗含,绕路说禅"的曹洞家风。

投子义青的嗣法弟子有:芙蓉道楷禅师、大洪报恩禅师、洞山云禅师、福应文禅师、龙蟠县广禅师,其中,芙蓉道楷最为著名,亦是这一禅系的传承至远者。

---

①② 普济:《五灯会元》卷一四,《续藏经》第80册,第290页上。

芙蓉道楷禅师(1043—1118),沂州(今山东临沂)人,俗姓崔。未学佛法之前,道楷禅师先是学习道术,隐居于伊阳山,后游京师,参加试经而得度出家。受具足戒后,礼投子大同禅师而得开悟。

北宋神宗元丰五年(1082),道楷禅师回到故乡沂州,应道俗之请,住仙洞传法。宋徽宗崇宁二年(1103),住持京城净因寺,之后,又居京师天宁寺。大观元年(1107),开封尹李孝寿上奏徽宗皇帝,赞叹道楷禅师"道行卓冠丛林,宜有褒显",于是,徽宗赐道楷禅师紫方袍一件,法号定照禅师。道楷禅师不受,上表辞书道:"出家时,尝有重誓,不为利名,专诚学道,用资九族。苟渝愿心,当弃身命。父母以此听许,今若不守本志,窃冒宠光,则佛法、亲盟背矣。"徽宗皇帝再一次降旨,令道楷禅师受赐,道楷禅师坚拒不从。徽宗大怒,遂将其收监发落到淄川(今山东淄博)。到了淄川,前来参学的人越来越多。第二年冬天,徽宗皇帝便恢复了道楷禅师的自由。于是,道楷禅师便在芙蓉湖心,结庵传法,一时道俗云集,故人称芙蓉道楷禅师。

芙蓉道楷继承了投子义青的禅法,其禅法具有"统体放下,直取本来"的特点。芙蓉道楷云:

> 两头撒开,中间放下,遇声遇色,如石上栽花,见利见名,似眼中着屑,况从无始以来,不是不曾经历,又不是不知次第,不过翻头作尾,止于如此,何须苦苦贪恋?如今不歇,更待何时?所以先圣教人,只要尽却今时。能尽今时,更有何事?若得心中无事,佛祖犹是冤家,一切世事,自然冷淡,方始那边相应。①

道楷禅师的这段开示,道出了禅门返本还源的大致路径,禅门学人,堪当参究。

徽宗政和七年(1117)冬,帝为所居赐额"华严禅寺"。政和八年(1118)五月十四日,索笔书偈。稍待时日,安然而逝。

---

① 普济:《五灯会元》卷一四,《续藏经》第80册,第292页中。

芙蓉道楷禅师的嗣法弟子有：丹霞子淳禅师、净因法成禅师、宝峰惟照禅师、石门元易禅师、净因自觉禅师等，其中，以丹霞子淳为最著名，传世亦最久远。

丹霞子淳(1064—1117)的参学行履，各种禅史资料皆云"剑州贾氏子，弱冠为僧，彻澄于芙蓉之室"。其余，则不得其详。

丹霞子淳举扬宗乘，善于运用诗文唱颂，门风"高峻凛然，难以凑泊"，莫说禅门初机，即使老参上座，亦难得相应。试举几则上堂语而示之。

乾坤之内，宇宙之间，中有一宝，秘在形山。肇法师怎么道，只解指踪话迹，且不能拈示于人。丹霞今日擘开宇宙，打破形山，为诸人拈出，具眼者辨取。以拄杖卓一下，曰：还见么。鹭鹚立雪非同色，明月芦花不似他。①

举德山示众曰：我宗无语句，实无一法与人。德山恁么说话，可谓是只知入草求人，不觉通身泥水。仔细观来，只具一只眼。若是丹霞则不然，我宗有语句，金刀剪不开，深深玄妙旨，玉女夜怀胎。②

上堂云：危峦萧洒古禅宫，信步重归趣无穷，风卷白云天界净，一轮红日正当空。③

丹霞子淳所举先德之语句，尚且有个借言脱语之处，而丹霞子淳的重颂，则徒增几分隐匿晦涩。虽然如此，路途有异，归宗无别，皆令学人识得自心。

丹霞子淳又有"五位偈颂"云：

正中偏。宝殿烟笼月色前。井底燃灯天未晓，暗中谁辨往来源。

偏中正。媒母临粧羞照镜。三更玉户不挑灯，混融非露当年影。

---

①② 普济：《五灯会元》卷一四，《续藏经》第80册，第294页中。
③ 庆预：《丹霞子淳禅师语录》，《续藏经》第71册，第756页中。

正中来。运步红炉遍九垓。宝月夜光随处静,披云终不露纤埃。

　　偏中至。大用无私何拟议。当锋那肯落今时,他家自有超伦志。

　　兼中到。及尽有无真个妙。披毛戴角火中行,纵横不落今时道。①

佛法本来直截了当,然而,经过丹霞子淳这么一颂,却成绕路说禅。

丹霞子淳禅师的嗣法弟子有:长芦清了禅师、天童正觉禅师、大洪庆预禅师、治平湨禅师等,其中长芦清了、天童正觉为最著名。

长芦清了禅师(1089—1151),左绵(今四川绵阳)人,俗姓雍,年十八参加试经而得出家,参丹霞子淳而开悟。悟后,至长芦,礼祖照禅师。祖照禅师称病而退,令清了禅师继承法席,一时学者辐辏,故人称长芦清了禅师。

长芦清了禅师提倡"借净入禅,禅净融合"的禅学观念。长芦清了云:

　　一心不乱之说,兼含二意,曰理一心,曰事一心。若事一心人,皆可以行之,只一忆念,如龙得水,似虎靠山,即《楞严经》忆佛念偈,现前当来,必定见佛,不假方便,自得心开。若理一心,亦非他法,直将阿弥陀佛四字,做个话头,二六时中,自晨朝十念之顷,直下提撕,不以有心念,不以无心念,不以亦有亦无心念,不以非有非无心念,前后际断,一念不生,不涉阶梯,顿超佛地,得非净土之见佛简易于宗门乎?②

禅教互参,融通并用,亦当时禅学之新风,长芦清了之禅法,亦具此特点。长芦清了著《华藏无尽灯记》云:

　　东平打破镜,已三百余年。龙潭吹灭灯,复四百余载。后代子

---

① 庆预:《丹霞子淳禅师语录》,《续藏经》第71册,第759页上。
② 大佑:《净土指归集》卷上,《续藏经》第61册,第388页下—389页上。

孙迷于正眼,以谓镜破灯灭,而不知行住坐卧放大光明,灯未尝灭也,见闻觉知虚临万象,镜未尝破也。灯虽无影,能照生死长夜;镜虽无台,能辨生死魔惑。镜与灯光光常寂,明与鉴幻幻皆如,照之无穷则曰无尽灯,鉴之无穷则曰无尽鉴,日用不昧,昭昭于心目之间,但众生迷而不知,故有修多罗教开如幻方便,设如幻道场,度如幻众生,作如幻佛事。①

于《华藏无尽灯》中,长芦清了以"灯"与"镜",喻众生之心灯常明、性镜恒照。心灯常明,谓之无尽灯;性镜恒照,谓之无尽鉴。众生灵觉,本来如是,所谓主伴融通,事事无尽。可惜,众生舍本趋末,遂于无生无灭之中而成幻生幻灭之梦,遂于毗卢性海之中而妄求佛国净土。长芦清了之《华藏无尽灯》,其义亦复如是,故长芦清了于其末尾句而点宗眼云:

镜灯灯镜本无差,大地山河眼里花。
黄叶飘飘满庭际,一声砧杵落谁家?②

绍兴二十一年(1151)十月圆寂,世寿六十三,塔于寺西华桐屿,谥悟空。长芦清了禅师有《真歇清了禅师语录》二卷,并著有《华藏无尽灯》,融华严境界于禅心,又作有《净土集》,借净土法门而契宗乘。

长芦清了禅师之法嗣,其著名者有五人,即天童宗珏、长芦妙觉、龟山义初、保宁兴誉和北山法通。其中,法脉传承至远者,乃天童宗珏一系。

天童宗珏(1091—1162),舒州人,俗姓郑,师事长芦清了禅师,住明州(今宁波)天童寺,阐扬曹洞宗风,学众常常三百人以上,较之前辈,规模大增。天童宗珏的上堂语云:

劫前运步,世外横身,妙契不可以意到,真证不可以言传,直得虚静敛氛,白云向寒岩而断,灵光破暗,明月随夜船而来,正恁么时,

---

①② 子升:《禅门诸祖师偈颂》,《续藏经》第66册,第748页下。

作么生履践？偏正不曾离本位，纵横哪涉语因缘？①

绍兴二年(1132)，宗珏禅师开堂于岳林寺，二十五年(1155)，移住雪窦山，二十九年(1159)，迁天童山，大弘法化，故亦称天童宗珏。绍兴三十二年(1162)圆寂，世寿七十二，嗣法弟子一人——雪窦智鉴禅师。

雪窦智鉴(1162—1191)，滁州人，姓吴，师事天童宗珏禅师，久之得悟，为曹洞宗第十二世祖。悟道之后，住明州(今宁波)雪窦山，四方学众，俱来参礼，故人称雪窦智鉴禅师。雪窦智鉴的上堂语云：

世尊有密语，迦叶不覆藏。一夜落花雨，满城流水香。②

宋光宗绍熙二年(1191)，退居雪窦之东庵。次年七月，安然示寂，世寿八十八，塔全身于本山之左，嗣法弟子一人——天童如净禅师。

天童如净(1163—1228)，明州苇江人，俗姓俞，少时出家，勤习经论，参雪窦智鉴而开悟，受其法嘱，续其法脉，为曹洞宗第十三世祖，应诏住天童，故人称天童如净禅师。天童如净的上堂语云：

云门九天，看彩凤衔出。且道如何委悉？急急如律令敕。③

理宗绍定元年(1228)七月，天童如净禅师示寂，世寿六十六。有《如净和尚语录》、《天童山景德寺如净禅师续语录》留世，嗣法弟子二人：鹿门觉禅师、雪庵从瑾禅师，其中，鹿门觉禅师继承祖位。

鹿门觉禅师，首参天童如净禅师，恰逢如净禅师上堂。如净禅师举"灵云见桃花而悟道"的因缘，且颂曰："一个乌梅似本形，蜘蛛结网打蜻蜓，蜻蜓落了两边翅，堪笑乌梅咬铁钉。"这时，觉禅师会心而笑，曰："早知灯是火，饭熟几多时。"④如净禅师印证，后来，继承曹洞宗第十四世祖，住鹿门，故人称鹿门觉禅师。鹿门觉禅师示众云：

---

① 普济：《五灯会元》卷一四，《续藏经》第80册，第300页中。
② 同上书，第303页上。
③ 纪荫：《宗统编年》卷二四，《续藏经》第86册，第243页下。
④ 超永：《五灯全书》卷三〇，《续藏经》第81册，第689页上。

尽大地是学人一卷经,尽乾坤是学人一只眼。以如是眼,读如是经,千万亿劫,常无间断。诸人还看读得么？如看读得,老僧请他吃个无米油糍。①

这里所说的"一卷经"、"一只眼",此经,不是纸墨经卷,此眼,不是四大肉眼,而是诸人之觉性灵知,亦谓之清净法身,亦谓之本来面目。此经此眼,绝待无对,又如何看得？又如何读得？故曰"如看读得,老僧请他吃个无米油糍"。

鹿门觉禅师尝作五位颂,以示洞山祖之意：

正中偏。月黑云笼午夜天。佛祖无踪凡圣尽,个中谁辨往来源？

偏中正。金井玉盘秋水冷。海天红日已生东,余辉不照毗卢顶。

正中来。戴角披毛知几回。应物转身全得妙,云收终不露崔嵬。

偏中至。觌面谁能容拟议。手提妙印不当风,大用繁兴岂凝滞？

兼中到。无舌童儿方会道。拨尘何处得逢源,撒手回途还得妙。②

鹿门觉禅师的嗣法弟子有一人——普照一辨禅师。

普照一辨禅师出家后,精究内典,贯通宗乘,后投襄州鹿门觉禅师座下参学而得开悟,继为曹洞宗第十五世祖。

（一辨）问：如何是尽乾坤是学人一只眼？祖（鹿门觉）曰：汝被一卷经遮却也。辨（一辨）拟对,祖摇手曰：不快漆桶！去！师于言

---

①② 超永：《五灯全书》卷三〇,《续藏经》第81册,第689页上。

下有省,即承印可。①

一辨禅师于一喝之下,顿脱妄念,契入心乘,后住青州普照寺,设"百问"勘验学人。其"百问"有云:

问:声前荐得,落在今时。句后承当,迷头认影。作么生是空劫以前自己?

问:二边纯莫立,中道不须安。且道,在什么处相见得个端的?

问:回途转位,直须戴角披毛。唤作畜生得么?

问:念念释迦出世,步步弥勒下生。为什么拟心即错、动念即乖?②

后来,一辨禅师移住东都万寿,燕、秦、齐、晋之学人,咸归门下,推为尊宿。

普照嗣法弟子有:大明僧宝禅师、慈云十身觉禅师、通玄庵圆通禅师、普照宝禅师。承其祖位者,乃大明僧宝禅师。

磁州(今河北磁县)大明僧宝禅师,在青州普照一辨禅师座下参学,一言相应,顿悟宗乘,继为曹洞宗第十六世祖。

(僧宝)问:离四句绝百非,请师直指西来意。祖(普照一辨)曰:昨日有人恁么问,被打出去也。宝(僧宝)曰:今日又如何? 祖曰:你得怎么不识痛痒? 宝礼拜。祖曰:可惜许,棒折也。宝直得汗下。忽然猛省。③

僧宝禅师悟后,住磁州大明,故称大明僧宝禅师。上堂曰:

若论此事,如人作针线,针针相似,忽见人来,不觉失却针,只见线,这边寻也不见,那边寻也不见,却自曰:近处尚不见,远处哪里得来? 多时寻不得,心烦不好,昏闷打睡,拽衣就枕。方就枕时,蓦然

---

①② 超永:《五灯全书》卷六一,《续藏经》第82册,第252页上。
③ 纪荫:《宗统编年》卷二四,《续藏经》第86册,第246页上。

一札,曰:原来只在这里。①

大明僧宝禅师嗣法弟子二人:王山体禅师、仁山恒禅师。王山体禅师继祖之位。

太原王山体禅师,出家后,研习经教,严持戒律。后来,游方参学,投大明僧宝禅师座下,为侍者。

> 一日见雀子啄生饭,师(王山体)乃拍手一下,雀飞去。宝(大明僧宝)适至,亦于师背上打一掌。师惊顾。宝曰:还是雀子辜负你?你辜负雀子?师罔措。宝曰:幸是可怜生,却乃互相辜负去。师豁然有省。于是,十年躬为侍者。②

十年锻炼之后,体禅师辞别僧宝禅师,隐居于太原西山,后来,应地方长官之请,住太原王山,故人称王山体禅师。体禅师尝有曹洞五位颂云:

> 正中偏。夜深古殿锁轻烟。寂寂苔封臣不立,密密光辉未兆前。
>
> 偏中正。玉人不睹临台镜。子夜星河雾气浓,依旧青山不露顶。
>
> 正中来。木人携杖火中回。趁起泥牛耕练色,放教石马步苍苔。
>
> 兼中至。转侧相逢全意气。交辉终不犯锋铓,大用纵横无变异。
>
> 兼中到。明暗尽时光不照。石女有智妙难穷,解栽绝顶无根草。③

---

① 纪荫:《宗统编年》卷二四,《续藏经》第86册,第246页下。
② 超永:《五灯全书》卷六一,《续藏经》第82册,第254页上。
③ 同上书,第254页上—中。

王山体禅师法嗣二人：大明雪岩满禅师、庆寿胜默光禅师。雪岩满禅师继祖之位。

磁州（今河北磁县）大明雪岩满禅师，出家后，一度游方参学，皆未得相应，后造王山，疑情顿起，如咽喉卡了棘藜蓬，吞又不下，吐又不出。灯录记载：

> 造王山体。体（王山体）举洞山睹影话。师（雪岩满）疑甚。体曰：不疑言句，是为大病，子今既疑，则病发矣，子知此病，则子药也。师一日，读五位颂，至折合终归炭里坐，忽大悟曰：今日方知，病即药也。呈体，体曰：料掉没交涉。师曰：和尚此回瞒不得也。体印可之，俾接踵住持。①

禅宗谓"不疑不悟"，即今既疑，则妄想全消，唯一疑处，尚待自消。此时，若触着碰着，便会疑情顿消，全体显露，哪里有尘埃？哪里有存草？尽大地光皎皎，无非一性之妙用，无非法身之庄严。正如雪岩满禅师举洞山语云：

> 秋初夏末，兄弟或东去西去，直须向万里无寸草处去。良久。曰：只如万里无寸草处，又作么生去？石霜曰：出门便是草。太阳曰：直饶不出门，亦是草漫漫地。师曰：三个老汉，虽然异口同音，未免撞头磕额。何也？一人大开口了合不得，一人高抬脚了放不下，一人紧闭门了出不去。王山即不然，遍十方界非外，全在一微尘。在一微尘非内，遍十方界。只这一微尘及尽不可得也。向哪里安门？什处入草？还会么？②

雪岩满禅师法嗣二人：万松行秀禅师、竹林巨川海禅师。万松行秀禅师继祖之位。

---

① 超永：《五灯全书》卷六一，《续藏经》第82册，第254页下—255页上。
② 同上书，第255页上。

万松行秀,河内(今河南境内)人,俗姓蔡,自幼有出世志,最初,父母未许,后来送他到邢州(今河北邢台)净土寺出家。受具足戒之后,游方参学,参雪岩满禅师而得开悟。

> 参祖,经二十七日,不觉伎俩已尽。祖曰:你但行里坐里,心念未起时,猛提起觑,见即便见,不见且却拈放一边,怎么做工夫,休歇也不碍参学,参学也不碍休歇。遂留记室,潭柘亨过祖,秀夜扣其门,告侍者烧香请益,亨便相见。秀问:如何是活句?如何是死句?亨曰:书记若会,死句也是活句。若不会,活句也是死句。秀自此参究益力。一日见鸡飞,乃大悟曰:今日不惟捉败沙老虎,亦乃捉败岑大虫也。走见祖。祖可之。①

行秀禅师悟后,回到中都(金代称今北京市为中都),住万寿寺。金章宗景仰他的道行,请入内廷,敷座说法。又命住持大都(即北京)仰山栖隐寺,更移住报恩、洪济。金正大七年(1230),重新住持万寿,道化很盛。

元定宗元年(1246)丙午后四月四日,万松行秀示疾,七日安然而逝,世寿八十一。行秀有《从容庵录》六卷、《请益录》二卷、《祖灯录》六十二卷,此外还有《颂古》、《释氏新闻》、《鸣道集》、《辨宗说》、《心经风鸣》、《禅悦法喜集》等若干著作留世。

万松行秀的嗣法弟子有众多:雪庭福裕禅师、林泉从伦禅师、五舍从宽禅师、全一至温禅师、少林法王圆照禅师等等,雪庭福裕禅师承祖之位,弘传最广远。

二、宏智正觉与"默照禅"

(一) 生平

北宋末年至南宋初年,曹洞宗的另一重要人物是天童正觉禅师

---

① 纪荫:《宗统编年》卷二四,《续藏经》第86册,第247页下。

(1091—1157)。正觉禅师,隰州(今山西隰县)人,俗姓李,生于信佛之家,11岁依净明本宗禅师出家,14岁受具足戒,18岁游方参学。首参汝州(今河南临汝)香山枯木法成禅师(芙蓉道楷的弟子),深受枯木法成禅师器重。一日闻僧诵《妙法莲华经》至"父母所生眼,悉见三千界",似有所省,便向香山禅师呈所悟,香山禅师指着台上的香盒问:里面是甚么物?正觉禅师反问道:是什么心行?香山禅师曰:汝悟处又作么生?正觉禅师画一圆相而呈之,然后,又抛向身后。香山曰:弄泥团汉,有什么限?正觉曰:错。香山曰:悟缘不在此,令参他人去。正觉禅师又参丹霞子淳,方得彻悟心源。

> 霞(丹霞子淳)问:如何是空劫以前自己?师(天童正觉)曰:井底虾蟆吞却月,三更不借夜明帘。霞曰:未在。更道。师拟议。霞打一拂子云:又道不借。师忽悟。作礼。霞云:何不道取一句子?师云:某甲今日失钱遭罪。霞云:未暇得打尔。且去。①

正觉禅师悟后,随侍子淳禅师四年,作悟后锻炼。四年后,正觉禅师造访圆通寺。当时真歇清了(长芦清了)禅师初住长芦,遣僧至圆通寺迎请正觉禅师。众僧出山迎接,见正觉禅师的衣、鞋皆破,真歇禅师便让侍者与之更换新鞋新衣,正觉禅师推辞道:"吾为鞋来邪?"众人一听,心悦诚服。正觉禅师居长芦六年,为真歇清了躬耕助道。六年以后,正觉禅师住持泗州普照寺,次补太平圆通、能仁及长芦诸道场。宋室南渡之后,建炎三年(1129),正觉禅师开始住持明州(今宁波)天童寺,故人称天童正觉禅师。正觉禅师圆寂之后,谥宏智,故亦称天童宏智禅师。

(二)禅法

天童宏智禅师继承了丹霞子淳禅师的"坐禅之法",后人称其禅法为"默照禅"。按照宏智禅法的原义,所谓"默",即统体放下,摒息诸念。所谓"照",即智慧观照,灵明不昧。默照禅借助于静坐息虑、智慧观照,而

---

① 《宏智禅师广录》卷九,《大正藏》第48卷,第119页下—120页上。

达到返本还原的目的。默之与照,只是方便途径,不是究竟义趣,所谓"外息诸缘,内心无喘,心如墙壁,可以入道"。子淳禅师云:

> 把今时事放尽去,向枯木堂中冷坐去,切须死一遍去,却从死里建立来,一切处谩你不得,一切处转你不得,一切处得自在去,所以道,悬崖撒手,自肯承当,绝后再苏,相欺不得。若能如是,可谓"旋岚偃岳而常静,江河竞注而不流,野马飘鼓而不动,日月丽天而不周"。其或未然,只知事逐眼前过,不觉老从头上来。①

宏智禅师善于运用默照禅接引学人,其追随者数以千计,其禅法盛一时。据史料所载,当时的宏智禅师所居的天童寺,"屋几千间,无不新者"。

1. 默照禅与看话禅

默照禅,默即摒息万念,照即返观自鉴。合其总义,即"摒息万念,返观自鉴"的禅修方法。同看话禅一样,默照禅只是途中之事,而非究竟意旨。看话禅,最直接的目的,在于以"一念话头"代换"万念妄想",使心境归于"空无之状",然而,此"空无之状",并非禅门的究竟意旨,须是再打破这"空无之状",方至"含有纳无"的究竟之地。默照禅之用意,与看话禅无别,最直接的目的,在于以"默然之静"代换"妄念之动",使心境归于"默然之状",然而,此"默然之状",并非禅门的究竟意旨,须是再打破这"默然之状",方至"有无同源"的究竟之地。若能返本还原,则知默照禅与看话禅之二种方法,皆入门之方便,非究竟实法。

曹洞宗的宏智正觉善于运用默照禅接引学人,临济宗的大慧宗杲善于运用看话禅接引学人。然而,学人用功不当,参禅不起疑情,默照不知返观,依然流浪于左思右想之中,故大慧宗杲针对默照禅的学人,提出了种种批评,同时,针对看话禅的学人,也提出了种种批评,以矫正学人之偏差。同样,宏智正觉禅师,针对看话禅的学人,提出了种种批评,同时,

---

① 庆预:《丹霞子淳禅师语录》,《续藏经》第71册,第757页上。

针对默照禅的学人,也提出了种种批评。可见,大慧宗杲与宏智正觉的批评,针对的是学人的用功不当。

若从宗旨上而论,宏智的默照禅与大慧的看话禅,其意旨相同。宏智禅师的默照禅的"默"字,即是大慧禅师的看话禅的"无"字。宏智禅师的"默"与大慧禅师的"无",乃隔断妄念之方便,只属路途中事,而非"空劫前事"。学术界把宏智禅师的默照禅与大慧禅师的看话禅对立起来,乃至于与当时流行的文字禅对立起来,如此对立而看,实属"阶下望堂奥","不知家里事"。十卷之宏的《正觉宏智禅师语录》,前五卷主要是讲述禅门公案,学人依此而参究,正是"看话禅",他对禅门公案的拈、举、评、唱、代语与别语,亦是"文字禅"。第六卷的内容,主要是劝学励志。第七到九卷的内容,主要是应缘问答。第十卷,则是宏智禅师的偈颂。其十卷语录,处处诸法并举,时时随缘当机,便无定法可说。

2. 宏智正觉的"四借"之法与诸法并举

宏智正觉提出了"四借"之法,以此而表由迷至悟、由悟起用、体用同时、圆融不二的修行过程。(一)借功明位。"功"指功用,"位"指本位。合其宗义,即借有为之功,明自家之本,即禅宗所说的"借缘悟本""因缘悟道"。(二)"借位明功",借助本体正位,缘起偏位功用,彻见一切功用,无非正位现象。(三)"借借不借借"。不住本位,不住功位,虽借借而实无借借,进入无为之正位。(四)"全超不借借",超然于有为,超然于无为,亦无超然之迹,绝待无对,法界一真。以上"四借"之法,即是默照禅之行证过程。宏智禅师有关于"四借"的偈颂云:

借功明位:苹末风休夜正央,水天虚碧共秋光,月船不犯东西岸。须信篙人用意良。

借位明功:六户虚通路不迷,太阳影里不当机,纵横妙展无私化。恰恰行从鸟道归。

借借不借借:识尽甘辛百草头,鼻无牵缠得优游,不知有去成知有。始信南泉唤作牛。

全超不借借：霜重风严景寂寥，玉关金锁手慵敲，寒松尽夜无虚籁。老鹤移栖空月巢。①

可见，默照禅的宗旨，并不在"默然空相"之状，而在"空劫已前"之事——"含空纳有"的真如实相。从归宗至本的意义上而看，看话禅、文字禅、默照禅，乃至于六祖慧能及慧能之前的禅法，接引方式随机应变，归宗义趣完全相同，这正是禅宗在教化方式上的与时俱进。

宏智禅师的默照禅，既具看话禅的因素，亦具文字禅的因素，默照禅是以"默照"为主的多种禅法的有机统一。宏智正觉禅师云：

借功明位，用在体处。借位明功，体在用处。体用无私，方乃唱道。且道，作么生是体用无私的时节？水向竹边流出绿，风从华里过来香。

借功用而悟本，立本位而起用，不住本体，不着妙用，体用无私，方可随缘度化。学人不见其妙，故宏智禅师提示一句："且道，作么生是体用无私的时节？"学人若能就这一问起疑而看去，岂不具看话禅之功？正看话头时，妄念全然不生，岂不具默照禅之功？学人不得"看话""默照"之妙，宏智禅师或与人指个入处，或与人当下点破，或拈古公案而启发之，或发挥古公案之妙义，这种种指示，具足文字禅之功。种种方法，运用之妙，纯乎一心，宗师作家，岂能死于一法而不知变通？随缘当机，拽来就用，不存规则，正是宏智禅师之作略，所以说，宏智禅师并不反对看话禅，也不反对文字禅，他反对的是"参禅死在话尾"，"看教落在理路"，终不会"话头之先""言外之意"。宏智正觉禅师又云：

借功明位，用在体处。借位明功，体在用处。且道，总不借时如何？偏正不曾离本位，无生那涉语因缘。

---

① 《宏智禅师广录》卷八，《大正藏》第48卷，第99页中、下。

且道,总不借时如何？学人若就这一问,透又透不过,放又放不下,疑情不解,隔于胸中,以此而隔断一切颠倒妄想。疑情不解时,正是看话禅。妄想隔断时,正是默照禅。可见,看话禅与默照禅具有同一功效。学人不解其妙,不得其用,故宏智禅师又进一步开示云:"偏正不曾离本位。无生那涉语因缘。"宏智禅师的这一启发语,正是文字禅的代语或别语。

切忌把禅宗的随机应变的方便方法对立起来看,以为文字禅、看话禅和默照禅是相互对立的,若如此而在差别相上说同论异,这无异于鼓风逐浪、弄声捉响。

3. 宏智正觉默照禅的注重点

(1) 参究"空劫前事"。《正觉宏智禅师塔铭》云:"盖师初以宴坐入道,淳以空劫自己示之,廓然大悟。其后诲人,专明空劫前事。"①所谓"空劫",即宏智所说的"只管放,教心地下一切皆空"之状。所谓"空劫前事",即打破"空无一物"之状,得他个真空不空之事。可见,禅宗的"空劫前事",非"空无一物"之状也,乃齐含万相之实也。

(2) "彻见离微"。宏智正觉说:"默照之道,离微之根。彻见离微,金梭玉机。"②离,即离执,即教下所说的"寂灭"。微,即微妙,即教下所说的"妙用"。如《宝藏论》云:"无眼无耳谓之离,有见有闻谓之微。无我无造谓之离,有智有用谓之微。无心无意谓之离,有通有达谓之微。又离者涅槃,微者般若。般若故繁兴大用,涅槃故寂灭无余。无余故烦恼永尽,大用故圣化无穷。"③可见,宏智禅师的默照禅,并非以空寂之状为宗,而是以"彻见离微,原同一体"为宗。

(3) "不对缘而照"。若对缘而照,则有能有所。能所相待,则成二元,非不二法门。宏智正觉在《坐禅箴》中说:"佛佛要机,祖祖要机,不触

---

① 《嘉兴藏》第32册,第201页中。
② 《宏智禅师广录》卷八,《大正藏》第48卷,第100页中。
③ 《大正藏》第45卷,第147页上。

事而知,不对缘而照。不触事而知,其知自微。不对缘而照,其照自妙。"①可见,宏智禅师之禅法,以默照为方便,以绝待为究竟。宏智正觉说:"真实做处,唯静坐默究,深有所诣。外不被因缘流转,其心虚则容,其照妙则准。内无攀缘之思,廓然独存而不昏,灵然绝待而自得。"②

4. 宏智正觉默照禅的归宗义趣

宏智禅师的默照禅,看似"拂尘看净的神秀禅",实际上却大有不同。宏智禅师云:"菩提无树镜非台,虚净光明不受埃,照处易分雪里粉,转时难辨墨中煤。"③也就是说,菩提自性本无形相,然而,它却含纳万相,无一尘染,它历历孤明,无不照见,然而,若欲拂尘拭埃,恰似认幻当真,徒劳自累。在宏智正觉看来,若欲通达禅门的这一根本大意,须是一切放下,能所双泯,方有相应的分。宏智禅师云:照与照者,二俱寂灭,于寂灭中能证"寂灭者是尔自己"。若恁么,桶底子脱去,地水火风,五蕴十八界,扫尽无余。④

宏智正觉的默照禅,其根本宗旨,在于通过静坐息虑,洞彻本源,他说:

> 真实做处,唯静坐默究,深有所诣。外不被因缘流转,其心虚则容,其照妙则准。内无攀缘之思,廓然独存而不昏,灵然绝待而自得。得处不属情,须豁荡,了无依倚,卓卓自神,始得不随垢相。个处歇得,净净而明,明而通,便能顺应,还来对事,事事无碍。⑤

从上面一段开示可见,宏智禅师的默照禅,看似"拂尘看净的神秀禅",实非"舍动取静的有为法",而是"动静无拘,任运自在"的祖师禅,故云"还来对事,事事无碍"。

---

① 《宏智禅师广录》卷八,《大正藏》第48卷,第98页上、下。
② 《宏智禅师广录》卷六,《大正藏》第48卷,第73页下。
③ 《宏智禅师广录》卷四,《大正藏》第48卷,第37页中。
④ 《宏智禅师广录》卷五,《大正藏》第48卷,第70页下。
⑤ 《宏智禅师广录》卷六,《大正藏》第48卷,第73页下。

若从归宗义趣上而论,默照禅与看话禅,并无本质的差别,皆属"识心达本源"的方便前行,只因学人用之不当,便出现两种弊端:一,实践看话禅的人,不起疑情,妄念纷飞,故不得看话禅之功,不得"返本还原"之妙。二,实践默照禅的人,舍动取静,住静着空,故不得默照禅之功,不得"识心达本"之用。看话禅,意在话头——话之前头,念之前头。默照禅,意在本源——话之源头,念之源头。话之前头,即是话之源头,万法从此出,灭还归此处,故谓之万法的本源。所以说,看话禅与默照禅,殊途同归,本不相乖。

关于了脱生死,宏智禅师曾作过一段极精彩的开示,现录如下,以显其禅法的大义:

> 此一段事,直须人人自到,人人自证,可以超出生死,可以透过古今,可以与佛祖同得。所以道,一切众生具有如来智慧德相,但以妄想执着而不证得。你若离妄想、离执着,即无一星事。如今认地、水、火、风为自己,岂不是妄想执着,唤什么作自己?只你思维分别的是妄想,见闻觉知的是妄想,直须歇得到空空无相,湛湛绝缘,普与法界虚空合,个时是你本身。若恁么时,明白见得彻,如虚空不可挂针相似,那时生相已离,有什么死相?所以道,生灭二元离,是名常真实。①

可见,宏智禅师继承了石头希迁以来的禅法宗旨,同时,亦扬弃了洞山、曹山二位宗师的繁琐名相。宏智禅师的心要开示,较之曹洞宗的历代宗师而言,删繁就简,直截了当,恢复了曹洞宗的生机与活力,天童寺遂为一代习禅中心。

绍兴丁丑(1157)九月,宏智正觉禅师逐一与人言别,十月七八日沐浴更衣,端坐而寂,谥宏智,塔名妙光。天童正觉禅师有《宏智禅师广录》传世。

天童正觉禅师的嗣法弟子有:净慈慧晖禅师、雪窦嗣宗禅师、善权法

---

① 《宏智禅师广录》卷五,《大正藏》第48卷,第67页中一下。

智禅师、瑞岩法恭禅师、石门法真禅师、光孝思彻禅师、大洪法为禅师、长芦琳禅师等。传承其法脉较远者,唯有净慈慧晖禅师。净慈慧晖禅师这一系的传承,如下所示:净慈慧晖→华藏慧祚→东谷光→直翁举→天童岫→雪窦大证。这一禅系的传承,由于缺乏大宗师,故表现为丝脉相传,多无言录。宏智正觉的其他弟子,大都传承一、二世而告终。

第六节 惠洪的行历、思想及其影响

寂音惠洪得法于宝峰克文,为黄龙派三世弟子,聪慧过人,学识渊博,以黄龙禅法为中心,融五家宗旨之要义,兼及通达经教及世间学问,其影响遍及教内教外,为时人之所尊崇,也赢得后人的景仰。然其性情率真清高,故感一生坎坷,而无怨无悔。

一、惠洪生平、行历

1. 生平

瑞州清凉惠洪(1071—1128),一作慧洪,字觉范,号德洪,又号冷斋,自称寂音。江西筠州新昌(今宜丰县)人,俗姓彭,年十四,父母俱亡,乃依本郡三峰山宝云禅院龆禅师为童子,天资颖悟,博览群书,日记千言。宋哲宗元祐四年(1089),试经于东京(今河南开封)天王寺而得度,师从宣秘学成实论、唯识论达四年之久。此时初显诗名。

元祐八年(1093),惠洪弃义学,谒宝峰克文于庐山归宗寺。绍圣三年(1096),宝峰迁建昌石门山宝峰寺(今江西靖安县),惠洪随至。宝峰患其多闻之弊,每举玄沙师备未彻之语,发其疑情。惠洪凡有所对,宝峰则曰:"你又说道理耶?"一日,顿脱所疑,述偈曰:"灵云一见不再见,红白枝枝不着花,叵耐钓鱼船上客,却来平地摝鱼虾。"宝峰大喜,命掌书记一职。①

---

① 超永:《五灯全书》卷三八,《续藏经》第82册,第52页中。

后参谒诸老,皆蒙赏音,由是名振丛林。江西抚州太守朱彦请惠洪开法于北景德寺,在饶州(今江西上饶)建报恩光孝寺。又金陵(江苏南京)运使吴开请主清凉寺。因遭诬为冒名得度牒而获罪,入狱一年。获释入京,经丞相张商英、节度使郭天民周旋,惠洪再度为僧。徽宗大观元年(1107),在抚州临川建明月庵。政和元年(1111),张商英、郭天民获罪被贬,惠洪因与其交往密切而再度入狱,流放海南琼崖。政和三年(1113),遇大赦北归。政和四年(1114),住明月庵,专事静修,撰《明月庵铭》。后又遭诬为张怀素党人,而三度入狱。

南宋高宗建炎二年(1128),示寂于江西永修县同安寺,太尉郭天民奏赐宝觉圆明之号。惠洪一生以弘法为己任,坚持"以法惠人"①,讲法编撰不辍,著述宏富,其对禅法与禅宗史之研究,影响后世深远。就此点而言,在黄龙派诸祖师中,最为突出。但其不愿与世俗为伍,不通世情,故三次蒙冤入狱。

惠洪著述宏富,惜多不传,现存者有《林间录》二卷、《禅林僧宝传》三十卷、《高僧传》十二卷、《智证传》十卷、《志林》十卷、《冷斋夜话》十卷、《天厨禁脔》一卷、《石门文字禅》三十卷、《临济宗旨》等,其中以《林间录》、《禅林僧宝传》为著名。

《林间录》杂录丛林见闻为内容,无年代先后编次,记载当时禅僧趣闻轶事、行状、文集、语录以及惠洪本人言行。《禅林僧宝传》是惠洪代表作,辑录唐末至于北宋各家禅师81人,记其简历、参学行事、机缘语句和言论,传末简评,行其褒贬。

2. 交游

惠洪宿具慧根,博学多闻,会通禅教,精于内外典籍,诗文俱佳,广泛与文人士大夫相唱和,故交游甚广,诸如朱彦、吴开、张商英、郭天民、黄

---

① 慧洪:《临济宗旨》,《续藏经》第63册,第170页上。"闻曼殊室利之言以法惠人,则罪自灭。故有撰述佛祖旨诀之意,欲以惠人而自灭夙障耳,非有他求也。"

庭坚、李彭、韩驹、谢逸等,以张商英、郭天民、黄庭坚等为最熟识。

张商英初参宝峰克文不契,后得法于宝峰克文之弟子——兜率从悦。自此机锋不可触,丛林尊崇。张商英曾谈及此事,以为宝峰所悟不彻,惠洪予以指正。张公知过,乃书颂以赞宝峰,曰:"云庵纲宗,能用能照。天鼓希声,不落凡调。冷面严眸,神光独耀。孰传其真,觌面为肖。前悦后洪,如融如肇。"①云庵即宝峰克文。

惠洪与张商英、郭天民往来密切,得其护法甚多。惠洪第一次冤狱,即承张、郭二人从中斡旋而保全。惠洪示寂后,又由郭天民报奏而赐宝觉圆明之号。

惠洪以诗文名高天下,获得普遍赞誉,尤其是来自于苏东坡、黄庭坚的赏识。惠洪与江西派诗人如黄庭坚、饶节、洪炎、谢逸、韩驹、李彭、善权、徐俯、汪革、夏倪、林敏功等,过从较多,时有唱和,尤其与黄庭坚、李彭、韩驹、谢逸等人关系密切。

另外,惠洪在佛教界的地位、声望也颇高。惠洪本人一生奉行"以法惠人"之信念,故前来参学者甚众,其中以大慧宗杲为著名。大慧尝亲依之,每叹其妙悟辩慧,②大慧的禅学思想深受惠洪之影响。

二、惠洪的禅学思想

惠洪作为一代禅师、诗人、史学家,其禅学思想体现在史传、诗文著述中。

惠洪总结各家禅法,系统梳理其宗要、家风、功用之道,彰显各家禅法之特色,推动各家禅法之发展,且有相应会通之举,以打破门户之见,促进了佛法的发展。

《禅林僧宝传》专为禅师立传,涉及禅宗五家宗师,然其意不在史,而

---

① 超永:《五灯全书》卷三八,《续藏经》第82册,第52页下。
② 超永:《五灯全书》卷三八,《续藏经》第82册,第52页下。"大慧处众日,尝亲依之,每叹其妙悟辩慧。"

在五家禅师之禅意,以启发学人体悟自心。故该书对五代以来五家禅法之发展皆有总结,具有承上启下之功,推动了各家禅法的发展。在该书卷一二,批评了禅门的三种过失,其批评意在消融对立,融会各家。

  古说法有三失。其一判三玄三要,为玄沙所立三句。其二罪巴陵三语,不识活句。其三分两种自己,不知圣人立言之难。

  何谓三玄三要为玄沙所立三句耶?曰:所言一句中具三玄,一玄中具三要,有玄有要者,临济所立之宗也。在百丈黄檗,但名大机大用。在岩头雪峰,但名陷虎却物,譬如火聚,触之为烧,背之非火。古谓非是临济门风,则必有据,而言有据,何不明书,以绝学者之疑,不然则是臆说,肆为臆说,则非天下之达道也。见立三玄,则分以为体中、为句中、为玄中。至言三要,则独不分辩乎?方讥呵学者,溺于知见,不能悟道。及释一句之中具三要,则反引金刚首楞严维摩等义,证成曰:性理无边,事相无边,参而不杂,混而不一。何疑一语之中,不具三玄三要?夫叙理叙事,岂非知见乎?且教乘既具此意,则安用复立宗门?古以气盖人,则毁教乘为知见,自宗不通,则又引知见以为证,此一失也。

  何谓罪巴陵三语,不识活句耶?曰:巴陵真得云门之旨。夫语中有语,名为死句。语中无语,名为活句。使问提婆宗,答曰外道是。问吹毛剑,答曰利刃是。问祖教同异,答曰不同。则鉴作死语,堕言句中。今观所答三语,谓之语则无理,谓之非语,则皆赴夹机活句也。古非毁之过矣,二失也。

  何谓分二种自己,不知圣人立言之难耶?曰:世尊偈曰:陀那微细识,习气如瀑流,真非真恐迷,我常不开演。以第八识,言其为真也耶?则虑迷无自性,言其非真也耶?则虑迷为断灭,故曰我常不开演,立言之难也。为阿难指示,即妄即真之旨。但曰二种错乱修习,一者用攀缘心,为自性者。二者识精圆明,能生诸缘,缘所遗者。然犹不欲间隔其辞,虑于一法中,生二解故。古郑建两种自己,疑误后学,三失也。①

惠洪对临济、曹洞二家用力最多,作《临济宗旨》一卷,同时,纠正了曹洞宗"君臣五位"之失,解释内绍外绍、正命食、三堕等,②发展了该宗的理论。

惠洪的禅法见地,给予后世诸多启迪,南宋大慧宗杲、元朝高峰原妙、明代达观真可等深受其影响。

三、惠洪的文字禅理论及其在文学方面的贡献

惠洪作为一代禅师、诗人、画家,其文字禅理论体现在诗文著作中。

《石门文字禅》最能体现惠洪的文字禅理论。该书辑录惠洪诗文词疏及记铭等各种文字,在佛教史、文学史上,皆具有重要地位。所谓石门,系惠洪曾住江西筠溪石门寺。《石门文字禅》共三十卷,卷一至卷八收古诗四百余首,卷九收排律及五言律诗,卷十至卷一三收七言律诗四百余首,卷一四至卷一六收五言、六言及七言绝句,卷一七收偈,卷一八至卷二〇辑录赞、铭、词及赋,卷二一至卷二四收载记、序及记语,卷二五至卷二八分别辑录题、跋、疏,卷二九编录书及塔铭,卷三〇除收载云庵真净、泐潭准、花药英禅师行状,以及十世观音应身僧宽公、钟山道林直觉大师传外,另收祭文24种。

惠洪重视语言文字在禅法上的作用与运用,且给文字以正确的定位,以纠正时人废除文字之偏执。此为当时禅宗之实情。出于"以法惠人"之心,惠洪指出语言文字是度人的方便,此也是禅宗的一贯主张。六祖慧能亦云:"一切修多罗及诸文字,大小二乘、十二部经,皆因人置,因智慧性,方能建立。若无世人,一切万法,本无不有,故知万法本自人

---

① 《续藏经》第79册,第517页下、518页上。
② 智昭:《人天眼目》卷三,《大正藏》第48卷,第314页中、317页下、318页上中、318页中下。内绍即君位,外绍即臣位。

兴。"①强调文字为度人之妙用,只是方便随说,主张不执定言,非废除文字。历代祖师所说法语,皆为去执,非流于断灭。可见,执著文字即落在"偏有"之弊,所谓未得亲证,流于口头。废除文字即落在"偏空"之弊,所谓执空传空,故作神秘,故应力避此两种极端。

惠洪以为语言是心之所生、道之外化,亦心之作用,禅师可借此而方便度人,学人可缘此而返本还原。当然,行为举止也是一种语言符号,也可开示学人悟入宗乘。黄龙祖心云:"真性既因文字而显,其性要在自己亲见。若能亲见,便能了知目前是真是妄,是生是死。既能了知真妄生死,反观一切语言文字,皆是表显之说,都无实义。"②作为实证的佛法,须学人假方便而亲见佛性始得,若无实证,一切皆妄,若得实证,全体皆真。

同时,惠洪以为文字对于弘扬禅法具有特别的作用。文字作为一种表达的工具,所指示的就是"教外别传"之旨,这是显而易见的。

惠洪的文字禅理论,对于文字与禅的关系给予了明确的定位。他文字与禅并举,因此,他对文学的贡献也是多方面的,他的作品涉及史传、诗词歌赋、碑铭、题跋、注疏、诗论、书画及其理论等。然而,他多方面的成就,皆以禅法为主旨,因此,他的禅法思想借助于"文字",广泛地渗透到文学、艺术、历史、哲学等诸多领域,对中国文化带来了别开生面的影响。

北宋末年文人士大夫的禅悦之风,正是在"文字禅"的影响下形成的。文字是开示禅意的重要工具,对禅意的领悟,也大都是借助于文字而契入的,在惠洪的文学创作中无不贯穿着这一点,对于士大夫禅悦之风的形成,给予了重大的影响。

惠洪主张,为诗须含蓄,得乎天趣,赢得诗坛之好评。为画须出于内

---

① 《六祖大师法宝坛经》,《大正藏》第 48 卷,第 351 页上。
② 子和:《宝觉祖心禅师语录》,《续藏经》第 69 册,第 218 页下。

心,顺乎自然,乃水到渠成之举,还与人品有关,这对宋代以后的诗画创作,产生了深远的影响。

《禅林僧宝传》开辟了史传写作新手法,在丛林反响巨大,接续之作不断,譬如《僧宝正续传》、《正法眼藏》、《南宋元明禅林僧宝传》等。

《林间录》为笔记体杂录,内容以丛林见闻为主,门类众多,有传记、行状、方志、语录、灯集及作者言行之片段,其中不少是秘闻轶事,具有重要的史料价值。自《林间录》问世以来,效仿之作不断,譬如宗杲《宗门武库》、晓莹《罗湖野录》和《云卧纪谈》、道融《丛林盛事》、克勤《枯崖漫录》及明代王恒《山庵杂录》等。

第七节　道济禅师的行历及其后世的"神圣化"

道济禅师作为杨岐派弟子,得法于灵隐慧远,以外现"癫狂怪诞、不拘小节"而闻名,以其独特的方式而教化世人,被世人尊称为"济公"、"济公活佛",又名"济癫",其真实法名反而少为人知。道济禅师生前既已闻名于杭州一带,圆寂之后又不断地被人传颂,后人遂依据其传记与传说,不断加以演化,使之成为了今日人们心中的"济公"之形象。

一、道济其人

道济(1148—1209),又名湖隐、方圆叟,后人称为"济公"、"济公活佛"。浙江天台永宁人,姓李,名修元,出身于官宦之家,幼承儒学,文理精通,擅长歌赋。年十八,父母过世,依杭州灵隐寺瞎堂慧远出家。慧远并不多言,但令其闻法、看经、坐禅。两月后,道济颇感厌烦,遂生还俗之念,向慧远禅师道:"弟子出家不得,正要还俗。"慧远禅师云:"快休出此言!我前日曾与你说,出家容易还俗难。汝既出家,岂有还俗之理?"道济云:"弟子自礼长老为师之后,并不曾开发,如何得成正果?"慧远云:"汝忒性急!既如此,可近前来。"道济向前,慧远扯住就是一掌,道:"此人必悟。"道济突然被掌,当下妄念顿脱,识得自性,爬将起来,一头将慧远撞跌下禅床,径奔出走。此后,道济始以疯癫之形象,示现种种出格之事,度化有缘。①

道济大闹禅堂,众僧烦恼,监寺欲将其迁单,慧远乃下批文曰:"禅门广大,岂不容一颠僧耶!"②"道济颠僧"、"济颠"之名,由是传开。慧远圆寂后,新任方丈将道济逐出灵隐寺。于是道济投靠净慈寺德辉,请为书记,掌理文书。

道济的生活离不开酒肉,经常出寺,不醉不归。以此醉酒疯癫,扶弱救贫,结交诸多达官贵族,实为游戏三昧。净慈寺不慎毁于大火,全赖道济以神通募化而得以重建。

南宋宁宗嘉定二年(1209)示寂,世寿六十二,荼毗时,舍利如雨,奉塔于浙江杭州虎跑寺。《钱塘湖隐济颠禅师语录》、《净慈寺志》、《灵隐寺志》、《天台山方外志》、《湖隐方圆叟舍利铭》、《南宋元明禅林僧宝传》等皆记有道济禅师之悟缘与行化。

二、道济的禅学思想

道济作为一代禅师、神僧,儒佛会通,常以歌赋教化世人,以神异点醒迷梦,外现疯癫相,内密菩萨行,时时游戏三昧,一生任性逍遥,其禅法重在修心,不拘形式,推崇自然,率性而为,不尚藻饰。

南宋初中叶,文字禅、看话禅、默照禅等禅法业已发展到一定程度,弊端亦日益显著。就文字禅而言,走向了藻饰文辞、游戏文字之路;就看话禅而言,走向了不起疑情、徒念话头之途;就默照禅而言,走上了执相空坐、徒有形式之径。举凡文字、坐禅、诵经、持戒、清规等,本为解脱之方便,至此,反而成了解脱之障碍。

---

① 沈孟柈:《钱塘湖隐济颠禅师语录》,《续藏经》第 69 册,第 618 页中。
② 同上,第 602 页上。

鉴于此，道济禅师外现疯癫相，不拘诸形式，告诫学人死坐无益，令人回到心地上来修学。道济禅师从不坐禅，也不诵经，四处游荡，喝酒吃肉，然而，却在心地上实在用功。此对治之法，意在破执，并非废除形式。

道济幼承儒学，又嗣临济禅法，诗文俱佳，奇思妙语，不同凡响。然其诗文如同其人，自然天真，全无丝毫雕琢之痕迹，纯属真心妙悟之流露。其辞世颂云：

> 六十年来狼藉，东壁打倒西壁。
> 如今收拾归来，依旧水连天碧。[1]

道济禅师一生，貌似疯疯癫癫，不值一提，实是内密菩萨之行，故来无来相，去无去相，真正是"依旧水连天碧"，即全体一真，本来如是。道济禅师之性情疏狂，志向高洁，身心解脱，任运自在，其言其行，得自天然，虽未必尽合乎俗相之法度，然而，却尽显本分天然之实际，正如《湖隐方圆叟舍利铭》所说，"狂而疏，介而洁，着语不刊削，要未尽合准绳，往往超诣，有晋宋名缁逸韵"[2]。

三、道济与传说中的"济公"

道济，历史上确有其人，就《武林梵志》、《净慈寺志》、《灵隐寺志》、《天台山方外志》等志书来说，所载甚少，而《湖隐方圆叟舍利铭》所记之内容虽然较多，但也不足以勾勒出其禅行的全貌。《湖隐方圆叟舍利铭》云：

> 叟天台临海李都尉文和远孙，受度于灵隐佛海禅师。狂而疏，介而洁，着语不刊削，要未尽合准绳，往往超诣，有晋宋名缁逸韵。信脚半天下，落魄四十年。天台雁宕，康庐潜皖，题墨尤隽永。暑寒无完衣，予之，寻付酒家保。寝食无定，勇为老病僧

---

[1]《钱塘湖隐济颠禅师语录》，《续藏经》第69册，第618页下。
[2]《续藏经》第69册，第620页中。

办药石。游族姓家,无故强之不往。(中略)叟名道济,曰湖隐,曰方圆叟,皆时人称之。嘉定二年五月十四,死于净慈。邦人分舍利,藏于双岩之下。①

作为历史文献,志书与铭文,信而有征,所载内容,虽然简略,却大体描绘出了道济禅师的疯癫疏狂之相。

《钱塘湖隐济颠禅师语录》一书,约九万余字,开首载其身世、出家之经过,余则述其悟道、游化市井、造寺、吟诗作赋、治病救人、扶弱惩强、超度亡灵等神异之事,虽名为语录,但并非一般意义上的语录,倒很类似于演义小说。该语录成书于南宋,距道济最近,故可信度较高,应比较接近道济禅师的真实面貌。《南宋元明禅林僧宝传》卷四,有湖隐济颠书记章,专为道济立传,就是依据该语录编辑而成的。

又明清之际天花藏主人所编《醉菩提全传》,亦名《济颠僧传》,及清中叶所著《济公全传》,详述道济禅师的一生经历,但为小说家言。作为小说,不足以为信史,但也是依据志书及语录等资料加以演义而成,故不应断然否定。

实际上,随着时间的推移,道济禅师在世时的神异事迹,经过代代口耳相传以及演绎加工,必然会有情节与内容的添加,遂成今日道济禅师之形象。

总之,志书与语录所载的道济禅师之情况,虽略有差异,但基本上是可信的。至于描写道济禅师的小说,则是借艺术之形式,以史料为基础,对道济禅师之行迹的创造与演绎,其也是源于现实而又高于现实的,显然不可以全盘肯定。故以志书与语录为基础、以小说为参考来研究道济其人,方可如实地认识道济禅师。

---

① 《续藏经》第 69 册,第 620 页中—下。

第六章 宋代天台的发展

在经历晚唐五代的衰微后,宋初天台宗迎来了一个复兴。宋代天台宗的发展主要表现在:由山家山外之争而展开的天台教学开辟了新的义学议题,确立了以四明知礼之学为天台宗正义之所在;宋代天台以忏法制度与净土、律宗等诸宗进一步融通,从而更普遍地参与到世俗社会中去。

第一节 宋代天台谱系传承

一、北宋天台谱系传承

北宋天台宗谱系传承十分复杂,呈现出多头发展、间杂融摄的景象。以山家山外之争为中界,我们把北宋天台谱系传承分为前、后两个阶段。前一阶段是钱塘、四明、天台三个系统的并立和对正宗地位的争夺,后一阶段则是在四明系之山家地位确立后,其内部之知礼、遵式两系的分化发展。

(一)三系并立

1. 钱塘系

钱塘系实为五代之季北宋之初天台宗之大系,乃是新的谱系分化原则的最早受惠者。钱塘系谱系传承如下：

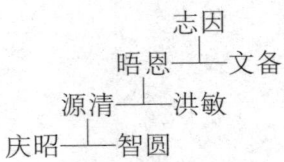

现将上述人物行履分述如下：

志因：钱塘人，与螺溪义寂（919—987）同为高论清竦法嗣。其生卒年无有记载，但对照义寂之生活年代，则大致可以判定其主要活动在 10 世纪中叶。又据《佛祖统纪》记载，其弟子晤恩（912—986）于后晋开运初（944）就学志因，文备（926—986）于天福间（936—941）至会稽传百法论，闻天台三观之学而谒志因，则更可确定志因当年长于义寂，且在 10 世纪三四十年代左右即已在钱塘基本确立了日后天台山外派的规模。

慈光晤恩（912—986），常熟（今江苏常熟）人，俗姓路，字修己。13 岁出家于破山兴福寺，后问学志因于杭州，研习天台教，被时人誉为"义虎"。其曾著《金光明玄义发挥记》，主《金光明玄义》但有略本，只谈法性，无有观心，此成为宋初天台山家山外之争的导火线。

文备（926—986），福建侯官人，俗姓郑，字昭本。早年用力于唯识学，曾于会稽传授《百法明门论》，后从志因习台教，与晤恩同学。志因去世，文备转以晤恩为师。

奉先源清（？—997）从晤恩习台教，曾著《十不二门示珠指》，以"灵昧真心"概念理解湛然之"一心"。其坚持《金光明玄义》但有略本，无有广本，从而加剧了钱塘与四明派之间的对立。其弟子为庆昭、智圆。

灵光洪敏，与源清同师晤恩，共制难词二十条主张《金光明玄义》但有略本。洪敏对华严学颇有研究，长水子璇曾从其学《楞严经》。

梵天庆昭（963—1017），钱塘（今浙江杭州）人，俗姓胡，字子文。幼年出家，13 岁受具戒，从源清习台教达 17 年之久。源清去世后，庆昭嗣讲源清之席，为众所拥戴。后庆昭迁居石壁梵天寺，故得名梵天庆昭。

庆昭是山家山外之争中钱塘派的主将,其与四明知礼以书信往复辩论达七年之久。庆昭主要弟子为咸润。

孤山智圆(986—1022),钱塘人,俗姓徐,字无外,自号中庸子、潜夫。智圆少即出家,受戒于龙兴寺,21岁拜奉先源清为师,习一心三观之学。两年后,源清去世,智圆即长期隐居西湖孤山,故名孤山法师。智圆潜心天台教义,著述宏富,有十部疏主之称,其是庆昭之后钱塘派的主要人物。另外,智圆倡导三教关系平衡论,以复性说沟通儒释。智圆主要弟子为惟雅。

永福咸润,上虞(今浙江上虞)人,俗姓郑,字巨源。少即出家,精研戒律,因入天台山读智者三观之文而倾心台教,遂从庆昭学天台。庆昭去世后,嗣居梵天寺。咸润后徙居会稽永福寺,聚徒五百,以普贤忏法行世,故得忏主之名。惟雅,孤山智圆主要弟子,其久依智圆,悉得其旨。智圆曾制《西资料钞》以解弥陀疏,其时智圆病中,故自口占其文,使惟雅笔录之。

五代以来,天台宗的谱系分化具有了实质意义。从高论清竦门下,分化出螺溪义寂与志因。义寂得清竦之正传,而志因则离开天台至钱塘。于台宗而言,志因的进入钱塘具有一标志性意义,它是天台宗真正融入城市,从而由宗派佛学转向制度佛学的开始。如果说志因的出走本身还是基于谱系分化的话,那么志因在钱塘一带的经营则已有朝功能化方向发展之趋势。从志因弟子晤恩始,经过源清,再至庆昭、智圆,钱塘一系已经形成为一个颇具规模、特色迥异的天台系统,较诸所谓的天台正宗,反倒是更具有影响力。尽管没有明确的文献记录,但我们有足够的理由相信,参与到延寿的义学对话中的天台学者该是来源于钱塘一系。

首先我们可以看到,钱塘一系的义学色彩是很浓的,晤恩甚至被时人誉为"义虎"①,可见这一派系在义学上的贡献。事实上,在北宋天台振兴之前,正是钱塘系做了绝大的努力,从而使得天台义学维持不坠。我

---

① 志磐云:"(晤恩)因讲次覆述,剖析幽微,时称义虎。"《佛祖统纪》卷一〇,《大正藏》第49卷,第204页上。

们不妨略举几例以说明之。如晤恩造志因师,通达台教,如志磐指出:

> 先是天台宗教,会昌毁废,文义残缺。谈妙之辞,没名不显。恩寻绎十妙之始终,研核五重之旨趣,讲《大玄义》、《文句》、《止观》二十余周,解行兼明,目足双运。使《法华》大旨全美流于代者,恩之力也。又慊昔人科节与荆溪记不相符顺,因著《玄义》、《文句》、《止观》、《金光明》、《金錍论科》,总三十五帖,见行于世。①

志磐虽诋晤恩为山外鼻祖,但对晤恩的义学贡献还是予以了肯认。而从晤恩自身看,其自然是以继承天台义学为己任的,但并无特别强烈的圆教意识,尤其是他主要关注智者的著作与智者对《法华》妙义的阐发,显示了晤恩义学的特色。

其次,钱塘系的"讲学"之风使得他们不甚关注对天台圆教地位的确立,于法嗣传承亦无甚浓厚兴趣。如文备与晤恩同学,问教志因,其才华得到晤恩的激赏,"备虽后进,已与吾并驱于义解之途矣"。在晤恩示寂后,文备"北面事恩以卒其业"。同时,文备不喜喧嚣,少有开示海人、收授纳徒之举,曾云:"讲授满门祖风未坠,抗迹开居从吾所好。"更为典型的是梵天庆昭,其与智圆师事奉先源清,源清谢世,"众请师嗣讲,宛有父师之风"。这里的"请师嗣讲"的表述很有意思。它首先表明庆昭并非是源清确定的法嗣,或者至少表明在钱塘系统中法嗣概念不是特别的重要,只是因为庆昭随伺其师17年之久,该是才德兼具,故得众弟子推举嗣位。其次,庆昭继承的并非是传统的谱系分化制度下的正宗嫡传地位,而是"主讲"之位。故相对于传统的谱系传承对"宗门"的维护,钱塘系的法系传承更多像是要维系讲门。庆昭主讲后,"讲风大振"证明了他有效地维持了钱塘一系,未辱师门。自然,钱塘系内部也面临着一个分化的问题,但这种分化不是基于谱系分化原则,而是功能分化原则,所以智圆随源清习天台三观之道,"凡及二年而清亡",自此,智圆便独处于西湖孤山玛瑙院,但

---

① 赞宁:《宋高僧传》卷七,《大正藏》第50卷,第752页上、中。

同庆昭始终保持着密切联系,曾联手回应四明,捍卫师说。

第三点便是钱塘系所表现出的立身处世之低调风格。钱塘派僧人虽处闹市而洁身自守,持戒甚严,与俗世保持着必要的距离。如晤恩实为潜德不扬之高僧,赞宁写道:

> 恩平日谨重,一食不离衣钵,不蓄财宝。卧必右胁,坐必加趺。弟子辈设堂居,亦同今之禅室。立制严峻,日别亲视明相,方许净人施粥。曾有晚饮薯蓣汤者,即时摈出爨堂。每一布萨,则潸洒不止,盖思其大集满洲之言耳。偏诲人以弥陀净业救生死事,受教得生感祥可见者往往有之。凡与人言,不问贤不肖,悉示以一乘圆意。或怪不逗机者,乃曰:与作毒鼓之缘耳。不喜杂交游,不好言世俗事。虽大人豪族,未辄问名居,况迂趋其门乎?①

身在朝市而又超逸绝尘,晤恩这种"克己"似乎很难理解,比较起来,后来四明系的知礼、天台的遵式对世俗的介入,与权贵的交往则潇洒自如、进退有常。事实上,钱塘系人物的这种气质并非专属晤恩,而是具有普遍性,如其法孙智圆亦以清高自许,居西湖孤山而"杜门乐道",时名臣王钦若出抚钱塘,"慈云遣使邀师,同往迓之",智圆笑谓使人:"钱塘境上,且驻却僧。"遂婉言拒之,其绝俗若此。

钱塘系的清高之举非是个人气质使然,乃是整个派系的政治原则:不参与政治。不参与政治也就意味着自动放弃对制度世界的现实参与,这一工作应由儒学来做。由是,钱塘系实际上完成了一个根本性的转向:脱离政治,自拘为心性之学,他们只以治心为己任。与之形成鲜明对照的是,四明系以忏法应世,有极强烈的政治参与意识。

2. 四明系

四明系谱系为:宝云义通传四明知礼与慈云遵式。

宝云义通(927—988),字惟远,出身于高丽皇族,其幼年即生厌世求

---

① 赞宁:《宋高僧传》卷七,《大正藏》第50卷,第752页上。

法之心，故从龟山院释宗为师，得以精研《华严》、《起信》等经典，为国宗仰。后欲通达佛法，义通渡海入华，遍访名师，因闻义寂一心三观之旨而契悟圆顿之旨，即入义寂门下受业。得法之，后义通传教法于四明，长居宝云寺，培养了知礼、遵式等高足，被山家后学尊为山家始祖。义通的主要著述有：《观经义疏》、《光明玄赞释》、《光明文句备急钞》等。

四明知礼(960—1028)，四明(今浙江宁波)人，俗姓金，字约言。幼即出家，20岁从宝云义通习天台教义，与遵式并为义通二神足。知礼致力于对天台宗义的创造性阐发，力主别理随缘说、妄心观，故与钱塘派展开了激烈的教义之争，史称山家山外之争。通过此争论，四明一系成为天台正宗，故名山家，而知礼也被山家后学誉为天台中兴之主。知礼著述颇多，其中《十不二门指要钞》、《观无量寿佛经疏妙宗钞》最为著名，诸多杂记则收于宗晓所编《四明尊者教行录》。知礼亦重忏法，并将行忏与净土结社念佛结合起来，开拓了宋代天台宗对世俗社会的参与，对后世影响深远。

慈云遵式(964—1032)，宁海(今浙江宁海)人，俗姓叶，字知白。遵式早年于天台国清习天台教观，后至四明从宝云义通。遵式与知礼同学，而尤重忏法，其曾主天台东掖，后应主杭州下天竺。遵式致力于天台忏法的制度建设，完善了天台的忏法仪式，不仅将天台忏法进一步落实到世俗社会，且在地域上扩展到浙西、吴地，故得慈云忏主之名。此外，遵式以忏法之行和个人魅力结交皇室重臣，得以将天台教典入藏，从而推动了宋代天台宗的发展。遵式主要著述有《金园集》、《天竺别集》。

四明系的始祖为义通，其在四明一地的弘传教法是四明系得以成长为宋初天台大宗之关键。在此我们有必要对义通离开天台山，于四明发展的事实有所说明。如前所述，义通愿心弘大，兼又遍学诸师，既入天台宗门，当深得义寂赏识，按《佛祖统纪》的说法，其继义寂法席当是情理之中。但实际上情形是，宗昱继承义寂法席，而义通则离开天台山，另辟发展之所。如志磐写道：

（义通）始乃括囊东下，假道四明，将登海舶。郡守太师钱惟治闻师之来，加礼延屈，资问心要。复请为菩萨戒师，亲行授受之礼。道俗趋敬，同仰师模。钱公固留之曰：或尼之或使之，非弟子之力也。如曰利生，何必鸡林乎？师曰：缘既汝合，辞不我却。因止其行。开宝元年，漕使顾承徽屡亲师诲，始舍宅为传教院，请师居之。①

这段文字给我们透露了几点信息：第一，宝云义通离开天台返回高丽，《统纪》没有明确告诉我们义通为何要离开天台山，假如义通为义寂法嗣，自然未可离开，即便是去意已决，义寂也当再三挽留，所以义通的离开很可能是天台内部极正常的谱系分化所致，其特殊处也只在于义通为高丽人，学成故要返国。志磐就曾很清楚地说明此点：

述曰，螺溪门下弟子以百数，而本传指宝云为高弟子，不载昱师名，疑昱师见螺溪在最先，故早传炉拂，宝云后至，而其道大振，故传中推为上首。以此言之，在道不在炉拂也。

可见志磐已委婉承认宗昱在谱系传承上的合法性，这反过来说明了义通未为义寂正传。第二，宝云义通创宗立派实赖四明地方政权的支持，所谓"缘既汝合，辞不我却"乃修辞性表达，没有此点，义通很难在四明立足乃至发展。第三，四明为五代以来东南地区重要海港，与高丽、日本等东亚国家的海上交往十分频繁，故四明一地的国际化程度很高，这对义通这样一个具有高丽皇族身份的僧人来说是一个有利条件。②

基于以上所述，我们可以认为，四明同钱塘系一样虽亦为谱系分化而出，但有其独特性，这表现在：四明系的地域、义学均有浓郁的海外背景，另外，四明系建立伊始即得到政治上的支持，故其对政治葆有参与性是必然的。

---

① 志磐：《佛祖统纪》卷八，《大正藏》第49卷，第191页中。
② 关于高丽僧人与宋天台佛学之关系，参见何劲松《高丽僧人与宋代天台宗的振兴》，《东南文化·天台山文化专号》第三辑，1998；曾其海《天台佛学》，学林出版社，1999。

关于四明系的义学特色。四明系虽处城市，但不同于钱塘。后者是政治中心，故制度安排主要围绕政治运转，而四明为海港城市，虽具有中国传统城市的政治性，但外贸经济应是这一城市的核心结构，这意味着经济活动在城市生活中占据了主导地位。在此环境下，台宗要获得生存、发展的空间就必须为这种由经济活动所支撑的制度世界提供合理性解释，所以我们看到上文提到的请义通为菩萨戒师，为居士行授受之礼。知礼显然继承了这一传统，其对世俗给予了极大的关注，如行忏、结社念佛，由此四明系在参与对世俗的安顿中获得了合法性，也赢得了更多的制度资源。同时我们还应看到，四明一地在地域、文化上的差异性对当地佛教发展的影响，譬如知礼与天童子凝对"烦恼即菩提"的往复争论，此一争执反映了四明地区由于工商业的迅猛发展所造成的"俗世"的极度凸显，从而在解脱之境与俗世之间制造了一种紧张。通过这种争执，也进一步塑造了四明系的思想品格。此外，四明知礼与日本僧人的多次对话也表明四明系天台学所具有的国际化色彩。

而从谱系传承看，同钱塘相似的是，四明系强调的也是"讲席"而非法位。所以义通示寂后，并无明文指出谁为义通的法嗣，而且颇耐人寻味的是，在经过短暂的空缺之后，并非知礼而是他的师弟遵式再返四明，被众人推为宝云讲席的继承人，这在志磐的遵式传中虽是一笔带过，但已足以说明问题。所以我们看到在端拱二年（989），知礼乃是应请主于乾符寺。这一方面说明即便是在四明系统中，知礼的地位也不是一下就确立起来的，所以在早期也无十分固定之道场，另一方面则说明四明系羽翼待丰，故知礼与遵式更多表现出一种协作关系，少有宗派之争。

3. 天台系

众所周知，山家山外之争是发生于天台宗四明系与钱塘系之间的一场义学争论，所以研究者一般只关注上述两个派系的发展而对天台系反倒着墨甚少,无有顾及,这样一种处理对理解以山家山外之争为中心的北宋天台来说是不全面的。事实上,天台山本为天台宗祖庭,宗昱继嗣义寂,故得主天台,其代表了天台正宗所在。继嗣宗昱者为契能,永嘉人,其得教旨于宗昱,后主天台常宁,讲道不倦。志磐说,"自智者而来,以炉拂传授为信,至师嫡承为十四代"。可见,志磐实际上肯定了天台系在传法制度上的正宗地位。从契能学习者有继忠扶宗、神悟处谦,由于扶宗不受契能之法器,故契能之法系不复传。天台系虽有炉拂之信,但从教学方面看,天台系无有发明,宗昱虽有《注十不二门》,其所持之观点类同于钱塘源清的《示珠指》的"灵昧真心"说,遭到四明系的批驳。天台系在教学方面的衰微使得其正统地位难以维系,宋初天台内部的正统之争本身从侧面反映了这一事实。当然,由于四明系中的慈云遵式与天台系的渊源,遵式后来返回天台山,建立东掖道场,这可以看做是四明系势力对天台山的进入,在此过程中,四明系对天台系的思想因素也应有所整合。若如是而说的话,则天台系在当时天台宗谱系重构中仍发挥了相当的作用。

(二)山家谱系

经过山家山外之争论,四明系确立其在天台宗的山家正统地位,而钱塘系、天台系则趋于衰弱。由于四明知礼在台宗的祖师地位,山家谱系的描绘都是围绕知礼的法脉展开的,从而对遵式系有所忽略。实际上,同为山家的慈云遵式凭借其忏法实践介入世俗社会,其系统在当时有非常大的影响。故山家谱系乃是分别在知礼、遵式两个系统中展开的,并无正傍之分。当然需要说明的是,由于知礼、遵式既有同门之谊,又派为两支,所以两个系统的谱系有交叉之成分。

1. 知礼系

在山家山外之争的进程中,知礼的义学造诣已为世人所知,故从其习教者趋之若鹜,英俊之士环集。在众多的弟子中,知礼本应传法于净觉仁岳,但后仁岳不满师说而叛出,反戈一击,自然不可能再继承知礼的事业。由于这一事件的突发性以及众生中无有与仁岳抗衡者,知礼去世前并未指定由谁作为他的传人,故其逝后,四明派分为三支:广智尚贤、神照本如、南屏梵臻,各据一方。

广智系。广智尚贤,四明人,随从知礼学台教多年,在知礼去世后,居南湖继主延庆寺,应该说是四明系的主导性一支。广智从知礼较早,"历事既久,遂居高第",其在知礼生前并无特别的表现,只是资历较老,故于知礼逝后,继主延庆。由于知礼已逝,仁岳自视无人与之匹敌,曾致书广智,以为"三千之义,只是心性所具俗谛之法,未是中道之本",希望广智共反师说。广智在此关头坚持知礼立场,以为三千即空假中,不必专指假,知礼的三千俱体俱用正是山家圆义。对于广智的行为,志磐予以较高评价,认为他翼赞大教,抵制净觉邪说,维护了知礼学说的纯洁性。广智门生中有继宗扶忠、超果惟湛、四明如吉等,后由上首弟子神智鉴文继之。神智鉴文,四明人。从史籍记载看,神智义学上无所发明,惟"日课佛祖号千声,夜礼千拜"以报佛祖、宗祖之恩。神智鉴文的传法弟子为明智中立。明智中立(1046—1114),鄞县(今浙江鄞县)人,俗姓陈,试经得度,初依广智,与神智鉴文、继宗扶忠本为同门。后鉴文断主南湖,中立复从之。在鉴文所设的一次天台教义的论辩会上,中立拔得头筹,故被擢为上座。虽然中立与鉴文有着师授关系,但他与继宗其实也有极密切的关系。据《佛祖统纪》,中立曾谒继宗,辞别时,继宗赠语中立"子行,必绍法智之席",后神智谢事,中立果继之。中立与继宗的关系颇为微妙,既然他已被鉴文举为上首,跑到永嘉拜访继宗干什么? 而更奇怪的是,继忠离别赠言,像是师长对学生的期望。事实上,在广智门下,继宗扶忠是最有志于山家教义探讨的一个,其为广智弟子,虽非上首,但其才华早已得到广智的首肯。雪窦重显禅师"见而叹曰,四明之道为有传矣"①。扶忠的贡献主要在于将山家山外之争的文献加以整理结集,如

---

① 志磐:《佛祖统纪》卷一三,《大正藏》第 49 卷,第 217 页上。

《四明十义书》、《法智观心二百问》、《四明仁岳异说丛书》均由其所编撰，这为后人研究山家山外之争提供了文献上的保证。当然扶忠的本意是要通过这种工作来昭显知礼教学"独得祖道之正"，这也可见当时四明教学已黯然多时，四明一系无力与仁岳对抗，只能通过"回忆"来温习昔日的辉煌，其子嗣中处元、从义均为义学名家也说明了这点。所以很明显，中立去继宗处其实是习山家教义。

神照本如系。神照本如(980—1051)，四明句章人，其早依知礼，在山家山外之争论时曾经受命驰书《十义书》于梵天庆昭，后其继承了遵式的灵山法席，此因缘在于，"祥符四年，慈云迁灵山，亲往法智会下，求可为继。法智曰：当于众中自择之。慈云阅视至师，即曰：斯人可也。师至承天，大振法道"①。就本如的教学风格看，其与遵式保持了一致。遵式号称天竺忏主，本如对忏法也极其重视，"尝集百僧修法华忏一年，瑞验屡现"，此外本如还常展示出神通等灵异能力，如"尝于寺西南隅，见一虎睡。以杖声击之曰：此非汝睡处。虎俯首而去。后于虎卧处结屋为庵，归间其中"。神照在当时有绝大的势力，其主承天寺达三十年之久，专事忏法，法席极盛。和遵式一样，本如与朝廷交往极为密切，曾得御赐紫方袍。并效仿庐山远公，"与丞相章郇公诸贤结白莲社"。因此虽然神照一系在天台教义上并无大突破，但由于忏法实践简洁有序，实证真实，吸引了大批天台学人，故神照门下人员最为齐整，徒众常在五六百人。其中著名者有处咸、处谦、有严等，宗风一依神照，以止观忏法为主。处咸(1016—1086)，天台(今浙江天台人)，俗姓王，7岁入国清寺出家，14岁受具足戒，后学于本如，深契教旨，曾代师讲法。其初主赤城崇善，继主白莲。处谦(1001—1075)，永嘉人，俗姓潘，9岁依常宁契能得度，后从慈云遵式，复谒神照本如，明圆顿之旨。后归主常宁，迁慈云妙果，主白莲。处谦主要得法弟子为法主净梵、择瑛

---

① 志磐：《佛祖统纪》卷一二，《大正藏》第49卷，第214页上。

严之。净梵(？—1128)，嘉禾(今浙江嘉兴)人，俗姓笪，字治之。10岁从胜果师永忏主出家，后依超果湛师，不久复谒处谦。其后主姑苏大慈，颇行忏法，有忏主之誉。择瑛严之(1045—1099)，桐江(今浙江桐庐)人，俗姓徐，试经得度。后从处谦，深悟止观之道。曾主当湖德藏，大开法施。其著有《净土修证仪》二卷。

南屏系。南屏梵臻(？—1103)，钱塘人，其从四明颇晚，只得知礼部分教学，如志磐云："闻讲《妙玄》、《文句》大有启发，及还乡邑，以不亲授《止观》为之恨，乃焚香礼像，阅读二十过，以表师承。"①可见因为南屏见四明时已是知礼暮年，知礼已不大开讲经论，故而他失去了倾听大师讲授《止观》的机会。当然，尽管南屏从知礼时间很短，却是四明学坚定的支持者，这一点可以从他与净觉仁岳的论辩中看得出。志磐写到：

> 每与净觉辩论教门，陈辞有司，乞筑高台竖赤幡，放(仿)西竺圣师与外道角胜。义堕者断首截舌，悬之幡上。郡侯睹师法战之锐，就辞解之曰：行文制作臻不及岳，博闻强记岳不及臻。师虽自此弭兵，闻者莫不凛凛。②

梵臻弟子为慈辩从谏(？—1108)，松阳人，俗姓毛，试经得度，即谒上天竺辩才，复往从梵臻。梵臻对其有厚望，以为"吾道由子而行也"。曾继辩才主南屏、上天竺，得赐慈辩之号。高丽僧统义天来华求法，曾问法于从谏，既归高丽，尊从谏为开刹之始祖。从谏弟子众多，著名者有车溪择卿、慧觉齐玉、普明如靖、应如等。车溪择卿，天台人，受教于从谏。初主车溪寿圣寺，聚徒三百。晚年居车溪。其著名弟子有竹庵可观，为南宋天台重要人物。慧觉齐玉，霅川人，始参祥符神智，后依从谏，初主苕溪宝藏，后迁横山，重念佛。宣和六年(1124)迁居上天竺。普明如靖，早学从谏，重忏法，建炎二年(1128)迁主上天竺。

---

① 志磐：《佛祖统纪》卷一二，《大正藏》第49卷，第214页下。
② 同上书，第215页上。

2. 遵式系

遵式学于义通,故与知礼同属大的四明系统,但当遵式主宝云寺12年再返天台后,我们必须将遵式系统看成是四明系的衍生,故遵式系与知礼系乃是由四明系分化出的两个系统。

事实上,遵式与知礼的同门之谊是一回事,而两个派系的独立存在、自在发展又是另外一回事。遵式虽予知礼义之学以极高评价,但对自己在谱系传承上的正宗性却是确定无疑的,故此,遵式力保宗风不坠的意识是很强的,如其圆寂前示语弟子:"我住台、杭二寺垂四十年,长用十方为意。今付讲席,宜从吾志。"① 又对弟子祖韶谆谆嘱托:"汝当绍我道场,持此炉拂,勿为最后断佛种人。"② 遵式如何得有法器炉拂呢?我们说过天台国清寺为天台正传,宗昱法嗣契能曾握有炉拂,并欲传于扶宗,但后者不受,故前者只能将之藏于天台道场而去。志磐记载了这一事件,但对炉拂后来的归属未置一辞。现在炉拂现身于遵式一系,则不难推测遵式获得了炉拂,至于如何得到的,则不得而知,但遵式获得炉拂是有一象征意义的。故当志磐以炉拂虽为祖师之信,而后人或以情取或以力夺,故不足凭时,其对四明知礼的正宗地位虽确认不疑,而于遵式之握有炉拂显然也是不置可否。

基于以上认识,我们就必须从一个独立发展的天台宗派角度而不仅仅是山家的附庸把握慈云一系的谱系。按照志磐的说法,慈云一系是"五世而蔑闻",其过程大致是由遵式传法明智祖韶,祖韶再传海月慧辩、净慧思义、辩才元净等。此后,慧辩传法从雅、智深,净慧传圆应德贤、神智仲元、慈觉永堪、思尚,辩才元净传法鉴辩才。最后由净慧一系的慈觉永堪传慈受子琳,慧辩一系的法宝从雅传如果。

明智祖韶,天台(今浙江天台)人,俗姓刘,早从遵式于东掖,后随迁灵山天竺。遵式去世,祖韶嗣主下天竺。讲训之外,常行四种三昧。海

---

①② 志磐:《佛祖统纪》卷一〇,《大正藏》第49卷,第208页中。

月慧辩(1014—1073),华亭人,俗姓傅,字讷翁。受业于普照,后从祖韶,居为首座,后继祖韶主下天竺,讲法25年,弟子近千人。曾任钱塘都僧正,为僧众所仰。辩才元净(1011—1091),钱塘于潜(今浙江杭州)人,字无象,俗姓徐。10岁出家,18岁从慈云,复学于祖韶。后请主上天竺几二十年,教苑之盛绝两浙。元净与士人交好,苏轼治杭州,喜与之游。慈云系的元净、慧辩各主杭之名刹上、下天竺,反映了慈云系当时的巨大影响力。

由于遵式系的巨大影响,志磐曾予慈云遵式以很高的评价,如其所云:

> 逮我圣朝,此道复兴,螺溪、宝云振于前,四明、慈云大其后。是以法智之创南湖,慈云之建灵山,皆忘躯为法,以固其愿,而继之以神照启白,运辩才兆上竺,于是浙江东西并开讲席,卒能此诸刹安广众,行大道。①

可见志磐虽以知礼系为正统所在,但还是认可了遵式一系在复兴天台义学上的贡献。

3. 知礼、遵式谱系的相杂

事实上,除了知礼、遵式各自明晰的法嗣传承以外,尚存在着两个派系的法嗣相杂问题,典型者如净觉仁岳、崇矩等。

崇矩,三衢(今浙江衢州)人,曾为四明弟子之首座,知礼在听其讲法后,喟然叹曰,"吾道有寄矣"。从崇矩的行履看,他曾多次离开知礼出去讲法,包括在黄岩东禅、三衢景德,还游历过京师并向皇帝讲法,后来回到天竺(即遵式处),最后便是回到故里三衢,可见崇矩虽师知礼,但早已四处讲法,与知礼并无极密切的联系,倒又是慈云遵式与他有着一种颇为微妙的关系。尤其是崇矩离开天竺归故里前,遵式"授以香炉如意"作为纪念,并手书诫辞对其殷殷教导。从崇矩得到了天台两位大师的奖掖

---

① 志磐:《佛祖统纪》卷一〇,《大正藏》第49卷,第209页上。

可以知道,其成为四明弟子首座非徒有虚名,不过问题是假如崇矩是知礼的学生,遵式为何对其亲热有加?这又涉及到遵式谱系与知礼法系的相杂,志磐对此作出了解释,他说:

> 浮石先学于法智,及赴东禅乃遗以书,当是时已定师资之分矣。后自京回天竺,慈云以犹子待之,故其归里亦授以辞,此见一尊者法门之情无所间然。而古今图谱置之慈云之下,其不审也。若是,今依鉴师录系之四明,览图者毋以为惑。①

志磐的意思是,崇矩与知礼早就确定了师授关系,至于遵式与崇矩的密切正体现出大师为法忘躯、了无分别的精神,切不可理解为二人还有师承关系。

尽管现在限于文献难以确凿地判定遵式与崇矩的法嗣关系,我们仍可以给出一个合理的解释:崇矩早依知礼,但后离师,曾受教于遵式。实际上,如崇矩这样始学知礼而后投遵式系统的例子委实不少,如慧才早习知礼,后谒遵式,"北面服勤,旦夜不替",平素则以行忏诵弥陀为业,于教门异论无所臧否,风格颇似遵式。另有慧舟,虽学于知礼,于天台教学少有关注,惟重行忏,曾誓于像前曰:"倘此三昧有成,当焚躯以效供养。"后来慧舟返归乡里,求证神照本如。前文已云,神照后从遵式,专事忏法,卓然大家,故慧舟求教于本如可理解成投奔遵式系。

净觉仁岳(992—1064),雪川(今浙江湖州南)人,字寂静,号潜夫,俗姓姜。初依知礼,于山家山外之争中助知礼甚多。后仁岳叛出,曾主石壁、灵芝等寺。主要著作有《金刚般若疏》、《楞严文句》等。由于仁岳先学于知礼而后又反戈一击,故志磐将其置于"山外诸师"之下,以示惩戒。

仁岳曾是知礼最为得意的弟子,初事知礼即表现出异于常人的坚毅与勤奋,史载"(其)闻法智南湖之化,往依为学,至水月桥,掷笠水中,曰:

---

① 志磐:《佛祖统纪》卷一二,《大正藏》第49卷,第215页中。

吾所学不成,不复过此桥。法智器之。居以东厦。白昼焚膏,专事绅绎。乡书至,悉投帐阁,未尝启视"①,其勤勉过人若此。由于仁岳超人的禀赋与刻苦,其在山家教义上的造诣达到极高境界,在山家山外之争中,辅助四明抗击钱塘派,出力甚多。对于此点,即便是志磐也不得不承认"所以赞四明为有力"。但仁岳思想后来发生了巨大的转变,此转变之缘起如仁岳所描述的:"后复与十同志修请观音三昧,因疾有间,宴坐静室,恍如梦觉,自谓向之所学皆非。"不久仁岳便撰《三身寿量解》非难知礼的《观无量寿佛妙宗钞》,以为知礼的"生身即尊特"的说法不能成立,希望知礼有所修改,但遭到知礼的拒绝,由此引发了师徒之间的激烈争论。

仁岳以道不合,离延庆道场而去,却得到了遵式的接纳,"遂还浙阳灵山,蒙慈云摄以法嗣",成为灵山弟子。这样,仁岳变为四明的逆子贰臣,成为遵式的得意门生,知礼、遵式的法系再次发生混杂。不过这一次,志磐未作更多的解释,因为仁岳是公开反叛知礼,已站在山家的对立面,故无须再确定他的法嗣归属,将其划入杂传是一明智之举。

二、南宋天台谱系传承

南宋台宗谱系传承主要在四明知礼系统的广智系、南屏系中展开。

1. 广智系传承

明智中立之下,南湖传承不明,虽有觉先、智谦、介然、晁说之等僧俗弟子,但并未明确记载谁为中立传人。唯一与南湖谱系有关的是澄照觉先。澄照觉先(1069—1146),慈溪(今浙江慈溪)人,俗姓陈。依志磐所说,觉先早师明智中立,"既得其传,复请益于慈辩清辩,所诣益深"②。志磐在这里表述得非常含糊,觉先"得其传"是指得到了山家教义,还是指得到了南湖之继承权? 若是后种情况,则觉先复请教于慈辩,而且

---

① 志磐:《佛祖统纪》卷二一,《大正藏》第 49 卷,第 241 页中。
② 志磐:《佛祖统纪》卷一五,《大正藏》第 49 卷,第 225 页中、下。

"所诣益深"便难以理解。觉先后来的行迹也说明了这一点,他曾于靖康初年主四明奉化之宝林寺,讲忏祈雨,颇有灵验,被邑人奉为守护。后有一段时间迁主延庆(南湖),志磐称其"大弘宗教",但无有详细说明。最后,觉先还是复归宝林,并以持名念佛为主,绍兴十六年(1146)"安坐而逝"。

从以上的叙述可以看出,觉先与南湖系统有师授关系,但主要活动是在奉化宝林开展的,逝后也是葬于此地,很难讲是属于南湖系统。等到月堂慧询主南湖时,认为觉先于延庆有传持之功,遂迁其塔灵至南湖,才把觉先列入南湖诸主名录。此时,已是圆辩中兴四明教义以后。月堂确认觉先与南湖的传承关系自是与修史、修谱一样的行为,这表明在明智中立之后,南湖延庆道场曾发生了法系中断的情形,即便法脉不绝,南湖本身也是处于一种极为萧条之景况中。

依志磐,觉先而下,息庵为广智的第五世。息庵道渊,永嘉(今浙江永嘉)人,其学于继宗扶忠。息庵虽非觉先弟子,其与广智系具体的传承关系是通过其师继宗扶忠辗转而来的。我们已经知道,虽然神智鉴文得广智法席,但继承四明义学的实际上是继宗一系。继宗不仅培养了处元、从义(尽管后来被摈入杂传)等义学名僧,而且与明智中立也是有师生之谊的。草堂处元继承山家正统,驳斥从义有力焉,其门下即是息庵道渊。道渊虽系草堂处元法嗣,但《佛祖统纪》说他"久依继宗,深达教观",可见其曾直接受教于继宗后来才转学于处元。道渊后居西湖永明寺讲法,于山家教义深有契会,尤其是对四明知礼的《指要钞》颇有心得,以为论性修离合之旨当约二义,即"一者约修三性三,与修性对论三以明离合;二者约修九性九,与修性对论三以明离合"①。道渊的工作是对四明性修理论的细致化。

道渊所传便是圆辩道琛,从志磐《佛祖统纪》诸师列传的目次可以看

---

① 志磐:《佛祖统纪》卷一五,《大正藏》第49卷,第226页中。

出,属于广智一系的唯一法嗣就是道渊一家。道琛(1086—1153),乐清人,俗姓彭。年十八具戒,初师事息庵道渊,"后至南湖依圆照"。圆照梵光(1064—1143)乃南屏系传人,时主南湖。绍兴十二年(1142),道琛继梵光主南湖,由此重新确立了四明之学的纲领。镜庵曾云:"先贤有云:四明中兴天台之道,圆辩中兴四明之宗。盖谓四明之后,有派为知解之学,近似山外者,而圆辩者出,独能发挥祖意以起四明,盛矣哉。"[1]所谓"独能发挥祖意",此"祖意"具体何指呢?镜庵没有明言,不过他接下来又说"或谓月堂得观行,止庵得宗旨,一庵雪堂得辩说,皆有师家一体云",因此我们可以通过论述道琛弟子们的思想与行径来把握道琛对祖意的发挥。

首先是月堂慧询(? —1179),由他继道琛主南湖。月堂早年遍参两浙天台名匠,后依止南湖道琛,闻性恶即具之旨,名体不转之妙,从而了达天台圆顿教义,匡正前学,道琛以性恶论授徒可见其是以性恶论为四明学说之精髓。

月堂以后主南湖,其教学也是以阐发性恶思想为特色。当时的丞相魏杞与月堂颇有往来,曾经问月堂"世间相常住之旨",月堂反问道:"得非以四时代谢为疑乎?"在得到了肯定的回答后,月堂解释道:"穷过去,极未来,虽有代谢,而此理常在。"这一解说很令魏杞满意,因为"(他)屡以问人,未若今日之可晓"。由此可见月堂义学造诣。其次便是得圆辩辩说的一庵处躬。志磐说他"久从圆辩得其旨,晚主南湖",可见他也曾主持延庆,若此,当在月堂之后。处躬的特点是,辩才无碍,"申明祖意,独出众说"。曾行光明忏,得到律宗之师竹溪的称赞,以为"四分所明,简身为要;若明心见性,其在兹乎"。至于得道琛宗旨的则是止庵法莲,早年亦是遍造诸师,晚归南湖,后主辩利等寺。止庵平日处事持重,接应僧众颇有法度,若问之以世间法,则滔滔不绝。而叩之佛法,则默而不答。

---

[1] 志磐:《佛祖统纪》卷一七,《大正藏》第49卷,第235页下。

俟人焚香拱立,谦辞发问,方才出言,曲尽原委。

不过从以上记述我们看不出止庵在义学上有何发明,为何为后人誉为"得宗旨",倒是月堂对性恶问题的关注体现出正是他得到了道琛的宗旨,而他的入主南湖这一事实也说明此点。另外与上述的道琛高足相比,道琛的另一个弟子四明仲韵也很值得关注。仲韵久参道琛,学解卓异,尤其是曾撰文《指南集》批驳神智从义的观点,强调要坚持四明知礼的三千说。

道琛中兴四明之学的波浪并未停止于月堂一代,而是进一步推进到道琛的法孙辈,也就是逸堂法登、柏庭善月、石芝宗晓等人,他们既是这一中兴运动的余浪,又是整个四明之学的总结者。

逸堂法登,四明(今浙江宁波)人氏,俗姓林。早年以居士身份习佛,初学于止庵,后具戒依止月堂,师徒二人曾共同探讨过修性善恶问题,十分允恰。

柏庭善月(1149—1241),四明定海人,为月堂弟子中之最杰出者。善月出身名儒,故少有家学,受父母之命而出家,曾依南湖草庵,得到其师的首肯,后来归见南湖月堂,请益"如来不断性恶"之说。月堂示寂,善月又就学当湖竹庵可观。善月曾主东湖辩利、月波、南湖等寺,缁素欢迎,后退隐衍庆精舍,93岁示寂。善月生平,勤于著述,有《楞伽玄览》、《台宗因革论》、《金錍义解》、《山家绪余集》等,尤其是所谓"自余杂制"的《绪余集》,不仅保存了大量的天台义学史料,而且对山家山外之争中的许多辩题作出了回顾性的评点,极具思想史的价值。

石芝宗晓(1151—1214),四明人,18岁受戒,曾历访名师大刹,后居延庆第一座,讲演之余,以编撰文献为务,其中主要者为《四明尊者教行录》、《三教出兴录》以及《乐邦文集》、《乐邦文类》等。宗晓整理知礼(包括螺溪、宝云)文献对于天台宗贡献极大,并力图把天台教观与净土思想结合在一起。

2. 南屏系传承

车溪择卿的主要弟子为可观。竹庵可观(1092—1182),俗姓戚,华亭(上海松江)人。可观早年依从南屏精微,后闻择卿"声振江浙",故而负笈从之。曾读四明《指要钞》至"若不谓实铁床非苦变易非迁",感叹道:"语言文字皆糠秕耳",由此而了达台教之旨。可观一生著述丰富,其中《竹庵草录》、《山家义苑》最为流行。由于可观年高德重,教义深湛,禅宗大师大慧宗杲亦敬其为"教海老龙"。

可观之法嗣为宗印。宗印(1148—1213)俗姓陈,盐官(浙江海宁)人,15岁受具足戒,后师从竹庵可观,得天台教观之旨。当时广智系在圆辩道琛的领导下,进行天台教学探讨,渐使四明之学呈现中兴之势,而同期的南屏系统其实在天台教义方面也取得了很高的成就。而宗印在可观的教学指导下,对天台义理的思考也达到了很高的境界,曾思"寂光有相之义",感悟"寂光土体如水中月"。宗印后应请主持过多寺,"禅讲并行,法道益甚",尤其是在教义上有所发明,流传下来的代表作为《北峰教义》。由于宗印在当时声誉极高,故被宁宗召对便殿问佛法大义,得赐"慧行大师"之名号。当然从天台历史的角度看,宗印的最大贡献还是培养了一大批弟子,为天台学在南宋末年的延续提供了人员上的保证。

据《佛祖统纪》记载,宗印的弟子有古云元粹、佛光法照、梅峰梵奎、石溪思寿、石镜清杲、慈感文圭、蒙泉了源、毒海道源、剡源(元)觉先、恫洲怀坦、南峰思诚、日本俊芿、云巢如宝、南涧行果、岩陵赵彦肃、铠庵吴克己,其中法照为传法弟子。相对于同期的道琛法嗣,宗印一系显然是法资茂盛,这预示了其在未来的发展潜力。也许是志磐《佛祖统纪》中介绍法照及其法嗣的章节已经佚失,在《佛祖统纪》中详细介绍的主要是日本俊芿、岩陵赵彦肃、铠庵吴克己三弟子。

俊芿(1166—1227),日本人,早习瑜伽密教,后来中国从北峰习天台教观,"执经受教,尽通其旨"。赵彦肃,早年致力儒学,为"洛学翘楚"。因问北峰佛法大义,得识天台之旨。吴克己,著名居士,编《释门正统》,未竟而亡,宗鉴的《释门正统》其实正是在其书之基础上完成的。

第二节　山家山外之争

山家山外之争是宋代天台宗的标志性事件,通过这一场义学讨论运动,天台教学得以中兴。山家山外之争不仅确立了四明系的天台正宗地位,且规范了宋以后天台义学的理论形态,由此,天台宗义也就落实为四明之学。

一、山家山外之争概述

山家山外之争看似宋代台宗内部的宗义辨析、抉择,实是宋代台宗与禅宗、华严诸宗之竞争在己宗内部的反映。由于在宋代新型社会体制下佛教生存境遇的改变,佛教诸宗必须为获得存在的合法性而努力,故佛教诸宗在融通的同时,相互的竞争亦趋于激烈,且呈现出新的形式。这突出表现在,对宗义的论辩乃是与对宗教实践形式合法性的辩护紧密相联的。具体到山家山外之争,则忏法的合法性实乃整个宗义论争的核心,而义学主题的深入展开乃是围绕此点而进行的。

依争论主题,我们大致把山家山外之争分为两个阶段:真妄观心之争、理毒性恶之争,其中前者主要是在四明知礼与钱塘派梵天庆昭间展开,后者则是知礼与孤山智圆的论辩。

首先看第一阶段。在标志着四明系挑战钱塘系的文献《释难扶宗记》的序言中,知礼写道:

> 《金光明玄义》,早岁闻浙阳慈光恩师,专守略本,非观心等义,谓后人擅添。受其旨者,则有奉先清、灵光敏,皆广构难词,形乎篇卷,谓观心等文文理乖舛,私欲废之。近胥山学友善信上人,传二师之义,复制长笺,请余详广略之真伪,定存废之损益,俾后人无犹豫两楹之间也。[①]

[①] 知礼:《释难扶宗记》,《续藏经》第56册,第848页上。

可见争论源于天台观心问题,而观心论之争的核心在于对《玄义》广、略本真伪的不同认识。

所谓《玄义》,指智者大师的《金光明玄义》,乃对《金光明经》的阐释之作,属智者的天台著作中的"五小部"。由于会昌法难等诸种原因,在唐末,包括《玄义》在内的天台教典散失海外,后经五代时义寂等人的努力,"去珠复还"。教典的回归为天台义学的复兴提供了文献上的保障,但也带来了问题,其中最严重的便是典籍版本的真伪与文字的增损错讹。《玄义》便面临着这样的情形,除了当时所通行的本子以外,还出现了一种新的版本,由于新本有上下两卷,而通行本则只有上卷并无下卷"观心篇",故此分别被称为广本、略本。钱塘派坚持广本乃后人伪作,只承认略本的合法性。反之,四明派则认为广本确为大师所作,若专守略本则有废弃天台观心之义之嫌。

从知礼对事件起因的解释看,四明系似乎是天台学说的捍卫者,乃当然的正统派,但情形正好相反。如前所述,在争论发生之前,天台国清宗昱系为天台谱系上的正统,但在义学上无所成就;钱塘派则发明天台义学奥旨,声势极大,成为实际上的天台正统。四明一系虽不能说是天台异端,至少属于天台的一小分支,要使本身发展壮大,四明系就必须冲击钱塘系的权威。故借《金光明玄义》版本问题,四明系向钱塘主流发难,认为流行的《玄义》版本不确,应有观心一卷。而为了维护既有之权威,钱塘系必须予以反击,从这个意义上讲,它是被动应战。这一点其实也可以从知礼的正面叙述中反推出来,如其云:

> 余报之曰:夫评是议非,则近于诤竞,非我志也。矧以二师学解有闻,盖吾宗之先达,焉可率尔而拒之哉?信复抱曰:且闻弘赞理教,宜令允惬,法鼓竞鸣,何先何后?夫当仁不让于师,岂况与人乎?坚让不免,遂抽毫释二师之难词,救一家之正义。知我者,无以贬量得失之为诮。①

---

① 知礼:《释难扶宗记》,《续藏经》第56册,第848页上。

第六章 宋代天台的发展

作为天台后进,知礼要向天台权威发难需要足够勇气。就在知礼犹豫之际,胥山善信先后两次去书知礼,要求他不避辞辩,弘赞天台教义,最后知礼坚辞不免,方才鸣鼓而出,撰文批驳钱塘二师的观点。

善信极力要知礼出山,这说明知礼的义学造诣和旨趣已被一部分天台学僧所认可,因此知礼敢于与钱塘诸师诤论也得到了相当程度的支持,而在此之前四明一系应该已经对《玄义》问题有所议论。事实上,慈光晤恩为当时天台巨匠,其写《发挥记》,以为广本为后人擅添不是无缘无故的,一定是当时天台教界有人在鼓吹广本的真实性,从而威胁到钱塘教学的权威性,他所谓的"后人擅添"中的"后人"当不是泛指,针对的正是四明一系。故就在发出"后人擅添"议论的慈光晤恩辞世那年(986),晤恩弟子奉先源清作《十不二门示珠指》,批评《玄义》别行本(广本),师徒二人相继对《玄义》广本口诛笔伐,大作文章,可见《玄义》问题早在此时,甚至更早一点已成为天台教界所关注的话题。与之相应的是,山家始祖宝云义通即有关于《玄义》的著述,据《纪通法师著述遗迹》所云:"准《石塔记》,师所著述并逸而不传,然考诸四明章记,则尝秉笔《观经疏记》、《光明玄赞释》。"[①]义通撰《玄赞》的时间史无记载,但义通圆寂于端拱元年(988),则此书完成年代不会晚于此后。虽然晤恩要先义通两年而逝,但考虑到晤恩、源清议论的针对性,则其著作年代应与义通之著相近或稍晚。

面对钱塘派的质难,四明系的回应要等到咸平元年(998)。其时,知礼年40岁,正值壮年,体力、智力均处于高峰期,加上本派苦心经营多年,授徒纳众,羽翼已丰,才有机会再次向钱塘诸师发难。所以我们看到在知礼出《释难扶宗记》批驳《发挥记》无观心义的同时,知礼还撰《十不二门指要钞》对奉先源清的《十不二门示珠指》以及宗昱的《注十不二门》予以反击,而后两本著作同晤恩的一样,亦非近作,《示珠指》成书于雍熙

---

① 宗晓:《四明尊者教行录》卷七,《大正藏》第46卷,第931页上。

三年(986),而《注十不二门》也要到真宗咸平元年(998)。因此关于《玄义》版本及观心问题实际上发端于义通与晤恩之间,但真正的展开则是在知礼时代。

由于观心问题涉及到对整个天台教义体系的理解,故单纯的观心之争很快演化成为对天台教学主旨不同阐发的论战,最后的结果是,新生力量四明派战胜了传统权威钱塘派,取得了正统地位,故名"山家",钱塘则被贬斥为异端,成为"山外"。在某种意义上讲,与其说山家山外之争是一个四明系捍卫天台圆教的过程,毋宁说是四明系如何确立其正统地位的过程。所以在把握这场争论时,对于双方的观点、立场均要有一种"客观"的理解与叙述。

山家山外之争的第一阶段即是由《玄义》版本问题所引发的观心之争,以及由观心论引出的教争:别理随缘。由于二者在天台理论体系中天然的联系,因此两个问题的争论时有交叉处。

我们首先看第一个问题。观心争论始于真宗咸平三年(1000),至真宗景德四年(1007)结束,"往返各五,绵历七年"①。当时的论战不是面对面的口舌之争,而是以书信的形式阐发自己的观点,指摘对方的谬误。所谓"往复各五"便是指四明系与钱塘系围绕观心问题进行了五个回合的交锋,其具体情况如石芝宗晓在所编《十义书》序中说的:

> (知礼)坚让不免,有扶宗释难之作,专救广本十种观法,兼斥不解发轸拣境之非,观成历法之失。故钱塘梵天昭师、孤山玛瑙圆师,皆奉先之门学也,乃撰《辨讹》,验《释难》之非,救《发挥》之得。法智存谦光之礼,撰《问疑书》诘之。昭师不逊,有《答疑书》之复。法智复有《诘难书》之征,昭师构《五义》之答。法智复作《问疑书》之责,昭师稽留逾年,法智复有《覆问书》之催答。昭师有今之释难,翻成

---

① 知礼:《四明十义书序》,《大正藏》第46卷,第831页下。

不典之文矣。①

论辩的结果是四明系取得了胜利,而钱塘诸师则是"五番堕负,四番转计",十分狼狈。当然,由于我们只是依据胜利者一方的一面之辞,则山外派的不堪一击很可能被过分夸大了。后来知礼又将往返书信结集成《十义书》,于景德四年(1007),遣弟子神照本如驰书钱塘,诘难庆昭。为了避免事态的进一步发展,迫不得已,孤山智圆请出钱塘太守劝止争论,这样论战便暂时以行政命令干预的形式收场。同年五月,庆昭有《答十义书》。针对于此,知礼又撰文回应,这便是由知礼法孙继忠集录的《法智观心遗编二百问》。收到知礼的《二百问》后,庆昭给知礼回信,表达了对知礼的敬意。

从争论的全过程看,知礼的观点明确,理论体系一以贯之,而庆昭则是不断地为自我辩解,陷于前后自相矛盾之地。这表明,在义通与晤恩时代,义通虽有异论,然钱塘一系占有绝对的优势,而且这优势一直延续到源清时期。但源清之后,钱塘系在义学上无有新的突破发展,庆昭虽"宛有师风",也只是垂拱守成而已。相反,四明系经过数十年的卧薪尝胆,即将"飞龙在天",所以庆昭在知礼的凌厉攻势下难以自圆其说也是很自然的。

下面我们再来看看两派争论的具体过程。第一个回合是,知礼撰《释难扶宗记》坚持广本十种观心,而梵天庆昭(孤山智圆辅之)回之以《辨讹》。在《释难》一文中,知礼首先引录了源清著作中的一段文字:

> 若如《净名》《法华》等玄,文义该综,法相浩博,事释弥广,理解稍疏,故文文之下须用观心以释。今文不须观心者则有其致,良由大师顺经文法性之圆谈,乃明十种三法,始自性德三道,终至果人三德,一一三法无非妙性,一一妙性尽是真源。若法若心即金光明不

---

① 知礼:《四明十义书序》,《大正藏》第46卷,第831页下。

> 思议法性，岂有如此纯谈法性之外，别更观心者。①

源清当然不是一般性地否定观心，而是强调《玄义》无观心的特殊性。对此议论知礼以为，源清虽吾宗先达，但谬解《玄义》纯谈法性，不立观心，故批驳道，"夫观心者，正论观法，的示行门，乃立一念识心为境，以三观观之，使性德开发，惑灭果成，岂可便不论修观"②。

知礼首先强调观心是约境为观，离境无观。接下来他进一步指出，《法华》其实也是纯谈法性，之所以要观心有两点。其一，要达到纯谈法性之地步，无止观之功夫是不行的；其二，即便是已了达了《法华》妙旨，洞悉三道即三德之理，仍然需要观心，以便开德灭惑，否则终究是数他人财宝。所以知礼认为，"据此所释，广明十种三法之后，须有观心一科，不可辄废，《发挥》之义于兹已坏矣"③。既然知礼是以教、观二义释十种三法，严斥源清（晤恩）但教无观，那么山外派又是如何应答的呢？为救《发挥记》"但教无观"之失，源清二高足庆昭智圆合撰《辨讹》以回击：

> 观有二种，一曰理观，二曰事观。今云不须观心，乃不须附事而观也。何则，所谈十种三法，始凡终圣，亘果该因，无不以一法性而贯之，无不以六即位而成之。则使诸法等而无差，混而为一。事事全成于法界，心心全显于金光，如此则岂非纯明理观乎？④

观心乃天台基本的修行法门，对此即便是钱塘诸师也不会否认的，故《辨讹》提出两种观：理观、事观以圆通因纯谈法性而引发的"废观"之嫌，以为事观乃约行而观，故立阴为观境，须拣示识心。而理观，乃直显心性，无须立阴入为观境。这一说法其实用另一种方式，表述了源清的意思。这样，问题的关键便不再是单纯的要不要观心，而在于把握观心的两种

---

① 知礼：《释难扶宗记》，《续藏经》第56册，第848页上—中。
② 同上书，第848页中。
③ 知礼：《四明十义书》卷上，《大正藏》第46卷，第832页下、833页上。
④ 同上书，第833页上。

方式间的关系。

第二个回合是:知礼以《问疑书》诘难《辨讹》,庆昭复以《答疑书》。针对《辨讹》提出的理事二观概念,四明认为这是庆昭以教代观,曲救师说,但无济于事,因为理事二观即是《占察经》中的实相、唯识二观,实相观理,唯识历事,均属于止观范畴。若此,则理观应是"拣示识心,观三千法。十法成乘,策进行人,入内外凡,登于初住"①,而不是《辨讹》所云的"纯明理观",所以知礼讥讽庆昭为救"有教无观",以教为理观,则又落入"有观无教"的尴尬地步。遭到知礼这样的谴责,庆昭并不示弱,撰《答疑书》以"以由《玄文》直显心性,义同理观"拒之,这自是一种偷换概念的做法。

第三个回合:针对庆昭的《答疑书》中的错误,知礼复制《诘难书》而讨之,庆昭再以《五义书》抗之。《诘难书》认为庆昭所云的"直显心性,义同理观"并不成立,因为依荆溪湛然的《法华玄义释签》的说法,心性为众生修行因位,十种三法为佛所证果位。理观既是"观",便应观心性,而不是十种三法。庆昭以《金光明玄义》中作为教的十种三法"义同理观",自然是混淆了教与观的概念,换言之,知礼以为,庆昭以观境为已证之"心"而非阴识不合《止观》之义。为了协调"理观"与《止观》的差异,庆昭又以智者大师三种观法的概念圆融之:"观心之义有三种,唯《止观》约行观心,乃立阴等为境,拣示识心,以为所观。若附法、托事二种观心,但是直附事相、法相观之,摄事成理,皆不立阴入为境"。② 约行好解,托事则是指假托事义以成修观,如假借王舍城而观。附法则指附于诸法相以修圆观,如以四谛十二因缘等法相入于一念中。故庆昭以为,托事附法无须以阴识为观境。

第四回合:知礼再以《问疑书》投之,对三种观法之说予以驳斥。知

---

① 知礼:《四明十义书》卷上,《大正藏》第46卷,第833页上。
② 同上书,第833页中。

礼认为按照庆昭的理解，十种三法乃纯明理观，不须附事而观。而托事附法却是带事兼法，故不能说是纯谈理观，直显心性，何况"托事附法之观，何尝不依阴入为境"。实际上，知礼与庆昭的争论涉及到如何理解"即教而观"的问题。庆昭接到来信后，未作回应，后在知礼《覆问书》的催促下，方在一年后回书《来仪状》(《释问书》)，其内容并无新意，只是辩解："我本自问于阴拣境，诸文所无，不问通立阴境"，故被知礼指斥为"不腆之文"。不过争论至此，对立双方的观点、立场以及争执的焦点都展露无疑，胜负形势已经很明朗了，钱塘一系只是疲于应付，义虽堕负而几番转计，但知礼也是得理不让，穷追猛打。

第五个回合：在接到庆昭的回书后，知礼将双方往返论辩书信结集成《十义书》，成书缘起如知礼所云：

> 景德三祀，腊月既望，四明沙门比丘知礼谨用为法之心，问义于浙阳讲主昭上人。十月二十三日来文，二人入室，传到《释问书》一轴，广构粗言，欲杜来难。既立宗而自堕，徒援教以何归，都为无义之谈，尽是诿他之说。若随文致诘，恐大节难明，故于观心一科，立难十段。况上人素彰不逊，以《辨讹》答疑自矜。鄙僧早蕴多谦，用请益咨询为礼，故问无多少，答必周旋。①

考虑到庆昭虽已义堕，但总是妄加为转，回避问题，知礼决定把争辩的问题简单化为"真心观、妄心观"，并以条目的形式从"观心"的十个方面对庆昭进行逐一批驳，这十点是：不解能观之心、不识所观之心、不分内外之境、不辨事理二造、不晓观法之功、不体心法之难、不知观心之位、不会观心之意、不善销文、不闲究理。其中第一条：不解能观之法是论述的重点，通过回顾前四次论辩的情况，强调《玄义》观心正是观阴识，并指出庆昭已是"此过既彰，则义宗全坏"。一俟《十义书》完成，知礼即遣弟子神照本如持书亲往钱塘质难庆昭。当时形势十分紧张，孤山智圆知道"义

---

① 知礼：《四明十义书》卷上，《大正藏》卷46，页832上。

龙安肯伏鹿",双方定会争执不下,遂急请钱塘郡守出面制止这场争论。争论虽然不了了之,但四明系获得胜利确是明显之事实。

下面我们再来看一看第一阶段的"教"争:别理随缘。虽然"别理随缘"成为双方争辩的明确话题已在山家山外之争的后期,这一问题的重要性并未因此而削弱,相反它关系到山家教义的核心。慈云遵式曾予知礼《十不二门指要钞》以高度评价,以为"今时同昧者于兹判矣,别理随缘其类也,观道所托连代共迷者,于兹见矣。《指要》所以其立也"①。山家后学法登则由此引申出对知礼中兴教观的议论,"是知《指要钞》中立别理随缘,乃中兴一家圆顿之教;立阴观妄,显一家境观之道。只此二说,乃中兴教观之主意也"②。妄心观即台宗观心之道,其重要性自不待言,别理随缘如何是中兴之教呢?法登以为此乃由于山外派以别教随缘混同今家圆教随缘:

> 四明从明,从而辟之,以彼大乘终教随缘正同今家别义,又格彼顿教圆教既不谈具,即义不成,亦是今家别义,方显今家所说圆顿谈即谈具,超过诸说。四明所谓"只一具字,弥显今宗",中兴其教,不在兹乎?③

可见谈别理随缘正是要凸现一个"具"字,此正为山家教义圆旨之所在,故山家山外争论中的一个主要内容正是"别理随缘"。

山家、山外对别理随缘这一问题的关注首先是从对荆溪湛然的《十不二门》的不同阐释开始的,争论的焦点便是对《十不二门》中"总在一念"之"一念"的理解。山外大师源清首先于雍熙三年(986)著《十不二门示珠指》,以一理释"一念",体现了唯心论倾向。知礼后于景德元年(1004)撰《十不二门指要钞》加以批驳,以为此乃别教缘起,非圆教缘起

---

① 遵式:《指要钞序》,《大正藏》第46卷,第705页上。
② 法登:《议中兴教观》,《续藏经》第57册,第97页上。
③ 同上书,第97页中。

义。次年,庆昭弟子永嘉继齐以《指滥》破别理随缘义,但知礼随即以《别理随缘二十问》反破。由于这一问题涉及到各家教义的圆教地位,智圆对其极为重视,为加强钱塘一方的力量故而特地去书嘉禾子玄,要他参与讨论。在信中,智圆说道:

> 有四明知礼法师者,先达之高者也,尝为天台别理立随缘之名,而鲸吞《起信》之义焉。有永嘉继齐上人者,后进尤者也,谓礼为滥说耳。繇是并行章藻,二说偕行,如矢石焉。杭诸宗匠莫有评者,翻尔学徒甚以为惑,矧兹争论是佛境界。惟法师业天台之道,穷理尽性,传《起信》之义,微显阐幽,庶几乎用为法之心,详其得失。挥弥天之笔,定彼是非。①

应孤山之邀,子玄助战,作《随缘扑》诘难《二十问》,继齐又以《随缘征》继之。面对钱塘诸师的进攻,仁岳代师出战,作《十门析难书》回应,护持师说。后孤山在发难之文《显性录》中针对知礼的议论提出"理造即融事造",认为心具三千,故能遍造诸法。

从双方的论争可以看出,山外派明显处于下风,故庆昭后去信知礼,表达了敬意。为了完整把握庆昭的意思,我们将该信引录如下:

> 钱塘法门比丘庆昭致书于四明讲主礼上人。夫天台之道,祖乎龙树,宗乎南岳,自陈隋逮皇朝逾四百载。龙树至于荆溪九世矣,荆溪至于吾辈十世矣。其间英彦间出,讲说相望,代不乏贤。学者既庶,得其门者或寡焉。愚囊岁尝闻足下洞四教之大体,造三观之渊源,极如说行。唯日不足,诚谓得其门矣。求之于今无以加也,恨不得一日而见矣。愚比览足下观心义状三轴,果见其解深而理奥,学博而意幽。抑又文辞粲然,才华焕发,求之兼才,又难能也。其所构义,虽与愚不同,然亦各言其所解,显其所承,斯何伤乎?尝静而思

---

① 智圆:《闲居编》卷二一,《续藏经》第 56 册,第 897 页中—下。

之，知之者谓愚与足下苦心为法之至也，不知者以为好诤求誉之至也。又有不知厌臧厌否而钳口不言之者，今时乃尔。后世知之者，其何若哉？先知足下造《指要钞》，解《十不二门》，为一理之康庄，辨二家之得失。二年前虽许垂示，未睹斯文，翘望之切，如饮渴矣。或苟无食言，必具简惠然而来。博我圆解，约我圆行，岂独愚之幸，亦杭之学徒幸。又见吾足下诲人无倦之至焉。不宣。钱塘法门比丘庆昭上曰。①

在这封信中，庆昭其实是以委婉的方式表达了和解之意，并对四明知礼义学上的造诣予以认可。虽然庆昭仍然坚持"然亦各言其解，显其所承，斯何伤乎？"，试图在接受四明系的前提下继续维持钱塘系之地位，但形势已无可逆转地朝向了四明知礼。因此，这封信是一个标志，表明北宋天台义学中心已由钱塘转向四明。当然，虽然四明系在天台教观之争上站得了上风，这只是表明在两派之争的第一阶段取得了胜利，而并不意味着观心论、别理随缘问题的彻底解决。几十年后，孤山智圆旧话重提，再次撰文批驳知礼"观心"之义，从而形成了第二次争论，其具体内容在此不作赘述，我们将在分析论辩主题时再作探讨。

我们再看山家山外之争的第二阶段。通过上面所述的观心论（别理随缘）之争，四明击败了钱塘系，由天台一小支，跃升为天台之大宗，山家山外之分也由此而生。当然钱塘系的式微只是相对于四明系，而不是意味着它就此臣服于四明系，否则的话，也就没有以"山外"名之的必要。事实上，在此以后，以孤山智圆为核心，辅之以庆昭弟子咸润、继齐等人的钱塘新生代开始成长起来，并对四明系予以反攻。面对新一代的山外诸师，四明系予以回应。除知礼继续担任主帅外，其手下众多弟子中的杰出者如净觉仁岳则充任帐中先锋，羽翼其师甚有力焉。这一阶段时间跨度较长，争论的主题也较多。从时间角度看，大致是从观心论之争结

---

① 宗晓：《四明尊者教行录》卷五，《大正藏》第46卷，第903页中、下。

束后不久至知礼去世前(1028),历时近二十年。而双方讨论的问题主要有二:一,理毒性恶论;二,观心论的再讨论。由于这两次均是由孤山智圆所引发并直接针对四明知礼,所以在很大程度上,这一阶段的争论其实便是知礼与智圆二人间的对抗。

孤山佛学思想的大纲是其刚刚步入而立之年的著作《金刚錍显性录》,此书写于景德三年(1006),正值第一阶段的争论行将结束之际。在这部阐释湛然佛学论文《金刚錍》的著作中,孤山批判了四明的色具说与妄心观,如其云:

> 当知,一家所立有情心具三千,该收依正者,深穷佛旨者。学斯教者,既昧厥旨,但见唯色、唯香及色外无法等言。不了色心体一,便谓草木国土自具三千,殊不求文始末之意。①

很明显,智圆之所以要在观心论之争即将结束的时候选择《金刚錍》作为阐释文本是颇有深意的。事实上,早在景德元年(1004),知礼已经在《十不二门指要钞》中,通过批驳禅宗,阐述"烦恼即菩提"之圆义而提出了对性恶的理解。当然此作还有一个主要目的,那就是批评山外先达奉先源清的《十不二门示珠指》。知礼于观心论之争的紧张时期作《指要钞》不是兴之所致,而正是考虑到要彻底驳倒钱塘诸师,就必须去丈就尺,将钱塘派的理论基础给摧毁,而源清的《示珠指》正是这一基础。孤山要重新确立山外的立场,首先就必须重建自身的理论基石,而不是纠缠于观心论本身,所以智圆出山,向知礼挑战,选择的是注疏《金刚錍》的形式。因为《金刚錍》是湛然九祖的义学名篇,文中广谈佛性遍在,不隔无情,这些都是四明、钱塘所共许的,孤山试图通过对此文的诠释从根本上颠覆四明系的观点。缘此,他以为湛然"无情有性"的观点是基于心性遍在的思想,因此色具三千应以心具三千为前提,而真心与妄心也应统一于不可思议的真妄和合心中。这样,智圆实际上是建构起以心具论为核心的理

---

① 智圆:《金刚錍显性录》卷一,《续藏经》第 56 册,第 522 页中。

论体系,从而不仅坚持了钱塘派的立场,而且对知礼的思想也予以了相当的涵摄。可以说,孤山这一套精巧的构思是在四明派与钱塘派相争的刺激下产生的,体现了钱塘诸师对自身理论体系的反思。孤山对四明的一系列批驳均是建立在这一基础上的。

首先我们来看一看第一个论题:理毒性恶论。大中祥符二年(1009),孤山著《释请观音经疏阐义钞》,提出了"理毒非性恶"的论点,以为《观音玄义》之"性恶"有异于《请观音经疏》中的"理毒",二者是不同的两个概念,用孤山的话讲便是"性恶"天然本具,不可消伏;理毒随缘而成,故可破除。"性恶"思想是为天台宗所独标的理论,尤其为四明派所推崇,孤山虽然未废此论,却将其纳入到"心具"论之下,实际上降低了"性恶"论的地位,这于四明派理论而言是个极大的冲击。对此,四明知礼是难以接受的,但当时其并未马上作出回击,直至天禧元年(1017),连续作《消伏三用章》、《对阐义钞辩三用一十九问》,阐发对"理毒性恶"的理解。从知礼序言可知道,两篇文章均写于天熙元年,《消伏三用》还要稍晚于《十九问》,可见是知礼先写《十九问》批驳孤山《阐义钞》,后撰《消伏三用》系统阐发《请观音经疏》中的"消伏三用"概念。在《十九问》序中,知礼说道:

> 孤山智圆法师,吾宗之先觉者,著《阐义钞》解《请观音疏》。于中发明消伏三用义亦详矣,而于一家教观大旨,尚复差忒,予切陋之。于是设问十九章,征问是否,俾诸学者于兹法义,不为异端所惑云。①

虽然知礼承认孤山阐发《请观音经疏》"消伏三用"义的贡献,但他认为智圆的解说尚未中台宗圆旨,故需要加以辩驳。知礼以为谈天台性恶应于"即"之一字上作文章,就消伏三用而言,理毒之能消、所消是一种当体即是的关系,由此作为所消之理毒与所谓性恶是相即的。知礼的批驳引来

---

① 宗晓:《四明尊者教行录》卷二,《大正藏》第46卷,第873页上。

钱塘新生代的不满,梵天庆昭的弟子咸润作《签疑》支持孤山。由于此书已佚,我们只能从山家派的答复中提炼出其主要观点:一,三毒之消应约圆义;二,理毒之消不同于事毒、行毒;三,以为修德之体乃是性善,非性恶,性恶之功仍应有性善作为前提。[1]

面对咸润的诘难,代知礼出战的是净觉仁岳。仁岳的辩护要点如下:一,三毒的消伏是可配合四教的,其中理毒的消伏惟限于圆教。三种消伏若皆属于圆教,则不知谛理,唯称名诵咒的约事消伏也变为属于圆教。行毒的消伏,所谓智断,因是对立,所以其即义非圆的消伏;二,性德之行,唯有在理,不能误解为不起修德,若以恶为所消,善为能消,则果上用恶法门,化他用以什么为体呢?初心修观,性恶具足性善,即性恶而起修善。

第二阶段的观心论之争。天禧二年(1018),孤山作《金光明玄义表征记》,重新系统提出对《玄义》版本及观心问题的解说,并以词鄙、义疏、理乖、事误指斥《释难扶宗记》,将锋芒直指四明知礼。

如果说《阐义钞》是智圆对山外派理论基础的建构,那么《表征记》则是孤山从山外派角度对由《金光明玄义》引发的观心问题的再反思。虽然知礼认为山外诸师"妄破(观心)之义皆为荡尽",观心问题早在十几年前即已解决,但是问题显然不是这么简单。由于有了较坚实的理论基础,孤山经十余载后的别构难辞,旧话重提,绝非老调重弹。从《表征记》的写作时间看,正是知礼撰《消伏三用章》、《十九问》回击《阐义钞》的次年,则又不妨将此书视作对知礼回击的回应。当然,智圆的这本书今已不存(其另一本《金光明文句索引记》亦佚),目前我们只能依据知礼在《金光明玄义拾遗记》中对此书作批驳时所作的部分引录而得其大要。

在第一阶段观心论之争,我们看到山家与山外争执的焦点在于观心之境是否定为妄识。孤山此作仍然坚持山外区分三种观法的一贯立场,

---

[1] 参见安滕俊雄《天台性具思想论》,台北,天华出版公司,1989。

以为唯约行观于阴识,而托事附法作为理观是"直摄三法归三谛"。这一说法的新义在于,既不偏观阴识,亦不唯观真心,而是观真妄和合心。对于孤山的翻案,知礼没有马上予以回击,直至仁宗天圣元年(1023)才撰《拾遗记》加以批驳,其撰文的原因在于:

> 宝云讲次,学徒随录,义或阙如,未及补治,不幸归寂。孤山之制多事消文,复于中间毁除观心,斯实不忍。今故秉笔拾先师遗余之义,拾后人遗弃之文,使教行二途不至壅蔽。①

知礼以垂迈之年而拾笔属文,实有不得已而为之之处。因为引起山家山外之争这场义学讨论的导火线便是《金光明玄义》的版本及观心问题,正是首先通过对《玄义》"观心"之义的澄清,四明一系得以逐渐确立自身的山家正统地位。而到了知礼晚年,观心问题又一次成为山家与钱塘诸师注目的问题,山家要维系教义的合法性,就必须倾力相拼,故知礼不顾年迈,再次释难扶宗。对于孤山的难辞,知礼逐条进行批驳,尤其是针对孤山不可约心观佛的论点,强调《玄义》观心是即三道直观理性金光明,而在《观无量寿佛经》中乃是以一心三观修行。可见此一阶段的观心问题与后山家山外之争的话题:生身尊特等有直接的联系,这也是其不同于第一阶段之处。

二、山家山外之争议题

(一)别理随缘

别理随缘乃是山家山外之争的核心议题。借助对真如随缘概念的诠释,天台山家学人表达了本派之理事体用观,借此确立了宋代台宗的根本宗义,为圆教自拘为"俗谛"之法提供合法性的说明。同时,因为别理随缘说涉及到对"理体"性质的判定,则其与"理毒性恶"说有着内在之

---

① 知礼:《金光明玄义拾遗记序》,《大正藏》第39卷,第12页中。

关联,这为我们深刻理解理毒性恶说提供了前提。

别理随缘之说首先提出于知礼的《十不二门指要钞》中,在诠释湛然《十不二门》之"因果不二"义时,知礼指出理/事之间的体用关系:"夫体用之名本相即之义,故凡言诸法即理者,全用即体方可言即。"①基于即/离体用观的对比,知礼表达了他对随缘的理解:

> 他宗明一理随缘作差别法,差别是无明之相,淳一是真如之相,随缘时则有差别,不随缘时则无差别。故知一性与无明合方有差别,正是合义,非体不二,以除无明无差别故。②

圆别二教之差异在于对体用关系的即/离把握,而判定此点的标准为"理具",故"不谈理具,单说真如随缘仍是离义"。知礼坚持别教理有随缘义的目的在于他要突出"圆理"之所在,即"若不谈体具者,随缘与不随缘皆属别教",显然,他是要反对以随缘是否判定圆别之理,而是确立"体具"(理具)为圆理所在。这样一种圆理观其实与湛然的观点是有冲突的,因为在《金刚錍》中,湛然为论证"无情有性",接受了"真如随缘"说,明确表示"随缘不变之说出自大教,木石无心之语出于小宗",则湛然显然是认为别教之理无随缘义的。故此,知礼以别理有随缘义令世人"惑耳惊心"。为了协调与湛然观点之不同,知礼援引湛然著作中的文句用以说明湛然之意在于别理有随缘义。不过要充分把这一问题说清楚,知礼必须回到真如随缘说的文献依据所在《起信论》、法藏之疏那里,故更多的辩护出现于《天台教与起信论融会章》与《别理随缘二十问》中。

首先是对《起信论》文本之判释。知礼是要通过对《起信论》的梳理,确立真如随缘的意义,以此说明圆理随缘的合法性,换言之,知礼要"融会"天台教与《起信论》。知礼对《起信论》的解读是:

> 且夫此论宗《百洛叉经》,而首题大乘,则理合通于衍门三教。故

---

①② 知礼:《十不二门指要钞》卷下,《大正藏》第 46 卷,第 715 页中。

天台《净名玄义》云：《佛性》、《唯识》等论通申大乘三教。《唯识》尚具三教，《起信》何不具三？况与《佛性》大同小异。今且于论初后，撮略教文以对三教。论以一心为宗，乃云：总摄世、出世法。此则正在圆门，亦兼余二。真如门有离言依言、空不空义，则三教之理明焉。生灭门明初发心住，能少分见于法身。八相成道，岂非圆位耶？次第翻九相，岂非别位耶？八地得无功用道，岂非通教被接之位耶？①

知礼对《起信论》的义理权威是承认的，②故以其"通于衍门三教"，即大乘圆、别、通三教，尤其是他认为《起信论》以一心为宗，总摄世、出世法，正是圆门。而真如门有离言依言、空不空义，则明三教之理明。承认《起信论》通于圆教，则知礼是将《起信论》与天台的关系明确肯认了，这就将湛然纳《起信论》于天台的思路进一步发展，不过知礼由此面临的问题是，华严与《起信论》的紧密关系世所皆知，法藏对《起信论》的诠释奉为典范，知礼如何给出一套新的解说模式以确立《起信论》对天台的独特意义呢？为此，知礼首先严格区分论与贤首之疏。他以为，依天台判教，《起信论》通于三教，至于法藏之疏，"望于天台，乃是别教一途之说，未是通方别教"③。在此，知礼明确将藏疏定位为"别教"，甚至只是"别教一途之说"，尚非"通方别教"，原因在于："别有教道、证道，彼则唯论教道；别有四门被机，彼乃只论双亦；别有自他横竖，彼乃独论自行竖入；别有多义，彼所不去。未是别教通方，盖是一途之说。"④ 如此，则藏疏不及天台之圆教解释远矣。

既已分疏论与藏疏之文本，亦示天台诠说之优于藏疏，知礼最终点出主题，随缘真如为别教之理。知礼以为，藏疏虽然以真如随缘作一切法，真如体性常不变，但却坚持"无情唯有法性而无佛性"，此所谓名圆义

---

① 宗晓：《四明尊者教行录》卷二，《大正藏》第46卷，第871页中、下。
② 明河云："(知礼)独于《起信》大有悟入，故多所援据，后人扁其堂曰'起信'，示不忘也。"《补续高僧传》卷二，《续藏经》第77册，第374页上。
③④ 宗晓：《四明尊者教行录》卷二，《大正藏》第46卷，第871页下。

别。也就是说,在知礼看来,若是圆理,则既是真如随缘,则当认同无情有性,否则就是别理。而对于藏疏,其自然没有以无情有性判准圆理之前提,因为其单是以真如之"随缘"与否来确定圆别。故真如凝然不动即为别理,此乃相宗;随缘真如则为圆理,其属性宗。知礼自然不承认此说的合法性,以为"据理,随缘未为圆极。彼宗尚自判终教,未及于圆,岂天台之圆同彼之终"。

法藏是以真如随缘判于性相二宗,别于大乘始教(特指唯识)与大乘终教(特指《起信论》),而非是单以真如随缘为圆理,因为缘起达于性起方为圆理。对于华严以真如之随缘、凝然简于性相二宗,知礼基于天台立场上是不能接受的。更重要的是,在知礼看来,圆教当有"开权显实"义,若据方便义,则无论随缘还是凝然均属别教,这也适用于华严的大乘圆教。故当藏疏以真如随缘、随缘不变判定《起信论》之宗义时,实是以别教义来理解《起信论》,未达《起信论》之圆义。因此,知礼提出别理随缘说乃是要说明:华严之随缘说只是别理随缘。换言之,别理可以随缘,但不是圆教意义上的随缘。

对于知礼的说法,天台宗内部并不同意,为此而展开的争论极为激烈。如异议者提出,藏疏专立真如具不变、随缘二义,以"不变即随缘,随缘即不变"属乎大乘终教,亦兼顿教,对破唯识宗之理"唯论不变,不说随缘"。由此,异议者认为,"审究唯识,正是今家别教,彼终顿二教所明不变随缘,乃是今家圆教之理,仁那云别理随缘耶"[①]。异议者未理解知礼的别理随缘义。知礼不以随缘与否判定圆别,而准之以真如具法,故有别理随缘说。而异议者则认可随缘的标准,故惟以圆教有随缘义,然其所理解的圆理在知礼看来已落为别理。因为别理(异议者所说的圆理)虽有随缘义,非是"自在"随缘,无有圆义。藏疏之判唯识宗无随缘义的理据在于,唯识宗之真如"无觉无知,凝然不变",故但有八识生灭。换言

---

① 宗晓:《四明尊者教行录》卷三,《大正藏》第 46 卷,第 874 页下。

之,若真如性有觉知则可熏变,故说随缘;如真如之性滞碍,无有觉知,则不受熏随缘。由此,别理无随缘义。对此,知礼颇不以为然,因为他认为唯识宗之真如(藏疏及异议者的别理)有觉知义,其根据在于:依于天台对教门中道义的判定,惟有二义,"一离断常,属前二教;二者佛性,属后二教"。别教中道既名佛性,则其应有觉知,自然会受熏随缘。由此,唯识之理有随缘,而异议者的别理无随缘说不行,则藏疏以真如凝然/觉知判定随缘难以成立。

事实上,知礼批判的重点就是真如的觉知与随缘关联性,若真如要受熏方能随缘,则这样的真如随缘是有局限的,因为此所随之"缘"置于真如之外,由此随缘乃是真如与缘"相合",非是即义。要达到"自在"随缘,真如应是具"缘",故理体必须具三千法。由此,"真如无住"概念便又成为讨论之焦点。

真如无住是真如随缘的另样表达,以其强调真如随缘当以"真如无住"作为前提,故我们可以看出,这一概念的提出实际上是要为"随缘"确定一个"自在"基础。当然对此基础,台宗内部与禅学界都有不同之解说,而知礼的立场是,天台圆教之"真如无住"义的实质为"性具",不谈真如具法,无住义不得成立。

首先我们可以看到他在《别理随缘二十问》中对本宗反对"别理随缘"说之异议者的批驳,以为他们的"真如无住"概念实为对"法性可覆"的"曲解"。所谓法性可覆也就是藏疏所讲的大乘终教的真如随缘生法,其别理之性已被知礼说明,因为仅仅以不守自性说明圆理只能证明"(真如)为妄扼缚,历作九界,正当可覆义"。圆教之真如无住乃是"作而不作"之义,因为圆教明示真如本具诸法,故"虽随无明变造,乃作而无作。以本具故,事既即理,故法法圆常,遍收诸法,无非法界"[①]。而对于异议者的"别理无住能造诸法"之说,知礼回应:"只是理能造事,乃偏一之义

---

① 宗晓:《四明尊者教行录》卷三,《大正藏》第46卷,第875页下。

者,岂非但有随缘义无不变义。"故批评道:"子元不知不变则终教、分教同诠,随缘则独在终教。故明不变未必随缘,若说随缘,必有不变。以是真如性随缘故,若随缘时改变,则不名性也。"①异议者以为终教有真如随缘义在于真如既随缘又不变,分教唯识真如则但有不变无随缘。但知礼认为,既然终教之理随缘实有改变,则其不名为性,因为"终教虽立不变随缘,而云:在有情得名佛性,在无情但名法性,不名佛性。既分二派,徒云不变,正是变也"②。可见问题的关键还是如何理解"不变":真如之性如何既是随缘,又是不变呢?

相对于当宗"异议者"的"法性可覆",山外先达源清对于"真如无住"概念的表述是强调"无住体"的概念,这自然不同于"异议者"之见,但也有别于知礼之旨。在《法华十妙十不二门示珠指》中,源清认为湛然所云的统摄十不二门的"总在一念"即是一清净理体,此一念心摄取诸法而又当体叵得,同于《维摩诘经》中的"无住本"的概念。源清写道:

> 无住本者,即一念常虚寂体,本性叵得,无所依止,称无住本。无住即本,是无住本具一切法,故称法性。由性本具,缘能生之染缘能生染法,净缘能生净法。……《净名》欲令众生达本唯心,真无住体,即了颠倒所造诸法无非唯心,故云从无住本立一切法。③

知礼在《指要钞》中批驳了源清对"无住本"的理解。首先他指出,《示珠指》以一念为灵知性常寂的"心性灵寂"的说法不对,因为以"理"释一念于经典、教义均不合。如其他所说:

> 此师只因将此一念约为理释之,致与一家文义相违,且违文者。一违《玄义》判彼心法定在因,佛法定在果,众生法一往通因果,二往

---

① 宗晓:《四明尊者教行录》卷三,《大正藏》第46卷,第876页上。
② 同上书,《大正藏》第46卷,第875页中。
③ 源清:《法华十妙十不二门示珠指》卷上,《续藏经》第56册,第309页中。

则局因。他执心法是真性,故乃自立云:心非因果。又碍定在因句,复自立云:约能造诸法故判为因,佛定在果者,乃由研修觉了究竟为果。①

知礼不同意源清以一念为"真性"的观点。在知礼看来,依据湛然的"随缘不变名性,不变随缘名心"的说法,心属事,理在性,故不可言"心即真如不变性也"。故此,要谈真如无住,知礼还是强调"性"的概念:"性虽是一,而无定一之性,故使三千色心相相宛尔,此则从无住本立一切法。"②

由"一性"而至三千法相,这不同于源清的一念心体随缘而出三千法,但为了避免"异议者"的"法性可覆"之不当,知礼强调"一性"乃是"无定一之性"。由此,性虽然是"理",但不是独头之"理",而是"具法"之"具体之理"。由此,知礼反对源清单以"理"为总,而提出一个"理事两重总别"的概念,以为理、事均有"从无住本立一切法"义。这就对应于知礼的既以"一性"为总,亦以"一念"为总,由有前者(理),方有后者(事),即知礼所谓的由有理造方有事造。因为知礼对"总"的理解是,"若论诸法互摄,随举一法皆得为总",湛然指一念心法为总乃是出于观法简易的原则,所以"总"之与"理"没有对应关系。如果唯论真性为总,则"何能事事具摄诸法",相反,"若示一念总摄诸法,则显诸法同一真性"。这样,一念虽为总,但为事非是理,不同源清直以一念为理、真性。可见,知礼一方面要维护湛然"总在一念"之说,又要坚持性/心之别,其以"性"为真如的立场是不可改变的。

事实上,从知礼对当宗异议者和源清的批驳可以看出,真如无住的实质也就是法性与无明相即的问题。异议者以无明覆理来理解真如无住,则无明在法性(真如)之外,非是"理具随缘";源清虽以无住体具法,

---

① 知礼:《十不二门指要钞》卷上,《大正藏》第46卷,第708页下。
② 同上书,第710页上。

然以心言性,乃是心体随缘,而真如本身终在无明之外。知礼对藏疏真如随缘说的批判也正是这个思路,他以为因为不谈"体具",大乘终教真如之随缘、始教真如之不随缘"皆属别教",正对应于别教二义:"如云黎耶生一切法,或云法性生一切法",均偏于一端。由此,要谈圆教随缘,必须统一法性、无明,如此方达真如无住。天台议题以佛学公共性形式的表达使得真如无住的阐发不仅在台宗内部引起热烈的讨论,也吸引了当时禅学界对此讨论的参与。

时泰禅师就此问题去书咨询于知礼,知礼答之,如是两次。在首封信中,泰禅师提出了十个问题,其中前五个问题是有关法性与无明(真/妄)的关系,后五个问题则是关于无情有性的讨论,但其实也是由真如随缘问题所引出的。在第一问中,泰禅师就明确提出了他的疑虑:

> 无明与法性,为有前后,为无前后。若云有前后者,何云法性无初,无明亦无有始,又云无明即是佛性耶;若云无前后者,何故佛果位中,断尽无明方成佛果。既云断尽,应断佛性耶?①

泰禅师的问题是,如何圆融无明即是佛性与无明别于佛性,其实质是有关"性具"本有与随缘而生的关系。知礼的回答是:

> 若论本具,平等一性,则非真非妄,而不说有无,明法性亦不论于有始有终。但众生自无始忽然不觉,迷理而生无明。无明有熏真之用,法性有随妄之能,真妄和合名为缘起。②

本具指平等真如理界,虽具无明而一性无差,正所谓"无定一之性";缘起则为差别事界,有真妄相别。沟通二界的是"忽然不觉"。忽然不觉有点类似《起信论》"无明风动"的思路,但请注意,知礼并未将"无明"视为外在于真如,而是说"迷理而生无明",则无明乃是"缘"真如而生。而所谓的"忽然不觉"之来由虽是"忽然",但不是外来,正是对真如的"缘"。可

---

①② 宗晓:《四明尊者教行录》卷四,《大正藏》第46卷,第891页下。

见问题的关键是"缘"。在理层面,法性即无明,但无明并不"缘"法性,也就不构成法性、无明之别。而在事层次,无明"缘"法性,法性随熏于无明,则法性、无明成隔别之对象,故和合生差别法。所以知礼说"无明法性体一,故起无前后","若觉悟时,达妄即真,了无明即是法性",了达这种"即性"才是觉悟。至于说断除无明之义,知礼的解释:"约修门说,义当断妄,虽曰断妄,妄体本真,妄何所断?"妄真相即,则真妄体一,既然觉悟是达此"即性",则不当断妄;毋宁说,所谓的"断妄"实乃断真/妄(法性/无明)"相离"之妄,复归真/妄相即之体。由此,断妄的修门义才得成立。

对于知礼的回答,泰禅师在次封信中追问了"忽然不觉"的问题:"第一答中云忽然不觉,迷理而生无明。只如不觉,依何而生,以何为体,何因缘故忽然生焉?"①泰禅师认为知礼将"无明"来源的问题转化为"不觉"之产生,但"不觉"又成为问题。故泰禅师还是站在法性/无明对立的角度,思考无明的来源问题。对此,知礼基于真/妄的即性、缘起的真妄和合性对"不觉而生无明"作了性、修两层的分析,其云"若言忽然不觉而生无明,此即约修以说;对性论起,从本觉体而有不觉也。……以此意故,凡诸经论多云从真以起妄也,其实一切众生自无始来,唯有迷妄不觉而已"②。不觉既是性具本有,则不当问不觉所从何来,泰禅师的问题就此消解。

"不觉"既是从"本觉"而有,则妄即真本有,这样真妄和合而生诸法乃有"即义",真如无住方不陷入但理随缘。

知礼对别理随缘的确认有其重要的理论与现实意义。从理论上讲,知礼借此将天台"性具"论与真如随缘说结合起来,证明了圆理"随缘"的自在性;从实践层面上说,由于"随缘"的自在给出,天台宗得以自拘为俗谛之法而参与到制度世界中。

---

①② 宗晓:《四明尊者教行录》卷四,《大正藏》46卷,第893页下。

(二) 妄心观

知礼与山外派的争论首先是从智者《玄义》的广略版本问题开始的，由于广本包含上下两卷（下卷为观心卷），而略本仅有上卷，故版本之争实乃有无观心之争。当然我们应该清楚，天台教义是以教观双美而著称的，山外派绝对不会背弃这一传统而一般性地否定观心，所以观心之争不是要不要观心的问题，而是如何理解观心的问题。当知礼质疑山外有教无观的时候，知礼是看到了问题之所在：设若我们缺乏一套有效的程序来保证观心，则所谓的观心仍只是"教"。对知礼来说，保证观心的关键是确定观境，而所观之境但是妄心，故坚执妄心心观。

我们首先来看一下山外派对《玄义》观心的理解。从知礼《四明十义书》对山外文献的引用，我们大致可以了解山外的基本观点，归纳起来有以下几点：第一，《玄义》十种三法，纯明理观，不须附事而观（《辩讹》）。第二，此玄文直显心性（《答疑书》）。此两点分别对应的是观法与所观。就观法来说，有三种观心：托事、附法、约行理观，山外以为《玄义》观心乃是理观。而对于所观，山外坚持是直显心性。不难看出，山外以为《玄义》上卷十种三法已是在"观心"中给出的，或者说十种三法是所观，观此十种三法也就显了心性。可见在山外思想中，十种三法与心性并不等同，前者是"理观"之所观，而后者则是观达后的所显。换言之，山外是区别了心性与心性所具之法（十种三法），以前者为所显，以后者为所观，故此，对心性所具十种三法的描述就是观，虽然此观是即就心性，但并非直观心性，乃是"直显心性"。这样山外实际上是以十种三法即于心性（真心），而十种三法又是真心所具，故观十种三法乃是观真心。这样一种"即"妄而真乃是就心性而言，是心性之用即心性之体。正如山外经常举的例子：波即水性。

对于山外的辩解，知礼不以为然而直斥其但教无观之实质。故在《十义书》中，知礼从十个方面剖析观心义，逐一辩驳山外观心之失，申述山家观心正义。这十个方面是：一不解能观之法，二不识所观之心，三不分内外二境,四不辨事理二造,五不晓观法之功,六不体心法之难,七不知观心之位,八不会观心之意,九不善于销文,十不闲究理。综观此十义,主要内容有二:一是确立妄心观境的必然性,二是阐述观心"即"义不但在"所观"与"所显"的相即,而在能观与所观相即。

1. 拣择观境

在《十义书》的前两义中,知礼较全面地阐述了拣择观境这一问题,我们以下的分析主要围绕此二义展开。第一义是关于"观法"问题,知礼坚持观心当是"约行而观"。前文已述,山外在《辨讹》中提出理观、事观概念用以说明《玄义》之观心,目的是要救晤恩《发挥记》"纯谈法性,无须观心"之过。按照《辨讹》的说法,所谓不观心并非全不观心,乃是"不须附事而观",故是理观。理观别于事观处在于:所观是十种三法,而十种三法无论顺逆,都是由法性统摄,也就是说十种三法即于法性,所以观十种三法也就是体达"事事全成于法界,心心全显于金光",这同于晤恩《发挥记》的"一一三法悉是妙性,一一妙性悉是真源"。山外这里提出的理观、事观概念明显是受到《占察经》的影响,湛然曾讨论过《占察经》中理观、事观概念:

> 色心一体,无前无后,皆是法界。修观次第必先内心,内心若净,以此净心,历一切法,任运溟合。又亦先了万法唯心,方可观心,能了诸法,则见诸法唯心唯色。当知一切由心分别,诸法何曾自谓同异?故《占察》云:观有二种,一者唯识,二者实相。实相观理,唯识历事,事理不二,观道稍开。能了此者,可与论道。①

理是实相,事是妄识,山外的理观、事观分别对应于此,所以二观的分类是基于所观。说得更明白一点就是,山外以为理观是真心观,事观是妄心观,《玄义》观心但是真心观。

不过当山外以《玄义》观心但是观理的时候,面临着一个很大的问

---

① 湛然:《止观义例》卷上,《大正藏》第46卷,第452页上。

题,那就是如何区别《摩诃止观》之理观与《玄义》之理观。在知礼看来,《摩诃止观》之观心不出唯识观事、实相观理,其中后者是要"拣示识心,观三千法,十法成乘,策进行人,入内外凡,登于初住,方是理观也"①。可见理观是观心的更高阶段,必须经历唯识观事方可达致。如果按山外的说法,十法乃理观的话,那么《玄义》便是一部谈论行法之作,如此,虽有理观,不期而成有观无教。显然,知礼以为理观是建立在事观之基础上,纯谈理观只能是教。而且从知礼的论述可以看出,理观与事观的区别不在所观有异,乃在修行阶位之高下。经过知礼的这番批驳,对于山外来说,辨析教观的确成为一个问题。为了摆脱这一窘境,山外在《五义书》中又用三种观心说来自我辩解,所谓"观心之义有三种,唯《止观》约行观心,乃立阴等为境,拣示识心,以为所观;若附法托事二种观心,但是直附事相法相,观之摄事成理,皆不立阴入为境"②。山外为摆脱有观无教之嫌,提出理观乃是附法托事二种观心,而不同于《摩诃止观》之约行观心,以此避免教观混一。不过知礼反问,若是纯明理观,不当附事而观,若稍兼事相、法相,则不名纯谈理观,所以山外之所言正说明理观专是《止观》约行观心。况且,即便是托事附法而观,亦是以阴入为境。知礼引湛然之说证明托事附法同于约行,俱观阴境。这样,即使理观是托事附法观,由于废三归一,理观也是约行,而山外的十种三法不约阴识的理观义并不成立。最后,山外庆昭只能认可理观约行之事实,但又坚持十种三法乃《止观》约行之观所显之理,"行人既闻此理,则自能修于理观",知礼认为这种理观其实就是附法之观,因为"若论约行所显,正是心性三千。若谓十种三法不离我心,用观显法,自是附法之观,不名理观也",所以用所闻之理(十种三法)来助观,这仍是附法之观。由于山外的理观义始终不能成立,教观未分的问题依然存在。

---

① 知礼:《四明十义书》卷上,《大正藏》第46卷,第833页上。
② 同上书,第833页中。

事实上,山外的根本立场是,由教而观是一个自然发生的过程,故可以"藉"教而观,"援"教而观,不过这也反过来说明了山外理解的"观"是缺乏一种能动性的,故其观并无一紧张感,以致于将教混同于观,庆昭以为可以闻理而达理观正表明他对教观的不分。知礼最后总结道:"十种三法,唯谈果佛所证法相,只是约教开解。况文初自云,约信解分别,故于此后须有观心一科,显于圆行,方合一家教观傍正之义也。"①

第二义是关于所观之心,这是知礼正面论述所观为阴心。在第一义中,知礼批驳了山外理观义,其弃三归一的目的就是要确立约行观对其他观法的统摄性,而约行观就意味着所观之境为阴心。阴心不同于心性,前者为修行之因,后者为修行之果,故阴心为所观之境。知礼特别强调了观境确立的意义,以为"定境修观,乃是《止观》一部纲格,进道宗要",所以智者去丈就尺,去尺就寸,拣择阴识正在明确观境。阴境的确立是要服务于观心之除病的目的,否则将病为药,则是认贼为将,观心无所用也,所以定所观只是正修观的前提和准备,不可以智者之去尺就寸、拣择阴识为修观。故知礼以为山外派以心性为所观乃根本未考虑智者拣择阴境之原则,药病不分,能所无别,故"只略知分境观之文,而殊不能分境观之义"。

知礼对观境拣择的特别强调其实就是将观心分为定观境与正修观两个阶段,前者是一个不断的拣择过程,即便在正明修观阶段,"尚须更拣思议,取不思议"。境或病的不断拣择意味什么呢?这其实说明了观境(病)并非是自明呈现的,并非是不需要作一番拣择就能"自然"而观的。当观心需要先有一个定观境这样的程序,然后才正观的时候,观心变得"复杂"了。需要追问的是:为何知礼以为观境不能自明呈现呢?因为知礼以为我们很容易常识性地将"心性"作为所观,作为一种对治,对观境的拣择使我们对这样一种易倾性葆有一警惕,从这个意义上讲,对

---

① 知礼:《四明十义书》卷上,《大正藏》第 46 卷,第 834 页中。

观境的拣择是一种要求,是对精神自性化的拒绝,故此这种拣择的结果必然是以当下一念妄心作为观境。明白此点,我们就会对知礼如此坚决地捍卫妄心观心存敬意。

基于此,知礼严斥庆昭所观心性之说,这一批驳是从随缘义与能造义两个方面展开的。首先是随缘义。如前所说,知礼坚持了心/性对立之传统,以为若要谈心,则心只能是妄心,因为按照湛然《金刚錍》以及《止观大意》之说,随缘不变为性,不变随缘名心,"以证所观,是随缘所成一念妄心也",可见知礼是从全体为用意义上理解随缘之心的。庆昭则不然,以为"缘有染净,随染缘作九界心,随净缘作佛界心",故心性名通真妄,不该一向在染。庆昭的说法显然是承其师源清的无住本立法的概念而来,其坚持随缘心分染净说突出了"心性"的自明性,故"心性"乃是不变,染心(九界心)、净心(佛界心)则是随缘,而后来智圆更以"真妄和合心"的概念来调和真、妄的对立,以为不该偏观妄心。比较知礼与山外的随缘义,分歧的焦点在对"心"(意识)之自明性的理解上:山外认为心性是不变的,所以心虽处随缘,意识的自明性或"隐"(染心)或"显"(净心),而无论隐显,自明性始终存在(不变)。按照这一逻辑,山外要观的恰是不变之"心性",若执著于染心,则是对意识自明性的遮蔽。从这个意义上讲,山外对随缘之心无有担心、焦虑。相反,知礼存有一焦虑,正如前文所说的,他担心的正是,由于我们对一个不变心性的简单接受从而放弃了对自己之精神世界的"恶"因素的开掘。

当然,知礼以为,其对观妄切要性的强调与智者的观心为易的原则是一致的,他解释道:

> 且如心性之名,《妙玄》及《释签》定判属因,为初心所观之境,故云佛法太高,众生太广,初心为难。心、佛及众生是三无差别,观心则易。是则诸佛亦有心,众生亦有心。若随净缘,作佛界心,则高远难观;若随诸染缘,作一切众生心,则广散难观。故辄取一分染缘熏起自己,即今刹那阴等之心,依之显性也。是则随缘不变之性,摄佛

摄生,亦高亦广;不变随缘之心,非佛非生,不高不广,近而且要,是故初心最可托之修观也。①

智者的观心为易是相对于观生佛而言,知礼则将此理解成观当下己心较观佛心、众生心为易,这样一种转化凸显了观当下一念的切己性,因为当下一念是凡夫自我的意识常态,较诸佛心、众生心,它是刹那生灭的,也正因为如此,我们对其反而忽焉不察。当然按照智者的一念三千理论,一念中有佛界亦有众生九界,故一念具佛心、众生心。不过知礼的思路并不在一念所"具",乃在一念本身,虽然一念倏忽,似无足轻重,但念念相继就是对凡夫的系著、缠绕,故我们不能回避一念。所以就知礼来说,观当下一念妄心不是一个"选择"的问题(是观真心还是观妄心),而是一个"拣择"的问题。选择意味着观境是给定的,只需要"选";而拣择则意味着观境尚未呈现,有待于我们去确定。

其次是能造义。庆昭以心有能造义(所谓心造诸如来),故以心为非染非净。知礼则以为心造如来当指阴心能造一切,此有二意:"一明阴心本具如来性,故理造;二明烦恼之俦是如来种,事造,故云心造如来。若夐指真心能造如来,正当《金錍》旁遮偏指清净真如为佛性也。又只知类种,全不识敌对种也。又不可偏执皆由理具,方有事用之文,遂立真心造法。须知阴心即理,是理之用。"②庆昭理解的心有能造义其实就是指心性具三千法故能随缘,只有非染非净之真心(心性)才能随缘而生染、净之法,故能造如来。知礼则根据理造三千的原则,以为阴心即具三千法,心之能造如来义不是指心性造如来,而是阴心造如来,其有两个含义:阴心本具三千法故具如来,此为理造;妄心是生成如来、佛性之种,此为事造。由有理造,方有事造。我们可以看到,知礼特别强调要观阴识正在于阴识的事造义所包含的敌对种原则,阴识妄心乃是如来之种,故阴识

---

① 知礼:《四明十义书》卷上,《大正藏》第46卷,第834页下、835页上。
② 同上书,第835页中。

妄心为能造，如来之法为所造，所观境者但是能造。若如庆昭一样，以非染非净之真心为能造，染净诸法为所造，则能造、所造俱为所观之境，正是违背智者《止观》大意。何则？因为智者观心正在"以彼简却所造，唯取能造为境界，乃是去其千枝百脉，唯取一根一穴，以为所观。若俱取者，大乖拣境之意也"①。可见庆昭的观心因无拣境义，实同于教。这表明庆昭的观心不识所观之境。

2. 关于二重能所

知礼拣择观境针对的是山外观境不立、药病不分的情况，这同时也是对山外教观混同的清理，从这个意义上讲，知礼是要确立一种新型的观心论，这一理论便是二重能所的概念，其要点有二：一是教观相即，二是能所相即。

我们首先看第一点教观相即。在前面我们已看到，知礼一再指责山外药病不分，混教为观，这表明山外在教观关系的把握方面出了问题。教观双运本是天台之传统，但在智者那里，教对观还是具有某种优先性，所以教观二者虽有联系，而无所谓混同的问题。而山外则试图建立教观的相即性，具体而言就是要将教之体系纳入到观（心）体系中，从而即教而观。故此，山外坚持《玄义》十种三法，直显心性，义同理观，也就是说十种三法既是所观，又是教显，故无须另立观心一科。庆昭说道：

> 若直尔明十种三法，不以法性融之，则更立观心一科，观前十法，此如《妙玄》但以三轨，类通十法而已。合有观心一释，彼文无者略也。今之玄文虽带十种法相，其如并以法性贯之。法性无外，即我一心。若识一心，则了诸法，何独于一念中，识十种三法，乃至无量三法，若横若竖，罔不照之全，我一念。岂此之外，而有法相不融，更须附法作观乎？应知，此玄所谈，非但法相圆融，亦乃理观明白，

---

① 知礼：《四明十义书》卷上，《大正藏》第46卷，第836页上。

约此而观,何谓教观不分,解行双失?[①]

庆昭以为《玄义》十种三法不同《妙玄》所说,后者未以"法性"贯通,故但是教义,而前者乃以法性贯之,故《玄义》十种三法既为教摄,又为观心所照。显然,按照庆昭的逻辑,作为教的十种三法"义"同作为观的理观,区别但在理观已将十种三法纳入到"一心"范畴,故教与观虽是相即,但又有区别,山家的指责并不成立。

不过知礼对山外《妙玄》十种三法不以法性融摄的说法仍表示质疑,他问道:"不知上人,约于何义,辄云《妙玄》十种三法不以法性融之耶?"他引用湛然的话"使一代教文融同入妙"以为,既然偏小之法尚且皆融为妙,何况十种三法乃圆教三法,为何不以法性融之?若《妙玄》不以法性融通诸法,则《妙玄》所说诸法但为事相,非相待、绝待二妙所堪受。显然,知礼不满意山外将"法"看成是固定不变的成法,因为若这样就失去了圆教开粗显妙之义。如是,《妙玄》十种三法非仅是法相,乃已为法性所融。而且知礼以为,山外对以法性融摄十种三法的解释并不正确,因为"正释十种三法,专以道后法性,该于道中、道前,乃是的论",也就是说在《玄义》"释名"部分,但是谈教法,未曾谈心法,故没有摄十种三法归心,亦可说,法性圆融乃是教法意义上的,非是观心意义上的。

对于知礼的驳难,庆昭无以回应,遂改弦更张,从"人"而非"法"的角度为自己的理论作申诉。庆昭以为,行人约修习时间长短分为久修与始习两种,二种行人对教观关系的处理不同:"久修者,自能摄法归心,横竖照之。始习者,自于《止观》,修于理观",也就是说初修者必须约行而观,而修习时间长者无须约行,摄法归心就是观心,由此久修者较诸始习者在处理教观关系方面具有一优先性,前者可以即教而观,而后者则是单论观心。不过,这样一种解说在知礼看来只是儿戏,因为如果是从修习时间长短来论《玄义》十种三法,则十种三法既无理观义,又无法相融摄

[①] 知礼:《四明十义书》卷下,《大正藏》第46卷,第854页下。

义,但是庆昭所云的久修者久修《止观》,将观智融照而已,则十种三法类同于《法界次第》,只是对法数名相的解释。这样,《玄义》不惟无即教而观之义,且无禀教而观之用。可见从山家的立场看,山外的即义是有言无旨,反致于有教无观。

不难看出,山外对教、观的区别是建立在这样一种思路基础上:教只涉及法相,未以法性融摄,而观则是以法性融摄法相,故得以开显之。给出法相只是给出了一套语言系统,这属于"教"的层面;而以法性(心性)融摄法相,则是将法相纳入到意识反思活动中,这才是"观"。由此,观与教是有分别的,《玄义》之观也就将教涵摄其中,这应该是山外理解的教观相即。

对于教观相即,山家并不反对,只是以为山外的"即"义不够,那么山家如何理解"即"义呢?这就引出二重能所的第二重能所,即知礼对所观之谛理(教)再作分析,从"谛理"中分出一念妄心。在《十不二门指要钞》(卷上)中,针对以一念为真性或不思议境之说,知礼强调不思议境在不同的对待情况下有相应的能所关系:"应知不思议境对观智边,不分而分名所观境。若对所破阴等诸境故,不思议境之与观皆名能观。"①这样,由不思议智与不思议理构成初重能所,再以此初重能所关系作为能观与一念妄心之所观组成次重能所关系。其中初重能所关系就是一般我们所讲的观与教,而次重能所关系才是真正意义上的能观与所观之关系。知礼强调的是次重能所关系,故相对于作为阴识的观境,观智与谛理俱为"能观"。为了说明二重能所这一道理,知礼还举了一个非常形象的譬喻,他说:"如器诸淳朴,岂单用槌而无砧邪?故知槌砧自分能所,若望淳朴,皆属能也。"②槌、砧、淳朴三者构成了二重能所的关系,其中前二者组成初重能所,复以初重为能与第三者淳朴形成次重能所。从此譬喻,我们可以直观地把握阴识乃真正的所观之境,而谛理但是"协助"观智之

---

①② 知礼:《十不二门指要钞》卷上,《大正藏》第46卷,第706页下。

能,非是观境。

　　需要追问的是,知礼为何要以二重能所的形式来表达他对观境的理解呢？关键还是一个"即"字。山外之教观相即的"即"之所以不成立乃在于,他们以为"摄法归心"就是即教而观,但其实纳法入心只是表明意识活动对教法的涉及,这仍停留在"教"的层次,要真正使得教观相即,就必须让教法所显之谛理与观法所观之境相即。事实上,我们可以把二重能所的设置看成是意识反思的两个阶段,也就是说,山家将教与观理解成前后相继的反思行为：第一阶段是智与理的能所关系,通过"智慧"之熏习,我们"接受"了教理,这一能所过程其实就是"闻教",由此意识自身指向了一个语言世界；第二阶段是智、理与境的能所关系,虽然意识已反思到这样一个语言世界,但这还不够,我们必须在意识反思的第一个阶段的基础上再作反思,此时反思指向的其实就是"反思"意识本身,确切言之就是当下正在反思的一念,这一念,知礼将之定为妄念而非真心。为何要以当下正在反思的一念作为反思（观照）对象呢？因为既然教、观已成为意识反思的先后阶段,则后者所观照者只能是前一意识行为,而不可以前者所观之理再作为所观对象。那么为何当下正在反思的一念非是真心,但是妄心呢？这也正是山家山外争论之关键。因为尽管在意识反思的第一个阶段,凡夫已经摄理入心,这并不表明凡夫之意识已经根本转变,所以反思一念之性仍为妄而非真,必须即就此一妄心作反思。不难看出,由于教、观构成了意识行为的前后阶段,观心的"即"义才得以表达。知礼对山外教观混淆或有教无观的批驳,其根本原因还在于山外对意识反思的二重性理解不够所致。

　　知礼既以反思一念为所观妄心,这反映了他对作为反思之观心的有效性的一种焦虑,当然这种警惕心理并未导致知礼否定观心的意义,但为了确保观心的有效,知礼以为必须实现观心能所的真正相即,没有这个"即",观心仍然只是教,但是数他人财宝而不能真正开发自身宝藏。可见知礼将"即"视为确保观心获得自明性的根本。在《指要钞》论修性不二门中，知礼专门就智、知之义予以辨析以说明能观智本身不是外在给定的，而是需要通过与所观阴识的"即"的过程才能生发，所以在观心过程中，作为所观妄念不是消极的，而是具有积极意义，也就是所谓的敌对种。知礼以为性修不二体现在二者是相成的，"性虽具足，全体在迷，必藉妙智解了，发起圆修。故云：性虽本尔，藉智起修。由此智行方能彻照性德，而此智行复由性德全体而发，若非性发不能照性，若非彻照性无由显。故云由修照性，由性发修"①。这段话的关键是要说明性与修之间不是简单的由性而修的顺承关系，而是需要"藉智"这一中介。对于别教以"旧本作藉知曰修，而以本性灵知用释知字，盖写者书曰逼知，后人认作智字"相难，知礼以为《十不二门》版本远近难知，不可定执旧本，更主要的是，他以为若以"藉知"等同于修，则是将"智"作"灵知"解释，正为圭峰宗密之说，显然是违背本宗之义。按照知礼的理解，"修"包含解、行两个方面，若以"知"具足二义，则天台的智、行二妙全无用。所以"藉智起修"乃指由于智妙起于行妙耳，智（解）、行具足方为修义。故湛然于文末结束处以理、智、行同具于一境说明之，至于单以行为修义乃是因为"盖智从解了，发起义强；行就进趣，修治义强。故从强也"。可见知礼强调"修"的有效性是建立在与"性"的互成、互具的关系上，观行必须基于智解才是圆修。

　　知礼于修性一门辨析智、知的目的在于以"藉智"为修，由于智妙而起于行妙。尽管智行皆修，但就对治义来讲，则观心为胜，这其实是否定了山外以智解取代观心的用意。同时，"藉智"为修还在说明智解之后方有真正意义上的观心，而观心虽是藉智，但并不以智解所达之理为观境，乃"藉智"而观一念妄心，也就是"藉"着智的开显来修观，所以，能观之智实即于所观一念。如果按照别教之人的"藉知曰修"的理解，则修因有"知"这一自明之心体的保证，故修性一如，但这样一来，能观之智就必须

---

① 知礼：《十不二门指要钞》卷下，《大正藏》第46卷，第713页上、中。

外援于他,而能所相即义也就无以成立。故藉智与藉知虽只一字之别,但含义迥异。

知礼确立观心能所相即的目的在于使"能"成为真正的"能",也就是说,"能"是必须开发与实现出来的。为此,针对山外以钻木取火譬喻所观之境但为真心方有能所义,知礼说道:"仁立钻火之喻,意执于火唯是所钻所出,而不知出已烧木,复是能烧。观阴显理,本欲灭阴理显,阴灭理非能灭耶?"①山外譬喻的能所义是,木为所钻(所观境),火为所出(显理),木中有火,但不钻不出,此正譬真心具理,若不观真心,则不显理。而知礼借用此喻则反过来说明观妄心以及能所相即的道理,因为火虽是所出、所显,但火反过来烧木的时候却又成为能,也就是说"能"是具于"所"中的,即于所也就开发出能,而无须离此所而另外觅他之能。如是,观妄心的意义也就在于,妄心中具理,故观妄显理;而同时,此理一显,又成为灭妄心之能。从知礼对譬喻的运用可以看出,知礼与山外的理解是完全不同的。为了进一步说明的方便,我们不妨将譬喻作一结构分解:钻木→生火→烧木,其中包含三个作用:钻木、生火、烧木。山外关注的是前两个作用(钻木、生火),而知礼强调的是后两个作用(生火、烧木),山外得到了"火"就达到了目的,而知礼则不以为足,还要让"火"生发作用。知礼与山外的差异反映了二者在能所关系上的不同视角:山外其实是以"钻木"为能,"出火"为所;而知礼则以"火"与"木"互为能所,木能出火,火能烧木。显然,山外坚持的是若不钻木,则不出火,正如知礼所指责的"意执于火唯是所钻所出",所以山外突出的是钻木与生火之间有一因果关系,而非"木"与"火"之间的因果关系。相反,知礼要显示的是"木"与"火"之间的因果关系:木"能"生火,火"能"烧木。可见在知礼看来,观心的过程不是单纯的"钻木生火",而是要"生火烧木",也就是说,要对治妄心,正是要由妄心中开显之理来破之。如果联系起前面所说的

---

① 继忠:《法智遗编观心二百问》,《大正藏》第 46 卷,第 826 页下。

二重能所之概念的话,则我们可以说:"钻木生火"乃是初级能所,而"生火烧木"乃是二级能所。知礼要表达的其实是对"能"的理解,这一能应是"本具",而非外在,所以应是"木能生火"而非"钻木能生火","钻"只是将这一"能"给显发出来。正因为"能"是内在本具,所以木能生火,火能烧木,"能"者正是出于所者。对此,知礼在另一问中阐述得很清楚,他说道:"仁执了阴是理,所以观之,不知此是妙解。若欲立行,须且立阴,观阴显理,岂云观理显理,钻火出火。"①就是说,观的作用在于将"能"从潜在转化为现实,这一"能"不是来自于观本身,而是所观,山外的钻木之譬喻的不当在于将"观"理解为"能",忽视了观心之意义乃在所观自身的转化。

从以上知礼与山外对钻木生火的譬喻讨论可以看出,双方对观心之"能"的理解分歧至为关键:知礼以为能即于所,而山外以为能在所外。

(三)理毒即性恶

真如理体具三千法,这是圆理随缘的要求。由此,所引发的问题是:理体所具染法与性恶之关系问题,这在山家山外之争中就表现为对"理毒性恶"议题的讨论。由于此议题牵涉到"理性之毒",又关联到天台特有的性恶论(性具善恶),实体现了性恶论范式在宋初天台的转化。知礼以理毒即性恶是要表达这样的观点:理毒乃是理体性具之恶,非是随缘偶成之修恶;能消伏之性恶(见思王数)也是理体所本具,就是理毒自身。故理害之消伏不是断除理毒,而是了达毒害即于理体。

理毒概念乃是天台智者在《请观音经疏》一文中提出来的,文中智者谈到了佛菩萨要消伏三种毒害,即事毒、行毒、理毒。所谓事毒即是虎狼刀剑等也,行毒即五住烦恼也,理毒即是"法界无碍,无染而染,即理性之毒"。对于三毒的消伏,知礼与智圆的理解不一,其核心问题集中在对"理毒"的理解上,具体而言就是对疏中"法界无碍,无染而染,即理性之

---

① 继忠:《法智遗编观心二百问》,《大正藏》第46卷,第826页上。

毒"一句双方有不同之解释。

对"法界无碍,无染而染,即理性之毒"两种解释的关键乃在对"即"之一字的理解。首先有必要说明的是,从语法上讲,这里的"即"可作不同的词类:一是以"即"作为系动词"是",一是将"即"作动词"即于"解。从语法上讲,在此句中,"即"作"是"比"即于"理解要为妥当,不过这里的关键不是语法问题,而是义理诠释,因为无论是知礼还是智圆,其理解方式都是第二种,也就是把"即"作动词"即于"理解。既然如此,我们要讨论的便不是"即于"之解是否语法合适的问题,而是如何解释"即于"本身的问题。众所周知,谈圆融之"即"可谓是宋代天台的癖好,山家、山外均无有例外,只是对于"即"的诠释双方有所不同。山家特别强调"具"对"即"的意义,用知礼的话来讲就是"然即理之谈难得其意,须以具不具简方见即不即殊",而"具"就与上文所说的"别理随缘"问题结合起来。

我们首先来看智圆的解释。智圆是反对净理随缘,而强调要以性具三千法作为随缘的前提,但其所谓的性具实为心具,这是继承了其师源清的思路,关于此点我们会在后面的章节中系统阐发。基于心具论,我们来看他对"无染而染"的理解:

> 无染而染者。《净名疏》云,中道自性清净心,不为烦恼所染,本非缚脱,不染而染难可了知,即是众生迷真性解脱,起六十二见。考彼言义,允合今文。若消今文,应云法性之与无明遍造诸法,即无染而染,全理性成毒名理性毒,由理毒故即有行毒、事毒也。今观诸法唯心,染体悉净,即神咒治理性之毒。①

智圆引智者之《净名疏》中"中道自性清净心,不为烦恼所染,本非缚脱,不染而染难可了知"是要说明"无染而染"是对"心性"而言,即"法界"乃指"心性",也就是理性、法性。心性之自体是无染的,其所以"染"在于其具染,此染不是心性本具,乃是随缘而"具"有,故非"本具"。当然智圆非

---

① 灌顶:《请观音经疏阐义钞》卷一,《大正藏》第39卷,第978页上。

净理随缘论者,因为此随缘之心性非是"纯一"之真如,而是具三千法,由有随缘,故随染净缘而为三千染净法,虽然染净之不同,而实为同一之三千法。所以智圆用湛然《十不二门》中的"法性之与无明遍造诸法,名之为染"来解释"无染而染"。这样,所谓"染"实指三千染法,非指心性为染,心性虽然具三千染法,但不妨碍心性本净。由此所谓全理性成毒表面上是指整个心性成染,实质上是指心性所具三千之法成染,无有遗漏。在这个意义上讲,毒害乃是"即于"理性,而非离于理性。由此,心性虽具毒害,非是本具,无染而染乃是一个历时性的毒害由无至有过程。我们也可以如是简单地概括智圆的观点:心性(理性)性具三千之法,但不本具惑染。

上面是讲毒害之所消伏,下面再看看智圆对能消伏的理解。智圆特别区别了理毒之消与行毒之消的不同:

> 前约行者,是约智断。智即能断。断是所断,五住断处名消行毒。今则不尔,专约谛理。理非能所,但由具惑,即是无染而染,名为毒害。惑即法性,即是染而无染,名为消伏。是则惑性相待,非关智断。①

智圆认为毒害乃是有心性具惑而成,故无染而染,这是约消伏毒害之"所"而言;另一方面,惑即法性,故只要了达惑性相待而无须智断,这是约消伏毒害之能说。智圆的观点虽属二元论,但不乏辩证性:因为心性虽具惑,但非"本具"毒害,其本具的是三千法;而同时惑又即法性,故无须智断。如此,智圆就同时给出了"具"和"即"两个概念来把握理性之毒,这同知礼似有相同处。但问题的关键是,智圆对理具惑与惑即法性的理解不同于知礼,二者之间并无有因果关系。就智圆看来,理具惑,这种惑乃法性(心性)随缘偶然生成,而非天然本具;惑即法性则指惑之体性即法性,因为染净之法同为三千之法,所以惑之即法性乃是通过"三千

---

① 灌顶:《请观音经疏阐义钞》卷一,《大正藏》第39卷,第978页上—中。

法"这一中介,正如波即水性是基于"水",故了达这种即就是消伏了惑(毒害)。所以在智圆这里,"即"是指两个对立/差异事物通过一公共之体而实现的同一,其单向度体现在一者是实在的,一者是虚妄的,是虚妄之惑染"即"实在之理性,故惑染要除。

对比智圆,知礼理解染"即理性之毒"则突出了毒与理性的紧张关系,那么此"即"与智圆之"即"别在何处呢?虽然知礼屡言其"即"乃是当体即是,但智圆何尝不言"当体",所以知礼也感叹,"然即理之谈难得其意,须以具不具简方见即不即殊"。事实上知礼谈"即"的关键是"具",此具非是偶然而具,乃是本具,所以理毒非是外在于理性,乃是理性本具之毒,由此方"即"于理性。

首先我们可以看到知礼对"即理性之毒"的"即"义的重视,因为对于三毒的判释,知礼强调的不是"相"之别,而是所消之毒与理体相即的程度,如其所云:"烦恼中分即不即异,故名行名理不同。若分别相,从正受名,与彼不异。"①知礼的解释是,三种毒害的"名称"本身反映了行人对毒害理解的深入性或消伏程度,至于三毒之体未尝有异。事毒但就事相,行毒未即法性,理毒则即法性,故名理毒。可见,所谓的理毒从体上不异于事毒、行毒,区别在于烦恼(毒)自身的表达状态。这里尤其要提及的是"行毒"与"理毒"之别在于:行毒者以无明自住,是与法性无干的一个实体,故此毒未即理性。而理毒者以无明与法性一体,故此毒乃即理性之毒。值得注意的是,由于知礼强调此毒(理毒)乃即理性之毒,故我们不能脱离此"理性"谈此毒,若脱离的话,即是以此毒为自住。

理毒如何是即理性之毒呢?知礼以为,"理"本具毒,故毒"即"理性。知礼说道:

> 若所迷法界不具三障,染故有于三障,纵说一性随缘,亦乃惑染自住,毒害有作。以反本时,三障须破,即义不成,不名即理性之毒,

---

① 宗晓:《四明尊者教行录》卷二,《大正藏》第46卷,第872页中。

属前别教,等名为行毒也。若所迷法界本具三障,染故现于三障,此则惑染依他,毒害无作,以复本时,染毒宛然,方成即义。①

在这段文字中,知礼遵循以理具判定随缘圆别的原则,很明白地表达了这样的观点:即与不即之别不在于说不说"即"字,这但属于文字范畴,关键是要用具与不具来衡量"即",只有谈具,方有即名与即义,否则虽有即名,但缺乏"即"之能,有名无旨。而"具"义亦有考究,知礼所讲的"具"不是指心性具三千法,而是指理体具三千法,这点很重要,因为如此的话,则理体本具无明染法,非随缘而有。故知礼以为三障但是法界本具,染故显现,这一从隐到现的过程不同于"不具三障,染故有于三障"这样"无中生有"的过程。可以看出,知礼所理解的理"具"三障乃是理本身的结构,而随缘乃起的三障乃是作用、功能,但此功能的发挥始终不能脱离此结构。故法界(理体)已处于一"有限性"之结构状态(具三障之毒),理体对有限性的克服不是将此结构也给去除,而是使其功能不作用,即所谓"毒害无作"。

知礼的这一表述将作为所对治之毒害与能化他之性恶法门联系起来,较诸智者对作为化他法门之"用"的性恶理解又进了一步,即使得"性恶"从"用"进入到"体"的层次,这是宋代性恶论范式的一个转变。我们知道,性恶论的系统明确提出乃是在智者《观音玄义》,其主要阐发了三因佛性之缘了不但具性德善,亦具有性德恶的观点。由此,佛断修恶但不断性恶,以此恶法门自在化他。智者所说之性恶是局限于缘了还是正因亦具,这是引起后来学者争论的一个话题,但可以肯定的是,智者在此所谈之性恶只是在化他之宗教实践语境下提出的,这表明智者更多是从"法门"(方便)角度理解性恶。而至知礼,由于对一家之学独特性的阐扬,其将天台理论体系化约为"性恶",由此把存有论意义上的性具说等同于宗教实践意义上的性恶说,实际上也就是把化他之法门的性恶论上

---

① 宗晓:《四明尊者教行录》卷二,《大正藏》第 46 卷,第 872 页下。

升为存有论高度,所谓"若言具者,本具三千为性善恶,缘起三千为修善恶"①。这样,理具三千也就成为知礼性恶论之表达。其实不惟知礼,智圆也是将性恶论上升到存有论之高度,只是其所说的理具三千乃是指心性具三千。这点差别决定了智圆可以承认心性具三千法,但不本具三障毒害,这样理毒与性恶也就不是同一关系。知礼既持客体性原则的理具三千之说,则理毒也就是性恶。

基于此,我们再来看知礼对三障的体/用诠释。在引述湛然的"此同体依,依而复即"后,知礼说道:"故知体具三障,起三障用,用还依体,与体不二。此依方即,并有理具方有事用,斯是圆乘。若不谈具,乃名别教。"②这里的重心在于,谈由体至用,不是以一自明之理体本身作为"体",三障之生成为"用",而是以体具三障为体,显现三障为用,即所谓理具随缘。这样,用之为用便不在于三障的有无,而是三障自身的表达。

故此,知礼以为对有限性(毒)与完备性(理性)关系的理解——即理性之毒,不是泛泛而论有限性"即"于完备性,因为若无"具"作为保证,这种"即"只是一种偶然关系而非本有。只有先认识到完备性本具有限性(理性具三障),才能推出染是即理性之毒。所以是由完备性具有有限性而推出有限性即于完备性,而不是指完备性通过自我约束而显现为有限性。

以上是就"所消伏"谈即理性之毒,下面我们再来看看"能消伏"的情况。知礼以为,"即理性之毒"适用于所消伏之毒、能消伏之毒两个方面,如其云:

> 所消之毒既即理性,能消之用岂不即理?斯乃理慧理定为能消能伏也。复应了知:理消伏用,体是性恶,方得初心即修中观。故荆溪云:忽都未闻性恶之名,安能信有性德之行。性德非理耶,行非消

---

① 知礼:《观音玄义记》,《大正藏》第 34 卷,第 905 页中。
② 宗晓:《四明尊者教行录》卷二,《大正藏》第 46 卷,第 872 页下。

伏用耶？欲明理消之用，要知性恶之功。何者？以初心人皆用见思王数为发观之始，前之三教不谈性恶，故此王数不能即性，既不即性，故须别缘真中二理破此王数。既有能缘所缘、能破所破，故毒害消伏俱受行名。若圆顿教，既诠性恶，则见思王数乃即性之毒，毒既即性，故只以此毒为能消伏。既以毒为能消，则当处绝待，谁云能破所破，有何能缘所缘。毒害即中，诸法趣毒。遮照相即，言虑莫穷。①

所消伏乃即理性之毒是要说明"毒害"即于理性，非与理性相"离"，此显示了毒害之完备性；能消亦即理性之毒则是说明消伏功用的发起与有效性，以示消伏之自在性。在知礼看来，理毒之能消就是"见思王数"，其为分别、颠倒之见，属三障之一。从狭义的性恶论来说，此见思王数乃属缘了所具性德之恶，与真如理体无关，但既然知礼将性恶表述为理具三千，则作为能消伏之见思王数就是理体所具之毒，所谓"见思王数乃即性之毒"。这样，能消伏不是外在于所消伏，而就是所消伏毒害自身。以见思王数之能消伏就是所消伏之毒害，这是知礼在消伏观上不同于智圆的一个很关键说法。智圆在《阐义钞》对行毒与理毒的分别是：行毒为无住烦恼，乃以一心三观而修，故约智断；理毒乃是惑/性相待，乃"今观诸法唯心，染体悉净，即神咒治理性之毒"，故非关智断。从三障之一的无住烦恼到"全理性成毒"之理性毒，智圆对毒害深浅大小的判定是根据毒害对理性的"全"的程度，也就是所谓"惑性相待"性，这与知礼以即理性的程度来判定三毒的原则是迥然不同的。知礼既是以理毒为"即理性之毒"，则所谓的事毒、行毒实不离于理性，乃是"即理性之毒"，如其反驳智圆所云"约事约行二种毒害，为理性本具，随缘发现耶，为理本无，因迷始有耶？因迷始有，非今圆义；本具随缘，能随之体非性恶耶"②。既然事毒、行毒乃理性本具，则其就是性具之恶，无可破除。如此，理毒之消伏不须

---

① 宗晓：《四明尊者教行录》卷二，《大正藏》第46卷，第872页下。
② 同上书，第873页中。

如别教那样另外再缘真中二理,而是即就此"见思王数"而为能消伏。从这个意义上讲,能消伏非是外在于理性,乃是理性本具之毒(见思之惑)。故以此即理性之见思毒"消伏"即理性之三障之毒,乃是"自在"地消伏"完备"之毒害,此方为圆融之消伏。若此,则所以能与所、遮与照相即,因有此即,方有圆观之功用。正如知礼引湛然所云"非但所观无明法性体性不二,能观观智即无明是"为证,说明"若非理毒,焉即能观"。能所的相即是以能所的互具作为前提,而有即才真正有"能"之用。

从知礼从能所角度论"即理性之毒"可以看出,知礼不惟是要谈所消伏乃"即理性之毒",更要谈能消伏亦为"即理性之毒",只有这样,毒害消伏之"即"义才能体现出来。以"理具三障"实际上不仅是要确保完备性对有限性的本具,以达到"去病不除法"之目的,更是要保证有限性对完备性的体即。换言之,只有确立即理性之毒,毒害才不是外在、偶然的,达此,毒害消伏才能实现。从这个意义上讲,由性具恶发展到毒即理性乃是前者的要求,最终的实现。

当然,对于知礼以理毒即是性恶,智圆以"毒义虽成,消义全阙"来否定,以为如此将要破除性恶法门,则消伏毒害之义反而阙失。知礼的回答是,"一家圆谈若许理毒即性恶义,那得复云消义全阙",并反斥智圆未达湛然的"不闻性恶则无性德之行"。知礼对智圆的回应虽然不是很有说服力,但其对理毒即是性恶的坚持其实反映了他的性恶观。

如前所述,在智者那里,性具善恶论(性恶论)是天台宗教化他之法门,隶属于中道实相论,实体现了佛性对"恶"的涵容与控制。因为佛之"性"乃是约染净说,属超越的真谛层面,而善恶则归于俗谛的伦理道德范畴,故究极而论,无论善恶,其都落于"染"。所以性具善恶只是说佛性(界)具含善、恶,不是说佛性是善或恶。善、恶在这个意义上讲都是一化他法门,然在知礼这里,性恶成为性具实相论的要求。其将宗教化他层面上的"性恶"转化为理体意义上的性恶,由此,理性之毒就是性具之恶,而恶也就与理体处于一结构关系中。换言之,理具恶(毒)表示了理的有限性结构,故理的实现不是断除这一结构(有限性),而是将之给表达出来。知礼的即理性之毒实可转述为:性具恶就是毒即理,要即于理,才能把"理"表达或实现。

最后还需要指出,理毒性恶之争虽是义理讨论,实乃围绕请观音忏法之实践而展开,知礼对理毒即性恶的主张是为其激烈的行忏实践服务的。

三、后山家山外之争

通过山家山外之争,四明系逐渐发展成为宋初天台宗的主要派系。不过到了知礼晚年,四明系内部也出现严重的分化,其主要弟子净觉仁岳反叛师说,挑战四明之学,由此揭开了后山家山外之争的序幕。

仁岳的反戈一击由诸多因素决定的,其中导致其尽弃前学的忏法实践其实与慈云一系有密切关系,而他代替知礼与山外诸师进行论辩的经历对他而言也是有影响的,虽然他翼赞师说很有贡献,然而山外诸师的思想对他也一定产生了刺激。所以尽管志磐将仁岳列入杂传,视为后山外派,但仁岳的思想绝对不是山外的简单翻版。毋宁说,它是在经历了山家山外之争后,知礼、钱塘与遵式三家思想混合的产物,其中遵式系在其中所起的作用当值得我们特别地关注。基于此,我们可以将后山家山外之争视为在新的历史情境下,山家教义的分裂与天台义学的重构。这一阶段大致是从知礼晚年开始,时间持续五六十年左右,前期便是以净觉仁岳为中心的对四明之学的反戈,后期则是以神智从义为主的对天台性具思想的重建。

如前已述,经过山家山外争论,四明系取代了钱塘系,成为天台义学的正统,欲学天台教义者唯瞻知礼,闻风而动。不过四明内部亦有知礼、遵式两系,借助四明系的胜利,遵式将天台忏法实践由四明、天台进一步扩展到钱塘,故东掖、天竺法席并开,宗风极盛。因此我们可以讲在一段时间内,知礼系是与遵式系并驾齐驱。不过这种情形在知礼示寂后就不复存在了。由于仁岳的反叛，四明系亦呈分化瓦解之势，难有抵御仁岳锋芒者，则遵式系之独领风骚是可想而知的，其时遵式系统领上、下天竺寺即是明证。由于遵式系统专注于忏法，后山家山外之争实际上主要是在仁岳系统与知礼后学之间展开，其中仁岳与知礼后学的争论基于历史传统，是其对知礼反叛的继续；而从义则扮演了一个新一代仁岳的角色。因此我们可以把后山家山外之争分为前后两期，前期以仁岳为中心，后期以从义为代表。

我们首先看看仁岳阶段。仁岳早年辅佐知礼居功至伟，后因对生身尊特有不同于其师的理解转而成为山家教义的批判者。这一时段从何时起目前尚不能精确，不过从仁岳作《抉膜书》回应咸润《指瑕》对知礼《妙宗钞》的指斥看，则这一时间大约是1021年之后。不过仁岳虽怀疑师说，并未马上离开知礼的延庆道场，那么当时仁岳与知礼有没有发生激烈的正面冲突呢？从后来仁岳《十谏书》的叙述可以分析，围绕《妙宗钞》的"生身尊特"问题，他曾作《三身寿量解》，目的是"虽对论刊正，实微谏《妙宗》，比欲不使外闻，潜修前钞"①。但知礼并不接受仁岳的批评，坚持己见，而仁岳以为孝子理应谏父，因而"频有违忤"，最终造成师徒反目，仁岳只有出走。

大约是在天圣三年(1025)，仁岳离开知礼，投奔遵式，虽然仁岳委婉地称之为"蒙慈云大师法裔相摄"，是被慈云收留，但其与遵式之密切程度是可以想见的。次年(天圣四年)，仁岳于慈云天竺处看到了《妙宗钞》的刻本，其中下卷解释观佛身之处，"备引(仁岳)前来所立难势，广有弹剥"，对此仁岳当然要予以还击。不过虽然二人师生之缘已尽，仁岳仍以门人自居，故批驳之作名为《十谏书》。所谓"十"是指针对《妙宗钞》，仁岳从十个方面加以诘难，其中核心一条(第一条)便是：丈六尊特当约相多少分之，不当就真中感应而辨。接到《十谏书》，知礼自是痛心疾首，这

---

① 仁岳：《岳阇梨十谏书》，《续藏经》第56册，第813页中。

一方面是有感仁岳之猖狂，另一方面则是担心仁岳之说"树立华严藏尘相好方为尊特，观无量寿佛八万相好及法华三十二相定是生身"可能再次混淆台贤之别，削弱天台圆教地位，故不顾年高，撰《解谤书》指斥《十谏书》纯是谤辞，以为化他之权实即自行之权实，故生身之应身即尊特之化身。仁岳对以"谤辞"不予接受，以为自己非为沽名实乃明道，即作《雪谤书》，以为虽权实相即，但这不等同于权权相即，所以生身即法不即尊特。知礼接到《雪谤书》没有来得急回应，便于天圣六年（1028）示灭，仁岳与知礼这场"丈六尊特"之争就此结束。

以上便是仁岳时期的第一阶段。仁岳虽早负盛名，曾与山外论辩，对知礼反戈，但他的主要义学著作与宗教实践却是在离开知礼之后开展的。据志磐《佛祖统纪》记载，仁岳论著极多，有《楞伽会解》《义学杂编》《苕溪讲外集》《金刚般若疏》等几十种，尤其关注《楞伽》，"用意尤至"。《楞伽》是受宋代佛教各宗普遍欢迎的一部经典，此经以"真精妙元，性净明心"为旨归，重真参实学，排斥枝蔓的义学，又特别为禅宗与贤首所钟爱。受此影响，天台学界亦开始关注此部经典，尤其是钱塘诸师和慈云一系还试图通过它把天台思想与华严思想加以融合。仁岳对这部经典的重视正反映了他受山外派与遵式思想影响的事实，以及他力求在山家山外之争的基础上重新整合山家教义的企图。

故结束了与知礼之争后，仁岳即作《十不二门文心解》，对知礼的《指要钞》的别理随缘再作检讨，以心具等同性具。为此，他专书《三千书》于继承延庆的广智尚贤，以为"《指要》解三千之义只是心性所具俗谛之法，未是中道之本"，要求广智同反师说。虽然仁岳义学造诣世所公认，但广智不从，坚持知礼三千俱体俱用之义。在这以后，有关仁岳与四明法裔间争论的记载就很少，虽然南屏梵臻以及希最妙悟曾与其有所交锋，但无有激烈的义学论辩。造成这一现象的原因大致有两个：其一，仁岳义学远超群伦，故诸子难以抵御，虽间或有议论，终无关宏旨；其二，仁岳以后潜心于忏法、净土实践，不务辩事。不管是哪种情况，知礼法嗣的孱弱都是显而易见的事实。联系到慈云一系的兴盛,我们可以说,在知礼去世之后,天台义学没有特别的开展,相反,天台忏法实践则得到了进一步的开拓。

下面我们再来看看从义阶段。神智从义(1042—1091)为志磐所点名批评的两个后山外派人物之一。与仁岳一样,他也经历了从恪守四明教义到反戈一击的过程。从义早年师从扶宗继忠,与处元同学,于山家教义颇有心得。后主大云五峰宝积寺,"不妄游从,寤寐三观,耽昧著述",对当时的佛教诸宗甚至外教均有所指斥,如以为贤首妄判《华严》,唯识宗专用唯识,禅宗虚构祖承,而道家应放在儒学名下。按说,从义站在天台立场对诸宗作出判释,且"辞理切直,为世所信",应是有功于宗门,为何志磐要将其打入另册呢?原来从义虽宗天台,但对四明之学亦持一种严格的检讨态度,他是要回到智者大师处,"以智顗为师,以止观为所承法"。基于此,他以为法性之门当一分为三:性体、性量、性具。华严宗谈性但有前二者,性具则阙。这自然是对贤首的批驳,不过对于四明以性具独标法性之说而言,则是一种篡改和变相的批评。所以志磐不客气地指出,"神智之从扶宗,视四明为曾祖,而于有所立义极力诋排之。去乃翁已五十年,其说已定,而特为之异,破坏祖业,不肖为甚"①。志磐的愤懑是可以理解的,不过他以为当时四明教义已为普遍接受,而从义只是标新立异,则是有欠公允的。原因很简单,知礼之后,延庆弟子在天台义学上无人能出仁岳右者,故仁岳理所当然地控制了天台教义的话语权,这一状况一直延续到仁岳去世之时(1062),此时距知礼归寂(1028)已有三十多年,山家山外之争在天台僧人脑海中的记忆该多少有点淡漠了,所以才会有继宗扶忠对知礼文献的整理。至于到了从义时代,"去乃翁已五十年",则知礼之说已定亦无从谈起,因为专主四明之学的后山家(广智、南屏系统)虽开始呈现振兴之迹,但真正的中兴还有待于努力。

---

① 志磐:《佛祖统纪》卷二一,《大正藏》第49卷,第242页下。

尽管如此,从义的思想还是遭到了坚持四明教义者的批判,其中主要者即是从义的同门处元(1030—1119)。处元继承了继宗的法席,以知礼、广智之说为山家正说。当时从义作《止观义例纂要》解释湛然的《止观义例》,以为"初乘观法,性德之境为真如理观,修德之境为唯识事观"①,重拾山外理事二观之话题,排斥四明妄心观。书成后,从义把它寄给处元,请其臧否。处元详阅后,感叹颇多,以为此书"引文销文,时或有得,若乃文之大旨,未之知也",不仅如此,处元还认为作者狂妄自大。为使自己"以酬夙昔之志"(解释《止观义例》),让天台学者明了天台解行之旨,处元作《止观义例随释》以斥《纂要》之非。

第三节　宋代天台与诸宗交涉

一、台宗与禅宗的对抗

1. 教义之争

禅宗在宋代的发展更为兴盛,可谓是一枝独秀,这客观反映了入宋以后禅/教力量对比的此消彼涨,故宋代天台的复兴蕴涵了捍卫教门,抗辩禅宗之意。从现存文献可以看出,宋代山家与禅宗人士书信往来频繁,论辩激烈。分析下来,台/禅的核心议题是对言旨关系的辨析,其中的一个典型案例便是四明知礼对"烦恼即菩提,生死即涅槃"之"即"义的阐说。在《十不二门指要钞》中,知礼对此问题有过正面阐述,而在《四明尊者教行录》中则收录了知礼与禅宗人士天童凝师围绕此问题展开的论战信札。以下,我们将通过对这些文献的分析来展开对此公案的讨论。

知礼对"烦恼即菩提,生死即涅槃"议题的引入缘于对《十不二门》中"一念"观境的探讨。如前所说,知礼持妄心观,乃是即一念妄境而观达不

---

① 志磐:《佛祖统纪》卷一四,《大正藏》第49卷,第221页上。

思议境,而能观之智乃是即于所观之境,所以"若离三道即无三德,如烦恼即菩提,生死即涅槃"。由于能观与所观的相即性,故而能观智的取得不是通过对烦恼的消解而实现的,而观达之境界(涅槃)与谛理亦不除生死轮回。知礼所讲的"即",是在肯定差异(对立)的同时保持同一。显然,这样的表述与天台的性恶论是一致的。而从禅宗立场上讲,天台山家的见解非是究竟圆极之说,故有所辩驳,这就引出了禅宗史上的一则公案。

知礼所设之论辩对手问道:

> 相传云,达磨门下三人得法而有深浅。尼总持云:断烦恼证菩提。师云:得吾皮。道育云:迷即烦恼,悟即菩提。师云:得吾肉。慧可云:本无烦恼,元是菩提。师云:得吾髓。今烦恼即菩提等稍同皮肉之见,那云圆顿无过?①

这一公案的真实性有待考证,但不管怎样,禅宗人士以"本无烦恼,元是菩提"方为圆顿之旨,标榜己宗的殊胜义,而把台宗一再强调的"烦恼即菩提"贬为达磨所斥之皮肉见。这样一来,台宗圆教之旨就面临着被禅宗之"圆"所取代,山家的"即"之殊义隐而不彰的危险。为此,天台宗迫切需要对"即"义作出辨析。故知礼解释道:

> 当宗学者因此语故迷名失旨,用彼格此,陷坠本宗,良由不穷"即"字之义故也。应知今家明"即"永异诸师,以非二物相合,及非背面相翻,直须当体全是方名为即。何者?烦恼生死既是修恶,全体即是性恶法门,故不须断除及翻转也。诸家不明性恶,遂须翻恶为善,断恶证善,故极顿者仍云本无恶,元是善。既不能全恶是善,故皆即义不成。②

知礼强调,"即"字虽同,其旨有异。天台山家之"即"旨别于他家者在于

---

① 知礼:《十不二门指要钞》卷上,《大正藏》第46卷,第707页上。
② 同上书,第707页上、707页下。

"非二物相合,及非背面相翻,直须当体全是方名为即"。"二物相合"是指差异的两个事物通过"合"的形式而实现同一,"背面相翻"则指同一事物的正反两面通过翻转而实现同一,在知礼看来,这两种转化差异为同一的方式均不可取,原因在于非是"当体全是"。所谓"当体",乃指只就着一体,非为二体,也就是说差异之物虽事相有异而"体"只是一个;至于"全是",则是说差异之转化为同一乃是无有遗漏地全部转化。此两点一方面强调了"即"的同一性乃指"一体",另一方面说明"即"的同一性包括了全部的差异性,由有二者,天台"即"义方得以成立。

事实上,在知礼看来,差异性的存在恰恰是同一性实现的前提,因为如果要废除差异性而求同一,则这样的同一性实现是不完整的、有欠缺的,从而不是真正的"即"。在此,我们涉及到了潜能与实现的问题。基于山家性具的互趣性,则任何法都性具他法,具有趣于他法之潜能,由此对立/差异之事物的对立/差异性的状态恰恰是潜能尚未实现的表现,故要实现差异法的同一并非是要去除差异,而是让差异法之潜能得以实现。潜能实现了,则差异法的"欠缺"也就克服了,也就是"完全的"。从这个意义上讲,差异法之间的同一其实只是任何一法自身的潜能之实现,它是通过对外在于自身的他法的"趣"而实现自身的。由此,烦恼/菩提、生死/涅槃、恶/善是对立的差异之法,但菩提、涅槃、善性具烦恼、生死、恶,只有将自身趣为对立之恶法,善法才得以实现。故此,相合也好,翻转也罢,其根本失误在于未能理解法的"实现"义。所以知礼批评禅宗人士的说法是"诸家不明性恶,遂须翻恶为善,断恶证善",由此方得出"本无恶,元是善"的不圆结论。

进而言之,由于法是互趣而要求由潜能而达致实现,故而差异之法的存在不惟是这一实现的前提,且是这一实现的朝向,因此"又既烦恼等全是性恶,岂可一向云本无耶"。这就在理论上将禅宗之"本无烦恼"说的圆顿性给消解了。

不宁惟是,知礼还从文本来源角度指出了"本无恶,元是善"之说的问题所在：

> 然汝所引达磨印于可师本无烦恼，元是菩提等，斯乃圭峰异说，致令后人以此为极，便弃三道，唯观真心。若据《祖堂》自云二祖礼三拜，依位立。岂言烦恼、菩提一无一有耶？故不可以圭峰异说而格今家妙谈尔。①

此段文字只是《指要钞》后改之文，据原本可以看出，知礼是直接针对禅宗发难，其以为圆家亦谈断证迷悟，而同他宗区别在于，"但约染净论之，不约善恶、净秽说也。诸宗既不明性具十界，则无圆断圆悟之义，故但得即名而无即义也"。在此，知礼点出了山家"即"旨之所在——性具说。由有性具，故断证不约善恶，但就染净。也就是说，在解脱的究竟境界上是"净"非"染"，但这并不妨碍对善恶诸法的含具。

知礼的"即"旨之辨贬斥了禅宗，捍卫了台宗的圆教地位，对此，天童子凝师予以了回应。子凝师发难之缘由正如《草庵录纪天童四明往复书》中所云，"《指要钞》中引圭峰后集，比决幽奥，而天童凝师者一见喜之，但谓其所引稍有参错，欲法智改正之而已，书简往返凡二十许"②。从表面上看，子凝师的参与但是台禅之争，实际上是由知礼要确立自家之说为天台正义所引发的，故与山家山外之争有关。继忠法师即曾在《天童四明往复书》后叙中指出，知礼著《十不二门指要钞》乃"正明观心达妄之道，辟他山外观真之非。文引'烦恼即菩提，生死即涅槃'二句为发心立行之本，因此拣示达磨门下三人得道浅深"③。天童见其引圭峰语喜

---

① 知礼:《十不二门指要钞》卷上,《大正藏》第46卷,第707页中。又据继忠扶宗所说,此段文字原本是:"此乃又超得髓之说也。可师之见,意从阶此,语且未圆。问:今明圆教岂不论断惑证理及翻迷就悟邪？若论者何异持、育之解？答:只如可师,岂不断惑翻迷,岂亦同前二邪？故知凡分渐顿,盖论能断、能翻之所以尔。"但由于知礼与子凝禅师争执不下,故而四明太守直阁林公出面调停,"因请法智于《指要》下和融之语,法智不得而辞,遂改之"。参见《忠法师天童四明往复书后叙》,《四明尊者教行录》卷四,《大正藏》第46卷,第896页下。
② 宗晓:《四明尊者教行录》卷四,《大正藏》第46卷,第897页上。
③ 继忠:《天童四明往复书》后叙,《大正藏》第46卷,第896页下。

之,但谓其所引稍有差错,遂有问书。可见在宋初诸宗竞争的环境下,单纯的一宗内部之争往往与他宗牵扯在一起,形成一个颇为复杂的教义互动格局。

在天台后学对子凝师发难知礼的解说中都明确指出了这样一点,即知礼对禅宗公案的征引遭到子凝师的质疑,后者以为前者援引有误。事实的确如此,在《天童凝禅师上四明法师第一书》中,子凝禅师指出知礼所引的"达磨门下三人得法而有深浅"的公案不合《祖堂集》与《景德传灯录》之只云"二祖礼三拜,依本位而立"的说法,①"但为传闻,故无实证",故知礼对禅宗的评论显然无据。进而,子凝禅师站在禅宗立场对"直指人心,见性成佛"之说予以辩护,以为此乃对治滞名相之之方便。若从这个意义上来讲,则"言"既然只是方便,何必要执著一个确定的圆旨呢?由此,山家的言/旨之辨仍然是停留在名相层面。

对于子凝师以"指鹿为马"相责,知礼很快回书予以辩护。知礼说此公案乃出自《圭峰后集》(即《禅门师资承袭图》),是宗密答释宰相裴休有关禅法宗徒源流浅深时所叙,流传甚广,世人所见,故非为鄙俚之谈,更非道听之途说。故此,知礼以为得法浅深之辨但是"禅门自生矛盾,故非讲士敢此讥呵"。显然,知礼把宗密之见解全然等同于禅宗的看法,并据此而评点禅人的理论。接下来,知礼转向对言/旨问题的论述。他亦承认"法本无说",言说总是"应机",故"业禅者屡斥寻文,传教者或讥暗证,皆为进于初学,欲使深于本宗",所以禅教的根本目的都是"但以假名,引令入实",区别只在一个是悉檀被机,一个是四随益物。可见,知礼自认为言/旨之辨不是着于名相,而仍是接应之方便。

接到知礼的回信,子凝师又复二书予以申述。子凝师以为知礼视宗密之见为禅宗正解非是通达之做法,显然这里涉及到对禅宗谱系的理解

---

① 董群指出,依《祖堂集》,亦并无子凝师的"二祖礼三拜,依本位而立"之说,所以知礼与子凝恐均未认真阅读《祖堂集》。参见董群的《融合的佛教——圭峰宗密的佛学思想研究》,北京,宗教文化出版社,2000年。

问题。宗密既为华严五祖,又为菏泽传人,援华严义而入禅宗。但在凝师看来,宗密非是正宗禅人,其对禅宗历史、师徒相授的理解不过是"知解",故此,宗密之说"由是祖师独断乃云,知之一字是众妙之门,今达磨所传唯灵知而已"乃是妄言,至于宗密"深推菏泽,轻视牛头"之举在子凝师看来更是"矛盾之言洋洋于外",如此信口雌黄"何异采鄙俚之言"。最后,子凝师亦以平衡禅教的姿态指出,有说与无说但是两种说法,"实惟不二",由此,禅宗的"无说"不是"乖旨",非任偏情。

以上的往复论辩其实还只是纠缠于文献学意义上的考证和禅教高下的分辨,已与知礼《指要钞》中心之旨相距甚远,故而知礼在第二封回信中就将讨论的主题引向"即"旨本身,其云:

> 且《指要》所引,非无所以,盖智者立《法华》绝待十妙、《止观》圆顿十乘,以"烦恼即菩提,生死即涅槃"二句之文而为刚格。诚非二法相合名即,故不可以断证明之;亦非一法翻转名即,故不可以迷悟示之。烦恼非定本无,菩提非定本有,故用烦恼即菩提等绝其言诠,寂其思虑,俾妙解圆明,妙行密契,妙理顿显故也。①

此段文字基本上是对《指要钞》观点的复述,同时又特别补充了"烦恼非定本无,菩提非定本有",其目的是要说明"即"也是超言绝虑的,这就与佛教对"假名"的普遍认识统一起来。因为作为一种吊诡式表达,天台之"即"溢出了常规之经验思维,也非是"常规"文字所能范围的。在此意义上讲,台宗突出"妙"之一字其实是用迂回曲折的形式,借着对"粗"的开而达此对此"妙"的显。对比而下,禅宗对语言的超越则是通过"不立文字","默然无说"而实现的。

故从天台山家的立场看,对"即"之言/旨之辨不是胶着名相,实乃对不思议之妙境的开显,绝非是可有可无。基于此点,知礼必须维护天台宗义的圆妙,而不许对之有所贬损,由此他向子凝禅师道出了其护宗之

---

① 宗晓:《四明尊者教行录》卷四,《大正藏》第46卷,第895页下。

缘由：

> 奈以天台宗教陵迟之际，圭峰后集流衍来吴，禅讲之徒多所宗尚，咸云：达磨印于二祖，本无烦恼元是菩提方为得髓。智者所说既同道育之解，乃成得肉之言。鄙僧忝嗣台宗，得无伤痛？况闻点授，粗见否臧，遂于《指要》文中对扬厥旨。何任唇吻之便，而浪有所讥。且夫分宗受法，传教接人，人据圭峰难于本教，岂不依教而返破之。斯皆扶树本宗，勉励初学，证悟之际，彼此岂存。①

知礼在此将矛头指向宗密，认为宗密乃"本无烦恼元是菩提方为得髓"之始作俑者，禅人承袭其言，蔓延传播，有损台宗圆旨，故知礼之辨只是自扶己宗，而无意于分别禅教之高下。显然，知礼是要坚持己宗之旨，同时又希望息事宁人，结束禅教争论。

对于知礼有所退让的姿态，子凝禅师并不接受，故再去三书。他认为知礼指责宗密并不可取，因为若有此公案，而宗密言之，则知礼有所议论是可以的。现在的问题是，并无此公案，则议论此说乃是"逐波随流，扬声遏响"，并不妥当。子凝禅师的潜台词是：台宗自欲树立本宗之旨，而曲意理解禅宗，激起纷争。进言之，即便相信宗密之说为是，但只要看到"《祖堂》无言"，也就是《祖堂》所记载"可大师无言依位而立"，就能明白"烦恼、菩提信本无差"，此方为禅宗圆顿之旨。

据《草庵录纪天童四明往复书》的"书简往返凡二十许"之说法，则知礼对于子凝的第三封信是有回复的，但文献的缺失使得我们对整个辩难的分析受到限制。不过可以肯定的是，双方的辩论往复这么多次，实为可观，虽然比照天台内部之争，其规模自然要小，但其产生的效应亦颇值得我们关注。正如前文注解中所云的，禅教论辩最终是在四明太守的斡旋下偃旗息鼓的，这一方面可见到世俗权力对佛学内部义学讨论的干预，另一方面也可见争论之激烈程度，无怪乎继忠要说子凝禅师是"奈何

---

① 宗晓：《四明尊者教行录》卷四，《大正藏》第46卷，第895页下、896页上。

后书倔强不已"。

　　总结禅教对"即"字的辩难可以看出,双方的语言哲学立场是不同的。禅宗人士以"无言"为圆顿境界,故不可执言而求旨;天台宗人则以吊诡之"即"来超言绝虑,是故必须澄清"即"义,有言而无旨最是他们所斥责的。进而言之,若我们将言/旨原则应用于"无言"本身,亦可产生这样的问题:我们如何区别不同状态意义下的"无言",如维摩诘之杜口与慧可师的"无言依位而立"为同为异。继忠就此曾引用了《阿含经》中世尊"踞坐"开示外道之例说明"无言"但是小乘三藏之教,不可才见无言便谓真证。

　　可见在台宗看来,即便"无言"也是一种"言",故有言/旨关系,无言之"言"要达至真正的无言之"旨"显然不是形式上的"无言"就能解决的。事实上,继忠还是强调禅宗与文字经典的关系,以其依傍作为别教之《楞伽经》来"藉教悟宗"而判其为是渐法。这样天台的言/旨之辨还是把禅宗的"无言"涵摄进来。

　　最后有必要指出的是,子凝对知礼的发难正值知礼忏法获得绝大声誉之时,这也间接反映了禅宗人士对于忏法的态度,所以知礼对"即"旨的辨析实际上是关联到忏法问题,这也就再一次将台禅之争置于山家山外之争的背景下,让我们洞达了山家山外之争事件的含义。

　　2. 谱系之争

　　入宋以后,台禅二宗在史学方面均有撰述,其中台宗尤有贡献焉。台宗致力于史学的一个主要原因便是,面对禅宗的谱系编撰,天台以史学对内确立台宗自身的正统派别地位,对外确立台宗在整个佛教中的圆教地位。

　　宋代禅宗极为兴盛,配合于此的是,禅宗人士还不断地通过灯录、传记的形式为本宗确立佛教谱系上的正宗性,这对天台宗来说更是一个极大挑战。其中需要特别提及的是契嵩的《传法正宗记》(包括《传法正宗定祖图》、《传法正宗论》)。契嵩(1007—1072),又称明教大师,为北宋著名禅人,其雄大的志向是要定禅宗于一尊,故撰《传法正宗记》以确定禅宗统摄佛教之地位。在其上皇帝书中,他说道:"臣尝谓,能仁氏之垂教,必以禅为其宗,而佛为其祖。祖者乃其教之大范,宗者乃其教之大统。大统不明,则天下学佛者不得一其所诣;大范不正,则不得质其所证。"①

契嵩以禅宗为佛教之"大统"显示了宋代禅宗并不满足于禅教对峙之局面,而要进一步以宗统教,换言之,禅宗要成为佛教之正宗,甚至是佛教的代名词。为此,契嵩在他的著作中主要解决两个问题:一是重申禅宗祖师与天竺佛祖的法脉相承,以此强调禅宗乃是"接着说",而非另立他说;二是坚持"禅"为佛教之实,以"教外别传"为佛祖传法之原则。

契嵩坚持的第一点便是坚持天竺佛祖为 28 位,指责《付法藏因缘传》24 位说的不确。在《传法正宗论》(卷上)一文中,针对教界"其所谓二十八祖者,盖后人之曲说"的议论,契嵩指出,《付法藏因缘传》虽有名目之次第,而内容无有本末,师授不详,不足以为传示信于人。考其因在于,此书实乃北魏昙曜"采拾残坠所成之书"。而禅宗的《宝林传》虽然文字鄙俗,"序致繁乱",但是"事有本末,世数名氏亦有所以",故其所列二十八祖是确然可信的。契嵩坚持佛祖的位数当然不是无所用心,其目的在于引出二十八祖菩提达磨与中土禅宗的联系。菩提达磨为禅宗之祖,这是禅宗创立之初时就已确立的事实,不过当时并无将达磨与天竺诸祖相连之说法,而现在契嵩要使禅宗成为佛教传法正宗,就必须使达磨由禅宗之祖升格为天竺诸祖,因此契嵩再三强调达磨作为诸祖之一地位的合法性。

在《传法正宗定祖图》序中,契嵩说道:

> 原夫菩提达磨,实佛氏一教之二十八祖也,与乎大迦叶乃释迦文如来直下之相承者也。传之中国,年世积远,谱牒差谬,而学者寡

---

① 契嵩:《传法正宗记》,《大正藏》第 51 卷,第 715 页上。

识，不能推详其本，真遂不谅，纷然异论，古今颇尔。①

契嵩以为达磨本为佛教第二十八祖，只是由于年代久远，传入中土时遂有讹误之生，二十四祖说之兴。为了纠正谬误，契嵩专门作了一些考证工作以证明菩提达磨即是达磨多罗，二者名异实一，所承者出于二十四祖师子尊者正传。

第二点，以"宗"优于"教"，故传法原则乃是"教外别传"，这实际上涉及到所证与言教之关系问题。针对天台圆顿之教"教证一如"之说，契嵩指出，"古所谓教证一者盖以文字之性亦有空分，与正理贯耳。非谓黄卷赤轴间，言声字色扰然之有状者，直与实相无相一也"②。因此，语言文字只是方便权巧，执著于文字是不可能了达佛法至理的。所以禅宗的"教外别传"非是指别于佛教而传也，也不是指要脱离经教而传，乃是要"正其教迹所不到者也"，传其经所不辩。由此而论，契嵩在文字与证悟关系上强调的是后者相对于前者的独立性，天台的必依教而见道只是见说，非见道，只有禅宗才是真见道。所以契嵩说："教虽开说者万端，要其所归，一涅槃妙心而已矣。夫妙心者，虽众经必使离乎名字分别，而为之至，然而后世未尝有能如此而为之者。及达磨始不用文字，不张门户，直以是而传之，学者乃得以而顿至，是不亦教之益验乎？"③从这个意义上讲，禅宗不惟是佛教正传，而且有功于佛教，故契嵩以达磨比作儒门之孟子，其用意是显而易见的。

面对禅宗的谱系学编撰，天台史学予以了强烈的回应，先后有吴兴颖师的《宗元录》、吴克己(1140—1214)的《释门正统》、镜庵迁法师的《宗源录》、宗鉴的《释门正统》问世。待至志磐，则更以一宏大体系的"天台通史"来抵抗禅宗，申明天台宗谱系的合法性。志磐生卒年代不详，但从《佛祖统纪》的成书年代(1269)看，其主要生活于南宋末年。从法系来

---

① 契嵩：《传法正宗定祖图序》，《大正藏》第51卷，第768页下、769页上。
② 契嵩：《传法正宗论》卷下，《大正藏》第51卷，第782页上。
③ 契嵩：《传法正宗记》卷五，《大正藏》第51卷，第743页下。

说，志磐属于逸堂法登的曾孙。逸堂法登，四明人，字圣道，俗姓林，乃道琛法资慧询之弟子。由于志磐师承的山家背景，故其撰写《佛祖统纪》时有更强烈的天台正统意识。

《佛祖统纪》全书五十四卷，按照纪传体史书的形式分为本纪、世家、列传、表、志五个部分，其中本纪、列传、志为本书重点阐述之部分。尤其是，通过本纪的设立，志磐建立起了天台佛教宗派与整个佛教间的谱系关系。如在《释本纪》中，志磐说道：

> 释迦如来，最初得佛之后，大悲利物，未来不息，以故果后示权，数数出世，莫可以三际求其始终。况于十方国土，唱生唱灭，处处不同，岂当于此南洲一方毕其能事。然今所录，但于此方，特举垂教之要会，而通之则十方不离当处，三世只在一心，尚何有所异同哉？①

佛教之所证与言诠、究竟与权现始终是一对矛盾，正因为如此，要对"佛"之形迹有所说明其实是不可能的。但也正缘于"三世唯心"、"当处即是"，佛之示现即是实相，所以对"佛"之行履的叙说并非是执著于"佛"之迹，而是以"迹"通"本"，由此了达"佛"在历史中，同时又非在历史中。显然，志磐较宗鉴更为敏感地意识到对"佛"进行历史描述的困难，但在天台思想原则的指导下，他用"权实相即"消解了这一困难。基于此，志磐以天台五时八教配合佛陀自行化他之一生，"今约如来在凡因行，至今出兴为大法王。明本迹，叙圣源，列大小八相，分顿渐二始，经历五时，铺陈一化"。

至于佛教历代祖师，志磐以为西土二十四祖乃"仰承佛纪，传弘大法"，而中土祖师则自北齐始，以龙树之道为宗旨，历代相承。同叙述佛陀之历史一样，要在释迦、西土诸祖与中土诸师间建立起一种事实性关系也是十分困难的，此前天台史学家宗鉴对此就无计所施，志磐则在此再次表现出他的史才：既然佛陀是依五时八教而施化，其总的原则是"开

---

① 志磐：《佛祖统纪》通例，《大正藏》第49卷，第130页上。

权显实",那么中土诸师的教行自然是与释迦、印度诸祖不悖的,联系二者的中介即是龙树的中观之道。这样,中土祖师不仅取得了正统地位,而且确然有效地保持了天台思想与佛陀之教的一致性,故而志磐的处理极为成功。

"本纪"既立,则世家、列传乃明,由此天台内部的正统性得以确立。配合于此,志磐设有二。在《释表》中,志磐说道:"考诸祖授受,叙弈世之禀承,欲观千古,必审今日。为明北齐下至法智述正统之有来,作历代传教表;为明释迦列祖,下至今时诸师,示传灯之无尽,作佛祖世系表。共二卷。"《统纪》二表其实是对前面所述本纪、世家、列传内容的一个"表格化",以便更清晰、直观地展示天台谱系之传承。

最后是"释志"。"志"是《统纪》一书中分量最足的一块,显见志磐对其之重视。《统纪》之"志"包括山家教典志、净土立教志、诸宗立教志、三世出兴志、世界名体志、法门光显志、法运通塞志、名文光教志、历代会要志九个方面。与《释门正统》的身土志、弟子志、塔庙志、护法志、利生志、顺修志、兴衰志、斥伪志八志相比,不仅增加了门类,而且突出了"志"的功能,这是宗鉴所不及的。如其设"山家教典志"的考虑是:"并陈文藻,交赞佛乘,各出义章,发挥祖义,斯固法门之盛烈"。志磐以为天台教典之繁富也是宗门兴盛的一个明证,故不可缺漏。单列"净土立教志"则显示出志磐迥异于宗鉴的旨趣,如其云:"入理教行,具足成就,由五浊以登九品者,唯念佛三昧之道为能尔。末代机宜,始自庐阜。"所谓"入理"指四悉檀中的第一悉檀,乃是直接以第一义说明诸法实相之理,使众生真正契入教法。因此无论教还是行,只要"入理",均达实相。而之所以又特别强调净土往生在于,末法时代,众生根劣,只有靠"念佛"得度,这与"入理"并不矛盾。显然,志磐对净土的重视表明了台净间日渐交融的形势,其将净土志单列诸宗也是为了对抗禅宗对净土的控制。

除了通过体例的安排来凸显天台山家之正统性外,为了对抗禅宗"教外别传"的传法原则,志磐在《统纪》中还特别运用天台的本迹概念来解释佛陀的示现说法,用五时八教的思想来涵摄释迦的传法,以此强调天台宗的正宗性。志磐的这一做法颇有创意,也为《统纪》确立了"纲纪",这是志磐高明之所在。

所谓"本迹",乃指实相与权现,为佛教的一普遍概念,其最早出于《法华经·如来寿量品》。此品以释迦非为始成新佛,乃无量劫前已然成佛,因为佛之生身有灭而法身尤存。后来天台大师依此而建立起本迹二门。本门指,如来久远之前已然成佛,以显示佛陀之本地、根源、本体之说,故本门即本体;迹门为新近示现之佛,以显示本佛化他而垂迹应化,故迹门为本体之现。可见,本迹即是体用、权实关系。本迹说成为天台宗进行经典诠释、教义阐发的重要方式。为了确立天台教宗的地位,基于天台的本迹不二观,志磐对释迦示现化他予以不同于禅宗的解释,以彰显"教"之"即迹而本"。志磐指出:

> 如来圣人之利见于世也,则必有降本垂迹,开迹显本之妙存焉。夫本者,法身之谓也;迹者,八相之谓也。由法身以垂八相,由八相以显法身。本迹相融,俱不思议。自非《法华》开近显远,开迹显本之谈,则不足以深知此旨。①

如来出世化他必要垂迹,而"迹"之显又必然是基于"本"。本即法身,迹谓八相。由有此本,故有此迹,由此迹显,而彰其本。所以天台的本迹是相融相即的,俱是不可思议。

本迹的不可思议性反映在天台本迹有六义,即约理事、理教、教行、体用、权实、今昔(今已)。首先是约理事明本迹者,"从无住本立一切法,无住之理即是本时实相,真谛也。一切法即是本时森罗,俗谛也。由实相真本垂于俗迹,寻于俗迹,即显真本。本迹虽殊,不思议一也。文云:观一切法空如实相"。显然,约理事明本迹是基于天台的性具实相理论,以实相不废三千法,故能随缘而现三千,不变三千宛然,因此,事"迹"具

---

① 志磐:《佛祖统纪》卷一,《大正藏》第49卷,第134页下。

在理"本"中。这不同于禅宗人士"迹"在"理"外的思想。其二是明理教明本迹。此本为"本时所照二谛俱不可说者",迹为佛方便说二谛之教。无二谛之本即无二谛之教,但若无教迹,谛本如何显?这是强调在化他之中,谛本与教迹之相互依赖性。第三教行为本迹者。初禀佛教以为本,依本而修则为迹。二者关系亦是辩证的,"由教诠理而得起行,由行会教而得显理"。四约体用明本迹。修行契理,证于法身为本,由此法身而起应身之用为迹。无法身之体,即无应身之用,这是同于约理事明本迹者。五者约权实论本迹。"实者,最初久远得法应二身,皆名为本。中间数数唱生唱灭,种种权施法应二身,故名为迹"。这是《法华经》中本迹概念之原义,也是佛教一般所持的本迹观。最后是约今已论本迹,这是志磐所要重点加以解释的,因为此点统摄了前五点,他说道:"前来诸教已说事理乃至权实者,皆是迹也。今经所说久远事理乃至权实者,皆名为本。"

志磐特别强调的是"已今本迹",因为其所云的"今"与"已"并非是在单纯时间意义上给出的,而是以《法华经》中诸佛涌现定之,正如志磐所说:"今即是本,即指本门。本门已前,皆名为已。涌出已后,方名为今。"故"今"实指当下所证,"已"为尚未得证。从表面上看,志磐以今/已定本迹相似于禅宗以已证/未证别于本迹,但二者实有区别,因为天台"今"的概念中包含"已"(久远),而禅宗"已证"中不含有过去,故志磐才说:"今经所说久远事理乃至权实者,皆名为本。"正因为如此,"非今所明久远之本,无以垂于已说之迹;非已说之迹,岂显今本。本迹不殊,不思议一"。可见今已本迹中包含两层"今已"之意:一是约权实论本迹,则过去久远得法为本,今时权现应化为迹,故"已"本"今"迹;二是以本门已前,皆名为已。涌出已后,方名为今。故"今"本"已"迹。

由此,志磐还将六重本迹与《法华经》的内容对应起来:理事——观一切法空实相(理),但以因缘有从颠倒生故说(事),安乐行迹;理教——是法不可示言辞相寂灭(理),以方便力故为五比丘说(教),方便品迹;教行——诸法从本来常自寂灭相(教),佛子行道以来世得作佛(行),方便品迹;体用——吾于成佛以来甚大久远(体),但以方便教化众生(用),寿量品本;实权——是我方便诸佛亦然(权),今当为汝说最实事(实),草药喻本;已今——诸佛法久后(已),要当已真实(今),方便品本。

《法华》之"已今"具有前五重本迹之基础,自然不同于诸经"已今",所以志磐引湛然《释签》,说道:"《法华》已前,诸经已今仍属于迹。今经所明,乃是直明久远之本,即是已说已今为迹,今说已今为本,方是实说。"显然志磐以《法华》"今已本迹"说具有殊胜义是为了坚持《法华》经中之王的地位,以《法华》之"众生必然成佛"之理念来对抗禅宗的教外别传,顿悟成佛。志磐的这种本迹观还充分地体现于本书的"法运通塞志"中,在此志的序中,志磐说道:

> 佛之道本常而未始离乎世相推迁之际。自释迦鹤林,诸祖继出,所以传持此道,东流震旦,逮于今而不息。大较圣主贤臣,宿禀佛嘱,常为尊事。而儒宗道流之信不具者,时有排毁,然终莫能为之泯没,以此道本常也。夫世称三教,谓皆足以教世,而皆有通塞,亦时使之然耳。列三教之迹,究一理之归,系以编年,用观通塞之相。①

佛道之常在为"本",而佛法之通塞有时为"迹",本即于迹,开迹则显本。志磐以此本迹史观维护佛教之合法性,亦借此确保对天台宗的信心。

二、台宗对诸宗的融摄

宋代天台在与禅宗竞争的同时,亦展开了对佛教诸宗的融摄,这主要体现在台净合流、台律结合。

1. 台净合流

宋代天台极为重视净土法门,台宗人士不仅在理论上致力于整合台

---

① 志磐:《佛祖统纪》卷三四,《大正藏》第 49 卷,第 325 页上。

净,为净土确立一合法性基础,且在实践中将之与自宗的修行紧密结合。台宗对净土的融摄推动了净土作为一种宗教修行实践在宋代社会的广泛开展。

宋代天台对净土的介入主要是通过忏法这一中介,这是台净合流的一个关键因素。我们以知礼为例说明此点。众所周知,知礼乃天台义学大师,但他也是一名积极投身于行忏消业的实践家。如咸平三年(1000),四明(今宁波)大旱,"试入忏摩祈雨,约三日不雨,当自焚,如斯果应"。不管我们如何理解这种行忏求雨行为的有效性,行忏者自身的确是"言必行,行必果",这于普通民众而言具有极大的感召力,对王公大人来说也极具震撼力,知礼天禧元年(1017)的那次行忏即是最好的明证。《尊者年谱》记载:"师年及耳顺,乃谓其徒曰:半偈亡躯,一句投火,圣人之心为法如是。吾不能捐舍身命已警发懈怠,胡足言哉?于是结十僧,修法华忏三年,忏满共焚。"①

知礼作出此举措时值耳顺之年,由于其德高尊隆,在淄素中颇有影响,自然引起当时朝廷的极大关注,以翰林学士杨亿为代表的士大夫去书知礼,坚请住世,知礼则回书坚执己见,如此往返信件达数十封之多。为防不测,地方州府还密令他人严加保护知礼。经过朝野的上下努力,方使知礼最终未践捐身警世的诺言。

知礼焚身往生显然不是一时冲动,也非为博取一种虚名,他的举措当是经过一番深思熟虑的。如上所说,知礼焚身行为是为了"警发懈怠",树立学佛信心,以利乐众生。若此,知礼的行忏只是一种化他权宜。因此学士杨亿闻知此事后立即去书知礼,劝其住世弘法,在信中,杨亿写道:

> 惟极乐之界,盖觉皇之示权,而大患之躯,非智人之所乐。倘存忻厌,即起爱憎。即萌取舍之心,乃至能所之见。谅惟通悟,夙究真

---

① 宗晓:《四明尊者教行录》卷一,《大正藏》第46卷,第858页上。

常,盖俯就于初机,冀策发于净行。①

作为一名禅宗俗家弟子,杨亿以为净土不过是是一种方便设教,对于下根之人可以起到警醒策进的作用,而作为一名高僧则应以住世弘法为务,不可起忻厌之心。对于杨亿的"极乐本由示权,修道须忘忻厌"之说法,知礼表示赞同,但其"毕此忏期",为法捐躯的决心并不动摇,因为他自有理由。知礼以为方便权宜有体内体外之分,"体外之权须破,体内方便须修。离事之理则粗,即权之实方妙"。基于性具理论,种种方便之权实是本性已具,由心发明,故秽土乐邦虽为释迦弥陀示权方便,但是"善巧之权方",众生应心而感则真实无外。

因此知礼认为,从圆教而论,净土之方便即同于法华微妙方便,归依净土亦能开权显实,证悟实相,这是知礼对台净所作的融合。实现这一点的中介是天台的一心三观行法,因为空观破相,假观立法,中观皆中,实相三谛圆融互具,观心实相即是体达净土唯心、自性不碍。所以知礼说:"故知礼所求安养而生,所欲燃烬而死,凭此三观,遣彼百非也。"针对大乘之人不应厌离世间之说,知礼辩解道:不可一概以贬斥义言忻厌爱憎,因为佛教自是反对执著取舍,分别之见,这是从佛教根本义而言。但若修行中无有忻厌,则修行不成,果位不证。何况今求净土非为求"身受诸乐,心染妙尘",而是希望通过正依的转移而更好地修行,"速增胜道"。至于在行忏中采取的种种极端行为,知礼的解释是:修行有效需要解行双备,诸缘具足,其中发心至诚十分重要。由于惟恐自己"净因未备",知礼方才"毕命自要,庶凭最后之强缘,以作往生之定业",所以烧身燃臂、舍生命财等等苦行确有实效。

就知礼来说,苦行不是邪修,并非盲目,而是有观行正解作为基础。因为依于观心实相,假相虽灭,实相宛然,故此苦行"行苦而神不苦",所以"性火真空,岂有能烧之相,所烧自亡也。又知佛体圆妙,岂存所供之

---

① 宗晓:《四明尊者教行录》卷五,《大正藏》第46卷,第898页中。

人,则能供亦寂矣。两重能所既泯,一切功德斯成,是名苦行法门"。人对佛是初重能所,身对火是二重能所,两重能所俱泯,则证中道实相。从这个意义上讲,知礼苦行追求的是对"我"的舍弃,于当下一念的"觉悟",所以他认为智者大师所说的"临终在定之心,即是净土;动念即是往生净土时"极是,故捐躯为法自然亦得往生,往生即达实相。当然知礼并非以忏法苦行为唯一法门,而是以为根性不等,机缘不一,未可一律。若达一心三观,则法法可取。而相对于苦行,则是贪欲之法。既然贪欲即道可以成立,为何苦行不能?知礼强调自己之所以选择忏法非为让人仿效,乃在于少年即有志于此,年长愈笃。今既已衰朽,当酬此愿,故约同志共修,同登大觉,以证净土匪虚。

显然,知礼之苦行不虚,乃是在观想实相的前提下,由权而实的行为。在了达权实相即之后,净土世界即是实相境界,西方弥陀便在唯心净土。从这个意义上讲,知礼是要在观心层面上统一唯心净土与西方净土。至于为证得实相为何一定要采取焚身这样一种极端的行为,知礼是用"为酬宿愿"来解释自身的个体行为。对此,杨亿并不满意,故去书以三问咨于知礼,这三问是:西方净土是何人境界?烧身苦行本是魔王所说,如何是正教?劫火洞燃,大千俱坏时,何人受于极乐?知礼对此一一答复。

首先是关于西方净土境界问题。杨亿以为西方净土非是究竟至极之境,故圆顿之人不可执著于此。知礼的解答是:净土之境根尘绝迹,物我一如,"实非心外之境、境外之心。则心自知心,境自见境。境岂见境,心岂知心,言诠亦绝,故强名云不思议境观也"。净土是由心所呈,所证,故已是不思议境。至于净土中的粗细差别只是从"教道"分别而言,若就圆论,则不离而离。

而接下来的两个问题其实都是对"苦行"的质疑,知礼的圆通是:苦行虽是出于佛典中的魔王之语,但"佛之与魔相去几何"?依据性具实相理论,佛界魔界互具,不二而二,"性既本融,修岂能异"?众生所证不等,故于诸法所见不同,遂有魔佛之分,差别之见。而至六即之"究竟即","方穷魔法事理,边底具足,能于魔界,统摄自在之能",所以问题的关键不在于离魔而修,而是即魔为佛,这一思想充分体现了知礼的性恶原则。因此,魔王之语不异佛语,而且还能"深显圆宗",所谓"以圆不自圆,乃偏邪诸法一一皆圆也"。此外知礼还特别强调"魔外易开","若非深住魔外法界,安能令无量人得证三昧。乃是行于非道,通达佛道",这样知礼就把"魔语"、"苦行"纳入到《法华》开权显实的范畴下。

显然知礼已不仅将"苦行"视为自证实相之境的途径,也把它看成是"化他"的一种绝好方式。换言之,知礼是以自行为化他,化他即自行。自行之所以要采取这样一种极端的形式在于"化他",知礼以为当代众生根劣,故需要以看似外道之行的形式来"济度众生",而知礼自身作为一名修行者自然也不例外,故而从"自行"角度以"苦行"证悟实相正是一种自觉的求道行为,用他的话来讲便是:"故十方刹海,九世往来,同趣一心,名妙三昧,而以苦行为主者,原治事恶,助开理修,以为最后用心,庶作增上净业。既正助合运,乃修性一如,不离此心而至极乐。"

此后知礼与杨亿还有多次的书信往来,但所涉及的内容不出上述范围,且讨论局限于焚身求法的社会影响。通过两人的对话我们可以看出,杨亿基于禅宗立场对天台的天台净土关系理论有所指责,而台宗认识则要竭力统一天台与净土。当然,天台与净土的融合另有一深刻的社会背景。就知礼而言,其如此强调"忏法"的极端性体现了他对所处时代所抱有的深重忧虑感,此与天台传统的末法观念有一脉相承的关系。如果说南岳之末法思想更多基于对南北朝后期大规模的毁佛运动的反思,那么知礼的末法情结则是有感于五代北宋以来世俗生活的日渐发展,天台对忏法的极度发展有此背景。因此,从这个意义上讲,天台宗人的净土修行亦带有很浓的末法情结。

台宗人士在自行求净土的同时,还积极投入于世俗社会中,以组织结社念佛等形式将净土推行到社会的各个层面。宋代天台宗的著名僧侣在所处之地往往起到了一个宗教领袖的作用,这主要归功于台宗参与社会的能力。通过忏法、结社等宗教活动的开展,天台宗佛教赢得了声誉,逐渐制度化地镶嵌到社会体制中,承担起当地的宗教事务。四明知礼在四明卓有成效的工作就是一个极好的例证。

知礼除了其声震朝野的忏法往生行为以外,更为制度化的宗教活动就是组织念佛会,其佛会规模之浩大,组织之完备令人惊讶。如在《明州延庆院念佛净社》一文的跋中,青山楼居士写道,"当社普结僧俗男女一万人,毕世称念阿弥陀佛,发菩提心,求生净土"。知礼组织的念佛会成员固定为10 000人左右,每年的二月十五(农历)结社于延庆道场,开展供养、祝寿等活动。此一念佛会的主要特点是具有较严密的组织制度,全社设立"会首"(相当于组长)210人,他们属于念佛会的骨干成员。"会首"的任务是:牵头各招集48人组织一个小组,平日负责劝请小组成员每日念佛忏悔,于建会之日收集念佛会员的"会员费"上交寺院("并备净财四十八文")。此外,若有会员过世,会首应及时告知院方以便备案,同时要尽快募人填补空缺。为了荐逝者往生,全社成员各念佛千声,为其忏悔。至当年或来年建会日,社众还要念佛,助其往生。

显然,知礼延庆院的念佛会的组织形式是很能吸引善男信女的,因为它既有大型的念佛集会,又有小型的念佛互助小组,每一个成员不但是一个小组的组员,又是全社的会员,满足了信徒对不同层次宗教活动的需求。尤其值得一提的是,会员的切身利益或者说对西方彼岸的追求与全社相关,会员世后,将得到会众的齐声念诵,荐其往生,这对于一名信徒来说不啻为一种极大的安慰。

知礼延庆道场的念佛会主要是面向社会上的广大民众,因而结社重在念佛忏悔以及社员间的互助。但仅仅满足于对社会下层宣教,天台宗难以提升其在社会公众中的形象,无法与上层居士沟通交流,所以在组织大型的念佛会的同时,天台宗还组建了一些高层次的念佛社团,以满足士大夫文人的需要,著名者为神照本如在东掖组织的白莲社。相对于北宋初年省常结社的护法意义，本如的结社活动则是于天台宗在宋代社会取得巨大声誉之后开展的。本如继承遵式风格，以行忏往生为务，主持东山达30年之久，道场大开。曾慕庐山之风，与丞相章郇公诸贤结白莲社，共期西方。

宋天台宗对净土的涵摄还体现在，台宗人士试图在天台理论基础上，构建"净土"之教学，这突出表现在台净合流的集大成者石芝宗晓身上。宗晓对台净合流的贡献有二：一为编撰了《乐邦文类》、《乐邦遗稿》两部文集，保留了大量的净土文献；其二，用天台教理统摄净土，最终完成台净的合流。

首先是净土文献的编撰。较诸北宋，南宋净土更为兴盛，正如宗晓所描绘道："至今薄海内外，宗古立社，念佛之声洋洋乎盈耳。"但与净土法门之实践相比，净土的文献较凌乱，缺乏系统，不利净土的进一步发展。在此背景下，宗晓试图在天台教理的指导下，对净土文献作一宏观把握，以整齐经论，彰显净土旨趣。

宗晓先期完成的是《乐邦文类》，此文集"始于经咒，终乎诗词，凡十有四门，总二百二十余首，析为五卷"。宗晓基于"大"净土的概念将佛典中凡涉及净土的文献悉予收罗，故不惟净土的基本经典列入其中，而且还包括法华、华严、般若等诸多经论中述及净土的文字。在此基础上，宗晓于所引录的文献后面多作解释性按语，即通过征引天台宗人的相关论述来阐发对文献中所包含问题的解说，这其实是表达宗晓的净土观。在完成《乐邦文类》的编撰后，宗晓又编著《乐邦遗稿》（上、下卷）一书。其缘起在于："故缵集《乐邦文类》行于事外，余片文只义，暨随所见闻可益扶净业者，续又纪为《乐邦遗稿》，盖仿儒家典籍拾遗之说也。"《遗稿》书名类似柏庭善月的《山家绪余集》，不过前者重在"拾遗"，后者则是"绪余"，故有轻重之别。因此《遗稿》的体制与《文类》略有所不同，以札记议论为主，其中《评晁太傅以净土为小乘》、《答净土是被钝根权说问》、《辨心净则国土净》等文字较有义学价值，尤其需要注意的是宗晓对王日休

《龙舒净土文》作了较多的摘录,显示出宗晓的净土旨趣。

其次我们再来看一下宗晓的净土思想。如上所说,宗晓汇编净土文献是在天台教义的原则下指导进行的,其核心便是在"判教"意义上予净土地位以承认,即认为净土非是权教,而是实教,这不同于以往的做法。在宗晓之前,唯心净土之说早已盛行缁素二界,以净土为一真实境界也被不少人所认可,但是在"教"的意义上说,净土之教仍被视为权说。宗晓的贡献即在于进一步将唯心净土思想纳入到"教"的范畴下,以此提升净土之教的地位。因此我们看到,宗晓对收罗的净土文献往往加以整理、归类,同时又予以评点,以此整合作为一种"教"的净土思想。宗晓的努力主要表现在两个方面:一是对净土权说的批驳,二是对唯心净土的新诠释。

就前者而言,宗晓首先以经典为据论证了净土之教与《法华》之关系,从而给净土确定了"实教"之地位。宗晓将不同层次的经论置于一处的做法似乎与天台的判教原则有悖,因为智者大师以五时八教判释诸经正是要凸显佛陀教法之权实,故特标《法华经》说法之圆融至极,而现在宗晓有混淆权实之法的嫌疑。不过宗晓自有解释,而且基于的正是《法华》的开权显实原则。宗晓并不否定经典说法之权实,但他以为那主要是佛陀在世时针对众生的说教。而考虑到日后众生根性低劣,佛陀预先在经中劝请往生,以方便力助将来之世的众生得以出离。所以权实之法与往生净土可以统一于同一经典中。由于《法华》为实教之至,故宗晓还特别将《法华》与净土联系起来,以为《法华经》乃弥陀迹中化缘之始,以此说明净土非是权教。既然净土之法亦是与法华一样为众生之宿缘,那么往生净国便是众生的一种必然选择。而且由于弥陀昔日亦是闻法华而得道,则其以净土宣教不仅是一种方便,也是一种开权显实。如此,宗晓就确立了净土在天台教学体系中的地位。

以此为准,宗晓针对僧俗二界的净土权说议论展开辩驳。宗晓不同意净土只是针对下根之人的权说这样的观点,在《答净土是被钝根权说》

一文中，宗晓引录台宗思梵讲主的观点说明之。一日，有通判郑公问思梵曰："经教中所明念弥陀佛愿生净土，此莫专为钝根方便权说否。上根一超佛地，岂假他佛之力耶？"思梵以古今佛教史实为据来说明净土往生非是权教，乃是"称性实言"，这自是有说服力，尤其是思梵指出不但普通众生，而且菩萨高僧皆欲往，因而往生与根性无涉，同教之权实无关。既然如此，净土之设缘于什么呢？宗晓以为众生力弱，靠自力难以成就善业，凭依佛力则易于完成，故他引寂室的话说："依佛愿力易立者，良由弥陀本愿度生下室，十念功成即往。依怙佛之是愿故，修善法即易建立。"

从这个意义上讲，假佛之力非是"方便"，而是"实际"，因为自力不够，故要假力。而往彼净土亦非权设，因为净土乃是大乘之教。宗晓就曾对晁太傅（晁迥）的净土小乘说给予批评。他说所谓小乘乃就教之片面与拙劣而言，其"唯诠一真空，若见思破已，则身沦太虚"，既然身沦太虚，则无有净土可生，故而小乘并无净土之说。反之，大乘乃求中道妙理，"身土交参，故有尘尘佛刹之谓。若论受生，盖生即无生，无生即生矣"。

2. 台律结合

同净土宗一样，宋代尤其是南宋律宗在天台宗的推动下，也有很大发展。宋代台律的结合表现在：一方面，律僧与天台宗僧的师承及往从关系；另一方面，天台佛学为宋代律宗的宗派自觉提供了新的理论基础。

首先看台律的师承关系。从师承关系来说，宋代律僧多出于天台宗，尤其是在宋代早期，伴随着天台宗的复兴，天台宗强化了以忏法制度参与到世俗社会中，譬如制定菩萨戒律仪等，从而有将律学思想涵纳于天台宗的倾向。如此的结果是，台宗自身也有一个部分的律宗化现象的产生，这带动不少台僧转向律学。有此转向，故颇多律僧实与天台宗有一师承关系。特别是，慈云遵式推动忏法制度建设，其弟子以及再传弟子中，转向律僧者颇多，宋代主要的律学大师，如慈觉允堪（？—1062）、灵芝元照（1048—1116）等均与遵式系统有师承关系。以下，我们试以灵芝元照为例说明之。

据志磐所述,"律师元照,余杭唐氏,初依祥符鉴律师。十八通诵《妙经》,试中得度,专学毗尼。后与择映从神悟谦师。悟曰:近世律学中微,汝当明《法华》以弘四方。复从广慈才法师受菩萨戒,戒光发现,乃博究南山一宗顿渐律仪"①。元照为钱塘人,早年出家即学律学,后从神悟处谦法师。处谦乃神照本如的法嗣,而本如虽曾为四明知礼弟子,后乃从遵式,继主灵山道场,故处谦实与遵式系统是有紧密关系的。实际上,处谦曾往学遵式于天竺,遵式异之,以为"是能栋吾道者",尔后,处谦复谒本如。从处谦行履看,其亦以忏法名世,其弟子多行忏法,有志律学。如北禅净梵,忏法名振吴中,从其受戒者几满苏州,时称"姑苏梵法主"。另一弟子宗利,从处谦习普贤忏,后又往灵芝谒大智律师,增受戒法。故从处谦及其弟子之情况看,偏于忏法与戒律,因此元照从处谦学律是可以理解的。其后,处谦明确告诉元照,当以天台宗义恢复衰微之律学,故遣其转学于广慈才法师。广慈才法师,即慧才法师,亦是一名天台僧。慧才俗姓王,永嘉乐清人,"师白鹤山怡芳,祥符覃恩得度。年十三,进受具戒,往学于四明",可见慧才很早即从知礼习台教。后来,慧才又离开知礼,往学慈云遵式。由此可见,处谦让元照学于慧才不是偶然的,显然与慧才同属遵式系统有关。治平初,慧才被杭州太守沈遘请住法慧宝阁,二十年操守一如,故被奏赐广慈之号。慧才学于知礼、遵式,而其后来以律学名世,"元丰元年春,缁素万指,求授大戒,至羯磨时,观音像顶放光,辉映讲堂。净慈守一禅师为作《戒光记》"。慧才为缁素万人授戒,则其所授之戒显然是菩萨戒,反映了其与遵式之学的关联性。可以这样说,慧才学于知礼、遵式,但并不致力于正统宗义的辨析,而是将二人尤其是后者的思想朝律学维度发展,故较诸处谦,慧才已成为一更"专业化"的律师。因此,我们可以看到,慧才对当时激烈的宗派正统之争不感兴趣,

---

① 志磐:《佛祖统纪》卷二九,《大正藏》第49卷,第297页中、下。

"时教门异论喧动江浙,师独循讲训,未尝有所臧否",这既反映了其个人的"貌古而性恬"的高僧气质,也说明其志在律学,跳出了天台宗内部的核心教义讨论。

从以上叙说可以看出,元照的师承有非常强的天台宗的背景,其得以成为一代律学大师,当与此有莫大关系。而有意思的是,从处谦、慧才、元照三者治学旨趣的同异,我们似乎不难理出一条律宗自觉化的脉络:处谦以忏法知名,而于天台义学仍有探究,曾解《十不二门》,至其弟子辈,始结合忏法与律学。慧才辈分高于处谦,但所学已有转向,其身份自然是天台僧,而已专志于律学。元照虽从台僧学习,而志在恢复律宗,完全以律师自居,故其在律学理论上颇多造诣。故从处谦、慧才、元照三人的治学,可以看到一条律宗人士如何出于天台,而后不断强化自身宗派意识之路。

当然,律宗人士出于台宗并非是一次性的事件,而实是台宗自身形态转化的产物,律之出台也就是由台为律,在这一渐进转化过程中,随着律宗的自觉,又有一个台律互动的展开。故此,虽然宋代律宗有宗派自觉之诉求,律宗人士始终保持着与天台之紧密关系,对天台宗有相当的认同。即以灵芝元照为例,其所撰写的《芝园集》内容多为当时名僧之塔铭或行业记,其中尤以台僧为主,如有《杭州南屏神悟法师塔铭》、《秀州华亭超果照法师塔铭》、《秀州超果惟湛法师行业记》、《杭州雷锋广慈法师行业记》、《杭州祥符寺瑛法师塔铭》等。从元照对诸多台教名僧行履的记载可以看出,宋代律师在确认律宗身份的同时,对自身的天台宗背景相当的认同。

其次为律宗新理论的构建。宋代律宗既有一个宗派自觉的诉求,则其自身需要有一个理论上的构建。这首先表现在律宗对自身大乘佛学身份的确认。对于当时佛教界中流行的学律为小乘的说法,律宗有一辩护。元照于去世前口授《大小乘论》,申明此点,足见律宗对此问题的重视。元照说道:

> 大小二乘、半满两教、佛法关键、修行大途。世多不晓,故曲辨之。有谓学律为小乘,听教为大乘,参禅为最上乘。经云:十方佛土唯有一乘法,无二亦无三。岂有多歧哉。又复世人见讲经论者,谓之小乘;见参禅者,谓之大乘。斯皆寡学无稽之论。①

在列举了如上种种谬论之后,元照阐发了律宗的大小乘观:"夫大乘者,谓发菩提心,行菩萨行,忘己利物,历劫不舍。小乘者,厌苦求乐,乐出三界,独善一身,唯求脱离。"②可见,元照判别大小乘的切入点是修行者的"行为",判定的标准则是是否发菩萨心,有菩萨行。

既然元照突出大乘与菩萨行(心)的关联,则其戒律阐释的重点也就倾向于菩萨戒。在关于菩萨戒的理论基础的论述中,元照吸收了天台的菩萨戒理论。菩萨戒的形式有二:一是法华部,一是华严部。在《授大乘菩萨戒仪》一文中,元照写道:

> 然菩萨戒凡有两宗,一者华严部,二者法华部。《梵网经》云:若受菩萨戒者,国王、百官、比丘、比丘尼,乃至庶民、黄门、非人、畜生,但解法师语,尽得受戒,此即华严部,通渐顿受也。《善戒经》云:欲受菩萨戒,先受优婆塞五戒,次受沙弥十戒,次受比丘具戒,后受菩萨戒。譬如重楼四级,不由初级而至二级,无有是处;不由二级而至三级,无有是处;不由三级而至四级,无有是处。此即法华部,唯从渐受也。③

在家之菩萨戒专依《梵网》,出家众则可同依《梵网》、《善戒经》。在此,元照是"今且依《梵网》,通摄道俗所盛行,广明受法",则其是专就《梵网》论遍于道俗的菩萨戒。元照从戒法、戒体、戒行、戒相四个方面谈菩萨戒之受法,于中贯彻了天台佛学的原则。其中特别要说明的是戒体条。于此条中,元照对于"众生本有佛性,即菩萨戒体"之论提出批评,认为"本有

---

①② 元照:《大小乘论》,《芝园遗编》卷上,《续藏经》第59册,第628页下。
③ 元照:《授大乘菩萨戒仪》,《芝园遗编》卷中,《续藏经》第59册,第631页上。

之性蝡动翾飞,一切皆具,菩萨戒体受者方有,不受不有",这是吸收了天台的性修之论,"此则因缘构造,修起之法,性虽本有,非修不发,如摩尼珠具足众宝,不假缘求,终不出现",故性虽本,必待修显。进而,他还用天台理论比附道宣律学解释戒体:

> 天台疏云,不起而已,起则性无作假色。南山云,熏本藏识,成善种子,此为戒体。天台性之一字,即能起因,无作假色,即所发体;南山藏识即所依处,善种子即能依体。能起所依是本有之性,所发能依即今受之体。若此出体,文据极明,能所历然,体性不滥,则受纳无疑,修持有托,此谓戒体也。①

戒体论是律学的理论核心,元照以天台理论来解释戒体,故有人问"此与天台圆教为同为异"。元照的回答是:

> 理同说异。何名理同?以下疏中引《法华》文,用《法华》意,立此圆体。但彼教统摄,此局一事。将此入彼,即彼妙行之中戒圣行也。何名说异?今此为明戒体,直取佛意,融前二宗,自得此谈,非谓取彼,但名相滥,是故异也。②

可见元照是将戒宗之戒体论看做天台性具论在戒律方面的落实与表现,故理同。

至于具体的菩萨戒仪,元照则是"今准天台所列六家仪式并古今诸文,参详去取,且列十科"。此十科为:第一求师授法、第二请圣证明、第三归佛求加、第四策导劝信、第五露过求悔、第六请师乞戒、第七立誓问遮、第八加法纳体、第九说于示诫、第十叹德发愿。将此十科与遵式的《授菩萨戒仪十科》对比可见,虽节目不尽相同,但显见其乃是元照参照遵式之仪制定而成。

---

① 元照:《授大乘菩萨戒仪》,《芝园遗编》卷中,《续藏经》第59册,第632页中。
② 元照:《戒体章》,《芝园遗编》卷上,《续藏经》第59册,第621页中。

北宋时期是中国佛教发展的一个重要历史阶段,五代时出现颓势的律宗在此时也展示出了繁荣的景象。尤其是北宋时期,律师众多,名家辈出,著述丰富,大有直追唐代之势,出现了一种律学"中兴"的现象。

宋代佛教的一个重要特点是诸宗的融合。在外而言是强调三教合一或儒释合一,在内则是倡导禅净合一、净律合一等。台、贤、禅、净、律诸宗僧人不仅能坚守祖宗家法,也有不少僧人能严以律行,精研戒学,这些对宋代律学的发展、复兴与繁荣都有着重要的推动作用。

到了南宋之时,由于社会文化发生了重大的改变,佛教的发展条件受到了影响,律学与整个佛教发展一样,也陷入低谷期。

第七章 宋代的华严中兴及其义学之辨

第一节 宗密之后的华严传承

自唐代圭峰宗密之后的华严宗传承法系,《宝通贤首传灯录》中记载:"贤首第四世妙圆奥法师(圭峰密法嗣)、贤首第五世开明朗法师(妙圆奥法嗣)、贤首第六世圆显现法师(开明朗法嗣)。以上三师,事迹未详。而三师之名,见于明初宋文宪公濂之文集,集之言曰:'圭峰传奥,奥之后,又复废逸。朗、现父子相继,而作补葺粗完'云云。是说也,文公必有所据。今考璿之灭,去圭峰二百年,其间传授之迹,仅此数语为可据。后人不知贵重,并此失之,承讹接舛,逾说逾乱。居今述古,不能无征而信也。来源去脉,敢以此言为定。又朗法师之时,有昭信法灯大师,传贤首教,明白可信。今列其事于下,则当日湮没,而仅存者也。贤首第七世灵光洪敏法师(圆显现法嗣)。"①据此,唐末五代至北宋初期的华严传承("贤首法派")大致为圭峰宗密→太原(石壁)传奥(妙圆传奥)→开明从

---

① 镰田茂雄:《宗密以后的华严宗》,《华严学论集》,第91页。另参见台湾《普门学报》总第3期(2001),第82—83页。

朗→绝观法现(圆显法现)→灵光洪敏→长水子璇→晋水净源。而与北宋华严复振过程密切相关的,即是其中的灵光洪敏、长水子璇(965—1038)和晋水净源(1011—1088)三人。他们之间皆有持续的师承关系,并上接宗密。由宗密直承澄观而言,华严宗的传承法系,实以清凉澄观肇其始,此或可印证太虚法师称华严宗为"清凉宗"之说。

从朗撰有《法界观门钞》,这是对宗密《注华严法界观门》的阐释之作。此作在入宋后有着相当程度的流通,净源尝继之有作。据《义天录》,从朗尚撰有《华严经集要钞》3卷,《华严行愿品别行疏钞》6卷,《净因品别行疏》1卷及《钞》、《科》各1卷。①

从朗的弟子中,最著名者为东京守真(894—971)。据《宋高僧传》卷25《宋东京开宝寺守真传》称,释守真为永兴万年人,俗姓纪。唐末之乱时,徙居蜀地。及冠后,随圣寿寺修进律师行出家。后随从朗法师学《起信论》,次依性光师传《法界观》,并礼演秘阁梨授瑜伽教。"并得心要,咸尽指归。自明达诸法,宣畅妙典,四十年间略无怠矣。"赐号"昭信",一生讲《起信论》及《法界观》共70余遍,嗣法弟子20多人,约度僧尼士庶3000余人,开水陆道场二十遍。②

守真之学,专主《起信论》与《法界观门》,同时推崇忏仪修法,注重华严修行的实效影响。在华严学僧中,法藏最先疏释《起信论》,撰《起信论义记》5卷及《别记》1卷,提出"四宗义判"。宗密承法藏而制《起信论疏》,改"四宗义判"为"五宗判",对后世《起信论》疏释影响甚广。《法界观门》相传为杜顺所著,澄观依之撰《法界玄镜》,宗密更作《注华严法界观门》。故守真之学,未离宗密之统绪。北宋净源对于守真之作,多有提及,可见其学说影响于宋代犹在。

守真弟子则为贤首八传第七世灵光洪敏。洪敏台贤兼修,撰有《金

---

① 参见《大正藏》第55册,第1166页中、1167页中。
② 参见《宋高僧传》卷25,《大正藏》第50册,第871页中、下。

光明玄义释略》和《楞严经疏》,北宋太平兴国年间(976—984)尝住秀水(今浙江嘉兴)灵光寺(后改为精严寺),故称灵光洪敏。他是长水子璇的直接师资,授子璇《楞严经》和华严教观。所撰《楞严经疏》,即为著称一时的《资中疏》。据此法系之说,长水子璇承洪敏之后,为贤首九传第8世。[1] 其弟子晋水净源则为贤首十传第9世。

另,《华严宗师资传承系统表》则提出了华严传承的另一法派系统,即太原传奥→开明从朗→绝观法现→五台承迁→晋水净源。

此外,蒋维乔在《中国佛教史》卷3还提出了第三种华严传承法系:"自澄观大师传圭峰;圭峰传彻微;彻微传海印;海印传昭信法灯;昭信法灯传长水子璇。华严宗自此,始复兴盛。"[2]此即澄观→圭峰→彻微→海印→法灯→长水。若长水指灵光洪敏,此说或可成立。若径指子璇,则又有隔代传承的疑惑。上述之说,未明所据,故备其说,兹不考论。

入宋后,华严教观的中心渐移江南。从洪敏开始,江南华严教之宗由长水子璇开其端。但据蒋维乔之见,宋代时期,讲求学问的华严宗,已非为纯粹之华严宗,因其或受天台之影响,或与禅宗相混合。其实,无论是受天台影响或混融于禅学,并非始于宋代,早在法藏、澄观时代的华严学,受天台影响,并与禅学混融的倾向,即已显端倪。

宋代华严宗义学的展开,堪称为继唐代华严学而兴的复振运动。从这场复振运动的推进过程上看,至少体现出如下四个特征:

一是宋代华严具有明确自主性、教院化的宗派建构意识。宋代华严诸学僧,不再拥有如唐代法藏、澄观、宗密等祖师那样贵为"国师""帝师"的显赫身份和政治地位,不能再借朝廷或官府的行政优势推进教法弘化,华严宗的社会影响力大为削弱,致使这些学僧不得不转向更自主而民间的宗派建构,通过教团的整体建设,来弥补个体魅力的缺省,尝试以

---

[1] 章衡撰于元祐三年(1088)的《重修长水疏主楞严大师塔亭记》夹注称:"晋水法师,贤首宗次长水下,居第七。"又谓晋水净源为贤首宗第七世。
[2] 蒋维乔:《中国佛教史》卷3,上海书店影印本,第55页。

教团化的组织力量,兴建教院并加强教院的制度建设,通过修证仪式的规范努力,强化华严传法世系的法脉认同,更内在地探究华严宗义的教理体系,最大限度地扩展华严宗的影响,等等。上述这些内容,成为宋代华严复振的最突出特征。因此,有些佛教史家认为宋代华严不纯,或受天台影响,或混融于禅学,仅是看到了事情的一个方面,而未能注意到宋代华严针对天台、禅宗的抗辩举动,持论似欠公允。

二是宋代华严的弘扬具有明显的地域特征。与唐代华严大盛于北方不同,宋代华严复振运动特别典型地集中于浙江、江苏等江南地区,其中尤以杭州慧因教院为著。尽管这些贤首教院,从规模上大都不及当时大盛于世的著名禅刹,数量上不如密布江南的天台讲寺,但苏州昆山能仁院在义和住持时期亦曾出现住僧达千众的盛况,而晋水净源所住持的杭州慧因教院,则更以"高丽寺"闻名于朝鲜佛教界,成为当时佛教文化对外交游的典型之一。

三是专宗华严的教学活动相当活跃,学僧辈出,代不乏人,撰著数量大增,且涉及领域颇为广阔。这些学僧的弘化活动及其撰著成果,对日本华严、朝鲜华严均产生了较大影响,对东亚华严学的整体推展做出了重要贡献,成为中国佛教文化对外交流的一大构成。

四是宋代华严的复振还表现出教理阐释的多取向特征。大致来说,长水子璿较忠于宗密"教内别传"的圆教阐释,注重《大乘起信论》、《楞严经》、《金刚经》等大乘经论的义理圆摄。自晋水净源开始(还有义和),则更关注唐代华严文献的广泛搜集,转向对澄观特别是法藏华严观门的诠解,体现为对华严教义学及华严宗义学的再疏释。而北宋末年的道亭及属于南宋华严的观复、师会、希迪、善熹诸家,则与净源、义和又有所不同,他们不仅重视法藏的教理阐释,更追溯到智俨的华严别教义,以至于表现出华严教理"经院化"的阐释取向。

总之,在宋代江南地区,以教团组织、教院建设为基础,以宗派教理与宗派思想的"宗义"阐释为侧重,涌现了一批深受唐代华严思想综合影响的沙门学僧,最终汇成宋代华严的复振现象。其中,子璇是宋代华严复振的先导学僧,而北宋华严宗的真正中兴,则推晋水净源。蒋维乔《中国佛教史》列晋水净源为宋代华严四大家之首(另三家为道亭、师会、希迪),而黄忏华《中国佛教史》则归之为承长水子璇而起的华严大家,并称"二水",而别列道亭、观复、师会和希迪为宋代"华严四大家",并指出,在"华严四家"之后,"有义和、复庵、鲜演、戒环、净真、祖觉等,相次敷扬"。①"二水四家"及其后继者的持续弘化,大致勾勒出宋代华严复振的具体情形。

第二节　长水子璇(965—1038)及其华严阐释

一、生平与著述

如果说晋水净源是宋代华严中兴之祖,那么其重要师资长水子璇(965—1038)就是宋代华严中兴的先导者。

长水子璇②,文献中多称子璇。关于子璇的生平行历,其门下弟子怀远在《楞严释要》中有一份简要而颇为全面的记述,兹引如下:

> 子璇者,即疏主之高讳也。本名子玄,字仲微,梓里在钱塘,俗姓郑氏。投师落发于南山普门寺,因受学于嘉兴僧判官洪敏法师,故以长水标号。天禧中(1017—1021),天台僧正崇教慧恩奏请入山

---

① 黄忏华:《中国佛教史》第4章,上海书店影印本,第338页。
② 子璇亦称子璿。有关子璇的传记文献,可参见子璇法嗣怀远(生卒未详)《首楞严经义疏释要钞》卷1(撰于1061年)、章衡《大宋重修楞严大师塔亭记》(撰于1088年)、正受《嘉泰普灯录》卷3(撰于1201年)、宗鉴《释门正统》卷8(撰于1237年)。最详尽的行历记载,则见于清代续法(1641—1728)《记主长水大师传略》。在众多佛教文献中,子璿皆作子璇。《佛祖统记》、《释门正统》、《释氏稽古录》等文献中,则称子璇。《佛光大辞典》等,亦称子璇。今学界多用子璇,从之。佛教文献中关于子璇的记载多有出入,兹不详考。有关子璿的专题研究,可参见吉田刚《北宋时期佛教兴隆之经纬:子璿在华严教学史中的地位》,日本《驹泽大学禅研究所年报》第9号(1998);《长水子璿之于宗密华严教学的受容与展开》,《南都佛教》第81号(2001)。

讲演此经，敕赐紫衣。天圣年中（1023—1032），钱塘府主胡侍郎请于祥符寺开讲，道俗听众近一千人，荐赐徽号曰"楞严大师"。然疏主天与其性，妙悟兹经。早因诸方禅德虔命消经，制单消经科一本，现行于世。凡讲兹经，迄三十遍。后遇海监保寿院庆南大师敦请制疏，遂往彼院。九旬秉笔，一疏告成。宇内僧英，朝中卿彦，靡不钦奉而耽阅者也。①

综合相关文献记载，大致可以勾勒子璇的生平行实及其修学经历。

子璇本名子玄（一作子元），字仲微，杭州钱塘人，俗姓郑。9岁，落发于南山普门寺（一说随普慧寺契宗出家）为童行。12岁，受沙弥戒。翌年，更受具足戒。

宋太平兴国年中（976—984），子璇依秀州（今浙江嘉兴，亦称长水）灵光寺（后改为精严寺）天台宗僧洪敏，修学华严教义及《楞严经》。闻至"动静二相，了然不生"而有省，告敏曰："敲空击木，尚落筌蹄，举目扬眉，已成拟议，去此二途，方契斯旨。"

洪敏为天台山外家慈光晤恩（912—986）的弟子，撰有《楞严经》疏释之作《资中疏证真钞》、《金光明经玄义记》，并与奉先源清（？—997）合作，撰写《难词二十条》，与四明知礼展开辩论，成为宋代天台山外派的著名学僧。② 洪敏兼修华严，又被推为贤首第七世。据载，"敏扪而证之，遂传华严教观，隐赜玄奥，无不深究。"③子璇受学于洪敏法师，传习贤首教观，并研习《楞严经》。

子璇的另一位重要师资为琅琊慧觉（广照禅师）。子璇随安徽滁州琅琊慧觉学，也是为了参究楞严义旨。《嘉泰普灯录》卷3记称慧觉法嗣时，特别标明"嘉兴府长水子璇讲师"，而不是通常所记的"禅师"身份，可

---

① 引文中的纪年，为引者所附。怀远：《首楞严经义疏释要钞》卷1，《卍新纂续藏经》第11册，第79页下。
② 有关洪敏的文献记载，可参见《佛祖统记》卷10等。
③ 续法：《起信论疏记会阅卷首》，《卍新纂续藏经》第45册，第541页下。

见其地位的独特性。①

根据文献记载,子璇出家修学之初,"便诵《楞严》不辍"。② 随洪敏修学时,更对"清净本然,云何忽生山河大地?"经文多有拟议,类似于禅宗的参话头,反映当时禅解经教的学风。慧觉禅师为当时著名的临济禅僧,南岳下第十一世,临济下七世。子璇致问慧觉,得其喝:"清净本然,云何忽生山河大地?"顿闻之下,子璇豁然大悟。慧觉告诫子璇:"汝宗不振久矣。宜厉志扶持,以报佛恩。勿以殊宗为介意也。"汝宗即指华严宗,而殊宗指称"教外别传"的禅宗。子璇得闻慧觉的大度之教,遂往住长水,专弘华严教观。但终其一身,并未舍弃禅修。即便在其晚年,子璇对于禅宗仍抱有好感,尝语弟子曰:"道非言象得,禅非拟议知。会意通宗,曾无别致。"这种禅教兼弘的修习态度,颇受时人推崇。传称:"由是二宗皆仰慕之,称为秀州长水大师。"③ 对此,大慧宗杲评论长水子璇之学,称:"长水虽是讲人,与他讲人不同。尝参琅琊广照禅师,请益《首楞严》中富楼那问,'清净本然,云何忽生山河大地'之义,于言下大悟。后方披襟,自称座主。座主多是寻行数墨,依句而不依义。长水非无见识,亦非寻行数墨者。"④宗杲似对子璇从慧觉广照参禅并嗣其法的经历甚表推崇。

从子璇受学于洪敏、印证于慧觉的参学生涯,可以看出当时华严宗的修学环境,同时也可以看出宗密之后华严教学与禅思想相会通的深刻影响。

子璇从学于洪敏同门法侣泐潭晓月(字公晦,生卒不详),妙契心宗,尝住洪州泐潭宝峰精舍,晚年退庐山居济庵。晓月与其徒应乾论《楞严》旨诀,依长水义疏科目,掇其要义于科文之下,撰《楞严标指要义》,科行文句,一如其旧,参详印定,俨然师资。应乾得证于东林照觉,出世开法,

---

① 正受:《嘉泰普灯录》卷3,《卍新纂续藏经》第79册,第306页。
②③ 续法:《起信论疏记会阅卷首》,《卍新纂续藏经》第45册,第541页下。
④ 宗杲:《答孙知县书》,钱谦益:《楞严蒙钞》卷10,《卍新纂续藏经》第13册,第859页中。

后继东林法席,却仍以晓月标指,开示禅林。① 熙宁六年(1073),范峋撰有《首楞严经泐潭标指要义序》。②

卓锡长水时,子璇以贤首宗旨述《楞严经疏》10卷,丞相王随为之撰序,《楞严经疏》盛行于世,成为宋代乃至后世疏释《楞严经》的代表作品。清康熙年间,仍有人称:"昔长水大师,诠解《首楞严经》。讲演之日,天雨宝华。其笺疏之地,赐额楞严讲寺。人称其疏义,语简而义丰,事详而理密,荟撮有唐惠振、悫沇诸家之长,含摄贤首五教、《起信》五重之要,笺解名家,至今推之。"③

子璇嗣法于长水灵光江敏之学,故称"长水沙门",因其常住秀州,以至于后世学者多误记子璇为长水人。④ 大中祥符六年(1013),翰林学士钱易,奏赐其紫衣,署号"长水疏主""楞严大师"。子璇出家之初,即"诵《楞严经》不辍",一生登坛说法,凡讲《楞严经》30余座。兼讲《行愿钞》、《法界观》、《圆觉经》、《十六观》等,共计20余会。世称"长水大师"或"长水疏主",史称"长水子璇"。宝元元年(1038)夏四月,预先说法辞众。世寿75,僧腊59,后建塔于秀州城南真如院。

子璇门下,随其讲习者,多至千余人。传法弟子则有怀远、道欢、道观、道教、苏台元约和晋水净源等人。

怀远继子璇《楞严义疏》,受诸弟子之请,"制钞以辅疏",尝于宋仁宗嘉祐六年(1061)集成《首楞严经义疏释要钞》6卷。因其内容皆为"释疏之要义",故名《释要》。此作仿澄观《华严疏钞》之体例,为宋代华严学僧阐释《楞严经》的另一部著作。⑤

---

① 钱谦益:《楞严蒙钞》卷10,《卍新纂续藏经》第13册,第859页中。
② 同上书,第842页上、中。
③ 庄亲王:《心地观经浅注本序》,《卍新纂续藏经》第22册,第852页中。
④ 如志磐《佛祖统记》即称子璇为嘉禾人。魏道儒《中国华严通史》亦误记子璇为嘉禾(长水)人,参见第6章第2节,第223页。
⑤ 怀远:《首楞严经义疏释要钞》卷1,《卍新纂续藏经》第11册,第79页上。

长水道欢,禀子璇之学,撰有《楞严手鉴》一书,其卷数及内容不详。

据《义天录》载,子璇弟子道观,尝重修《金刚般若经纂要刊定记》4卷,承乃师之学,再治宗密的《金刚经》疏释之作。

在长水子璇门下诸弟子,最著名者当为晋水净源。子璇与净源,并称为宋代华严"二水",是宋代华严中兴的二大代表僧人。

晋水净源初学华严宗于五台承迁,南还而听《楞严》、《圆觉》、《起信》、《唯识》等经论于长水,独得璇师之奥,长水遂以法传于晋水。净源之于子璇,有如南岳怀让之于马祖道一、青原行思之于希迁。① 元祐元年(1085),被封为佑世僧统的高丽国王子义天航海来朝,请益于慧因源公之室,而成为长水子璇之法孙。据记载,义天尝参访真如寺,礼灵塔,并请杨杰题其额,章衡撰《重修长水疏主楞严大师塔亭记》。②

据高丽义天(1055—1101)《新编诸宗教藏总录》(下称《义天录》)载,子璇主要撰著有《首楞严经义疏注经》10卷(今本《首楞严经义疏》为20卷),另制有《首楞严经义疏注经科》1卷、《单科》2卷。王随撰序于天圣八年(1030),似为子璇晚年之作。

《起信论疏笔削记》20卷、《科文》1卷。此作主要是损益石壁寺传奥(生卒不详)据宗密《起信论疏》之作《起信论随疏义记》6卷而成。"此文之作,本乎石壁。石壁滋甚,蔓于章句。凡伸一义,皆先问发。次举疏答,后方委释。虽不忘本母之体,而有太过,大不及焉。讲者用之,未至稳畅。今就其文取要当者笔而存之,其繁缓者削以去之,仍加添改,取其得中,俾后学者不虚劳神智照无昧也。故曰笔则笔,削则削,因以笔削命

---

① 章衡《重修长水疏主楞严大师塔亭记》称:"今杭州慧因道场住持法师净源,素学于长水之门,犹南岳之一,思之迁也。"
② 义天《大觉国师全集》卷9(《韩国佛教全书》第4册)收有此文。章衡《塔亭记》撰于元祐三年(1088),亦收于钱谦益《楞严蒙钞》卷10。

题云尔。"①众多有关子璇的传记文献对于其多达 20 卷的《大乘起信论笔削记》只字未提,惟见续法称:"(子璇)次又出《金刚经刊定记》,并《起信论疏笔削记》,并盛传于世。"或许《起信论笔削记》是子璇最晚出的著述。

《金刚般若经纂要刊定记》7 卷,同样据于传奥《金刚经纂要疏贯义意钞》6 卷及其《金刚经纂要广录》刊定而成。其序称:"圭山大师,撮掇精英,黜逐浮伪,命曰《纂要》。盖取中庸,复申记略,用备传习。石壁师仍贯义意,别为《广录》。美则美矣,辞或繁长。后学多不便用。今更刊定,翦削烦乱,俾流而无滞,学而思讲,庶吾道无坠地之患也已。大宋天圣纪号之明年"②此序撰于天圣二年(1024)季冬,为子璇 60 岁时所撰。此外,子璇尚治定宗密《金刚般若经纂要》2 卷,另撰有《金刚般若经纂要科》1 卷。

子璇所撰诸作,凡 5 部 39 卷。③上述诸作,皆本于宗密的撰著,无疑最充分地表明子璇与宗密思想之间的相承关系。

二、子璇的华严学阐释及其影响

宋代华严复振以"长水疏主"子璇的引领为先声。

从唐宋华严学统的关联性上看,长水子璇的华严学阐释,在方法取向上自觉承延宗密教法,注重把"教内别传"的圆教义理运用于大乘经论的疏解,集中体现于《楞严经》、《起信论》等大乘经论的圆教阐释。

---

① 子璇:《起信论笔削记》前叙,《大正藏》第 44 册,第 297 页上。续法则记称:"贤首国师,于二译中,因唐译是同在译场,恐涉情党,特解梁本,疏成三卷,别记一卷。石壁法师,因其记略,仍贯义意,别为《广录》。传习者厌其支离,长水大师,重考经论,再加损益,盖取中庸,则无有繁简之失也。"《起信论疏记会阅缘起》,《卍新纂续藏经》第 45 册,第 518 页上。
② 子璇:《金刚经纂要刊定记并序》,《大正藏》第 33 册,第 170 页上。
③《首楞严经义疏注经》10 卷,收于《大正藏》第 39 册;《首楞严义疏注经科》1 卷,收于《卍新纂续藏经》;《起信论疏笔削记》20 卷,收于《大正藏》第 44 册;《金刚般若经纂要刊定记》7 卷,收于《大正藏》第 33 册;《金刚般若经纂要科》1 卷,收于《嘉兴藏》第 15 册。

（一）楞严经义的圆教阐释

以子璇为代表的北宋华严学僧对于《楞严经》和《大乘起信论》的重视,成为宋代华严中兴之初阐释华严理据的一大特点。这种情形的出现,既与自唐代宗密推展"教内别传"华严圆教以统摄禅教的阐释理路密切相关,同时也与宋代天台学僧的学风所向相关。

稍早于子璇,有东京开封开宝寺守真(894—971),一生讲《大乘起信论》及《华严法界观》,共七十余遍。① 稍后,则有令观(998—1088),史载:"(令观)读《楞严经》,骇然大悟曰:'世徒传当年《圆觉》之圭峰,何知不有今日《楞严》之我耶?'"②重视《楞严经》的研习与修学。

长水子璇作为承前启后的著名学僧,处唐代华严过渡到宋代华严之时,其华严阐释必受此环境的深刻影响。不妨说,从以宗密为总结的唐代华严到以子璇为开端的宋代华严,其教理阐释的思想形态,首先表现为把宗密以《圆觉经》会通禅教的华严圆教,转向以《楞严经》为中心教典的禅教兼弘。子璇号称"楞严大师",从洪敏修学华严教观,因印证《楞严》经旨而嗣法于琅琊慧觉,终成为当时教、禅二宗皆仰慕的一代学僧,甚至大慧宗杲对其学行也大加首肯。所有这些,无不源于子璇与《楞严经》的经教因缘。因此,子璇以《楞严经》阐释华严圆教,颇能说明其在宋初对华严圆教阐释的思想转型。

子璇的《楞严》释经,师承洪敏。洪敏与奉先源清、梵天庆昭等,皆出天台慈光晤恩门下,分属北宋天台山外家。洪敏尝与同门奉先源清撰难辞,维护乃师晤恩的《光明玄义发挥记》。但天台山外诸家中(以晤恩、奉先源清、梵天庆昭和孤山智圆四家为主),并未列入洪敏。这或许是由于洪敏兼弘贤首之故。源清弟子孤山智圆(976—1022)为洪敏法侄,时称

---

① 《宋高僧传》卷25本传称:"先谒从朗师学《起信论》,次依性光师传《法界观》,后礼演秘阇梨授瑜伽教。并得心要,咸尽指归。自明达诸法,宣畅妙典,四十年间略无怠矣,而赐号曰昭信焉。讲《起信》及《法界观》共七十余遍。"《大正藏》第50册,第871页中、下。
② 《补续高僧传》卷2,《卍续藏经》第77册,第379页下。

"十本疏主"，撰有《首楞严经疏》10卷及自钞《谷响钞》5卷。孤山智圆对洪敏《资中疏真钞》颇为熟悉。从灵光洪敏的师受上看，智圆与子璇属同辈关系，皆为慈光晤恩法孙。智圆《首楞严经疏谷响钞》成书于天禧四年（1020），系其晚年撰著。智圆比子璇少十二岁，却寂于乾兴元年（1022），先于子璇17年。子璇与智圆的释经法，有共通之处。

在洪敏之前，蜀僧弘沇撰有《首楞严资中疏》。他基于天台一心三观，判《楞严》于"法华之后，涅槃之前"。据《宋高僧传》载，《资中疏》在宋初曾在江南产生较大影响，为人传诵一时。在子璇与智圆之后，则有吴兴仁岳（992—1064）于庆历五年（1045）撰成《首楞严经熏闻记》，对于智圆、子璇等人的《楞严经》疏释多有异议。仁岳还撰有《楞严说题》、《楞严集解》等，也是宋代天台疏释《楞严》的大家之一。尽管天台学僧疏释《楞严》之作，远多于贤首教者，但这丝毫未削弱子璇《楞严义疏注经》的独特影响。

值得注意的是，子璇承绪宗密教学的"二经一论"（《圆觉经》、《楞严经》和《起信论》），皆被后世学者判为"疑伪经论"。宋代天台学僧对于"二经一论"皆撰有许多疏释之作，这或许可以说明天台与贤首关注"教内别传"这一圆教之辨的共同理据。① 无论是《楞严经》的疏释阐述，还是《起信论》的重治刊定，子璇承绪宗密的华严阐释，都与当时天台转向《楞严经》、《起信论》疏释的学风相关，充分显示了子璇"复振己宗"的宗派归属意识。

子璇"以贤首宗旨述《楞严义疏》"，凡分十科，即教起因缘、藏乘分摄、教义分齐、所被机宜、能诠体性、所诠宗趣、教迹前后、传译时年、通译名题和别解文义。前六门属教理阐释，后四门则涉及释经的具体内容。

---

① 有关宋代佛教义学僧对《首楞严经》的关注及其盛行一时的注疏情况，可参见大松博典的相关系列论文：《宋代时期首楞严经受容的问题点》（日本《驹泽大学禅研究所年报》第8号，1997年3月）、《宋代时对首楞严经的受容》（《宗学研究》第29号，1987）、《关于楞严要解》（《宗学研究》第29号，1987）、《关于楞严经义疏注经》（《宗学研究》第29号，1987）、《首楞严经注释书考》（《宗学研究》第29号，1987）等。

除第十"别解文义"外,其他九门则相当于"玄谈"部分。其实,所谓"以贤首宗旨述《楞严义疏》",主要是依据于宗密《圆觉经大疏》、《起信论疏》的十门科分。① 其次,与宗密判《圆觉》、《楞严》为"圆摄终顿"一样,子璇同样主张,"若于五中显此经分齐,正唯终教,兼于顿圆"。②

顺便一提的是,子璇承宗密判《楞严》为"圆摄终顿"之说,时人多持异议。如慧洪觉范于政和八年(1118)撰有《楞严经合论》,此系仿效李通玄《新华严经合论》而作。其序论中称:"此经先明宗趣,诸师疏说,小异大同。……若依贤首大师五教门类,诸师所议,正唯终实之教,兼于顿圆。若以此经功能不出破显二字。破则破诸妄见,显则显一真心。虽有多途,不过此意。"③觉范对于宗密等人基于华严五教,判《楞严》为终兼圆顿,颇为不满。"唐贤首承习俨公,立五教……四顿,以一念不生即名为佛,不从地位阶升故。五圆,备普贤法界、事事无碍帝网重重、主伴具足。故义学之师于五教中判此经为大乘终教,兼于圆顿,谓有证有修,同小乘故,是大不然。如《圆觉》澄炼三观,洗涤四相,取证于长期,较功于半偈,非有证有修乎?而世尊亲判曰是经名为顿教,大乘顿机众生,从此开悟,何哉?学者当推世尊之意,知此经事顶法,故亦名顿教也。"④文中所称"义学之师于五教中判此经为大乘终教,兼于圆顿",这其实也是直指宗密、传奥及子璇等华严学僧的《楞严》疏释之作。

(二)《起信论》的圆教阐释

《大乘起信论》作为如来藏系的核心论典,在华严教学中,唐代智俨与法藏都对《大乘起信论》表示关注,法藏更制有《大乘起信论义记》4卷

---

① 参见吉田刚:《长水子璇之于宗密华严教学的受容与展开》,《南都佛教》第81号(2001),第5页。
② 子璇:《楞严义疏注经》卷1,《大正藏》第39册,第824页下。
③ 觉范:《楞严经合论》序论,《卍新纂续藏》第12册,第1页下。
④ 同上书,第3页中。

及《大乘起信论别记》2卷。① 宗密在法藏之作的基础上撰有《起信论疏》,而宗密弟子传奥承制《起信论随疏记》6卷。宗密显示真心即性教,②子璇另一部有影响的撰著是《起信论疏笔削记》20卷。这成为认为子璇传承宗密教学的另一大根据。

子璇释注《起信论》的方法,主要是遵循法藏、宗密释经义学的六门分科,即教起因缘、明藏所摄、教义分齐、教所被机、能诠教体、所诠宗趣也。"凡是教兴,悉须具此。"③

在宗密教学体系中,《起信论》与《圆觉经》、《楞严经》,无不具备"教内别传"的圆教要素。子璇同样如此,他认为:"此论备有前四义。不摄圆者,以四法界中,唯有三种,而不明事事无碍法界,以圆教宗于事事无碍。义既不全,故非摄彼。彼文四种,统唯一真法界。今论一心之体,正是一真法界,是彼圆教之宗耳。又彼事事得无碍者,皆由真如缘起故也。故知真如随缘,是彼事事无碍之由,故得摄也。若以前科望于此义,前文合云,正唯终教,兼于顿圆也。"④

《起信论》一心真如之体,同于华严教义中的事事无碍法界。这正是宗密以真心论圆融禅教的基本理论。真如随缘说,是《起信论》思想与华严别教义相会通的关键。与北宋华严学僧一样,当时的天台学僧同样重视《大乘起信论》的义理疏释。唐代天台六祖荆溪湛然,在其影响颇广的《金刚錍》一书中,对《起信论》的接纳最为明显。湛然门下的智云,在其所撰《妙经文句私志记》中称,"此六即义,起自一家",更进一步引用《起信论》本觉、始觉之说加以阐释。这一阐释方法,后来为宋代的四明知礼

---

① 参见吉津宜英:《法藏大乘起信论义记之成立与展开》,收入平川彰主编《如来藏与〈大乘起信论〉》,东京春秋社1990年版。
② 有关宋代佛教义学僧对《大乘起信论》的疏释活动,参见木村清孝:《北宋佛教的〈大乘起信论〉——长水子璇与四明知礼》,收入平川彰主编《如来藏与〈大乘起信论〉》,东京春秋社1990年版。
③ (宋)子璇撰,(清)续法会编、戴京曾阅定:《大乘起信论疏笔削记会阅》卷2,第303页上。
④ 同上书,第308页上、中。

所继承。

华严教学与天台教学之间的会通,成为子璇阐释《大乘起信论》的一大立场。子璇作为天台山外派洪敏的弟子,禀持洪敏之学,运用天台五重玄义,释解《大乘起信论》之题义,称:"略解题中五字,可对天台五重玄义。天台凡解经题,皆约五义。"①此五义,即与《起信论》所表达的"真如三昧"、天台宗的圆顿止观相一致,"唯一实相,更无别法,方名圆顿止观,真如三昧"。② 不止如此,《起信论》"一心开二门"之说,还与天台即空即假即中,以止观诠解真如。"今此论中,依真如门,修奢摩他,即是空观,果得一切智。依生灭门,修毗钵舍那,果得道种智。此二双运,为禅那,即是中观,果得一切种智。"③

华严五教判与天台化法四教之间具有明显的对应关系,特别是华严五教判与天台化法四教中的顿教问题,自唐代净法寺慧苑以来,在华严教学中已有异议。入宋后,华严教学所依据者主要是宗密的解说。当时天台正处于山家与山外之争的初始阶段,子璇重提华严与天台在教判方法的对应关系,与其从洪敏禀受的山外之学当不无关系。山家之学的核心理论之一,就是以"心具"诠解"性具",而此心实为真如心体("真心")。以四明知礼为核心的宋代天台沙门,在诠释《起信论》时公然对于法藏的释疏表示异议,而其真正的意图,则是直指华严立教的判教思想。从回应天台教学的意义上看,引入天台思想是完全可以理解的。杭州一带的讲院,大都以天台教学为中心。这导致华严教学相对处于不利的处境,也强化了华严学僧的专宗意识,在南宋时转向对同教与别教问题的辩论。台、贤二教的义理争辩,不仅在教观义理领域展开,更有教制形态上的延伸。

子璇明确指出,华严宗的根本教义就在于圆教。而华严圆教的理论

---

① 子璇:《大乘起信论疏笔削记会阅》卷2,第297页上、中。
② 子璇:《大乘起信论疏笔削记会阅》卷20,第405页下。
③ 子璇:《大乘起信论疏笔削记会阅》卷17,第392页下。

根基就在于法界统观。他阐述华严法界统观与华严圆教之关系,称:"圆教者,谓此教中该收前四,圆满具足,性相俱融,刹海尘毛,交遍互入,即华严宗也。所说下一真法界也,谓所说理事、心境、人法、圣凡、染净等法。以要言之,未有一法离于法界,故云所说唯是法界。"①

把华严判教理论运用于《起信论》,子璇指出:"以五教为能摄,此论为所摄。后三摄此者,终、顿、圆也。谓此论中说如来藏缘起是终教,说真如门,是顿教。又真如门是理法界,生灭门是事法界。二门不二,理事无碍法界。一心是一真法界,此即圆教故。……今论一心之体,正是一真法界,是彼圆教之宗耳。又彼事事得无碍者,皆由真如随缘故也。故知真如随缘,是彼事事无碍之由,故得摄也。若以前科望于此义,前文合云正唯终教,兼于顿圆也。"②真如缘起与唯心缘起、法界缘起一真法界,真如随缘与一真法界。《起信论》与华严教的融会,在法藏的华严学建构中已是展现无遗。

把"圆摄终顿"的判教观,回应天台化法四教(藏、通、别、圆),子璇称:"又此五教与天台化法四教相望,但开合有异,而大况是同,彼则开前合后,此则开后合前。四教者,谓藏、通、别、圆也。且如此中,初小乘教即彼藏教,第二始教,此有二类,一始教但说诸法皆空,即彼通教也,二分教但说一切法相,即别教也。第三终教,明如来藏随缘成诸染净,缘起无性,一切皆如,即彼圆中双照义也。第四顿教,唯辨真性,即彼圆中双遮义也。第五圆教,明性相俱融,即彼圆中遮照同时义。以此三教所诠,唯是一心,具一切法,即彼圆教不思议中道也。故此三教皆属圆收,此即合彼、通、别为一始教,开彼圆教为终、顿、圆三。彼即开此,始教为通、别二,合此终等为一圆教。虽开合有异,而法无异也。"③在此,子璇基于"开合有异而法无异"的判断,把华严五教与天台化法四教的对应关系阐

---

① 子璇:《大乘起信论疏笔削记会阅》卷2,第307页中、下。
② 同上书,第308页上、中。
③ 同上书,第307页下、第308页上。

述得相当全面。就圆教而论,终、顿、圆三教,乃是即三而一、即一而三的关系。其中的关键,则在于一心,由一心而具万法,在《起信论》中表述为一心开二门,从而把天台性具转化为华严心具,并为其圆教证成提供充分的经论理据。以此判分《起信论》(对《圆觉经》、《楞严经》同样适用),圆摄终顿。于此也可以看出宗密教学中"一经二论"的重要地位。

据《佛祖统记》载,"师(即四明知礼)于《起信论》大有悟入,故平时著述,多所援据,后人匾其堂曰'起信',示不忘也"。[①] 四明知礼对法藏《起信论》疏释持异议,撰《天台教与起信论融会章》,对华严判教明确提出质疑,称"《起信论》是唐朝藏法师制疏申通,天台不见文句解释,此乃各是一家制作,难可和会。"[②]其理由是"《论》以一心为宗,乃云总摄世出世法,此则正在圆门,亦兼余二,真如门有离言依言、空不空义,则三教之理明焉"。其阐释方法则是"先将教摄论,次为以教会疏"。其最终结论为"贤首立义,望于天台,乃是别教一途之说,未是通方别教"。[③]

北宋华严与天台二家在《起信论》阐释上的教学差异,涉及到许多重要的理论问题。它不仅是唐代华严与天台之辩的历史延续,而且还对南宋华严诸家关于同教问题的辨析产生了一定的影响。其实,北宋末年的道亭《义苑疏》,即对天台知礼等人的"别理随缘义"有所回应。

天台山家派的代表僧人知礼对华严教学兼圆判观提出强烈异议,主张"别理随缘",从而引发了宋代华严学对此问题的进一步探究。而山外之学的淡出,与宋代华严教学的衰退,几乎是同步出现的。这似乎是天台与华严二教交涉史上一个值得留心的现象。子璇通过疏释《楞严经》、《起信论》,使唐代宗密从以《圆觉经》为华严证义转向以《楞严经》、《起信论》为其经论理据。同时在华严宗僧的实践修持中,从《圆觉修证义》转向《楞严修证仪》。在此意义上说,宋代华严的复振,是具有一定创新内

---

① 志磐:《佛祖统记》卷9,《大正藏》第49册,第194页上。
② 知礼:《天台教与起信论融会章》,《四明尊者教行录》卷2,《大正藏》第46册,第871页中。
③ 同上书,第871页下。

容的中兴。《楞严经》、《起信论》疏释并重,在修证上则《圆觉经》、《楞严经》共进,对于华严与禅宗、华严与天台、华严与密教之间的关系产生了重大影响。

在长水子璇华严阐释的基础上,其弟子晋水净源更扩展其思路,并得益于义天及诸外护的助缘,最终促成了宋代的华严中兴。

第三节 晋水净源(1011—1088)与宋代华严中兴

继长水子璇而起专弘华严的代表学僧,即其弟子晋水净源。后世并称两人为"二水",净源更被称为宋代华严宗的"中兴教主"。

一、生平与著述

净源(1011—1088),字伯长(一作伯常),自号潜叟,俗姓杨,泉州晋水(今福建晋江)人。① 自称"贤首祖教沙门",因其籍贯晋水,故时人称"晋水法师"或"晋水崇教法师"。

净源出身于缙绅之家,自幼习儒。弱冠后,尝游禅林,偶闻禅师发明心地之言,遂决志出家。23岁,净源依东京报慈寺海达法师剃度,翌年受具足戒,佛事精进。其后,负笈参学,往山西五台山真容院,随撰有《注金华严师子章》的华藏承迁法师(生卒不明)习《华严》。后往河北横海,依明覃法师(生卒不明)学李通玄的《华严经论》。净源在北地修学《华严》的经历虽然短暂,但使其概知了唐代华严的思想传承,对其后来阐弘贤首教观影响颇深。

景祐年间(1034—1038),净源自北还南,入长水子璇之门,修习《楞严经》、《圆觉经》及《大乘起信论》等经论。关于当时的修学情况,净源自

---

① 有关净源的生平行历,参见曾旼《宋杭州南山慧因教院晋水法师碑》(简称《晋水法师碑》,撰于1088年),收于《慧因寺志》卷8,杭州出版社2007年版;另见袾宏《武林西湖高僧事略》等。有关净源的研究文献,参见吉田刚《晋水净源与宋代华严》,《禅学研究》77号(1999)。

称:"景祐初,(净源)忝授斯经(即《楞严经》)于长水疏主暨缙云尊者之门。"①"长水疏主"即子璇,"缙云尊者"即仲希。《晋水法师碑》记称:"自北还南,时长水大师子璇造《首楞疏》,道行浙江。缙云仲希,亲禀其义。二师亦以《圆觉》、《起信》等诸经论,为人演说。"②其时,子璇已撰成《楞严经疏》,"道行浙江",随其参学者甚众,仲希和净源即是其中的佼佼者。据此可知,《楞严经》、《圆觉经》和《起信论》成为北宋弘传华严教学的一流学僧普遍推重的佛教经论。净源从学之初的师资大德,主要是上述承迁、明覃、子璇三人。在其后的佛教僧传中,有关净源的师资禀传,大致如此。如袾宏所称:"初见华严承迁,次见横海明覃,后见长水子璿,尽得华严奥旨,声誉籍甚。"③

缙云尊者仲希,号"武林沙门",净源华严七祖说的依据即出于此人。④思齐在其撰于宋仁宗康定二年(1041)的《大方广圆觉经略钞序》中称:"因与武林法师仲希谘度众本,访对舆典,循尊古卑今之致,窃及史阙文之旨,约定元钞,将事刊勒。……如来圆觉,耀无穷矣,圭峰章句,导无极矣。"⑤清远撰于南宋宁宗嘉定六年(1213)的《圆觉疏钞随文要解》称:"武林即钱唐之山名,法师处州缙云县人,人以缙云称之,即吾宗之英彦也。晋水曾师之。制《楞严金衡钞》六卷、《心经显正记》一卷、《刊略行愿钞》四卷,现行于世。"⑥

据义天《诸宗教藏经总目录》记载,仲希撰有《称行愿品别行疏》2卷(仲希移本疏注于经下),《释义钞》4卷、《科》1卷(宗密述,仲希治定),《裴序钞》1卷(《科》附),《般若心经显正记》1卷、《科》1卷等。⑦此外,在

---

① 净源:《首楞严坛场修证仪》自叙,《卍续藏经》第74册,第517页上。
② 曾旻:《慧因寺志》卷8《晋水法师碑》,第50页。引者标点有改动。
③ 袾宏:《武林西湖高僧事略》,《莲池大师全集》(景印《云栖法汇》本),总第2688页。
④ 参见吉田刚:《晋水净源与宋代华严》,《禅学研究》77号(1999),第133页;《关于中国华严的祖统说》,《华严学论集》(镰田茂雄博士古希记念会编),东京大藏出版1997年版,第495页。
⑤ 思齐:《大方广圆觉经略钞序》,《卍新纂续藏经》第9册,第821页下。
⑥ 清远:《圆觉疏钞随文要解》卷2,《卍新纂续藏经》第10册,第14页下。
⑦ 义天:《新编诸宗教藏经总目录》,《大正藏》第55册,第1167页下、第1170页上。

举石壁寺传奥《梵网经略疏》3卷,注云"传奥述,仲希录疏,注于经文之下"。① 据此撰著目录,仲希并无有关《楞严经》、《圆觉经》及《大乘起信论》的疏释之作。

据《晋水法师碑》记载,此时净源"复传《还源观》于昆山清本,肇公《四绝论》于中吴秘思。所诣讲席,闻一知十。得意象外,游刃无间"。②

慧聚清本,生卒及行实不详,尝住江苏昆山郊外慧聚寺。净源于元丰二年(1079)住持云间善住宝阁时,撰《华严还源观疏钞补解》,其序有称:"源景祐中(1034—1038)禀兹观门于昆山慧聚法师之门(名讳清本),并疏两轴,科文一册,皆法灯大师之所撰也。然其间所释序文,及诸观义,虽尽乎善而未尽乎美。于是举要治繁,选言发行,探清凉之疏旨,索演义之钞辞,补其偏善之功,成其具美之绩,故命题曰《疏钞补解》焉。"③《修华严奥旨妄尽还源观疏钞》2卷,为贤首八传昭法灯(生卒不详)所撰,净源补解而成。

秘思法师(994—1056),湖北襄阳人,俗姓洪。尝从丹阳云慧法师习《首楞严经》及《肇论》。净源一度随其习《肇论》(即《四绝论》),后撰有《肇论中吴集解》3卷及《肇论中吴令模钞》2卷。④

净源一度因省亲返归福建泉州,应请住清凉寺。但不久后,即返归游古吴,住苏州报恩寺观音院。其后,应当时杭州太守沈文通之请,住持祥符寺贤首院。复住青墩密印寺宝阁院(今浙江桐乡乌镇)、华亭普照寺善住阁(今上海松江)等。最后,终住杭州著名的慧因教院。

净源对唐代华严文献的搜集,主要包括两个方面的工作,一是唐代华严文献的治订重校,二是唐代华严祖师典籍的重新刊刻。在此基础上,净源还对唐代华严教典,特别是法藏、澄观、宗密等祖师著作进行

---

① 义天:《新编诸宗教藏经总目录》卷2,《大正藏》第55册,第1167页下、第1173页上。
② 曾旻:《慧因寺志》卷8《晋水法师碑》,第51页。
③ 净源:《华严还源观疏钞补解序》,《卍新纂续藏经》第58册,第17页上。
④ 净源《肇论中吴集解》3卷和《肇论令模钞》2卷,日本名古屋真福寺文库有藏,收于罗振玉《宸翰楼丛书》中。《肇论令模钞》2卷,日本《驹泽大学佛教学部研究纪要》第42号有翻刻本。

疏释。

据《晋水法师碑》载，义天入宋带来许多国内早已佚散绝迹的华严宗祖师撰著，计有智俨《华严搜玄记》、《孔目章》、《无性摄论疏》、《起信论义记》；法藏《华严探玄记》、《起信论别记》、《法界无差别论疏》、《十二门论疏》、《三宝诸章门》；澄观《华严经疏》；宗密《华严纶贯》。①

至于净源搜集唐代华严文献及其相关撰述，则称："尝谓忏悔发愿，佛事之始也。故制《华严》、《首楞》、《圆觉》三忏摩法，以严修证。谓思亲隆恩，人伦之本也。故制《盂兰盆》、《贤首讳日》二礼赞文，以严报事。诸祖之教，既已流行。法师又谓，《妙法莲花经》，天台、慈恩各有疏解。性相二宗，惟吾贤首则能融通为一。于是撷而会之，益以新意，作《集义通要》十四卷。其笺他经也，则有《仁王护国般若经疏钞》。其扶律宗也，则有《遗教经疏节要》洎《广宣记》。其恢祖训也，《法界观》则有《助修记》，《还源观》则有《补解》，《金师子章》则有《云间类解》，《原人论》则有《发微录》。《肇论》则有《中吴集解》及《令模钞》，皆其手述也。余如《百门义海》、《一乘分齐》、《禅源诠序》等，皆与之定科刊误。"②

现据义天《新编诸宗教藏总录》等相关记载③，将净源撰著成果分述如下：

（一）华严文献类

(1)《华严法界观门助修记》2卷及《科》1卷。

(2)《妄尽还源观疏抄补解》1卷及《科》1卷。净源《妄尽还源观疏钞

---

① 曾旻《慧因寺志》卷8《晋水法师碑》载："云华所造《华严搜玄记》、《孔目章》、《无性摄论疏》、《起信论义记》，贤首所造《华严探玄记》、《起信别记》、《法界无差别论疏》、《十二门论疏》、《三宝诸章门》，清凉所造《正元新译华严经疏》，圭峰所造《华严纶贯》，皆教宗玄要，五代兵火久已亡绝。至是，义天持之座下，咨决所疑，既佚之典复行于世，法师之力也。"（杭州出版社2007年版，第52页）
② 曾旻：《慧因寺志》卷8《晋水法师碑》，杭州出版社2007年版，第52页。
③ 《高山寺教藏典籍文书目录》圣教类第4部第42函，第13页，引见《宋朝教学与湛潚：以华严、戒律为中心》，第500—501页。另见吉田刚《晋水净源与宋代华严》，《禅学研究》第77号（1999），第100页。

补解》,为法灯《妄尽还源观疏》的补充完善之作。元丰二年(1079),69岁的净源又在云间善住宝阁撰述《妄尽还源观补解》。熙宁元年(1086),净源在钱塘再治《妄尽还源观》。净源另撰有《修华严奥旨妄尽还源观重校纪》。

(3)《法界义海科》1卷。

(4)《华严一乘教义分齐章》3卷(净源重刊)及《一乘教义分齐科》1卷。据义天《圆宗文类》卷22所收《教义分齐章重校序》,可知净源尝重校法藏《华严一乘教义分齐章》3卷、《一乘教义分齐科》1卷。

(5)《金师子章云间类解》1卷及《科》1卷。撰于元丰三年(1080)。

(6)《义海百门科》,卷帙不详。撰于熙宁二年(1069)。

(7)《禅源诸诠集都序科》,卷帙不详。

(8)《原人论发微录》1卷及《科》1卷。撰于熙宁七年(1074)。净源其序称:"……(源)畴昔尝读《圆觉疏钞》之广者,而其间穷万法推一心章,惟灼实开决疑滞,布在钞文,明犹指掌,于是不揣愚昧,录广钞之要辞,发斯论之微旨,庶乎吾祖深文奥义,未坠于地,而请者之心亦无鈌然。既录论主钞辞,以发微旨,故号之曰《发微录》焉。"①此序撰于钱塘贤首教院,时在熙宁七年(1074)。

(9)净源将《华严经》的经文录入澄观注疏《八十华严》的《大方广佛华严经疏》60卷及注疏《四十华严》的《贞元新译华严经疏》(又称《华严经行愿品疏》),合编成《华严经疏注》120卷(今缺卷21至卷70、卷91至卷100),使其便于流通。净源另制(10)《大疏注经科》20卷。

(二)修证礼忏类

(11)《圆觉经道场略本修证仪》1卷。熙宁二年(1069),于青墩(今浙江桐乡乌镇)宝阁讲院编录。

---

① 净源:《华严原人论发微录》,《卍新纂续藏经》第58册,第718页下。

(12)《华严普贤行愿修证仪》1卷,现存有二个版本,一本题为"宋传华严教观沙门晋水净源集",另一本题为"宋(晋水沙门)净源集"。镰田茂雄曾分别以"甲本"、"乙本"称之。①

(13)《首楞严经道场修证仪》1卷。撰于熙宁四年(1071)。净源在其《首楞严坛场修证义》自序中称:"景祐初(1034),(净源)忝授斯经于长水疏主,暨缙云尊者之门。虽学以植其志,思以笃其道,而唯务节录奥义,编述钞文而已。至若结界持咒之宏规,铨次礼请之懿范,则未暇执笔也。熙宁四年(1071),讲道于青墩宝阁兰若。海人之余,历观长水、孤山诸疏,金衡、闻熏等钞。博采坛场之量,遐求敷设之仪,刊修恳愿之功,缉缀忏罪之要,并皆考文责实,条析异同,亦酬门学(宗礼)之再请也。然则丽藻鸿辞,大有惭于前。而迁善远罪,亦无愧于后昆云耳。"②

此外,净源还撰有(14)《贤首国师礼赞文》1卷,或即《晋水法师碑》所载的《贤首讳日》。

(三) 经论疏释类

(15)《肇论中吴集解》3卷、(16)《肇论中吴集解令模钞》2卷、(17)《肇论中吴集解科》1卷。

中年净源的一大关注方向是《肇论》。据《肇论集解令模钞》卷首所附的序文,可知净源于皇祐三年(1051)于苏州(古称中吴),皇祐五年(1053)事此。至和三年(1056),净源所受教的秘思法师(994—1056)《肇论》、《四绝论》示寂。嘉祐三年(1058)一月十九日,于苏州万寿寺讲习集解,成《肇论中吴集解》三卷。嘉祐六年(1061)八月十日,于杭州贤圣精舍西方丈,撰成《肇论集解令模钞》。③ 净源在苏州、杭州十年间持续讲习

---

① 参见镰田茂雄:《华严普贤行愿修证仪之研究》,《禅研究所纪要》第6、7合并号(1976),第305—317页。但王颂则甲本为净源所撰之说,提出了质疑。参见王颂:《关于华严普贤行愿修证仪甲本之著者》,《印佛研》第53卷第2号(2005),第200—204页。
② 净源:《楞严修证仪》自叙,《卍续藏经》第74册,第517页上。
③ 《肇论中吴集解》收于罗振玉《宸翰楼丛书》,《肇论集解令模钞》2卷则有伊藤隆寿翻刻本,载于《驹泽大学佛教学部研究纪要》第42号(1984)。

《肇论》,由此可见《肇论》对其思想的深刻影响。

(18)宗密《盂兰盆经疏》1卷(净源移本疏注于经下)、(19)智圆《盂兰盆经礼赞文》1卷、(20)《盂兰盆经撮华钞》2卷及《科》1卷(净源重刊)。

(21)《仁王经注》4卷及《科》1卷。

(22)《佛遗教经论疏节要》1卷及《科》1卷、(23)《佛遗教经广宣钞》1卷、(24)《广宣记》1卷。"言节要者,此经有论有疏,源师盖撮略论疏,而成此注。"①对此书,明末云栖袾宏续撰有《补注》。

(25)《法华经集义通要》14卷。此书净源生前似未刊刻,且未见收于《义天录》。但据载,净源入寂前,尝贻书义天,叙及《注法华经》12卷(一作《新注法华经》),请僧统代为详校,开板流通。不知此《注法华经》(《新注法华经》)12卷,是否即为《晋水法师碑》所载的"《集义通要》14卷"?

(26)《大乘起信论科》1卷(净源重刊)。

(27)《策门三道》。包括《贤首判论》、《判教有差》、《儒释言性》三篇短论,收录于义天《圆宗文类》卷22。

此外,据传净源还撰有(28)《华严疏钞音义释文》(卷帙不详)②、(29)《贤首五教华梵七祖图》1卷③。

元祐三年(1088)冬(夏历11月),净源法师示寂于杭州慧因寺,世寿78,僧腊54。寂前的净源,沐净结跏趺坐于堂上,最后说法,曰:"吾五十余年,力兴祖教。愿心既满,今兹逝矣。祖师止观,行境玄妙。宜各精进,同趣华藏。"④

---

① 净源:《遗教经论疏节要》,《大正藏》第40册,第844页下。
② 义天《圆觉国师文集外集》卷4,"净源书"第四书称:"近著《华严疏钞音义释文》,并诸文首序,而讲于诸生尝编净稿,随此附达,惟冀检至。"《韩国佛教全书》第4册,第570页下。
③ 据日本凝然撰《华严宗经论章疏目录》载,净源编有《贤首五教华梵七祖图》,《日本佛教全书》第95册,第134页下。
④ 曾旻:《慧因寺志》卷8《晋水法师碑》,第51页。

综观净源一生,尝应请开法于泉州清凉寺、苏州观音寺、杭州祥符寺、湖州宝阁寺及秀州善住院,屡坐大道场,阐扬圆顿极旨。最终住持于杭州慧因院,易禅为教,道风大振。《晋水法师碑》述及净源之弟子时,称:"法师所度弟子曰广润大师昙真;昙真所度弟子曰晋佚、晋伦、晋僴、晋仁、晋仪、晋偕、晋儒、晋佺、晋修,凡十人。学徒传讲四方,累百余众。"①"神鉴大师"希仲虽为净源法孙,却被列为贤首宗第10世。下传道鸣妙观为第11世。

关于净源的弘法成就,晚明袾宏在《武林西湖高僧事略宋晋水源法师》称赞曰:"法界无尽,一心洞明。奋厥余力,诠释群经。作式垂范,肆有骏声。慕法者众,海国扬舲。"②

二、净源的华严阐释及其成果

《晋水法师碑》曾简要记述了北宋华严的纷杂情形及净源华严阐释的大致内容,称:"圆融一宗,经观论章,与其疏记钞解,凡数百万言。名义既多,科条亦博,有终身不能卒业者。故近世总持者,罕能该遍。讲《杂华》者,则曰清凉教;讲《圆觉》者,则曰圭峰教。宗途离析,未有统纪。法师于是推原其本,则教宗虽始于贤首,法义实出于《起信》,乃以马鸣大士为始祖,龙树、帝心、云华、贤首、清凉、圭峰以次列之。七祖既立,由是贤首宗裔,皆出一本。又离合五教以为十,皆清凉、圭峰之遗意。其发明之,则自法师始焉。"③

据此记述,净源弘阐华严教观,具有鲜明的本宗意识。其最为典型的阐述,就是明确表明"推原其本"、教宗贤首的原则立场。"教宗贤首",既显示了净源对于法藏"贤首教"的推崇,标明了与当时所谓"清凉教"、"圭峰教"之间的区别,同时也表明了与乃师长水子璇的不同之处。

---

① 曾旻:《慧因寺志》卷8《晋水法师碑》,第53页。
② 袾宏:《武林西湖高僧事略宋晋水源法师》,《云栖法汇》,第25页右(总第2689页)。
③ 曾旻:《慧因寺志》卷8《晋水法师碑》,第51页。原书标点有误,今改。

与子璇作为"长水疏主"、"楞严大师"的"讲师"身份不同,净源明确标明自己作为华严教义学沙门的身份,尽管并没有称"华严宗"、"贤首宗",而是称"贤首祖教"、"华严教观"或"华严宗教"等。如净源《仁王经疏》称"大宋国传贤首祖教沙门净源",而在《普贤行愿修证仪》则称"宋传华严教观沙门晋水净源"。

净源的华严学阐释,具有一个明显的特点,就是重视华严教观的义理阐释,尤其突出华严观门修持的主体实践性格。这不仅包括华严学位个体修持的主体性,更包括华严教团整体修行的主体性。为了证成华严圆教修行的自主性,净源在整理唐代华严祖师教典文献的基础上,致力于佛教经论的疏释,成果颇著。

首先,净源依据唐代澄观"一心法界"义,结合《起信论》"一心法门"说,撰《华严还源观疏钞补解》、《法界观门助修记》等著述,注重源于杜顺"法界观门"的实践阐释,维护法藏华严判教论,把华严唯心论与法界性起论密切结合,为华严观行的实践修证提供充分理据。

入宋以后,承唐末五代之绪,对于杜顺和尚的《法界观门》相继有阐。其中,影响较大者为从朗所撰的《法界观门钞》。义天《圆宗文类》卷 22 收有朱长文撰于至道元年(995)的《法界观门钞序》,称:"唐初有杜顺师者,痛其若是,乃约《华严经》,撰《法界观》,包总众义,列为三门,其文不过数纸,而备尽一经之意。后有圭峰师者,复因观文而为之注。今有从朗师者,又凭注文而为之钞。……如来说《华严》,有杜顺观之,圭峰注之,朗师钞之,则圆顿显,而学者易为力矣。"①吕惠卿则撰有《新注法界观门》,其序称:"唐有大菩萨曰社(杜)顺,深达是相,而哀众生之迷也,故著为观法,栋去情解,以显法体,镕融事理,以会无二,使观物物莫非真空者,则交参摄入自在无碍,此真入事严法界之门也。"②沙门昙雅撰于宋嘉

---

① 义天:《圆宗文类》卷 22,《卍续藏经》第 58 册,第 560 页下、第 561 页上。
② 同上书,第 561 页中。

祐七年(1062)的《法界观门钞序》,更述《法界观门钞》的流行情况:"乃有皇都大沙门锡号净觉名有朋者,尝慨众释繁略未驯,遂自操觚,搜抉精义,酌其折中,成一家言,号为《集解》,离为五卷,以辅翼观门,用资讲习,其精隽可味,尽在乎钞中,。览其言,足以知其道矣。然钞文虽成,傅写无几,有惠悫道人尝受观学于净觉师,欲其文之行远,以广法化,乃图镂板……"①

相传为杜顺所撰的《法界观门》受宋代华严重视。净源著有《法界观门助修记》,其序称:"然兹观门,作为钞解,殆盈四家:西蜀仁周法师、开宝守真大师、渐水从朗法师、景德有明大师。虽皆连疏累偈,托文为证,而于所解之义有多互违者。盖帝心集观,文高旨远。定慧为注,言约义微;丞相述序,本末交映。以故申明其辞,实难其才耳。抑又行之大者,莫先乎熏止习观,诸钞发义,虽列多门,而圆修造诣,竖无穷归。源耽味波,飢有年数矣,不揆荒鄙,辄事操觚,删众说之繁文,补诸祖之要义,勒成两卷,将传叔世助观心而终焉。"②据此序文,净源所撰《法界观门助修记》凡 2 卷,对此前有关《法界观门》的四家疏释之作,提出了明确的评判意见,并主张依准于宗密(谥定慧禅师)之《注华严法界观门》及裴休之序,删繁补要,以成此作。

除杜顺《法界观门》外,净源还注重法藏《修华严奥旨妄尽还源观》的阐释工作。其《华严还源观疏钞补解》序称:"夫宗经为观,传诸后嗣,以教类之,略有三焉。昔帝心尊者集《法界观门》,则宗乎化教矣。澄照律师述净心戒观,则宗乎制教矣。若乃化制并宗,性相互陈,唯贤首国师《妄尽还源》。兼而有之,故其圆顿之机,权小之流,悉皆普被耳。"③华严宗经,阐发为观。华严之观,约有三类,即杜顺的法界观、澄照的净心戒观及法藏的妄尽还源观。法界观为化教之宗,净心戒观为制教之宗,而

---

① 义天:《圆宗文类》卷 22,《卍续藏经》第 58 册,第 561 页中、下。
② 同上书,第 562 页上。
③ 净源:《华严还源观疏钞补解序》,《卍新纂续藏》第 58 册,第 170 页上。

法藏妄尽还源观,则兼化教与制教,涵盖圆顿,遍于权小,通行无碍。故以法藏《妄尽还源观》为华严宗经通观的代表。

景祐年间(1034—1038),净源随苏州昆山慧聚法师(名清本)修学时,得阅法灯法师所撰的《妄尽还源观疏》二卷及《科文》一卷,深感其析解,虽尽乎善却未尽乎美。净源在其撰于元丰二年(1079)的序文中称:"源景祐中,禀兹观门于昆山慧聚法师之门(名讳清本),并疏两轴,科文一册,皆法灯大师之所撰也。然其间所释序文,及诸观义,虽尽乎善,而未尽乎美。于是举要治繁,选言发行,探清凉之疏旨,索演义之钞辞,补其偏善之功,成其具美之绩,故命题曰疏钞补解焉。古人有言,不截盘根,无以验其利器;不剖文奥,无以辨其通才。后之孙谋,通吾祖观心,昭昭然若杲日之丽天,且不为昏情所翳者,其在兹乎。"①

对于唐代诸祖师所阐发的华严教义学,净源形成了一个基本的判析立场,即主张"教宗虽始于贤首,法义实出于《起信》"。华严法义出于《大乘起信论》,同样有推尊贤首法藏之义。华严的根本法义在于"一真法界"。净源对于《起信论》与"华严法界观门"的统观阐释,成为其华严学阐释的主体结构。

在净源之前,长水子璇等人皆重视宗密等唐代华严祖师所阐释《大乘起信论》"一心"义。净源更是推尊马鸣菩萨为"华严初祖",主张华严法义实出于《起信论》,把《起信论》的一心论与杜顺所开创的华严法界观门结合起来,并回应天台学僧的疏释。

关于对净源的《起信论》一心法门的阐释,华严沙门清远在《圆觉经疏钞随文要解》卷6中疏释长水子璇"终顿圆通诠本末"问题时,为净源立马鸣为华严初祖而进行辩护说:"然晋水(净源)立马鸣为初祖,盖推宗经造论之功。或云《起信疏》云,此唯摄五,前四既不摄圆教,故不当立马鸣为祖师。世亲造《十地论》,正释《华严十地品》,遂立为第二,却以龙树

---

① 净源:《华严还源观疏钞补解序》,《卍新纂续藏》第58册,第170页上。

为初祖,颇为公当。今谓不然。《起信》一真心源,即《圆觉》妙心、《华严》一真法界,三义是一,三法体同。祖以约义门,故判为终顿,降杀受称也。况马鸣通宗百洛叉经别宗百部了义大乘经,以造《起信论》,《华严》亦百部之数,藏中正有数十部余经未传此土。《圆觉》、《法华》、《涅槃》、《大般若》等亦是所宗。祖云,影在通宗,故不列之。《起信论》通宗不二,摩诃衍法当第十圆明具德宗,别宗一体摩诃衍法,当等九相想俱绝宗。圭山依此判为正终兼顿。若约正判属终教,当第八真德不空宗。若尔,则立马鸣为初祖,得非公当乎?"①据清远所释,《起信》一真心源,即《圆觉》妙心、《华严》一真法界,三义是一,三法体同。经论综摄,经论互证,以理分十宗,同样维护了法藏为代表的华严判教论。

除《起信论》外,净源对于《肇论》用功颇勤。净源禀具之初,遍学于南北华严诸师,修学广博,其中由澄观之学而涉及《肇论》,撰《令模钞》二卷。净源在《肇论令模钞》中,引用唐代华严祖师杜顺《法界观门》、法藏《义海百门》各一次,除了大量引述澄观的著述之外,还密集参引宗密《圆觉经略疏》、《禅源诸诠集》、《大疏钞》等,可见澄观与宗密对其思想影响之深。②

净源在其《肇论中吴集解》之前引称:"夫总万物之本,莫大乎一心。宗一心之源,莫深乎《四论》。"对此,《令模钞》析解称:"总万物之本、莫大乎一心者,文出《行愿疏》。彼文云:'寂寥虚旷,冲深包博,总该万有,即是一心。'宗一心之源、莫深乎《四论》者,义依《起信》。"③一心为万物之本,此一心即华严一真法界之心。净源所释的"一心"之义,同样基于澄观、宗密的"一心法界"义。

澄观结合《起信论》"一心开二门"之说,倡"一心法界义"。所谓"一

---

① 清远:《圆觉经疏钞随文要解》卷6,《卍续藏经》第10册,第80页下—第81页上。
② 参见镰田茂雄:《中国华严思想之研究》第二部第二节,东大出版会1965年版,第600—601页。
③ 所称《四论》,亦即《四绝论》,即《肇论》中《物不迁论》、《不真空论》、《般若无知论》和《涅槃无名论》。

心法界",即是"无障碍法界",由此开出事、理二门而成四法界,终不出无障碍法界。① 宗密对于澄观所阐释的"一心法界",更从《起信论》"真如心"说中找到理据。

宗密直承澄观之学,开始更加密切地把华严唯心论思想与禅教关系问题结合起来。宋代华严再兴,《肇论》"万物一体,触事而真"的思想再度引起关注。这一情形的出现,同样反映了北宋华严与天台二家教学的交涉关系。自北宋至元初,现存《肇论》疏作凡七部,即慈云遵式(964—1032)《注肇论疏》6卷,泐潭晓月《夹注肇论序注》、《肇论疏序科文》各1卷,晋水净源《肇论中吴集解》3卷、《肇论集解令模钞》2卷。此外,梦庵普信《节译肇论》上、下二卷。② 至元代,则有五台山文才(1241—1302)《肇论新疏》3卷及《肇论新疏游刃》3卷等。③ 其中,泐潭晓月与长水子璇同门,皆为琅琊慧觉之弟子。

特别值得一提的是,宋初博学多识的天台宗僧慈云遵式,尝制《华严行愿品疏科》1卷,这是对宗密《华严经普贤行愿品别行疏科文》的再整理。遵式还撰有《首楞严经注释》及《注肇论疏》。在南峰西庵撰于熙宁七年(1074)《注肇论疏序》称:"遵式幼从师授,虚己求宗,后因习学《华严》大经,常睹清凉判释,尽开五教,取法古师,权实之旨有归,行解之门可向,常恨此论人亡则难,致使深宗固多乱辙。"④遵式注释《肇论》,判《肇论》"三藏之中阿毗达磨藏摄,二藏之中菩萨藏摄,权实教中实教所摄。"更依贤首"以义判教",主张《肇论》为大乘终教所摄。⑤ 遵式以贤首法藏《华严五教章》及《大乘起信论义记》等著论中的判教方法,界定《肇论》为终教为摄,并引澄观《华严经疏》卷2中的《第三立教开宗》以证其说。

---

① 澄观:《华严行愿品别行疏》卷1,《卍新纂续藏经》第5册,第62页上。
② 梦庵普信《节译肇论》二卷,主要依用慈云遵式《注肇论疏》六卷本。参见伊藤隆寿《中国佛教批判的研究》第8章《教禅一致说与〈肇论〉》,大藏出版1992年版,第404页。
③ 参见伊藤隆寿:《宋代华严学与〈肇论〉》,《印佛研》第32卷第1号,第250页。
④ 遵式:《注肇论疏》,《卍新纂续藏经》第54册,第141页上。
⑤ 同上书,第141页下。

如果说长水子璇奠定了华严阐释《楞严经》的典范,那么晋水净源则对《肇论》的华严疏释贡献良多。

其次,净源中兴华严的努力,还具体表现在重治华严忏仪,充实中国佛教忏仪内容,对后世华严修行规仪影响深远。

自慈云遵式以来,北宋天台相当重视修证忏仪的阐释。净源注重华严观门的实践性取向,促使他必然关注与观门修证、教团重建密切相关的华严忏仪。净源在这一方面的成果,主要表现为相继编录《圆觉经道场修证仪》1卷(1069)、《华严普贤行愿修证仪》1卷(两个版本)、《首楞严道场修证仪》1卷(1071)及《贤首国师礼赞文》1卷(今佚)。

《晋水法师碑》称:"(净源)尝谓忏悔发愿,佛事之始也。故制《华严》、《首楞》、《圆觉》三忏摩法,以严修证。"忏摩作为佛事修行的实践活动,自东晋道安,特别是陈隋智者大师以来,备行佛教僧人所关注。华严教学中忏仪修行,其经典理据当出于《华严经》卷40《普贤行愿品》:"我昔所造诸恶业,皆由无始贪瞋痴,从身语业之所生,一切我今皆忏悔。"①

从熙宁二年(1069)到熙宁四年(1071),年过花甲的净源着力华严忏仪的撰著。在《首楞严仪》自叙中,净源称:"若夫净身之法,备如《圆觉》、《行愿》二本忏仪,愿诸学者,详而观之,禀祖训焉。"②据此,《圆觉仪》先于《华严仪》之二本,《华严仪》又先于《首楞严仪》。

在净源有关忏仪的著述中,这是最早完成之作。其"总叙缘起"称:"然则忏之为义,有理忏焉,有事忏焉。若夫陈罪相以精勤,责妄心而愧切,此事忏也。念实相以宴安,耀慧日于霜露,此理忏也。汉魏以来,崇兹忏法,蔑闻其有人者。实以教源初流,经论未备(《方等》诸经、《婆沙》等论)。西晋弥天法师尝著《四时礼文》,观其严供五悔之辞,尊经尚义,多撮其要,故天下学者悦而习焉。陈、隋之际,天台智者撰《法华忏法》,

---

① 《华严经》卷40《普贤行愿品》,《大正藏》第10册,第847页上。
② 净源:《楞严修证仪》自叙,《卍新纂续藏经》第74册,第517页中。

《光明》、《百录》具彰逆顺十心,规式颇详,而盛行乎江左矣。有唐中,吾祖圭峰禅师追弥天之余烈,贯智者之遗韵,备述《圆觉礼忏禅观》,凡一十八卷。包并劝修,揆叙证相,故道场法事之门有七,而礼佛忏仪之门有八,其所伸引,冲邃瀚漫,盖被三期限内修证耳。余以像法之末,遇兹遗训,缅怀净业,其亦有年。繇是略彼广本,为此别行,法类相从,盖尽一席之靰矣。既而观其辞虽异于弥天,唱其声似协于智者(天竺、四明皆广智者之裔)。后之末学,继而修之,则圭峰劬劳之德亦报之之万一也。"①

据净源所述,弥天释道安与天台智者大师,是中国佛教修行忏仪的二位大德。特别是智者大师,尝撰《法华三昧忏法》、《金光明经忏仪》、《国清百录》等著,奠定了天台忏仪的修行仪规,此后颇盛行于江南。北宋之初,随着天台教观的复兴,本于智者大师的天台忏仪亦逐渐盛行,且更具体系。②

从天台与华严忏仪的关系上看,宗密《圆觉忏仪》(《圆觉礼忏禅观》),其内容多据智顗《法华三昧忏仪》而作。据日本天台学者关口真大的研究,在道场法事七门中,呵欲、弃盖、具缘,全部是天台《小止观》的内容。至于坐禅法八门中的调和、方便、正修、善发、觉魔、治病、证果等内容,也有受天台影响的因素。北宋天台慈云忏主遵式《往生净土忏愿仪》(撰于大中祥符八年,1015),其结构亦大致相同。

圭峰宗密祖述道安、智者,撰《圆觉经道场修证仪》(亦称《圆觉经修证仪》、《圆觉广修证仪》、《圆觉修证仪》、《圆觉广仪》等),凡18卷,其内容包括:"道场法事"七门,观修、简器、呵欲、弃盖、具缘、严处、立志,为第1卷;"礼忏法门"八门,启请、供养、赞叹、礼敬、忏悔、杂法事、旋绕、正思,分属于其他16卷;"坐禅法"八门,总标、调和、近方便、辨魔、治病、正修、善发、证相,为第17、18卷。通常所称的"圆觉经道场修证广仪"之名,同

---

① 净源:《圆觉经道场修证仪》第一《总叙缘起》,《卍新纂续藏经》第74册,第512页下。
② 吉田刚:《宋代时期华严礼忏仪轨的成立》,《印佛研》第52卷第1号(2004),第171—176页。

时也为卷 11 所用。宗密"圆觉经道场修证广仪",其内容颇为综合,其形式则多引经论,既有道场法事、礼忏法门,还包括坐禅仪,故称"圆觉道场禅观等法事礼忏文"。在教理结构方面,宗密依据《圆觉经》,对佛教修行诸环节及行持方法,如坐禅观心、忏悔灭罪、赞仰讽诵、加行礼拜等修持,既有教理阐释,更有经论理据,内容全面。特别是《圆觉经道场修证广仪》归宗华严,综摄禅、台、律、净诸法,华严行法与禅法精妙地结合起来。与唐代一行慧觉的《华严经海印道场忏仪》42 卷,并称奠定华严修证忏仪的二部佳作。

至于净源的《圆觉经道场修证仪》(简称《圆觉略仪》),把宗密十八卷之多的《广本忏仪》,束为仅一卷的《略本忏仪》,其内容显然是大为简化的。其主体结构则包括总叙缘起、严净道场、启请圣贤、供养观门、正坐思惟、称赞如来、礼敬三宝、修行五悔、旋绕念诵、警策劝修等十门。从其文本来看,净源除简化组织外,还有二处较大改动。一是把"严净道场"前移,在《圆觉广仪》中,"严净道场"为"道场法事"第六,净源移至第二,"以为略本之统要耳"。二是把"警策劝修"移至最后,"《广仪》文中劝修居初,今为《略本》,警策述意,故结之于后"。①

《印造圆觉经略本修证仪后序》称:"圭峰禅师撰《圆觉经道场修证仪》一十八卷,被三期限内之修证。然文广义繁,末学不便。今者晋水法师略彼广本,以为一卷。盖非唯被三期限内之修证,亦像法之末修一席之忏仪,令昏迷有益,是述者之微意也。"②在后人看来,净源改编《圆觉略仪》,不仅一改宗密《圆觉广仪》"文广义繁,末学不便"的情形,而且更顺应末法时期佛教行持的机宜。

忏仪是推进佛教制度建设及其实践修行的重要方式。宋代对华严忏仪的重视,既是佛教适应当时社会的实践活动,同时也是佛教制度完

---

① 净源:《圆觉道场修证仪》,《卍新纂续藏经》第 74 册,第 516 页中。
② 同上书,第 516 页下。

善的现实需要。宋代是中国佛教仪式得到进一步完善的典型时期。净源着手修订与华严法界修行观门相关的仪轨,既有宋代佛教转向民众的现实需要,同时也有天台忏仪完善的影响。作为教门二大显教之一,以净源为核心法师的南方华严教团初步形成,通过礼忏仪轨的制作,可以更有效地适应宋代佛教环境的变迁。继净源之后,华严忏仪与密教修行相结合的导向,对于辽、元佛教寺院的行持颇具影响。

继《圆觉略仪》后,净源还撰著了《华严普贤行愿修证仪》(简称《普贤修证仪》)。

《华严普贤行愿修证仪》现存有二个版本,一本题为"宋传华严教观沙门晋水净源集",另一本题为"宋(晋水沙门)净源集"。镰田茂雄曾分别以"甲本"、"乙本"称之。① 甲本的撰制时间不详,其内容包括十门,通叙缘起、劝修利益、拣择根器、呵弃欲盖、决志进修、严净道场、启请圣贤、正修十行、旋绕诵经和端坐思惟。乙本的内容结构,亦分十门或十科:通叙缘起、严净道场、净身方法、启请圣贤、观行供养、称赞如来、礼敬三宝、修行五悔、旋绕称念和诵经规式。

甲本说明相当简略,其忏仪重点内容在于"正修十行"一门,突出普贤十大愿的修行忏仪。甲本的另一个显著特点是突出"端坐思惟",其内容涵盖华严禅与天台止观的,相当于宗密《圆觉广仪》中"正思"、"坐禅法"。

根据净源的理解,华严圆教修行,约有两个层次。

首先是悟毗卢法界②。毗卢法界即是《华严经》所说的"一真无碍法界",亦即是"一心法界"。

就其真心内容来说,约分两类,即同教真心和别教真心。在同教真心中,又区别为终教真心与顿教真心。所谓终教真心,主要涉及心与物、

---

① 参见镰田茂雄:《华严普贤行愿修证仪之研究》,《禅研究所纪要》第6、7合并号(1976),第305—317页。
② 净源:《华严普贤行愿修证仪》(简称《普贤行愿仪》),《卍新纂续藏经》第74册,第368页下。

心与空、身与心关系,如《楞严经》所说,"当知虚空生汝心,犹如片云点太清",主张"一切世间诸所有物,皆即菩提妙明真心,一切众生,从无始来,迷却此心,妄认四大为身,缘虑为心。"①顿教真心,则主张一切本无,弥满清净,中不容他,一切妄想,本来是无,绝待真心,本来清净。如《华严经》说:"法性本空寂,无取亦无见,性空即是佛,不可得思量。"此心亦即《起信论》所称的"真如心"。至于别教真心,即"一真无碍大法界心,含三世间,具四法界,全此全彼,而无障碍,于此一真大法界内,若凡若圣,若理若事,随举一法,全是大法界心,乃至唯举一尘,亦皆全是大法界心。"②

悟毗卢法界之后,即须修普贤行海。

具体而言,修普贤行海,约开两种观门,即"帝网无尽观"和"无障碍法界观"。这二大观门,完全出于唐代的华严教义。其中,"帝网无尽观"又包括五门,即礼敬门、供养门、忏悔门、发愿门和持诵门。至于"无障碍法界观",其修行内容包括:"常想一切染净诸法,举体全是无障碍法界之心,此能观智,亦想全是法界之心。……今此无障碍法界中,本具三世间,四法界,一切染净诸法,而此法界全此全彼,互无障碍,则知根根尘尘,全是无障碍法界,若于四威仪中,常观根尘,皆是重重无尽法界,即习普贤境界也,此观是一切三昧观门之根本,若常修习,则一切三昧自然现前。"③由此可见,在净源看来,"无障碍法界观"是一切三昧观门的根本,是证达普贤境界的关键法门。

从净源阐释的华严理据上看,《华严普贤行愿修证仪》主要源于清凉澄观的《普贤行愿疏》。净源在叙文中称:"昔清凉之疏《行愿》也,恢廓妙源,穷深际远。唯定慧祖师,章灼权实,拔幽极微,撰义钞以广之。故天下驾说者,皆由其辞而通其旨焉。至若研磨九会之奥,雠校十行之蕴,则存乎《圆觉忏仪》,而规式备矣。净源常患近世传吾祖教观者,反习他宗

---

① 净源:《普贤行愿仪》,《卍新纂续藏经》第74册,第368页下。
② 同上书,第369页上。
③ 同上书,第369页中。

诸忏之文,又何异乎？其先祖有善而不知者,亦君子之所耻也。熙宁二年冬(1069),因再治《圆觉忏法》,遂得熏毫涤砚,删集斯文,求诸同志,以习以修。既而推寄有本,故用经名品目而题其首。贵使来者,究定慧之宏功,振清凉之茂德,立言更济,而垂诸无穷者也。"①

据此所述,净源疏释《普贤行愿仪》,准于圭峰宗密(谥"定慧禅师")《圆觉忏仪》(乙本)及澄观《普贤行愿品疏》。比较《普贤行愿仪》(乙本)与《圆觉略仪》可以明显看出二者体裁上的共同之处。不过,净源在疏释过程中,亦常参考遵式的《往生净土忏愿仪》,这是与"甲本"颇引人注目的相异之处。

净源在华严修证仪中所阐释华严禅思想,对后世教禅合修产生了一定的影响。如辽代道殿《显密圆通成佛心要集》,即几乎全文引用了净源的阐释。②

净源还撰有《首楞严坛场修证仪》(简称《楞严修证仪》或《楞严忏仪》等)1卷。自景祐初年(1034)始,净源即随"长水疏主"子璇、"缙云尊者"仲希修学《首楞严经》,熟习当时流通诸经疏,"历观长水、孤山诸疏,《金衡》、《闻熏》等钞。"③对于长水子璇《楞严经疏》、孤山智圆《谷响钞》、仲希《金衡钞》、净觉《闻熏记》等《楞严》疏作颇为熟悉。熙宁四年(1071),净源住持青墩密印寺宝阁讲院时,应门人宗礼(尝住苏州天平山白云寺)之再请,撰《楞严修证仪》。宗礼本人尝刊刻了《圆觉道场修证仪》。④

净源《楞严仪》的内容结构,其所述修忏法仪,凡分十门,即坛场方轨、启请贤圣、供养观门、称赞如来、礼敬三宝、围坛诵呪、涤业规品、忏悔

---

① 净源:《普贤行愿仪》,《卍新纂续藏经》第74册,第页。
② 参见道殿:《显密圆通成佛心要集》卷上,《大正藏》第46册,第990—993页。
③ 净源:《楞严修证仪》自叙,《卍新纂续藏经》第74册,第517页上。
④ 《圆觉道场修证仪》末后载有"天平山白云寺讲贤首祖教学徒(宗礼)句当",《卍新纂续藏经》第74册,第516页下。

发愿、旋绕念诵、析通观法。① 其内容中较值得注意者,约有二端,一是对当时流通的《楞严经》诸疏钞的引述,特别是对仲希《金衡钞》的援引;二是对慈云遵式所制天台忏仪修行的引用,特别是"析通观法"中之所述,颇引人注目。

综上所述,净源以法界一心观门为主导的华严忏仪著述,主要集中于熙宁年间(1068—1077)及元丰初年,其时净源主持青墩密印寺宝阁讲院,而高丽义天所折返的唐代华严典籍尚未抵达。净源华严忏仪的相关撰著,具有三个特点。其一是对于华严忏仪的重新组织,特别是以宗密《圆觉道场修证仪》为简化略本,顺应当时道场化的寺院行持活动需要。其二是反映了当时华严修行与宋代密教结合的趋势。如净源《楞严仪》的特点,在于密教咒仪的介入。道场诵咒,经有明示。楞严忏仪与密教结合的意识更加明显。其三主动回应以"慈云忏主"为代表的天台忏仪。净源在其忏仪著述中,对于慈云遵式的忏仪之作,多有吸纳,弥补了此前华严忏仪之不足,成为净源华严学阐释的一大贡献,对辽、元佛教寺院的华严行持颇具影响。华严忏仪的重治,可以理解为净源为华严教观实践,从而为华严教院的行持活动提供制度化的规范。

据高丽义天《义天录》所载,净源尚撰有《贤首国师礼赞文》1卷。此作已佚。但作为华严道场修行的主要仪式内容之一,华严祖师"礼赞文",在宋代盛行一时。如题署为"长水法孙"的智肱尝撰有《华严清凉国师礼赞文》(并叙),称"一心奉请,华严教海贤首义龙,第六祖师清凉尊者"②,尊清凉澄观为"第六祖师",显然是认同净源的"华严七祖说"。

再次,净源忠于贤首判教,明确提出华严"祖统说",正面回应宋代天台盛行的"释门正统论",回击天台批辟华严"有教无观"之论,对南宋华严转向华严判教思想的再阐释及其"复古思潮"颇具影响。

---

① 净源:《楞严修证仪》,《卍新纂续藏经》第74册,第517页上。
② 长水法孙(智肱):《华严清凉国师礼赞文》,《卍新纂续藏经》第74册,第361页中。

净源对贤首法藏判教论的维护,最典型地体现在坚持归宗"贤首教"、"贤首祖教"、"贤首教观"的原则立场。《杭州慧因教院华严阁记》载:"贤首教者,世传《华严经》之学,始于帝心杜顺,次尊者智俨,次贤首国师法藏,次清凉国师澄观,次圭峰禅师宗密。帝心有《法界观》,尊者有《搜玄记》,贤首有《探玄记》,皆释晋经而已。至清凉为唐经作疏,而证圣、贞元之二释始备。圭峰复为清凉作讲义,源师因以五师为华严五祖。以其判教,自贤首始,故谓之贤首教。"① 上述记载,不仅大致表明了净源确立帝心尊者杜顺、云华尊者智俨、贤首国师法藏、清凉国师澄观、定慧禅师圭峰宗密为"华严五祖"的基本理由,更明确指出了华严宗之为贤首教的根本理由,即在于"以其判教,自贤首始"。

"华严五祖"的法系说,似为宋代佛教界所普遍接受。如宗鉴《释门正统》卷3称:"所谓贤首教者,初杜顺和尚弘范华严宗旨,著《法界观》以授俨师,俨师传贤首藏师。藏师立五教判经,一曰小乘教,二曰大乘始教,三曰终教,四曰顿教,五曰圆教。几百年,而清凉澄观国师追宗其学,造《华严疏》。圭峰密嗣之,号贤首五祖。"② 其中,同样特别提及法藏"立五教判经"。

净源之所以坚持"贤首教",实出于对法藏华严判教论的维护。自唐代慧苑以来,不仅天台学僧对于华严判教颇有异议,即便华严教内部对此亦是意见不一。自澄观、宗密倡教禅融会以来,阐释的经教对象,不止限于晋译六十《华严》和唐译八十《华严》,而且更涵盖《楞严经》、《圆觉经》、《金刚经》、《大乘起信论》、《肇论》等对中国化佛教影响深远的佛教经论。随着华严判教的适用经教范围日益广泛,如果不能有效地解决华严判教的统一性问题,势必动摇华严创宗立教的根本。于此可以看出净源关注贤首判教的重要性。

---

① 吕惠卿:《慧因寺志》卷6《杭州慧因教院华严阁记》(撰于1101年),第25页。
② 宗鉴:《释门正统》卷3,《卍新纂续藏经》第78册,第287页下。

由于净源并未留下完整的文献,后人无法得窥其对贤首判教的相关表述。仅据义天《圆宗文类》卷22所收《策门三道》中《贤首判论》、《判教有差》二文所记,可知净源所回应的皆与法藏、宗密的判教相关。其《判教有差》称,"问:圭峰之论《原人》也,始人天而终显性,五教在焉。贤首之疏《华严》也,先小乘而后圆教,五章备矣。夫贤首即圭峰之祖也,圭峰乃贤首之裔也。何裔之迹同,而判教之效异耶?然二师为道,义必有在,宜摭嘉言,以析两端。"①圭峰宗密在《华严原人论》分判五教,称"佛教自浅之深,略有五等:一人天教,二小乘教,三大乘法相教,四大乘破相教,五一乘显性教。"②而贤首法藏则分判小、始、终、顿、圆五教。同判五教,宗密身为华严后裔,为何不同于法藏之祖述?可惜净源并未明确提供解答。

在《贤首判论》中,净源称:"问:华严一真法界,即《起信》一心源也。然心融万有,便成四种法界。故圭峰以溥该诸教迥异诸教,唯就一心而谈圆矣。然则《起信》以一心为本源,贤首判之,则曰心于终而兼于顿,且不该乎圆矣?与其圭峰之辞,何其异也。今诸生心愤口悱,其来久矣,讵可默无言乎?"③据此所述,净源从澄观、宗密结合《起信论》所阐述的"一真法界"义,指出终顿摄圆(澄观、宗密所持)与终顿不该圆(法藏所持)之异,似乎已经注意到宗密所诠释的华严圆教,其实是属于一种"心起"类型的"圆教"系统,而非法藏所阐释的"性起"类型的"圆教"系统。

净源看到华严判教理论的不确定性,引起了华严教学理解的诸多混乱,直接影响到华严教团的认同意识。有见于此,净源发现有必要重新检讨相沿成习的"华严五祖说",加上马鸣、龙树,另立"华严七祖说"。

《晋水法师碑》称:"宗途离析,未有统纪。法师于是推原其本,则教宗虽始于贤首,法义实出于《起信》,乃马鸣大士为始祖,龙树、帝心、云

---

① 净源:《判教有差》,引见义天《圆宗文类》卷22,《卍新纂续藏经》第58册,第558页下。
② 宗密:《华严原人论》,《大正藏》第45册,第708页下。
③ 净源:《贤首判论》,引见义天《圆宗文类》卷22,《卍新纂续藏经》第58册,第558页下。

华、贤首、清凉、圭峰,以次列之。"①据此所述,从"教宗贤首"的意义上说,唐代华严教义的真正奠立者是贤首法藏,而"华严法义"真正始源则实出于《大乘起信论》,故立马鸣为西梵华严的始祖。净源以马鸣、龙树、法顺、智俨、法藏、澄观、宗密为"华严七祖",初步确立了中印华严法义传承的历史统序。这种新华严祖统法系的表述,既可以有效地回应天台学僧对华严判教论的批辟,同时亦为解决自宗密以来整合《楞严经》、《圆觉经》、《起信论》阐释华严教学所导致的异解纷呈,提供新的解答思路。

北宋初叶,子璇、仲希等人在宗密华严三祖说的基础上,提出了华严五祖说。如子璇称:"法藏者,俗姓康氏,华严第三祖,勅谥贤首大师。德业恢隆,广如传录。……宗密者,姓何氏,谥为定慧禅师。是乃学穷内外,道映古今,盛德大业,备所闻见。"②在此,子璇明确称法藏为"华严第三祖",却未明确提宗密为"华严第五祖"。与子璇同时代的缙云仲希,在其《般若心经疏显正记》卷上,称"华严第三祖,立五种教,以判如来一代圣言。"③仲希所称的"华严第三祖",亦即法藏。长水子璇、缙云仲希,皆以贤首法藏为"华严第三祖",这是北宋初期佛教界承绪宗密,指称唐代华严传承法统的通常表述。

净源排定"华严七祖说"的核心理据是华严法义实出于《起信》,而作为教义相承的历史论据,则是与从杜顺《法界观门》到法藏《妄尽还源观》所建构的华严观门修行的统绪关联。有见于此,净源在《华严妄尽还源观疏钞补解》中称:"斯盖帝心冥挟《起信》,集三重法界于前;贤首显用论文,述六门还源于后。推是言之,以马鸣大士为吾宗初祖,其谁谓之不然?"④不过,法藏阐释《起信论》所确立的"四宗义判",止于"如来藏缘起宗",未如澄观、宗密立"圆明具德宗"显得圆融,更契应于华严判教。

---

① 曾旻:《慧因寺志》卷8《晋水法师碑》,第51页。
② 子璇:《大乘起信论疏笔削记会阅》卷1,第298页上。
③ 仲希:《般若心经疏显正记》卷上,《卍新纂续藏经》第26册,第746页上
④ 净源:《华严妄尽还源观疏钞补解》,《卍新纂续藏经》第58册,第196页下。

净源所推定的"华严七祖说",尽管得到了南宋清远等人的推崇①,但其后宋代华严学僧并未充分认同。在净源之后,有关华严法系问题,仍然存在着许多不同的表述。如道亭《义苑疏》根据法藏《华严经传记》的说法,转引高丽义天华严祖统之说,立僧统慧光律师(亦称"光统")为华严祖师,称:"《华严传》说,判华严为圆教,始于光统。故海东有立为祖承,更推佛陀,以无高祖,故云诸宗承耳。"②这就依法藏圆教判摄为准,提出把慧光列归为华严祖师。高丽义天在净源"华严七祖说"之外,别立"华严九祖说",即马鸣、龙树、天亲(世亲)、佛陀三藏、慧光、帝心(杜顺)、云华(智俨)、贤首(法藏)、清凉(澄观)。并提及"《祖图》所谓马鸣造论、龙树释通,乃缙云记主面言心授焉。"《祖图》即指净源所著的《华严七祖图》,而"缙云记主"即"缙云尊者"仲希。净源受学于仲希,其立华严七祖说完全可能是受到仲希影响。

净源对华严祖统法系的推定孜孜以求,固然是历史主义立场的表达,但更是宗派主义意识的宣示。对此,《晋水法师碑》明确指出:"七祖既立,由是贤首宗裔,皆出一本。又离合五教以为十,皆清凉、圭峰之遗意。其发明之,则自法师始焉。"③所谓"贤首宗裔,皆出一本",实即前面所称的"法义实出于《起信》"。于此,净源把杜顺的《法界观门》与法藏《妄尽还源观》,基于《起信论》提出如来藏缘起论的判教观,上推马鸣,结合龙树,全面呈现对"吾宗贤首"的强烈认同。

相较唐代华严,宋代华严开始重视相传为杜顺所撰的《法界观门》,正如宋代天台宗《释门正统》明确提出释迦教法华系统的正统意识,宋代华严宗亦开始建构并确立华严自身的"祖统说"。注重以《楞严经》、《圆觉经》、《大乘起信论》等经论为主导的义理研释,固然是深受唐代圭峰宗

---

① 清远称宗密为"华严宗教第七祖师",《圆觉经疏钞随文要解》卷1,《卍新纂续藏经》第10册,第13页下。
② 道亭:《华严一乘分齐章义苑疏》,《卍新纂续藏经》第58册,第196页下。
③ 曾旼:《慧因寺志》卷8《晋水法师碑》,第51页。原书标点有误,今改。

密思想影响的结果。但扩展而言,北宋华严至少有四大思想渊源。一是注重杜顺《法界观门》、法藏《修华严奥旨妄尽还源观》的研讨,最大限度地回应天台批评华严"有教无观"之说。二是关注《大乘起信论》《楞严经》的疏释,特别是分判《起信论》的圆教与实教,这一分判对南宋华严有较大影响,亦可回应禅宗的排斥。三是侧重于华严修证忏仪的实践性取向。四是更明确地建构华严祖统说,以回应天台"释教正统论"的挑战。

贤首教之名,源于法藏的判教。而法藏的判教思想,与天台的判教观,关系甚为密切。由此可见,净源的中兴贤首之教,实有与天台分立的意识。这是当时台贤二家交涉的重要议题,贤首教之名始于净源的大力倡导。净源充分利用佛教环境的总体教势,特别是天台山家与山外之争的日趋公开,基于外护之缘的现实考量,再兴华严。净源所述的华严教观关系,法界观门属化教(化法)、制教(化仪),贤首兼之。

最后,净源关注唐代法界观门与华严判教的阐释取向,直接影响宋代(特别是南宋)转入围绕贤首法藏《华严一乘教义分齐章》(即著名的《华严教义章》《华严五教章》)所展开的探析,不仅真正确立了法藏之为中国华严宗实际创立者的历史地位,而且证明了净源之为宋代华严"中兴教主"的影响力量。

净源开启了北宋华严关注华严观行法门的阐释之路。作为华严观行的中心构成,主要有杜顺"法界观门"与法藏"妄尽还源观"。对二者的阐释,成为净源华严学思想的首要内容,此已见前述。值得注意的是,净源在阐释华严观行的同时,随着高丽华严教典的折返中国,华严判教的根本教典法藏《华严一乘教义分齐章》开始进入净源的诠释视野。

义天《圆宗文类》卷22收录了净源《教义分齐章重校序》一文,较为完整地阐明了净源对这部奠定后世华严教学理论的根本教典理解。净源称:"予禀具之初,受华严大部于横海法师之门(师讳明覃),参承之暇,尝示诲曰:'昔贤首国师述《教义章》,开一乘之渊旨,发五教之微言,故其立宗判义,独耀古今,兹实先圣之遗烈,作后世之龟鉴者也。若清凉之释大经，圭峰之解《圆觉》，长水之注《楞严》，皆所以抗志一乘，潜神五教，而章句出焉。然其间标题有乖谬，列门有参差，传写有讹舛，考兹三失，纷然久矣。何则？原夫先祖之标题也，以《华严一乘教义分齐章》为目，而《圆觉广钞》引之详矣。比见数本，或标云《华严五教章》，或题云《华严一乘分教记》，是岂祖师之意耶？向所谓标题有乖谬，其失一也。又若总列章门，稽诸舆本，皆以义理分齐系乎第九，所诠差别当于第十。近有佛陇学者传乎径山写本，妄以第十门为中卷，反以第九门为下卷，向所谓列门有参差，其失二也。且夫三轴之文，难以文定；十门之义，宜以义求，其或舛克为尧，讹凤为风，此例实繁，不可具陈，所谓传写有讹舛，其失三也。'嗟乎！法师之去也，几二纪矣。后之人，胸臆其说，吾将谁从？因与二三子详校其辞，以垂当世。有雪川上人灵凤者，久奉祖训，施缙开勒，于是輙书往日所禀之语，告诸来裔云。"[1]

据此所述，净源尝闻横海明覃对法藏《华严一乘教义分齐章》的识断，这对净源影响颇深。其后，净源为了重刊《华严教义章》，搜集了当时所流传的《华严一乘教义分齐章》若干版本。经过校勘，净源历述当时所传者约有三失。即，其一"标题有乖谬"，或称《华严五教章》，或题曰《华严一乘分教记》，净源以为皆非法藏之意。其二"列门有参差"，据法藏《教义分齐章》十门分科，即建立一乘、教义摄益、古今立教、分教开宗、乘教开合、起教前后、决择其意、施设异相凡八门为卷上，此为所同。问题是佛陇据"径山写本"，妄列第十门"义理分齐"为卷中，反以第九门"所诠差别"为卷下，大违祖意。至于其三"传写有讹舛"，则似受制于当时的刊刻技术原因，难免有错误之处。净源主张应准于宗密《圆觉大钞》。华严一乘，即是别教一乘。至于教义分齐，则以五教分判。净源对于《华严一乘教义分齐章》的重刊意见，对此后道亭及南宋华严学僧有着直接的影响。

净源重校法藏最著名的判教论作《华严一乘教义分齐章》，对于南宋

---

[1] 义天：《圆宗文类》卷22，《卍新纂续藏经》第58册，第561页下—第562页上。

的华严学转向产生了深刻影响。继净源之后,道亭尝撰《义苑疏》10 卷,成为北宋疏释《华严教义章》的仅存之作。

三、义天入宋与杭州慧因教院

净源得以中兴宋代贤首教的一大外缘,无疑是高丽僧统义天入宋求法之契机。

历经唐末五代的兵乱,包括华严在内的佛教义学诸家的典籍散佚严重。华严中兴的首要之务,即是重新整理刊刻华严教典。义天入宋的原初动机之一,是要完成高丽续藏的刊刻。因此,义天从高丽入宋求法并搜集佛教藏经,想必对于佛教藏经源流及其收藏善知之甚详,而身为高丽国王第四子兼僧统,义天也有着足够的资源以支持搜集。由于义天与净源的师承因缘,义天入宋成为唐代华严典籍折返中国的最大良机。

义天(1055—1101)出家修学之初,即以华严教观为宗归,用力甚勤。但与中土情形一样,高丽佛教界人士对于华严教观同样臆说纷呈,莫衷一是,使义天渴望能有机会"入宋求决",并一直关注宋代华严学僧对于贤首教观的阐释,悉心收集相关的典籍文献,并由此而神交于当时有"教海义龙"之称的晋水净源。

义天等人入宋后,宋代朝廷及地方官府不仅备加礼遇,而且对其"游方求法"的申请非常重视,诏左、右两街僧录司推举高僧大德作为人选。据记载,首先推举的法师人选为专宗华严教的开封觉严诚法师。如张方平奏疏称:"诚上人闻修有本,行入胜流,善财遍参,渐进虚明之地;普贤大愿,会归悲志之门。此处吉祥,有众延请,盖示如来之知见,成大事之因缘。"①但觉严诚以年事已高而谦辞,并推晋水净源以自代。

义天只得再上表,称"两浙净源讲主,开释贤首祖教文字,披而有感,

---

① 张方平:《乐全集》卷 34,《文渊阁四库全书》集部第 1104 册,第 18 页上。

阅以忘疲,乃坚慕义之心,遥叙为资之礼",哲宗终允其请。① 有诚法师闻讯,尝致书道贺,称"切承上达宸衷,已遂东南之请。真善知识,参叩有日矣!"临行前,义天赠有诚法师以唐代阎朝闻所撰《贤首法师碑》,并示借《妙理圆成观》3卷、崔致远《唐藏法师传》、法藏《华严旨归》1卷、《华严经传记》5卷等华严典籍,皆为有诚"得所未闻"之书。有诚亦以自己所著《华严九会礼文》二册见赠。

义天得遇净源,开出了宋代佛教中兴的一朵绚丽奇葩。据文献记载,义天入宋之前,就尝与晋水净源交往:"以书致师承之礼,禀问法义,岁时不绝。"而净源亦尝复书,称:"吾泉南人也。少游京师,与缙绅交。习儒学,务进士业。一旦观荣衰之分若镜缘,若梦寐,遂弃儒就释,习浮图道。始由《华严》,洎通诸部,悦贤首诸祖,有传述之意,遂节疏注经及诸制撰。"②

义天入浙师礼净源的参学过程,是其入宋之行的高潮阶段,其间创获颇丰。其中,最典型的事件,无疑当推求法于净源座下,"咨决所疑"。义天参学,把晋水净源中兴宋代华严事业推向了时代的巅峰。而义天得遇有诚、净源二位贤首大德,亦自感庆幸之至,尝称:"余虽不敏,幸于晋水、觉严门下,得蒙传授,微领大纲。平生所遇,无过于此。"从传扬贤首教学的立场上说,义天之言,实发于肺腑。

净源主张教观双修的思想原则,对义天影响巨大。义天尝称:"圣人设教,贵在起行,非但宣之于口,实欲行之于身。岂可鲍系一方,无用于义,正躯问道,立志于斯。幸以宿因,历参知识,而于晋水大法师讲下,粗承教观。讲训之暇,尝示诲曰:'不学观,唯授经,虽闻五周因果,而不达三重性德。不授经,唯学观,虽悟三重性德,则不辨五周因果。夫然则观不得不学,经不得不授也。'吾之所以尽心教观者,佩服斯言故也。"③

---

① 黄启江:《十一世纪高丽沙门义天入宋求法考》,《北宋佛教史论稿》,第207页。
② 义天:《大觉国师文集、外集》外集卷2《致义天书》,第7页。
③ 义天:《大觉国师文集》卷16《示新参学徒缁秀》,第12、13页。

关于义天入宋与净源的渊源关系,《晋水法师碑》有着详细记载,"至元祐初,义天航海而至。因有司自陈,禀问法义,愿礼法师,亲近承听,朝廷从之。遣尚书郎杨杰将会引伴至法师所,礼足席下,坐则侍侧,不敢拘礼,朝听夕请。"①

1085年秋,义天一行抵达杭州时,净源尚卓锡于大中祥符寺,而未入住慧因教院。义天随伴使杨杰入寺拜谒,一如入觉严寺拜见诚公。二人一见如故,义天以弟子之礼师事净源,"禀问法义"、"咨决所疑"。第二年,净源入住慧因寺,义天等人也随行入寺参学。

慧因寺原为后唐天成二年(927)由吴越王钱镠所建,本称慧因禅院,坐落于杭州玉岑山西北。② 1085年,资政殿学士、大中大夫蒲宗孟出守杭州,适逢慧因禅院住持善思长老因病乞请僧正司选派接任住持,故出面调停,礼请住持杭州大中祥符寺的净源,接替善思之职,"开讲主持"慧因寺。因净源专宗贤首之教,而慧因原为禅院,想必净源其时当有所犹豫。只有将禅院依例改为十方教院,才能真正名至实归。故慧因知事僧晋仁又陈状僧正司,称"依兴教寺敷奏永作十方教院"。其理由之一,就是"兼近据高丽国僧统义天,舍施到教藏经文、佛像、什物,安著四方僧众,逐日焚香,修礼传教,已有伦序"。③这里特别提到"教藏经文",其具体内容,即如《晋水法师碑》所称:"岁余而后,归云华所造《华严搜玄记》、《孔目章》、《无性摄论疏》、《起信论义记》,贤首所造《华严探玄记》、《起信论别记》、《法界无差别论疏》、《十二门论疏》、《三宝诸章门》,清凉所造《正元新译华严经疏》,圭峰所造《华严纶贯》,皆教宗玄严,五代兵火,久已亡绝。至是,义天持至座下,咨决所疑。既佚之典,

---

① 曾旻:《慧因寺志》卷8《晋水法师碑》,第52页。
② 有关杭州慧因寺的历史沿革,参见鲍志成《慧因高丽寺》第二章《慧因高丽寺的兴衰变迁》,尤见第15—20页。
③ 《慧因寺志》卷9《谨奏杭州乞将慧因禅院改为十方教院住持事》(撰于元祐三年,1088),第60页。

复行于世,法师之力也。"①

义天来到慧因寺,拜净源为师,归国后不仅折返了《华严经》三个译本,"象签金轴,包匦严饰,归之法师,以祝圣寿"②,更将唐代华严祖师的撰著送回。这些唐代华严典籍的折返,为宋代华严学的复振提供了不可多得的文献资源。诚如时人所称:"贤首之教,自圭峰既殁,未有如兹日之盛也。"③这些文献包括相传杜顺所撰的《华严法界观》、净源撰的《法界观门助修记》2卷等。特别是对法藏的撰著,净源用功最勤,相继整理、校释了《华严五教章》、《华严经义海百门》、《妄尽还源观》及《华严金师子章》。由于净源与义天的关系,北宋杭州成为盛弘华严学的中心区域,并延续到南宋。

在资政殿学士、大中大夫蒲宗孟助建七祖堂时,义天印造经论疏钞七千余帙用以充实教藏。与此同时,义天还慷慨施金2000两,于慧因寺修建"华严经阁"。藏经阁竣工于建中靖国元年(1101),义天又供奉卢舍那佛、普贤菩萨、文殊菩萨"华严三圣"像及供具于阁内。慧因寺由于与高丽僧统义天的殊胜关系及所奉高丽金书《华严经》,俗称"高丽寺",或称"慧因高丽寺"。

义天留宋14个月,即自乙丑(1085)年四月至丙寅(1086)年五月(丙寅年为闰二月),除拜杭州净源法师为师,行弟子之礼以外,还结识了各宗著名高僧50余人,一年之内,对华严圆教、达摩禅宗、南山律宗、天台观宗等,或咨决所疑,或询其法要,无不尽其妙旨。④仅《大觉国师文集》所收录的义天与宋僧间相往来的书信、诗文,就多达130余篇。

---

① 曾旻:《慧因寺志》卷8《晋水法师碑》,第52—53页。
② 同上书,第53页。
③ 同上书,第53页。据统计,义天与宋僧流通佛教经籍多达36批次,110种。其中,义天赠与宋僧的经籍有19批次,60余种。实际数量当不止于此。参见鲍志成《慧因高丽寺》,第88—91页。
④ 有关义天入宋所结识的中国师友,参见黄时鉴:《相远以迹 相契以心:义天和他的中国师友》,《韩国佛教的座标》(韩国绿园大师古稀纪念学术论丛)(汉城,1997)。另见鲍志成《义天的中国师友表》,《慧因高丽寺》,杭州西泠印社出版社2006年版,第84—87页。

义天归国后,"发愤忘餐",致力于弘扬佛法,"始创天台宗,置于国清寺"。① 他对《高丽大藏经》只具经论、阙失疏钞的现状很不满意,意欲改变,自古、今、辽、宋,"凡有百家之科教,集为一藏以流通,俾佛日增光,邪纲解纽,重兴教法,普利国家"②。他孜孜不倦 20 年,终于仿效唐朝智升《开元释教录》体例,编成《新编诸宗教藏总录》3 卷,收书 1 010 部,4 700 余卷。撮其精要,类别部分,名曰《圆宗文类》。义天到了晚年,以其所搜集的辽、宋佛典为基础,汇编古今诸宗章疏和五代以来中国与高丽高僧、法师的著述成《高丽续藏》。根据义天的请求,高丽文宗特设教藏司,以掌管《续藏》雕造事宜。义天购求辽、宋佛籍,汇编、刊行《高丽续藏》。同时,义天刊印的佛籍,又通过赠送和商贾的贩运传入中国。这就促进了宋朝与高丽之间的佛学交流,对两国的佛教发展产生了深刻影响。由于对高丽佛教作出贡献并且"才行俱优,名重辽、宋",义天死后,被追赠"大觉国师"之号。时人称义天为"百世不迁之宗",将其与禅僧知讷并称为高丽佛教"双璧"。

1088 年,净源示寂,世寿 78,法腊 54。义天于翌年遣僧寿介、继常、颖流等 5 人,在泉州客商徐戬的导引下,持义天祭文至杭州,祭奠净源。元祐四年(1089),高丽驸马都尉沈王璋奉诏,进香幡于慧因院,以祭奠净源法师,并为慧因院置田百余亩,以供永远香火。宋室南渡、迁都杭州后,宁宗初年,于"万几稍暇"之际,宁宗皇帝同宰执亲临慧因寺,检阅高丽所进金字《华严经》,赐金修阁,并御笔亲书阁额。宋理宗也曾幸寺,听当时住寺的易庵演讲《华严》秘义,御书"易庵"二字以赐。

净源一生历住五寺,其中尤以杭州慧因教院(亦称慧因院、慧因教寺等)为著名。由于官府及杨杰、莆宗孟、章衡诸外护,特别是高丽僧统义天入寺拜师求法,杭州慧因院教藏后来居上,远盛于苏州报恩寺观音院、

---

① 《高丽史》卷 90《义天传》。
② 《大觉国师文集》卷 14。

秀州(嘉兴)青墩密印寺宝阁院。

但净源于1088年入寂后,慧因教院却一度后继乏人。作为华严中兴的中心道场,慧因教院在北宋末的衰落,一是由于净源入寺仅二年,时间过短,未能在教院经营上多有建树,二是与北宋政局的动荡有关。净源弟子智生尝寄书义天称:"晋水法师,自神迁圆寂,贤首本宗,此方渐有亏损,日愈一日,复何言矣。"①宋室南渡后,义和、师会等相继住持教院,作为江南华严重镇的杭州慧因教院才得以再兴。

《慧因寺志》卷3载:"(义和)乾道中,住慧因寺。"②淳熙年间(1174—1189),惠高、清素相继住持慧因寺。此后,则有怀祥禅师、义尽禅师,或上堂说法,或住持寺院,但确定时间皆不可详考。此时的慧因教院,似已名存而实亡。③

至宝庆(1225—1227)年间,沙门清远一度住持慧因寺。清远于宋嘉定六年(1213)撰《圆觉疏钞随文要解》12卷,文中力挺净源华严七祖之说,甚为认同晋水之教。一时间,杭州慧因教院大有复振于世之势。此后,绍定年间(1228—1233),又有如介禅师住持慧因寺。宋理宗景定年间(1260—1264),有易庵法师住持慧因寺,畅演华严经教,可惜继述无闻。"师之道行弘微,佛鉴于幽,帝钦于显,总可追想其概矣。"④

宋代华严中兴之祖晋水净源之后,"晋水教"成为华严教复振于世的代名词,与作为唐代华严代称的"贤首教"、"清凉教"、"圭峰教"等相提并论,可见其影响之巨,并因此奠立了杭州慧因教院在宋代华严中兴运动中的主导地位。

---

① 义天:《外集》卷7《大宋传贤首教沙门智生书第二》,《韩国佛教全书》第4册,第580页中。
② 《慧因寺志》卷3,第10页。
③ 参见《慧因寺志》卷3,第11页。
④ 《慧因寺志》卷3第11页,还列出了清雅法师、鉴义佛日讲师、僧录密印法师、佛智灵源法师、笑翁法师、无碍法师、中山可法师、松岩奇禅师、达才禅师之名,称:"以上皆宗晋水教,或住山,或飞锡暂止慧因者。"

第四节　道亭(1023—1100)及其《义苑疏》

道亭是北宋最后一位专弘华严教学的江南学僧,尝被后世归列为宋代华严四大家之一。但道亭的华严学阐释,却受到净源的直接影响,不同于南宋华严诸家。

由于缺乏传记文献,道亭的生平及其行历皆不详,仅知其于北宋神宗时尝住霅溪(今浙江桐乡市乌镇)普静寺。道亭弘传华严的突出成就,在于他完成了首部疏释法藏《华严一乘教义分齐章》(亦称《华严五教章》)之作,名为《华严一乘教义分齐章义苑疏》(简称《义苑疏》),实开风气之先,对南宋及后世《华严五教章》的阐释,有着直接的激励效应。《卍续藏经》收录,此书分为10卷,故称"灵篇三轴,妙义十章",或称"三卷之书,十章之义"。

道亭在《华严一乘分齐章义苑疏》序文中指出:"故我大师贤首孕神光于荣国,揽智镜于香山,博综群诠,愊张了义,权衡五教权,实于是乎。星分木铎,十宗竞执,皆从于矩方。……遂著灵篇三轴,妙义十章,虽清凉广辟于《杂华》,定慧潜通于《了义》,考其笺释,古今未闻。……题称《义苑疏》者,芬披众义,若华囿之敷荣,布置群言,撮题纲要之谓也。"①

道亭《义苑疏》是一部"考其笺释,古今未闻"之作,因为澄观、宗密二位传述贤首教法的祖师大德,对于法藏《华严一乘教义章》皆未撰疏释之作。至于缘何题称"义苑疏",杨杰在《义苑后序》对此解说称:"是则三卷之书,十章之义,会经故不同乎经,辨律故不同乎律,拚论故不名乎论,飘飘然但总相彰明,遂云章也。上云以此章释无尽章者,此也。既不牒文笺释,故不云疏。及其《义苑》之解《搜》义,会教会宗,搜文故例,如《孔目》之与《摄论》,《宗轮》之与《毗昙》,搜义故略如一乘之与化仪,六因之

---

① 道亭:《义苑疏序》,《卍续藏经》第58册,第185页中。

与三性,引而伸之,足而补之,精义见矣。然后会诸师之得失,定的判之名,立决择部异之宗,使相从于有则。对明二祖宗义,出意会之,无违克义,笺文得旨,繁表滥觞,释决择流,通称之曰疏。余窃恐浅学不晓分齐云章义苑曰疏,故复书之于卷末。"①

总之,道亭《义苑疏》是注解唐代法藏《华严五教章》的开先河之作,由此可见道亭在宋代疏释唐代华严学中的独特地位。继道亭《义苑疏》之后,南宋华严学僧相继推出了《集成记》、《复古记》等疏释法藏《华严五教章》的著述。

关于《义苑疏》的内容构成,民国刻本题称"宋元祐浙江雪溪沙门道亭疏",而无杨杰前后二序及道亭本人的前叙。此书当撰于宋哲宗元祐年间(1086—1094),据杨杰撰于元祐五年(1090)的《义苑后序》可知《义苑疏》撰于元祐五年(1090)之前。此作完成后,南宋嘉定二年(1209),乌镇普静寺僧净觉募缘重刻。

道亭《义苑疏》具有如下几个特点。

首先,重新厘定了法藏《华严五教章》的文本结构,对后世影响较大。

据杨杰所述,道亭之《义苑疏》凡分三卷,现卷1至卷3为卷上,卷4至卷7为卷中,卷8至卷10为卷下。若据法藏《教义分齐章》十门分科,即建立一乘、教义摄益、古今立教、分教开宗、乘教开合、起教前后、决择其意、施设异相,凡八门为卷上;所诠差别为卷中;义理分齐为卷下。对此,道亭在《义苑疏》卷3曾明确提及:"言后有所诠、义理二门,成中、下二卷者。观此之文,则所诠差别在前,应为中卷义;理分齐属后,合为下卷。清凉亦云:'约所诠辨异',然贤首义分齐内第二卷中广明。由是径山写本、海东印章,皆以所诠差别居第九为中卷,义理分齐居第十作下卷,与夫清凉指文,同于一揆。若究贤首之意,既以华严一乘标题,故以一乘之义理贯其初后。今之偏文,从于古也。近见题卷,

---

① 杨杰:《义苑疏后序》(撰于元祐五年,1090),《卍续藏经》第58册,第256页下。

不根祖训,辄有迁移,紊乱列章,义门失绪,得不谨欤。"①据此,道亭之所判,与净源《教义分齐章重刊序》之所述者,旨趣相近。此为道亭受净源影响之一例。从中或可见当时华严学僧对于《华严五教章》判释的一种基本识断。

其次,道亭在《义苑疏》中着重辨析了《大乘起信论》在华严判教中的判摄问题。

道亭基于"以经定教"的立场,明确指出贤首五教乃是源于《华严经》的判释结果,而绝非时人所称的"约论判教",即依《起信论》而判教。这一思想,不仅从侧面回应了天台学僧对于《起信论》与华严判教的关系问题,而且对《起信论》与华严教学的交涉问题提出了新见解,一改自宗密至北宋子璇等人重视《起信论》的研习风尚,直接影响到南宋华严学僧对贤首教义学的文本阐释。

道亭基于华严判教观的阐释立场,坚持一心缘起的理事圆融统观,而判《起信论》为终顿所摄,绝非圆顿。道亭明确引法藏对"华严一乘义"的阐释,称:

> 由此甚深缘起一心具五义门,……五义相融,唯一心转,是则重重法界,事理无边。故五教之义,出自《华严》,本于此也。故总题云华严一乘教义。有云调析乎《起信》,是五教生焉者,观其立言之理,曾未晓斯文义。若晓此旨,决无彼辞。设尔晓而固违,未免背叛祖宗,无稽异说。职于传教,其如之何?厥或封执《起信》,不顾斯文,且《起信》虽宗百洛叉经,谈五重生起,一心源乃至六粗,原其分齐,但限终顿。所以贤首判正终兼顿,圭山将此五重度量诸经宗教,亦云终顿。通诠本末,曾无圆教之文。既言度量,显是格量教道,何得错解圭山之辞,谬为贤首约论判教?纵此度量,便为判教,却属圭山判于前四,何言贤首五教出于《起信》?转更参差,

---

① 道亭:《义苑疏》卷3,《卍续藏经》第58册,第208页下。

遂使慕道者犹豫于两端,归依者惆怅于岐路,特违圣教,辄误后昆,其为不可也。①

道亭《义苑疏》明确坚持以宗经(《华严经》)为本的立场,而不认同以《起信论》以证宗义的阐释取向。在对待唐代华严祖师的态度上,道亭《义苑疏》除多处征引澄观、宗密的疏释之作外,还偶尔征引了至相智俨的阐述。但正如南宋可堂师会等人所注意的,道亭对于法藏的其他著述,同样甚少提及。因此,在南宋华严学者师会看来,道亭对华严五教义的理解与析义,大多依据于澄观、宗密的著作,而没有根据智俨、法藏本人的著述,其疏释方法仍有缺失之处。从中可以看到道亭与南宋华严学僧之间的差异所在。

最后,相对于净源来说,道亭的华严学理解,显然更具有后起性。而且,尽管道亭专门关注法藏最重要的华严论著《五教章》,但其疏解立场却并未完全忠实于法藏的识见,而是适应当时华严教学的变迁,基于华严与禅宗、华严天台之会通的现实弘化而作。更明确地说,会通华严与禅宗及天台之间的义理阐释,才是道亭《义苑疏》的问题意识之所在。对于宋代天台义学批评华严学说的回应,无疑是道亭《义苑疏》中最引人注目之处。

道亭在阐释华严别教一乘与天台"会三归一"之间的关系时,称:"全拣诸教宗也,三乘有二。一、《法华》之前,以三乘权,隐于一实,此谓覆相之三。二、正当《法华》会上,破三显一,会三显一,虽谈一性一相,既有形对,一亦名三。故贤首判终顿为三乘者,意在于此。"②对天台与华严一乘义之间的关系问题,《义苑疏》进一步阐释说:"……《法华》是随宜渐教之终,华严是称性圆融之始。经宗既异,安得同年而语哉?然则然矣,据古

---

① 道亭:《义苑疏》卷2,《卍续藏经》第58册,第200页上、下。法藏之文,参见《华严一乘教义分齐章》卷2,《大正藏》第45册,第485页。
② 道亭:《义苑疏》卷1,《卍续藏经》第58册,第187页中、下。

佛之道,吾祖之教,未尝不异而未尝不同也。何则？语如来初成正觉,顿演华严无尽义海,此为别教。最后开权,方说《法华》一实之旨,此为终教,曰未尝不异。若乃于一佛乘分别说三,从本而流；末会三乘归一乘,摄末而归本,此本无别,故曰未尝不同也。若约《法华》,罗列义相,三谛圆明,但当理事无碍,故属于终也。华严海印炳现,德相无涯,全彰事事无碍,故属于别。此是吾祖之教,未尝不异也。洎乎《法华》,理事既圆融同性海,其百川浩荡同归于海,海无异味,故属于别。"①判《华严》为别教一乘,"全彰事事无碍"；释《法华》为开权显实的"渐教之终","但当理事无碍"。此据华严立教之本的"法界统观论",解答华严与天台的别教之异。

尽管现存文献未载道亭的明确师承,且其他撰著情况不详,但《义苑疏》对宋代华严学的理论阐释产生了一定的影响。民国时期的持松法师对道亭《义苑疏》评价甚高。他说:"宋代诸师虽多发扬,然《析薪》、《焚薪》之章,互兴牴牾,《集成》、《复古》之记,未洽先规。求其训诂精审,翔简有度,莫若道亭法师之《义苑疏》矣。"②在师会《同教策》及其相关注释书中,南宋华严诸家对于道亭《义苑疏》多有肯定性征引,其析解之说多为后人所认同。

顺便一提,不同于晋水净源,据现存资料,道亭没有明确表达其华严法统的祖师意识。其在《义苑疏》中称法藏,仅言"法藏者,教主之名,字之与号,俱称贤首",未见法藏在华严传承法系的统属关系。③

第五节 义和与南宋华严中兴

南宋初期的义和是继晋水净源中兴后,北宋华严过渡到南宋华严的

---

① 道亭:《义苑疏》卷1,《卍续藏经》第58册,第189页中。
② 持松:《华严教义章疏合刊序》,台湾新文丰出版公司1973年版,第1页。
③ 道亭:《义苑疏》卷1,《卍续藏经》第58册,第186页上。

核心人物,活跃于1138—1167年间。据志磐《佛祖统记》卷29的简要记载,义和号圆澄,亦称"圆证大师"。历住慧因教院、江苏吴江华严宝塔教院等,晚年迁住平江(今江苏苏州昆山)能仁寺。

义和亦注重华严典籍的收集、整理和流通,特别是开板智俨的著述,最后收于南宋藏经之中。绍兴十五年(1145),他请准将华严典籍编入大藏经。四年后,又刊刻了崔致远所撰的著名《法藏和尚传》。义和还把自己从高丽搜集到的智俨、法藏、澄观、宗密等华严祖师的著作相继重新刊刻流通。由于净源和义和先后住此,杭州慧因寺进一步奠定了专弘华严教观的十方教院之地位。

北宋华严复振的过程,总是与天台中兴密切相关。如对天台忏法等修证仪轨的回应,由净源奠定;对《天台文类》等教典类编的回应,由高丽义天来承担;对天台净土的回应,则由义和来完成。此外,华严教典入藏、贤首教院合法地位的争取等,莫不如此。这是应加以注意的现象。

一、华严教典之入藏

日本栂尾高山寺所藏宋版《华严经内章门等杂孔目章》卷一"刊记"称:"《华严孔目章》乃唐智俨尊者申明晋译《华严》渊旨,撮掇大目,实宗教玄要。自五代时,久已亡绝。至本朝元祐间,高丽国王子僧统义天航海远来,从晋水崇教法师之学,持至座下,咨决所疑。既佚之典,复行于世。适缘法师笺注唐经,未暇开板。近于绍兴乙丑(1145),有慧因教院住持僧义和,请以贤首华严宗教乞编行入藏,已获指挥许令入藏,符下诸路运司,牒州郡有藏经板籍处,镂板流通。左街僧录道儤因睹斯事,踊跃发心,命工开刻斯文一卷,用广见闻,祝皇帝万岁,保僚佐千秋,法界含生,同沾利乐者。时大宋绍兴十六年(1146)五月二十九日谨题。"署名者分别为临安府慧因教院住持传贤首教观圆证大师义和、左街鉴义妙惠辩才大师思彦、左街僧录主管教门公事传贤首祖文惠妙音圆常大师道儞。①

据此可知，南宋绍兴十五、十六年(1145—1146)，义和任杭州慧因教院住持。其间，义和会同思彦、道儞等名僧，申请将高丽折返的唐代华严教典，镂板流通，并编行入藏。

另外，《唐大荐福寺故寺主翻经大德法藏和尚传》卷末附的义和所撰"刊记"称："绍兴十五年四月，伏奉指挥许与编华严宗教文字入藏流通，莫不庆幸。唯侍讲崔公所撰吾祖贤首国师传缺如，遍搜虽得，而传写讹舛，攻证不行，遂获高丽善本，复得秘书少监阎公石刻，乃顿释疑误。有士人孙霸见且惊喜，而为书之。坐夏门人旋积噽施，命工镂版，以广其传，冀学者勉旃上酬法乳。……时绍兴十九年(1149)孟冬一日平江府吴江县华严宝塔教院嗣讲住持圆证大师义和谨题。"②

在1145年四月华严教典获准编行入藏后，义和喜得高丽善本崔致远《唐大荐福寺故寺主翻经大德法藏和尚传》和阎朝隐《大唐大荐福寺故大德康藏法师碑》，遂与华严宝塔教院首座师雅、监院会真、维那妙智和梵全、书记法慧、副院从悟、知客如颖及典座释怀等弟子四十余人共同施财，命工镂版，以广流通。此时，义和已离开杭州慧因教院，迁任吴江华严宝塔教院主持。

此外，《高山寺经藏典籍文书目录》收有附于智俨撰《金刚般若经略疏》的一篇刊记，文称："《金刚般若经》著疏申明者，唯圭岭新罗，风行二浙。独至相《略疏》，浪匿三韩，众慕其本，无复得焉。圆证讲主锐意搜寻，远附海舶，竟获真文。"③

令人关注的是，此文似称义和尝远渡三韩，搜寻华严逸典，幸运地觅得至相智俨所撰《金刚般若经略疏》二卷。可惜此事迄无其他有力的佐证。其间，义和觅得宗密《圆觉经大疏释义疏》、《华严经旨归》等高丽印

---

① 《高山寺经藏典籍文书目录》第2册，第246页。
② 《华严宗主贤首国师传》刊记，《大正藏》第50册，第286页中。
③ 《高山寺经藏典籍文书目录》第2册，第243页。

本,并刊刻流通。

义和撰于绍兴八年(1138)的《大方广圆觉经大钞序》中称:"兹钞自唐至今固有年矣。异域虽模方板,中国未尝印行,副本争传,三写乌马,因获高丽印本,与写本参校,窃见互有得失,遂根其所出经论祖文,三复对详,一成楷定,方事刀笔。苟无证据,多从印本。如序中晋伟庐峯次下,疑有脱落,则不敢妄加。或用字不同,俱有出处,亦不敢擅改。如解识如患梦患字,与略记幻字有异,则准《成唯识论》及《原人论》,与印本既同,故今循之。或繕写笔误,如云先释名题,错题为显,又云有字有义,讹字为宗,此皆据写本而正之。其余未安,留俟镕裁矣。"①

据上所述,义和在绍兴十四至十九年(1144—1149),凡四、五年间,借华严教典编行入藏之契机,利用南宋时期江南发达的印刷术,命工开刻,刊行了《华严十五要问答》、《华严经内章门等孔目章》、《原人论科》、《华严经疏》、《圆觉经大疏钞科》、《华严法相槃节》、崔致远《法藏和尚传》、阎朝隐《康藏法师碑》等华严教典。义和还利用高丽义天问学于净源的丰硕成果,即4000卷高丽续藏经的刊印,刊刻了大量华严教典,为南宋华严的中兴提供了经教文献,影响深远。

长水子璇、晋水净源撰著唐代华严教典的疏释之作,义天入宋折返更丰富的华严教典,义和等人促成华严教典编行入藏,扩展了华严宗的社会文化影响,改善了华严宗在佛教诸派中的地位,从而激发了华严学僧探究自身宗义的学问兴趣,直接促成了观复、师会、希迪、善熹等南宋华严大家的出现,南宋终于迎来了华严中兴的高潮阶段。

二、华严圆融念佛论

据文献记载,义和最重要的撰著为《华严念佛三昧无尽灯》(简称《无尽灯》)。此书撰于义和晚年,早已散佚,卷数未知。现仅存其序及《无常

---

① 义和:《大方广圆觉经大钞序》(撰于绍兴八年,1138),《卍续藏经》第9册,第459页上。

院安弥陀佛像》各一篇,皆收于宗晓《莲邦文类》中。

义和撰于乾道元年(1165)的《无尽灯序》中称:"(义和)晚年退席平江能仁,遍搜净土传录与诸论赞,未尝有华严圆融念佛法门。盖巴歌和众,雪曲应稀,无足道者。呜呼!不思议法门,散乎大经与疏记之中,无闻于世,离此别求。何异北辕而之楚耶?于是备录法门,著为一编。使见闻者不动步而归净土,安俟阶梯;非思量而证弥陀,岂存言念。诸佛则背尘合觉故明,众生则背觉合尘故昏。欲使冥者皆明,明终无尽,因目其篇曰《无尽灯》云尔。"[1]《无尽灯》附有参政范成大撰于乾道丁亥(1167)的《后跋》,可知此书的刊刻时间。[2]

有宋一代,是中国净土佛教大为弘扬的时期。净土教的教派自主意识开始觉醒,建构净土宗的祖师谱系,疏释净土教典,力图改变先前"寓宗"的依附地位,通过天台净土、禅净合流、律净共修等形式,辅之以种种往生传记的教化宣传,结合众多净土结社、念佛社团的组织活动,净土信行日益崛起,在教内外影响更加扩展。上述情形的出现,对正处于复振过程中的华严无疑也构成一种挑战。更直接的原因,还有宋代天台学僧对净土法门堪称不遗余力的阐扬。义和正是在此背景下,主张阐扬华严教学中独特的圆融念佛思想,以主动融入当时方兴未艾的净土法流。圆澄法师义和在《无尽灯》中所阐述的圆融念佛思想,构成了宋代华严学中兴的一大内容。

从华严学统而言,义和的华严圆融念佛法门,虽然主要受到澄观与宗密思想的影响,[3]但也并不排除受法藏、李通玄华严念佛论影响的可能性,遑论《华严经》中"念佛三昧法门"的相关论述。

---

[1] 义和:《华严念佛三昧无尽灯序》,引见《莲邦文类》第169页下、第170页上。值得注意的是,此序署称"临安府慧因院华严教观义和序"。由此,或可佐证宋乾道年间义和仍住持杭州慧因教院。
[2] 范成大的跋语仅见数言,称:"念佛三昧,深广微密,世但以音声为佛事。此书既出,当有知津者。吴郡范成大书。"《莲邦文类》卷3,《大正藏》第47册,第170页上。
[3] 参见王颂:《义和〈无尽灯序〉中澄观、宗密之影响》,《印佛研》第52卷第2号(2003)。

尽管义和对于华严念佛三昧的具体阐释，由于缺乏足够的文献资料，现已不得而知其详，但据其序文所称，《华严经》卷46《入法界品》述善财童子参德云比丘，阐释了诸菩萨所修行的二十一种"诸念佛三昧门"的构成内容，如"圆满普照念佛三昧门"、"一切力究竟念佛三昧门"、"无颠倒念佛三昧门"、"一切如来念佛三昧门"、"不可见不可入念佛三昧门"、"不颠倒念佛三昧门"、"严净佛刹念佛三昧门"、"无坏境界念佛三昧门"、"寂静念佛三昧门"、"广大念佛三昧门"、"微细念佛三昧门"、"庄严念佛三昧门"、"清净事念佛三昧门"、"净心念佛三昧门"、"净业念佛三昧门"、"自在念佛三昧门"、"虚空等念佛三昧门"等等。①

法藏在其《探玄记》卷18对《华严经》二十一种念佛三昧有所阐释，认为"初十明念佛胜德圆备，后十一念佛妙用自在"②，并明确主张"依念佛心成三昧行"③。华严念佛三昧是真心念佛论，体现了行果与位果的殊胜统一，属于华严行位论的修证内容，并未直接显示华严净土念佛论的独特性。

对于华严净土做出直接阐述的是李通玄。他在《新华严经论》卷6"明净土权实"概括出十种净土法门，即《阿弥陀经》净土、《无量寿观经》净土、《维摩经》净土、《梵网经》净土、摩醯首罗天净土、《涅槃经》中所指净土、《法华经》三变净土、灵山会所指净土、唯心净土和毘卢遮那所居净土。④ 这就把华严念佛三昧引向华严净土。具体而言，关于净土法门影响最广的弥陀净土、无量寿净土，李通玄认为："阿弥陀经净土者，此为一分取相凡夫未信法空实理，以专忆念念想不移，以专诚故其心分净得生净土，是权非实。第二无量寿观经净土者，为一分未信法空实理众生乐妙色相者，令使以其心想想彼色像，想成就故而生佛国，此权非实。"⑤至

---

① 《六十华严》卷46《入法界品第三十四之三》,《大正藏》第9册，第690页。
② 法藏：《华严经探玄记》卷18,《大正藏》第35册，第457页上、中。
③ 法藏：《华严经探玄记》卷8,《大正藏》第35册，第268页中。
④ 李通玄：《新华严经论》卷6,《大正藏》第36册，第759页中。
⑤ 同上书，第759页下。

于"唯心净土"及"华严净土"("毘卢遮那所居净土")之关系,则"自证自心,当体无心。性唯真智,不念净秽。称真任性,心无恚痴。无贪瞋痴,任大悲智。安乐众生,是实净土。……毘卢遮那所居净土者,即十佛刹微尘数莲华藏佛国土,总含净秽,无秽无净,无有上下、彼此、自他之相,一一佛土皆充法界,无相障隔……此为实报,非是权收"。①

念佛三昧与华严三昧之间,虽无直接的义理关系,但大致来说,义和华严念佛论的根本理据,基于华严教义学的真心论。其圆融念佛,可以理解为真心念佛。真心为能念,所念之佛,即法界性佛及"毘卢遮那实报净土"。为此,把华严一心法界论与净土一心念佛论结合起来,在华严与天台、华严与禅宗之外,开辟了华严与念佛法门之间的通路,充实了宋代净土念佛理论的内容,对当时及后世的华严净土思想产生一定影响。这是义和阐释华严圆融念佛论的独特影响所在。

义和阐释"华严圆融念佛论"的教义理据,在于宗密所主张的"灵明清净一法界心",亦即如来藏自性清净心。在其《无尽灯序》中,义和首先引宗密《禅源诸诠集都序》之文称:"六道凡夫,三乘贤圣,其根本悉是灵明清净一法界心,性觉宝光,各各圆满,本不名诸佛,亦不名众生。但此心灵妙自在,不守自性,故随迷悟之缘。作业受苦,名曰众生。修道证真,遂名诸佛。"②而其经义理据,则出于《华严经·入法界品》善财证入法界,遍参诸知识过程,从吉祥云比丘受教"无碍智慧念佛门",从解脱长者受教"唯心念佛门",从普遍吉净光夜神受教"观德相念佛门"。③

义和还进一步解释了唐代华严诸祖之所以提出生佛交彻、圆融念佛的观行立场,并明确主张"普贤行愿,独指弥陀",从而把华严观行与弥陀净土结合起来。他说:"其后华严诸祖,虑念佛者,莫得其要。于善知识

---

① 李通玄:《新华严经论》卷6,《大正藏》第36册,第759页下。
② 义和:《华严念佛三昧无尽灯序》,《大正藏》第47册《莲邦文类》第169页下。宗密之文,出于《大正藏》第48册,第408页中。
③ 义和:《华严念佛三昧无尽灯序》,《大正藏》第47册《莲邦文类》第169页下。《华严经》文参见《大正藏》第10册,《四十华严》卷4、卷6。

解脱门中,复设诸门,意使诸佛与众生交彻,净土与秽土融通。法法彼此该收,尘尘悉包遍法界,相即相入,无碍圆融。傥得其门,则等诸佛于一朝;不得其门,则徒修因于旷劫。……念佛法门一也,有涉时之久,致力之多,而平素失其指归。……唯华严观行,得圆至功于顷刻,见佛境于尘毛,诸佛心内众生,新新作佛。众生心中诸佛念念证真,至简至易。虽然诸佛拔苦与乐之心一也,不思议力一也。唯西方弥陀世尊,接引娑婆众生愿力偏重,即本师故。是以流通经中,普贤行愿,独指弥陀,极为至切。"①

据上所述,义和《无尽灯》阐释念佛观行在华严教义系统的独特地位,试图从华严经文及唐代华严祖师的疏记论著中,抽绎出华严念佛法门。其"无尽"之义,则表达华严一心法界无碍的统观思想。义和华严圆融念佛法门的核心观念,即其序文中所称的"普贤行愿,独指弥陀,极为至切"一语。把普贤行愿与弥陀净土结合起来,提出了华严教义与净土思想如何结合的独特思考,从而为后世华严净土思想提出了新思路。如清代彭际清《华严三昧念佛论》,即其一例。

义和《无尽灯》收有《无常院安弥陀佛像》一篇,引述《华严贤首品》和《大智度论》②阐明佛教设无常院的经论理据,提出在无常院设立弥陀像以助临终修行,从而把华严念佛法门与生命临终关怀结合起来,于中亦可揣知《无尽灯》华严净土关注生死的实践性内容。

由于义和《无尽灯》阐释华严念佛观行,述华严净土义,有着回应天台净土的现实考量。因此,天台学僧对义和《无尽灯》曾有评论。宗鉴在其《释门正统》卷8《贤首相涉载记》中,引称:"(义和)著《无尽灯》,以华严念佛至相和会,偏赞西方观念弥陀。然彼宗期心华藏,愿见舍那,以生赡养,觐弥陀为所斥。或以断惑通别,感土净秽,与违行愿辟之,其说穷矣。

---

① 义和:《华严念佛三昧无尽灯序》,《大正藏》第 47 册《莲邦文类》第 169 页下、第 170 页上。
② 义和:《无常院安弥陀佛像》,《莲邦文类》卷 3,《大正藏》第 47 册,第 212 页下。

和乃强欲和会,终以言论事理混淆,自畔其说。"①据此之见,《无尽灯》欲和会为华严与念佛,其法门为"观念弥陀",往生西方净土为归趣,未免有违于华严果境(理)与愿行(事)之教义,乃是"强欲和会"、"事理混淆",终至于"自畔其说"。

第六节　南宋华严诸家及其义学争辩

　　通过"二水"(长水子璿、晋水净源)的持续努力,北宋中叶的贤首教观已颇显中兴景象。借高丽义天入宋、义和推动华严经教入藏等多重外缘,在江南地区,随着杭州慧因教院这一华严弘法中心的确立,佛教界对唐代华严的理解日渐增加,并扩展到环太湖流域地区,进而与北方华严遥相呼应。义和校刊的智俨与法藏的著述,终获入藏,更是扩大了华严教学的影响。除净源慧因系华严学僧之外,道亭等人亦多有弘传。但自净源示寂后,除义和圆证大师而外,似乎后继乏人,慧因教院的影响力日渐衰微。《慧因寺志》卷3列"祖德章",对净源之后杭州慧因教院的法脉传承,仅举义和圆澄和高丽义天二人,对南宋时期的慧因教院诸师传承,则仅举宋理宗时期(1225—1264)的易庵法师一人而已,其他诸师未见只字记载,完全空白。

　　历史实情,却远非如此。南宋一代的华严,不仅慧因教院仍然是江南弘传华严教学的中心道场,而且在慧因教院的诸多华严学僧,大都能够深入教海,或撰述,或弘法,颇具成效。从华严教义学的阐释内容来看,南宋时期华严学僧的义理研修,体现出与北宋华严不同的一些特点。

　　首先,南宋华严学僧的华严教派意识更加明确而强烈。大致来说,南宋华严学僧大都专注于阐释法藏的《华严五教章》,并由此论辨华严教学的殊胜性,这正是当时宗派建构意识作用的结果。在两宋有关法藏

---

① 宗鉴:《释门正统》卷8《贤首相涉载记》,《卍新纂续藏经》第75册,第360页上。

《华严五教章》的注释者中,影响较大者有道亭、师会、观复和希迪,后世并称之为"宋代华严四大家"。

其次,南宋华严教学的义理讨论,并未过分关注于阐释华严的根本教理"法界缘起论"。这是一个值得注意的现象,据此可以看到南宋华严与唐代华严的差异性。此外,相对于净源等人所侧重思考的华严教观一体化问题,南宋华严似乎更关心华严之教而非华严观门。与此相关,南宋华严教学对于智俨、法藏的重视度急剧提升,一改唐宋之际对澄观与宗密的关注,直接影响到南宋华严的义学辨认。这种历史理据的不同取向,对于后世的华严学演进影响颇深。

晋水净源的华严思想,虽然以宗密、澄观等唐代祖师的义理阐释为思考基点,但他更关注华严教观的一体化问题,而非华严学本身的义理辨析。因此,净源对宗密、澄观等华严祖师的著述较为关注,而对智俨、法藏的华严学建构则相对缺少辨析。继净源而兴的宋代华严诸家,则开始转向对华严学本身的理论问题的探讨。

再次,晋水净源出于复兴五代兵乱以来严重衰颓的华严教学的现实需要,为了取得更理想的流布效果,以华严观门重整教团修证,以此推进华严教学的教势影响,因此相对忽视了华严经教的义理阐释。道亭以后,江南华严教团开始转向对华严教义的疏释,以此提升教团整体的义理水平。

最后,南宋华严中兴是宋代华严中兴的一大构成,既是以"二水"为代表的北宋华严中兴的延续,更有其自身所关注的义学问题。透过南宋华严诸家的义理辨析,可以更充分地了解宋代华严中兴的全貌。

一、南宋华严诸家之学

南宋是华严继北宋之后另一个高潮时期。其代表人物主要有可堂师会、笑庵观复及武林沙门希迪等人。

师会(1102—1166),字可堂,时称玉峰师会、可堂师会,或称"慧因华严法师"、"善住法真大师",其门下则尊其别号(或赐号)"法真大师"、"玉峰大师",其自署为"玉峰沙门"。在贤首教传法世系中,师会被列为第13传、第12世。其下第13世为本觉悟心,第14传则为悟空。

由于缺乏文献,人们对师会的生平、行实,所知甚少。师会早年师事佛智现,尝受学于菩提寺钦法师,重视《华严五教章》的修习。尽管未见明确的文献记载师会与净源之关系,但从时间上看,师会约与净源三传弟子相当。他于南宋绍兴年间(1131—1161)一度住持杭州慧因教院。"唯存《焚析薪》、《自答同教策》、《心经连珠记》,盛行于世。遂使华严宗义学,得以为矜式。"①师会被列为宋代华严四大家之一,并以当时华严宗师自居。其门下主要有善熹、希迪、观复等弟子。

师会的华严学阐释,主要围绕法藏《华严教义分齐章》而展开。其有关华严学的疏释之作,共有7种,凡11卷。

一是《华严同教一乘策》(亦称《同教策》、《华严同教问答》、《自答同教策》等),凡1卷。此书为师会阐释华严同教一乘义的纲要之作。现《卍续藏经》收有师会弟子希迪的注本。与此相配的则有《同教问答》1卷,《卍续藏经》收录善熹注本。希迪与善熹的注本,显然是忠实于师会的教义立场。此书并非严格的疏解之作,而是师会讲习华严教义的要义摘录,供弟子们析疑解惑之用。通过此作,可以明了南宋初期华严学内部的教义之辨。

二是《华严一乘教义章焚薪》(简称《焚薪》,亦称《析薪膏肓》),凡2卷。此是师会为批判其弟子观复而作。稍前,观复撰有《华严一乘教义析薪》(下称《析薪》),师会于绍兴十一年(1141)得见此书,逐条批复,遂成《焚薪》。由此直接引发南宋绍兴十七年(1147)前后,华严教团内部的教义论诤。

三是《华严一乘教义分齐章科》,1卷。此为法藏《华严教义分齐章》

---

① 希迪:《华严一乘教义分齐章集成记序》,《卍新纂续藏经》第58册,第397页上。

的科释之作。

四是《般若心经略疏连珠记》,凡上、下2卷。此作是法藏《般若心经略疏》的首部疏释之作。刊于南宋乾道元年(1165),为师会示寂前一年。据《般若心经疏连珠记》卷下所附沙门慧诜题跋称:"《心经疏》者,乃唐贤首国师于译场中应郑公之请而作也。其文约,其旨微,故述钞之家,尤为难能。慧因华严法师,独明幽趣,颖迈常谭,每苦旧章,颇乖疏意,一日俯从众请,爰出新记,名曰《连珠》。盖取诸祖遗训,以为指南;经论格言,而作程序。钩索深隐,诒厥方来,俾令慧炬相然,则其功岂不懋矣。时皇宋乾道龙集乙酉(1165)中秋既望。"①

五是《般若心经疏科》,1卷。此书为法藏《般若心经略疏》的科释之作,今未见。

六为《华严一乘教义分齐章复古记》(简称《复古记》),共3卷。师会未完其作,止于"第六断惑分齐",相当于现存本的卷二之下。最后由弟子善熹续作而成。

师会撰著未完、由善熹继作而成的《复古记》6卷,最能体现其教宗贤首的华严学立场之所在,可说是其毕生阐释华严的总结之作。善熹撰于绍熙三年(1192)的序文称:

> 先师可堂和尚,自幼留心《华严教章》,殆忘寝食。间有文义未通,孜孜研究,必求至当之说而后已。虽心剿形瘵,未始暂辍。师于《孔目章》尤所精通。顷寓菩提寺钦师房,一日凌晨,开卷豁然,若有所得。钦见师神采异常,惊问莫得上人法否。师具道所以然,钦合掌称赞,且勉师以所见著述,可以发明圆顿之旨。师游谢未遑,又知作者之难,不敢卒易。师年六十有五,始述此记。至断惑分齐未竟功,奄然归寂矣。……先师专用古义训释,因以复古命焉。②

---

① 慧诜:《般若心经疏连珠记跋》(撰于1165年),《大正藏》第33册,第568页下。
② 善熹:《复古记序》,《卍新纂续藏经》第58册,第302页中。

《复古记》之名,似为善熹所加。从体裁上看,关于为何以《复古记》之名,善熹在其序文中称:"今云复古者,以先师专用《搜》、《探》二玄,《孔目》、《问答》等解释前代诸师作记,全不体其本,故多注误。可堂和尚乾道丙戌(1166)撰此记,文至断惑分齐第二断惑得果,偶疾而终,不复毕矣。自兹以下,门人善熹用读其后,以全部帙,庶广流通。"①据此,师会最重要的《复古记》一书,其阐释华严圆教义学的立场取向,主要依据义天折返归宋并得以入藏开板的智俨《华严搜玄记》、《华严孔目章》、《华严五十要问答》及法藏《华严探玄记》、《华严一乘教义分齐章》等唐代华严教典。同时结合澄观、宗密的疏释,力主维护华严一乘义的独尊性与自主性。此书刻板于庆元三年(1197),而善熹之序则作于绍熙三年(1192),历时五年而成。

可堂师会的华严学立场,宗本于智俨的《孔目章》,以法藏《华严五教章》研习为中心,据以评析并统摄澄观、宗密的华严学阐释。与净源、道亭等北宋华严学僧不同的是,以师会为代表的南宋华严学僧并未关注于《楞严经》、《肇论》、《圆觉经》等经论的华严学阐释,而是更强调华严教义自身的统一性。不过,笑庵观复则与师会等人不同,其华严学阐释的视野专注于华严学本身的圆融性,其关注面似乎更为广泛。在此意义上说,相对而言,观复的华严学阐释取向,更近于北宋净源所确立的华严学进路。这或许可以说明净源之后,杭州慧因教院后继乏人的部分原因。

《复古记》所复之古,为唐代华严智俨与法藏二代祖师的言述为则,与此前道亭的《义苑疏》大有不同,表达了当时慧因寺华严学僧对华严教学阐释的共同立场。

在华严法统问题,师会基本上认同净源有关华严祖师法统的"七祖说",在《明宗记》称智俨为华严第四祖,而称"六祖清凉"、"七祖圭山",贤

---

① 善熹:《华严一乘教义分齐章复古记》卷3下,《卍新纂续藏经》第58册,第396页上。

首法藏为"华严五祖"。①

不过,关于华严祖师的序列,师会门下的南宋华严诸学僧中有不同的表述。在《注同教策》中,有称:"即前观祖能所一相,所证事理无碍相即之门,一重也。能所俱泯,证理事无碍形夺无寄门,二重也(事理双夺)。存亡无碍,全证事理无障碍门,三重也(为一事理无碍法界)。如次前二祖取之,第三重,乃圆中之同,如日月矣,非合终顿乎?(二祖即清凉,第一重终教,第二重顿教,第三重,乃圆中同也)。"②此文夹注称"二祖即清凉",三祖宗密,而初祖当为法藏。此外,在南宋诸家的华严著述中,更多的是称澄观为"观祖"、称宗密为"密祖",而非以二祖、三祖称之。

师会是继净源而作的一代华严学僧,尝住杭州慧因教院,在江南地区保持相当的影响力,有不少从其学者。

据《补续高僧传》卷3载,慧定法师(1114—1181),俗姓王,绍兴山阴人。幼年出家,尝从学于道隆、师会、景从等人,以习《华严》为主务。著有《金刚经解》、《法界观图》、《会三归一章》、《庄岳论》等作,"皆盛行于世"。另有子猷(1121—1189),字修仲,晚年号笑云道人,俗姓陈,绍兴山阴人。受具足戒后,亦尝到钱塘,随师会在慧因寺修学,博尽所疑。绍兴似乎是南宋华严比较兴盛的地区之一,因为据相关文献记载,此时有相当多的华严作品在绍兴刊刻。

师会的主要弟子有善熹、笑庵观复等人。继承并阐扬可堂师会华严学的弟子主要是善熹。观复对师会之说,颇有异议,最终被定位为虽登堂而不入其门者。观复之与师会之师徒关系,可比拟为唐代慧苑与法藏之关系。

颐园善熹(1148—1204),自署"蠡泽门人"、"玉岑颐庵善喜"等。师从可堂师会("法真大师")。善熹最重要的华严学阐释,就是续作完成师

---

① 师会:《明宗记》,"李唐终南山至相寺释智俨述,即华严第四祖也",又称"华严匹祖云华尊者"。《卍续藏经》第58册,第88页下。
② 《卍续藏经》第58册,第569页下。

会的《复古记》3卷。善熹《复古记序》称:"师年六十有五,始述此记。至断惑分齐未竟功,奄然归寂矣。临终祝曰:'汝当为吾毕之。'善熹自媿晚进,不敢辄继前作。逮今侵寻莫景,适与先师示寂之岁相符,切恐风烛难期,一旦变灭,有负遗训。于是不揆拙恶,辄以平昔所闻于师者,续其末编,共成三卷。"①

善熹也属于南宋时期相当博学的义解僧人,撰著颇丰。善熹在续作师会晚年所撰的《复古记》之前,还曾撰有《注同教问答》1卷(作于乾道四年,1168),以批驳同门观复。善熹还撰有《融会一乘明宗记》(亦名《释云华尊者融会一乘义章明宗记》)1卷,主要析解智俨的《孔目章》卷四中的《融会三乘决显明一乘妙趣》,但其关注内容仍在于当时华严学的热门议题,即同教与别教之辨。从善熹的华严著述中,可以看出他颇忠于师会的阐释立场,为华严一乘义进行辩护。

此外,善熹还撰有《斥谬》1卷,即针对观复《圆觉经辨疑误》一书而作。

《辨非集》一卷,作于淳熙五年(1178),为批判解空法师的《金刚通论》和《金刚事苑》二书而作,指出此类著述,于"禅教无用,士庶莫取"。其作前有小引,文称:"解空法师,述《通论》、《事苑》,伸赞《金刚般若》。其书禅教无用,士庶莫取。中间诋讹先觉,义似未安。因考其说,遂效明教禅师,作《非韩》三十篇以辩之。然非爱恶相攻,执情偏尚,志欲法门流布,共赞大猷。苟或不然,唯圣可瞩耳。"②《辨非集》系仿效契嵩明教非韩三十篇而作,因此属于一部维教之作。此书的一大特点,就在于竭力维护"先觉"圭峰宗密禅教并用的阐释立场。

从历史上看,华严学僧对《金刚般若经》的疏释,先有智俨的《佛说金刚般若波罗蜜经略疏》2卷,后有圭峰宗密《金刚般若经疏纂要》。宗密弟

---

① 善熹:《复古记序》,《卍新纂续藏经》第58册,第302页中。
② 《辨非集》,《卍新纂续藏经》第58册,第584页上。

子石壁传奥,则在此基础上撰有《金刚经纂要疏贯义意钞》6卷及《金刚经纂要广录》。北宋长水子璇,重加刊定,成《金刚般若经纂要刊定记》7卷。此外,子璇还治定宗密《金刚般若经纂要》2卷,另撰《金刚般若经纂要科》1卷。善熹在论辩中,多次称引宗密《金刚般若经疏纂要》。

在辨《金刚事苑》之非时,善熹指出:"此经自唐至本朝,南北诸师撰述甚多,南方学者盛行圭峰《纂要》,所叙两论,密示潜通,稍有眉目,及其依十八住悬判,然后用二十七疑科释,入文随释,多用无著,未免婷婴。"①善熹对于宗密颇为推崇,于此略见一斑。

笑庵观复(主要活动时间为1141—1152),号笑庵,亦称笑庵老人,生平行实,难悉其详,曾先后从学于宗豫、师会等人,其弘法中心为南宋重要海港江苏澄江。

观复博学多识,被列为宋代华严四大家之一,也是南宋华严诸学僧中现存著述较多者。其活动时期约与可堂师会大致相同,成名当稍早于善熹。观复的华严阐述,较接近于北宋道亭的立场,皆深受澄观、宗密一脉的影响。观复门下弟子有善服等人。

《遗教经论记》所附善服的跋语称:"况笑庵老子,英俊绝论,法门梁栋,大弘祖教,六坐道场,传说衮将五十年,记、抄仅三十轴(《折薪》五卷,《会解》十卷,《圆觉》备要一卷,《辨疑误》一卷,《会意》一卷,《金刚别记》四卷,《殳蒸徧》一卷,此记三卷,并《乘教问答》等)。斯文之功,三复校酬,故本讲芝,华严后叙,叙之并疏赞之曰,况笑庵干造化之毛锥,乃吾宗拔萃,类之文彩,信不诬矣。"②

据此可知,观复一生尝六坐道场,如最初撰成《遗教经论记》时的华严宝塔寺,讲经弘法长达五十年。其行世之作,凡9部,计30卷,分别为《折薪》5卷、《会解》10卷、《圆觉备要》1卷(《卍续藏经》收录本分上、下

---

① 《辩非集》,《卍新纂续藏经》第58册,第586页中。
② 观复:《遗教经论记》卷3,《卍新纂续藏经》第53册,第633页上。

卷)、《圆觉经辨疑误》1卷、《圆觉会意》1卷、《金刚别记》4卷、《殳蒸徧》1卷、《遗教经论记》3卷、《乘教问答》4卷。其华严教学的阐释内容,涉及法藏、澄观和宗密三位祖师的阐释之作,足见观复颇具华严学僧博学广识之遗风。

在观复所撰著的上述佛教作品中,其影响较大者,当属《折薪》5卷和《会解》10卷。

《折薪》一书的全称为《华严一乘教义章析薪》(亦称《华严五教章析薪记》,简称《析薪记》或《析薪》,另作《折薪》),凡5卷。此作与北宋道亭《义苑疏》,都是阐释法藏《华严一乘教义分齐章》的疏释之作,自成一家之言,在南宋华严学僧中影响颇大。可堂师会所撰著的《焚薪》(又名《析薪膏肓》),即针对观复此作而发,成为南宋华严宗义学之辨的一大公案。由此,师会与观复师徒之间的华严论诤达到了高峰。

《会解》,全称《华严经大疏玄文随疏演义钞会解记》,亦称《华严经疏钞会解记》,简称《会解》或《会解记》,凡10卷。① 这是继宗密后对澄观《华严经随疏演义钞》的阐释之作,也是现存宋代华严学僧诠解澄观《华严疏钞》的唯一一部撰著。观复撰著此作,约早于1146年。澄观在阐释华严思想上的历史地位,在师会门下的诸多宋代华严学僧看来,稍次于智俨与法藏。至于李通玄的《新华严经论》,则似乎影响不大。而观复的华严学阐释,则主要以澄观与宗密的华严学为中心。② 这是观复与师会慧因系华严学阐释的最大相异之处,亦是二派教学论诤的理论背景所在。

观复尚撰有《圆觉备用》1卷、《圆觉经钞辨疑误》1卷(现分上、下二卷),是为有关宗密《圆觉经》阐释的辨析之作。《圆觉经钞辨疑误》叙言

---

① 日本《金泽文库研究纪要》第5号(1968年3月)收录有纳富常天《会解记》(全10卷)的校注本。
② 参见金龙泰:《笑庵观复之华严思想与祖统说》,《印佛研》第51卷第2号(2004),第544—546页。

称:"然此钞多疑误者,以于《大疏钞略》出时,非圭峰一手,乃弟子辈同抄略之,致与大疏钞前后不相照也。抑又传写脱略,刊板添改。故齐师(思齐)自叙云,不削而削,乃本其本。况有划去元板,妄加修补者,展转讹舛,弥失其源。而讲者不悟,皆谓圭峰本文,或见其非,但加粉饰,致鹄不成,为蛇添足也。今次第引《大疏钞》对校,并正义辨之。如欲刊板流通者,能依此详而改诸,则圭峰之心灯分照于无尽矣。"①

《遗教经论记》3卷。《遗教经论记》卷第三终末,有其自记数语,称:"绍兴甲子(1144)四月初六日,绝笔,至辛未年(1151)正月中,重亲录净,七月十日对证毕,壬申(1152)正月二十九日,又重校过。"②观复在此书中,力挺澄观《遗教经论》为大乘义。③ 入宋后,宋代的天台学僧亦颇为关注《遗教经论》。观复所撰的《遗教经论记》可说是华严学僧对此所作出的回应之一。

此外,观复还有《金刚别记》4卷、《同教一义》(《乘教问答》)1卷、《殳蒸徧》1卷等等,因今佚而内容不详。

观复的华严阐释归宗法藏,并注意到澄观与法藏判教思想的不同之处,从而转归对贤首五教义的析解。这种取向略同道亭的立场。此外,观复华严学阐释的另一重要内容,是在净源"华严七祖说"之外,另立新的"华严七祖说"。

晋水净源在从杜顺到宗密的"华严五祖说"基础上,再加上龙树与马鸣,成"华严七祖说"。这一华严祖统论,解决了中国华严宗祖师与印度

---

① 观复:《圆觉经钞辨疑误》卷上,《卍新纂续藏经》第10册,第663页上。
② 观复:《遗教经论记》卷3,《卍新纂续藏经》第53册,第663页上。
③ 观复辨析称:"然则智者《妙玄》,南山《律钞》,贤首《探玄》,皆云小乘者。亦由什公译此经已,即编入小乘藏中,续至陈朝真谛,译此论于南越,虽曰大乘,然既论藏陈世,因绝见闻,所以开元已前,数本经录,虽列真谛所译三十八部,其入藏者,亦多不足,此论皆入有名阙本录中。至开元间,升师方获论本,续依论义对经,并编入大乘藏中,尔后诸师,因此论故,方知此经具大乘义。故前智者、南山、贤首,未见论本故,一期取为小乘。次至兴元贞元间,清凉国师,方于大疏,频指遗教,为大乘义。"参见《遗教经论记》卷1,《卍新纂续藏经》第53册,第633页上。

祖师之意的承绪关系,回应了禅宗、天台的法统说,基本上确立了后世华严宗的法系。

观复基于五教判及华严观法的理解,不同于子璇、净源等北宋华严学僧推崇《楞严经》、《圆觉经》及《大乘起信论》的阐释,而改立《十地经论》的撰著者天亲为印度华严祖师,新立龙树、天亲、杜顺、智俨、法藏、澄观、宗密为"华严七祖说"。观复一则注意到地论系学说对华严宗的深刻影响,二则主动回应当时天台学僧对华严学僧阐释《起信论》的指摘,从而调整了净源所立的华严祖统说。

道亭与观复的华严思想,受法藏的影响较多,颇不同于师会"复古"华严遗教的护教取向。观复称:"清凉但以《起信》为实教,于义可知。近人以《起信》收圆教,莽卤之甚。"①这种态度,表明观复不认同师会等人以《大乘起信论》兼摄圆教之说,而主张《起信论》为大乘终教("如来藏缘起宗")。这不同于宗密、澄观准华严判教中立《起信论》为第五圆教(圆融具德宗),随着宋代华严宗派意识的日益强化,对教义理解的复杂性亦因之而尖锐起来。师会及其门下与笑庵观复对华严宗义的理解,并非出于华严经义阐释的差异,而是基于华严教义理解的不同。由此可见,南宋华严中兴,已经开始从北宋华严注重唐代祖师的经论疏解转向华严教义、华严宗义的内在讨论,并扩展出许多争议性的析解。

笑庵观复虽博览文献,六坐道场,但其为人为学却颇为固执己见。清远尝引观复《圆觉经钞辨疑误》对"经中锽字义相"的阐释,称:"《辩疑误》云,疏钞三解,皆失经意,而悫疏意却相符。今谓且未论不领悟疏主三解,悉是孙牟,何太孟浪乎?故芝漩溇尝云,某凡听笑庵三讲至此,三破并之,谛祖悖德,神明贻祸,三招逆意之事,告尔后学,切宜诫诸。"②

南宋最为晚出的华严大家,是当时署号"武林沙门"的希迪。希迪有

---

① 日本《金泽文库研究纪要》第5号(1968年3月),第232页。
② 清远:《圆觉经疏钞要解》卷12,《卍新纂续藏经》第53册,第144页下。

关华严学的撰著,凡3部,计11卷,是南宋华严"集成派"的代表学僧。

嘉泰元年(1201),希迪完成了《注一乘同教策》,是为注解可堂师会《华严同教策》之作。

在其《注同教策序》中,希迪称:"《同教策》者,法真大师天纵机先,才悬世表,既坚综其指,乃虚洞于玄,非为私于己焉,实欲公于万世以救其弊也。由是深存远虑,以(矢)其谋,使华严宗大成者哉。(希迪)不敏,学而习之,略折幽微,叨申短注,虽无益于教,然其用心亦已至矣,冀毋罪焉。"①从上述"使华严宗大成者"一语中,可见法真师会意欲复兴华严宗的心志。与北宋净源祖述贤首教法的观念不同,南宋的华严学僧更直接地宣称"华严宗"。

此外,希迪还撰有《评复古记》(亦称《扶焚薪》)1卷,这是与观复辩论之作。希迪的华严论著,同样以华严同教、别教之争为中心内容。

嘉定十一年(1218),希迪撰《五教章集成记》,凡6卷,现仅存1卷。此书全称《华严一乘教义分齐章集成记》,简称《集成记》。这部南宋最晚出的《华严教义章》阐释之作,似乎有意总结南宋时期华严教义阐释之诤,故称"集成记"。希迪本人在其撰于南宋嘉定十一年(1218)的序文中称:"唐国师贤首尊者得门而入,作《一乘教义分齐》,以示未悟。记释虽众,莫造其源。是以法真大师……耻贤首之业,没世而无闻,欲述自悟,大愿未终,奄然归寂。唯存《焚析薪》、《自答同教策》、《心经连珠记》,盛行于世,遂使华严宗义学,得以为矜式。(希迪)无似,滥制斯文,皆准大师乘教切当之说,以为主意。前诸记销文指事,亦间用之,而《教章》之旨豁如也,庶得说听之家不至多岐而亡羊矣。"②

据此所述,宋代时期,"贤首之业,没世而无闻"。师会本人苦参修学,自悟华严教旨,弘以阐己说,撰《焚析薪》、《自答同教策》、《心经连珠

---

① 希迪:《注华严同教一乘策》(并序);《卍新纂续藏经》第58册,第568页上。
② 希迪:《华严一乘教义分齐章集成记序》,《卍新纂续藏经》第58册,第379页上。

记》,"盛行于世,遂使华严宗义学,得以为矜式"。师会等人所阐述的"佛祖奥义",既指华严经义,更涉及华严教义,并最终归结落实于华严宗义。不妨说,南宋华严义学之争,主要涉及到华严教义学和华严宗义学两个领域。其辩论的中心要旨,则落归于法藏的《华严五教章》的阐释,而特别关注与天台判教相关的"同教"与"别教"之辨。

希迪《集成记》与师会《复古记》、观复《会解记》,堪称南宋华严教学撰著中的"三记"之作,成为南宋阐释华严教义的代表性作品,同时也是后世将此三人列归为南宋华严三大家的基本依据。

二、南宋华严的论诤及其影响

以净源、义和为代表的北宋华严学者重视佛教文献的搜集与刊刻,特别是华严典籍的入藏流通,为南宋时期华严学僧的义理探讨、思想辨析提供了教典文献基础。与北宋华严宗的相比较,南宋华严的教义阐释、思想辨析有着若干不同之处。

首先,北宋时期,由于深受当时教典文献、教院环境、教团建设等客观环境的现实制约,华严学僧在教理阐释上往往更关注于天台宗与华严宗二大教学系统的外张力,即便是由澄观、宗密等唐代华严祖师所倡导并且一直具有强势影响的摄禅归教、教禅一致的"华严禅"取向,亦一度不得不让位于更为现实的台贤之诤。这种教学意义的思想论诤,不仅体现出宋代华严强烈的宗派自主意识,而且直接影响到南宋华严思想的辩论性质。北宋末叶,随着华严教典入藏、刊刻与流通,贤首教院合法地位的逐渐确立,特别是江南地区华严学僧的持续培养,使南宋华严有可能转向教理本身的研判与阐释,更明确地呈现出华严宗的主体意识或教派意识。或者说,华严教理的内在阐释与相互并进,成为南宋华严的一大突出特点。

其次,随着华严教院在江南地区的持续弘法,社会影响日渐扩展,佛教界内部的竞争关系更加明显。通过净源等人的持续努力,北宋时期以教院合法地位确立华严教团,作为教学的主体意识渐趋强化。南宋华严教学则开始转向华严教学僧内部的理论争论,试图确立纯正的华严宗义学体系,最终导致了南宋华严教学阐释的"经院化"特征。这种情形的出现,主要诱因在于所据教典的差异。从唐代华严教义学阐释的系统来看,智俨、法藏华严教义学建构的正统性与澄观、宗密在华严教学阐释中的异端性,二者都对后世的华严学演进产生了深刻影响。

再次,南宋华严比北宋华严更体现出义理辨析的争论性。这一点可以从南宋华严学僧的诸多撰著明显看出。南宋华严宗僧所撰写的华严著述,大都具有明显的辩论性质。从内容形态上说,这些辩论性撰著,就其教学本身的义理阐释,不再是北宋时期承唐末五代之绪,辨析华严与禅宗(禅教关系)、华严与天台(台贤关系)以及华严念佛(教净关系)等问题,而是明确转向到华严教学的内部问题,即华严宗本身的义学问题(华严宗义学),更加注重智俨、法藏一系华严南教典的精义阐释,关注澄观、宗密一系对华严析解的细微差异。这种辨析问题的方法取向,表明南宋华严学欲返归华严教典本身的教义学辨析,而不再像北宋时期的华严学僧,多致力于唐代祖师华严教典进行治定、刊刻及阐释等文献学工作。在回归华严教典本身的阐释及华严宗义学的辨析意义上,南宋华严学僧撰著完成了许多作品,从而把宋代华严中兴推向了一个高潮阶段。不过,由于南宋华严文献严重散佚,后人迄今未能窥知其全貌。

从内容构成上看,南宋华严的宗义学辨析,主要涉及到三个领域的问题。一是对于华严一乘义中同教与别教关系的辨析,特别是同教义的阐释。二是进一步关注华严宗的祖统法系,特别是对净源新立华严法系说表示不同的观点。三是在教典理据上,专注于对智俨、法藏等唐代华严祖师所撰教典的再理解。在此基础上,细致辨析他们与澄观、宗密一系的析解华严教义的相关性与差异性,从而对后世华严学的义理阐释产生了重要影响。

在华严圆教一乘义阐释上,南宋华严大致可分为三派,并且各有其具有代表性的阐释之作。

首先是以可堂师会为代表"复古派",其文献主要有师会述、善熹继作的《华严一乘教义分齐章复古记》3卷,更直接的文献则有师会《华严同教一乘策》、希迪《注同教策》等。

其次是以笑庵观复为代表的"会解派",其文献主要有观复的《会解记》和宗豫的《易简记》。

最后是以"武林沙门"希迪为代表的"集成派"或"综合派",主要有希迪《华严一乘教义分齐章集成记》10卷及《评复古记》1卷等。如果说《复古记》是师会一派对于法藏《华严五教章》定论之作,那么其弟子希迪所撰的《集成记》则全面评议了宋代华严学僧对法藏《华严五教章》的诠释观点(其中包括师会),可说是南宋华严学的总结之作,故其论著通称为"集成记"。

师会寂于1166年,而《复古记》初刊于1192年以后,二者间隔26年之久。距其1197年刻板流通,更是长达31年。因此,《复古记》中的有些内容,未必代表师会本人的真正见解,而很可能是其弟子善熹的意见。尽管如此,《复古记》在总体上仍可视为是师会一系的基本主张。

继师会《复古记》之后,其门下如希迪者阐释《华严五教章》,同样对于宗豫、师会、观复三家的阐释均提出了比较尖锐的异议。

众所周知,唐代澄观亦撰有《大华严略策》,晋水净源撰有《策问三道》。这种问答体裁的作品,被视为简要阐述自宗教义的有效形式。不过,法真师会所关注的对象,主要是《同教策》,而非《别教策》,这是因为他坚持"别义讲解多同"。这种立场,正是南宋华严对自宗的别教意识或教派意识加以强化的典型表述。至于"同教"之释,则多有不同。当时,宗豫撰《易简记》、观复撰《会解记》,都提出了对同教的不同理解。《易简记》认为华严同教之同,约有三义,即融会同、和合同与义相同。观复《会解记》则更在此基础上提出同教之同的四种释义,即三一和合同、同泯二乘同、义类相似同与同成一教同。① 师会显然对宗豫及观复所主张的这两种名释稍异而实质相同的同教之释都不同意,他敏感地看出上述同教之释对于当时华严学僧的影响,实际上不利于华严别同这一自宗意识的认同。因此,他明确指出:"学者二三,不知孰是,请诸少俊,博采祖文,示其所归,当公论是非,不可私其所党。"②

南宋华严学僧内部有关同教与别教之辨,成为南宋华严论争的焦点所在。以现存较多的师会一系所撰著的论作为依据,可以将南宋华严学论争的相对集中地分别为四个阶段,即《同教策》阶段、《折薪》与《焚薪》阶段、《复古记》阶段及《明宗记》阶段。当然,其论争内容有相关性,绝非判然可分。

随着南宋王朝的覆亡,宋代华严中兴归于绝响,佛教僧传史著中罕见其相关记载,仅见华严诸家之名及些许断篇残章,许多重要文献皆湮没未传。对南宋华严的思想争辩,只能做一简述。

(一)关于《同教策》的论争

师会对观复的异议,在其《同教策》中已有体现。观复虽与师会有同门甚至师徒之谊,但对于师会之说,却多持异议。不过,同教之辨,固然反映了当时华严学僧对于唐代华严经典教义的不同理解或阐释,但由于牵涉到过多的个人因素,使南宋同教、别教之辩越来越演变成为发生于华严宗内部的一场理论内讧。③

(二)关于折薪与焚薪之争

折薪与焚薪之争,同样在师会与观复之间展开。

观复《五教章析薪记》(亦称《折薪》)与师会的《焚薪》(亦称《析薪膏肓》),在《焚薪》中,师会提及:"昔者复子注吾同教答卷,而遗予书曰:(某)游学二十年,住持十余载,读一宗玄籍,非不多矣。至于深义,未尝

---

①②《卍新纂续藏经》第58册,第568页中。
③ 参见吉田刚:《笑庵观复的四义同教说》,《驹大大学院佛教研究会年报》第31号(1998)。吉田刚:《关于师会与观复一乘义之论争》,《印度学佛教学研究》第44卷第2号(1996)。

不捃流讨源而详究之。故《析薪》、《会解》差当前后,注辩同教一义五万余言,其文非不广也。获誉孺子,复之自务,靡不由此。然而文辞芜葳,义旨舛谬,略无可观。"① 据此,观复与师会的分庭抗礼,另立门户,端缘于师会《同教策》的异解。

师会对观复的基本评价是"虽入堂而不入室",故称"过吾门而不入吾室"。不入吾室,即入他室。《会解》与《易简记》同一立场,"遂至下笔纰谬"。② 背叛师门,固执己谬,此乃师会对观复最为不满的地方。这又似乎涉及到师门之见。

师会的华严别教一乘是独尊性与正统性,因独尊而正统,因正统而独尊,正统与独尊相互促进,更明确地强调了华严学在南宋佛教格局中的地位,特别是在华严与天台二家之争中的处境。在师会及其门下看来,观复与宗豫等华严学僧的判析,似乎已经偏离了华严别教的正统立场。③ 师会等人则以慧因教院为中心,着眼于维护华严别教的正统性地位,力图通过同教问题的辨析,真正确立华严宗的独尊意识,恢复唐代华严教义学建构中"别教之义"的宗派性。

《注华严同教策》虽晚于《焚薪》而作,但仍可视为折薪与焚薪之争的延续。对此,清远在《圆觉经疏钞随文要解》卷4评述称:"《折薪》(《析薪》)云,引证法相,繁兴作章,唯简始教。又以法相通终顿,引此证不会终顿。《焚薪》力破之,贤首自言,但以和尚章疏义丰文简,学者多难趣入,故录微言,勒成《教义分齐记》,不言为法相繁兴故也。问:钞中文势明有此意那曰非耶? 答:据《钞》有故制等字,似蹑法相而说也。意则不然。意在文中等言,不在法相繁兴也。又曾不言拣终顿,其意但取一居三后权实不同先用。梁《摄论》大外有一,一为最胜,次申贤首教义分齐文中引二十余部经论证之,亦大外有一,大乘与一乘之异,故知汝宗多不

---

① 师会:《焚薪》卷下,《卍新纂续藏经》第58册,第268页上。
② 同上书,第270页下。
③ 吉田刚:《师会同教解释之特征》,《印佛研》第47卷第2号(2000)。

信者,学识寡浅耳尔,则《折薪》不得此意。"①

(三)《复古记》与《明宗记》中对南宋华严同教之争的评析

师会《复古记》由其弟子善熹刊刻于1192年,《明宗记》则由修寂刊刻于1193年,二者仅相距一年时间。

《明宗记》②,全称为《释云华尊者融会一乘义章明宗记》,是南宋华严僧团内部有关同教之争的总结之作。《明宗记》初刊于宋光宗绍熙四年(1193),最初由绍兴府会稽县昌源山净胜教院住持传贤首教观门人修寂募缘镂板,以广流通。

同教与别教之义,是法藏《华严五教章》所确定的华严教判典范。其开宗明义的"建立一乘"论,即把一乘教法,分开二门,即别教一乘和同教一乘。所谓"别教一乘",是指区别于三乘教法的华严经义;而"同教一乘"则是指与三乘教法相共同的一乘教义。

三乘与一乘之说,主要出于《法华经》。三乘教,即声闻乘、辟支佛乘与菩萨乘。一乘,即一佛乘。会三归一,是《法华经》的根本经义之一,也是天台宗藏教判摄的基本教义。其《方便品》称:"如来但以一佛乘故,为众生说法,无有余乘,若二若三。"天台的会三归一论,并非仅为以《法华》经义统摄诸佛经的教判观念,它对于唐代华严的藏教判摄同样影响深远。如法藏承智俨之说,准《法华》经义,诠《华严》经义,另释《华严》为别教一乘和同教一乘。因此,会三乘归一佛乘,自无异议,但关键是所归一乘义的不同理解。

师会在《同教策》及《注同教问答》《明宗记》的科析文本被收于智俨《华严孔目章》卷4《融会三乘决显明一乘之妙趣》(简称为《融会章》)③,

---

① 清远:《圆觉经疏钞随文要解》卷4,《卍新纂续藏经》第10册,第51页下。
② 魏道儒在《中国华严宗通史》第六章认为《明宗记》为师会弟子善熹所撰,并提及亦有人认为是师会所著。吉田刚在其论文中,则未详撰者而存疑。
③ 有关《明宗记》的研究,可参见中条良昭《明宗记所见之同别二教论》,《宗教研究》第53卷第3号(1988);吉田刚《融会一乘义章明宗记之成立背景》,《印度学佛教学研究》第45卷第1号(1997)。较完备的《明宗记》刊本,现藏于日本《金泽文库》。

撰著时间当在师会示寂之后(1166年以后)。或许在《复古记》续完至刊刻期间,即1166—1197年间。

> (绍兴元年以来,有三知识,少明佛化,大晦祖章。于同别义,情见各伸。初立三种同教,次立四义)同教,三述《同教策》。斥前二非,立一同教,因兹伪说,矫乱教门,返误末流,舛习讹浸。不闲经论照元真,唯事干戈增鬪诤。背违佛祖,片执师承,虽只刀高呼,而众咻绝和。叹时机之薄恶,嗟正法以渐沉,辄释云华《融会章》,庶通贤首《分齐记》。①

此记撰于南宋乾道七年(1171),大致记录了南宋初年华严学僧内部有关同教之诤的基本情形,特别是明确交待了师会归宗云华智俨《融会章》,以阐释法藏《分齐记》的原则立场。文中明确提到"绍兴元年(1131)"以来,可知其论争过程当始于北宋后期,而大兴于南宋初年。更进一步来看,从上述记载中,也可以部分地表明北宋末年道亭撰著《义苑疏》的思想背景。这一立场有着充分的教典理据,同时也彰显出唐代华严教义学建构的历史正统性。显然,法藏科析《教义分齐记》时,宗豫立三种同教之说,观复承之而更立四种同教说,师会撰《华严同教一乘策》明斥二师之说,别立一种同教论。绍兴三十余年间(1131—1162),南宋华严内部异说纷起,学僧深表忧患,故撰此作,经过四十年的争论(1131—1171),经过长时间反复思考,把智俨《融会章》与法藏《五教章》为基础,结合澄观与宗密的阐释,提供一种返源性的思考,试图为宋代华严同教之辨作出总结。显然,《明宗记》返祖明宗的判析立场,华严复兴论的一种思考取向。

《明宗记》对《融会章》的疏解,多引法藏、澄观、宗密的同别之析。需要提出的是,智俨为四祖、法藏为五祖、澄观为六祖、宗密为七祖,这倒是

---

① 《明宗记》,《卍新纂续藏经》第58册,第88页下。卍续藏经本有若干缺字,今据日本《金泽文库本》补。另见吉田刚文,第85页。

一种新的华严祖统之说。

从撰著形式上看,《明宗记》显然属于一种辩论文体,而且从其论述内容上看,属于总结性的辩论。因此,《明宗记》开宗明义指出了南宋华严三位学僧的不同析解:"有三知识,迷佛化源,昧祖本末,豫师以华严圆别一乘唯别权三失,复师双别权实三乘失,会师曰卓绝独立失,失在自相名别也。三师昧祖元开本、末二教之意,各说别三之差,固兹矫乱,互兴鬭诤,浇漓道学,并列卷后具评。"[1]在此,《明宗记》毫不避讳地点出宗豫、观复与师会三位宋代华严学僧在阐释华严同教思想的不同观点,并且做出明确的批评。

三、宋代天台与华严之辨

宋代天台与华严,虽然同受禅宗大盛之势的共同挤压,但同归列于讲宗教院,二家之争显得更为直接。有澄观、宗密等唐代祖师博学综摄,经过永明延寿《宗镜录》的综摄性阐释,基于一心法门的佛教心性论体系,通过《楞严经》、《金刚经》、《起信论》、《肇论》等佛教经论持续阐释,华严与禅宗之间的义理会通,不仅在心性论上得以充分地阐释,而且在般若性空论上同样有其理据。心性论与性空论的思想会通,成为华严与禅融合的坚实根据,已经为当时宗门教下所普遍认同。相对而论,宋初天台思想阐释极其活跃,分门别派,各阐己说,并且辅之以更独特的忏仪实践,在江浙地区影响广泛。从子璇师从灵光洪敏而倡导台贤兼学,及其修习《楞严经》的相关经历,亦可见当时天台思想对华严教学的巨大影响。此外,宋初的天台教下,名僧辈出,朝廷上的外护相继,内外呼应。天台教势迅速扩张,对同属教门、正处于中兴过程的华严宗,构成压力远甚于禅宗。在江南地区,这种处境更为突出。因此,宋代华严与天台之间的义理之辨,成为当时佛教思想诤论的一大内容。

---

[1]《明宗记》,《卍续藏经》第58册,第86页上。

华严与天台的义理之辨,贯穿整个赵宋时期。华严与天台,各有代表学僧。宋代天台史籍文献保存完整,使人感到宋代天台远盛于华严。志磐《佛祖统记》评论称:"道籍人弘,人必依处,此三者不可不毕备也。吾道始行于陈隋,盛于唐,而替于五代。逮我圣朝,此道复兴。螺溪、宝云振于前,四明、慈云大其后。是以法智之创南湖,慈云之建灵山,皆忘躯为法,以固其愿。而继之以神照启白运,辩才兆上竺。于是浙江东西并开讲席,卒能藉此诸刹安广众以行大道,孰谓传弘之任不在于处耶?"①道、人、处三缘具备,天台才得以复振于宋代教门。天台学僧辨析台贤之异的角度,则主要集中于华严判教史、华严宗的止观理解、法华经义与华严经义之辨等领域。

宋代天台学僧对华严教学公开持有异议者,有四明知礼、神智从义等人。宋初学僧对于台贤异同,相当敏感,颇有议论。其中,宋代天台宗僧所撰著的教史文献,记载较多,尤以志磐《佛祖统记》为典型。

清远尝述天台与华严二家释经法之异,《佛祖统记》中称:"标章一部所崇曰宗,宗之所归曰趣。然今家明宗,若望天台五重玄义即含体、宗、用三科,如来藏是体,非因非果,修首楞严妙定,能取于体,通因通果,是宗,惑业消灭,起大神用是用。若欲会者,圆融之教,开合颇齐。彼以即一而三,故体宗用分,以彰修性之殊。此以即三而一,故三法合说,乍似相反,其实相成。"②

据记载,神智从义(1042—1091)评论华严与天台之异见,称:"清凉观师初学天台,所见既僻,为荆溪所破,遂弃天台,宗贤首。虽遵禀止观,而斥天台判教,岂不教观胡越,解行矛盾?又曰,清凉谓,台宗判华严兼别,失如来意,乃自立云,行布是圆融之行布,善财参诸知识,但解一法,谓之谦己推胜,若尔普贤、弥勒何不然耶?又以知识对当位,次判华严为

---

① 志磐:《佛祖统纪》卷10,《大正藏》第49册,第209页上。
② 怀远:《楞严释要》,《卍续藏经》第11册,第92页上。

顿顿。仍谓华严是菩萨请,超胜《法华》,而却用天台判教文及三观三德、一念三千、性善性恶等？况贤首、圭峰、长水所立义门,各自不同,师资撰述,何其然哉？"引宗密之说,述天台止观修习的次第性,而不及宗门之顿,更等而下之。"《禅源诸诠》云,古师所解,皆是四禅八定,南岳、天台,依三谛理,修三止观,文义虽圆,终成次第。唯达磨传最上乘禅,名如来禅,顿同佛体,迥异诸门。"对此,神智从义引贤首法藏力主天台圆教之殊胜为据,判圭峰宗密之论为"违背祖师"之说。他指出:"圭山宗贤首判教立义,而贤首《五教章》,美赞南岳天台,以为升堂入室之人,《心经疏》明圆一心三观,自指如智者大师所明。《起信论》疏明修禅法,亦指天台止观等文。又圭山师清凉,清凉《华严疏》引用天台性善性恶、三止三观、三德三谛、三一相即等,文曾无有异,圭山何独违背祖师,贬南岳天台耶？"①了然则明确断称:"华严大论是死法门,法华十如是活法门。"②

神智从义等北宋天台学僧对华严教义的异议,在南宋时期得到了更普遍的认同。其中,志磐撰于 1269 年的纪传体佛教史著《佛祖统纪》最典型地体现了这一点。《佛祖统纪》卷 29《诸宗立教志》中列《贤首宗教》,述唐代华严初祖终南法顺、二祖云华智俨③、三祖贤首法藏、四祖清凉澄观、五祖圭峰宗密五大祖师及宋代华严长水子璇、慧因净源、能仁义和三位法师的简要传记,并另附李通玄略传。从其相关评述中可以明显看出南宋天台学僧对华严教义的判析立场。

在《贤首宗教志》前引中,志磐明确交待了撰著的旨趣。他首先援引铠庵吴克己《释门正统》的评论称:"法界观别为一缘,谓五教无断伏分齐,然则若教若观,徒张虚文,应无修证之道。至若清凉之立顿顿,浪言超胜《法华》。圭峰之释修门,未免妄谈止观。自余著述,矛盾尤多。欲

---

① 参见宗鉴:《释门正统》卷 5《从义》,《卍新纂续藏经》第 75 册,第 325 页。
② 宗鉴:《释门正统》卷 7《了然》,《卍新纂续藏经》第 75 册,第 339 页上。
③ 现存《佛祖统纪》本无智俨法师之传。

别其源,撰《贤首宗教志》。"①

志磐《贤首宗教志》之作,显然有其明确旨趣。综合而言,约有数点值得注意。一是对华严法界观的评论。二是对贤首五教仪的批评,称:"贤首既自立五教,至《起信论》明观法,则云修之次第,如天台《摩诃止观》。清凉既宗贤首,及疏《华严》,则引用天台性善性恶、三观三德、一念三千之文,然则教之与观,进退两失。"三是华严学僧对本宗教典的阐释,亦多见其不相一致之处,称:"贤首《华严疏》、《起信钞》,圭峰《圆觉疏》,长水《楞严疏》,所立义门,亦觉不同。"②

在述法藏简传后,志磐再引铠庵之论称:"愚法小乘不说转小成衍,又无别圆被接,及法华开显,则将毕世愚矣。始、终、圆、顿四教,皆无断伏修证分齐。至说《起信论》观法,则云修之次第如天台《摩诃止观》,岂非有教而无观耶?"③

在宗密简传之后,引从义神智之论称:"华严诸师不知众生因理本具诸法,但说果上诸法相即而已。若不谈具,何能相即?故知果上依正融通,并由众生理本者矣。然则一家所谈法门,一曰性体,此当正因;二曰性量,此当了因;三曰性具,此当缘因。具即是假,假即空、中,秖一法性有兹三义,会之弥分,派之常合,虽一一遍亦无所在。当知他宗谈乎法性,亦同今家性体、性量,以彼皆云法性真如与虚空等,但阙第三性具之义。"④从义神智泛称华严诸师,其实包括了圭峰宗密在内的唐代华严诸祖师。不谈性具,无缘因佛性义,惟论性体与性量,述正因、了因二佛性。

为了更完整地表述,《佛祖统纪》在《法运通塞志》中,有意附上李通玄的简传,而其评述则附录于《贤首宗教志》,称:"其立论以十处十会盛谈法界,与藏师疏旨不同,又以教主请主等十别对胜法华,而不知《法华》是开

---

① 《佛祖统纪》卷29,《大正藏》第49册,第292页下。
② 同上书,第292页下。
③ 同上书,第293页上、中。
④ 同上书,第293页下。

权显实之谈,不识《华严》是兼别说圆之典,故多为吾宗所斥。"①

《释门正统》卷8《贤首相涉载记》称:"山家自清凉隘路叛出之后曰,教观皆有莠苗朱紫之患,故荆溪以金錍义例穷其失,其心岂得已哉?一则曰愿来世诸佛会中与子相遇,二则曰归命诸贤圣,愿舍是非心,为树涅槃因,非欲贬量失至于今日,积有年矣。两家学者,枘凿冰炭。倘无知彼知己之功,徒劳接响承虚之力。为知彼故,撰贤首载记。"②华严与天台二教之间的冰炭处境,实与宋代的佛教政策及其所造就的佛教格局密切相关。

南宋时期,宗鉴于1237年(宋理宗嘉熙元年)撰《释门正统》,其实为教门正统之义,对于唐代华严教义学,特别是澄观与宗密所阐述的华严教义学,持有明确的批评。如在述澄观修学经历时,宗鉴援引铠庵之言称:"撮台衡三观之玄趣,使教合亡言之旨,心同诸佛之心,不假更看他面,谓别有亡机之门。昔人不参善友,但尚寻文。年事稍衰,便欲废教求禅,岂惟抑乎佛心,亦乃翻误后学。师虽有遍参之勤,亦悔学路之杂。"③

在述宗密简传之后,宗鉴综合评议澄观、宗密二位华严祖师参禅的心路历程,引铠庵之语称:"东坡寄子由诗,'凭君借取法界观,一洗人间万事非。'杨龟山云:'《西铭》会古人用心要处为文,正如杜顺和尚作《法界观》样。'前辈士夫留心学佛,但趋禅那一门,少知入道观法。二公所尚诚为难矣。然以天台教观格之,曾未造其藩篱。盖凡立观,要令行人修证必须依教,修何因,至何位,断何惑,证何理。如荆溪云。立三观,破三惑,显三谛,证三智,成三德。今法界观于彼宗五教中,未知定属何教?破惑显理,如何修证?若云依一乘圆教立兹观门者,且五教建立始自贤首,岂贤首未判教而杜顺先立观耶?抑杜顺立观与贤首判教悬合耶?岂

---

① 《佛祖统纪》卷29,《大正藏》第49册,第294页上。
② 《释门正统》卷8《贤首相涉载记》,《卍新纂续藏经》第75册,第358页上。
③ 同上书,第358页下。

彼教宗贤首观宗杜顺耶？圭峰注《法界观》修字云,止观熏习,造诣不知,是何止观？若单止单观,乃属小乘偏空修证（阿含比丘当修二法所谓止观）如何入华严称性法界？若三止三观,为次第耶？为一心耶？若次第者,须说先修何止观、到何位、断何惑、显何理。若一心者,亦须明说何位圆融而修？何位圆融而证？倘如旧传,乃文殊示现,岂菩萨别为一缘立此观法乎？不然,岂免永明之机？"①

华严禅的会通,影响极广,特别是在宋代士大夫学佛之风中,更是如此。其中,文士苏轼与理学家杨简的态度颇为典型。在宗鉴等正统的天台宗僧看来,华严法界观虽然可以作为华严与禅法会通的义理基本,但华严法界之观,并非由此可以等同为天台止观。

颇引人关注的是,在历述北宋子璇简传之后,宗鉴更是大段引铠庵之评论,称:"天台所判四教,本乎佛意。盖依如来藏,同体权实,大悲愿力,随顺物机,不获已而用。既机宜不同,致法有差降。从一实理,开于权理。权实二理,能诠教殊,故有四种差别教起。荆溪云,此之四释,关涉五时,牢笼八教。彼贤首五教,毕竟准何建立？愚法小乘,虽仅同天台,然不说转小成衍。又无别圆被接,又无法华开显,则将毕世愚矣。始、终、顿、圆,四教皆无断伏修证分齐,徒用经论相似语言配合耳。况天台所立四教,教下有观法。贤首既不遵天台判释,自立五教。至说《起信》观法,却云修之次第,如顗师《摩诃止观》,岂非有教无观,解行胡越？清凉虽禀荆溪止观,却宗贤首判教,广造《华严疏钞》,谬亦同科。圭峰《圆觉》、长水《楞严》,虽广有云云,盖同坑无异土矣。李长者《新论》四十卷,钱氏时永嘉永安分注经下成一百二十卷,名《华严合论》,其判教与天台不同,亦与贤首大异。兹乃三世达道所系,未易谈其始末,姑俟后贤明辨云。"②

---

① 《释门正统》卷8《贤首相涉载记》,《卍新纂续藏经》第75册,第359页中、下。
② 《释门正统》卷8《贤首相涉载记》,《卍新纂续藏经》第75册,第359页中、下。

在宗鉴及铠庵等宋代天台学人看来，天台藏、通、别、圆四教分判，不仅在圣言量上出于佛说之意，更依据如来藏思想而立教，权实同体，教观双行，解行相应，无不依众生根机差异而设教法。从天台智𫖮到荆溪湛然，五时八教，为天台教家所共持。而华严宗的五分判教（小、始、终、顿、圆），无论是贤首法藏，还是清凉澄观、圭峰宗密，其说虽或出于天台智𫖮，或禀受于荆溪湛然，却不同程度地存在着有教无观、解行割裂之弊。唯有长者李通玄的《华严经合论》，其判教之说既不同于天台，又与贤首判教相异，相当独特。

四明知礼是宋代天台教学的一大家，其义理判释有着至关重要的影响，知礼著有《天台教与起信论融会章》、《别理随缘二十二问》（并序）等作品，对台贤二家之异同问题多有论涉。知礼所论法藏据《起信论》阐释真如随缘不变二义，主张真如随缘义，对破唯识宗的真如不变义。荆溪是天台学僧中最早关注《起信论》的祖师，知礼于《指要钞》中"立别教真如有随缘义"。引入性为不改之义，实涵性觉或性本觉之说。若无性觉，就无法成立证果之行。如此佛性之觉，证果方成，不名为性。知礼的"别理随缘义"，联系法藏《起信论义记》之所论，其主要典据出于荆溪《金刚錍》所立"别教真如在迷能生九界"，故立别理随缘之义。真如一心既为生灭本，又为善恶本。所谓别理，是指别教一乘的理性如来，别理为佛性，能随缘净，能成佛果。故立别理随缘义。别理随缘的关键是理具三千。此理具，实为圆具，而非偏具。①

第七节　宋代华严的社会影响

南宋华严学僧内部以同教与别教关系为中心而展开的宗义之争，成为这一时期华严教学最引人关注的特征所在，与天台山家与山外有关真

---

① 宗晓编：《四明尊者教行录》卷4《别理随缘二十二问》（并序），《大正藏》第46册。

心与妄心之争一样,都表明了唐宋之际佛教义学传承中断及其再光的转折情形。宋代天台教的中兴,上接荆溪湛然而起;而华严师则前承圭峰宗密而兴。

除南宋华严之外,当时北方则有辽代的鲜演撰《华严经谈玄决择》六卷。此书选取了清凉澄观(738—839)《华严经疏》卷一至卷三及其复注的《演义钞》卷一至卷十五的重要语句,加以解释。现存完本有日本湛睿(1271—1346)的手抄本,收于金泽文库。①

《大方广佛华严经要解》,题为"宋温陵白莲寺比丘戒环集",撰于建炎二年(1128)前,叙称:"戒环向以《华严》海藏汗漫难究,遂三复方山长者疏论,述总要叙,疏条经旨,稍辨端倪。继沿缀缉清果明禅师所集《修证仪》,略解圣号表法。屡为贤达下询,愿尽九会之奥。因取清凉国师《纲要》,与论(《华严经论》)校雠,别为斯解。以方山为正,清凉为助。洞究全藏,才万八千言。庶几览者无异剖大经于一尘,睹法界于弹指也。"②

戒环相当重视李通玄在《华严经论》的研判与阐释。全书共分三个部分,首先是"悬叙",述《华严经》的根本宗旨,认为此经主要讲诸佛与众生的平等,全部经文都是"当人自性固有之德",这是基于性德立场而讲生佛平等。其次是"释题",讲《华严经》经文结构及各部分内容,完全依据李通玄"十会四十品"的识见解明《华严经》结构。由此可见,李通玄《新华严经论》在南宋佛教学界仍有着相当的影响。

华严宗尽管在南宋禅宗繁盛局面下,并未能够真正成为宋代佛教显学,但仍然绵延不断,一直有僧人在讲习、研读。特别是南宋时期,随着江南十方教院的兴建,作为一宗经本的《华严经》,在宋代社会中具有影响力,应该说仍保持着独特的教理优势。

大致来说,宋代社会对华严的信仰表达,不仅有义理阐释的关注,更

---

① 其卷一收录于《金泽文库资料全书》佛典第二卷《华严篇》。此外,《卍新纂续藏经》收有缺卷一的刻本。
② 戒环:《大方广佛华严经要解》,《卍新纂续藏经》第8册,第451页上。

有着实践方式的体现。其中,华严信仰的实践活动,主要是通过华严结社的形式来体现。① 宋代华严的社会影响,尽管缺乏唐中叶时期的官方或朝廷色彩,但仍然展现出明显的民间性与信仰性,同时甚至可以说也有着一定的地域性。具体而言,宋代江南社会的华严信仰,更多地表现为诸如诵经、写经及助刊刻经流通等方式。北方地区的华严信仰,因受李通玄、澄观等人直接影响,更注重五台山巡礼与对文殊菩萨的崇信。与此同时,有许多华严结社(如"华严净行社"等)推进,通过教净结合的信行活动,使华严信仰民众化,推进华严净土的落实。

宋代华严结社的信仰活动,往往通过以佛教寺院建设为主导的方式展开。在此过程中,既有新寺院的兴建,更有传统寺院的恢复。《真如教院华严阁记》称:"每岁之春,有般若社会,少长咸集,以数千计,念诵佛号……真如为贤首十方教院,自绍兴间(1131—1162)有僧用智者,华华重盖于兵火之余,号智华严。今戒月自淳熙二年(1175)为主席,遂有意建华严阁,心不退转,迄臻于成。"②

在宋代华严信仰渗透民间的过程中,诵经修行与净土修行相结合的方式,甚为普遍流行。清代《华严经持验记》曾记载若干类似事例。如宋文忠公欧阳修在其临终时,借诵《华严经》至八卷,安然坐逝。再如钱塘人孙良,隐居阅大藏,"尤得华严之旨,居恒诵持不废。后依大智律师,受菩萨戒,日诵佛万声"。还有松江秦氏净坚,自厌女身,与夫各处。精持斋戒,常披诵《华严》及《法华》、《光明》、《般若》等经,晨昏礼佛,兼修弥陀忏。

朱长文(1039—1098)可说是最推崇《华严经》的宋代士子。这位"六经皆能辨说"的博学之士,对《华严经》情有独钟,其撰《华严经赞序》一文,盛称《华严》之殊胜,远超《净名》与《法华》:"夫华严者,廓诸佛之心

---

① 长谷川昌弘:《关于宋代居士对华严经的受容》,《华严学论集》,第505页。
② 《真如教院华严阁记》,《嘉禾志》卷22。

境,莹万法之本际也。其为经,广大溥博渊邃妙乎。以言其性,穷法界之无尽。以言其相,视尘刹之交彻。以言其理,包空色以皆真。以言其事,摄一多而同现。虽释天之宝网,海藏之灵珠,不足以喻其光辉照彻也。无来往之异,无古今之辨。无作之作,鼓舞万类,无言之言,充遍群有。初心既悟,虽凡夫可入;积学未解,虽声闻莫睹。速证菩提,而为功不滞,兼济六合,而妙用难窥。此诚离权而就实,超渐而即顿也。盖降神出兴为一大事,始成正觉,即演是经。至于小乘之戒,以善制恶;三乘之教,谈空破有。《净名》之擎佛刹,《法华》之变龙女,咸所以应机接引,随根示化尔,非《华严》之比也。"①

朱氏还基于华严性起论,认为《华严经》之于佛典,如同《易经》之于儒典,其地位相当崇高。"予尝谓释典之有《华严》,犹六经之有大易。列卦以明时,立爻以通变,设彖以尽意,而两仪之道、万物之情具矣。《华严》陈世以宅性,名佛以筌德,布位以表法,而一真之体,万行之果备矣。故学儒而不为《易》,学佛而不为《华严》,焉足以穷理尽性也。"②

与朱长文一样,宋代丞相李纲(1083—1140)也精通《易经》与《华严经》,他同样盛赞"托事以表法"的华严法门,称:"《易》立象以尽意,《华严》托事以表法,本无二理,世间出世间亦无二道。何以言之? 天地万物之情,无不摄总于八卦。引而申之,而其象至于无穷,此即华严法界之互相摄入也。一为无量,无量为一,小中现大,大中现小。法界之成坏,一沤之起灭是也;乾坤之阖辟,一气之盈虚是也。易有时,其在华严则世界也;易有才,其在华严则法门也。"③

朱长文、李纲等人把《华严经》与《易经》一体统观,显然深受李通玄新华严经义学阐释中援易解经的影响,把华严教学中菩萨信仰论与修行实践论相结合,基于理事圆融统观,运用儒家"穷理以尽性"的性理论探

---

① 《圆宗文类》卷22,《卍新纂续藏经》第58册,第506页上。
② 同上书,第506页中。
③ 彭际清:《居士传》卷29,《卍新纂续藏经》第88册,第235页下。

究,体现了宋儒"学佛以知佛"的思想取向。华严经信仰在宋代士大夫中的普及情形,甚至影响到程颢、程颐等宋代大儒。如程明道尝称:"佛说光明变现,初莫测其旨,近看《华严合论》,却说得分晓,应机破惑,名之为光;心垢解脱,名之为明。只是喻自心光明,便能教化得人,光照无尽世界,只在圣人一心之明。所以诸经之先,皆说放光一事。"①以至于有"一部华严不如一艮卦"之说。

再如邹浩(字志完,号道乡居士,1060—1111),更是深受李通玄《华严合论》的影响。他尝"读《华严合论》,作颂曰:'华严佛菩萨,悲智咸遍周。广开方便门,主伴互酬请。于无言说中,说法无数量。我读诵思惟,获从信根入。闇逢照世灯,病遇雪山药,无价大宝珠,衣内忽然得。愿尽未来际,满足普贤行。一切导师前,一一兴供养。一切众生前,一一作利益。持经继有人,悉冀同我愿。'"②

当时华严观门对佛教信众影响的深刻,除李通玄《新华严经论》(《华严经合论》)之外,还有相传华严初祖杜顺(法顺)所撰的《法界观门》。如吕惠卿(1031—1111)尝撰《新注法界观门》,对其心物统观地称:"佛无心外法,则天下之物,无非心也,心体廓然,是真法界。故周徧含容而无所殊,则物胡为而不然哉?此一尘所以具一法界,而大千经卷所以破尘而现也。……唐有大菩萨曰社(杜)顺,深达是相,而哀众生之迷也,故著为观法,拣去情解,以显法体,镕融事理,以会无二,使观物物莫非真空者,则交参摄入自在无碍,此真入事严法界之门也。慧卿闻道十有余年矣,损之又损之,以求正念,而未之契也。及得是观,如其说而修之,乃真知天下之物无非心者,而吾心相不可得也。故横心之所念,而无能念可念;横口之所言,而无能言可言,则吾安往而不知哉?呜呼!昔人有以杜顺为文殊师利菩萨者,真不虚也。"③

---

① 朱时恩:《居士分灯录》卷下,《卍新纂续藏经》第86册,第600页中。
② 彭际清:《居士传》卷27,《卍新纂续藏经》第88册,第232页中。
③ 《圆宗文类》卷22,《卍新纂续藏经》第58册,第561页上、中。

翰林学士、承旨中书舍人苏易简(958—996)于淳化二年(991)撰有《施华严经净行品序》,记载了杭州昭庆寺省常法师发愿刺血写经、刊刻《华严经净行品》1000部,并"结八十僧社,散施念诵。"①义天《圆宗文类》中也保存了一些当时杭州昭庆寺华严结社的相关文献。

省常(959—1020),俗姓颜,字造微,浙江钱塘人(今杭州市)。7岁出家入寺,15岁剃度为僧。21岁从吴越僧副僧统圆明志兴为师,17岁受具足戒。21岁学通性宗,开讲《起信论》,雍熙年间(984—987),在僧众宣扬文殊菩萨信仰。后住杭州昭庆寺时,更是仿效慧远庐山莲社之举,在西湖边刻无量佛像,联络僧俗结莲社。由于省常本人对《净行品》深有感受,"成圣之宗要",遂改为"净行社"。华严以主导的净行,显然成为华严净土结合的一种有效样式。据称,参加莲社者多达千余人,其中士大夫达123人,以王旦(907—1017)为社首。此后净行社的规模一直得到扩展,影响南北各地,成为佛教文化活动的一桩盛事。朝臣人士,纷纷加入。

省常所推广的华严行持,包括刺血写经、造像、结社、刻经等方式,这得益于当时佛教信仰环境的改善。同时,华严信仰本身中也有许多可以扩展到社会层面的内容因素,如独特的菩萨信仰体系,可以满足不同人士的宗教崇拜需求,华严经本身的诸多感应灵异,可以满足普通信众的神秘性需求。而且,省常所推展的华严信仰,不同于唐代华严祖师经论互证的义学立场,亦不同于宋代其他华严僧人的义解取向,而是通过教净结合的途径,成为唐宋教禅结合的现实补充,这是顺应当时佛教活动方式的调整。

从历史上看,写经一直就是华严行持的重要方式。自南北朝以来,即有此传统。宋仁宗至和二年(1055),福建沙门文用发愿书写《华严经》,请翰林学士天水公,联合请公卿朝士六十三人,共同书写《华严经》

---

① 《圆宗文类》卷22,《卍新纂续藏经》第58册,第562页下、563页上。

一部。可惜经文仅写到一半，文用示寂，由钱塘沙门志广继续从事。历时八载，最终告竣，成为宋代写经的一项大事。写经本最终被珍藏于东京兴国寺。仁宗皇帝还特地为此举行盛大法会，"诏锡斋供，以侑其诚"。王钦臣则专门撰写了《大宋诸朝贤书大方广佛华严经序》，记载此事。

写经本身所蕴涵的无量功德，固然是当时道俗发愿写经的共同动机。但他们选择《华严经》，这一考虑则自有理由。对此，王钦臣的理解是："此经所明，该万法则以门户为谕，用喜舍则以回向为先，悦归往则以严侈为容，亘杳莽则以广大为目，此大方广之本也。至若圣仙非一，神变迭兴，十地同归，趣成法界，大方广之迹也。……大宋之兴，四圣丕承，法轮世转，守妙道于不言之教，范苍生于无名之德，俗仰大觉，而此书益兴人能广道，是之谓也。"①因此，诵写《华严》大经，既有经文本身的内在理据，更有现实人道的教化理由。

华严经教及其关注理事圆融的义学思想，与宋儒所强调的穷理尽性之学，有其共通之处。此外，华严行持实际效验也是华严行者所关注的内容。

翰林学士、承旨通奉大夫尚书吏部侍郎宋白（936—1012）《大宋杭州西湖昭庆寺结社碑铭（并序）》，记述省常所倡导的华严净行社的构成内容，而且做出了自己的评论。通过写经的传统行持方式，利用当时民间佛经刊刻的便利条件，将写经刊刻分发。然后则是兴造佛像，结合经本与佛像，通过结社的形式进行社会教化。"士人闻之，则务贞廉，息贪暴，填刑网，矜人民。释子闻之，则勤课诵，谨斋戒，习禅谛，悟苦空。职司闻之，则慕宽仁，畏罪业，尊长吏，庇家属。众庶闻之，则耳苦辛，乐贫贱，精伎业，惧宪章。善者闻之而迁善，恶者闻之而舍恶。"②

至于著名的无尽居士张商英（1043—1121），他不仅撰《华严决疑论

---

① 《圆宗文类》卷 22，《卍新纂续藏经》第 58 册，第 559 页下。
② 《大宋杭州西湖昭庆寺结社碑铭（并序）》，《圆宗文类》卷 22，《卍新纂续藏经》第 58 册，第 563 页下、第 564 页上。

序》,还撰《昭化院记》,极其推崇《华严经》所表述的信仰立场,特别是毗卢遮那佛(智体)、文殊菩萨(妙慧)、普贤菩萨(行用)三圣信仰的圆融统观,进而归于弥勒信仰。张商英的华严信仰,甚具代表性。他说:"此经也,以毗卢遮那为根本智体,文殊为妙慧,普贤为万行,方其起信,而入五位也。则慧为体,行为用。及其行圆,而入法界也,则行为体,慧为用。体用互参,理事相彻,则无依无修,而佛果成矣。"①由此可见,宋代华严信仰的普遍盛行,有着体用、理事等华严教理的思想基础,可说是华严教理的实践体现。而张商英则在此过程中,起着一种示范性的作用。对于张商英的护教之心,时人评述称:"居士位至极品,晚年好佛重道,建华严阁,设斋醮会,释子黄冠,纷纷趋之,道士教化,令诵《金刚经》,为之结般若缘,故云,财法二施,遇僧劝看道德经,使互相知有也,然护教之心,真如是耳。"②

张商英与宋代华严的推展,交涉颇深。据《华严七字经题法界观三十门颂》卷上载,宋元祐三年(1088),张商英礼请隐居嵩山的广智本嵩(生卒不详)到开封,住持夷门寺。本嵩,开封人氏,始听《华严》大经,深通玄奥。终历诸祖禅林,洞明宗旨。宋神宗元丰六年(1083),罢参隐嵩。五年后,无尽居士闻本嵩大名,谨率群贤,邀师入京,请讲法界观门,广惠禅、教学徒。本嵩后造《通玄记》三卷,剖文析义,映古夺今。并述七字经题,撰现存的《三十观门颂》。"纪纲经观节要,显出禅门眼目",住开封夷门大刹,奏赐"广智大师"号后住报本禅寺而终。③

《华严七字经题法界观三十门颂》共上、下二卷,系仿效宋代禅宗所盛行的颂古形式,以韵文诠解杜顺的《法界观门》,所谓"纪纲经观节要,显出禅门眼目"。本嵩显然并非严格意义上的华严学僧,而是以一位禅师的身份诠解华严义理,表达了华严与禅宗的结合主张。禅学化

---

① 张商英:《决疑论后记》,《大正藏》第36册,第1049页下。
② 熙仲:《历朝释氏资鉴》卷10,《卍新纂续藏经》第76册,第239页下。
③ 参见《华严七字经题法界观三十门颂》卷上,《大正藏》第45册,第692页下。

的华严理解,显然是继承了澄观、宗密以来的华严与禅的会通,即华严禅的方法。更进一步地说,宋代华严宗的弘传及其社会影响,还体现在教禅会通、教净合流的实践活动中,即华严禅、华严净土的具体推展中。

唐代清凉澄观、圭峰宗密等人倡导华严与禅的结合,为后世华严禅的推进奠定了重要的理论基础。华严义学中一心法界的圆融统观,则构成华严与禅结合的义理基础。随着宋代禅法的兴盛,华严禅的推展成为一种共同的趋势,并且也为社会各界的佛教信行者所普遍认同。其中,无为子杨杰的识见,颇具典型意义。

杨杰尝为道亭《华严一乘分齐章义苑疏》撰前后两序。杨杰本人不仅"明悟禅宗",与当时禅僧交游颇繁,且文才出众,常识渊博,故禅僧语录多请其为撰序跋。对于净土,杨杰同样甚为留意,尝撰有《安乐国三十赞》等文,为人传诵一时。《乐邦文类》卷三载:"本朝士大夫洪赞净土,入正定聚,唯公(即杨杰)泊王敏仲侍郎二人而已。"[①]清代彭际清《居士传》更为此二人作合传。

杨杰撰有《请讲大方广佛华严经疏》,记载了当时礼请华严高僧有诚法师宣讲大经的经历,其文简要地叙述了《华严经》的要义内容:"法界众生,本大方广。因沉苦海,误认浮沤,不知幻身,实同诸佛。佛称是性,说《华严经》。付嘱大心凡夫,超绝假名。菩萨色空,泯寄理事。相明磨镜露光光,由中出焦摸见像。像匪外来,尘尘具足解脱门,品品含容无量义。九会同时,音遍于迩遐;孤月三舟,异目妄分于去住。所谓一证一切证,一断一切断,成最正觉,顿示大根,非如它宗,进有揩渐,不遇明智,孰穷指归。讲主诚师,从闻思修达体相用;东际瞻仰,早悟菩提。南方游行,遍参知识。鼓倡一乘之教,洞开三观之门。自发初心,即周海藏。不

[①]《大宋无为子杨提刑传》,《大正藏》第47册,第195页下。

移本位,应请河沙大众所依,当毋辞避。"①通过此文,可以了解到宋代《华严经》宣经活动的大致情况。

在南宋时期,除了专弘华严的学僧撰著之外,还出现了一批兼弘华严者撰著的作品。如南宋初年,僧人道通兼习华严与法相唯识义,他曾先后完成《法界观披云集》,注解杜顺的《华严法界观》,另有《华严经吞海集》一卷,其内容都是转述唐代华严学的义理观点。道通被时人称为"传贤首教明悟大师"。

《华严经》本身在佛教经典的殊胜地位,固然是吸引宋代朝臣士大夫关注的原因,此外在《华严经》基础上阐释的华严宗教义,如行果与法界的圆融统观、理事一体圆融无碍的思想,与儒家传统中主张开务成物的经世理念之间未必有很大的距离。同时,华严义学中对于性、相、理、事关系的圆融处理,也可以符合现实的教化秩序。因此扩大了华严宗的社会影响。

华严与净土信仰的结合,也是华严宗产生影响的重要修持实践。对于推进华严净土思想,宋初省常是其典型僧人。他根据《华严经净行品》,既有经文的理解,又与当时的净土信仰结合起来。至于华严与禅法的结合,则以圆悟克勤之华严禅为代表。

圆悟克勤(1063—1135)②,字无著,俗姓骆,彭州崇宁人(今四川成都)。于妙寂寺依自省出家,先后从学于真觉胜、玉泉承皓、真如慕喆、庆藏主、黄龙祖心、东林常聪、白云守端习禅,终得法于五祖法演。圆悟历住四川成都昭觉寺、湖南澧州夹山寺、湘西道林寺、开封天宁寺等,特别还奉旨住持金陵蒋山,名冠丛林,法道大振,成为北宋末年最具盛名的临济宗僧。圆悟在宋代禅宗史上最著名的活动是依雪窦重显《颂古》创造了《碧岩集》,把禅宗公案、颂古与佛教经论结合起来。

---
① 《圆宗文类》卷22,《卍新纂续藏经》第58册,第564页下、第565页上。
② 有关圆悟克勤之行历传记,可参见《续传灯录》卷25、《五灯会元》卷19、《僧宝正续传》卷4、《历代佛祖通载》卷20等。

圆悟对于华严教理最典型的征引，见于《碧岩录》卷9：

君不见，网珠垂范影重重，雪窦引帝网明珠，以用垂范，手眼且道落在什么处？华严宗中，立四法界，一理法界，明一味平等故。二事法界，明全理成事故。三理事无碍法界，明理事相融大小无碍故。四事事无碍法界，明一事遍入一切事，一切事遍摄一切事，同时交参无碍故。所以道，一尘才举大地全收，一一尘含无边法界。一尘既尔，诸尘亦然。网珠者，乃天帝释善法堂前，以摩尼珠为网，凡一珠中映现百千珠，而百千珠俱现一珠中，交映重重，主伴无尽，此用明事事无碍法界也。昔贤首国师，立为镜灯谕，圆列十镜，中设一灯。若看东镜，则九镜镜灯历然齐现，若看南镜，则镜镜如然。所以世尊初成正觉，不离菩提道场，而遍升忉利诸天，乃至于一切处，七处九会，说《华严经》，雪窦以帝网珠，垂示事事无碍法界，然六相义甚明白，即总即别，即同即异，即成即坏。举一相则六相俱该，但为众生日用而不知。雪窦拈帝网明珠，垂范况此大悲话，直是如此。尔若善能向此珠网中，明得拄杖子，神通妙用，出入无碍，方可见得手眼。①

据上所引，圆悟对华严宗教义中的四法界、六相说甚为熟知，同时也借寻窦重显的机语，表明了对华严学中帝网喻、镜灯喻的激赏。特别是通过表示事事无碍法界义的"帝网珠"，完全可以直接通达禅悟境界。尽管《碧岩录》的问世，意味着中国禅宗阐释悟修方式的改变，但这种改变所导致的修行效应之一，对于华严教学来说，却是一种广为修行者所熟悉的机遇。如圆悟引雪窦之解，以表达其对华严教义学的理解。对金元时期的禅僧万松秀行来说，同样如此。他们与其说是借禅说华严，倒不如说以华严说禅，以华严作禅解。

在《圆悟语录》中，更以华严法界义为参话头的对象，把大方广佛的

---

① 《碧岩录》卷9，《大正藏》第48册，第214页中、下。

华严境界与宗门当下现世的禅悟境界并举:

> 所以道,显大机,明大用,得失俱丧,是非杳忘。绝尘绝迹,透色透声。重重无尽,事事圆融。又如华严法界无边香水海,不可说浮幢王刹,尽向这里一时开现。即此现成,即此受用。不以眼见,不以耳闻,不以口谈,不以心知,还证得么? 若也证得,不必觉城东际初见文殊,楼阁门开方参慈氏。敢问大众,且道,即今是什么人境界? 举拂子云,卢舍本身全体现,当机直下没纤毫。①

据记载,圆悟尝与无尽居士张商英"剧谈华严旨要",同样引申四法界之说。

> 曰:"华严现量境界,理事全真,初无假法,所以即一而万,了万为一,一复一,万复万,浩然莫穷,心佛众生,三无差别,卷舒自在,无碍圆融。此虽极则,终是无风匝匝之波。"翌日,复举事法界、理法界,至理事无碍法界。圆悟又问,"此可说禅乎?"公曰:"正好说禅也。"圆悟笑曰:"不然。正是法界量里在,盖法界量未灭,若到事事无碍法界,法界量灭,始好说禅。……是故真净偈曰:'事事无碍,如意自在,手把猪头,口诵净戒,趁出淫坊,未还酒债,十字街头,解开布袋。'公曰:"美哉之论,岂易得闻乎? 夫圆悟融通宗教若此,故使达者心悦而诚服,非宗说俱通,安能尔耶?"②

张商英颇为推崇圆悟之禅,其中自然也包括对其华严禅的推崇。时有潭州智度觉禅师,自幼聪慧过人,书史过目成诵。出家后,因诵《华严经·现相品》"佛具无有生,而能示出生,法性如虚空,诸佛于中住,无住亦无知,处处皆见佛",于是悟入华严境界,在成都为众讲解《华严》,剖发微旨,无出其右。不久,发心参禅,出峡谒张商英于荆南。张商英力荐,

---

① 《圆悟佛果禅师语录》卷2,《大正藏》第47册,第722页上。
② 晓莹:《罗湖野录》卷上,《卍新纂续藏经》第83册,第377页下、第378页上。

参禅应以圆悟为指南,并遣书为其引介。经由圆悟的锤炼,终有大成。"其得乐说之辨,以扶宗振教为己任,非驰骋于驾词而已,至于宗门统要机缘,无不明之以颂,古今名僧行实,无不著之以传。"①

---

① 晓莹:《罗湖野录》卷下,《卍新纂续藏经》第83册,第388页中。

第八章　宋代律宗的中兴

第一节　宋代的律师及其撰述

　　与五代时相比,北宋时,佛教律宗作为一个宗派恢复了强大的生命力。在首都东京汴梁(今河南开封),律宗三宗仍然较为兴盛,各有其嗣。不过,虽然三宗并存,但仍然是南山一宗成为律学的主体,相部宗和东塔宗不仅理论不彰,其师传系统也不甚明晰。宋代中期以后,律宗传承仅是南山一系。

　　宋代的律师很多,除去后世著名者如赞宁、允堪、元照、守一、了然、妙莲等之外,还有许多律师散见于《佛祖统纪》、《佛祖历代通载》等史传类典籍以及禅宗灯录类文献之中。但《佛祖历代通载》为律师单独立传者仅为灵芝元照,且廖廖数语。在明代释明河撰的《补续高僧传》的"明律篇"里,记有属于宋代的传主仅有柳律师、圆觉律师和了兴律师三位。他们生平均不详。柳律师,仅知其持律苦行,居于蜀开县大觉寺,本僧传的作者释明河仅从寺中柳律师的剥落行碑上知其"经律论藏,无不该览",其他不详。① 金陵能仁寺圆觉律师,曾得宋太宗召见并赐紫衣等,高

---

① 明河:《补续高僧传》卷一七《柳律师传》,《续藏经》第77册,第490页上。

名声振江南，其后宋真宗又赠以诗章，称赞他为"有精勤演律达真风，释子南禅道少同"。① 了兴律师（？—1017）是"遵戒律务勤勇，颇多异迹"。值得一提的是他坐化前曾有一偈："不愿生天及净国，只明心地本圆常，毗卢妙性非来去，耀古腾今遍十方。"② 如果考虑到宋代流行净土思想的大背景，说明了兴律师的思想还是很有特色的。另外，在基本同一历史阶段，还有属于辽金的律师法均、悟敏，以及传戒大师悟铢等。

北宋时期，中国律学有南北两个中心，北方以当时北宋都城东京汴梁为代表。在南方，从南北朝以来佛教和律学研习就十分兴盛的江南吴越一带律学仍然十分繁荣，以临安（今杭州）为代表。

首善之地的东京汴梁一带佛教十分兴盛。首都汴梁，由于是全国的政治文化中心，加之北宋初年，帝王相当重视佛教，所以律宗也十分繁荣。"汴京自周朝毁寺，太祖建隆间复兴，两街止是南山律部、慈恩、贤首疏钞义学而已。士大夫聪明超轶者，皆厌闻名相之谈，而天台止观、达磨禅宗未行也"③。这时，不仅相部、南山和东塔律宗三家都有人在活动，而且"三宗并盛"④。

从广义的角度而言，北宋初的一段时间，律学还是十分受重视的。如北宋太祖建隆元年（960），"制革相国寺六十四院，为二禅八律"⑤。元丰五年（1082），神宗皇帝又辟相国寺六十四院为八，禅二律六。⑥

五代时期，北方戒坛不兴，律学沉寂，所以北宋刚立国不久，戒坛即受到皇帝的重视并得以重开。如宋太祖时，以僧尼无间，遂勅尼寺置坛受戒，尼大德主之。⑦ 大中祥符二年（1009），真宗诏升州（今南京）崇胜

---

① 明河：《补续高僧传》卷一七《圆觉律师传》，《续藏经》第 77 册，第 490 页上。
② 明河：《补续高僧传》卷一七《了兴传》，《续藏经》第 77 册，第 490 页上。
③ 觉岸：《稽氏稽古略》卷四，《大正藏》第 49 卷，第 412 页中。
④ 赞宁：《宋高僧传》卷一六《澄楚传》，《大正藏》第 50 卷，第 812 页上。
⑤ 念常：《佛祖历代通载》卷一九，《大正藏》第 49 卷，第 669 页下。
⑥ 同上书，第 677 页中。
⑦ 志磐：《佛祖统纪》卷五三，《大正藏》第 49 卷，第 463 页上。

寺,赐名承天甘露戒坛。真宗还重视僧众的行走威仪,所以也曾勅制释门威仪,以为迎导之法。① 大中祥符三年(1010),诏京师太平兴国寺,立奉先甘露戒坛。天下诸路也都筑立戒坛,共72所。同时,又于京师慈孝寺别立大乘戒坛。②所以允堪如此说:"今上皇帝,昔受佛记,岁度缁伍,常欲使能仁之道与夫周孔之教皆布护于天下也。"③

北宋初期,著名的律师为赞宁(919—1001)。赞宁出家后,具探律部、博通三藏,师从法宝律师的门人钱塘千佛寺希觉律师,专习南山律学。赞宁有着净律结合的思想,并被尊称为"律虎"。赞宁的律学著作有《律钞音义指归》三卷(今不存)。入宋后,赞宁曾于首都汴梁和洛阳任左街讲经首座、西京教事、右街僧录等职。虽然我们可以从他在《宋高僧传》的行文中以及对相关人物的评论看出他的一些律学观点,但由于他没有专门的律学著作传下,所以今天很难详述他的律学思想。由于赞宁著有《宋高僧传》和《大宋僧史略》,所以他主要是以佛教史传作者的身份流芳于中国佛教史的。

整体上说,此时汴梁的律学研学并无突出的特色。不仅传统的"《行事钞》六十家"中没有生活于此地的律师,甚至今天也难以见到此阶段本地律师的律学著作④。虽然有一些僧人对律学的研究受到重视——如东京天清寺傅章(910—964),"日诵三经兼二戒本",曾被周高祖赐紫方袍,宋太祖乾德二年(964)赐其号为"义明",⑤但是此阶段首都律师的活动今

---

①② 志磐:《佛祖统纪》卷四四,《大正藏》第49卷,第404页上。
③ 允堪:《新受戒比丘六念五观法》序,《续藏经》第59册,第601页下。
④ 在《宋高僧传》卷七《归屿传》中说,曾被赐号"演法大师"的梁时东京相国寺归屿(862—936)从本郡道宗律师出家,后"犹慨义章未为尽善,乃之今东京相国寺,遂糅新钞,讲训克勤,……然睹旧钞有所不安,未极其理,遂搜抉精义于三载,着成二十卷,号曰《会要》。"不知其中的"新钞""旧钞"中否是指怀素和法砺两家的律钞。参见《大正藏》第50卷,第746页下。
⑤ 赞宁:《宋高僧传》卷七《傅章传》,《大正藏》第50卷,第751页上;另一方面,在徽宗政和、重和年间(1111—1118),僧灵素因祷雨之事在皇帝、开封府尹和蔡京之间引发一场政治冲突,有华严、朋觉两位律师作为其首而被捕,可见当时的律师在社会上还是很活跃的。参见《佛祖统纪》卷四六,《大正藏》第49卷,第420—421页。

天难以细说。作者的"序"写于南宋绍兴十七年(1147)的《东京梦华录》，记述了北宋首都汴梁自崇宁二年(1103)至靖康元年(1126)共23年的城市资料，也记述了当时首都一些佛教僧侣的活动，如在其卷八"四月八日"一节中有"十大神院各有浴佛斋会"之说，但却没有提到专门的律寺。①

北宋时代的律学中心和理论研习事实上仅存于南方的吴越一带。此地律师众多，著疏繁荣，其佼佼者如赞宁、允堪、元照等均居于此地。除此之外，还有一些散见于文献中的律师。在南方余杭临安一带有许多寺院，它们一方面以传承天台律学或宣扬净土为己任，另一方面又坚持佛教戒律的弘传和戒坛的开立。其最有名者以大昭庆寺、龙兴祥符戒坛寺和灵芝崇福寺三大律寺为代表。这三大寺院都筑有戒坛，成为五代至北宋间的吴越律学乃至整个国家事实上的律学中心。

大昭庆寺位于今天杭州西湖北岸，后晋天福元年(936)由当时的吴越王钱氏始建，北宋太祖乾德二年(964)重建，后南山律学传人永智律师住于本寺，高扬南山律学。太祖太平兴国三年(978)，永智律师于此寺筑戒坛，因此他被视为本寺弘律第一代。② 由于该寺在弘宣毗尼活动中的社会影响巨大，甚至皇帝也有所闻，所以太平兴国七年(982)曾被赐额"大昭庆律寺"。仁宋庆历二年(1042)允堪律师"依此行道"，主持大昭庆寺戒坛，并于此写有一系列的著作，于是该寺律学大振。仁宗皇祐元年(1049)春天，允堪曾奉旨于本寺说戒。大昭庆寺戒坛，始于永智而大成于允堪。③ 此后至于明代，本寺常于每年三月三放戒，只是到了清代才改为三月十八日④。允堪之后的元丰年间(1078—1085)，元照继席昭庆寺

---

① 参见孟元老《东京梦华录(外四种)》，第47页，上海，上海古典文学出版社，1956年。
② 吴树虚：《武林大昭庆律寺志》卷八《僧伽上》，《中国佛寺史志汇刊》第一辑，第16册，第273页，台北，明文书局，1980。
③ 参见吴树虚《武林大昭庆律寺志》卷六《戒坛》和卷三《菩提院》，《中国佛寺史志汇刊》第一辑，第16册，第98页，第222、223页。
④ 吴树虚：《武林大昭庆律寺志》卷六《戒坛》，《中国佛寺史志汇刊》第一辑，第16册，第245—246页。

戒坛。在元照的主持下,昭庆寺律学显赫一时。每岁说戒时,海内缁流云集,推长于五宗的长老登坛说法,其徒跪而听之,是为"受戒"。① 大昭庆律寺,它"以律名寺,与教观禅宗法门分轨"②。本寺的律学活动是当时江南律学的典型代表,一是作为当时的律宗祖庭,弘宣戒律、重在轨仪,另一方面又结社念佛、提倡净土,反映了当时的律学特色和本地区诸宗融合的趋势。北宋淳化至天禧年间(990—1021),僧省常曾驻锡于该寺,并结"华严净行社",提倡念佛。僧省常作有《钱塘西湖净社录》三卷③。从宋至明,本寺四毁于兵、五灾于火④。

龙兴祥符律寺位于今天的杭州,由南朝梁时僧祐创始。吴越时期宝正六年(931)建戒坛院。在历史上,本寺名称多有变革,北宋真宗大中祥符元年(1008)改名"大中祥符寺"(或作"太平祥符寺"),元代以后称为"戒坛寺",后被合称为"龙兴祥符律寺"或"龙兴祥符戒坛寺"。⑤ 自僧祐始,该寺住过许多中国佛教史上的著名人物,元照即于该寺出家。仅唐末、五代至北宋这一段时间,即有如灵一、灵祐、宗亮、守直、鸿楚、希觉、赞宁、慧鉴等律师住锡于此。

至于南宋时,律师队伍仍然存在,但是由于律师入净、禅宗兴盛等多方面原因的影响,加之社会文化的变化,律宗学说的影响力和律师队伍的主体性均已暗淡,此时对戒律学思想有影响的律家也不多见,以至于在蒙古人征服南宋之后,南方境内竟然达到"教不流通"的程度。⑥

南宋时,佛教仍然被视为教、律、禅三分。如朱熹说:"佛家有三门,曰教,曰律,曰禅。禅家不立文字,直下识心见性;律法甚严,毫发不容罪

---

① 《武林梵志》卷五,《杭州佛教文献丛刊》,第101页,杭州,杭州出版社,2006年。
② 吴树虚:《武林大昭庆律寺志》卷六《戒坛》,《中国佛寺史志汇刊》第一辑,第16册,第222页。
③ 《宋史》卷二〇五,第5187页。
④ 吴树虚:《武林大昭庆律寺志》卷二《戒坛记》,《中国佛寺史志汇刊》第一辑,第16册,第66页。
⑤ 张大昌:《龙光祥符戒坛寺志》卷七《僧伽表》,《中国佛寺史志汇刊》第一辑,第29册,第275—283页,台湾明文书局,1980年。
⑥ 念常:《佛祖历代通载》卷二二,《大正藏》第49卷,第723页中。

过。"①朱熹的说法从一个方面较为客观地反映了当时禅律教之间的关系。《居士分灯录》中即记有他对此问题的认识:

> 吾儒若见得道理透,就自己心上理会得本领便是兼得禅的;讲说辨订,便是兼得教的;动由规矩,便是兼得律的。②

朱熹以之为例说明时人多言为事所夺,所以有妨讲学之理的荒谬,正如"不能使船,嫌溪曲耳"。《居士分灯录》作者为明代朱时恩,书成于崇祯五年(1632),其论如果不是朱熹所说,那也反映了自南宋之时的禅律观,或至少反映了朱时恩时的思想。

南宋时,临安的明庆寺,其地位相似于北宋时期的东京大相国寺,凡朝廷诸如祷雨、赐宰执百官、建散圣节道场等活动都在此举行。南宋淳祐六年(1246),明庆寺重建法堂时,理宗曾为其御书"南山道场"以之为额。③ 由之可见,南宋时律宗还是受到重视的。但是,由于佛教义学不昌,理论几乎一蹶不振,僧团中的戒律持守也受到影响。除禅、净二宗在社会上还具有一定的影响之外,与天台、贤首两宗一样,律宗乃仅存微缕。甚至佛教圣地天台山一带到了律宗不存的地步,以至于在元照入化不久的南宋绍兴年间(1131—1162),妙堪禅师(1177—1248)如此道:"天台旧无律宗,居报恩也,与大卿齐公议,合十寺为大刹,筑戒坛,命负毗尼学者,倡开遮持犯之法,风励新学,台始行南山宗也。"④显而易见,律学的衰落是相当严重的。

五代之乱,诸宗典籍散佚众多,唐代道宣等律宗大德的律学撰述亡逸众多。但是,"教者所以辨其道,文者所以持其教"⑤,所以作为一种补充和必须,宋代律宗撰述很多。不过,与五代时期相似,宋代律宗和律学

---

① 朱时恩:《居士分灯录》卷下,《续藏经》第86册,第609页中。
② 朱时恩:《居士分灯录》下卷,《续藏经》第86册,第609页中。
③ 吴之鲸:《武林梵志》卷一,杭州出版社,2006,第15页。
④ 明河:《补续高僧传》卷一一《笑翁堪公传》,《续藏经》第77册,第447页上。
⑤ 元照:《芝苑遗编》卷下,《续藏经》,第59册,第651页上。

类撰述的最大特色是此时的律师一般不再把重点放在《四分律》上,而是直接以注疏《行事钞》为己任。在史上注《行事钞》的六十家中,属于北宋时代的有九人。他们是①:杭州处云,著有《行事钞拾遗记》三卷;越州普济,著有《行事钞集解记》十二卷;京兆天寿寺赞宁,著有《行事钞音义指归》三卷;昇州德明,著有《行事钞正言记》十卷;杭州择悟,著有《行事钞义苑记》七卷;钱塘菩提寺允堪,著有《行事钞会正记》十三或十二卷;温州文博,著有《行事钞简正记》不详卷数;灵芝崇福寺元照,著有《行事钞资持记》十六或十二卷。上述著作,除去元照的著作之外,其他今均不存。

不包括下文将要提到的赞宁、允堪和元照的一些著作,两宋时期,其他主要律学著作或与律学相关的著作还有:道言述《释四分戒本序》一卷;道标的《资持记立题拾义》一卷;则安的《羯磨经序解》一卷、《资持记序解并五例讲义》一卷;慧显集《行事钞诸家记标目》一卷;彦起的《释门归敬仪护法记》三卷(今存卷上);了然的《释门归敬仪通真记》三卷;妙生的《佛制六物图辩讹》一卷、《三衣显正图》一卷;惟显编《律宗新学名句》三卷;了然、智瑞、妙音的《律宗问答》二卷(系回答日本僧人俊芿的问题而成);守一述、行技编《终南家业》六卷;守一集《律宗会元》三卷;妙莲撰《蓬折直辨》一卷;妙莲撰《蓬折箴》一卷;辽澄渊撰《四分律行事钞评集记》十四卷(或名《四分律钞详集记》及科文三卷,前者现存有韩国海印寺版本)②;智圆述《南山祖师礼赞文》一卷;仁岳述《南山祖师礼赞文》一卷;则安述《大智律师礼赞文》一卷。上述著作,今天均存。还有以下著作,但仅存篇目:梵琦律师的《释门归敬仪科节》③;择其的《律宗行事

---

① 戒月:《行事钞诸家记标目》,《续藏经》第 44 册,第 304 页下至 305 页上。
② 参见义天编《新编诸宗教藏总录》卷二,《大正藏》第 55 卷,第 1173 页下,以及《佛光大辞典》"澄渊"条,《佛光大辞典》第七册,第 6103 页。
③ 参见彦起《释门归敬仪护法记序》,《续藏经》第 59 册,第 432 页上。从彦起的序中知道,该梵琦律师生活于北宋,其科节成于宣和年间(1119—1125 年),其他不详。

仪》①；智肱的《注删补僧戒本科》一卷、《注删补僧戒本阐宗记》三卷②。

另外，还有一些他宗僧人对佛教戒律和仪规的研究著作，如：延寿述《三时系念佛事》一卷和《三时系念仪范》一卷、净源编叙《首楞严坛场修证仪》一卷、道楷的《祇园正仪》一卷、净源录《圆觉经道场略本修证仪》一卷、宗晓编《施食通览》一卷等。

值得指出的是，因为诸家律师都把律学的注意力从《四分律》等原初典籍转移到了《行事钞》上，律师们的研习失去了理论的创新，除去元照等个别外，其文所述所行不仅大都难以超越《行事钞》的理论高度，甚至其后的诸本注疏也难以超越其前的同类注疏。

对于律宗而言，南宋时重要的事情即是律宗著作入藏。由于宋代第一版（即蜀版）大藏所收经文篇目以《开元释教录》所收的篇目为限，而南山三大部不在此篇目中，所以唐代道宣律师的主要著作没得收入。南宋末宝祐六年（1258）十一月，临安明庆寺闻思律师上书请诏，得准将道宣三大部著作以及大智元照律师的述记三部共七十三卷入藏而得印行，此为律宗的典籍保护作出了重要的贡献。③

南宋时禅宗的诸本清规对僧团丛林的戒律状况也有着重要的影响，更是此时广义的佛教律学的重要内容。禅门清规始于唐代百丈怀海，但因历经国家战乱、社会变迁、僧团成分的改变，古本清规也多有混乱佚失，于是两宋时便不时出现或对古清规整理与重订、或对禅门规式进行厘订拣择之举，这也就形成了宋代的清规律学。如宗颐集《禅苑清规》十卷、宗寿集《入众日用》和《入众须知》各一卷、惟勉编次《丛林校定清规总要》二卷等。这些清规的内容是对僧众规定了起床、洗面、着袈裟、展钵、吃食、看经、入厕、入浴、卧床以及寮中堂中的各种进退作法等的规式，它

---

① 义天：《新编诸宗教藏总录》卷二，《大正藏》第55卷，第1174页下。
② 参见弘丽《释四分律比丘尼钞科文跋》，《续藏经》第44册，第705页上；及义天《新编诸宗教藏总录》卷二，《大正藏》第55卷，第1174页上。
③ 志磐：《佛祖统纪》卷四八，《大正藏》第49卷，第432页下。

们对元明两代丛林和僧团建设也起到了一定的作用。

第二节　宋代律学的特点

一、儒家伦理化倾向

宋代律学一个重要的特点即是在三教合一或儒佛合一的思潮影响和作用下，出现了佛教戒律儒学伦理化倾向。从大的文化背景上说，此时对佛教的戒律进行了儒学化的诠释也广受社会欢迎。

对佛教戒律进行儒家伦理化的比附或理解，从汉魏以来历史上即已有之。北宋时的三教合一走向纵深，在此大背景下，两宋时期对律学思想进行儒家伦理化倾向的理解也很突出。佛家授儒入佛，儒者也以较为客观的态度看待佛教。三教融合成为一种时代思潮，自然就会有僧俗以儒家思想来诠释佛教，以儒家的纲常伦理来诠释佛教的戒律。

北宋咸平元年（998），宋真宗作的《御制崇释论》即表达了这种思想。文中说，奉佛有十力，依之能够：

> 辅兹五常，上法之以爱民，下遵之而迁善，诚可以庇黎庶而登仁寿也……释氏戒律之书兴周孔荀孟，迹异而道同，大指劝人之善禁人之恶。不杀则仁矣，不盗则廉矣，不惑则信矣，不妄则正矣，不醉则庄矣。[①]

南宋淳熙八年（1181），宋孝宗所作的《原道论》也反映了以儒家伦理诠释佛教戒律的思想。《原道论》不仅旨在调和儒释，而且对此时戒律学思想也有着一定的影响。《原道论》说：

> 朕观韩愈原道，言佛老之相混、三教之相纰，未有能辩之者，但文烦而理迂，揆圣人之用心则未昭然，何则释氏专穷性命，弃外形骸

---

① 志磐：《佛祖统纪》卷四四，《大正藏》第 49 卷，第 402 页上。

不著名相，而于世事了不相关，又何与礼乐仁义哉。然尚犹立戒，曰：不杀、不淫、不盗、不饮酒、不妄语。夫不杀仁也，不淫礼也，不盗义也，不饮酒智也，不妄语信也。如此与仲尼又何远乎！从容中道圣人也。①

从历史上看，虽然此种调和与比附并无新意，也没有超越历史上南朝刘宋文帝、唐玄宗等帝王认识，但这种思想是以两位皇帝御制之论而行的，此作用应当说相当深远，甚至可以说是对佛教传入中国千余年来调和儒释思想、以五戒比附五常的一次官方认定。

在教内，以儒家五常比附于佛教戒律的重要代表即为契嵩。他以"五戒"等同于儒家的"五常"。如他说："人乘者，五戒之谓也。……以儒校之，则与其所谓五常仁义者，异号而一体耳。"②这也即是"夫不杀，仁也；不盗，义也；不邪淫，礼也；不饮酒，智也；不妄言，信也"③。同时他又把仁义礼智比做为布施、恭敬、无我慢、智慧和不妄言绮语，它们虽然名称有所不同，而其所以立诚修行、善世教人却是相同的。因为圣人之为心者，欲人皆善，使其必去罪恶也。④

赞宁律师也从守心治世的角度将三教进行融合。他说，三教本可合于一理，释氏之门周其施用，以慈悲变暴恶，以喜舍变悭贪，以平等变冤亲，以忍辱变瞋害，知人死而神明不灭，知趣到而受业还生。⑤ 允堪也是自然地将儒家纲常与佛教戒律进行比较，他说："释之设律教也，犹儒之有礼制焉。礼不备，君子谓之不成人；律不遵，沙门谓之无发足。修斯二者，儒可得矣，释可得矣。"⑥

如果单纯地从这种以儒家伦理释佛教戒律的观点看，他们也并没有

---

① 觉岸：《释氏稽古略》卷四，《大正藏》第49卷，第896上。
② 契嵩：《镡津文集》卷一《辅教编上·愿教》，《大正藏》第52卷，第649页中。
③ 契嵩：《镡津文集》卷三《辅教编下·孝论》，《大正藏》第52卷，第661页中。
④ 契嵩：《镡津文集》卷八《寂子解》，《大正藏》第52卷，第686页上。
⑤ 契嵩：《缁门警训》卷三，《大正藏》第48卷，第1054页下。
⑥ 允堪：《新受戒比丘六念五观法序》，《续藏经》第59册，第601页下。

超越汉魏以来的类似思想。但是值得重视的是,宋代佛教在戒律精神和伦理方面进行的儒释融合努力,并不是如同汉魏之时将两家进行思想和言论的简单比附以求得佛教的生存,宋时佛教思想家这种对儒家纲常和佛教戒律条文所作的会通,不仅是主动的、同时基本上也是与儒家站在相同的社会地位上而言的。因此,它们既不是权宜之计,也不是机械的等同,而是一种认识的深化和对价值观的认同。

二、律师入净和净律结合

宋代,佛门内还有着净律结合的倾向,这种结合也广受僧伽大众的欢迎。因此,在宋代的律师队伍中,律师入净或广泛参与信众的净土佛事活动者很多。

如,宋时温州圆辩法师道琛每月二十三日建净土系念道场,会禅律讲宗,名胜毕至,缁素听众常逾万人。① 圆净律师说《净土法门》、讽《观经至上品》度人西归;清照亨律师指示净土信众西归。② 思净律师,好画阿弥陀佛,臻其妙,杨无为呼其为"喻弥陀",世因以称焉。对有人问他能画弥陀,为何不参禅时,他说:"平生只解念弥陀,不解参禅可奈何,但得五湖风月在,太平何用动干戈。"③

允堪律师也有净土思想,如他在《四分律随机羯磨疏正源记》卷八的结尾中即说:"十记已成,惟愿将此善缘,庄严净国,寿终此土,莲华化生,见佛证真,广度群品,后之览者,知我志焉。"④

元照更是倾心于净土法门。他常说:"生宏律苑,死归安养,平生所得唯二法门。"并因此自称为"安养子"⑤。其后学更是大都律净结合,在

---

① 觉岸:《释氏稽古略》卷四,《大正藏》第49卷,第892页中。
② 志磐:《佛祖统纪》卷二八,《大正藏》第49卷,第285页下、288页上。
③ 元敬、元复:《武林西湖高僧事略》,《续藏经》第77册,第586页中。
④ 允堪:《四分律随机羯磨疏正源记》卷八,《续藏经》第40册,第900页中。
⑤ 吴树虚:《武林大昭庆律寺志》卷八,《中国佛寺史志汇刊》第一辑,第16册,第276页。

《佛祖统纪》中,被立为传主的律师即有下面11位,他们大都是从学于元照的:

道言律师,会稽人,学于元照,专修净业。

惟月律师,居诸暨化城寺,明律学修净业。

思敏律师,住灵芝寺,从元照增受戒法,专心净业。

行诜律师,住明庆寺20年,学律于元照,诵《四分戒本》三日即通彻。

法持律师,居化度寺修弥陀忏三年,造西方三圣像。诵观经弥陀经如意轮咒,愿促阎浮之寿蚤生安乐之邦。

慧亨律师,号清照,居武林延寿寺,依灵芝元照习律,专修净业达60年,接对宾朋,必以念佛为劝。

用钦律师,居钱唐七宝院,依元照学律,标心净土一志不退,黎明合掌西望。加趺而化。

妙生律师,会稽人,习律业践净土。

元肇律师,四明人,姓陆,早岁即习律阅藏,诵莲经万部(遍),曾刺血书莲经一部和律宗诸疏三部。建炎四年(1130)金兵攻占四明时,念佛而化。①

戒度律师,号拙庵,生卒年均不详,居四明龙山,曾随元照学《四分律》,晚年专修净业。②

此外,宗利法师也以弘律名世。

上述律师虽从元照学律,但大都转向了净土法门。如用钦、慧亨、思敏、道言、宗利、行诜、戒度等,都修习念佛法门,其中用钦和戒度还著有与净土法门相关的著疏。

用钦,著有《白莲记》四卷以解释元照的《观经疏》,著《超玄记》一卷释《佛说阿弥陀经义疏》。

---

① 志磐:《佛祖统纪》卷二七,参见《大正藏》第49卷,第272页上—第281页上。
② 志磐:《佛祖统纪》卷二八,《大正藏》第49卷,第281页上。

戒度律师撰有《观经疏正观记》三卷以释元照《观经疏》，后世将之简称为《戒度记》。另外，戒度还作有《无量寿佛赞注》一卷以释元照的《无量寿佛赞》，作《阿弥陀经疏闻持记》三卷以释元照的《佛说阿弥陀经义疏》。据日本僧人俊芿所言，戒度所注的《无量寿佛赞》在当时中国广为流行，修净业者即盛诵大智律师之赞语。其后《无量寿佛赞》及其戒度的注一同传入日本，俊芿随即于日本制版印刷。淳熙四年(1177)，戒度又作《和陶渊明归去来辞》一篇，以明其归心净土。戒度入灭前，曾命人诵《观无量寿经》。虽然戒度学专净土，但仍然忠于元照的律学。时有天台山家学人草庵道因，因见元照的《观经疏》中有排斥知礼的"约心观佛之说"，故作《观经辅正解》一卷以破元照之说。① 故此，淳熙五年(1178)，戒度则撰《观无量寿经扶新论》一卷，以驳斥草庵道因的之说，阐扬捍卫元照之意。②

三、重视菩萨戒

律宗所本，是以《四分律》、《成实论》、《俱舍论》、《大毗婆沙论》为代表的经典，它们均属于小乘系统。虽然唐代道宣律师以圆教的精神对戒律精神作了大乘化的理解，但其在开遮持守方面仍然难以对以《梵网经》为代表的大乘律学经典和菩萨戒精神给予会通，所以唐时的律宗三家基本上都没有把菩萨戒纳入视野。到了宋代，这种风气为之一变，所有律家均对《梵网经》给予高度重视。梵网菩萨戒也正式进入中国律宗研习范围，为其后明清几百年的律学发展注入了新鲜的内容。这种思潮的形成和取向改变，既有宋以后诸宗融合的思想倾向的影响，也是与律宗自身发展的逻辑性相关的，更与社会上大乘思想和菩萨戒的流行是分不开的。

北宋之时，菩萨戒思想和运动仍然深入社会之中，持菩萨戒、修净土

---

① 志磐：《佛祖统纪》卷二八，《大正藏》第49卷，第243页中。
② 同上书，第281页上。

业为大众的主要佛事。同他宗僧人一样,律师也广泛参与社会大众崇尚菩萨戒的活动。如开宝七年(974),延寿曾入天台山传授菩萨戒,常与七众授菩萨戒,度戒万余人。① 太宗雍熙四年(987),义寂应请为临海、缙云、永康、东阳等邑大众授戒。雍熙(984—987)初年,义寂于寿昌寺为诸官授菩萨戒②。元丰元年(1078)三月,杭州雷峰慧才法师为灵芝元照及道俗千人授菩萨戒。③ 继忠(1012—1082)每岁正月于郡中授菩萨戒,行放生事,士庶尝至数万人,僧俗举首加敬,称为戒师。④

在《佛祖统纪》卷二八中,即说有一些僧俗从律师受菩萨戒之事。如钱塘张迪,官为助教,从圆净律师受菩萨戒;天台人左伸,从神照受菩萨戒,后卧疾,命男沙门净圆,唱法华首题,增受菩萨戒;四明黄氏、钱塘陈氏都从灵芝受菩萨戒;等等。⑤

在此影响下,整个宋代,不仅他宗义学僧人,即使律师者也撰有菩萨戒著作。律师真正关注菩萨戒、研究《梵网经》,以菩萨戒为本业之一事,也正是从宋代开始的。

在宋代,中土僧人对《梵网经》和菩萨戒的主要注疏著作有:

入宋后迁化的永明延寿撰有《受菩萨戒法》(或称《受菩萨戒法并序》)一卷,原文受戒法部分今已散逸,其序文部分现存。内容以教禅一致为理论基础,言授受菩萨戒的功德,说明菩萨戒是一切佛行的根本。

四明尊者知礼(960—1028)撰有《授菩萨戒仪》,共列叙戒仪十二科:求师授法、策导劝信、请圣证明、授三归依、召请圣师、白佛乞戒、忏悔罪愆、问无遮难、羯磨授戒、略说戒相、发弘誓愿、结撮回向等。

慈云尊者遵式(964—1032)撰有《授菩萨戒仪式》,现收于《金园集》中。其内容分菩萨戒仪为十科:开导信心、请三宝诸天加护、归依三宝、

---

① 参见念常《佛祖历代通载》卷一八,《大正藏》第49卷,658页中。
② 赞宁:《宋高僧传》卷七《义寂传》,《大正藏》第50卷,第752页中。
③ 志磐:《佛祖统纪》卷四五,《大正藏》第49卷,第415页中。
④ 志磐:《佛祖统纪》卷一三,《大正藏》第49卷,第217页上。
⑤ 志磐:《佛祖统纪》卷二八,《大正藏》第49卷,第285页上、第287页上。

请五圣师、下座佛前乞戒、发四弘誓愿、开遮问难、三番羯磨、请佛证明、示持犯戒相等。

宝应寺沙门慧因作《梵网经菩萨戒注》三卷，成书于北宋哲宗绍圣三年(1096)。

南宋时，天台山家派僧人泽山与咸(？—1163)撰有《菩萨戒疏注》三卷，此是对智者大师的《梵网菩萨戒义疏》的笺经加注而成。①

以上著作现均存在。另外，曹洞宗僧人报恩(1058—1111)还作有《受菩提心戒文》、《落发受戒仪文》，二者今均不存。

在宋代，菩萨戒类经典的翻译者主要有法护和施护。法护译有《佛说八种长养功德经》一卷，八种长养法即是八戒，经中说明发心受八斋戒的功德，以及发心菩萨戒者应当于阿阇梨前二三重复，誓愿持守的决心。施护译有《佛说净意优婆塞所问经》一卷、《佛说大乘戒经》一卷、《佛说沙弥十戒仪则经》一卷计七十二颂、《佛说发菩提心破诸魔经》二卷等经典。

律师元照更是对菩萨的理论进行了深入的研究。

第三节 "禅律相分"和"禅律相攻"

北宋初年，律学曾经远较禅宗流行，后来禅宗则异军突起。在《佛祖历代通载》所列宋代僧传中，几乎全为禅僧。即使偶有律师，也是文内所出，而无单列僧传。宋代禅律关系的一个重要现象即是由"禅律相分"发展到"禅律相攻"。尽管"禅律相攻"并不是源于北宋，但北宋时的"禅律相攻"还是一种比较突出的现象。

一、"禅律相分"

律之为用，虽禅教所共持，但因修行不同而取舍各异，因此不少禅者

---

① 参见志磐《佛祖统纪》卷二五，《大正藏》第49卷，第260页中。

对传统戒律(小乘律)的态度和认识就与律师所主者迥异。对戒律的认识不同,反映在持守理念的差异上,而这种差异必然带来外在行为上的不同。禅宗肇自少室,至曹溪已来,多居律寺。虽住于律院,然其说法住持未合轨度,故百丈怀海"常尔介怀",于是创意别立禅居,禅律相分,另依轨度。① 但是,这种行为早在唐代即受到道宣的批评,入宋以后,禅僧对律学的独特解读和"乖僻"的行为则更加突出。

虽然也有禅师强调佛教三学在本质上的内在一致性,这即是"无上菩提者,被于身为律,说于口为法,行于心为禅。应用者三,其致一也。譬如江湖淮漠,在处立名。名虽不一,水性无二。律即是法,法不离禅……"②但是,这时存在的禅律相分的一个主要表现即是禅者在修行时下意识地将戒律视为另一法门,而不是融于各种法门之中的一种精神和行为规范。这也是东晋时庐山慧远曾经批评过的思想倾向。如庐山万杉善爽禅师在开导弟子时说:"经有经师,论有论师,律有律师,教老僧说个什么?""良久,云:春因归堂打睡。"③另外如:"谈经者,克明因果,诠显真乘;秉律者,洞达开遮,坚持轨则;演论者,研穷妙理,剖判渊微;习禅者,顿悟本心,提佛祖印,即证解脱,透出根尘。"④此类观点都说明了这个问题。

因此,一些禅者对律学的抽象和繁琐的理论也不感兴趣,撒开了"戒是无上菩提本"的精神,而是一味地强调直取佛境。所以,有居士问本嵩禅师关于道宣的毗尼"性体"含义时,本嵩禅师才以如此之偈回答:"情智何尝异,犬吠蛇自行,终南的的意,日午打三更。"⑤也才有天台受具学律习教之人发出的"毗尼之严,科目之烦,固我佛祖方便示人,若欲截断众

---

① 道原:《景德传灯录》卷第六之《禅门规式》,《大正藏》第51卷,第250页下、251页上。
② 朱时恩:《居士分灯录》卷上《佛光如满禅师法嗣》,《续藏经》第86册,第583页下。
③ 惟白:《建中靖国续灯录》卷六,《续藏经》第78册,第677页下。
④ 惟白:《建中靖国续灯录》卷一七,《续藏经》第78册,第752页下。
⑤ 正受:《嘉泰普灯录》卷二三,《续藏经》第79册,第429页上。

流,一超直入,非禅波罗蜜,曷能致之时"的不满。① 这其实是道宣早就在《续高僧传》的《明律》中批评过的错误观点。

因此,禅者只是坚信履行无相戒、见性成佛,而不必拘于具体持戒的思想。这种与传统的持律思想相异的观念和行为,不仅造成了对戒律理论的认识分野,也造成了持守上的禅律相分。因此,在修行方式上,禅者的修行方式与传统律宗的要求在现实丛林中已经是渐行渐远。

二、"禅律相攻"

宋代,某些禅者的戒律观和修行方式确实影响到了律学的研习和律宗的发展,以至于发展出"禅律相攻"的现象。②

"禅律相攻"有两种表现:

第一,它表现在戒律思想和持守理念上的"相攻"。

虽然禅律教三者内在精神有着一致性,但是持律与修禅在行为持守上有所区别是显而易见的。宋时,有的禅师却把此不同属性的东西含混在一起。如有人问智连禅师:"师于禅律亦贯通耶?"智连禅师回答是:"冰泮雪消固一水耳。"③事实上这种充满禅机的回答,并不能解决持律的问题,而只能为某些禅僧的非法之行寻找到借口。与之相反,有圆智禅师,坚持"真精进"是向上机关,坚持每半月必行布萨。有人即问道:"圆顿之宗何必如是?"他回答:"圆家事理一念具足。所谓圆顿者,岂拨事求理耶!吾于常时未尝不以波罗提木叉为之师,扶律谈常正在兹日。"后来他被请为祥符寺主。④

宋时昙秀在其所辑的《人天宝鉴》中对此种现象批评道:

> 昔之禅者,未始不以教律为务;宗教律者,未始不以禅为务。至于儒老家学者,亦未始不相得而彻证之非。如今日专一门、擅一美

---

① 朱时恩:《佛祖纲目》卷四一,《续藏经》第85册,第792页下。
② 苏轼:《杭州龙井山辩才法师祭文》,《释氏稽古略》卷四,《大正藏》第49卷,第877页下。
③ 志磐:《佛祖统纪》卷一六,《大正藏》第49卷,第231页中。
④ 同上书,第232页中。

互相诋訾,如水火不相入。①

把禅律视为两途,把持戒与修禅视为冰火,在一定程度上直接影响了宋代的律学持守观念,甚至发展出禅律相攻的现象。苏轼对禅律一如者有着形象的比喻,他在《杭州龙井山辩才法师祭文》中曾说:

> 孔老异门,儒释分官,
> 又于其间,禅律相攻。
> 我见大海,有南北东,
> 江河虽殊,其至则同。
> 维大法师,自戒定通,
> 律无持破,垢净皆空,
> 讲无辩讷,事理皆融,
> 如不动山,如常撞钟,
> 如一月水,如万窍风。②

显然,在此意义上,一些禅僧对律学的认识反倒达不到苏轼的认识水平。

另一方面,由于宋代禅宗的兴盛,士大夫也多修禅学,他们往往以自己独特的视角吟偈赋诗,发明禅理。如下对话和议论即是此种禅戒观的表现:

> 叶石林云:"佛氏论持律,以隔墙闻钗钏声为破戒。"
> 苏子由为之说曰:"闻而心不动非破戒,心动为破戒。"
> 子由盖自谓深于佛者,而言之陋如此,何也?夫淫坊酒肆,皆是道场。内外墙壁,初谁隔限,此耳本何所在?今见有墙为陋,是一重公案;知声为钗钏,又是一重公案。尚问心动不动乎?③

---

① 昙秀:《人天宝鉴》,《续藏经》第 87 册,第 1 页上。
② 觉岸:《释氏稽古略》卷四,《大正藏》第 49 卷,第 877 页下。
③ 潘永因编:《宋稗类钞》(下),刘卓英点校,第 596 页,北京,书目文献出版社,1985 年。

由此可见,这种带有禅意的戒律观也在僧俗两界十分流行。

第二,这种"禅律相攻"还表现在双方对外在的社会资源的利用和争夺上,其直接表现是对寺院的"革律为禅",即把律院改为禅院。

早在五代时,即出现了这种"革律为禅"的现象。如后汉时云门大师住洞山,即易律寺为禅院,从而使学徒奔凑。① 在北宋之时,随着禅宗丛林的发展,这一种倾向更为常见或普遍。如:

神宗元丰初年,神宗皇帝为求圣嗣,乃革相蓝律院分为两禅院,一曰惠林、一曰智海。② 元丰三年(1080),诏革江州东林律居为禅院③。元丰五年(1082),诏相国寺辟六十四院为八禅二律。④ 另外,还有诏于大相国寺创建二大禅刹,辟惠林于东序,建智海于西庑。⑤ 神宗时,报恩禅师于大洪寺"革律为禅",禅宗并赐额。⑥ 宋神宗、哲宗年间,有"兜率寺革律为禅"。⑦ 徽宗崇宁年间(1102—1106),诏改随州大洪山律寺为禅院。⑧

南宋时,禅律关系中仍然时有革律为禅的现象出现。如,绍兴元年(1131),真歇清了禅师(1089—1151)主持的观音寺"易律为禅"。⑨ 南宋绍兴十年(1140),信州(辖今江西上饶一带)守以超化寺革律为禅⑩,等等。

这种"革律为禅"甚至成了禅师的禅机。如有人问照觉禅师:"祖意西来即不问,改律为禅事若何?"照觉禅师的回答是:"壶中日月,物外山川。"⑪

---

① 本觉:《释氏通鉴》卷一二《临济义玄禅师》,《续藏经》第76册,第120页中。
② 惟白:《建中靖国续灯录》卷二一,《续藏经》第78册,第773页上一中。
③ 志磐:《佛祖统纪》卷四五,《大正藏》第49卷,第415页中。
④ 同上书,第416页中。
⑤ 念常:《佛祖历代通载》卷一九,《大正藏》第49卷,第678页下。
⑥ 正受:《嘉泰普灯录》卷第三,《续藏经》第79册,第310页上。
⑦ 惟白:《建中靖国续灯录》卷一〇,《续藏经》第78册,第703页中。
⑧ 明河:《补续高僧传》卷九《报恩传》,《续藏经》第7册,第428页中。
⑨ 《补陀洛迦山传》,《大正藏》第51册,第1137页下。
⑩ 元贤:《建州弘释录》卷上《宋崇安开善寺木庵道琼首座》,《续藏经》第86册,第558页上。
⑪ 惟白:《建中靖国续灯录》卷一二,《续藏经》第78册,第713页中。

这种现象也受到后人的批评。如明代时元贤曾指责宋代这种"禅律相攻"说:"禅学晚进,妄意高远,辄谓戒律不足持三藏,不足阅傲然,自恣以为身在三界之外,而不知已落泥犁之中矣。"①

第四节 "十本记主"允堪

一、允堪的生平与著述

允堪,浙江钱塘人,生于北宋真宗咸平六年(1003)或真宗景德二年(1005),示寂于北宋仁宗嘉祐六年(1061)。② 允堪弱冠从天台宗二祖慧思出家,学无不通,专精律部,后从仁和择悟习南山律。仁宗庆历年间(1041—1048),主西湖大昭庆律寺,讲南山律,所以后世多称之为昭庆允堪律师。庆历二年(1042),允堪于大昭庆寺筑戒坛,奉旨开戒,岁岁度僧。庆历皇祐年间(1041—1053),他又依律于杭州大昭寺、苏州开元寺、秀州精严寺等建立戒坛。允堪曾住过天台山寿昌寺、钱塘净住院等寺院。嘉祐六年(1061)十一月,允堪示寂于昭庆寺。允堪在当时即受到僧俗的崇敬,庆历七年(1047),仁宗曾赐号为"真悟大师",徽宗崇宁元年(1102),加谥号"智圆大师"。③ 允堪在理论和修行上卓有成效地弘扬

---

① 元贤:《建州弘释录》卷上,《续藏经》第86册,第556页下。
② 一般都认为允堪生年不详,陈垣先生的《释氏疑年录》也没记其生年。但允堪的《四分律随机羯磨疏正源记》的最后,记有"始宋仁宗皇祐三年辛卯终,癸巳正月十三日于净住清思堂解毕,时年四十九,十记已成……"之句。仁宗皇祐三年即1051年,若依此,他则生于公元1003年,即北宋真宗咸平六年。而允堪写于庆历五年(1045)的《净心诫观发真钞》的"序"中有"今年四十有一,知浮世之过半,遂用此观为治心之法……"之语,可知其生于北宋真宗景德二年,即1005年。参见《四分律随机羯磨疏正源记》,《续藏经》第40册,第900页中;以及《净心诫观发真钞》,《续藏经》第59册,第518页上。之所以出现这种现象,可能是因为其疏文在后世的传抄刻印过程中的错讹造成的。因为北宋徽宗宣和年间(1119—1125),即出现了"《正源》无板,写多错谬"的现象。参见《四分律随机羯磨疏正源记》刊版者跋,《续藏经》第40册,第900页中。
③ 吴树虚:《武林大昭庆律寺志》卷八,《中国佛寺史志汇刊》第一辑,第16册,第274—275页;或说号"真悟智圆大律师",见觉常《释氏稽古略》卷四,《大正藏》第49册,第870页下。

南山律宗,法脉上为唐代法宝律师的七传,是北宋中兴律宗的一代名师。

允堪著作甚多,世称"十本记主"。主要有《会正记》十二卷(今不存),其他如《四分律含注戒本疏发挥记》(八卷,现存第三卷)以释道宣的《四分律含注戒本疏》,《四分律拾毗尼义钞辅要记》六卷以释道宣的《四分律拾毗尼义钞》,作《净心诫观法发真钞》三卷(今本分本末六卷,日本慧光合)以释道宣的《净心诫观法》,作《四分比丘尼钞科》一卷对道宣的《四分比丘尼钞》六卷进行结构和提纲的排列,作《四分律随机羯磨疏正源记》八卷以释道宣的《四分律随机羯磨疏》等。允堪还著有《衣钵名义章》一卷、《新受戒比丘六念五观法》一卷、《南山祖师礼赞文》一卷等。以上都存。另外,根据义天的《新编诸宗教藏总录》,允堪还作有《右绕行道正仪章》一卷、《三学论衡》五卷、《律部宗要》一卷、《灵感传通幽钞》两卷、《教诫仪通衍钞》两卷、《戒坛图经科》一卷、《道宗钞》一卷、《注删补僧戒本》三卷,以及《遗教经》注一卷、科一卷和《统要钞》两卷[①]。但这些今天都不存。

允堪的门人众多,他们于江南吴越一带广布师说,并在刊刻流通允堪著作方面作出了贡献。其中有住杭州大中祥符寺讲律的遇诚、住苏州开元寺讲律的智肱,住苏州华严院传南山律教的文捷等,前两者曾被赐紫。他们三人曾经刊刻允堪的《四分比丘尼钞科》。[②]

二、允堪的律学

第一,《会正记》与"会正宗"。

《会正记》十二卷是允堪的最重要著作之一,又名《律钞会正说》,属于注"《行事钞》六十家"之一。传统上说,允堪的《会正记》释南山《行事

[①] 义天:《新编诸宗教藏总录》卷二,《大正藏》第55卷,第1173页中。
[②] 允堪:《四分比丘尼钞科》,《续藏经》第40册,第705页。

钞》独尽于理,被认为超出六十家释义之外,别有一番新意。显然,既然是独尽于理,那说明本记对《行事钞》以及其前的诸家记是有不少发挥和创新的,世人也因之称其学为"会正宗"。

从时间上看,《会正记》成书不久即传于高丽地区,因为它见于高丽义天的《新编诸宗教藏总录》卷二目录中。但《会正记》今已不存,内容难究,我们仅在《佛祖统纪》和《释氏稽古略》等文献中可见其点滴信息,另外在《缁门警训》卷三中有对《会正记》的一句引文。

《会正记》的思想影响到其后的灵芝元照律师。虽然《释氏稽古略》卷四说灵芝元照是"继嗣其宗",但他们之间还是有着不同的。如灵芝元照所著的《四分律行事钞资持记》之义,即与允堪的律学理论中有关绕佛之左右、衣制之长短的论点不同。从允堪的《右绕行道正仪章》章名也可大致知其主张。而元照的律学也就因其著有《行事钞资持记》而被后世称为"资持宗"。

第二,《正源记》和《发挥记》。

允堪的《正源记》始撰于北宋皇祐三年(1051)正月,成书于皇祐五年(1053)正月,是其十部疏记中的最后一部。所谓"正源",即是"思羯磨乃昙谛始传派,于法正之远源",故名之。《正源记》没有明确的结构,全文是对道宣《四分律随机羯磨疏》中的字、词、句的解释。以今天的观点来看,它对理解道宣的著作也十分有用。所以《正源记》在僧众中十分流行。其后讲习者即有"《正源》之兴,其来久矣"之感叹。但其流传经久,未曾刊板,直到南宋高宗绍兴十八年(1148)才有僧人将其付梓。《正源记》也曾传入传于朝鲜半岛地区,因为它见于高丽义天的《新编诸宗教藏总录》卷二目录中。

第三,重"六念五观",以发心明本。

允堪非常重视引导受戒者"发心"以"明本",以强化僧众的持戒意识。

《净心诫观法》共两卷凡三十篇,原为唐道宣所撰。其首篇释意道,既然戒已完具,定复清净,则以戒定净而能令智慧净。智慧既净,则显自身源,此为净心。所谓"诚观"乃"明己益物之教",出家之众先除粗染根本恶业,知病知药守心慎口,励己修道离过患则为诚;依止观二门,长一切禅支道品则名为观;加行胜进住不退心,名为法。道宣的《净心诚观法》得到允堪的重视,并为之作《净心诚观法发真钞》六卷和《净心诚观法科》一卷以为科注。其后元照又为《净心诚观法发真钞》作序。允堪在此文中强调为道立言要"明本"、"益物"。要达此目标,即要"用此观为治心之法"以达于其本,明此一点即为"发真归源"。所以,其文名为"发真记"。①

允堪正是强调通过发之真心,明乎其本,以坚定学道者的持戒信念。允堪重视僧众日常的修行举止,他在《新受戒比丘六念五观法》中对此作了清晰地表达。在本文中,允堪说明了六念五观实为比丘日用常轨,但是有的是登具后则弃而不奉,有的是专于诵语而不本其义而行。所以允堪由道宣的《行事钞》采掇成文,以利新受戒比丘通过发真以明本,从而强化自己的行为举止规范。所谓"六念"即"晨朝六念法",此出于《僧祇律》,即指每日清早,新学比丘普礼三宝、修五悔法、后诵六念,互跪合掌,自己陈辞,以令耳闻,强化记忆和意识。它们是第一念知日月、第二念知食处、第三念知受戒时夏腊、第四念知衣钵有无受净、第五念同别食、第六念康羸。②"五观法"是指"食时五观法",允堪约食时立观,以开心道,其内容出自《明了论》,因为谓此五种观法,皆须意识、心王与慧相应,若能依之推求观察,则善根利根者均有得益。"五观"即指:一计功多少量彼来处、二自忖己德行全缺多减、三防心显过不过三毒、四正事良药取济形苦、五为成道业世报非意。允堪说"出众生食法"经论无文,随情安置,凡出生食,须事事如法。③

---

① 元照:《净心诚观发真钞序》,《续藏经》第59册,第518页上。
② 允堪:《净心诚观发真钞》,参见《续藏经》第59册,第601页下、602页上。
③ 允堪:《新受戒比丘六念五观法》,《续藏经》第59册,第603上。

允堪指出，发心明本是通过"六念五观法"来进行的，因此他对此非常重视。如他说：

> 六念五观者，实苾刍日用之常轨也。或始登具，弃而不奉者，往往有之矣。或专于诵语，而不本其义者，亦有之矣。嘻，苟于此，不了脱，至皓首诚恐，涉道太远哉。繇是凭南山行事，采掇正教，一为注焉。俾新学之流，无困踬于发足耳。①

显然，允堪的"六念五观法"正是为了强调僧众要在日常的行为举止中处处显示律学的精神，是为了时时唤醒僧众的持律意识，强化精神，其重南山律学之意也正是如此。

第四，以"礼"释"律"。

允堪的律学思想特色明显地与儒家的礼学结合在一起。其表现即是把"律"理解成"礼"，甚至有时用"礼仪"之词代替"戒律"。允堪强调修道者在日常的行为举止中要处处显示律学的精神。如敬礼，他说："敬礼者，敬恭也，肃也。礼者，仲尼燕居曰：礼也者，理也。君子无理不动。又曰：礼者体也，（犹人身体）体不备，君子谓之不成人。设之不当，犹不备也。律中分大小礼……"②这本身也是与宋代的三教合一思想相应的，或者说是三教合一思想在允堪律学思想中的体现。

第五节 律宗的"中兴"者元照

一、元照的生平与历史地位

元照为宋代南山律学的中坚。由于他在律学上的卓越贡献，一直被视为中国律宗发展史上仅次于唐代道宣的重镇。

---

① 允堪：《新受戒比丘六念五观法序》，《续藏经》第 59 册，第 601 页下。
② 允堪：《净心诫观发真钞》卷上本，《续藏经》第 59 册，第 519 页上。

元照(1048—1116),余杭人,俗姓唐,字湛然,又自号安忍子。其生平主要见于《大昭庆律寺志》、《龙兴祥符戒坛寺志》、《佛祖统纪》卷四六等文献中。元照少时依钱塘祥符寺东藏惠鉴律师学习毗尼。宋英宗治平二年(1065),18岁的元照遇度僧考试,因能背诵《妙法莲华经》而得度为僧。《人天宝鉴》说其为沙弥时即已能为众讲解毗尼。熙宁元年(1068),元照从神悟处谦(1011—1075)研习天台教观。处谦每有讲学,元照必至。开始,元照欲放弃所学而从处谦研习天台玄义,处谦道:"近世律教中微,汝他日必为宗匠。当明《法华》,以弘《四分》,吾道不在兹乎!"元照即听之而博究佛教诸宗,以律为本。① 元照也自称其"自下坛来,便知学律。但禀性庸薄,为行不肖,后遇天台神悟法师苦口提诲,始知改迹"②。元照所至伽蓝,必为结界,一生登坛六十余回,度人近万数。哲宗绍圣五年(1098)二月,元照于明州(今浙江宁波)开元寺建戒坛,准律如法,时为东南受戒之胜。③ 元照并作有《建明州开元寺戒坛誓文》以明其志。

元照不仅学律研律,更是戒行光洁,严净毗尼。他常披布伽黎,杖锡持钵,乞食于市。并依南山道宣六时致礼、昼夜行道、持盂乞食、衣唯大布、食不过中、一钵三衣。所以时人杨无为称赞其:"持钵出,持钵归,示人常在四威仪。遵佛入廓时不识,虚空当有鬼神知。"④太师史越王题其碑阴赞道:"儒以儒缚,律以律缚,学者之大病。唯师三千威仪八万细行,具足无玷,而每蝉蜕于定慧之表,毗尼藏中真法主子。故能奋数百岁后,直与南山比肩……"⑤

徽宗政和六年(1116),元照命人诵《普贤行愿品》,跌坐示寂。其后,有律学后人岩香则安作《大智律师礼赞文》,文中称其"宗承法密,储贰终

---

①⑤ 昙秀:《人天宝鉴》,《续藏经》第87册,第16页上。
② 宗晓:《乐邦文类》卷二《净业礼忏仪序》,《大正藏》第47卷,第170页上。
③ 志磐:《佛祖统纪》卷四六,《大正藏》第49卷,第418页下。
④ 宗鉴:《释门正统》卷八,《续藏经》第75册,第362页下。

南,筑两坛而亘古亘今,撰三记而变风变雅。"① 南宋高宗绍兴十一年(1141)时,谥号为"大智律师",塔曰戒光。元照一生,主法慧、大悲、祥符戒坛、净土、宝阁、灵芝等寺凡三十年,众常三百。元照的律学曾东传于日本,宋末宝祐六年(1258)临安明庆闻思律师还请得道宣三大部著作及元照的记文入藏印行。

由于元照晚居灵芝崇福寺,后人一般称其为"灵芝元照"或"灵芝律师"。

元照律学著作甚多,为重振南山律学作出了贡献。

元照聚徒讲学,弘法著书,研有所成,习有所得,顿渐律仪,罔不兼备。由于他认为,"化当世莫若讲说,垂将来莫若着书",所以晚年于灵芝崇福寺潜心从事著述,其著作共计百余卷。除去上文已经提到净土类著作外,元照在律学方面的著作主要有解释南山三大部的《四分律行事钞资持记》十六卷、《四分律删补随机羯磨疏济缘记》二十二卷、《四分律含注戒本疏行宗记》二十一卷。另外还有《四分律删补随机羯磨疏科》四卷和以及《应法记》解释道宣律师的《释门章服仪》一卷。元照还科录有《四分律行事钞科》十二卷、《四分律拾毗尼义钞科》一卷,重订有《四分删定比丘尼戒本》一卷。其注疏《行事钞》的著作在后世得到很高的评价,被认是克究文旨、甚得祖旨,其意超过《行事钞》六十余家释义之外。元照其他还有《佛制比丘六物图》、《道具赋》(三衣、钵、坐具、漉水囊)等各一卷,并删定《比丘尼戒本》。它们也都成为今日研究北宋时代传戒仪式的重要史料。元照还有杂著《芝园遗编》三卷、《芝园集》二卷、《补续芝园集》一卷。另外,元照尚撰《遗教经论住法记》以释马鸣菩萨造的《遗教经论》,作《报恩记》以释《盂兰盆经疏》。

元照的弟子很多,见于《佛祖统纪》卷二八或《释氏稽古略》卷四的及门弟子即有用钦、戒度、行诜、慧亨、道言、宗利、思敏等,此几人多从其修

---

① 岩香:《钱唐灵芝大智律师礼赞文》,《续藏经》第74册,第1083页上。

学净土。而传持其律宗法脉的为智交、则安等人。智交事迹不详。他的门下出惟一,惟一门下出法政,法政门下出如庵了宏和石鼓法久。了宏门下出铁翁守一,法久门下出上翁妙莲。这些人到南宋时还传持着元照的律系。铁翁守一著有《律宗会元》和《终南家业》,上翁妙莲著有《蓬折直辨》和《蓬折箴》各二卷。它们都是此一阶段颇有特色的律学著作。则安,生平事迹不详,广涉三藏九流之典,其著作现存有《羯磨经序解》、《钱唐灵芝大智律师礼赞文(并序)》、《行事钞资持记序解并五例讲义》各一卷。

元照律师的思想实质是宗天台教义,扬南山律宗,以净土为归。他为宋代南山律学的发展起到重要作用,也对中国律宗和律学发展作出了突出贡献,后世因之称其为律宗"中兴"的大师。

二、元照的主要律学著作

1. "灵芝三记"

元照在律学方面的三大部著作《四分律行事钞资持记》十六卷、《四分律删补随机羯磨疏济缘记》二十二卷、《四分律含注戒本疏行宗记》二十一卷,以分别释道宣的南山三大部。这三部著作内容丰富,阐释详尽,是元照律学思想的集中体现,受到后世律学的重视,并通常被简称为"灵芝三记"。律家们常简称为《资持记》、《济缘记》和《行宗记》。

《济缘记》是《四分律删补随机羯磨疏济缘记》的简称,今本四卷共二十二篇,卷一卷三各六篇,卷二卷四各五篇,或称为二十二卷,是元照对唐代道宣律师的《四分律删补随机羯磨疏》所作的注。所谓"济缘"即"兼济有缘",谓内外二资,随机务益,即助其纳戒受体之意。

《行宗记》是《四分律含注戒本疏行宗记》的简称,完成于哲宗元祐三年(1088)夏安居时,今本二十一卷。元照著本记是为了释道宣的《戒本疏》。

《四分律行事钞资持记》是元照最重要的律学著作,通常称为《行事钞资持记》,史上律家又简称为《资持记》或《灵芝记》,共十六卷。《资持记》也是"三记"之中最有名、最被史上律家看重的著作,其在律学史上的地位仅次于道宣的《行事钞》。所谓"资持",在《华严经》中即有"清净白法之所资持"之名,但是元照此处的意思是"科释钞文、资助二持"之意,也即是为学律者"辅行"。①

关于作《资持记》的缘由,元照曾这样说:"钞为新学直申正理,文义简略致多谬妄。此既律教之源,复是修行之本,事须广释少资心用。"因此,他作《行事钞资持记》以细明其义,以一部统归三行,使三行无越二持。②

他在《资持记》卷首的序言中说:"历观往古述作,凡五十余家,各谓指南,俱称尽理,然今所立,颇异昔传。"③依本记卷首序文可知,元照写本记主要有五个目的,或其为注南山律宗之标准而设立五项体例:定宗、辩教、引用、破立、阙疑。他说,三藏所分,其意不同,但是往哲未详,所以固多滥涉,广谈论学以乱律乘。尤其像《增辉记》等随文结释,涅槃四果等并依法相,广列章门。况且所引之论又多依《俱舍论》和《婆沙论》,是用实宗以释假部,可谓宗骨颠倒,致令后学枉费时功。因此,他作《资持记》义当纠正,言教唯归律藏,语行则专据戒科,决持犯之重轻,建僧宗之轨范。

本《资持记》高扬南山律学的观点,以《业疏》的三宗之说示一家处判。因为教由体立,体即教源,故须约体用分教相,此有三种,这即是常说的"三宗":其一,以《十诵律》为代表的实法宗(或称为萨婆多部、有宗),其理论源于《婆沙》、《俱舍》、《多论》、《杂心》,明体则同归色聚,随行

---

① 弘一大师:《东瀛四分律行事钞资持记通释》,《弘一大师全集》第四册,第5页,福州,福建人民出版社,1992年。
② 元照:《四分律行事钞资持记》卷中一下,《大正藏》第40卷,第267页下。
③ 元照:《四分律行事钞资持记序》,《大正藏》第40卷,第157页中。

则但防七支,形身口色成远方便,名相交参难以识体,因此实为"小乘教"。其二,以《四分律》为代表的假名宗(即昙无德部、空宗),此宗论体则强号二非,随戒则相同十业,重缘思觉即入犯科,此名"过分小乘教"。其三,南山历来所坚守的圆教宗,由于是用涅槃开会之意,决了权乘,同归实道,其所受之体乃是"识藏熏种",随行即同三聚圆修,微纵妄心即成业行,故其名为"终穷大乘教"。元照认为,南山一宗正依《四分律》,深浅兼具、旁收有部,教蕴分通,大小通塞、假实浅深无所不具,故为终会圆乘。①

元照在本记中坚守南山律学和成实思想,反对有部宗和俱舍思想。对于实法宗和假名宗,元照仍然是继承了道宣在《行事钞》和《业疏》中的思想和主旨,宗南山律学和《成实论》,斥贬有部律和《俱舍论》。他不仅指出其特点,更是言其缺点。元照首先对律学三宗进行了分析,指明其所宗和理由。在本记中,元照除立论倡导己说之外,他一改允堪《会正记》之宗旨,因之而使唐代以后一脉相承的南山宗律学也分为"会正宗"和"资持宗"。

元照之后,《资持记》也受到僧众的普遍重视和深入的研究。因此其后又有律家为之作注,如宋则安的《四分律行事钞资持记序解并五例讲义》一卷、宋道标的《资持记立题拾义》一卷,以及日本僧人远照的《行事钞资持记资行钞》二十八卷等。宋末宝祐六年(1258)临安明庆闻思律师请得《资持记》与道宣三大部一同入藏印行。

《四分律行事钞资持记》传入日本后,也受到广泛的重视。所以有人认为中国后世对《资持记》的重视与注疏要逊色于日本。② 1686年,日僧慈光、瑞芳等将道宣的《行事钞》与《资持记》和《四分律行事钞科》会合,题名《三籍合观》,分为四十二卷刊行。

---

① 元照:《四分律行事钞资持记》卷上一上,《大正藏》第40卷,第157页下。
② 参见释妙因《重印南山三大部校勘本缘起》,《弘一大师全集》第十册,第227页上。

2. "芝园三编"

"芝园三编"是指元照的《芝园遗编》、《芝园集》和《补续芝园集》。由于元照后半生长住杭州灵芝崇福寺,故名之。

《芝园遗编》又作《芝苑遗编》,是元照最重要的文集,其中的篇章不是元照一时之作,是由其六世法孙道询编集而成,共三卷。其上卷收有《戒体章》、《持犯体章》、《持犯句法章》、《律钞宗要》、《大小乘论》、《始终戒要》六篇;中卷有《授大乘菩萨戒仪》、《剃发仪式》、《受戒方便》、《建明州开元寺戒坛誓文》(并郑丞相跋)、《诫沙弥文》;下卷有《为蒋枢密开讲要义》(请简诗附)、《为高丽僧统义天开讲要义》、《上楂庵法师书》、《南山律宗祖承图录》、《南山律师撰集录》(并跋)等。《芝园遗编》中所收的文章体例也不一。如《戒体章》为元照于熙宁三年(1070)后安居日时从南山道宣的《羯磨疏》中录出,《为高丽僧统义天开讲要义》为元照的讲义,《大小乘论》为元照临终口授、弟子笔录。《芝苑遗编》的内容构成广泛,各篇内容特色也不尽一致,如"戒体章"是言及抽象的理论问题,"授大乘菩萨戒仪"、"剃发仪式"言及日常具体行为规范问题。这些文章都是元照律学思想的重要反映。

在律宗发展史上,《芝园遗编》有着重要的史料意义。

第一,元照博究南山宗律学,其搜集道宣著作篇目并经归纳整理,撰有《南山律师撰集录》一卷,首开律宗单宗目录。文虽篇幅不大,但其对律学著疏或律师撰述的非律学目录有所收录,并对其有考、有辨、有析,对于当时已经不存或未见著作标明"未见",这对于律宗典籍的保存、整理和研究都有着重要的意义,也有利于后世了解道宣著作的全貌,从目录学和史料学的角度讲也有着一定的意义。

第二,元照楷定南山九祖,使律宗传承体系更为明确。"四分律学"从北魏开始,至于唐代律学南山律宗形成,再从道宣传至宋代元照时几达六百余年,途中名家辈出,但南山律宗祖承谱系,历代取舍不一,元照乃作《南山律宗祖承图录》,以楷定南山九祖。他认为南山道宣传承出于智首。智首以上,为法聪、道复、慧光、道云、道洪相承。法聪初传《四分律》,其学所本则承受于昙摩(柯)迦罗(法时),而宗于昙无德(法正)部。元照以《四分律》宗的开宗时间上溯于昙无德,而下至于南山道宣律师,元照列为九祖。他们是:始祖:昙无德尊者,二祖:昙摩迦罗尊者,三祖:北台法聪律师,四祖:云中道复律师,五祖:大觉慧光律师,六祖:高齐道云律师,七祖:河北道洪律师,八祖:弘福智首律师,九祖:南山澄照律师。

道宣的弟子很多,文纲是其中的代表者。但元照认为文纲以下,虽然师徒传讲不绝,然考其功业,不足以比于前修,故所不论。此《南山律宗祖承图录》影响广泛,到南宋时,被释志磐的《佛祖统纪》所采纳,也被后世普遍接受。《佛祖统纪》卷二九在此南山律宗传承之后,并附允堪和元照二人的略传。到了清初,有宝华山福聚律师著《南山宗统》,依元照所立九祖次第,在道宣下又续文纲、满意、大亮、昙一、辩一、道澄、澄楚、允堪和元照,除去始祖昙无德尊者和二祖昙摩迦罗尊者之外,确定了中国律宗十六祖。

元照尚有《芝园集》二卷和《补续芝园集》一卷,前者的内容包括杭州《南屏山神悟法师塔铭》、《唐蕲州青着法师行业记》、《湖州八圣寺鉴寺主传》、《秀州吕氏灵骨赞》、《论慈愍三藏集书》、《高丽李相公乐道集序》等32项。后者的内容仍为塔记、殿记或立像记等。这能够在一在定程度上弥补正史和寺志的不足,有助于我们细致、具体地看到当时吴越地区一些寺院及僧人的活动,更有利于我们深入了解此时此地的佛教发展。

三、元照的律学思想

1. 用天台圆教阐扬南山律学

元照律学的主要特点是宗天台教义,持戒律为桥梁,以净土为宗归。从持律观念上说,元照完整地继承了道宣的精神,坚持比丘持净戒的重要性,重视僧众的如法行为和僧团法事的礼仪规范。

元照重视持戒而行,他批判那种"见学律者薄为小乘,见持戒者斥为执相"的错误观点。他强调说,出家者如果"不观己身削发染衣,复不思自心登坛纳具,且受而不持,虽受何益?"①他写《剃发仪式》、《释门章服仪应法记》、《道具赋》、《受戒方便》、《授大乘菩萨戒仪》等篇章也正是为此目的的。他说,三藏三学,以戒律为首,但受戒的人心有明昧,对于初受戒时未发大心的人,佛开重增(一作重受或增受)一法,是名增戒。正因为如此,他其一生为人增授戒法达六十余会。他的弟子中如宗利和思敏,就是依律增受戒法的。

元照一生坚持依律修行、弘扬南山思想。其思想主要有两个方面:一是坚持和弘扬南山律学,并通过研习天台教观而使其与南山律学思想相结合,二是潜心于净土。因此,他的律学思想就打上了台净律三者合一的印记,表现在他以天台圆教思想诠释《四分律》和《行事钞》。

事实上,虽然道宣因其早年曾潜心过《法华经》,也即以圆教思想重整戒律,但是元照是以天台学的圆教来阐释律宗的。他是上承南山律学,又吸收天台教义,这是与道宣律学有所不同的,也是往往被人忽略的。

元照生活于天台胜地,早年因听神悟劝令"阐明法华宗旨,以弘四分戒律",于是历游温州、台州一带,从名师研习天台教观。其后元照也正是以法华和天台思想开显圆意,诠释律部而立一代律学的。元照律师以天台教义释律,倡教、律、禅一致,主教、律、禅三学一源。律,佛所制;教,佛所说;禅,佛所示。他认为,律非学无以自明,教非学无以自辨,禅非学无以自悟。故律、教、禅,同出而异名,即同出于一心。他对律教禅三学持融和的主张,主张无分别地加以修学。南宋释志磐如此强调说:"元照律师,始约《法华》开显,作《资持记》,以明南山律宗。于是,《会正》、《资

---

① 元照:《芝苑遗编》卷下,《续藏经》第59册,第644页中。

持》,疏为二派。"①这种以法华圆意阐释《行事钞》的思想倾向,造成其律学思想有着"引台入律"的倾向,处处有着天台圆教思想的印记,因此也被认为是"杂糅天台教义以注释律部"。②

2. 对"戒体"思想的阐释与弘扬

戒体理论是南山律学的重要内容。元照十分重视律宗的主要思想"戒体",并对此进行了强调和发扬。在《资持记》中,他对道宣在《业疏》中说的两种戒体的区别,又重新进行了撮要诠释。元照首先强调,二种戒体均是有为,不属于三无为(虚空、择灭、非择灭)。这是因为它们都是假缘构造、生住异灭之四相所为。再者,一切有为法可总束为三聚:一色聚、二心聚、三非色非心聚,但二种戒体只属于色聚而不属于其余二聚。五根、五境、无表色三种色法共有 11 种,但可总括为三:一可见有对色,即色尘;二不可见有对色,五根四尘;三不可见无对色,即法尘少分。此又分为两种:一是心法谓诸心数法,二是非心法。作戒体中的身口二作,身作属于初色,口作即属第二色中声尘。至于身口无作则属于第三色,当体为戒。色声非恶无记,六作业成,即得为戒,故无作戒体是属本善。同时,虽说二戒俱色,但作色即是色声两尘,无作色者法入中摄,实为假色。

无作实非见对,名其为色,说无作以色为体,这是有着如下的几种理由:一者,因为"能造名色。疏云:戒体所起依身口成,随具辨业通判为色"。二者,"损益名色。又云:彼宗七业皆是色中有损益故"。三者,"碍故名色。又云:无作虽非见对,然为四大造更相障碍"。

既然无作能相障碍,则其应同根尘;既然无作为法入,为意所对,则应该属于非无对。元照说:"五根五尘能所俱碍皆是色,故能所俱对互不通,故假色不尔。虽与意对,意根通缘一切尘,故即非对义。又假色是色

---

① 志磐:《佛祖统纪》卷四六,《大正藏》第 49 卷,第 420 页中。
② 郭朋:《中国佛教思想史》下,第 137 页,福州,福建人民出版社,1995 年。

意根非色,故非碍义。"

元照说作戒体的形成始于坛场终白四竟,第一刹那已前,三业营为,方便构造者即是,作之体者是为身口业思。所谓"身"即是行来跪礼之动作也,"口"即为陈词乞戒之口作。由于立志要期,希法缘境,心彻始终统于身口,故名身口业思。但是此业思即是作之体,而不是"心王"。这是因为,"若观论文,三业皆心,离心无思之语似指心王。然而王数,体用以分,由体起用,用即是体,今论作业,就用为言。故业疏云:言心未必是思,言思其必是心"①。

小乘阿毗达磨理论将一切有为法分为色法、心法和非色非心法三聚。色法意为乃四大所造成,心法即与心相应俱起。那种既非因四大也非因心法而起的有为法即为"非色非心"法。《成实论》主无作戒体属非色非心。元照说,非色非心为成论第三聚名,亦号不相应聚,此聚有十七法,无作即其一也。元照强调说,由于有宗所说的五根五尘四大之十四色,皆是由尘境推识,善恶本心所造,是故根尘并属无记。根尘四大俱通善、恶、无记三性。有部论师所立色声有二:一者,外五尘及报色,它们属于非罪福性;而内方便色则是罪福性。二者,一念色声眼耳所得为非罪福性,相续色声法入所摄是罪福性,而其所取则是"方便相续色声以为作体"②。

对于道宣在《业疏》中初解"色""心"为体,元照解释说:"身口即色业,思即心故无异也,钞从显要,令易解耳。……善恶虽殊,发业义一,故如律,心疑想差,不至果本……一切无害心皆不犯,此虽动色但由无心故不成业。"③元照说,自昔至今谈戒体者,共有二执:第一者为法执,他们有的虽讲《四分律》,但却依《杂心》出非色心;有的虽学《十诵律》,却又傍准《成实论》立色为体。出体顺计,据教乖宗,故名法执。第二执者谓迷执,

---

① 此处引文见元照《四分律行事钞资持记》卷中一下,《大正藏》第40卷,第268上一中。
② 同上书,第268页下。
③ 同上书,第268页中。

有的虽弘假名宗却立色为体,有的传有部律却执非色非心为体。如慧光即以理为体,法愿律师则以受戒五缘为体,《增辉记》则主"非色非心"是种子义,即立种子为体。①元照强调说,非色非心绝不是为无见有对法之"细色",因此与有宗是不同的。因为南山宗所解的"非色"意为是非尘大所成,而非简粗色粗心,唯取细色耶,所以元照说,所谓"色",其意有五,"一相、二异、三损、四碍、五对"。②

"戒体"问题是元照关注的问题,虽然他在《资持记》中已经作出了透彻的分析,但他仍然于《芝园遗编》中再次说明这个问题。这有两个原因:

其一,这是因为戒体理论的复杂性。他对此强调说:"夫戒体者,律部之枢要,持犯之基本,返流之源始,发行之先导。但由诸教沉隐,道理渊邃,是以九代传教,间出英贤,虽各逞异途,而未闻旨决。""故使任意私说殆六七家,各谓指南,宁知所适,既无是处。"直到唐代才有道宣穷幽尽性,剖判宗旨,斟酌义理而得以鼎示三宗。但是元照认为,尽管如此,后世者虽依道宣之《业疏》而出戒体之学,但由于他们之"得"在破他,而"失于自解",故而"诸宗义学,所惑当时"。如对于"非色非心"的理解,不少人没有认识到"非色非心止是摄法之聚名,实非体状,遂令历世妄说非一"。他认为,南山之所以立"非色非心"之说,那本是"密谈善种",因为对于小宗不便径示,故不处不立"非色非心"。

其二,元照认为,由于"时变人浮,勤名惰学,欲其发晖教宗,规范来裔,百代无古者,吾不得见也。故使祖师遗训,戒体极谈,几于熄矣,犹赖垂文不坠,明若星日,贞如金玉,故幸得而闻也。是以专依疏本录出别行"③。他把这种现象归为"四过":"一大小混滥,二圆义偏乖,三妄分两体,四辄隐圣文。"因此在熙宁三年(1070年)所作的《芝园遗编·戒体章》

---

①② 元照:《四分律行事钞资持记》卷中一下,《大正藏》第40卷,第269页上。
③ 元照:《芝苑遗编》卷上《戒体章》,《续藏经》第59册,第620页下。

中,元照仍然对此加以研究说明。

所谓"大小混滥",即是有人认为"四分律学"之假名宗以种子为体,如《增晖记》即是如此,仅取种子上功能为别。元照认为,如果说假名宗之体是种子,那"非色非心,又是何物耶?"而且,既然假名宗言种子为体,那也无法理解圆教宗所立的戒体本质。故而他批驳道:"如此妄言,颠乱教旨,不可轻恕。"

至于"圆义偏乖",元照是用其来批评那种在戒体观上的错误见解。有的意见说,"因作业种,熏本藏识,永为种子,此即戒体。不同假宗,外立种子也"。元照反驳道:"假宗何曾言种子为体?又种子唯一,何言不同。既曰不同,何名圆义。"这是因为所谓"圆"者,即是融通贯摄,非异非偏之义。"妄分两体",即是将圆教中的戒体自意强分成"作"、"无作"二体,其妄更甚。由于"圆教"即是不可分,融会假实,指破前二,故圆教之体不可别分。"辄隐圣文"是元照批评有人以道宣注疏之名"少参自语、题为己立"。元照认为,道宣疏文立宗诠体,文义废立,靡不周备。因此,元照对戒体的内容和性质重申道:

> 故《疏》云,考其业体,本由心生,还熏本心,有能有用。乃至云不知何目,强号非二。细详此文,未即言善种,而曰熏心有用,密谈之意,灼然可见。应知此即考出非色非心之体耳。①

因此,如果说《四分律》以种子为体,此是紊乱宗绪,深为不可。对于戒体的获得,元照强调必须通过如法的仪式,"今者发心誓禀此(戒)法,然须实坛顶上,十师座前,作法而受,因缘和集,心境相冥,发生无作,领纳在心,名为戒体"②。

萨婆多宗和成实宗者各执所异,强构他名,分别为计种为色或为非色心,但是南山圆教与其不同。元照说,执于其异正如对美玉辨其为石

---

① 元照:《芝苑遗编》卷上《戒体章》,《续藏经》第59册,第621页上。
② 元照:《芝苑遗编》卷中《受戒方便》,《续藏经》第59册,第639页下。

还是为玉一样,愚人谓异,就之起著,而未能得体。

> 已往诸师,或名思种,或名熏种,然思熏属作,种是无作。今召无作,何得相滥?或名种子者,种通善恶,是亦不然。今正此名,善种为体。故疏云:成善种子,此戒体也,言善则简恶,不言思熏则无滥也。①

所谓"善种","善则是法体,种是譬喻,谓尘沙戒法纳本藏识,续起随行,行能牵来果。犹如谷子投入田中,芽生苗长,结实成穗。相对无差,故得名也"。因此,萨婆多和成实宗两宗之体从本质上说为"揽本从末",而南山圆教的"善种子"则融会前宗,的指实义,将前二体之一偏进行"摄末归本"。"故疏云:于此一法,三宗分别,故知分别有三,体实不二"。

元照以天台思想对戒体作了解释。他说,南山圆教戒体与天台圆教是"理同说异"。所谓"理同"即是"引法华文、用法华意,立此圆体。但彼教统摄,此局一事,将此入彼,即彼妙行之中戒圣行也"。所谓"说异"即是"为明戒体,直取佛意,融前二宗,自得此谈,非谓取彼,但名相滥,是故异也"②。是以故,元照说:"依教奉持,则受随相应;约圆开解,使域心于处。既开显大解,依小律仪即成大行。岂须弃舍,方曰大乎?故疏云:常思此行,即摄律仪等。"③

3. 以"四科"分判菩萨戒

元照非常重视对菩萨戒的理论研习和授受。他于元丰元年(1078)从净土僧人广慈慧才(998—1083)受菩萨戒,此后他还广泛为人授菩萨戒。终其一生,元照对菩萨戒是相当重视的。对于菩萨戒仪,他不仅在《资持记》中有多处议论,而且在《芝园遗编》中还专有《授大乘菩萨戒仪》一章以文明示。

---

① 元照:《芝苑遗编》卷上《戒体章》,《续藏经》第59册,第621页上。
②③ 同上书,第621页中。

元照指出菩萨戒自有两宗：一是《梵网经》，它属于是华严部，道俗非畜皆能得受，受之则通渐顿；另一为《菩萨善戒经》，它属于法华涅槃部，只有比丘才能得受，唯渐无顿。针对世人在修习菩萨道、授受菩萨戒法中所表现出的误解和偏差，他也进行了批评。如有人认为"佛立一切戒，戒我一切心。我无一切心，何须一切戒"的这种"一切无心，何必受戒"的误解，元照说，若你果真无心则可容无戒，那么你自己审量是真的"无心"吗？只有佛无一切心，众生界并不真的无一切心。他强调说：

> 诸佛果上起用，说法利生，悲智方便，善巧提诱，未始暂息，良由以无心，故无所不心，安有恣放作恶、不奉戒律，谓之无心哉？①

再如，有的人认为"了心即佛，岂假他求？本净无瑕，何劳受戒？"元照说，所谓本心即佛，恰如金在矿石中，怎能与精金相比。也正因为心本是佛，才更应当发意勤求，立誓受戒。

元照并不是如传统上把大乘菩萨式视为"制教"，而是看作"化教"。如在《资持记》中他即如是回答：

> 问：化行二教，为大为小？
> 答：化收大小，制唯局小。
> （问）：若尔，《梵网》《善戒》大乘行教，那判为化？
> 答：大乘三藏，制不制别，得名为行。若望今宗，还属于化，以菩萨戒通道俗故。②

元照的菩萨戒理论仍然是采用南山宗的"律宗四科"之法进行分析、理解的。如他说："广明受法，略有四种：一曰戒法，二曰戒体，三曰戒行，四曰戒相。"③

---

① ③ 元照：《芝苑遗编》卷中《授大乘菩萨戒仪》，《续藏经》第59册，第631页中。
② 元照：《四分律行事钞资持记》卷上一上，《大正藏》第40卷，第175页上。

所谓菩萨戒法,他说,"当知菩萨戒者,直是识心达本,成佛菩提之要术,此谓戒法也。"①元照还对大小乘戒及其"禀戒异"作出了明确的区分:"小乘则以五戒、八戒、十戒、具戒,俱名别解脱戒,发得禅定,名定共戒;发得无漏慧,名道共戒。破三界见思,证四果罗汉。大乘则以十重、四十八轻、八万威仪,戒善戒经、璎珞经。所述不同,无非发菩提心,行菩萨行,名为大乘戒。"②

关于菩萨戒的戒体,元照对此论述不是很多,但内容相当清晰。元照将菩萨戒体的形成分为三个方面:"一能受心,即得戒之本;二所缘境,即发戒之处;三所发业,即无作之体。"所谓"能受心",即是发大菩提之心,断恶修善,度生三誓,无不具足;若无大誓愿,即不发戒,戒体无得。至于"所缘境",即是法界一切众生依正等法,因为一切众生是诸菩萨因行果德所出生处,若无众生,戒则不发,体则无成。而"所发业",即是由发菩提心,缘众生境,揽法归心,心法冥合,发生无作,成善功德,得佛种子,由种熏心而成戒体。元照不同意那种相信因为众生本有佛性,因此即性具菩萨戒体的见解。他认为菩萨戒体受者方有,不受则无。性虽本有,体成必缘,非修不发。他说:

> 本有之性,蜎动翾飞,一切皆具,菩萨戒体,受者方有,不受则无。此则因缘构造,修起之法。性虽本有,非修不发。如摩尼珠,具足众宝,不假缘求,终不出现。"③

他并依南山宗思想和天台教义对此进行了论述。他说,天台疏云,不起而已,起则性,无作假色。南山也说,熏本藏识,成善种子,此为戒体。天台宗所谓的"性"字即是能起之因,无作假色即所发体。南山律学的藏识即所依处,善种子即能依体,能起所依是本有之性,所发能依即今

---
① 元照:《芝苑遗编》卷中《授大乘菩萨戒仪》,《续藏经》第59册,第631页下。
② 元照:《芝苑遗编》卷上《大小乘论》,《续藏经》第59册,第630页中。
③ 元照:《芝苑遗编》卷中《授大乘菩萨戒仪》,《续藏经》第59册,第632页上。

受之体。①

虽然单立菩萨戒体,但是元照认为菩萨戒戒体与南山律宗的戒体是没有根本区别的。据《芝苑遗编·戒体章》中所言:

> 问:此(戒体)与菩萨戒体为同、为异?
>
> (元照)答:体同缘异。言缘异者,大则三归、四弘、请师、问遮、三番羯磨,诸余法式与今小宗两途迥别。言体同者,以缘为旁助,心是正因,缘疏因亲,体从因发,前既心发上品,故知今体即大乘。故《涅槃》中白四所受持、息世讥嫌,与性重无别,即同此意。②

至于菩萨戒行,即是依戒起行。既发得戒体,当起随行,专精保守,如护明珠。元照说:

> 恒忆、恒持、恒防,一心三用,念念圆修。远离诸恶,摄律仪戒也;修习诸善,摄善法戒也;将护众生,饶益有情戒也。始发三誓,次行三戒,终获三果。即法、报、应三佛身也。愿行相副,目足更资,如车二轮,如鸟两翅,此谓戒行也。③

菩萨戒相则有二种,"约行为相"和"以法为相"。戒体已得,动则三业,利物济世,自行化他,美德彰显,如空中月出于云翳,此即"约行为相"。《梵网戒本》十重四十八轻戒条一一复有多相,如能诵持,依师求学,体究持犯,戒行清净,此即"以法为相"。④

在《授大乘菩萨戒仪》中,元照准依天台所列六家仪式,并参照古本及当时诸本菩萨戒仪而立"授大乘菩萨戒仪",以务时用。其"授大乘菩萨戒仪"列有十科:第一求师授法、第二请圣证明、第三归佛求加、第四策导劝信、第五露过求悔、第六请师乞戒、第七立誓问遮、第八秉法纳体、第九说相示诫、第十叹德发愿。⑤

---

①③④ 元照:《芝苑遗编》卷中《授大乘菩萨戒仪》,《续藏经》第59册,第632页上。
② 元照:《芝苑遗编》卷上《戒体章》,《续藏经》第59册,第621页中。
⑤ 元照:《芝苑遗编》卷上《戒体章》,《续藏经》第59册,第632页中至636页下。

4. 戒净并重，以净为归

在宋代流行净土的大背景下，元照有着浓厚的净土信仰。因此元照的律学思想即体现出了戒净并重、以净为归的精神。元照的净土法门有如下几个特点：

第一，元照非常重视净土法门的作用和意义。元照最初不重净土法门，他相信慧布(518—587)的"方土虽净，非吾所愿，若使十二劫莲花中受乐，何若三途极苦处救众生也"的观点。① 其后因遭重病，在病中览天台《净土十疑论》，方才转崇净土法门，并对此极为重视。他说：

> 八万四千之妙相，得非本性弥陀；十万亿刹之遐方，的是唯心之净土……几生负德，枉受沉沦，今日投诚，必蒙拯济，三心圆发，一志西驰，尽来际以依承，历尘刹而称赞。②

他认为，末法之时，自无道力，唯净土法门是修行径路，因此门全假他力，即弥陀世尊本誓愿力，光明摄取之力，但具信愿行三法，即得往生。如他说：

> 末流狂妄，正道梗塞，或束缚于名相，或沉冥于豁达故，有贬念佛为粗行，忽净业为小道，执隅自蔽，盲无所闻。虽闻而不信，虽信而不修，虽修而不勤，于是净土教门，或几乎息矣。③

因此元照既重研律，也常诵《普贤行愿品》，并依善导之说，一意专持阿弥陀佛名号，发愿领众同修念佛。他曾自我表白道：

> 自是尽弃平生所学，专寻净土教门二十余年，未尝暂舍，研详理教，披括古今，顿释群疑，愈加深信。复见善导和尚专杂二修，若专修者，百即百生。若杂修者，万千一二，心识散乱，观行难成。一志

---

① 宗晓：《乐邦文类》卷二《净业礼忏仪序》，《大正藏》第49卷，第170页上。
② 宗晓：《乐邦文类》卷二，《无量寿佛赞》，《大正藏》第47卷，第180页中。
③ 宗晓：《乐邦文类》卷三《无量院造弥陀像记》，《大正藏》第47卷，第187页上。

专持四字名号,几生逃逝,今始知归,仍以所修,展转化导,尽未来际洪赞何穷,方便多门,以信得入。①

至于晚年,元照更是如此,他说:"年来自觉衰病,诸无所堪,唯于净土颇尝研究。"②

第二,元照致力于社会大众的净土佛事活动。元照转崇净土后,通过著疏、造像、讲学、传戒,观佛诵经、撰写忏仪、恭写弥陀像记或为信众依观经绘"九品往生图"等活动弘扬净土法门。③ 元照还以其崇高的威望,普劝道俗归命西方极乐世界阿弥陀佛。元照说:

> 近世宗师,公心无党者,率用此法,诲诱其徒,由是在处立殿造像,结社建会,无豪财无少长,莫不归诚净土。若观想若持名,若礼诵若斋戒,至有见光华睹相好,生身流于舍利,垂终感于善相者,不可胜数。净业之盛,往古无以加焉。生当此时,得不知幸乎。④

此可谓夫子自道也。

第三,戒净并重。元照的净土思想是戒律和净土并重,注重在净土思想和修行中贯彻戒律的精神。如他说:

> 出家之人,若禅若教,以至房居,所习虽殊,未有不登坛受戒者。世多偏学,见学律者薄为小乘,见持戒者斥为执相;而不观己身削发染衣,复不思自心登坛纳具。且受而不持,虽受何益?

因此元照把持戒看做入道之要务,强调并准圣言,咸遵古式,事从简要。他把"戒"与"净"看成"始"与"终"的关系。他自称即是每以"两端"来开诱学者:

> 一者,入道顿有始;二者,期心必有终。言其始者,即须受戒,欲

---

① 宗晓:《乐邦文类》卷二《净业礼忏仪序》,《大正藏》第47卷,第170页中。
② 元照:《芝苑遗编》卷下《为义天僧统开讲要义》,《续藏经》第59册,第645页上。
③ 志磐:《佛祖统纪》卷二八,《大正藏》第49卷,第288页下。
④ 宗晓:《乐邦文类》卷三《无量院造弥陀像记》,《大正藏》第47卷,第187页中。

常修习,须立轨仪,专志奉持,令于一切时中,对诸尘境,常忆受体,着衣、吃饭、行住坐卧、语默动静,不可暂忘也。言其终者,谓归心净土,决誓往生也……①

他强调,修行净土,须具三法,即信、愿、行。这是因为,"信以入之,愿以导之,行以成之。非信不入,非愿不行,非行不至。故须发深信心,立大誓愿,修种种行,决定得生"②。

第四,元照的净土思想还受到善导和慧日的影响。善导(618—681)是唐代净土宗的高僧,被后世尊为莲宗第二祖,重视称名念佛,把净土的修行分为"正行"和"杂行"两种。元照的法门受到善导的影响,他说:"复见善导和尚专杂二修,若专修者,百即百生。若杂修者,万千一二,心识散乱,观行难成。一志专持四字名号,几生逃逝,今始知归,仍以所修,展转化导。……仍发大愿,普摄众生,同修念佛,尽生净土。"③另外,鉴于当时禅僧轻视戒律,以及一些修净门者重念佛轻持律倾向,元照对唐代净土宗的僧人慧日(680—748)主张禅、教、律、净并修的净土思想十分重视,并于绍圣三年(1096)专门翻刻《慈愍三藏文集》(即慧日著的《往生净土集》),以倡导依经律修持。但此举曾被人检控为伪造《慈愍文集》,并引发一场争讼。④

第五,元照不仅重视信佛,也重视对净土理论的研究。

正因重视净土法门的意义,元照有关净土思想和修行的著疏就比较多。如他著有《佛说阿弥陀经义疏》一卷、《无量寿佛赞》一卷、《阿弥陀经义疏闻持记》三卷、《观无量寿佛经义疏》(常简称为《观经疏》)三卷等。相对于天台、善导等人所著的《观经疏》等"旧疏"而言,元照的《佛说阿弥

---

① ② 元照:《芝苑遗编》卷下,《续藏经》第 59 册,第 645 页上。
③ 宗晓:《乐邦文类》卷二《净业礼忏仪序》"大智律师元照",《大正藏》第 47 卷,第 170 页中。
④ 哲宗绍圣四年(1097),四明大梅山法英禅师等十八人列状于郡,称元照刻唐代慈愍三藏的著作,虽以劝修净业为名,实为毁谤禅宗,指为异见着空之人。而且法英自称经过检阅藏经,本无此文。元照无以为回答,乃称古藏有本。州司知元照理穷,但敬其律,仅令收毁刻本以为和解。参见《佛祖统纪》卷四六,《大正藏》第 49 卷,第 418 页中。

陀经义疏》一卷和《观无量寿佛经义疏》三卷,又被称为"新疏"。元照其他与净土相关的著作还有《观经九品图后序》、《无量院造弥陀像记》、《开元寺三圣立像记》等。另外还有注净土经典的《灵芝律师经疏》一卷,但已经不存。① 他还编有《净业礼忏仪》,但原文今佚,仅存有其序,由之可见其观佛念佛之心。

元照长期醉心于净土法门,并曾于台州专门向净土法师问学过,对于问学中的一些理论和修行困惑,元照曾写《上櫵庵法师论十六观经所用观法书》继续请教,本文现收于《芝园遗编》卷下。元照在信中表达了自己的见解,在信末他则表达了自己"弥陀会中,愿为法侣"的愿望。

至于净土修行,元照也把其分为"观心"和"观佛"两种。他说:

> 大抵诸师章记,并以十六妙观混同止观观法,故有观心、观佛之诤,约心观佛之漫耳。尝考诸大乘观法,能观心虽一,而所观境随机不同。

传统上,此种观法有二种:其一,是以心为所观,此如天台止观、贤首法界观、还源观、南山净心观以至少林壁观等,它们都是指现前觉心体性为净土,如净名等经,实际上是指理体为土,唯佛一人能居于此净土。众生虽然不离此土,但是未能显圆觉。其二,是以诸佛菩萨修成功德依正色像为所观,如《观佛相海经》、《普贤行法经》、《观弥勒上生经》、《观无量寿佛经》等经所明。元照进一步指出,后者又有三种分别:第一,《观佛相海经》即观释迦,《普贤行法经》即观普贤,皆不离此界而观。此为破障灭罪,助成理观。第二,《上生经》是以心想天界弥勒内院,求生彼天。第三,《观无量寿佛经》的十六种观,并以送想西方十万亿刹之外,弥陀依正庄严,求生净土。②

元照以二种教观分判佛教大义,一者娑婆入道教观,能求在娑婆世

---

① 莲法:《云栖净土彙语》,《续藏经》第 62 册,第 11 页下。
② 元照:《芝苑遗编》卷下《上櫵庵法师论十六观经所用观法书》,《续藏经》第 59 册,第 645 页下—646 页上。

界入圣得果;一为净土往生教观,持之修行能得往生净土。他认为前者有大小偏圆不同,但净土往生教观则是大乘圆教。娑婆入道以观心为主,净土往生以观佛为要。所以他在《观无量寿佛经义疏》中倡观佛之法,在《佛说阿弥陀经义疏》中主张持佛名号。对于元照的净土法门的研习,有人评价说,他区分约娑婆、净土两土教法,纯杂有异,前古未闻,达士无不适从。[1]

宋代流行的思潮是诸宗融合,因此元照把律宗与宋时流行的净土思想结合起来,倡导律、净结合,唱律、禅、教三学一源之说。对禅、教、律、净都主张无分别地加以修学。但是,这并不是人们常说的调和,而是力主法门之间的融合。他更是身体力行地进行这种持律与修净、天台与律学之间的结合。显而易见,这些行为和努力,客观上都促进了律学的发展。

第六节　两宋时期律学的东传

律学东传朝鲜和日本,在唐代达到一次高潮。但是由于时代的变迁,日本的律学也日渐浸微。于是宋代之时,中国又有一次律学的东传活动,这个过程主要是通过日本和朝鲜的僧人来华学习而得以进行的。其中的代表是高丽国的义天和日本国的俊芿、净业、真照等人。

义天(1055—1101),高丽文宗的第四子,于北宋神宗元丰八年(1085)十二月率弟子寿良等来华求法,并由时任专门接待外宾的"馆伴主客"的学士杨杰陪伴到杭州,至西湖灵芝寺拜见元照律师并请开示律仪,学习南山律学。从《芝园遗编》卷下的《为高丽僧统义天开讲要义》中,我们可以看到当时元照正在讲《四分律删补随机羯磨疏》第三卷的"无作戒体"内容。由于义天的到来,元照就改变了自己的讲学计划,不

---

[1] 戒度:《观无量寿经义疏正观记》卷一,《续藏经》第22册,第384页下。

讲新文,而为来客略叙律宗纲要。此后,元照还为义天授菩萨戒。

在华学律三年后,义天携千余卷经典章疏回国,并即于其国开讲南山律宗及元照的《行事钞》等。义天并将所请得携回的元照著作于高丽雕板流通。元照为义天的讲学提要,即成为《为高丽僧统义天开讲要义》三千言,也被义天请回国内,镂板印刷①。现本文收入《芝园遗编》下卷。回国两年后(1091),义天又着手编撰《新编诸宗教藏总灯》三卷,或称为《海东有本现行录》、《义天目录》、《义天录》等。其内容收集了当时流行于高丽、宋、辽、日本等地的经录,在卷二中收集了包括《梵网经》等大小乘律六部注疏等。其中有关于《梵网经》和菩萨戒的注疏,如天台智者、法藏、传奥等人关于《梵网经》和菩萨戒的注疏,有道安、梁武帝或不知撰者的忏法、菩提心戒本、受戒仪,有慧光、智首、法砺、道宣、玄恽、灵裕、怀素、玄发、玄俨、慧则、希觉、赞宁、允堪、元照、仁岳、择其等僧人律师的关于《四分律》、《戒本》和道宣三大部的注疏等,共有一百四十余部。② 这不仅对于高丽地区的律学的普及、经典的保存与整理有着积极的意义,也对中国律宗的史料学与目录学有着重要的价值。

中国的唐代诸家的律学经鉴真和尚在唐代传入日本后,曾经风行一时,并对日本佛教的发展产生重大的影响。

根据日本永超撰于1094年(时为北宋哲宗绍圣元年)的《东域传灯录》的"传律录"可知,到此时传布或流行于日本的中国律学(包括几种朝鲜半岛僧人)著作共有一百多部,约三百多卷。除去新罗和日本僧人如道伦、太贤、元晓和圆仁、最澄等的撰述外,绝大多数属于中国律学著作。比如:

《梵网经》类有:智者大师的《梵网经义记》二卷、寂法师的《梵网经疏》二卷、法铣的《梵网经疏》两卷、法藏的《梵网经疏》三卷、智周的《梵网

---

① 参见宗鉴《释门正统》卷八,《续藏经》第75册,第362页下。
② 参见义天《新编诸宗教藏总录》卷二,《大正藏》第55卷,第1173页上至1174页下。

经疏》五卷、玄一的《梵网经疏》三卷、善导的《大乘布萨法》一卷、慧思的《受菩萨戒文》一卷、澄观的《华严受菩萨心戒》一卷等。

《四分律》及律宗类有：定宾的《四分戒本疏》两卷、《饰宗义记》十卷，法砺的《四分律疏》十卷，怀素的《四分律疏》十卷、《开四分宗拾遗抄》十卷、《四分宗记科文》一卷、《略羯磨》一卷，智首的《四分律疏》二十卷，大觉的《四分律钞批》十四卷，玄晖的《同钞数义》一卷、《毗尼讨要》三卷，志鸿的《搜玄录》十卷，道宣的《四分律抄》六卷、《四分律抄料简》一卷、《四分羯磨》二卷、《四分律含注戒本》三卷、《戒坛图经》、《祇园图记》、《量处轻重仪》一卷。

另外，还有义净的《别说罪要行法》一卷、《南海寄归内法传》四卷、《南海寄归内法传序录》一卷、《受用三水要法》一卷、《护命放生仪轨》一卷。

但后来，由于日本僧界的持律风气和传教大师兴起的大乘戒的影响，日本律宗到日本平安时代已经一蹶不振，法脉几近断绝。

于是，南宋庆元五年（1199）四月，日本僧人俊芿（1166—1227）及其弟子安秀、长贺来华，想通过学习中国律学来解决日本的戒规问题。他们历访天台、雪窦、径山等地，第二年入四明景福寺，并在此寺师从元照的直传弟子了宏学习南山律学三年，专修律学等大小部文，后又学禅和天台教法。现有《答日本芿法师教观诸问》一文收于《终南家业》卷上之中。俊芿在中国学习十余年，回国时请回许多律宗典籍和南山、灵芝真影各一幅，于日本京都开创仙游寺和戒光寺，大弘律法，并有几位天皇皈依。1226年，仙游寺改名为泉涌寺，俊芿即入住其中，兴隆四分律宗，时称"天台律宗的中兴"。

南宋时（日本镰仓时期）另有日僧净业来华请业。净业（1187—1259）即昙照律师，早年出家，曾于园城寺等地修学显密二教。净业曾先后两次来华学律。第一次于南宋嘉定七年（1214）入宋，学习14年，就学于中峰铁翁处，1228年回国。绍定六年（1233），他又第二次入宋学习，学习八年,从守一增受戒法,究律藏。守一曾为其撰《重受戒文》示之律学深意。净业返日后,于京都西林寺、东林寺等广说戒法,盛传元照一系的律学。净业并于京都泉涌寺和戒光寺弘律,成为日本律宗泉涌寺派的开山祖。因为京都的地理位置,本派律学又被称为"北京律",而唐代由鉴真传入奈良的律学则被称为"南京律"。[①] 其后,泉涌寺俊芿的弟子湛海、智镜、道玄等也曾先后入宋学戒寻律。

后来,又有真照于开庆元年(1259)入宋,从妙莲及其门人行居传受戒法。

第七节　宋代律学的几种普及性著作

在元照之后,《行事钞》六十家中还有十家。从此之后,两宋律宗学人基本不再对南山律钞进行亦步亦趋的注疏。因为众多的律疏已经把南山理论诠释得十分清楚,所以律师们把理论努力的方向转向了对律宗学说的整体把握和思想普及上。这样在两宋之时即出现了几种篇幅不大但条理明确、文短意丰、律学内容较为完备的著作。对于以前南山律家动辄十几、几十卷的著作来说,它们有着鲜明的特色。

一、律宗简明读本《律宗会元》

宋代是律宗发展的一个新的高峰,律师人材辈出,其中既有理论创建者,又有理论普及者。此时出现的《律宗会元》即是一部很有特色的律学普及性读本。

《律宗会元》共三卷,台州守一集,成书年代不详。在《佛祖统纪》、《释氏稽古略》、《释鉴稽古略续集》等著作中,以及成书于南宋理宗嘉熙年中(1237—1240)的《释门正统》中都没有提及。《律宗会元》全文共分

---

① 参见[日]村上专精《日本佛教史纲》,第138页,北京,商务印书馆,1981年。

为十门：诸文原教门、诸文观法门、诸文心境门、诸文戒法门、诸文戒体门、诸文戒行门、诸文戒相门、诸文持犯门、诸文悔罪门、诸文三归门。它虽然没有理论上的突破与贡献，但却是对迄宋为止的律宗思想理论的一种提纲挈领的总结，可称为律宗的入门教科书或普及性读本。

《律宗会元》对律宗的重要著作的写作体例和主要内容都作出了归纳和提纲。这些著作主要是《行事钞》、《资行记》、《业疏》、《戒疏》、《济缘记》以及元照的《观经疏》、《明净土观法》。同时，《律宗纲要》还对律宗的主要概念、律学的事件、人物、疏本的形成等事实作了简明扼要的解释，其每一解释都是征引广律以及诸家律钞进行的。

《律宗会元》事实上成了律学的简明读本。后世有的律家即要求新学律者，宜首先熟读《律宗会元》及诸序文。一俟学思俱到，左右逢源，融会贯通，方与复述之科，如若不然，则文在口中，义不能现。①

二、律宗小辞典《律宗新学名句》

《律宗新学名句》三卷，共四万字左右，宋时惟（怀）显编，其文前之序写于北宋哲宗绍圣元年（1094）。

本文以小辞典的方式，通过对与律宗思想相关的"词条"的排列而汇集了律学的基本概念和名词。该书在词条排列上模仿《增一阿含经》的体例，从"一"开始，诸如"一律：事钞四分一律宗是大乘"，"二种戒：一性戒二遮戒"，直至"六十二见"、"八十种好"等，以数字递增而排列，以数带词，最后终于"如来成道终至涅槃说八万四千法门"。与《律宗会元》的写法不同，《律宗新学名句》的释意极为简略，大多都是一句话。惟显在其前的引文中说到了其编纂的目的：

> 毗尼中具列增一之文，而不兼通诸部。夫己宗虽广诸乘法数，而但局据一家，是使吾宗晚进辈，昧于披捡，致多阙如。予以时习之

---

① 参见省悟《律苑事规》，《续藏经》第60册，第144页中。

暇,辄恣讨论,统括诸部文句,搜罗一宗名言,总成三卷,用贻新学。虽不能发明大义,庶有补于遗忘云尔。①

本书内容涵盖律学和律宗发展史上的人物、名称、历史、事件和理论,检索方便。文末附有几种南山律学立祖之说,除去记载元照所立的"九祖"之外,还记有如下几种说法:②:

三衢法明律师立五祖:一波离、二法正、三觉明、四智首、五南山;

雪溪仁岳法师立十祖:一法时、二法正、三觉明、四法聪、五道复、六慧光、七道云、八道法、九智首、十南山;

钱塘守仁法师立七祖:一波离、二法正、三觉明、四法聪、五智首、六南山、七希觉;

天台允堪律师立七祖:一波离、二法正、三觉明、四昙谛、五法聪、六智首、七南山;

钱塘怀显律师立五祖:一法正、二法聪、三道复、四智首、五南山。

《律宗新学名句》还收有《前代章记解释事钞共六十家》的作者和篇章,这些对于今天了解南山宗的法脉和律学思想的传承都有着一定的史料价值。

三、辨疑解惑的《律宗问答》

《律宗问答》共两卷,是宋代临安不空教院了然律师、会稽极乐院智瑞律师和芝岕净怀净梵妙音律师应日本僧人俊芿所问,而对同一个问题分别作出的回答。

卷上主要是回答俊芿关于南山三观的问题,如南山的唯识妙观与天台一心三观的关系、事理二忏并与天台仪范的异同、第八识的体性等共30个问题。三位律师分别回答,互为补充。卷下主要是回答日僧俊芿的

---

① 惟显:《律宗新学名句·引言》,《续藏经》第59册,第669页下。
② 惟显:《律宗新学名句》,《续藏经》第59册,第707页中。

关于南山律学的十个困惑,由极乐寺瑞律师回答:一是对于道宣所说的本宗"五义分通"之疑;二是关于增受菩萨戒时,如何依南山律学而得受具缘发圆体疑;三是白四发圆体疑;四是对南山所言的圆宗所依疑;五是一心三观疑;六是唯识通四位疑;七是唯识修相疑;八是相空分别空疑;九是南山立宗违师疑;十是钞十门摄属诸篇疑。

《律宗问答》的一个最大特点即是表达出对元照《资持记》观点的不认同或反对,如批评元照"谬以三观对三宗";"今家所谓大菩萨者,盖指乎修唯识者,对前相空属小,故称大尔,资持及谓,特举深位,以彰理妙者,未免将错就错也";"荆溪讹之在前,资持谬之于后,屈抑祖宗唯识妙观,扶持荆溪谬破之义,无过资持记主";"资持记主正乖祖师止观双游、真俗并运之旨,其谬甚矣";"资持以愿乐收加行,十信济缘,又以愿乐收三贤,进退俱失,无定涉言"。①

从内容上说,《律宗问答》所言的内容较为抽象,也是俊芿所不能理解之处。即使今天读来,其内容也是显得十分艰深的。

四、律宗的高等教科书《终南家业》

《终南家业》,由宋时守一述、行枝编,共三卷。

上卷有《教观撮要》、《三观尘露》、《答日本芿法师教观诸问》;中卷有《重受戒文》、《戒体正义直言》、《四诤要论》、《衣制格言》、《论分部》、《论僧体》、《科释杂心论出三有对文》、《受缘重开》;下卷有《论心用双持犯结制罪》、《辨二止并八九名义》、《重释事钞持犯篇通塞文》、《重答钦师境想问》、《析然梦庵持犯四难》、《征显定道二戒》、《略辨正用相从》、《略议第七非体》、《辨略教结犯》。

《终南家业》是一部理论性极强的著作,以不大的篇幅简洁地阐述了

---

① 此处分别参见了然、智端《律宗问答》卷上、下,《续藏经》第59册,第710页中、710页下、711页上、712页中。

南山道宣律学的基本精神和基本理论。这是与以往律家往往是注释道宣的某一本书是不同的。尤其《终南家业》对"南山三观"作出了简洁而清晰的论述,没有注疏体裁的冗长和铺陈。

如果说《律宗会元》是律宗理论的简明读本或入门教科书的话,那么《终南家业》则基本上是一部律宗思想的高等教科书。

但是,《终南家业》也受到时人的批评。如南宋理宗淳祐(1241—1252)初年,沧州妙莲即撰有《蓬折直辩》和《蓬折箴》各一卷对此进行批判。其意思是"彼既曲折,故当直辩"。这是因为妙莲读到《终南家业》的第一句"吾祖弘律,以观妙为本"时即心生不满。他批评《终南家业》道:"审吾祖为弘律耶,为弘观耶,若谓弘律,律何无本?若谓弘观,何云弘律?"[1]他的批评甚至还很激烈,如他说:"吾宗有铁翁者,自谓实学,好扬名于后世,高则不高,名品非名,鸟鼠之喻可也。"[2]

总体看来,《终南家业》对于律宗思想的研究和概括还是很有意义的,对于律宗思想的传播、促进对律宗思想研究的深化,都起到了一定作用。

---

[1] 妙莲:《蓬折直辩》,《续藏经》第60册,第69页上。
[2] 妙莲:《蓬折箴》,《续藏经》第60册,第80页上。

第九章 宋代密法的兴盛与唯识学的研习

相对于天台、禅宗、净土宗等宗派的兴盛,密宗至北宋初期成为绝响,但密法在两宋时期,仍然在社会上流传。唯识经典尽管仍然有研习者,甚至出现了大量引用唯识经典的巨著《宗镜录》,但是,作为宗派的唯识宗已经终结了,而唯识经典的研习,仅仅说明唯识学在这一时期仍然在继续传播。

第一节 宋代密法的兴盛

一般认为,密法在晚唐以后,就基本上在汉地销声匿迹了。但近年来随着研究的不断深入,可以发现情况并非如此。首先,宋代译出的密典,虽然在当时影响不大,但在整个汉地密教史上的作用也不容忽视。在宋代所译出的佛典中,密教经典占到一半左右,成为宋译佛经的主要部分。宋代几个重要的译家也都有翻译密典的记录。其中,天息灾译出了《大乘庄严宝王经》(四卷)、《一切如来大秘密王未曾有最上微妙大曼拏罗经》(五卷)、《最上根本大乐金刚不空三昧大教王经》(七卷)、《大方广菩萨藏文殊师利根本仪轨经》(二十卷)等七部密典。法天译出了《妙臂菩萨所问经》(四卷)、《最胜佛顶陀罗尼》(一卷)、《最上大乘金刚大教宝王经》(二卷)等六十七部密典。施护译出了《一切如来真实摄大乘现证三昧大教王经》(三十卷)、《佛说三昧大教王经》(三卷)、《佛说一切如来金刚三业最上秘密大教王经》(七卷)等三十九部密典。这些翻译出来的密典,因为在当时并没有僧人大规模地进行灌顶传法、建坛持诵,所以影响不大。但对于整个中国汉地的密教来说,这些经典扩充和发展了密教的教义、仪轨体系,"于《一切如来真实摄大乘现证三昧大教王经》,始见《金刚顶经》初会四品完成;于《最上根本大乐金刚不空三昧大教王经》,始见《理趣经》增广达其极;于《大方广菩萨藏文殊师利根本仪轨经》,始见文殊法大敷衍;《妙臂菩萨所问经》,亦增修《苏婆呼经》"①。同时,这些经典的翻译也为当时密法的传播提供了经典支持。

其次,除了翻译经典,宋代仍有许多东来的梵僧和汉地本土的僧人在传播密法。从法统上看,唐末到五代,密宗的传承也一直在继续。后唐时期西域僧人道贤,每日持诵《孔雀王经》,并且还受了《瑜伽灌顶法》。他在河陇一代传密法,"陇坻道俗,皆禀承密藏,号阿阇梨也"。道贤的法系一直延续到宋代,此即赞宁所谓的"今两京传大教者,皆法孙之曾玄矣"②。另外,在唐末历经宣宗、懿宗、僖宗三朝的朔方僧人、曾参加过懿宗朝迎佛指舍利活动(充任赞导)的无迹,在唐僖宗光启年间(885—887),曾传授过"佛顶炽盛光降诸星宿吉祥道场法",朔方府的府帅韩公听说他"堪消分野之灾,乃于鞠场结坛修饰,而多感应"③。无迹在唐末曾主持过广福寺,许多人从他受戒,后唐同光三年(925)坐化。此人也属于一直弘传密教的一个承前启后者。后唐之世,还有嚩日啰三藏在洛阳行瑜伽教法,志通曾跟随他学密法。

唐末五代弘传密法,影响最大的是四川的柳本尊。密宗传入四川,与惠果的弟子惟尚(上)有密切关系。在空海撰的《惠果碑》中,惠果的弟

---

① [日]大村西崖:《密教发达志》,第896—897页,台北,华宇出版社,1987年。
② 赞宁:《宋高僧传》,范祥雍点校,卷二五,第642—643页,北京,中华书局,1987年。
③ 赞宁:《宋高僧传》卷三〇,第752页。

子前面均加以来源地名,惟尚名前所加为"剑南"(今成都市)。惟尚学成返川,在成都一带弘传密法。柳本尊所传密法,被认为非常可能来自于惟尚或其弟子。

柳本尊,本名居直,因多次显示神异,人们不敢直呼其名,号其为柳本尊。他是四川嘉州龙游县玉津镇天池霸(今乐山一带)人,生于唐宣宗大中九年(855),卒于后晋天福七年(942)①。据《唐柳本尊传》记载,他"专持大轮五部咒,盖《瑜伽经中略出念诵仪》也,诵数年而成功。"《瑜伽经中略出念诵仪》即《金刚顶经》,所以,柳本尊专修金刚界密法。

柳本尊最为后人所称道的是其"十炼"身躯的事迹。唐僖宗光启二年(886),他建立密宗道场,燃烧手指一节,对诸佛明誓,以持咒拯救受苦的众生。同年十一月,他行游武阳象耳山,得弟子袁成贵,结伴同游峨眉山,柳本尊在山中于雪地中裸身苦修。不久,他率弟子进入成都,天复元年(901),据载他用密咒驱妖,救济众生而不接受任何酬报,蜀人认为他是有德之人,追随其教化而出家为弟子的,有数十人之多。后晋天福二年(937),他炼烧左脚踝供佛,以此祈愿众生举足都遇道场,永远不踏入淫乱之地。随后,柳本尊到广汉弘法,此间有弟子杨直京舍宅供养,投入门下。天福三年(938),广汉太守赵公派官吏要柳本尊剜目炼法,柳本尊遂剜下眼睛交给他,太守大惊,舍宅为寺,柳本尊派弟子主持道场。之后,柳本尊回到弥濛,赵公又为他营建寺院,寺院建成以后,他接着让弟子主持,自己则游化金堂、金水等地。当他走到成都玉津坊,有女子卢氏也施舍家宅建立佛寺,以供奉香火。后来据传嘉州有妖邪,柳本尊割自己的左耳立誓除之。天福五年(940)七月,柳本尊先是炼心供佛,接着炼顶供佛。八月五日他又在玉津坊设坛炼法,挥刀斩断左臂,共砍四十八

---

① 天福七年是《唐柳本尊传》中所记,但胡文和在《安岳、大足"柳本尊十炼图"题刻和宋立〈唐柳居士传〉碑的研究》中则认为"天福"七年是"天复"七年之误,所以,柳本尊卒于907年,只活了52岁,而不是87岁。王家祐在《柳本尊与密教》中也持相同观点。

刀,以应阿弥陀佛的四十八愿。蜀主①叹异不已,派遣使者慰劳。接着,柳本尊又炼阳以示断欲,蜀主嘉叹,将其请入宫中供养。后来柳本尊又回到弥濛,蜀主赐其院额为大轮院。在此期间,柳本尊因为医好蜀主夫人的病,被赐封银青光禄大夫、检校太子太傅、内殿侍等衔。蜀主还赐其"唐瑜伽部主总持王"之号②。天福六年(941),他又炼两膝供养诸佛,自此,四方道俗云集座下,从其授法者甚众。次年,柳本尊让弟子杨直京主持其教法后灭寂。

柳本尊本人传密法,但并未见其有入坛受法的具体记载,另外,修法之初又以持诵《金刚顶经》为主,后蜀主询问他以何法救度众生,他回答"专持大轮五部秘咒"。所以,严格地说,柳本尊的密法和唐代"三密"并修的密法还是有一定距离的。他专事的炼烧身体供佛的方法,虽然在唐末密教中很流行,但究其根本,却不属于密宗本身的东西。

柳本尊的弟子很多,最有名的就是杨直京和袁承贵。杨直京在柳本尊之后主持大轮院达50年,扩建寺院中房舍八十余间。后蜀广政二十四年(961),蜀主赐其为"紫绶金鱼牌领主持事"。至于袁成贵,柳本尊在临死前将所有咒语传给了他,但袁成贵后来"莫测所终"。

杨直京之后,大轮院一直有弟子传法。至宋神宗熙宁元年(1068),大轮院被敕赐院额为圣寿院,此时成都"持瑜伽教"者贾文主持为柳本尊写传。到了南宋孝宗淳熙年间,在大足县米粮里出生的赵智凤(法名智宗)又开始弘传密法。赵智凤生于绍兴二十九年(1159),5岁出家,16岁前往弥濛圣寿院学习密法。淳熙六年(1179)返回大足县,择宝顶山设坛,立誓传柳本尊的教法,并在宝顶山开始开凿洞窟,铸造佛像,宣扬密法以及柳本尊的事迹。他自己在刻文中说自己"六代祖师传密印,十万诸佛露家风"。赵智凤在小佛湾建造了柳本尊"十炼图","十炼图"下刻

---

① 因为柳本尊在卒年上的分歧,此蜀主也有孟昶和王建两种说法。
② 但现代学者也有认为这是赵智凤对柳本尊的"私谥",因为蜀主不会在这一称号前加上"唐"这样的字样。

八大明王,上刻五佛四菩萨,组成金刚界大曼荼罗。但赵智凤的造像中,毗卢遮那和文殊、普贤同时出现,这是"华严三圣"中的毗卢遮那形象,所以出现了显密主尊混为一谈的现象。这可以从两个方面进行解释:一是南宋密宗已经和其他显宗教派高度融合;二是赵智凤本身没有得到密法的正规传授。总体看来,第一种可能性较大。进入宋代以后,密法的传播已经和唐代的"纯密"时代的传播方式和内容不可同日而语了,融合性成为其重要的特色之一。《夷坚志》有这样一则记载:

> 嘉兴令陶象,有子得疾甚异,形色语笑非复平日。象患之,聘谒巫祝,厌胜百方,终莫能治。会天竺辩才法师元净适以事至秀,净传天台教,特善咒水,疾病者饮之辄愈,吴人尊事之。象素闻其名,即诣谒,具状告曰:"儿始得疾时,一女子自外来,相调笑,久之俱去。稍行至水滨,遗诗曰:'生为木卯人,死作幽独鬼。泉门长夜开,衾帏待君至。'自是屡来,且言曰:'仲冬之月,二七之间,月盈之夕,车马来迎。'今去妖期逼矣,未知所处,愿赐哀怜。"净许诺,杖策从至其家,除地为坛,设观世音菩萨像,取杨枝沾水而咒之,三绕坛而去。是夜,儿寝安然。明日,净结跏趺坐,引儿问曰:"汝居何地而来至此?"答曰:"会稽之东,卞山之阳,是吾之宅,古木苍苍。"又问:"姓谁氏?"答曰:"吴王山上无人处,几度临风学舞腰。"净曰:"汝柳氏乎?"靦然而笑。净曰:"汝无始以来,迷己逐物,为物所缚,溺于淫邪,流浪千劫,不自解脱,入魔趣中,横生灾害,延及亡辜。汝今当知,魔即非魔,魔即法界。我今为汝宣说首楞严秘密神咒,汝当谛听,痛自悔恨,讼既往过愆,返本来清净觉性。"于是号泣,不复有云。是夜谓儿曰:"辩才之功。汝父之虔,无以加,吾将去矣。"……遂去不复见。①

这则史料中的辩才法师传天台教,但能结坛,并且"特善咒水",以诵持《楞严咒》为人祛灾治病,在他身上可以看出南宋僧人显密结合的

---

① 洪迈:《夷坚志丙志》卷一六,第 498—499 页,北京,中华书局,1981 年。

特质。

宋代弘扬密法最有名的僧人是守真。守真出生于唐昭宗景福二年(893),俗姓纪,永兴万年(今西安市人)。其家在唐末为避战乱举家迁入蜀中。守真年及弱冠,在圣寿寺跟随修进律师出家。后来又跟随从朗学习《大乘起信论》,跟随性光受《法界观》。当时四川成都有演秘阿阇梨在传密法,守真又跟随他学习密法,"并得心要,咸尽指归"。自此后的40年,守真孜孜不倦地进行着传法活动。守真在辗转回到京师以后,住在东京开宝寺。他在讲《起信论》、传《法界观》的同时,开灌顶道场五遍,度僧尼士庶三千余人,开水陆道场二十余遍,大规模地弘传密法。据载:"常五更轮,结文殊五髻教法,至夜二更轮,四方无量寿教法,称阿弥陀尊号,修念佛三昧,期生净域。"①开宝四年(971),守真卒,被焚葬于北永泰门外智度院侧。守真于一人之身,显密共学,显密共传,最后在众僧的念佛声中长逝,这也可以看出北宋显密教法融合的趋势。

此外,还有许多密教僧侣们游走于民间实施密法,如洪迈《夷坚志·丙志》卷一二"奉阇梨"条记载:"宜黄县疎山寺僧奉阇梨者,善加持水陆及工诵咒偈。年益老,患举音不能清,每当入道场,辄饮鸡汁数杯,云可以助声气。或得酬谢不满意,辄肆言詈辱。"江少虞《宋朝事实类苑》卷四四"吴僧文捷"条云:"吴僧文捷,戒律精苦,奇迹甚多,能知宿命。……捷常持如意轮咒,灵变尤多,瓶中水咒之则涌立。畜一舍利,昼夜常转于琉璃瓶中。捷行道绕之,捷行速,则舍利亦速,行缓,则舍利亦缓。"

另外,天台宗僧人德度"得嵩尊者秽迹大悲法。居天台茗谷,以飞沙咒水驱邪治病为事。后往台城广福寺立坛行持,活人万计,称咒师"②。温州崇信寺住塔院的有嵩,也是一位行大悲法的"持秽迹金刚咒法沙门",舟山的吉祥寺在咸平年间(998—1003)由一位善诵神咒、乡民归敬

---

① 赞宁:《宋高僧传》卷二五,第645页。
② 袁后祺修:《万历黄岩县志》卷七《仙释·德度传》,第525页,上海古籍书店,1982年。

的"真大悲者"所建。

从僧人的传法角度来看,宋代密教与唐代密教的发展相去甚远。但宋代密教的最大特色是它的民间化、世俗化。密教的神祇如毗卢遮那、千手千眼观音、十一面观音、四大天王、韦陀等遍布于各种规模的寺院中,出现越来越普及化的倾向。处于晚唐至两宋的大足龙岗山石窟造像,密教题材占1/2以上,而且许多密教造像,或三头六臂,或怒目扬眉,充分体现了后期密宗内容的影响。在陕西的延安地区,宋金开窟非常兴盛,是北方晚期石窟的集中地区,而且出现了许多密教内容。如黄陵双龙千佛寺(或作万佛寺、石空寺)、富县石泓寺二窟的大日如来,志丹县旦八石窟的千手千眼观音,以及黄陵双龙千佛寺、延安清凉山万佛洞还见多面多臂、手持各种法物的形象。地藏菩萨及地狱变这类密教造像在富县石泓寺二号窟、宜川贺家沟、延安清凉山均有发现。①

密法成为这一时期祈雨的主要工具。五代及宋朝流行善无畏塔信仰,凡有旱灾则祈拜善无畏塔,如逢大旱,则皇帝亲到广化寺开善无畏塔祈雨。善无畏祈雨之灵验,在唐代就已传为神奇,相关的许多神话见之于野史笔记,唐之后便形成了一种信仰,以为祈善无畏塔可以致雨止雨。后唐同光二年(924)十二月冬旱,庄宗亲到广化寺向善无畏塔祈雪,到了翌年五月,庄宗又到广化寺开塔请雨(《册府元龟》卷五二)。宋开宝八年(975)三月,宋太祖亲到洛阳龙门山,开广化寺善无畏塔,瞻敬真体以祈雨,结果沛雨不止,又遣使祷善无畏塔以止雨,据说及期而霁。大中祥符四年(1011)三月,真宗亲到洛阳龙门山广化寺,瞻善无畏三藏塔,并制赞刻石,置之塔所(《佛祖统纪》卷四三、四四)。各代皇帝多临驾广化寺,祈祷善无畏塔。

咸平六年(1003)七月大旱,宋真宗诏印度梵僧于金明池水心立坛咒龙,据说有云雾自池中出,须臾雨至。此后每年岁旱,必作咒法,史称多

---

① 张智:《延安地区石窟寺密宗造像》,《文博》,1991年第6期。

有灵验。① 据记载,宋代金总持(1095—1112)有一些弟子持咒行法,驱病消灾,立坛祈雨,亦为人们所信。博州僧人显超曾从金总持学得秽迹持咒之法,济病解冤,计所得施利有五万缗,入永寿寺常住,后病中见佛菩萨前来迎往净土,经弟子们的请求,又住世15年,行咒救人。② 汴京左街香积院宝觉大师永道,也从金总持学得密法,在道州咒水摩顶,颇得当地军民的信奉。据传患病者饮其咒水,受其摩顶,无不痊愈,太守请他到军营中行法。后来高宗绍兴五年(1135)大旱,"诏师入内祈雨,结坛作法,以四金瓶,各盛鲜鲫,噀水默祝,遣四急足投诸江。使未回而雨已洽,上大悦,赐金钵"③。

自融所撰《南宋元明禅林僧宝传》卷四《慈化普庵肃禅师传》所说的忠、肃二僧:

> 忠出入江湖,人莫测之。宣和间湘潭大旱,祷雨不应。忠跃入龙渊,呼曰:"业畜,当雨一尺!"雨随至。时以佛僧目忠。肃既见忠后,亦以神异利济含灵,藏污耐垢,不知有己。演释谈章咒,旋天地,转阴阳,世盛传之,布于弦谱而弭灾焉。至其异迹,不可胜纪。④

尊胜经幢在这一期也很流行。尊胜经幢是"佛顶尊胜陀罗尼经幢"的略称,是指刻着《佛顶尊胜陀罗尼经》的石柱,其形状多为八面形。《佛顶尊胜陀罗尼经释》中说:

> 佛告天帝,若人能书写此陀罗尼,安高幢上,或安高山,或安楼上,乃至安置窣堵波中。天帝,若有苾刍苾刍尼、优婆塞优婆夷、族姓男族姓女,于幢等上,或见或与相近,其影映身,或风吹陀罗尼山幢等上尘,落在身上。天帝,彼诸众生所有罪业,应坠恶道、地狱、畜生、阎

---

① 志磐:《佛祖统纪》卷四四,《大正藏》第49卷,402页下。
② 彭际清:《净土圣贤录》卷四,《续藏经》第78册,第258页上。
③ 明河:《补续高僧传》卷一八,《续藏经》第77册,第493页下。
④《续藏经》第79册,第602页中。

罗王界、饿鬼界、阿修罗身,恶趣之苦,皆悉不受,亦不为罪垢染污。

正因为该经能除诸苦,兼济生灵与亡者,因而从唐代开始,许多人都多竖此经幢。宋代尊胜经幢崇拜遗迹后世发现的比较多,如河南温县慈胜寺大雄宝殿前树立有后晋时的尊胜幢,上刻经咒并序,记有住持僧宝林与邑主吴宝以及建造匠人的名字,文后刻"天福二年(937)八月二十八日添修毕"。大足北山佛湾260、257、269窟均立有尊胜幢,其260窟有题记,立于后蜀广政十八年(955)。安岳卧佛院51窟尊胜幢立于广政二十四年(961)。在河北邯郸鼓山常乐寺遗址大殿东西两侧立有尊胜幢,西侧立于宋建隆三年(962),东侧立于乾德三年(965)。《金石粹编》(卷一二二),载有尊胜幢三种,一是宋乾德元年(963)所立开元寺幢,一是开宝七年(974)所建京兆府开元寺慈恩院所建幢,一是淳化四年(993)开元寺释迦院所立幢。另外,宋代还出现唵字幢,据同书(卷一三七)著录,《唵字赞》幢由京兆府住持十方福应禅院讲经论传戒沙门惟果立于熙宁十年(1077)八月。石幢高2.67尺、宽1.4尺,上刻梵书唵字,下刻赞文七行,正书由咸宁县卧龙寺僧显俊书,中说"义静三藏于西天取得此梵书唵字,所在之处,一切鬼神见闻者,无不惊怖"。宋太宗曾写诗赞曰:"鹤立蛇行势未休,五天文字鬼神愁。儒门弟子无人识,穿耳胡僧笑点头。"(山西广胜寺碑文)

此外,宋代还建立了许多陀罗尼经幢。据考证,山西代州至后世尚存有至道二年(996)二月七日造的"佛说大佛顶尊胜陀罗尼经幢"及宋金时的"圆果寺陀罗尼经幢"。陀罗尼经幢一般都是民间为驱邪佑福所立,如大中祥符元年(1008)所立的福建水陆寺陀罗尼经幢刻文所云:"孤魂冤识,非妙幢神咒之力,何以拔其幽滞"(《福建金石志》卷六)。成书于同一时期的《大汉原陵秘葬经》中《庶人幢碣仪制》云:"凡下五品官至庶人,同于祖穴前安石幢,上雕陀罗尼经。……庶人安之,亡者升天界,生者安吉大富贵。"说明当时陀罗尼经幢的流行是以社会上对陀罗尼经功用的普遍共识为基础的。在这样情况下,有学者认为:"(陀罗尼经幢之)雕刻

631

最繁,规模最大,则在宋辽时代,如禹县幢、赵州幢、行唐幢和应县幢。"①

宋代修斋忏法,亦引入密教内容,慈云忏主所行忏法中有《请观音菩萨消伏毒害陀罗尼三昧仪》、《炽盛光道场念诵仪》等,将密教的归敬、诵咒、道场安像法等用以忏法,助成止观。炽盛光忏仪中,选道场、安像、持咒功用等,均依不空译本。

知礼忏法中也有《大悲忏》,该忏法中说:"此大陀罗尼,叅自髫年便能口诵,且罔谙持法,后习天台教观,寻其经文,观慧事仪足可行用,故略出之城堪自轨。"②

此外,神照(981—1051)的《仁王忏》等忏法也与密法相关涉。

华严净源有《首楞严道场修证仪》,其中除真言之外,还依经设坛场、供养等密教仪轨,他认为"《大首楞严经》乃九界交归之要门,一乘冥会之妙道也,征诵咒则六时圆坛,辨证果则百日宴坐"。③

当时水陆忏仪中都引入密教,宗赜《水陆缘起》中引杨锷的话说:"梁武帝斋仪相应者,则有《华严》、《宝积》、《涅槃》、《大明神咒经》、《大圆觉经》、《十轮经》、《佛顶经》、《面然经》、《苏悉地经》。"则《面然经》之外,《苏悉地经》、《佛顶经》及《大明神咒经》等亦为斋忏法内容。

宋代密宗民间化的另外一个重要表现之一就是密宗的经咒在民间普遍流行起来。《夷坚三志》中记载:

> (吴周辅的仆人操全)庆元三年(1197),忽不疾而死,而魂魄精爽,不离故处。……念其存日忠谨,不忍使巫却逐。馆客徐圣俞旧传西天三藏法师金总持释迦往生三真言,其一曰:"唵牟尼牟尼摩贺牟那牟曳莎贺。"其二曰:"唵逸啼律呢娑缚阿。"其三曰:"唵似呢律呢娑缚诃。"凡世人死而未解脱者,或为诵之,或为书之,无不获应,

---

① 单庆麟:《通州新出土佛顶尊胜陀罗尼幢之研究》,《考古学报》,1957年第4期。
② 知礼:《千手眼大悲心咒行法》,《大正藏》第46卷,第973页上。
③ 《续藏经》第74册,第517页上。

632

因劝周辅板印贴于操全止息之所,自此影响寂然。①

宋代流行的经咒包括《大悲咒》、《宝楼阁咒》、《炽盛光咒》、《楞严咒》、《孔雀明王经》等。尤为值得一提的是宋代僧侣和居士们日益以诵念《大悲咒》等密宗经典作为主要功课。《夷坚志·甲志》载:

> 祁门汪氏子,自番阳如池洲,欲宿建德县,未至一舍间,过亲故居,留与饮。行李已先发,饮罢,独乘马行,遂迷失道,与从者不复相值。深入支径榛莽中,日且曛黑,数人突出执之。行十里许,至深山古庙中,反缚于柱。数人皆焚香酹酒,拜神像前,有自得之色,祷曰:"请大王自取。"乃扃庙门而去。汪始知其杀人祭鬼,悲惧不自胜。平时习《大悲咒》,至是但默诵乞灵而已。中夜大风雨,林木振动,声如雷吼,门轧然豁开,有物从外入,目光如炬,照映廊庑。视之,大蟒也,奋迅张口,欲趋就汪。汪战栗诵咒愈苦。蛇相去丈余,若有碍其前,退而复进者三,弭首径出。天欲晓,外人鼓箫以来,欲饮神胙,见汪依然,大骇。问故,具以事语之。相顾曰:"此官人有福,我辈不当得献也。"解缚谢之,送出官道,戒勿敢言。汪既脱,竟不能穷其盗。②

此外,宋代还崇拜秽迹金刚,盛行持诵《秽迹咒》。秽迹金刚梵文全名为 Vajra Krodha Mahābala Ucchuṣma,音译为"乌刍瑟摩"、"乌枢沙摩"、"乌素沙摩"、"乌刍沙摩"等,意译作"大力";又称"火头金刚"、"秽迹金刚"、"不坏金刚"、"不净金刚"、"爱触金刚"、"除秽忿怒尊"等,以噉尽一切不净为本誓愿。按照密宗经典所言,他是从释迦牟尼左心化现出来的。造像全身青黑色或蓝色,有火焰放出。秽迹金刚有二臂、四臂、六臂及八臂等造像,其中以一面四臂最常见,四臂各持不同法器。秽迹金刚可以转污秽不净为清净,诵《秽迹咒》除了和其他咒一样具有除病、避难、得福等大利益外,还可以消除各种精怪鬼神地煞所带来的障碍。宋代非

---

① 洪迈:《夷坚志》三志辛卷第五,第 1419 页。
② 洪迈:《夷坚志》甲志卷一四,第 126 页。

常风行持诵《秽迹咒》,史料中对此有详细的记载:

> 问曰:"今之瑜伽之为教者,何如?"答曰:"彼之教中谓之释迦之遗教也。释迦化为秽迹金刚,以降螺髻梵王,是故流传。此教降伏诸魔,制诸外道,不过只三十三字金刚秽迹睨也。然其教虽有龙树医王以佐之焉;外则有香山、雪山二大圣,猪头、象鼻二大圣,威雄、华光二大圣,与夫那叉太子、顶轮圣王及深沙神、揭谛神以相其法,故有诸金刚力士以为之佐使。所谓将吏,惟有虎伽罗、马伽罗、牛头罗、金头罗四将而已,其他则无也。"①

《夷坚志》中有大量的僧俗百姓信仰秽迹金刚以及持诵《秽迹咒》的记载。当时的僧人虽可以结坛诵咒,但已经深深地与民间巫术结合起来了。

民间也以捐刻密教经咒为大功德。如出土于杭州雷峰塔的《宝箧印陀罗尼经》上有题记云:"造此经八万四千卷。"②山西普救寺前的十三层佛塔上也有宋刻《陀罗尼经》。又如在苏州瑞光寺塔内发现有"进士郭宗孟书"和"朝请大夫给事中知苏州军州事清河县开国男食邑三百户柱国赐紫金鱼袋张去莘"等题记的《大隋求陀罗尼经》及"画有星宫图的梵文经咒"等。③ 再如在宋仁宗嘉祐八年(1063)"虔州赣县孝仁坊清信弟子任世衡及妻干三娘同发丹心,印造《佛顶心观世音菩萨大陀罗尼经》五百卷"④。此捐刻的数量不少,也证明该经在当时流传之广。

第二节 宋代唯识学的研习

入宋以来,唯识宗的传承不明,但继承五代的风气,讲《唯识》、《百

---

① 白玉蟾门下集:《海琼白真人语录》,《道藏辑要》第六册,成都,巴蜀书社影印本,1995年。
② 崔成实:《雷峰塔的造像砖》,《文物》1983年第六期。
③ 苏州博物馆、文管会:《苏州市瑞光塔发现一批五代、北宋文物》,《文物》,1979年第11期。
④ 张中一:《文物工作报导》,《文物》,1959年第10期。

法》、《因明》各论的相继不绝。如日本僧人所记载的唐末至宋初的17种因明著疏是：宋并州崇福寺继伦的《演密钞》七卷、敬田的《义疏钞》十二卷和《补阙钞》一卷、澄净的《义雄钞》七卷、慧智的《义曦钞》六卷（另科文一卷）、福善的《古今钞补正衡》二卷、怀雅所录《集玄手钞》三卷、义深所辑《演密手记》三卷、惠深录《演密手钞》二卷、达瑜伽编《备阙手镜》三卷、从隐述《略钞》二卷、惠素造《要略记》、本真的《逐难略释》一卷、悟真撰《备阙略钞》二卷、无盛《洞秘研精钞》二卷、义幽的《精正钞》八卷（另科文二卷）、延寿的《宗镜录》（第五十一卷有专论因明内容）。所有这些著作，只有延寿的《宗镜录》流传了下来。根据各种文献的零星记载可知，北宋初期，著名的有秘公、傅章、继伦、普胜等等，参与译场活动的僧人也有能宣讲唯识诸论者。北宋中期则有无演法师弘扬唯识学，北宋末期至南宋初期有成觉、永道、守千等赓续唯识经典的弘传。特别是，"慈恩章疏"四三卷，在天圣四年(1026)也被编入大藏刻版；宣和初年(1119)，真定龙兴寺守千(1064—1143)校勘遁伦的《瑜伽师地论记》刊版流通。不过这两件事，仅仅使后世有唯识学著作可读而已，唯识学于南宋初期就已隐没不闻已经是不争的事实。

一、释傅章、释继伦、释普胜

唐末五代时起，开封有秘公传播唯识，并且有弟子傅章传播其学说；晋阳、洛阳分别有继伦、普胜也传播唯识经典。他们都是活动于五代时期，而圆寂年已进入北宋纪年，因此，置于此节追述之。

释傅章(918—972)，俗姓彭氏，开封东明人。根据《宋高僧传·宋东京天清寺传》记载，其父"恒读佛经，悬解诠旨。母傅章邢氏，尝梦入法宇，手探道器，因而娠焉。与父知怀非常之子，指腹誓令出俗"[①]。当其11岁时，他"礼本邑唯识师秘公为师，一见异之。初授《净名》、《仁王》、

[①] 赞宁：《宋高僧传》卷七，《大正藏》第50卷，第751页上。

《法华》三经。及削发去周罗,随秘公游五台,礼文殊应迹之地,其年受具,为息慈日,便于浚郊清朗法师座下听习《法华经》。后于睢阳道雅法师重温前业,寻学唯识于本师,颇揭厉于义津法水。"①从这一段叙述看,傅章尽管师承通唯识的秘公,但其师并未直接为他讲授唯识,而是给其《维摩诘经》、《仁王般若经》、《法华经》,而他最精通的是《法华经》。其后,秘公为其传授了唯识。"又亲附副僧录通慧,因明且臻其极章"②。这是说,他又跟随当时的副僧录通慧法师学习因明,因之而精通因明。

《宋高僧传·宋东京天清寺傅章传》又记载,傅章"日诵三经,兼二戒本,讲贯训徒,向二十载,未尝少辍"③。此中的"三经"是指《维摩诘经》、《仁王般若经》、《法华经》,并非唯识经典。可见,他虽精通唯识经典,但唯识宗的宗派特色不明显的。

关于傅章的地位,《宋高僧传》记载:广顺(951—953)中,"左街僧录广智大师荐闻于周高祖,赐紫方袍"④,这是后周的事情。大宋乾德二年(964)左街僧录道深,向宋太祖推荐傅章,太祖赐其师号"义明"。开宝五年(972),傅章示疾而圆寂于天清寺,春秋五十五,法岁三十六。"未绝之前命笔作偈警世,而赠诸朋执矣,所度弟子一十五人。以其年十一月十六日,卜京之南原用荼毗之法,薪尽火灭,得舌且不灰。众叹戒德,门人檀信共立塔焉。"⑤

释继伦(919—969),姓曹氏,晋阳(今山西省太原市)人。根据《宋高僧传·继伦传》记载:

> 弱齿而壮其志,勇其心,决求出家。本师授《法华经》,日念三纸,时惊宿习,慧察过人。登戒之后,至年二十一,学通《法华经》,义理幽赜。⑥

---

① ② ③ ④ 赞宁:《宋高僧传》卷七,《大正藏》第50卷,第751页上。
⑤ 同上书,第751页上一中。
⑥ 同上书,第751页中。

从这一记载可知,继伦十六七岁出家为沙弥,20岁受大戒,成为比丘。文中未记载继伦师父的法号,但从文中记述的内容看,其师精通的是《法华经》。而继伦也从其师处习得了《法华经》,其后"又撰《法华钞》三卷"。

关于继伦研习唯识经典的过程,《宋高僧传·继伦传》记载:

《唯识》《因明》二论,一览能讲,由是著述其钞,至今河东盛行。三讲恒一,百五十余徒从其道训。①

单纯从上述记载看,继伦对《唯识论》、《因明论》的熟悉似乎是自己独立研习的结果,并且有疏钞问世,且于北宋初期仍然在流通。

《宋高僧传·继伦传》又记载:继伦为人"慈忍成性,戒范坚强,人望之而心服。以刘氏据有并汾,酷重其道,署号法宝,录右街僧事,宽猛相参,无敢违拒"。②从此可知,继伦在北汉辖境有很高的威望,被北汉朝廷任命为"右街僧事",为北汉境内佛教的"领导者"。

与唐唯识宗僧人的传统相同,继伦也信仰弥勒净土,希望上生兜率天。《宋高僧传·继伦传》记载,继伦"以伪汉己巳岁冬十月示疾,心祈口述,愿生知足天,终后顶热,半日方冷"。此年,北汉政权仍然独立存在,继伦的圆寂时间为北宋开宝二年(969),享年五十一,"阇维毕,淘获舍利,远近取供养焉"③。

释普胜(917—979),姓张氏,深州陆泽(今河北省深州市境内)人。根据《宋高僧传·普胜传》记载:普胜"幼岁情爱偷薄,俄决志趋五台山华严寺,师事超化大师"④。对于普胜不在当地出家而远赴五台山出家的原因,僧传有一叙述:

或问之曰:"子胡以越山逾域而求出家?彼饶阳者,岂无仁祠哲匠乎?"胜对曰:"附神骥可以日千里矣。某知妙吉净刹,感征胶戾,

---

① ② ③ 赞宁:《宋高僧传》卷七,《大正藏》第50卷,第751页中。
④ 赞宁:《宋高僧传》卷二八,《大正藏》第50卷,第887页下。

令我小凡,速成果证,可不是乎?"众聆斯说,曰:"任气小儿,有此高识,我曹俱弗如也。"胜曰:"某非衽金革死而不厌之徒也。愿入慈门而思利物耳。"①

从此记载可知,普胜皈依的是超化大师。

经过查考,此文所说的"超化大师"应该是指《广清凉传》所记载的常住五台山的匡嗣法师(？—944)。《广清凉传》卷三记载:

> 超化大师,讳匡嗣,俗姓李氏。太原文水县齐凤村人也。幼年慕道,不乐世荣,注意台山,愿求披剃,依真容院浩威为师。受具之后,励志不群,杖锡南方,参寻知识,学通内外,博究禅、律,传法度人,开众耳目。②

依据上述记载,超化大师精通禅宗、律宗,且以禅、律着称。在后晋天福三年(938),"游方行化,至湖南,谒伪国主王公,公施香茶盈万。至丁未岁,遣使赍送入山,遍给诸寺"。丁未岁即947年,此时超化大师已经圆寂。癸卯岁(943),超化大师"至吴越国,见尚父元帅钱王,王礼接殊厚,语论造微,雅合王意,遂施五台山文殊大士一万圣众前供物香茶,及制银钵盂镔子万副,茗荈百笼。仍遣人,送至吴越馆内。诸州刺史,各办施利,铺陈供具,无不周备。别造巨舶乘载,由海路北归"③。超化大师亲自护送,"遂达沧州,舆载归山。寻与降龙大师,均施诸台寺院山坊兰若,不私其利"④。

关于超化大师的行持,《广清凉传》卷三记载说:"及挂锡旧居,徒众坚请主领僧务,厥后朝命典统山门。十五年间,兴修佛寺,供众僧数过百万。"⑤在"住持之外,禅诵为务",可见,超化大师应属于禅宗僧人。根据

---

① 赞宁:《宋高僧传》卷二八,《大正藏》第50卷,第887页下。
② 延一:《广清凉传》卷三,《大正藏》第51卷,第1122页上。
③ 同上书,第1122页上—中。
④ 同上书,第1122页中。
⑤ 延一:《广清凉传》卷三,《大正藏》第51卷,第1122页中。

《宋高僧传·普胜传》记载,普胜少年时期即皈依超化大师,时为937年之前,此时超化大师住锡于五台山华严寺。

普胜受具足戒后,前往潞府,"讲通《上生经》矣"①。后来听闻崇法大师传播《唯识论》,盛化洛都,于是前往从学。此文所说的"崇法大师",《宋高僧传》卷七有《宋秀州灵光寺皓端传》提供一条线索。

《宋高僧传·宋秀州灵光寺皓端传》叙述的释皓端(890—961)被"忠献王钱氏借赐紫衣,别署大德,号崇法焉。"文中说,皓端"年登弱冠,受形俱无表。于四明阿育王寺遇希觉律师盛扬南山律,端则一听,旋有通明,义门无壅"②。这一叙述应该是其出家受大戒之后,专门研习律学的历程,不算入南山律门。此后,皓端"投金华云法师,学名数一支并《法华经》,后受吴兴缁伍所请讲论焉"。此中的"名数"或指《大乘阿毗达磨杂集论》或指《百法论》,是唯识宗重要宗论。依据此记载,皓端应该学习过唯识经典,然不能算做唯识宗人。"于时有台教师玄烛者,彼宗号为第十祖。端依附之,果了一心三观。遂撰《金光明经随文释》十卷,由是两宗法要一径路通"③。此中的两宗应该是唯识学和天台宗。建隆二年(961)三月十八日,皓端圆寂于秀州灵光寺。俗年七十二,僧腊五十二。

上述传文未有皓端曾住锡于洛阳的记载。传文说,皓端长期住于吴越国境内,传文说他"后誓约不出寺门,慕远公之不渡虎溪也。高尚其事,仅二十余年。身无长衣,口无丰味,居不施关,坐唯一榻"④。此文是说,他在最后二十余年未曾离开秀州的住寺。从时间上推知,普胜在洛阳听闻崇法大师传播《唯识论》的时间最晚应该在940年,此时皓端法师还未发心足不出寺。不过,鉴于当时南北分治的局面,还不能肯定皓端法师就是普胜之师。

---

① 赞宁:《宋高僧传》卷二八,《大正藏》第50卷,第887页下。
② 赞宁:《宋高僧传》卷七,《大正藏》第50卷,第750页下。
③ 同上书,第750页下—751页上。
④ 同上书,第751页上。

关于普胜的作为，僧传记载说："凡百章疏经目，便识之。不几稔间，习通精赡。"①普胜对于自己所获得的后唐贞辩所编集的《上生经钞》不大满意。如《宋高僧传·普胜传》记载："胜所传者，中山贞辩《钞》讲，多误失所，然昌言曰：'繁略不均，解判非当。'乃删多补少为四卷，行于世。"从这些叙述看，普胜在贞辩所撰写的《弥勒上生经疏钞》的基础上撰集成《上生经疏钞》四卷。

进入北宋，宋太祖赵匡胤赐普胜紫衣，师号"宣教"。可见，普胜在北宋初期仍然很有影响。太平兴国四年（979）秋七月四日，普胜示疾，圆寂于洛阳广爱寺净土院，年寿六十三，夏腊四十三。"门人等收舍利葬于龙门山宝应寺西阜，建塔旌表之"②。从这些记载推知，普胜的弘法重点地域在洛阳。

二、释无演、释成觉

释法演和成觉为北宋中期通唯识学的高僧，但并非专弘其学。无演主要活动于四川，成觉主要活动于五台山。

无演（1044？—1100），天彭张氏子。根据《补续高僧传·圆明大师演公传》记载：

> 幼英烈，不甘处俗，十五弃家，事承天院宝梵大师昭符。符记之曰："此子，他日法中龙象也。"二十以诵经、落发，受《首楞严》于继静。静殁，卒业于惟凤文昭。受《圆觉》、《肇论》于省身，受华严法界观、《起信论》于晓颜，受《唯识》、《百法论》于延庆。凡此诸师，皆声名藉藉，师必妙得其家风。③

这一段文字叙述了无演法师的求学历程，其遵奉的师父先后有宝梵大师昭符、继静、惟凤文昭、省身、晓颜、延庆，研习的内容包括《首楞严

---

①② 赞宁：《宋高僧传》卷二八，《大正藏》第50卷，第887页下。
③ 明河：《补续高僧传》卷二，《续藏经》第77册，第379页中—下。

经》、《圆觉经》、《肇论》、《大乘起信论》、《成唯识论》、《百法明门论》,其所学经典涉及华严宗、禅宗、唯识学等领域。

在宋代,无演被当做宝梵大师昭符的弟子。如《佛祖统纪》卷四六记载:

> 西蜀宝梵大师昭符,鲁直称之曰:"知文知武,染衣将相也。"其嗣圆明大师敏行,子瞻称之曰:"读内外教,博通其义,以如幻三昧为一方首者也。"①

依据上述记载可知,圆明大师无演确实是宝梵大师的法嗣,而黄庭坚和苏轼的赞语说明师徒二人在当时具有很高的美誉度。

关于无演法师学习禅宗的经历,《补续高僧传》记载说:他"又尝问道于禅师惟廸惟胜,师嘿然心许曰:'此自在吾术内矣。'"②至于唯识学,无演法师是从延庆处学得的。此处的"延庆"不明所指。无演"又从诸儒讲学,于书无所不观,于文无所不能",可见,他是内学、外学都精通的。

关于无演法师讲经的神采,《补续高僧传》记载:"赵清献公,挽师登法席,于《楞严》了义,指掌极谈。闻者,如饮醇酒,无不必醉。既于此经,心融形释,复出入内外篇籍,如风行电激,所向如志。"③

此外,无演法师"又作大悲观音化相,宇以崇阁,极天下之竘工珍材,二十余年乃成,人以为庄严之冠,不知师之游戏也。"④由此可见,他还长于雕塑观音菩萨像。

值得注意的是,无演法师在中年时,"喜葛洪《内篇》,延异谲士,将以丹石伏物,皆为黄金。或取其金而畔去,师不悔不怒。他日遇之,视之如初。此可以观其德性也。"⑤佛教中人,习道教而能炼外丹,很是少见,更奇特的是,习道教且炼丹然仍然保持僧人身份,更是罕见。

在其师宝梵圆寂,其父母进入耄耋之年后,无演法师"期去世,乃南

---

① 志磐:《佛祖统纪》卷四六,《大正藏》第49卷,第420页下。
②③④⑤ 明河:《补续高僧传》卷二,《续藏经》第77册,第379页下。

游曰:'吾闻南方大士,有若祖心,有若克文,有若善本,皆命世亚圣大人也,不可不行观道焉。'"元符三年(1100)三月,无演法师从戎州出发游方度化,憩渝州觉林禅院,"不疾而化,僧腊三十有七。其法子奉师遗骨,藏于宝梵塔之西"①。

关于圆明大师圆寂的情况,《补续高僧传》卷一八《法灯禅师传》记载:"法灯,字传照,成都华阳王氏子。自幼时,则能论气节,工翰墨,逸群不受世缘控勒。年二十三,剃落于承天院,受具足戒。即当《首楞严》讲,耆年皆卑下之。其师圆明大师弃讲出蜀,师侍行,至恭州而殁。师扶护归葬成都,辞塔而去。"②

关于其享年,僧传所记不明确,只记僧腊三十七。佛教惯例,以受大戒为比丘始计僧腊,而前引僧传的叙述有奇怪之处。文中说他15岁弃家,20岁诵经、落发。落发应是成为沙弥,为沙弥数年后方才有资格受大戒,此文的表述似乎说无演20岁才成为沙弥。然如此逆推,则15岁至20岁期间,尽管法灯皈依于宝梵大师昭符,身份却是沙弥,这是不合常理的。而从文中的叙述看,无演法师与宝梵大师的关系最为密切,他的灵塔就位于宝梵灵塔之西。从这些资料分析,笔者以为20岁"落发"之说似乎有误,很大可能应该是受大戒。不过,僧传说他"有志不果,遘厄于数。惜哉!"可见,他圆寂时的年岁不大。

成觉,代州人,俗姓张。"方学语,能诵《金刚》、《般若》,父母异之,携送善住院希公为童子。希公道望赫然,赐号慈懿大师,敕住清凉寺"③。成觉法师在慈懿大师门下不久,慈懿"心知为法器。一日谓之曰:'古人谓出家为大丈夫。所以为大丈夫有四事,近知识、问正法、思义理、如说修行是也。后生可畏,无以吾老滞守一隅,尔其行乎?'由是遍访师匠,依

---

① 明河:《补续高僧传》卷二,《续藏经》第77册,第379页下。
② 明河:《补续高僧传》卷一八,《续藏经》第77册,第493页下。
③ 明河:《补续高僧传》卷二,《续藏经》第77册,第380页上。

明教大师最久,故于唯识一宗,洞明底蕴,后大弘其道"①。此文所言师承不详,仅仅罗列出"明教大师",而"明教大师契嵩"并非唯识学的研习者,而是禅宗大师。因此,成觉法师大弘的是否为唯识学,并不一定。

《补续高僧传》又记载说:

> 时人谓:"慈懿以知人有子,明教以传法得人。"师尝示学者曰:"学道人,持心有三要:曰大,曰专,曰远。大,则佛祖得处,我必得之,不为人、天小利所牵。专,则惟究一事,不为名相所引。远,则以证为期,死而后已。具此之心,必能至道,务实去华。"其言大率如此。②

从上述引文可知,成觉为明教大师的传人,而上引成觉法师的言论不像唯识学的内容,反倒像禅宗的语录。

成觉法师年八十圆寂,具体时间不详。然而可从明教大师的生卒年(1007—1072)大致推知成觉法师的活动时间为北宋中期。

三、释永道、释守千

释永道是北宋末期至南宋初期弘扬唯识学为数不多的僧人之一。而释守千则在北宋亡国后隐居于金王朝统治区。二位僧人各有特色,但都不能算专弘唯识学者。

释永道是北宋末期至南宋初期叙述唯识学而以传授密法为主的高僧。

释永道,顺昌毛氏子。《补续高僧传》卷一八《宝觉道法师传》记载:永道出家,"宗《唯识》、《百法》二论,又受西天总持三藏密法。及传圆顿戒法于元照师,咸得其要。政和中,赐椹衣,主左街香积院,赐号宝觉大

---

① 明河:《补续高僧传》卷二,《续藏经》第77册,第380页上—中。
② 同上书,第380页中。

师"①。从这一记述可知,永道法师是显密皆通的僧人。

永道法师最为世人及后人称道的是在宋徽宗抑佛事件中的抗争壮举。《补续高僧传·宝觉道法师传》记载:

> 林灵素以左道罔上,宣和初,诏改僧为德士,服冠巾。天下从之无敢后,师独毅然抗诏。上书曰:"自古佛法,未尝不与国运同为盛衰。魏太武崔浩灭佛法,未三四年,浩竟赤族。文成大兴之。周武卫元嵩灭佛法,不五六年,元嵩贬死。隋文帝大兴之。唐武宗、赵归真、李德裕灭佛法不一年,归真诛,德裕窜死。宣宗大兴之。我国家太祖、太宗列圣相承,译经试僧,大兴佛法,成宪具在,虽万世可守也。陛下何忍,一旦用奸人之言,为惊世之举。陛下不思太武见弑于阉人之手乎?周武为铁狱之囚乎?唐武受夺寿去位之报乎?此皆前监可观者,陛下何为蹈恶君之祸,而违祖宗之法乎?"书奏。上大怒,命下黥流道州。蔡京从容为上言曰:"天下佛像,非诸僧自为之,皆子为其父,臣为其君,以祈福报恩耳。今大毁之,适足以动人心,恐非社稷之利也。"上意为之少回。未几,灵素事败,放归赐死于道。复教,师量移近郡,寻得旨放回。敕住昭先禅院,赐名法道,以旌护法。②

依据其他文献记载,徽宗下诏改僧为德士的时间是在宣和元年(1119)春正月,而当年十一月,林灵素被徽宗赐死。宣和二年八、九月,徽宗下诏恢复佛教。依此参照可知,永道于宣和元年正月被贬谪至道州,至第二年八、九月后被赦免回到首都,住于昭先禅院,并且赐予其"法道"师号。

徽宗、钦宗二帝被金人掳走,康王赵构即位为帝,"东京留守宗泽承制,命师住左街天清寺,补宣教郎总管司,参谋军事,为国行法,护佑军

---

① 明河:《补续高僧传》卷一八,《续藏经》第77册,第493页中。
② 同上书,第493页中—下。

旅。师往淮颍,劝化豪右,出粮助国,军赖以济。后奉诏随驾,陪议军国事。上欲加以冠冕,师力辞,诏加圆通法济大师"①。此中的"上"即南宋高宗皇帝。关于宋高宗与永道法师的故事,《补续高僧传》有一记载:

> 一日,上从容谓师曰:"上皇为妖人所惑,毁师形服,朕为师去此黥涅。"师对曰:"上皇御墨,不忍毁除。"上笑曰:"此僧到老倔强。"乃敕住庐山太平禅寺。②

此事在《佛祖统纪》中也有记载。根据《佛祖统纪》的记载,此事发生于绍兴二年(1132)四月。绍兴三年(1133)二月,庐山法道法师利用高宗对自己的信任,为佛教争取提高地位。如"故中道场僧左道右,崇观以来,遂易旧制。师不能平,诣朝廷论辩,卒获改正"。佛教终于又居于道教之上。

绍兴十七年(1147)秋,永道法师"说偈,端坐而化。阇维,舍利无数,塔于九山九里松"③。

守千法师(1064—1143年)俗姓贾,藁城人。宋元祐年间(1086—1093),守千法师受赐,号为"迥照大师"。北宋宣和初年(1119),守千曾经校勘遁伦的《瑜伽师地论记》刊版流通。《瑜伽师地论记》卷一末尾序文将此论流传的过程写得很清楚。1934年发现的《赵城藏》收录的《瑜伽师地论记》作"海东兴轮寺沙门遁伦撰"。

> 厥后虽于真定觉山有此疏本,其传未以,见者尚稀,不得刊印。今因高丽僧统,追究如来所说,游历中夏,遂得此记草本。会真定龙兴寺赐紫沙门千公法师,幼性敏悟,夙知佛法,至于敷绎妙旨,讲究藏教,若得于世尊之心。今沠川维那田通屈臬等,尝自以于诸佛诸大菩萨有因有缘,由是连走书于真定,又躬亲迎请洎,诸檀越道路相望,必欲我师亲临沠川,讨论心要,警彻蔽蒙,将瑜伽真本,重加校

---

①②③ 明河:《补续高僧传》卷一八,《续藏经》第77册,第493页下。

勘。幸觊其效，先觉有言之志，承慈氏付嘱之心，于宣和三年十二月一日，师不获已而临之，因寓居于信德尧山遵善寺观音院，日惟一饭，究真搜妙，悉注精意，不逾月，而一经完然具备。美哉！释氏之光辉也。乃镂版模印，其楮毫工直之费，率自缁白喜舍，而胜利遂集，异日传之四方，莫不家藏而读诵之，使阎浮众生得方便门悟空有本，则地狱、天宫，菩萨凡夫之路，亦冀夫取舍去就，不疑于趋向耳。宣和四年正月初五日，乡贡进士李燠谨序。

这一记载很重要，可以借此推测在北宋时期唯识宗典籍的保存和流传情况。真定即现在河北省保定市，宣和是北宋徽宗的年号，宣和四年即1122年。

守千法师生平不详，现存《弥勒上生经瑞应钞科》卷前有《书写上生经瑞应科文引》略叙其生平如下：

粤有《上生经瑞应科文》，乃是守千法师之所述也。师诞灵宋朝，匿迹崆峒，形宗饮光，学务慈氏，为一朝唯识之巨魁矣。讲经论，又著疏十有余部。尝因《瑞应疏》而制末章，科文则其一也。予初志此业，写《疏》及钞，然犹患于科文之不备也。项日书肆携之来示予曰："斯书今罕传于世，师幸写之，以启后学。"予欣然曰："我先写《疏钞》未及科文，而常慕之年于兹矣。子今授之，可谓良愿不愆干索也。"退后别写一本，并之以《疏钞》，于是美玉得其焉。欲重显其嘉举之有所以，乃为是序。又犹有寿诸梓与疏同流行之志云。①

此序为日本僧人刊刻此书时所撰。依据此说，守千法师为宋朝唯识僧人，曾经隐居于崆峒山，擅长宣讲经论，并且著疏十余部。其中，《弥勒上生经瑞应钞科》一卷、《弥勒上生经瑞应钞》二卷、《般若心经幽赞崆峒

---

① 《续藏经》第21册，第858页下。

记》三卷、《般若心经幽赞添改科》一卷等现存。

上述四部著作中,《弥勒上生经瑞应钞科》一卷、《弥勒上生经瑞应钞》二卷是在《弥勒上生经瑞应钞》八卷基础上编集的。《弥勒上生经瑞应钞》八卷是五代僧人智江对《弥勒上生经》的诠释。《弥勒上生经瑞应钞》二卷署名"真定府龙兴寺比丘僧守千集"[1],此书卷二结尾有一偈颂:"我以清净心,略释《瑞应疏》,愿所获功德,慈氏来救度。"[2]从此偈颂来推测,《弥勒上生经瑞应钞》二卷是对《瑞应疏》的再解释,而《弥勒上生经瑞应钞科》一卷则是对《弥勒上生经瑞应钞》的科文,从而间接为《瑞应疏》的科文。

守千法师的《般若心经幽赞崆峒记》三卷是窥基《般若波罗蜜多心经幽赞》二卷的再诠释,《般若心经幽赞添改科》则是此书的科文。《般若心经幽赞崆峒记》署名"大宋真定府龙兴寺比丘守千集",《般若心经幽赞添改科》则署名"京齐等诸大法师先制,滹阳比丘守千添改"。

此外,现存《表无表章栖玩记》一卷是守千法师对窥基《大乘法苑义林章》中的"表无表章"的批注。

根据《常山贞石志》卷二二收载的元代瞻思所撰《碑记》,守千法师圆寂于金天会五年(1127),年64四岁。

除上述弘扬唯识学的高僧之外,也有一些文献记载了北宋末期至南宋初唯识学的流行情况,如《大明高僧传》卷五《常德府文殊寺沙门释心道传》记载,释心道(建炎三年圆寂),"年三十得度,诣成都习唯识,自以为至。同舍僧诘之曰:'三界惟心,万法唯识,今目前万象纵然,心识安在?'道茫然。遂出关,周流江淮"[3]。这位僧人后来成为禅宗僧人。但从此文记载也可推知,北宋末期的成都也有高僧弘扬唯识学。

---

[1]《续藏经》第21册,第915页上。
[2] 同上书,第955页下。
[3]《续藏经》第50册,第918页中。

第三节　永明延寿与唯识宗的终结

五代后期至北宋初期,中国佛教最重要的大师是永明延寿。延寿生于唐末,成长于五代时期的吴国,30岁之后就成为名震一方的高僧。北宋初期,他受朝廷征召至宋王朝首都,为北宋初期佛教的振兴起了巨大的推动作用。从学派源流上讲,延寿并不属于唯识宗,他对唯识思想的把握和弘教倾向,并不遵从玄奘、窥基系统的诠释框架,而是以以《起信论》为代表的"古唯识学"为标尺。然而,延寿在其代表性巨著《宗镜录》中对唯识思想的融摄,却成为后世弘扬"相宗"的范例。从某种意义上,延寿及其《宗镜录》的出现,是法相唯识宗终结的象征。以此为标志,以护法——戒贤——玄奘——窥基——慧沼——智周为祖师的慈恩宗正式消亡。此后,遂不断地有弘扬、宣讲唯识经典的僧俗大众,但他们对于印度瑜伽行派学说和修为的诠释,不是支离破碎、一鳞半爪,就是较为彻底的"起信论化"。本著为了凸现这一发展趋势,以较多的篇幅分析永明延寿的这一特质。

一、永明延寿的行历

延寿大师(904—975),唐末五代十国时僧人。俗姓王,字冲元,本是江苏丹阳人,后迁居浙江余杭。

吴越王钱镠时,延寿曾为余杭库吏。青年时即信仰佛教,戒杀放生。年二十八任华亭镇将,督纳军需。见集市中鱼虾飞禽等,每生慈悯心而购之放生,后来因擅自动用库钱买动物放生,事发之后,王镇将被判处死罪,押赴市曹处斩。面对死刑,王镇将镇静自若,毫无惧色。自言:"吾为活数万生命而死,死又何憾!"文穆王钱元瓘知道王镇将擅用库银并无私用一文,同时也赞许王镇将的慈心善举,便将其特赦免刑释放。

此后,他并允许其投明州四明山(今浙江鄞县境内)龙册寺翠岩令参禅师剃度为僧,法名延寿,字智觉。由此而成就了后来在中国佛教史上名扬四方的高僧——延寿大师。是年大师年方三十,公元933年。

延寿自少天资过人,年十六时,曾著《齐天赋》献于吴越王钱镠。出家以后,非常用功修行。《宋高僧传》卷二八《宋钱塘永明寺延寿传》记载:"除诲人外,瀑布前坐,讽禅默,衣无缯纩,布襦卒岁,食无重味,野蔬断中。"这是延寿在寺院修行的生活写照。在龙册寺住了一些日子后,延寿便拜辞令参禅师,出外参学。初于金华天柱峰下习定九旬,后往天台山德韶禅师处修学禅法。德韶是禅门法眼宗创始人文益大师的弟子,禅学功夫甚深,吴越王曾礼其为国师。延寿在禅学上的成就即是来自于德韶禅师的座下,成为禅门法眼宗的第三代传人。延寿居天台山时,常在国清寺里,结坛修习为时21天的《法华忏》,后来又往金华天柱峰诵《法华经》,历时三年之久。佛学修养与禅定功夫与日俱增。在天台山修学期间,于禅观中见观音菩萨以甘露灌其口,因是而获大辩才。又于中夜经行时忽觉普贤菩萨之莲花在手,由是大师感于自己终身的修行趣向未有决定,遂上智者岩,作二阄,一名"一心禅观"、一名"万善庄严净土",冥心恳祷之后,历经七次信手拈起的都是"万善庄严净土"那一阄。于是延寿大师才下定决心开始一意兼修净业。

后周太祖广顺二年(952)延寿前往奉化雪窦寺任住持,开展弘化事业,讲授禅学法要与净土理论。依从他学习禅理与净土学问的人为数甚多。而此时的延寿也开始著书。《雪窦寺志》中记载延寿是在雪窦寺完成《宗镜录》的初稿。

宋太祖建隆元年(960),吴越忠懿王下诏邀请延寿大师往杭州,主持复兴灵隐寺的工作,梵刹因之得以中兴。一年之后,延寿迁往邻近的慧日山永明寺(即净慈寺)居住,从其教者,有两千余人之多。延寿大师在永明寺这一住就住了15年之久,完成了他一生中许多重要的事。延寿大师又称"永明和尚"也是因此而来。忠懿王深为器重大师的德行,诏赐名号为"智觉禅师"。"永明延寿大师"的名声也因此而远扬于四方。

延寿大师居永明寺时,除了修行、弘法之外,同时也注重于将自己的修行体验与对佛学的研究心得整理成文字。数量达一百卷之巨的《宗镜录》即是在此时定稿刊行的。其他的著作如《万善同归集》六卷、《神栖安养赋》、《唯心决》、《受菩萨戒》、《定慧相资歌》、《警世》各一卷等书,也是相续在永明寺写成而传于世的。

北宋开宝七年(974),年事已高的延寿大师,又再次回到久别的天台山,在山上开坛传授菩萨戒,时引来约一万余人的求受戒者。这也是他最后一次主持大型的传戒法会。此后岁月,大师自知世缘无多,便闭门谢客,专心念佛,誓生净土。第二年的十二月二十六日,趺坐而化,世寿七十有二,僧腊42岁。

延寿大师集禅门法眼宗第三代宗师与净土宗六祖于一身。作为宋代佛教的巨擘,永明延寿对于中国佛教的贡献是多方面的。在佛学思想方面,他一向以融合诸宗的特色彪炳于世,特别是延寿曾经召集慈恩、贤首、天台三宗僧人,辑录印度、中国圣贤两百人之著述,广搜博览,互相质疑,而成《宗镜录》一百卷,力图调和当时各宗派间的分歧,对于后世有很大的影响。下文以《宗镜录》中所体现出的唯识学思想来一窥永明延寿佛学思想之一斑,并由此说明唯识经典在后世的诠释形态和真正的影响之所在。

二、"一心"说与阿赖耶识

《宗镜录》全书约共八十余万字,分为三章,第一卷前半为"标宗章",自第一卷后半至第九十三卷为"问答章",第九十四卷至第一百卷为"引证章"。关于其结构和撰集原则,延寿自己有一说明:"今详祖佛大意经论正宗,削去繁文,唯搜要旨,假申问答,广引证明。举一心为'宗',照万法如'镜';编联古制之深义,撮略宝藏之圆诠,同此显扬,称之曰'录'。分为百卷,大约三章。先立正宗,以为归趣。次申问答,用去疑情。后引真诠,成其圆信。以兹妙善,普施含灵,同报佛恩,其传斯旨耳。"[①]据此叙

---

① 延寿:《宗镜录》卷一,《大正藏》第48卷,第417页上。

述,《宗镜录》结构意图是:先搞通宗旨之所在,次假设问答把道理说透,最后广泛引据证成。为什么叫做《宗镜录》呢?"举一心为宗,照万法如镜","心"即是"宗",能照为"镜",二者联系起来叫做"宗镜"。以此作为整个线索,"编联古制之深义,撮略宝藏之圆诠,同此显扬",即称之为"录"。由此可见,"标宗章"集中体现了延寿自己的思想意图。延寿所说"举一心为宗,照万法如镜",是其佛学思想的总纲领。这样,搞清楚"一心"的含义便是理解延寿佛学思想的关键所在。

在《宗镜录·标宗章》中,永明延寿说:"今依祖佛言教之中,约今学人,随见心性发明之处,立心为宗。是故西天释迦文佛云:佛语心为宗,无门为法门。此土初祖达磨大师云:以心传心,不立文字。则佛佛手授,授斯旨;祖祖相传,传此心。"①这是说,佛祖和禅宗祖师都是以"心"为宗的。至于"心"的性质,延寿又说:"又诸贤圣所立宗体者,杜顺和尚依《华严经》立自性清净圆明体。此即是如来藏中法性之体,从本已来,性自满足,处染不垢,修治不净,故云'自性清净';性体遍照,无幽不烛,故曰'圆明'。又随流加染而不垢,返流除染而不净,亦可在圣体而不增,处凡身而不减。虽有隐显之殊,而无差别之异。烦恼覆之则隐,智慧了之则显,非生因之所生,唯了因之所了,斯即一切众生自心之体,灵知不昧,寂照无遗。非但华严之宗,亦是一切教体。"②这里,延寿实际引用了华严宗和禅宗两家的说法。而在中国佛教思想中,关于"一心"讲得最多的是《大乘起信论》。华严宗和禅宗的心性思想正是在《起信论》思想基础上的新发展。

华严宗所标示的"心性本体"即"心体"为"自性清净圆明体",如法藏所言:"显一体者,谓自性清净圆明体。然此即是如来藏中法性之体,从本已来,性自满足,处染不垢,修治不净,故云自性清净;性体遍照,无幽

---

①② 延寿《宗镜录》卷一,《大正藏》第48卷,第417页中—下。

不烁,故曰圆明。"①此段文字,言简意赅,可当做华严宗真心本体的标准定义。华严哲学认为"总该万有,即是一心"②,"是心则摄一切世间、出世间法。即是一法界大总相法门体,唯依妄念而有差别。若离妄念,唯一真如,故言海印三昧也"③。在此,法藏所表述的真心为本体、妄念为心体之虚妄作用的模式,成为以后华严宗人立自家"圆"义的根本所在。我们所引法藏的言论与延寿所引杜顺的说法几乎没有区别。

我们引述的延寿上述文字中所涉及到的禅宗"心"论,实际上与慧能禅法并不完全相同,而与菏泽宗的思想则更为接近。宗密在其著述中将菏泽宗的"心"论归纳为:"说一切众生皆有空寂真心,无始本来,性自清净,明明不昧,了了常知。"④这一表述尽管过多地偏于以华严哲学揣度,但基本上能够反映神会的心性思想。神会对于心体是这样说的:"空寂之心,灵知不昧,即此空寂寂知","知之一字,众妙之源"。⑤ 以"知"解释心性本体,是神会对慧能《坛经》"三无"之旨的新诠释。在神会思想中,"知"既是清净心体所本具,又是依体发用的特殊智能,二者是体用一如的关系。"知"的概念在神会禅学中可有两层含义:一是知解之知,指人心对事物的认识、理解作用,如"未得修行,但得知解。以知解久熏习故,一切攀缘妄想,所有重者,自渐轻微"⑥,明显有重"知"重教的含义在。正是从这一意义上,后来的洪州宗人直称神会禅法为"知解宗徒"。不过,公允地说,此一层含义并非神会释"知"的本意,当然就不是最重要的了。二是"见本性"之知或般若直观之知,它是指体验空寂心体的般若直观。在这一层面上,"知"与"见"、"慧"是同义的,可以替换使用。"这种空寂

---

①③ 法藏:《修华严奥旨妄尽还源观》,《大正藏》第45卷,第637页中。
② 宗密:《注华严法界观门》引澄观语,《大正藏》第45卷,第684页中。宗密说"清凉新经疏云",但检索现存的澄观撰《华严经疏》中,并无如此组合的语句,然相近的意思在法藏和澄观的著述中却是常见的。
④ 宗密:《禅源诸诠集都序》卷二,《大正藏》第48卷,第404页中—下。
⑤ 宗密:《禅门师资承袭图》,《续藏经》第33册,第63页下。
⑥ 杨曾文点校:《神会和尚禅话录》,第119页,北京,中华书局,1996年。

之知谓之灵知,即心灵而不昧,它是与佛智相等的知"①。在神会看来,"自性空寂,空寂体上自有本智,谓知,以为照用"②;"本空寂体上,自有般若智,能知"③。因此,主体依靠空寂体上的"能知"就可以证悟自性清净的心体之"如如不动",这便是见性成佛。这样解释的"知",实际上是"觉"义。"知"是净心之体,净心即以"知"为体,而此"知"乃心体本具的功能。这与《起信论》的"本觉"是一致的。

《大乘起信论》的核心是"一心二门"说,而成立一心二门的理论基础则是体、相、用相即不离的"三大"说,用此论的术语讲则是"法"与"义"的统一构成大乘法。《大乘起信论》从"二门"即心真如门、心生灭门两方面说明"一心"的本体性质和现象界之所以生成的本体论根据,然后再依体、相、用"三大"相即不离来说明本体与现象的关系。经过这样的演绎,"众生心"或"一心"便既是世间法的所依,也是出世间法的本体。心真如门总摄一切清净无漏之佛法,是为众生成佛的本体论根据;心生灭门则总摄一切烦恼有为有漏之染法,是为世间及现象界的总貌。

在《起信论》中,体、相、用的"三大"是为称颂、论证"一心"的本体地位及其作用、功能而提出的,因而其"立义分"明确地以"法"——"一心二门"与"义"——"三大"相统一来概括全论。

永明延寿对于"一心"的解释与《起信论》的"一心二门"思想是完全一致的。《宗镜录》卷八三有一大段对于"一心"的解释,可以此为例分析之。

问者曰:"夫真心是一字之王,般若之母。云何论说,佛常依二谛说法?"延寿首先回答说:"若约正宗,心智路绝。若离二谛,断方便门。以真心是自证法,有何文字?凡能诠教,无非假名,故云依二谛说法。《金刚三昧经》偈云:'因缘所生义,是义灭非生。灭诸生灭义,是义生非灭。'

---

① 吕澂:《中国佛学源略讲》,第233页。
② 杨曾文点校:《神会和尚禅话录》,第119页。
③ 同上书,第67页。

《论》释云:'此四句,义有总别。别则明二门义,总则显一心法。如是一心二门之内,一切诸法无所不摄。前二融俗为真,显平等义。后二融真为俗,显差别门。总而言之,真俗无二而不守一。由无二故,则是一心。不守一故,举体为二。'"①应该指出,延寿这里所引用的对于《金刚三昧经》这一偈的解释来自于唐代华严宗僧人新罗元晓的《金刚三昧经论》②,文字略有差别。元晓的解释则来自于《大乘起信论》。其二,延寿接着说:"又真俗无二一实之法,诸佛所归,名如来藏。明无量法及一切行,莫不归入如来藏中。无边教法所诠义相,更无异趣,唯一实义。所言实者,是自心之性。除此之外,皆是虚幻。"③这一层解释将如来藏义与禅宗的"自心"、"自性"的含义融合起来解释"真心"。其三,延寿直接引用《起信论》的文字解释"一心":"《起信论》明一心二门。心真如门者是体,以一切法无生无灭,本来寂静,唯是一心,如是名为心真如门。《楞伽经》云:'寂灭者,名为一心。'④心生灭门者,是用。此一心体有本觉,而随无明动作生灭,故于此门,如来之性隐而不显,名如来藏。《楞伽经》云:'一心者,名如来藏。'⑤又云:'如来藏者,是善不善因。'⑥此二门约体用分二,若以全体之用,用不离体,全用之体,体不离用,还念其一。以一心染净其性无二,真妄二门不得有异,故名为一,此无二处。诸法中实,不同虚空,性自神解,故名为心。既无有二,何得有一? 一无所有,就谁曰心? 如是道理,离言绝虑,不知何以言之,强为一心也。"⑦此段文字中,夹杂引用了菩提流支译的《入楞伽经》中的几句经文,而其他解释性的文字都是出自《大乘起信论》。

众所周知,《大乘起信论》所说的第八识是"所谓不生不灭与生灭和

---

① 延寿:《宗镜录》卷八三,《大正藏》第48卷,第872页上—中。
② 元晓:《金刚三昧经论》,《大正藏》第34卷,第995页。
③ 延寿:《宗镜录》卷八三,《大正藏》第48卷,第872页中。
④⑤ 菩提流支译:《入楞伽经》卷一,《大正藏》第16卷,第519页上。
⑥ 菩提流支译:《入楞伽经》卷七,《大正藏》第16卷,第556页中。
⑦ 延寿:《宗镜录》卷八三,《大正藏》第48卷,第872页中—下。

合,非一非异,名为阿黎耶识。"这一界定也被延寿所继承。在《宗镜录》中,就第八识有这样一问:"此识周遍,凡、圣境通,为当离此别有真性,为复即是?"这是说,既然认定第八识周遍凡夫境和"圣境",那么,是在第八识之外另有一"真性"呢,还是第八识本身即是"真性"?延寿回答说:"非一非异,得此识名,不合而合,成其藏义。此阿赖耶识,即是真心不守自性,随染净缘,不合而合,能含藏一切真俗境界,故名藏识。如明镜不与影像合,而含影像。此约有和合义边说。若不和合义者,即体常不变,故号真如。因合不合,分其二义,本一真心,湛然不动。"①延寿的这第一回答完全来源于《起信论》。延寿还颇为坚决地说:"若有不信阿赖耶识即是如来藏,别求真如理者,如离像觅镜,即是恶慧。以未了不变随缘、随缘不变之义,而生二执。"②从延寿的这一论定,我们可以当即明白,永明延寿所讲的阿赖耶识,尽管在有些场合似乎来源于玄奘、窥基以及慧沼等唐代唯识宗大师的著述,而其作为自己思想体系所认可的说法其实并非玄奘所弘传的唯识学,而是来源于以《大乘起信论》为核心的唯识古学系统。

关于"一心"与阿赖耶识的关系,《宗镜录》也有明确的说明。问者说:"心、识二名,有何胜劣?"此中之"心"指"一心","识"则指八识。延寿回答说:"心是如来藏心,真如之性,识是心之所生。无有一法,不从真心性起。故《首楞严经》云:'诸法所生,唯心所现。'③心是本,即胜。识是依,即劣。如《圆觉疏》云:'生法本无,一切唯识。识如幻梦,但是一心。'④"⑤这是说,"心"是如来藏真心,"识"则是"如来藏真心"所生。这样自然会产生一个问题:"设使识无其体,云何得是心乎?"如果八识都无

---

① 延寿:《宗镜录》卷四七,《大正藏》第48卷,第694页下—第695页上。
② 同上书,第695页上。
③ 般剌蜜帝译:《楞严经》卷一,《大正藏》第16卷,第109页上。
④ 宗密:《大方广圆觉修多罗了义经序》,《圆觉经略疏注》卷上之一,《大正藏》第39卷,第524页上。
⑤ 延寿:《宗镜录》卷五七,《大正藏》第48卷,第745页下。

655

实体,如何可以凭借"识"而证得"一心"呢?延寿回答说:"以识本是心所成故,故识无体,则是一心何异?境从识生,摄境归识。若通而论之,则本是一心。心变为识,识变诸境。由是摄境归识,摄识归心也。"①可见,在延寿看来,"无体"之识就是"一心"。"摄境归识"进而"摄识归心"即可证得"一心"。永明延寿的这一说法,与玄奘、窥基所传唯识学显然有别,而完全来源于唯识古学系统。

三、永明延寿对于唯识古今学的融合

从上述对于"一心"与阿赖耶识关系的分析,已经能够看出永明延寿唯识思想的性质。但是,延寿所坚持的融合方法使得他对于玄奘、窥基一系的唯识思想也作了精细的研究,也给予了充分尊重。这一倾向体现在《宗镜录》中。一方面,此书中保存了大量的唐代法相唯识宗的思想资料,使得后人可以借此一窥唐代唯识学之一隅;另一方面,在某些局部,特别是在与他所认可的思想体系不相冲突的地方,延寿对于唐代玄奘一系的唯识学的理解和诠释还是颇为到位的。而这样的两方面恰好构成了永明延寿唯识思想的融合特性。

中国佛学中有唯识古学与今学之分。面对唯识古、今学上述的分歧,永明延寿则在新的思想背景下,力图统一唯识古学与今学的理论分歧,《宗镜录》中的有些问答明显地体现出延寿的这一理论意图。如问者曰:"夫《楞伽经》所明三种识,谓真识、现识及分别事识。此中三识于八识中,如何分别?"延寿回答说:"'真'谓本觉,'现'谓第八,余七俱名'分别事识'。虽第七识不缘外尘,缘第八故,名'分别事'。'真'谓本觉者,即八识之性。《经》中有明九识,于八识外立九识名,即是真识。若约性收,亦不离八识,以性遍一切处故。"②延寿的这一解释,实际上是在八识

---

① 延寿:《宗镜录》卷五七,《大正藏》第48卷,第745页下。
② 同上书,第742页下。

之上另立一"真识"。这与上述南北朝时期的唯识古学的一些说法几乎没有差别。但是,延寿又对"立九识"的由头作了另外的解释。他说:"夫三能变中,已论八识。今依经论,更有多门,舒则无边,卷唯一道。经中又明,有九种识,以兼识、性故,或以第八染、净别开,故言九识。非是依他体有九,亦非体类别有九识。九识者,以第八染、净别开为二,以有漏为染,无漏为净。前七识不分染净,以俱是转识摄故。第八既非转识,独开为二,谓染与净。合前七种,故成九识。"①按照延寿的这一说法,立第九识是为了将"识"与"心"都兼顾的缘故,具体的方法就是将第八识的"染"、"净"二面开为二,"染"为第八识,"净"为第九识。对于"以何经论证有九识?"②疑问,延寿在罗列了当时可以找到的经论和南北朝时期的唯识学诸师的解释之后,明确地说:"今《宗镜》大意亦同此说,但先标诸识次第权门,然后会同真智。然不即识,亦不离识,但见唯识实性之时,方鉴斯旨。似宝镜普临众像,若海印顿现森罗,万法同时,更无前后。"③这里,有两点尤需注意:其一,延寿是完全赞同"九识"说的,这也是《宗镜录》在唯识学方面所持的理论立场。其二,第九识是在修行现证之时方才得以最后证实的,这就是"但见唯识实性之时,方鉴斯旨"的所指。

综观《宗镜录》全书,永明延寿融合唯识古今学的锐器就是《大乘起信论》。延寿说:"所言宗者,谓心实处。约其真心之性,随其义开体、用二门,即同《起信》立心真如门、心生灭门。真如是体,生灭是用。然诸识不出体、用二心:一、体心是寂灭心,即九识体。二、用心是生灭心,即前八识用。体、用隐显,说为二心。以用即体故,生灭即不生灭;以体即用故,不生灭即生灭。以生灭无性,用而不多;以寂灭随缘,体而非一。非多非一,体、用常冥;而一而多,体、用恒现。识性是体,识相是用,体、用互成,皆归宗镜。《唯识疏钞》云'识性、识相无不归心,心王、心所皆名唯

---

①② 延寿:《宗镜录》卷五六,《大正藏》第48卷,第737页下—第738页上。
③ 延寿:《宗镜录》卷五六,《大正藏》第48卷,第738页中。

识'①者,谓圆成实性是识性,依他起性是识相,皆不离心也。或可诸无为法名识性,得等分位色等所变是识相,皆不离心也。识之相应名心所,识之自性名心王。心王最胜,称之为主;摄所从心,名归心。摄得等分位,兼色等所变,归于见分等,名泯相。性、相不相离,总名唯识也。"②延寿又说:"如《起信》真如、生灭二门无碍,唯是一心者。结归《起信》依一心法立二种门,故须具足二义,方名具分唯识。"③归结这些论说,可以看出,永明延寿所说的"唯识"之"识"是包含第九识并且以之为"识体"的唯识古学。

四、永明延寿的性相融通论

中国佛学有"性宗"和"相宗"的区分,而二者的界限以华严宗讲得较早且最明确。《华严经疏》卷二有云:"第二叙西域者,即今性、相二宗元出彼方。"④《华严经随疏演义钞》卷七九说:"通会二宗即真之有,是法相宗;即有之真,是法性宗。两不相离,方成无碍真佛心矣。"⑤此即以唯识大乘为法相宗,以终教等名为法性宗。宗密则在《圆觉经略疏》卷上说:"大乘教总有三宗:谓法相、破相二皆渐教之始,即戒贤、智光二论师各依一经立三时教,互相破斥。而传习者皆认法性之经,成立自宗之义。法性通于顿渐,渐即终教,终于始故。"⑥宗密所说"三教","法相宗",即唐代玄奘所建立的法相唯识宗;"破相宗",以四句百非破一切法相的三论宗。就华严五教判而言,前者相当于"相始教",后者相当于"空始教"。相对于此,"法性宗"则相当于终、顿、圆等三大乘,也包括华严、天台二宗。关于性相二宗之别,《华严经疏》卷二载有十种。此即"一乘三乘别"、"一性

---

① 窥基:《成唯识论述记》卷一本之中有此语,见《大正藏》第43卷,第229页中。
② 延寿:《宗镜录》卷五七,《大正藏》第48卷,第743页上。
③ 延寿:《宗镜录》卷七六,《大正藏》第48卷,第839页中。
④ 澄观:《华严经疏》卷二,《大正藏》第35卷,第510页中。
⑤ 澄观:《华严经随疏演义钞》卷七九,《大正藏》第36卷,第619页上。
⑥ 宗密:《圆觉经略疏》卷上,《大正藏》第39卷,第525页下。

五性别"、"唯心真妄别"、"真如随缘凝然别"、"三性空有即离别"、"生佛不增不减别"、"二谛空有即离别"、"四相一时前后别"、"能所断证即离别"、"佛身无为有为别"。永明延寿《宗镜录》卷五说:"大乘经教统唯三宗,一法相宗,二破相宗,三法性宗。"①显然,沿用了宗密的说法。

我们已经指出,玄奘唯识学的真正秘密在于持众生之"心体"与佛教之"理体"(实相、性空、真如、法性等等)两分的立场,成佛的奥妙在于转变"所依",而转变之后的所得,既不能称为"心",也不能称为"识",而只能称之为"智"。而唯识古学的基本理路是持"心体"与"理体"合一说,摄论、地论学派以及《大乘起信论》都是如此。永明延寿是深知这些区别的,而他之所以忽略二者的根本差别是为了最后能够统一以唯识古学为底蕴的华严宗、天台宗、禅宗与玄奘一系的唯识学,即"性"、"相"融合。关于永明延寿集撰《宗镜录》的目的,宋代僧人慧洪在《林间录》卷下中说:"永明和尚以贤首、慈恩、天台三宗互相冰炭,不达大全,故馆其徒之精法义者于两阁,博阅义海,互相质难,和尚则以心宗衡准平之。又集大乘经论六十部、西天此土圣贤之言三百家,证成唯心之旨,为书一百卷传于世,名曰《宗镜》。"《宗镜录》卷三四说,"教"是华严,宗是达摩,因华严示"一心"广大之文,达摩标众生心性之旨(其实是发扬了法眼宗的宗旨),永明延寿认为可以以《大乘起信论》所言的唯识之学将数者统一起来。

天台宗思想受唯识古学影响最明显最深刻的是"一念无明法性心"和"性具善恶"说。在此限于篇幅,仅就"性具善恶"说所蕴含的唯识古学思想模式略作分析说明。

智𫖮所言"性具善恶"说的具体内容可以这样概括:"阐提断修善尽,但性善在;佛断修恶尽,但性恶在。"②此处所言之"性"是本性的意思,而

---

① 延寿:《宗镜录》卷五,《大正藏》第48卷,第440页中。
② 智𫖮:《观音玄义》卷上,《大正藏》第34卷,第882页下。

不兼容"体性"之义。智𫖮说："性之善恶,但是善恶之法门。性不可改,历三世无谁能毁,复不改断坏。譬如魔虽烧经,何能令性善法门尽?纵令佛烧恶谱,亦不能令恶法门尽。"①在此,智𫖮肯定地说,佛与阐提在本性上是平等的,而此本性又是不可改变的,二者唯一的不同处在于"修学"方面。有人反问智𫖮:"阐提不断性善还能令修善起;佛不断性恶还令修恶起耶?"这是一个尖锐的问题,智𫖮这样回答:"阐提既不达性善,以不达故,还为善所染。修善得起,广治诸恶。佛虽不断性恶而能达于恶,以达恶故,于恶自在故,不为恶所染,修恶不得起,故佛永无复恶。"阐提本性具善,而此"善"遇缘又能修起;若遵循同样的逻辑,佛本性亦具恶,则恶缘也须能修起。对于问者从逻辑同一律角度提出的问题,智𫖮采用"王顾左右而言他"的方式以"主体"的差异化解之。智𫖮以为,阐提与佛的最大区别在于"不达"与"达"。阐提"不达",因此其"性"尚能遇缘而修起,佛"达"故可"于恶自在"而修不起。此中之"达"则指"智",亦即天台宗之圆融三谛观。由于佛掌握了这一智慧,因此能"达诸恶非恶,皆是实相,即行于非道通达佛道"②。由于诸佛之"达",凡人所见之"恶缘"对于佛而言恰是实相而非恶,因此,诸佛之恶本性是绝对不会遇缘而修起的。——这是一层论证。此外,智𫖮还吸收唯识古学的说法对此问题做了说明:"若依他人,明阐提虽断善尽,为阿梨耶识所熏,更能起善。梨耶即是无记无明善恶依持,为一切种子。阐提不断无记无明,故还生善;佛断无记无明尽,无所可熏,故恶不复还生。"③这是以种子熏习义释阐提还生善、诸佛不生恶。从唯识学看,成佛即转识成智,阿黎耶识不存在了,有漏种子自然一无所存,这样就不能熏佛还生恶。不过,智𫖮虽引用唯识学的说法以证成己说,但却忽略了唯识学所言佛智是清净无碍的真如,不存在"性恶"问题。倒是智𫖮反复强调的"性具善恶"是从"法门"而

---

① 智𫖮:《观音玄义》卷上,《大正藏》第34卷,第882页下。
② 智𫖮:《摩诃止观》卷二下,《大正藏》第46卷,第17页中—页下。
③ 智𫖮:《观音玄义》卷上,《大正藏》第34卷,第882页下。

言的,有些近于唯识学所说的根本智和后得智。智𫖮说"佛永无复恶,以自在故,广用诸恶法门化度众生,终日用之终日不染,不染故不起"①。这一"性恶法门"与"了知三乘权化之法名方便智"②(即后得智)的唯识古学之说相当接近。这是智𫖮所言佛性具恶的基本含义,可简称为"法门教化"义。

智𫖮特别指出:"翻惑生解,即成三识;从识立因,即成三佛性;从因起智,即成三般若。"③什么是"三识"呢？智𫖮说:"云何三识？识名为觉了,是智慧之异名尔。庵摩罗识是第九不动识;若分别之,即是佛识。阿梨耶识即是第八无没识,犹有随眠烦恼与无明合;别而分之,是菩萨识……阿陀那识是第七分别识,诃恶生死,欣羡涅槃;别而分之,是二乘识,于佛即是方便智;波浪是凡夫第六识,无俟复言。"④对于"三识"之所因袭,知礼明确指出:"言第九等者,出梁《摄论》,真谛所译。"⑤而《摄论》学派的第九识是真如理体的异名。知礼以第九庵摩罗识、第八阿梨耶识和前七识为"三佛性"之"因",明显地将第九识作为正因佛性之依持,第八识作为缘因佛性之因,前七识作为了因佛性之因。从这些论据看,尽管智𫖮说,佛性本来具恶,但是,这并不等于说佛之体性也具恶。在智𫖮学说中,佛之体性仍旧是真如理体(中道理体),也即"三识"中的庵摩罗识,也就是如来藏"自性清净心,即是正因为佛体"⑥。

追根究底而言,华严哲学所言之"自性清净圆明体"并非空穴来风,而是有所依托的。大致而言有三个来源:一是《华严经》,二是《起信论》,三是唯识学。这是依照影响程度由深至浅而排列的,依其教判则须反观。

---

① 智𫖮:《观音玄义》卷上,《大正藏》第34卷,第882页下。
② 慧远:《大乘义章》卷一九,《大正藏》第44卷,第846页中。
③ 智𫖮:《金光明经玄义》卷上,《大正藏》第39卷,第2页下。
④ 同上书,第4页上。
⑤ 知礼:《金光明经玄义拾遗记》卷二,《大正藏》第39卷,第22页下。
⑥ 智𫖮:《法华玄义》卷二上,《大正藏》第33卷,第695页上。

法藏所标示的自宗圆教之"心识"本体,若作表诠方式言之则包含三层含义:其一,真如理体;其二,本觉真心;其三,依体起用、理事俱融、事事无碍之圆明性。其中第三层含义乃华严哲学的创发,其源头在于《华严经》所言"海印三昧"和"因陀罗网"之喻。"海印"是用来比喻真心之广大无涯及清净无染,所有在时间、空间中的无尽事物都印现于汪洋大海般的真心之中。"因陀罗网"则用来比喻此真心作本体的世间万事万物均可相即相入、圆融无碍。华严宗人正是受此启发而吸收《起信论》、唯识学思想而将"一心"本体诠释为"自性清净圆明体"及"一真法界"的。

　　众生之所以是众生,就是因为其同具真心、妄心。而对于真心本体与妄心的关系,依澄观的疏解则为:"妄境依妄心,妄心依本识,本识依如来藏"[1],又"妄心之性无性之性,空如来藏也;真心之性实性之性,不空如来藏也。皆平等无二,故云一也"[2]。这里,澄观提供了两种不同的解释。前一种中,"本识"的提法似借用唯识学名相。而在玄奘所传唯识学中,"本识"即根本识,也就是第八识。唯识宗并不应允"本识"仍需以如来藏为所依,因此,这一解释显然是采择自古唯识学和《大乘起信论》而成,这种模式可以称之为"依真起妄"。后一种,显然是沿用如来藏系经典的说法,这一模式可以称之为"真妄交彻"。澄观的上述解释符合法藏的原义,是华严宗的理论传统。

　　其实,禅宗思想与唯识古学也具有很深的渊源关系,最明显的证据就是《楞伽经》和《大乘起信论》。由于近代以来围绕二者真伪的争讼,使得人们不大将其归入由印度渊源的唯识古学系统中去说,所以,禅宗与唯识学的固有关系便被深深地遮蔽起来了。因此,只要承认《楞伽经》和《大乘起信论》属于唯识古学系统,禅宗受唯识学影响的事实也就不难被认可。

---

[1] 澄观:《华严经疏》卷一四,《大正藏》第35卷,第604页上。
[2] 同上书,第602页上。

正因为作为永明延寿融会对象的天台宗、华严宗甚至禅宗的思想都不同程度地受到了唯识古学的深刻的影响,所以,在永明延寿看来,法相、法性二宗是能够融通的。

关于"法相、法性二宗,如何辩别"的问题,永明延寿说:"法相多说事相,法性唯谈理性。如法相宗,离第八识无眼等诸识。若法性宗,离如来藏,无有八识。若真如不守自性,变识之时,此八识即是真性上随缘之义。或分宗辩相,事则两分。若性、相相成,理归一义。以不变随缘、随缘不变故。如全波之水,全水之波,动静似分,湿性无异。"①而对于二者的会通,如前所分析的,永明延寿以为以禅宗的"自心"为本的"体"、"用"关系即可完成。在《宗镜录》的"序"中,延寿说:"性、相二门,是自心之体、用。若具用而失恒常之体,如无水有波。若得体而阙妙用之门,似无波有水。且未有无波之水,曾无不湿之波。以波彻水源,水穷波末,如性穷相表,相达性原。须知体、用相成,性、相互显。"②永明延寿之所以殚思竭虑地编写出百卷的大著,其目的之一就是"融通性相"二宗。而延寿的用心并没有白费,他所竭力论证的"性相融通"思想成为晚明佛学发展的基本理论支点。

---

① 延寿:《宗镜录》卷五,《大正藏》第 48 卷,第 441 页上。
② 延寿:《宗镜录序》,《大正藏》第 48 卷,第 416 页下。

人名索引

本寂 302
楚圆 44,134,304,305,315,316,331
从伦 359
道济、济公 373—376,
道楷 54,55,83,166,167,175,189,190,349—351,360,578
道膺 348
方会 129,134,315—318,355
福裕 359
贯休 334
黄庭坚 88,90,98,103—108,136,306,309,313,314,369,641
慧南 129,134,303—305,307—312,314
净源 128,133,473—476,479,480,489—521,523—526,528,533—535,537,538,542—547,554,578,632
克勤 135,316,317,319—324,330,333,335—340,345,373,567
了元 50,80,104
妙高 318

契嵩 79,87,97,107,112,113,142,143,164,184,291,451—453,539,580,643
如净 354,390,407,497,508,614
善昭 323,329—331,333,336
苏轼、苏东坡 39,46,50,80,85,89—91,98,103—108,111,122,131,136,153—156,166,207,208,306,310,313,314,369,390,557,587,588,641
文偃 294,306,329,335
文益 81,328,649
希运 330
行端 318,323,324
行秀 358,359
延寿 131,134,174,177,284,291,300,328,379,552,578,582,584,635,648—659,663
义存 329,335
义怀 130,131,133,335
义青 335,348—350
义玄 316,589
元照 75,133,138,466—470,571,

574—578,581—585,592—621,643

原妙 341,343—346,371

圆仁 225,267,268,616

允堪 125,466,571,573,574,577,580,581,590—594,599,601,616,620

赞宁 123,124,136,143,145,147—149,156,179—183,189,194,201,224,227,258,265,291—295,380,381,571—575,577,580,584,616,624,628,635—640

张商英 71,83,88,89,91,93,95,98,104,109—114,135,157,158,291,313,314,319,321,339,368,369,564,565,569

真德秀 89,97,98

正觉 44,96,111,184,303,336,347,352,359—367,525,561,566,568

知礼 82,126,133,138,184,237—241,258,298—300,377,379,381,382,384—393,395,397—451,459—463,467,477,485,486,488,553,558,583,584,632,661

智闲 341

智圆 53,133,378—381,397,401,402,404,406—410,424,432—435,437—439,482,483,495,507,577,590

重显 87,93,130,322,323,333,335,336,386,567,568,646

子淳 335,336,351,352,360,361

子璇 92,378,473—490,496,497,499,501,502,507,511,523,528,533,540,543,552,554,557

宗杲 80,83—85,95,110,111,114,121,135,262,285,303,312,317,318,321—324,336—342,345—347,361,362,369,371,373,396,478,482

祖钦 318,324